Kotlin IN ACTION

Kotlin IN ACTION

코틀린 컴파일러 개발자가
직접 알려주는 코틀린 언어 핵심

드미트리 제메로프, 스베트라나 이사코바 지음
오현석 옮김

에이콘

에이콘출판의 기틀을 마련하신 故 정완재 선생님 (1935-2004)

2010년 봄 젯브레인스를 처음 방문했을 때만 해도 이 세상에 또 다른 범용 프로그래밍 언어가 필요하지는 않을 거라는 확신이 있었다. 나는 기존 JVM 언어들도 충분히 훌륭하기 때문에 정신이 제대로인 사람이라면 새로운 언어를 만들지는 않을 거라 생각했다. 하지만 약 한 시간 동안 대규모 코드 기반에 있을 수 있는 프로덕션 문제에 대해 이야기하면서 나는 젯브레인스 사람들에게 설득됐고, 나중에 코틀린의 일부분이 된 최초의 아이디어를 화이트보드에 작성했다. 얼마 되지 않아 나는 젯브레인스에 합류했고, 코틀린 언어 설계를 주도하고 컴파일러를 만들기 시작했다.

6년이 넘게 지난 지금(2016년 기준임) 두 번째 코틀린 릴리스가 다가오고 있다. 코틀린 팀에는 30명이 넘는 사람이 속해있고, 수천 명의 사용자가 코틀린을 활발하게 사용 중이다. 그럼에도 불구하고 여전히 쉽게 처리할 수 있는 흥미진진한 아이디어가 더 많이 남아있다. 하지만 걱정하지 말라. 그런 아이디어를 실제 코틀린에 도입하기 위해서는 상당히 철저한 검토를 거쳐야 한다. 우리는 미래에도 코틀린이 적당한 두께의 책 한 권으로 충분히 다룰 수 있는 언어로 남기를 바란다.

프로그래밍 언어를 배우는 것은 흥미진진하며, 때로는 상당히 유익이 많은 일이기도 하다. 그 언어가 최초로 배우는 프로그래밍 언어라면 프로그래밍이라는 전혀 새로운 세계를 새로운 언어를 통해 배워야 한다. 반면 그 언어가 최초로 배우는 프로그래밍 언어가 아니라면 이미 익숙해진 개념을 새로운 각도에서 살펴볼 수 있고, 그에 따라 좀 더 그 개념에 익숙해지거나 더 높은 수준에서 추상화할 수 있다. 이 책은 주로 후자에 속하는 독자인 자바 개발자를 대상으로 한다.

언어를 맨 밑바닥부터 설계하는 일은 그 자체로도 힘든 일이다. 하지만 새 언어가 기존의 다른 언어와 잘 어우러지도록 설계하는 일은 전혀 다르다. 기존 언어와 어우러지는 언어를 설계하는 과정에서 어두컴컴하고 스산한 괴물 소굴을 여럿 통과하면서 수없이 많은 힘센 괴물을 물리쳐야 한다(내 말을 믿지 못하겠다면 C++을 만든 비야네 스트롭스트룹^{Bjarne Stroustrup}에게 물어보라). 자바 상호운용성(즉 자바와 코틀린을 섞어 쓸 수 있고 서로를 자연스럽게 호출할 수 있게 만드는 것)은 코틀린의 가장 중요한 주춧돌이라 할 수 있으며, 이 책은 자바 코틀린 상호운용성에 신경을 많이 썼다. 이미 존재하는 자바 프로젝트에 코틀린을 점진적으로 도입할 때 자바 코틀린 상호운용성이 매우 중요하다. 심지어 새로운 프로젝트를 코틀린만으로 작성하더라도 자바로 쓰인 광범위한 라이브러리로 이뤄진 플랫폼이라는 더 큰 그림에 들어맞게 코틀린 언어를 구사해야 한다.

이 추천의 글을 쓰는 동안에도 두 가지 타겟 플랫폼을 더 개발 중이다. 이제 코틀린은 자바스크립트를 지원하기 때문에 풀 스택 웹 개발이 가능하다. 또한 빠른 시일 안에 필요에 따라 네이티브 코드로 코틀린을 컴파일해서 VM 없이도 코틀린 프로그램을 실행할 수 있게 할 예정이다. 따라서 현재 이 책은 JVM에 주로 초점을 맞추지만 앞으로는 이 책에서 배운 내용을 여러 다른 실행 환경에 적용할 수 있을 것이다.

저자들은 초기부터 코틀린 팀의 일원이었기 때문에 코틀린 언어와 그 내부 구조에 대해 잘 알고 있다. 그들은 각종 콘퍼런스나 워크숍 발표, 코틀린 교육 과정 등을 통해 코틀린을 더 잘 설명할 수 있게 됐고, 사람들이 자주 하는 질문이나 흔히 저지르는 실수에 대해 더 많이 알게 됐다. 이 책은 코틀린 언어의 특성을 뒷받침하는 고수준 개념을 설명하면서도 독자들에게 필요한 만큼 각 특성의 세부 사항을 제시한다.

나는 독자 여러분이 이 책을 읽으면서 코틀린과 함께 즐거운 시간을 보내기 바란다. 내가 종종 코틀린 커뮤니티에 포스팅하면서 쓰는 인사말로 추천의 글을 마친다. 코틀린과 함께 좋은 시간 되세요!

안드레이 브레스라프/젯브레인스 코틀린 리드 디자이너

| 지은이 소개 |

드미트리 제메로프^{Dmitry Jemerov}

2003년부터 젯브레인스에서 일해 왔으며, 인텔리J 아이디어, 파이참, 웹스톰 등의 여러 제품 개발에 참여했다. 초기 코틀린 기여자 중 하나로 최초 코틀린 바이트코드 생성기를 만들었으며, 전 세계에서 코틀린 관련 발표를 진행해 왔다. 현재 코틀린 인텔리J 플러그인을 개발하는 팀을 이끌고 있다.

스베트라나 이사코바^{Svetlana Isakova}

2011년부터 코틀린 팀의 일원이었다. 코틀린 컴파일러의 타입 추론과 오버로드 해결^{overload resolution} 부분을 개발했다. 현재 테크니컬 에반젤리스트^{technical evangelist}로서 각종 콘퍼런스에서 코틀린에 대해 알리고 코틀린 온라인 코스를 개발하고 있다.

코틀린^{Kotlin} 언어에 대한 아이디어는 2010년 젯브레인스^{JetBrains}에서 생겼다. 그 시절 젯브레인스는 자바^{Java}, C#, 자바스크립트^{Javascript}, 파이썬^{Python}, 루비^{Ruby}, PHP 등의 다양한 언어에 대한 개발 도구를 제공하는 널리 알려진 꽤 성공적인 회사였다. 젯브레인스의 대표 제품인 자바 IDE 인텔리J 아이디어^{IntelliJ IDEA}에는 스칼라^{Scala}와 그루비^{Groovy} 개발을 돕는 플러그인도 들어있었다.

이렇게 다양한 언어에 대해 도구를 개발해온 경험으로 인해 우리는 프로그래밍 언어라는 영역을 전체적으로 조망할 수 있는 독특한 시야와 이해를 가질 수 있었다. 그리고 인텔리J를 플랫폼으로 하는 IDE들은 인텔리J 아이디어 자체를 포함해 모두 자바로 개발되고 있었다. 우리는 모던하고 강력하며 빠르게 진화하는 언어인 C#으로 개발을 진행하는 닷넷^{.Net} 팀의 동료들이 너무 부러웠다. 하지만 우리는 자바를 대신할 만한 언어를 찾을 수 없었다.

우리가 자바를 대신할 언어에 대해 어떤 요구 사항을 갖고 있었을까? 처음이자 가장 분명한 요구 사항은 정적 타입 지정^{static typing}이었다. 정적 타입 지정 외에 수백만 줄이나 되는 코드 베이스를 미치지 않고 개발할 수 있는 다른 방법은 없다. 둘째로 기존 자바 코드와 완전히 호환되는 언어가 필요했다. 기존 코드베이스는 젯브레인스의 엄청나게 귀중한 자산이며, 상호운용성이 부족해서 그런 자산을 잃어버리거나 자산의 가치가 줄어드는 일을 용납할 수는 없었다. 셋째로 그 언어를 위한 도구 개발이 쉬워야만 했다. 우리는 도구 제공 가능성을 타협하고 싶지 않았다. 회사로서 젯브레인스에 가장 중요한 가치는 개발 생산성이며, 높은 생산성을 얻기 위해서는 훌륭한 도구가 필수다. 마지막으로 배우기 쉽고 뜻을 파악하기 쉬운 언어가 필요했다.

우리 회사 내부에 이렇게 충족되지 못한 수요가 있다는 사실을 발견하던 즈음에 몇몇 회사도 우리와 비슷한 처지에 있다는 사실을 알게 됐다. 따라서 젯브레인스 내부의 수요를 충족할 수 있는 솔루션을 만들면 젯브레인스 밖에서도 더 많은 사용자를 찾을 수 있으리라고 예상할 수 있었다. 이를 염두에 두고 우리는 새로운 언어인 코틀린을 만드는 프로젝트를 시작하기로 결정했다. 언어를 개발하는 과정에서 처음의 예상과 달리 개발 기간이 더 늘어났고, 코틀린 1.0은 최초의 저장소 커밋^{repository commit} 이후 5년이 넘는 시간이 지나서 나왔다. 하지만 이제는 코틀린을 원하는 사용자를 찾았다고 확신할 수 있고, 그런 사용자들이 앞으로도 계속 코틀린을 사용하리라 확신한다.

코틀린은 코틀린 개발 팀이 대부분 살고 있는 러시아의 상트페테르부르크^{St. Petersburg} 근처에 있는 섬 이름이다. 섬 이름을 언어 이름으로 선택하면서 우리는 자바와 실론^{Ceylon} 언어의 전통을 따랐다. 하지만 자바나 실론 대신 좀 더 고향에 가까운 섬을 택하기로 결정했다.

코틀린 정식 배포가 가까워짐에 따라 우리는 코틀린 언어를 설계하는 과정에 관여하고 코틀린 언어의 특성이 왜 현재의 모습이 되었는지에 대해 자신 있게 설명할 수 있는 사람들이 쓴 책이 한 권 있다면 사람들에게 많은 도움이 되리라 생각했다. 이 책은 그런 노력의 일환이며, 독자 여러분이 이 책을 통해 코틀린 언어를 더 잘 배우고 이해하기를 바란다. 여러분의 행운과 여러분이 항상 즐겁게 개발에 매진할 수 있기를 빈다!

| 감사의 글 |

무엇보다 새로운 언어를 만들자는 아이디어를 믿어주고 젯브레인스의 자원을 투자하기로 결정한 세르게이 디미트리프^{Sergey Dmitriev}와 막스 샤피로프^{Max Shafirov}에게 감사한다. 그들이 없었다면 코틀린 언어나 이 책 모두 세상에 없었을 것이다.

특별히 안드레이 브레스라프^{Andrey Breslav}에게 감사를 표하고 싶다. 코틀린에 대한 책을 쓰거나 코틀린으로 코딩하는 일이 즐거운 일이 된 데는 그의 공이 가장 컸다. 안드레이는 지속적으로 인원이 늘어난 코틀린 팀을 관리하면서도 우리에게 매우 도움이 되는 조언을 해줬다. 그리고 독자 여러분에게 이 책이 코틀린 언어의 리드 디자이너가 공인해준 책이라는 사실을 알리기 위해 안드레이는 흔쾌히 추천사를 써 줬다.

이 책을 쓰는 동안 계속 우리를 도와주고 읽기 쉽고 제대로 구조가 잡힌 책이 되도록 힘써준 매닝출판사 팀에 감사한다. 특히 우리의 바쁜 일정에 맞춰 시간을 쪼개 내어준 개발 편집자 댄 마하리^{Dan Maharry}에게 감사하며 마이클 스테판^{Michael Stephens}, 헬렌 스테기스^{Helen Stergius}, 케빈 실리반^{Kevin Sullivan}, 티파니 테일러^{Tiffany Taylor}, 엘리자베스 마틴^{Elizabeth Martin}, 마리아 투더^{Marija Tudor}에게도 감사드린다. 기술 감수자인 브렌트 왓슨^{Brent Watson}과 이거 우다^{Igor Wojda}의 소중한 조언과 책을 쓰는 과정에서 초고를 읽고 조언을 해준 리뷰어인 알렉산드로 캄프리스^{Alessandro Campeis}, 애밋 람바^{Amit Lamba}, 앤젤로 코스타^{Angelo Costa}, 보리스 바실^{Boris Vasile}, 브렌단 그렌거^{Brendan Grainger}, 칼빈 페르난데스^{Calvin Fernandes}, 크리스토퍼 바레이^{Christopher Bailey}, 크리스토퍼 보츠^{Christopher Bortz}, 코너 레드몬드^{Conor Redmond}, 다이안 스콧^{Dylan Scott}, 필립 프라비카^{Filip Pravica}, 제이슨 리^{Jason Lee}, 저스틴 리^{Justin Lee}, 케빈 오^{Kevin Orr}, 니콜라스 프란켈^{Nicolas Frankel}, 파웰 가다^{Pawet Gajda}, 로날드 티쉴라^{Ronald Tischliar}, 팀 라버스^{Tim Lavers}에게 감사드린다. 또한 이 책을 MEAP 프로그램으로 진행하는 동안 피드

백을 제공해주거나 이 책의 포럼에 글을 남겨준 여러 독자에게도 감사드린다. 여러분의 조언을 바탕으로 이 책을 더 향상시킬 수 있었다.

이 책을 쓰는 내내 "한 절 더 끝났음!"과 같은 일간 보고를 계속 들어야만 했던 전체 코틀린 팀원들에게도 감사드린다. 이 책을 기획하고 초고를 쓰는 동안 도움을 준 여러 동료들, 특히 일리아 리즈헨코프[Ilya Ryzhenkov], 하디 하리리[Hadi Hariri], 미하엘 글루클히크흐[Michael Glukhikh], 일리아 고르부노프[Ilya Gorbunov]에게 감사드린다. 또한 항상 우리를 지원해주고 (심지어 휴가 기간에 스키 리조트에서) 본문을 읽고 피드백을 제공해준 친구 레프 세레브리아코프[Lev Serebryakov], 파벨 니콜라에프[Pavel Nikolaev], 알리사 아포니나[Alisa Afonina]에게 감사한다.

마지막으로 우리 가족들과 고양이들에게 이 세상을 더 나은 곳으로 만들어준 것에 대해 감사한다.

| 옮긴이 소개 |

오현석(enshahar@gmail.com)

모빌리티42 이사로 일하면서 매일 고객의 요청에 따라 코드를 만드는 현업 개발자다. 어릴 때 처음 컴퓨터를 접하고 매혹된 후 경기과학고, KAIST 전산학과(프로그래밍 언어 전공 석사)를 거치면서 계속 컴퓨터를 사용해왔다.

직장에서는 주로 코틀린이나 자바를 사용한 서버 프로그래밍을 하고, 주말이나 여가 시간에는 번역을 하거나 공부를 하면서 즐거움을 찾는다.

『핵심 코틀린 프로그래밍』(에이콘, 2023)의 저자며 『코어 파이썬 애플리케이션 프로그래밍』(에이콘, 2014)을 시작으로 『Kotlin in Action』(에이콘, 2017), 『아토믹 코틀린』(길벗, 2023), 『코딩 좀 아는 사람』(월북, 2023) 등 30여 권의 책을 번역했다.

학교 특히 대학원에서는 컴파일러와 함수형 프로그래밍을 주로 공부했지만, 회사에 들어온 후 자바와 C, C++ 개발을 10여년 진행해 왔다. 호주로 오고 나서 스칼라를 접했고 함수형 프로그래밍이라는 말이 여러 프로그래머 사이에 회자되는 모습을 보면서 격세지감을 느끼기 시작했다. 스칼라를 공부하면서 90년대 초중반 학교에서 공부했던 내용을 JVM 환경에 잘 버무린 스칼라 언어 특징을 지켜보며 스칼라를 설계한 마틴 오더스키에게 경탄했다. 스칼라가 주는 간결한 코드의 매력에 푹 빠져 계속 공부를 하면서 고차 함수를 넘어서는 타입 시스템이나 고계 타입^{higher-kinded type} 등을 스칼라로 구현한 스칼라 제드나 CAT 등의 라이브러리도 살펴봤다. 타입을 활용한 강력한 추상화는 하스켈이나 스칼라 등 하드코어 함수형 프로그래밍 언어의 마약과도 같은 장점이긴 하지만, 실무에서 그런 기능으로 버무려 둔 코드가 얼마나 유지 보수성이 있을까 하는 의문이 머릿속을 떠나지 않았다. 기능을 추가하고 더 고차원적인 추상화를 가능케 하기보다는 오히려 기능을 제약하고 추상화 방법을 제한하되 초보부터 고수까지 다 이해하기 쉽고 유지 보수하기 쉬운 언어를 만들어야 하는 게 아닐까? 2014년 애플이 스위프트를 발표하고, 비슷한 때 코틀린이라는 언어가 우연히 시야에 들어왔다. 두 언어는 각각 오브젝티브 C와 자바라는 언어를 개선하면서도 스칼라처럼 너무 큰 변화를 추구하지는 않는 실용적인 접근 방식을 택한 언어라는 점과, 널 가능성 처리와 람다 구문 등에서 비슷한 점이 많았다. 어쩌면 스칼라가 택한 접근 방법보다는 스위프트나 코틀린이 택한 접근 방법이 현실적으로 적용하기엔 더 쉽지 않을까 하는 생각으로 관심을 갖고 코틀린을 지켜봤다. 특히 안드로이드라는 환경이 중요하고 개발자들이 따로 공부에 투자할 시간이 절대적으로 부족한 한국의 현실에서는 코틀린이 더욱 쓸모가 있을 것 같았다. 그리고 코틀린이

2017년 안드로이드 공식 언어가 되면서 한국에서도 코틀린에 대한 관심이 폭발적으로 늘어나는 모습을 볼 수 있었다.

언어적으로 볼 때 코틀린은 그다지 새로운 언어가 아니다. 코틀린이 제공하는 여러 기능을 살펴보면 정말 자바를 개선하기 위해 많은 부분에서 고민을 했다는 느낌이 많이 든다. 학술적으로 가치가 있거나 소위 힙스터 프로그래머들의 관심을 끌 만한 기능은 거의 없다. 함수를 표현하는 인터페이스로 데이터 타입이나 함수를 표현해서 객체지향 과 통합하는 방법 등은 이제 다양한 언어에서 채용하고 있는 잘 알려진 기법이다. 모나 드를 쉽게 활용할 수 있게 해주는 for 컴프리핸션이나 패턴 매치, 고계 타입$^{higher-kinded type}$ 등 함수형 프로그래밍 언어에서는 당연히 제공하는 기능도 아직 제공하지 않는다. 하지만 '방망이 깎던 노인'이 방망이를 깎던 것처럼 여러 해 동안 실제 IDE 개발에 코틀 린을 사용하면서 얻은 피드백을 바탕으로 이해하기 쉽고 개발자 손에 착 달라붙으면서도 기존 자바 소스와 함께 사용하기 편리한 언어를 만들어냈다. 코틀린이 자바에 추가한 여러 기능은 커다란 추가 런타임 라이브러리가 필요할 정도로 양이 많지는 않지만, 자바 의 가려움을 긁어줄 만한 내용들이 들어있다. 그러면서도 너무 복잡하거나 너무 어렵지 는 않아 다양한 수준의 개발자가 함께 참여해야 하는 실전 프로젝트에서 사용하기에 딱 좋다. 게다가 기존 자바 라이브러리와의 호환성을 중시하면서 개발해 왔기 때문에 상대적으로 JVM에서 기존 자바 에코시스템을 활용하기 쉽다는 장점도 있다. 어쩌면 코 틀린은 최신 언어라고 부르기엔 너무 구식 특성만을 가진 언어일지도 모른다. 그러나 대규모 개발과 유지 보수성, 기존 자바 시스템과의 호환성 등을 고려해본다면 가장 강력 한 자바 대체재라고 볼 수 있다.

이 책은 코틀린 언어를 개발하는 젯브레인스 개발자가 직접 쓴 책이다. 물론 이 책은 코틀린에 대해 자세히 설명한다. 그런데 코틀린의 특성을 설명할 때마다 그 특성을 자바 쪽에서는 어떻게 사용해야 하고, 이때 어떤 주의 사항이 있는지 설명한다는 점이 특이하 다. 이는 코틀린을 설계한 사람들의 머릿속에 자바 호환성이 아주 중요하게 자리 잡고 있음을 보여준다. 한편 이 책은 코틀린 기능들이 서로 어떻게 연관되고 이를 어떻게 활용할 수 있는지 설명해준다. 특히 확장 함수와 수신 객체 지정 람다, 그리고 그런 기능을 DSL에 적용하는 모습을 살펴보면 한편의 아름다운 시를 볼 때처럼 아름다움을 느낄 수 있다. 여러분도 이 책을 읽고 나면 비슷한 느낌을 받을 수 있을 것이다.

아무쪼록 이 책을 통해 코틀린이 여러분 손에 착 달라붙는 제대로 깎은 방망이처럼 작업할 때 편하게 사용할 수 있는 도구로 자리 잡길 바란다. 그리고 코틀린을 통해 늘어난 생산성만큼 독자 여러분이 좀 더 여유 있는 저녁이 있는 삶을 누릴 수 있게 되길 바란다.

옮긴이 사정으로 늦어진 번역 일정에 맞춰 추석 연휴도 잊고 수고해 주신 에이콘출판사의 권성준 사장님과 황영주 상무님, 조유나, 박창기 님과 베타 리더로 여러 조언을 보내준 안세원 님께 감사드린다.

– 브리즈번에서 **오현석**

| 차례 |

1부   코틀린 소개

1장   코틀린이란 무엇이며, 왜 필요한가?   35

| 들어가며 |

『Kotlin in Action』은 독자에게 코틀린 언어를 가르쳐주고 자바 가상머신과 안드로이드에서 실행되는 애플리케이션을 코틀린으로 작성하는 방법을 알려준다. 이 책은 코틀린 언어의 기본 특성으로부터 시작해서 코틀린의 독특한 측면을 자세히 다룬다. 그런 부분으로는 고수준 추상화나 영역 특화 언어^{DSL, Domain Specific Language}를 작성할 때 쓸 수 있는 특성이 있다. 이 책은 코틀린과 기존 자바 프로젝트를 통합하는 일에 큰 관심을 기울이며, 독자 여러분이 현재 작업 환경에 더 쉽게 코틀린을 도입할 수 있도록 돕는다.

이 책은 코틀린 1.0과 1.1(이 책이 나온 2016년 기준으로는 개발 중이었음. 2022년 2월 초 최신 버전은 1.6.10)에 초점을 맞춘다. 1.1과 그 이전 버전의 차이가 있는 부분은 본문에서 따로 언급하지만, 개발 중인 내용은 일부 다루지 못한 부분이 있다. 새로운 기능이나 변경 사항에 대해서는 https://kotlinlang.org에 있는 온라인 문서를 참고하라.

이 책의 대상 독자

『Kotlin in Action』은 어느 정도 자바 경험이 있는 개발자를 주요 대상으로 한다. 코틀린은 자바에 있는 여러 개념과 기법 위에 만들어졌고, 이 책은 독자들이 코틀린을 빠르게 배울 수 있도록 독자들의 기존 지식을 활용한다. 자바를 배운 지 얼마 되지 않았거나 C#이나 자바 스크립트와 같은 다른 언어에 대한 경험은 있지만 자바를 잘 모르는 독자들은 코틀린과 JVM의 상호작용의 복잡한 측면을 이해하기 위해 다른 자료가 필요할 것이다. 하지만 그런 독자라도 여전히 이 책을 사용해 코틀린을 배울 수 있다. 우리는 코틀린 언어 전체를 다루며, 특별히 구체적인 영역에 초점을 맞추지는 않는다. 따라서 이 책은 서버 개발자나 안드로이드 개발자, 또는 JVM에서 실행될 프로젝트를 구축하는 모든 개발자에게 도움이 될 것이다.

이 책의 구성

이 책은 2부로 구성했고, 1부에서는 코틀린을 기존 라이브러리나 API와 함께 사용하는 방법을 설명한다.

- 1장에서는 코틀린의 핵심 목표, 가치, 적용 영역을 알려준다. 또한 코틀린 코드를 실행하는 여러 가지 방법을 보여준다.
- 2장에서는 모든 코틀린 프로그램의 핵심 요소인 제어 구조, 변수, 함수 선언 등을 설명한다.
- 3장에서는 코틀린에서 함수를 정의하는 방법을 자세히 다루고, 확장 함수extension function와 프로퍼티property 개념을 소개한다.
- 4장에서는 클래스 선언에 초점을 맞춰 설명하고, 데이터 클래스data class와 동반 객체companion object에 대해 다룬다.
- 5장에서는 코틀린 람다lambda 사용법을 설명하고 람다를 사용하는 코틀린 표준 라이브러리 함수를 몇 가지 보여준다.
- 6장에서는 코틀린 타입 시스템에 대해 다룬다. 특히 널 가능성nullability과 컬렉션에 초점을 맞춰 설명한다.

2부에서는 코틀린을 활용해 API를 선언하고 추상화를 정의하는 방법을 알려주고, 코틀린 언어의 더 깊은 특성을 다룬다.

- 7장에서는 관례convention라는 원리를 설명한다. 관례는 미리 정해진 이름인 함수나 프로퍼티에 특별한 의미를 부여한다. 또한 위임 프로퍼티delegated property라는 개념을 소개한다.

- 8장에서는 함수를 파라미터로 받거나 함수를 반환하는 함수인 고차 함수를 선언하는 방법을 설명한다. 또한 인라인 함수 개념을 소개한다.
- 9장에서는 코틀린 제네릭스 개념을 자세히 다룬다. 먼저 기본 문법을 설명하고 실체화한^{reified} 타입 파라미터나 타입 변성^{type variance}과 같은 더 어려운 주제를 설명한다.
- 10장에서는 제이키드^{JKid}라는 실전에 가능한 작은 JSON 직렬화 라이브러리를 통해 애너테이션과 리플렉션의 사용법을 다룬다.
- 11장에서는 영역 특화 언어 DSL 개념을 소개하고, 코틀린의 DSL 지원 기능을 설명하며, 여러 DSL 예제를 살펴본다.

또한 5개의 부록이 있다. 부록 A에서는 그레이들^{Gradle}, 메이븐^{Maven}, 앤트^{Ant}에서 코틀린 코드를 빌드하는 방법을 설명한다. 부록 B에서는 코틀린 모듈에 대해 문서화 주석을 사용하는 방법과 API 문서를 생성하는 방법을 알려준다. 부록 C에서는 코틀린 에코시스템에 있는 여러 라이브러리나 프레임워크를 소개하고 최신 정보를 온라인에서 얻는 방법을 알려준다. 부록 D~F는 한국어판에만 추가한 것으로 현재(2022년 2월)까지 코틀린의 변화를 정리하고, 코루틴과 코틀린/JS 개발에 대해 소개한다.

이 책은 전체를 차례대로 읽을 때 가장 효과가 좋다. 하지만 관심 분야를 다루는 장을 찾아서 읽거나 잘 모르는 개념을 마주칠 때 색인을 통해 필요한 부분을 찾아보면서 이 책을 활용하는 것도 좋다.

표기법과 소프트웨어 다운로드

본문에서는 다음과 같이 여러 요소를 표기한다.

- 새로운 용어를 제시할 때 고딕체를 쓴다.
- 코드 샘플이나 함수, 클래스 이름 등의 코드 식별자에 고정폭 글꼴^{fixed-width font}을 쓴다.

- 코드 리스트나 중요한 개념에 대해 자세한 설명을 추가하기도 한다.

이 책에서는 코드와 출력을 함께 표시하는 경우가 많다. 코드와 출력을 함께 표시하는 경우 출력을 만들어내는 코드 앞에 >>>를 붙이며, 출력은 그대로 표시한다.

```
>>> println("Hello World")
Hello World
```

예제 중 일부는 제대로 실행할 수 있는 프로그램이지만, 일부는 어떤 개념을 보여주기 위해 채택한 코드 조각으로 생략한 부분이 있거나(...로 표시) 문법 오류가 있는 경우도 있다(본문이나 예제에서 그런 오류에 대해 알려준다). 실행 가능한 예제는 www.manning.com/books/kotlin-in-action 웹사이트에서 .zip 압축 파일로 다운로드할 수 있다. 또한 http://try.kotlinlang.org에 있는 온라인 코틀린 환경에도 이 책의 모든 예제를 찾아볼 수 있고, 클릭 몇 번만으로 원하는 코드를 실행해볼 수 있다. 에이콘출판사의 도서정보 페이지 http://www.acornpub.co.kr/book/kotlin-in-action에서도 예제 코드를 다운로드할 수 있다.

저자 온라인

『Kotlin in Action』을 구매한 독자는 매닝 출판사가 운영하는 비공개 웹 포럼에 무료로 접근할 수 있다. 그 포럼에서 그 책의 저자를 만날 수 있으며, 기술적인 질문을 하거나, 저자나 다른 사용자들의 도움을 받을 수도 있다. 포럼에 가입하고 접근하려면 http://www.manning.com/books/kotlin-in-action을 웹브라우저로 열어보라. 그 페이지에는 등록 후 포럼에 들어가는 방법과 포럼이 어떤 도움을 제공하는지에 대한 설명이 있으며, 포럼에 들어간 사람이 지켜야 할 행동 강령도 있다.

저자와 독자들이 의미 있는 대화를 할 있는 장소를 제공하는 것은 매닝 출판사가 독자들에게 제공하는 헌신이다. 하지만 저자들이 포럼에 일정한 시간을 꼭 할애해야 하는 것은 아니다. 그들은 순전히 선의에 의해 (그리고 아무 대가도 없이) 포럼에 기여한다.

여러분이 흥미로운 질문을 던지지 않는다면 저자의 관심은 점점 사그라질 것이다!

기타 온라인 자료

활발한 코틀린 언어 온라인 커뮤니티가 있다. 따라서 질문이 있거나 동료 코틀린 사용자와 이야기하고 싶은 독자는 다음 링크를 방문해보라.

- **공식 코틀린 포럼**: https://discuss.kotlinlang.org
- **슬랙**^{Slack} **채팅**: http://kotlinlang.slack.com (http://kotlinslackin.herokuapp.com에서 초대를 받을 수 있음)
- **스택 오버플로우**^{Stack Overflow}**의 코틀린 태그**: http://stackoverflow.com/questions/tagged/kotlin
- **코틀린 레딧**^{Reddit}: http://www.reddit.com/r/Kotlin
- **페이스북 한국 코틀린 사용자 그룹**: www.facebook.com/groups/kotlinkr/
- **한국 코틀린 사용자 슬랙 채팅**: http://kotlinkr.slack.com/ (https://kotlinkr.herokuapp.com/에서 초대를 받을 수 있음)

Part 1

코틀린 소개

1부의 목표는 독자들이 기존 API를 사용하는 생산성이 더 높은 코틀린^{Kotlin} 코드를 이해하게 돕는 것이다. 1장에서는 코틀린의 일반적인 특성을 설명한다. 2장~4장에서는 대부분의 자바 프로그래밍의 기본 개념(문장, 함수, 클래스, 타입)에 해당하는 코틀린 코드를 배우고, 코틀린 언어가 각 개념을 얼마나 풍성하게 만들었는지 살펴본다. 그 과정에서 기존 자바 지식과 자바-코틀린 변환기, IDE가 제공하는 코딩 지원 기능 등의 여러 도구를 활용하면 더 빠르게 코틀린을 배울 수 있다. 5장에서는 컬렉션을 다루는 등 프로그래밍에서 자주 해야 하는 작업을 람다를 사용해 얼마나 효율적으로 해결할 수 있는지 살펴본다. 마지막으로 6장에서는 코틀린의 가장 중요한 특성 중 하나인 null 값 처리 지원에 대해 살펴본다.

1

코틀린이란 무엇이며, 왜 필요한가?

코틀린^{Kotlin}은 무엇인가? 코틀린은 자바 플랫폼에서 돌아가는 새로운 프로그래밍 언어다. 코틀린은 간결하고 실용적이며, 자바 코드와의 상호운용성^{interoperability}을 중시한다. 현재 자바가 사용 중인 곳이라면 거의 대부분 코틀린을 활용할 수 있다. 대표적으로 서버 개발, 안드로이드 앱 개발 등의 분야에서 코틀린을 쓸 수 있다. 코틀린은 기존 자바 라이브러리나 프레임워크와 함께 잘 작동하며, 성능도 자바와 같은 수준이다. 1장에서는 코틀린의 주요 특성을 자세히 살펴본다.

1.1 코틀린 맛보기

코틀린의 특징을 보여줄 수 있는 작은 예제로 시작해보자. 이 예제에서는 Person이라는 클래스를 정의하고, 그 클래스를 사용해 사람을 모아둔 컬렉션^{collection}을 만들고, 가장 나이가 많은 사람을 찾아 결과를 출력한다. 코드는 아주 짧지만 그 안에서 여러 가지 흥미진진한 코틀린 언어의 특성을 발견할 수 있을 것이다. 나중에 찾아보기 쉽게 그런 특성을 몇 가지 표시해뒀다. 코드에 대해 간략하게 설명하겠지만, 지금 당장 코드를 명확히 이해할 수 없어도 걱정할 필요는 없다. 나중에 모든 내용을 자세히 설명한다.

　　http://try.kotl.in에 접속하면 이 예제를 가장 쉽고 빠르게 실행해볼 수 있다. 예제를 프로그램 입력 창에 쳐 넣고 실행^{Run} 버튼을 클릭하면 코드가 실행된다.

리스트 1.1 코틀린의 첫 인상

```
data class Person(val name: String,        ◀──── '데이터' 클래스     │ 널이 될 수 있는 타입(Int?)과
                  val age: Int? = null)  ◀────────                   │ 파라미터 디폴트 값

fun main(args: Array<String>) {  ◀──── 최상위 함수
    val persons = listOf(Person("영희"),
                         Person("철수", age = 29))  ◀──── 이름 붙인 파라미터

    val oldest = persons.maxBy { it.age ?: 0 }  ◀──── 람다 식과 엘비스 연산자
    println("나이가 가장 많은 사람: $oldest")  ◀──── 문자열 템플릿
}
                                                            toString 자동 생성
// 결과: 나이가 가장 많은 사람: Person(name=철수, age=29)  ◀──────
```

name과 age라는 프로퍼티^{property}가 들어간 간단한 데이터 클래스^{data class}를 정의한다. age 프로퍼티의 디폴트 값은 (따로 지정하지 않은 경우) null이다. 사람 리스트를 만들면서

영희의 나이를 지정하지 않았기 때문에 null이 대신 쓰인다. 리스트에서 가장 나이가 많은 사람을 찾기 위해 maxBy 함수를 사용한다. maxBy 함수에 전달한 람다 식^{lambda} ^{expression}은 파라미터를 하나 받는다. it이라는 이름을 사용하면 (별도로 파라미터 이름을 정의하지 않아도) 람다 식의 유일한 인자를 사용할 수 있다. 엘비스 연산자$^{Elvis\ operator}$라고 부르는 ?:는 age가 null인 경우 0을 반환하고, 그렇지 않은 경우 age의 값을 반환한다. 영희의 나이를 지정하지는 않았지만 엘비스 연산자가 null을 0으로 변환해주기 때문에 철수가 가장 나이가 많은 사람으로 선정될 수 있다.

방금 살펴본 코드가 맘에 드는가? 코틀린을 더 배우고 전문가가 되려면 이 책을 계속 읽기 바란다. 이 책뿐 아니라 여러분의 프로젝트 안에서도 조만간 코틀린 코드를 볼 수 있게 되기를 희망한다.

1.2 코틀린의 주요 특성

이제 코틀린이 어떤 언어인지에 대해 약간의 감을 잡았을 것이다. 코틀린의 핵심 특성을 좀 더 자세히 알아보자. 먼저 코틀린을 통해 어떤 종류의 애플리케이션을 만들 수 있는지 살펴보자.

1.2.1 대상 플랫폼: 서버, 안드로이드 등 자바가 실행되는 모든 곳

코틀린의 주목적은 현재 자바가 사용되고 있는 모든 용도에 적합하면서도 더 간결하고 생산적이며 안전한 대체 언어를 제공하는 것이다. 자바는 아주 유명하며, 스마트카드(자바 카드$^{Java\ Card}$ 기술)로부터 구글^{Google}, 트위터^{Twitter}, 링크드인^{LinkedIn} 등 세계적인 규모의 인터넷 기업이 활용 중인 큰 데이터 센터에 이르기까지 다양한 환경에서 사용되고 있다. 그런 환경 중 대다수는 코틀린을 도입하면 더 적은 코드로 더 편하게 프로그래머의 목표를 달성할 수 있을 것이다.

코틀린을 활용할 수 있는 가장 일반적인 영역은 다음과 같다.

- 서버상의 코드(특히 웹 애플리케이션의 백엔드^{backend})
- 안드로이드 디바이스에서 실행되는 모바일 애플리케이션

하지만 코틀린은 다른 환경에서도 잘 작동한다. 예를 들어 인텔의 멀티OS 엔진^{Intel Multi-OS Engine}(https://software.intel.com/en-us/multi-os-engine)을 사용하면 코틀린을 iOS 디바이스에서 실행할 수 있다. 데스크탑 애플리케이션을 작성하고 싶다면 코틀린과 토네이도FX^{TornadoFX}(https://github.com/edvin/tornadofx), 자바FX[1] 등을 함께 사용할 수 있다.

자바뿐 아니라 자바스크립트로도 코틀린을 컴파일할 수 있다. 따라서 코틀린 코드를 브라우저나 노드에서 실행할 수 있다. 2017년 3월 1일 발표된 코틀린 1.1부터는 자바스크립트를 공식적으로 지원한다. 다만 이 책에서는 자바와 관련된 부분을 집중적으로 설명한다. 젯브레인스^{JetBrains}는 코틀린 네이티브 백엔드를 개발 중이다(https://github.com/JetBrains/kotlin-native).

코틀린이 정한 목표 영역은 상당히 광범위하다. 코틀린은 어느 한 문제 영역만을 해결하거나 오늘날 소프트웨어 개발이 처한 어려움 중 일부만을 다루기 위한 언어가 아니다. 대신 코틀린은 개발 과정에서 수행해야 하는 모든 과업에 있어 폭넓게 생산성을 향상시켜준다. 코틀린은 구체적인 영역의 문제를 해결하거나 특정 프로그래밍 패러다임을 지원하는 여러 라이브러리와 아주 잘 융합된다. 이제 프로그래밍 언어로서 코틀린이 갖는 몇 가지 핵심 특성을 살펴보자.

1.2.2 정적 타입 지정 언어

자바와 마찬가지로 코틀린도 **정적 타입**^{statically typed} 지정 언어다. 정적 타입 지정이라는 말은 모든 프로그램 구성 요소의 타입을 컴파일 시점에 알 수 있고 프로그램 안에서 객체의 필드^{field}나 메서드^{method}를 사용할 때마다 컴파일러가 타입을 검증해준다는 뜻이다. 이런 점은 다른 **동적 타입**^{dynamically typed} 지정 언어와는 다르다. JVM에서는 그루비

---

1. 『자바FX: 자바 FX 시작하기(JavaFX: Getting Started with JavaFX)』, 오라클, http://mng.bz/500y

Groovy나 JRuby가 대표적인 동적 타입 지정 언어다. 동적 타입 지정 언어에서는 타입과 관계없이 모든 값을 변수에 넣을 수 있고, 메서드나 필드 접근에 대한 검증이 실행 시점에 일어나며, 그에 따라 코드가 더 짧아지고 데이터 구조를 더 유연하게 생성하고 사용할수 있다. 하지만 반대로 이름을 잘못 입력하는 등의 실수도 컴파일 시 걸러내지 못하고 실행 시점에 오류가 발생한다.

한편 자바와 달리 코틀린에서는 모든 변수의 타입을 프로그래머가 직접 명시할 필요가 없다. 대부분의 경우 코틀린 컴파일러가 문맥으로부터 변수 타입을 자동으로 유추할수 있기 때문에 프로그래머는 타입 선언을 생략해도 된다. 가장 간단한 예는 다음과같다.

```
var x = 1
```

여기서는 변수를 정의하면서 정수 값으로 초기화한다. 코틀린은 이 변수의 타입이 Int임을 자동으로 알아낸다. 컴파일러가 문맥을 고려해 변수 타입을 결정하는 이런 기능을 **타입 추론**type inference이라고 부른다.

정적 타입 지정의 장점은 다음과 같다.

- **성능** 실행 시점에 어떤 메서드를 호출할지 알아내는 과정이 필요 없으므로 메서드 호출이 더 빠르다.
- **신뢰성** 컴파일러가 프로그램의 정확성correctness을 검증하기 때문에 실행 시 프로그램이 오류로 중단될 가능성이 더 적어진다.
- **유지 보수성** 코드에서 다루는 객체가 어떤 타입에 속하는지 알 수 있기 때문에 처음 보는 코드를 다룰 때도 더 쉽다.
- **도구 지원** 정적 타입 지정을 활용하면 더 안전하게 리팩토링refactoring 할 수 있고, 도구는 더 정확한 코드 완성 기능을 제공할 수 있으며, IDE의 다른 지원 기능도 더 잘 만들 수 있다

코틀린은 타입 추론을 지원하므로 정적 타입 지정 언어에서 프로그래머가 직접 타입을 선언해야 함에 따라 생기는 불편함이 대부분 사라진다.

코틀린의 타입 시스템을 더 자세히 살펴보면 여러분이 이미 잘 알고 있는 내용을 많이 발견할 수 있다. 클래스^{class}, 인터페이스^{interface}, 제네릭스^{generics}는 모두 자바와 비슷하게 작동한다. 따라서 여러분이 자바에 대해 아는 내용을 코틀린에서도 쉽게 적용할 수 있다. 하지만 몇 가지 새로운 점이 있다.

그중 가장 중요한 특성은 코틀린이 널이 될 수 있는 타입$^{nullable\ type}$을 지원한다는 점이다. 널이 될 수 있는 타입을 지원함에 따라 컴파일 시점에 널 포인터 예외$^{null\ pointer}$ ^{exception}가 발생할 수 있는지 여부를 검사할 수 있어서 좀 더 프로그램의 신뢰성을 높일 수 있다. 널이 될 수 있는 타입에 대해서는 1장의 뒷부분에서 간략히 살펴본 후 6장에서 더 자세히 설명한다.

코틀린의 타입 시스템에 있는 다른 새로운 내용으로는 함수 타입$^{function\ type}$에 대한 지원을 들 수 있다. 함수 타입이 무엇인가 알아보기 위해 함수형 프로그래밍^{functional} ^{programming}이 어떤 개념인지와 코틀린이 함수형 프로그래밍을 어떻게 지원하는지에 대해 먼저 알아보자.

1.2.3 함수형 프로그래밍과 객체지향 프로그래밍

자바 개발자인 독자라면 객체지향$^{object\ oriented}$ 프로그래밍의 핵심 개념을 잘 이해하고 있을 것이다. 하지만 그런 개발자에게도 함수형 프로그래밍은 새로운 개념일 수 있다. 함수형 프로그래밍의 핵심 개념은 다음과 같다.

- **일급 시민인**$^{first-class}$ **함수** 함수(프로그램의 행동을 나타내는 코드 조각)를 일반 값처럼 다룰 수 있다. 함수를 변수에 저장할 수 있고, 함수를 인자로 다른 함수에 전달할 수 있으며, 함수에서 새로운 함수를 만들어서 반환할 수 있다.
- **불변성**^{immutability} 함수형 프로그래밍에서는 일단 만들어지고 나면 내부 상태가 절대로 바뀌지 않는 불변 객체를 사용해 프로그램을 작성한다.

- **부수 효과**side effect **없음** 함수형 프로그래밍에서는 입력이 같으면 항상 같은 출력을 내놓고 다른 객체의 상태를 변경하지 않으며, 함수 외부나 다른 바깥 환경과 상호작용하지 않는 순수 함수pure function를 사용한다.

이런 핵심 개념을 사용하는 함수형 스타일로 프로그램을 작성하면 어떤 유익이 있을까? 첫째로 간결성을 들 수 있다. 함수형 코드는 그에 상응하는 명령형imperative 코드에 비해 더 간결하며 우아하다. (순수) 함수를 값처럼 활용할 수 있으면 더 강력한 추상화abstraction를 할 수 있고 강력한 추상화를 사용해 코드 중복을 막을 수 있다.

비슷한 작업을 수행하는 아주 비슷한 두 개의 코드 조각이 있다고 가정해보자(예를 들어 컬렉션에서 어떤 조건을 만족하는 원소를 찾는 작업을 생각할 수 있다). 하지만 그 두 코드 조각은 일부 세부 사항에서 차이가 난다(예를 들어 만족시켜야 하는 조건이 조금 다르다). 이 로직에서 공통부분을 따로 함수로 뽑아내고 서로 다른 세부 사항을 인자로 전달할 수 있다. 이런 인자는 그 자체가 함수다. 하지만 람다 식lambda expression이라 불리는 무명 함수anonymous function 구문을 사용하면 간결하게 그런 함수를 표현할 수 있다.

```
fun findAlice() = findPerson { it.name == "Alice" }    ◄────  findPerson에는 사람을 찾는
                                                              일반 로직이 들어가 있다.
fun findBob() = findPerson { it.name == "Bob" }    ◄────
                                                     중괄호(({)) 사이에 있는 코드 블록은
                                                     찾으려는 사람을 식별한다.
```

함수형 프로그래밍에서 얻을 수 있는 두 번째 유익은 다중 스레드를 사용해도 안전 safe multithreading하다는 사실이다. 다중 스레드 프로그램에서는 적절한 동기화 없이 같은 데이터를 여러 스레드가 변경하는 경우 가장 많은 문제가 생긴다. 불변 데이터 구조를 사용하고 순수 함수를 그 데이터 구조에 적용한다면 다중 스레드 환경에서 같은 데이터를 여러 스레드가 변경할 수 없다. 따라서 복잡한 동기화를 적용하지 않아도 된다.

마지막으로 함수형 프로그램은 테스트하기 쉽다. 부수 효과가 있는 함수는 그 함수를 실행할 때 필요한 전체 환경을 구성하는 준비 코드setup code가 따로 필요하지만, 순수 함수는 그런 준비 코드 없이 독립적으로 테스트할 수 있다.

일반적으로 말하자면 언어와 관계없이 함수형 스타일을 활용할 수 있다. 물론 자바에서도 함수형 프로그래밍이 가능하다. 그리고 함수형 프로그래밍 스타일을 이루는 여

러 요소는 좋은 프로그래밍 스타일이며, 장려할 만하다. 하지만 모든 언어가 함수형 프로그래밍을 편하게 사용하기에 충분한 라이브러리와 문법 지원을 제공하지는 않는다. 예를 들어 자바 8 이전의 자바에는 함수형 프로그래밍을 지원할 수 있는 기능이 거의 없었다. 코틀린은 처음부터 함수형 프로그래밍을 풍부하게 지원해 왔다. 그런 지원은 다음과 같다.

- 함수 타입을 지원함에 따라 어떤 함수가 다른 함수를 파라미터로 받거나 함수가 새로운 함수를 반환할 수 있다.
- 람다 식을 지원함에 따라 번거로운 준비 코드를 작성하지 않아도 코드 블록을 쉽게 정의하고 여기저기 전달할 수 있다.
- 데이터 클래스는 불변적인 값 객체^{value object}를 간편하게 만들 수 있는 구문을 제공한다.
- 코틀린 표준 라이브러리는 객체와 컬렉션을 함수형 스타일로 다룰 수 있는 API를 제공한다.

코틀린은 함수형 스타일로 프로그램을 짤 수 있게 지원하지만 함수형 프로그래밍 스타일을 강제하지는 않는다. 명령형 방식이 더 적합한 경우라면 함수형 프로그래밍으로 번거롭게 코드를 작성할 필요 없이 직접 변경 가능한 데이터와 부수 효과를 활용하는 함수를 사용해도 된다. 당연히 인터페이스와 클래스 계층 구조를 바탕으로 하는 프레임워크도 자바를 사용할 때와 마찬가지로 쉽게 쓸 수 있다. 코틀린으로 코드를 작성할 때는 객체지향과 함수형 접근 방법을 함께 조합해서 문제에 가장 적합한 도구를 사용하면 된다.

1.2.4 무료 오픈소스

코틀린 언어와 컴파일러, 라이브러리 및 코틀린과 관련된 모든 도구는 모두 오픈소스며, 어떤 목적에든 무료로 사용할 수 있다. 코틀린은 아파치^{Apache} 2 라이선스하에 제공된다.

개발은 깃허브^{GitHub}를 통해 이뤄지고 있으며(https://github.com/jetbrains/kotlin), 코틀린 프로그래밍 커뮤니티의 기여에 대해 열려있다. 코틀린 애플리케이션을 개발하고 싶은 경우 인텔리J 아이디어 커뮤니티 에디션$^{IntelliJ\ IDEA\ Community\ Edition}$, 안드로이드 스튜디오$^{Andriod\ Studio}$, 이클립스^{Eclipse} 같은 오픈소스 IDE를 활용할 수 있다(물론 인텔리J 얼티밋$^{IntelliJ\ Ultimate}$을 구입해 사용해도 된다).

이제 코틀린이 어떤 유형의 언어인지 이해했을 테니 코틀린을 실제로 구체적으로 적용할 경우 어떤 유익이 있는지 살펴보자.

1.3 코틀린 응용

앞에서 말했던 것처럼 주로 서버와 안드로이드 개발에서 코틀린이 널리 쓰이고 있다. 이 두 분야를 살펴보고 코틀린이 각 분야에 적합한 언어인 이유를 살펴보자.

1.3.1 코틀린 서버 프로그래밍

서버 프로그래밍은 상당히 광범위한 개념이다. 다음과 같은 응용 분야를 포함하는 여러 분야가 서버 프로그래밍에 포함된다.

- 브라우저에 HTML 페이지를 돌려주는 웹 애플리케이션
- 모바일 애플리케이션에게 HTTP를 통해 JSON API를 제공하는 백엔드^{backend} 애플리케이션
- RPC$^{원격 프로시저 호출}$ 프로토콜을 통해 서로 통신하는 작은 서비스들로 이뤄진 마이크로서비스

개발자들은 이런 애플리케이션을 수년간 자바로 개발해 오면서 이런 종류의 애플리케이션 개발에 도움을 줄 수 있는 기술과 프레임워크를 엄청나게 만들어왔다. 그런 애플리케이션을 독립적으로 맨 밑바닥부터 개발하는 경우는 거의 없다. 새로운 기술이나

프레임워크는 언제나 기존 프레임워크나 기술을 확장하고 개선하거나 대치하며, 이미 여러 해 동안 쓰여 온 기존 시스템과 새로운 코드를 통합해야만 한다.

이런 환경에서 자바 코드와 매끄럽게 상호운용할 수 있다는 점이 코틀린의 큰 장점이다. 코틀린은 새로운 컴포넌트를 작성하거나 기존 서비스 코드를 코틀린으로 이식해야 하는 경우에 모두 잘 들어맞는다. 자바 클래스를 코틀린으로 확장해도 아무 문제가 없으며, 코틀린 클래스 안의 메서드나 필드에 특정 (자바) 애너테이션^{annotation}을 붙여야 하는 경우에도 아무 문제가 없다. 그러면서도 시스템 코드는 더 간결해지고 더 신뢰성이 높아지며, 더 유지 보수하기 쉬워질 것이다.

동시에, 코틀린을 사용하면 몇 가지 새로운 기술을 활용해 서버 시스템을 개발할 수 있다. 예를 들어 코틀린의 빌더 패턴^{Builder pattern}을 활용하면 간결한 구문을 사용해 객체로 이뤄진 그래프^{graph}를 쉽게 구축하면서도 코틀린이 제공하는 완전한 추상화와 코드 재활용을 지속적으로 누릴 수 있다.

이런 특성을 사용하는 가장 간단한 예로 HTML 생성 라이브러리를 들 수 있다. HTML 생성 라이브러리는 외부 HTML 템플릿 라이브러리를 대신해 더 간결하면서 타입 검사를 완전히 지원하는 안전한 해법을 제공할 수 있다. 다음 예를 보자.

```
fun renderPersonList(persons: Collection<Person>) =
    createHTML().table {                              ◄━━┓
        for (person in persons) {                        ┃
            tr {                                      ◄━━┫   HTML 태그로
                td { +person.name }                   ◄━━┫   변환되는 함수들
                td { +person.age }                    ◄━━┛
            }
        }
    }
}
```

일반적인 코틀린 루프

이렇게 HTML 태그로 변환될 함수와 일반 코틀린 언어 기능을 쉽게 조합할 수 있다. 별도의 템플릿 언어를 사용할 필요가 없으므로 새로운 언어의 문법을 익힐 필요도 없다.

HTML 페이지를 생성하면서 코틀린 루프 등의 일반적인 코틀린 기능을 모두 활용할 수 있기 때문이다.

코틀린이 제공하는 깔끔하고 간결한 DSL 기능을 활용할 수 있는 다른 예로는 영속성 persistence 프레임워크를 들 수 있다. 예를 들어 익스포즈드 Exposed 프레임워크(https://github. com/jetbrains/exposed)는 SQL 데이터베이스의 구조를 기술할 수 있는 읽기 쉬운 DSL을 제공하며, 코틀린 코드만을 사용해 완전한 타입 검사를 지원하면서 데이터베이스 질의를 실행할 수 있다. 다음 코드는 익스포즈드에서 어떤 일이 가능한지 한 가지 예를 보여준다.

```kotlin
object CountryTable : IdTable() {
    val name = varchar("name", 250).uniqueIndex()
    val iso = varchar("iso", 2).uniqueIndex()
}

class Country(id: EntityID) : Entity(id) {
    var name: String by CountryTable.name
    var iso: String by CountryTable.iso
}

val russia = Country.find {
    CountryTable.iso.eq("ru")
}.first()

println(russia.name)
```

◀─ 데이터베이스 테이블에 대해 기술한다.

◀─ 데이터베이스 엔티티(entity)에 해당하는 클래스를 만든다.

◀─ 오직 코틀린 코드만으로 이 데이터베이스에 질의를 던질 수 있다.

이 책의 7.5절과 11장에서 이런 기법에 대해 더 자세히 살펴본다.

1.3.2 코틀린 안드로이드 프로그래밍

전형적인 모바일 애플리케이션은 전형적인 엔터프라이즈 애플리케이션과 아주 많이 다르다. 모바일 애플리케이션은 엔터프라이즈 애플리케이션보다 더 작고 기존 코드 기반과 새 코드를 통합할 필요도 더 적다. 또 모바일 애플리케이션은 보통 더 다양한 디바이스에 대해 서비스의 신뢰성을 보장하면서 더 빠르게 개발해 배포할 필요가 있다.

코틀린 언어의 특성과 안드로이드 프레임워크의 특별한 컴파일러 플러그인 지원을 조합하면 안드로이드 애플리케이션 개발의 생산성을 더 높이고 개발의 즐거움을 더할 수 있다. 컨트롤에 리스너를 추가하거나 레이아웃 요소를 필드와 바인딩하는 등의 흔한 안드로이드 개발 작업을 훨씬 더 적은 코드로 달성할 수 있고, 때로는 전혀 코드를 작성하지 않고 그렇게 할 수도 있다(컴파일러가 자동으로 필요한 코드를 생성해준다). 코틀린 팀이 만든 안코^{Anko} 라이브러리(https://github.com/kotlin/anko)는 안드로이드 API에 대한 코틀린 어댑터를 제공했으며, 현재는 구글의 젯팩 콤포즈$^{Jetpack\ Compse}$가 거의 비슷한 기능을 제공하고 있다.

다음은 안드로이드 개발에 코틀린을 사용하는 느낌을 보여주기 위한 간단한 안코 예제다. 이 코드를 Activity 안에 넣으면 그것만으로 간단한 안드로이드 애플리케이션이 완성된다.

```
verticalLayout {              ◄——— 단순한 텍스트 필드를 만든다.

    val name = editText()
                                          클릭 시 텍스트 필드의 값을
    button("Say Hello") {     ◄————      표시한다.

        onClick { toast("Hello, ${name.text}!") } ◄———
                                          버튼에 리스너를 추가하고
    }                                     토스트(표시 창)를 표시하는
                                          간결한 API다.
}
```

코틀린을 사용하면 얻을 수 있는 이익으로는 애플리케이션의 신뢰성이 더 높아진다는 점을 들 수 있다. 안드로이드 앱을 개발해 본 독자라면 '프로세스가 중단됨$^{Process\ Has\ Stopped}$' 대화상자를 본 일이 많을 것이다. 그 대화상자는 애플리케이션에서 처리되지 않는 예외(주로 NullPointerException)가 발생한 경우에 표시된다. 코틀린 타입 시스템은 null 값을 정확히 추적하며 널 포인터로 인해 생기는 문제를 줄여준다. 자바에서 NullPointerException을 일으키는 유형의 코드는 대부분 코틀린에서는 컴파일도 되지 않는다. 따라서 개발 중인 애플리케이션이 사용자에게 전달되기 전에 널 포인터 관련 오류를 수정할 수 있다.

한편 코틀린은 디폴트로 자바 8과 호환되고 자바 9~17 버전을 지원할 수 있다. 따라

서 호환성과 관련한 새로운 문제를 야기하지 않는다. 코틀린이 제공하는 새롭고 멋진 언어 기능을 사용해 프로그램을 작성해도 사용자의 디바이스에서 그 프로그램을 실행할 수 있다. 사용자의 디바이스에 최신 안드로이드가 탑재되지 않은 경우에도 말이다.

코틀린을 사용하더라도 성능 측면에서 아무 손해가 없다. 코틀린 컴파일러가 생성한 바이트코드는 일반적인 자바 코드와 똑같이 효율적으로 실행된다. 코틀린의 런타임 시스템은 상당히 작기 때문에 컴파일 후 패키징한 애플리케이션 크기도 자바 애플리케이션에 비해 그리 많이 늘어나지 않는다. 또한 대부분의 코틀린 표준 라이브러리 함수는 인자로 받은 람다 함수를 인라이닝^{inlining}한다. 따라서 람다를 사용해도 새로운 객체가 만들어지지 않으므로 객체 증가로 인해 가비지 컬렉션^{GC}이 늘어나서 프로그램이 자주 멈추는 일도 없다.

자바와 비교할 때 코틀린이 갖는 이점에 대해 설명했다. 이제 코틀린의 철학, 즉 다른 JVM 대상 언어와 코틀린을 구별 짓는 주요 특성에 대해 살펴보자.

1.4 코틀린의 철학

코틀린이 자바와의 상호운용성에 초점을 맞춘 실용적이고 간결하며 안전한 언어라고 설명하는 경우가 자주 있다. 그렇다면 실용성, 간결성, 안전성, 상호운용성은 각각 어떤 뜻일까? 각각에 대해 자세히 살펴보자.

1.4.1 실용성

코틀린은 실제 문제를 해결하기 위해 만들어진 실용적인 언어다. 코틀린 설계는 대규모 시스템을 개발해본 다년간의 IT업계 경험을 바탕으로 이뤄졌으며, 수많은 소프트웨어 개발자들의 사용에 잘 들어맞을 수 있게 주의 깊게 언어 특성을 선택했다. 더 나아가 젯브레인스나 코틀린 커뮤니티 내부의 개발자들이 다년간 코틀린 초기 버전을 사용하면서 전달한 피드백이 현재 발표된 최종 코틀린 버전에 반영돼 있다. 그런 이유로 실제 프로젝트에서 문제를 해결할 때 코틀린이 도움이 되리라고 자신 있게 말할 수 있다.

코틀린은 연구를 위한 언어가 아니다. 최신 프로그래밍 언어 설계를 앞서 채택하거나 전산학계에서 연구 중인 혁신적인 아이디어를 코틀린을 통해 탐구하려고 하지 않는다. 대신 코틀린은 다른 프로그래밍 언어가 채택한 이미 성공적으로 검증된 해법과 기능에 의존한다. 이로 인해 언어의 복잡도가 줄어들고 이미 알고 있는 기존 개념을 통해 코틀린을 더 쉽게 배울 수 있다.

거기에 코틀린은 어느 특정 프로그래밍 스타일이나 패러다임을 사용할 것을 강제로 요구하지 않는다. 코틀린을 처음 배우는 사람은 자바에서 사용해 온 익숙한 프로그래밍 스타일이나 기법을 활용할 수 있다. 나중에 코틀린의 더 강력한 특성을 발견하고 그런 특성을 자신의 코드에 적용하는 방법을 배우고 나면 그 특성을 잘 활용해서 간결하게 코드를 작성할 수 있다.

실용성에 있어 코틀린의 다른 측면은 도구를 강조한다는 점이다. 좋은 언어만큼이나 편리한 개발 환경도 생산성 향상에 필수적이다. 따라서 언어를 먼저 설계한 다음에 IDE 지원에 대해 고민해서는 안 된다. 코틀린의 경우 인텔리J 아이디어의 개발과 컴파일러의 개발이 맞물려 이뤄져 왔다. 그리고 코틀린 언어의 특성은 항상 도구의 활용을 염두에 두고 설계돼 왔다.

코틀린의 여러 특성을 배울 때도 IDE의 코틀린 언어 지원이 중요한 역할을 한다. 흔히 쓰이지만 더 간결한 구조로 바꿀 수 있는 대부분의 코드 패턴을 도구가 자동으로 감지해서 수정하라고 제안한다. 이런 자동 수정 안내를 살펴보면서 코틀린 언어의 특성을 잘 이해하면 여러분 자신의 코드에 그런 특성을 적용하는 방법을 배울 수 있다.

1.4.2 간결성

개발자가 코드를 새로 작성하는 시간보다 기존 코드를 읽는 시간이 더 길다는 사실이 잘 알려져 있다. 여러분이 큰 프로젝트를 수행하는 팀에 속해 있고, 프로젝트에서 만들어 낸 소프트웨어의 버그를 수정해야 한다고 가정해보자. 가장 먼저 해야 할 일은 무엇일까?

수정해야만 하는 부분이 어딘지 먼저 알아내야 한다. 그래야만 버그를 수정할 수 있다. 수정할 부분을 찾고 어떻게 고쳐야 할지 알아내려면 엄청난 양의 코드를 읽어야 한다. 최근에 동료가 그 코드를 작성했을 수도 있고, 이미 프로젝트에서 손을 뗀 어떤 사람이 예전에 그 코드를 작성했을 수도 있으며, 여러분 스스로 작성했지만 아주 오래전에 쓴 코드일 수도 있다. 버그와 관련된 여러 코드를 두루두루 살펴본 뒤에야 코드를 제대로 수정할 수 있다.

코드가 더 간단하고 간결할수록 내용을 파악하기가 더 쉽다. 물론 설계가 좋고 각 부분의 역할을 잘 표현해주는 적절한 이름이 붙어있다면 내용을 파악할 때 큰 도움이 된다. 그러나 어떤 언어를 사용해 코드를 작성했고 그 언어가 얼마나 간결한 언어인지도 중요하다. 어떤 언어가 간결하다는 말은 그 언어로 작성된 코드를 읽을 때 의도를 쉽게 파악할 수 있는 구문 구조를 제공하고, 그 의도를 달성하는 방법을 이해할 때 방해가 될 수 있는 부가적인 준비 코드가 적다는 뜻이다.

코틀린을 만들면서 프로그래머가 작성하는 코드에서 의미가 없는 부분을 줄이고, 언어가 요구하는 구조를 만족시키기 위해 별 뜻은 없지만 프로그램에 꼭 넣어야 하는 부수적인 요소를 줄이기 위해 많은 노력을 기울였다. 게터getter, 세터setter, 생성자 파라미터를 필드에 대입하기 위한 로직 등 자바에 존재하는 여러 가지 번거로운 준비 코드를 코틀린은 묵시적으로 제공하기 때문에 코틀린 소스코드는 그런 준비 코드로 인해 지저분해지는 일이 없다.

코드가 불필요하게 길어지는 또 다른 이유는 컬렉션에서 원소를 찾는 것과 같은 일반적인 작업을 수행하기 위해 명시적으로 작성해야만 하는 코드의 양이 상당하기 때문이다. 다른 최신 언어와 마찬가지로 코틀린은 기능이 다양한 표준 라이브러리를 제공하기 때문에 반복되거나 길어질 수 있는 코드를 라이브러리 함수 호출로 대치할 수 있다. 코틀린은 람다를 지원하기 때문에 작은 코드 블록을 라이브러리 함수에 쉽게 전달할 수 있다. 따라서 일반적인 기능을 라이브러리 안에 캡슐화하고 작업에 따라 달라져야 하는 개별적인 내용을 사용자가 작성한 코드 안에 남겨둘 수 있다.

반면 코틀린 설계 목표에는 소스코드를 가능한 짧게 만든다는 내용은 들어있지 않다. 예를 들어 코틀린은 연산자 오버로딩^{operator overloading}을 지원하지만, 언어가 제공하지 않는 연산자를 프로그래머가 정의할 수 있게 허용하지는 않는다. 따라서 라이브러리 개발자들은 어떤 메서드의 이름을 암호문처럼 보이는 기호만으로 이뤄진 연산자 식별자로 대치할 수 없다. 기호로 된 이름보다는 단어로 이뤄진 이름이 훨씬 더 읽거나 검색하기 쉽다.

코드가 더 간결하면 쓰는 데 시간이 덜 걸린다. 더 중요한 것은 읽는 데도 시간이 덜 걸린다는 점이다. 간결성은 여러분의 생산성을 향상시켜주고 개발을 더 빠르게 진행할 수 있게 해준다.

1.4.3 안전성

일반적으로 프로그래밍 언어가 안전하다는 말은 프로그램에서 발생할 수 있는 오류 중에서 일부 유형의 오류를 프로그램 설계가 원천적으로 방지해준다는 뜻이다. 물론 이는 절대적이지는 않다. 어떤 언어도 발생할 수 있는 모든 오류를 막을 수는 없다. 추가로 오류를 방지하는 데는 대가가 따르기 마련이다. 컴파일러에게 프로그램이 어떻게 작동해야 하는지에 대한 정보를 더 자세히 제공해야만 컴파일러가 프로그램 코드와 프로그램의 작동 의도에 대한 정보가 일치하는지를 검증할 수 있다. 따라서 더 큰 안전성을 얻기 위해서는 프로그램에 더 많은 정보를 덧붙여야 하므로 생산성이 하락하는 것을 감수해야 하며 안전성과 생산성 사이에는 트레이드오프^{trade off} 관계가 성립한다.

코틀린을 만들면서 자바보다 더 높은 수준의 안전성을 달성하되 전체 비용은 더 적게 지불하고 싶었다. 코틀린을 JVM에서 실행한다는 사실은 이미 상당한 안전성을 보장할 수 있다는 뜻이다. 예를 들어 JVM을 사용하면 메모리 안전성을 보장하고, 버퍼 오버플로^{overflow}를 방지하며, 동적으로 할당한 메모리를 잘못 사용함으로 인해 발생할 수 있는 다양한 문제를 예방할 수 있다. JVM에서 실행되는 정적 타입 지정 언어로서 코틀린은 애플리케이션의 타입 안전성을 보장한다. 하지만 자바보다 더 적은 비용으로 타입 안전성을 사용할 수 있다. 대부분의 경우 코틀린 컴파일러가 타입을 자동으로 추론해주기 때문에 여러분이 직접 타입 정보를 지정할 필요가 없다.

코틀린은 거기서 한걸음 더 나아가 실행 시점에 오류를 발생시키는 대신 컴파일 시점 검사를 통해 오류를 더 많이 방지해준다. 가장 중요한 내용으로 코틀린은 프로그램의 NullPointerException을 없애기 위해 노력한다. 코틀린의 타입 시스템은 null이 될 수 없는 값을 추적하며, 실행 시점에 NullPointerException이 발생할 수 있는 연산을 사용하는 코드를 금지한다. 이로 인해 추가로 들어가는 비용은 미미하다. 어떤 타입이 널이 될 수 있는지 여부를 표시하기 위해서는 오직 ? 한 글자만 추가하면 된다.

```
val s: String? = null        ◀──── 널이 될 수 있음
val s2: String = ""          ◀──── 널이 될 수 없음
```

추가로 코틀린은 널이 될 수 있는 값을 다룰 수 있는 편리한 방법을 다양하게 제공한다. 이런 기능은 애플리케이션이 NullPointerException으로 인해 갑자기 중단되는 경우를 많이 줄여준다.

코틀린이 방지해주는 다른 예외로는 ClassCastException이 있다. 어떤 객체를 다른 타입으로 캐스트^cast하기 전에 타입을 미리 검사하지 않으면 ClassCastException 이 발생할 수도 있다. 자바에서는 타입 검사와 그 직후 이뤄지는 타입 캐스트에서 같은 타입 이름을 반복 사용하는 것이 귀찮아서 타입 검사를 생략하는 개발자가 많다. 반면 코틀린에서는 타입 검사와 캐스트가 한 연산자에 의해 이뤄진다. 어떤 객체의 타입을 검사했고 그 객체가 그 타입에 속한다면 해당 타입의 메서드나 필드 등의 멤버를 별도의 캐스트 없이 사용할 수 있다. 따라서 타입 검사를 생략할 이유가 없고, 검사를 생략하지 않으면 검사를 생략해서 생기는 오류가 발생할 일도 없다. 다음은 이런 방식이 실제 어떻게 작동하는지를 보여준다.

```
if (value is String)  ◀──── 타입을 검사한다.
    println(value.toUpperCase())  ◀──── 해당 타입의 메서드를 사용한다.
```

1.4.4 상호운용성

상호운용성^{interoperability}과 관련해 자바 프로그래머들이 던지는 첫 번째 질문은 아마도 "기존 라이브러리를 그대로 사용할 수 있느냐?"일 것이다. 코틀린의 경우 그에 대한 답은 "물론 그렇다"이다. 라이브러리가 어떤 API를 제공하던 간에 코틀린에서 그 API를 활용할 수 있다. 자바 메서드를 호출하거나 자바 클래스를 상속^{inherit}(확장^{extend})하거나 인터페이스^{interface}를 구현^{implement}하거나 자바 애너테이션을 코틀린 코드에 적용하는 등의 일이 모두 가능하다.

다른 일부 JVM 언어와 달리 코틀린은 상호운용성 측면에서 훨씬 더 많은 것을 제공한다. 즉, 자바 코드에서 코틀린 코드를 호출할 때도 아무런 노력이 필요 없다. 자바에서 코틀린을 호출할 때 어떤 교묘한 장치도 필요 없다. 코틀린의 클래스나 메서드를 일반적인 자바 클래스나 메서드와 똑같이 사용할 수 있다. 이에 따라 자바와 코틀린 코드를 프로젝트에서 원하는 대로 섞어 쓸 수 있는 궁극적인 유연성을 발휘할 수 있다. 기존 자바 프로젝트에 코틀린을 도입하는 경우 자바를 코틀린으로 변환하는 도구를 코드베이스 안에 있는 자바 클래스에 대해 실행해서 그 클래스를 코틀린 클래스로 변환할 수 있다. 이렇게 변경한 클래스가 프로젝트 안에서 어떤 역할을 하는지와는 관계없이 코틀린으로 바꾼 클래스가 어떤 것이든 프로젝트의 나머지 부분을 전혀 수정하지 않고도 컴파일 및 실행이 가능하다.

상호운용성 측면에서 코틀린이 집중하는 다른 방향으로는 기존 자바 라이브러리를 가능하면 최대한 활용한다는 점을 들 수 있다. 예를 들어 코틀린은 자체 컬렉션 라이브러리를 제공하지 않는다. 코틀린은 자바 표준 라이브러리 클래스에 의존한다. 다만 코틀린에서 컬렉션을 더 쉽게 활용할 수 있게 몇 가지 기능을 더할 뿐이다(이런 식으로 기존 라이브러리를 확장하는 방법에 대해서는 3.3절에서 자세히 살펴본다). 이는 코틀린에서 자바 API를 호출할 때 객체를 감싸거나 변환할 필요가 없고, 자바에서 코틀린 API를 호출할 때도 마찬가지로 아무런 변환이 필요 없다는 뜻이다. 코틀린이 제공하는 풍부한 API는 실행 시점에 아무런 부가 비용을 야기하지 않는다.

코틀린이 제공하는 도구도 다중 언어 프로젝트를 완전히 지원한다. 코틀린은 자바와 코틀린 소스 파일이 임의로 섞여 있어도 제대로 프로그램을 컴파일할 수 있다. 각 소스 파일 사이의 의존관계가 어떤 식으로 이뤄졌든 관계없이 컴파일할 수 있다. IDE 기능도 언어와 관계없이 제대로 작동한다. 따라서 다음과 같은 동작이 가능하다.

- 자바와 코틀린 소스 파일을 자유롭게 내비게이션 할 수 있다.
- 여러 언어로 이뤄진 프로젝트를 디버깅하고 서로 다른 언어로 작성된 코드를 언어와 관계없이 한 단계씩 실행할 수 있다.
- 자바 메서드를 리팩토링해도 그 메서드와 관련 있는 코틀린 코드까지 제대로 변경된다. 역으로 코틀린 메서드를 리팩토링해도 자바 코드까지 모두 자동으로 변경된다.

이제 코틀린을 한번 검토해보고 싶다는 생각이 들었기를 바란다. 그렇다면 어떻게 코틀린을 사용할 수 있을까? 다음 절에서는 커맨드라인과 여러 다른 도구에서 코틀린 코드를 컴파일하고 실행하는 방법을 살펴본다.

1.5 코틀린 도구 사용

자바와 마찬가지로 코틀린도 컴파일 언어다. 따라서 코틀린 코드를 실행하기 전에 먼저 코드를 컴파일해야만 한다. 컴파일 과정이 어떻게 이뤄지며 그 과정에서 어떤 도구가 쓰이는지 자세히 살펴보자. 자신의 환경에 따른 컴파일러 설정 방법이 궁금하다면 코틀린 웹사이트의 '튜토리얼^{Tutorials}' 부분을 살펴보라(https://kotlinlang.org/docs/tutorials/).

1.5.1 코틀린 코드 컴파일

코틀린 소스코드를 저장할 때는 보통 .kt라는 확장자를 파일에 붙인다. 코틀린 컴파일러는 자바컴파일러가 자바 소스코드를 컴파일할 때와 마찬가지로 코틀린 소스코드를 분석해서 .class 파일을 만들어낸다. 만들어진 .class 파일은 개발 중인 애플리케이션의 유형에 맞는 표준 패키징 과정을 거쳐 실행될 수 있다. 가장 간단한 방식은 커맨드라인에서 kotlinc 명령을 통해 코틀린 코드를 컴파일한 다음 java 명령으로 그 코드를 실행하는 것이다.

```
kotlinc <소스파일 또는 디렉터리> -include-runtime -d <jar 이름>
java -jar <jar 이름>
```

그림 1.1은 코틀린 빌드 과정을 간단히 보여준다.

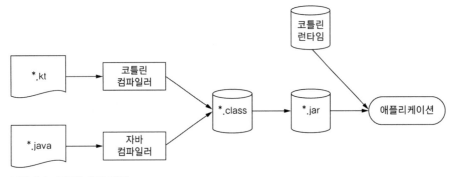

그림 1.1 코틀린 빌드 과정

코틀린 컴파일러로 컴파일한 코드는 코틀린 런타임 라이브러리^{kotlin runtime library}에 의존한다. 런타임 라이브러리에는 코틀린 자체 표준 라이브러리 클래스와 코틀린에서 자바 API의 기능을 확장한 내용이 들어있다. 코틀린으로 컴파일한 애플리케이션을 배포할 때는 런타임 라이브러리도 함께 배포해야 한다.

실제로 개발을 진행한다면 프로젝트를 컴파일하기 위해 메이븐^{Maven}, 그레이들^{Gradle}, 앤트^{Ant} 등의 빌드 시스템을 사용할 것이다. 코틀린은 그런 빌드 시스템과 호환된다. 그에 대해서는 부록 A를 보라. 이런 빌드 시스템은 모두 코틀린과 자바가 코드베이스에 함께 들어있는 혼합 언어 프로젝트를 지원할 수 있다. 메이븐과 그레이들은 애플리케이션을 패키지할 때 알아서 코틀린 런타임을 포함시켜준다.

1.5.2 인텔리J 아이디어와 안드로이드 스튜디오의 코틀린 플러그인

인텔리J 아이디어의 코틀린 플러그인은 코틀린 언어와 함께 개발돼 왔으며, 코틀린을 사용할 수 있는 개발 환경 중에서 가장 다양한 기능을 제공한다. 이 코틀린 플러그인은 안정화 단계며, 코틀린 개발에 필요한 모든 도구를 제공한다.

인텔리J 아이디어 15나 그 이후의 버전에는 코틀린 플러그인이 기본 포함돼 있다. 따라서 별도로 플러그인을 설치할 필요가 없다. 무료 오픈소스인 인텔리J 아이디어 커뮤니티 에디션을 사용해도 되고 상용인 인텔리J 아이디어 얼티밋을 사용해도 된다. 플러그인이 제대로 작동한다면 새 프로젝트^{New Project} 메뉴 선택 시 코틀린^{Kotlin}을 볼 수 있다.

안드로이드 스튜디오를 사용하는 독자라면 플러그인 관리자를 통해 코틀린 플러그인을 설치해야한다. 설정^{Settings} 대화상자에서 플러그인^{Prugins}을 선택한 다음에 젯브레인스 플러그인 설치^{Install JetBrains Plugin} 버튼을 클릭해서 표시되는 목록에 있는 코틀린^{Kotlin}을 선택하라.

1.5.3 대화형 셸

코틀린 코드를 빨리 시험해보고 싶다면 대화형 셸^{shell}을 사용하면 된다. 대화형 셸을 REPL(입력을 받아 값을 계산한 다음 결과 값을 출력하는 루프라는 뜻의 read-eval-print loop의 약자임)이라고도 부른다. REPL에서 코틀린 코드를 한 줄 입력하면 즉시 그 코드를 실행한 결과를 볼 수 있다. REPL을 시작하려면 `kotlinc` 명령을 아무 인자 없이 실행하거나 인텔리J 아이디어 플러그인의 메뉴(툴^{Tool} ❯ 코틀린 ❯ 코틀린 REPL)를 사용하면 된다.

1.5.4 이클립스 플러그인

이클립스 사용자도 이클립스 IDE에서 코틀린을 사용할 수 있다. 코틀린 이클립스 플러그인은 코드 완성이나 소스코드 내비게이션 등의 필수 기능을 제공한다. 이클립스 마켓플레이스^{Eclipse Marketplace}에서 코틀린 플러그인을 찾을 수 있다. 설치하려면 도움말^{Help} ❯

이클립스 마켓플레이스 메뉴를 선택한 다음 목록에서 코틀린을 검색하라.

1.5.5 온라인 놀이터

프로그램을 설치하거나 설정할 필요 없이 코틀린을 써볼 수 있는 아주 쉬운 방법이 있다. http://try.kotl.in/에는 웹상에서 코틀린 코드를 작성하고 컴파일한 다음 실행할 수 있는 온라인 놀이터가 있다. 이 놀이터에는 코틀린의 특성을 보여주는 여러 코드 예제와 이 책의 모든 예제가 들어있고, 코틀린을 대화식으로 배울 수 있는 연습문제인 코틀린 선문 답$^{Kotlin\ Koans}$도 있다.

1.5.6 자바-코틀린 변환기

새로운 언어를 배워 써먹을 만큼 숙련도를 높이려면 많이 노력해야 한다. 이 책에서는 여러분이 자바에 대해 알고 있는 지식을 바탕으로 코틀린을 더 빠르게 배워서 써먹을 수 있게 지름길을 마련해뒀다. 이 도구는 자동으로 자바를 코틀린으로 변환한다.

코틀린을 처음 배웠는데 정확한 코틀린 문법이 기억나지 않는 경우 이 변환기를 유용하게 써먹을 수 있다. 작성하고픈 코드를 자바로 작성해 복사한 후 코틀린 파일에 그 코드를 붙여 넣으면 변환기가 자동으로 같은 뜻의 코틀린 코드를 제안한다. 물론 변환기가 항상 가장 코틀린다운 코드를 제안해 주지는 못하지만 잘 작동하는 코틀린 코드를 알려주기 때문에 원하는 바를 코틀린으로 달성할 수 있다.

기존 자바 프로젝트에 코틀린을 도입하고 싶을 때 변환기를 사용하면 쓸모가 있다. 새 클래스를 작성할 필요가 있다면 처음부터 코틀린으로 그 클래스를 만들면 된다. 기존 클래스를 상당 부분 변경해야 한다면 자바 대신 코틀린을 사용하고 싶을 텐데 그런 경우 변환기를 사용하면 도움이 된다. 기존 자바 클래스를 먼저 코틀린으로 변환한 다음에 변환된 코틀린 코드를 변경하면 코틀린 기능을 활용할 수 있다.

인텔리J 아이디어에서 변환기를 사용하기는 쉽다. 자바 코드 조각을 변환하고 싶을 때는 자바 코드 조각을 복사해서 코틀린 파일에 붙여 넣는다. 자바 파일 하나를 통째로 코틀린으로 변환하고 싶으면 메뉴에서 코드^{Code} ➤ **자바 파일을 코틀린 파일로 변환**^{Convert Java File to Kotlin File}을 선택하면 된다. 이클립스나 웹에서도 변환기를 사용할 수 있다.

1.6 요약

- 코틀린은 타입 추론을 지원하는 정적 타입 지정 언어다. 따라서 소스코드의 정확성과 성능을 보장하면서도 소스코드를 간결하게 유지할 수 있다.

- 코틀린은 객체지향과 함수형 프로그래밍 스타일을 모두 지원한다. 코틀린에서는 일급 시민 함수를 사용해 수준 높은 추상화가 가능하고, 불변 값 지원을 통해 다중 스레드 애플리케이션 개발과 테스트를 더 쉽게 할 수 있다.

- 코틀린을 서버 애플리케이션 개발에 잘 활용할 수 있다. 코틀린은 기존 자바 프레임워크를 완벽하게 지원하는 한편, HTML 생성기나 영속화^{persistence}등의 일반적인 작업을 위한 새로운 도구를 제공한다.

- 코틀린을 안드로이드에도 활용할 수 있다. 코틀린의 런타임 라이브러리는 크기가 작고, 코틀린 컴파일러는 안드로이드 API를 특별히 지원한다. 그리고 코틀린의 다양한 라이브러리는 안드로이드에서 흔히 하는 작업에 사용할 수 있으면서 코틀린과 잘 통합될 수 있는 함수를 제공한다.

- 코틀린은 무료며 오픈소스다. 또한 주요 IDE와 빌드 시스템을 완전히 지원한다.

- 코틀린은 실용적이며 안전하고, 간결하며 상호운용성이 좋다. 이는 코틀린을 설계하면서 일반적인 작업에 대해 이미 잘 알려진 해법을 채택하고, NullPointerException과 같이 흔히 발생하는 오류를 방지하며, 읽기 쉽고 간결한 코드를 지원하면서 자바와 아무런 제약 없이 통합될 수 있는 언어를 만드는 데 초점을 맞췄다는 뜻이다.

2

코틀린 기초

2장에서는 모든 프로그램에서 필수 요소인 변수variable, 함수function, 클래스class 등을 코틀린에서 어떻게 선언하는지 살펴보고 프로퍼티property라는 개념을 배운다.

그 후 코틀린의 여러 제어 구조를 배운다. 대부분의 코틀린 제어 구조는 자바와 비슷하지만 몇 가지 중요한 개선이 이뤄졌다.

그런 다음 스마트 캐스트smart cast에 대해 설명한다. 스마트 캐스트는 타입 검사와 타입 캐스트cast, 타입 강제 변환을 하나로 엮은 기능이다. 마지막으로 예외 처리exception handling를 살펴본다. 2장을 다 읽고 나면 기본적인 코틀린 개념을 활용해 코드를 작성할 수 있다. 다만 여기서 배운 내용만으로 작성할 수 있는 코드는 코틀린다운 코드라고 부르기는 어렵다.

2.1 기본 요소: 함수와 변수

이번 절에서는 모든 프로그램을 구성하는 기본 단위인 함수와 변수를 살펴본다. 코틀린에서 타입 선언을 생략해도 된다는 사실을 보고, 코틀린이 어떻게 변경 가능한 데이터보다 변경할 수 없는 불변 데이터 사용을 장려하는지 배운다.

2.1.1 Hello, World!

이제는 고전이 된 예제인 'Hello, World!'를 찍는 프로그램으로 시작해보자. 코틀린에서는 함수 하나로 그런 프로그램을 만들 수 있다.

리스트 2.1 코틀린 'Hello, World!'

```
fun main(args: Array<String>) {
    println("Hello, world!")
}
```

이렇게 간단한 코드에서 어떤 코틀린 문법이나 특성을 발견할 수 있을까? 다음 목록을 살펴보라.

- 함수를 선언할 때 fun 키워드를 사용한다. 실제로도 코틀린 프로그래밍은 수많은 fun을 만드는 재미있는^{fun} 일이다!
- 파라미터 이름 뒤에 그 파라미터의 타입을 쓴다. 나중에 보겠지만 변수를 선언할 때도 마찬가지 방식으로 타입을 지정한다.

- 함수를 최상위 수준에 정의할 수 있다. (자바와 달리) 꼭 클래스 안에 함수를 넣어야 할 필요가 없다.
- 배열도 일반적인 클래스와 마찬가지다. 코틀린에는 자바와 달리 배열 처리를 위한 문법이 따로 존재하지 않는다.
- System.out.println 대신에 println이라고 쓴다. 코틀린 표준 라이브러리는 여러 가지 표준 자바 라이브러리 함수를 간결하게 사용할 수 있게 감싼 래퍼^{wrapper}를 제공한다. println도 그런 함수 중 하나다.
- 최신 프로그래밍 언어 경향과 마찬가지로 줄 끝에 세미콜론(;)을 붙이지 않아도 좋다.

좋다! 이 중 일부에 대해 나중에 자세히 알려줄 것이다. 이제 함수 선언 문법을 좀 더 살펴보자.

2.1.2 함수

아무런 값도 반환하지 않는 함수를 어떻게 선언하는지 방금 살펴봤다. 하지만 의미 있는 결과를 반환하는 함수의 경우 반환 값의 타입을 어디에 지정해야 할까? 파라미터 목록 뒤의 어디쯤에 반환 타입을 추가하면 되리라 추측할 수 있다.

코틀린 REPL에서 한번 시험해보자.

```
$ kotlinc
Welcome to Kotlin version 1.1.4 (JRE 1.8.0_121-b13)
Type :help for help, :quit for quit
>>> fun max(a: Int, b: Int): Int {
...     return if (a > b) a else b
... }
>>> println(max(1, 2))
2
```

kotlinc를 실행하면 버전 정보가 표시된 후 >>> 프롬프트가 표시된다. 앞의 예제처럼 사용자가 입력한 문장이 완전히 끝나지 않으면 REPL은 ...을 표시해서 뒷부분을 더 입력받는다. 앞으로는 두 줄을 넘어가는 문장을 입력해야 하는 경우 >>>와 ...을 별도로 표시하지 않을 것이다.[1]

함수 선언은 fun 키워드로 시작한다. fun 다음에는 함수 이름이 온다. 예제는 max라는 이름의 함수다. 함수 이름 뒤에는 괄호 안에 파라미터 목록이 온다. 함수의 반환 타입은 파라미터 목록의 닫는 괄호 다음에 오는데, 괄호와 반환 타입 사이를 콜론(:)으로 구분해야 한다.

그림 2.1은 코틀린 함수의 기본 구조를 보여준다. 코틀린 if는 (값을 만들어내지 못하는) 문장이 아니고 결과를 만드는 식^{expression}이라는 점이 흥미롭다. 이 예제의 코틀린 if 식은 자바 3항 연산자로 작성한 (a > b) ? a : b 식과 비슷하다.

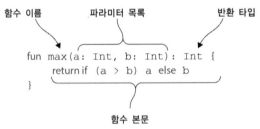

그림 2.1 코틀린 함수 정의

문(statement)과 식(expression)의 구분

코틀린에서 if는 식이지 문이 아니다. 식은 값을 만들어 내며 다른 식의 하위 요소로 계산에 참여할 수 있는 반면 문은 자신을 둘러싸고 있는 가장 안쪽 블록의 최상위 요소로 존재하며 아무런 값을 만들어내지 않는다는 차이가 있다. 자바에서는 모든 제어 구조가 문인 반면 코틀린에서는 루프를 제외한 대부분의 제어 구조가 식이다. 나중에 이 책에서도 보여주겠지만, 제어 구조를 다른 식으로 엮어낼 수 있으면 여러 일반적인 패턴을 아주 간결하게 표현할 수 있다.

---

1. 코틀린 REPL에는 줄 맨 끝에 있는 공백을 제대로 처리하지 못하는 버그가 있었다. 예를 들어 이 예제의 함수 본문을 여는 { 뒤에 공백이나 탭 문자가 들어가거나, 줄 끝에 공백이 들어간 다음에 주석을 시작하는 /*나 //가 있어도 REPL이 제대로 처리하지 못했다. 코틀린 1.1.4 REPL부터는 그런 문제가 없다. - 옮긴이

반면 대입문은 자바에서는 식이었으나 코틀린에서는 문이 됐다. 그로 인해 자바와 달리 대입식과 비교식을 잘못 바꿔 써서 버그가 생기는 경우가 없다.

식이 본문인 함수

조금 전에 살펴본 함수를 더 간결하게 표현할 수도 있다. 앞의 함수 본문은 if 식 하나로 만 이뤄져 있다. 이런 경우 다음과 같이 중괄호를 없애고 return을 제거하면서 등호(=) 를 식 앞에 붙이면 더 간결하게 함수를 표현할 수 있다.

```
fun max(a: Int, b: Int): Int = if (a > b) a else b
```

본문이 중괄호로 둘러싸인 함수를 블록이 본문인 함수라 부르고, 등호와 식으로 이뤄진 함수를 식이 본문인 함수라고 부른다.

> **인텔리J 아이디어 팁** 인텔리J 아이디어는 이 두 방식의 함수를 서로 변환하는 메뉴가 있다. 각각은 '식 본문으로 변환^{Convert to expression body}'과 '블록 본문으로 변환^{Convert to block body}'이다.

코틀린에서는 식이 본문인 함수가 자주 쓰인다. 그런 함수의 본문 식에는 단순한 산술식 이나 함수 호출 식뿐 아니라 if, when, try 등의 더 복잡한 식도 자주 쓰인다. 잠시 후에 when에 대해 설명할 때 그런 함수를 보여준다.

반환 타입을 생략하면 max 함수를 더 간략하게 만들 수 있다.

```
fun max(a: Int, b: Int) = if (a > b) a else b
```

여기서 반환 타입을 생략할 수 있는 이유는 무엇일까? 코틀린은 정적 타입 지정 언어이므로 컴파일 시점에 모든 식의 타입을 지정해야 하지 않는가? 실제로 모든 변수나 모든 식에는 타입이 있으며, 모든 함수는 반환 타입이 정해져야 한다. 하지만 식이 본문인 함수의 경우 굳이 사용자가 반환 타입을 적지 않아도 컴파일러가 함수 본문 식을 분석해서 식의 결과 타입을 함수 반환 타입으로 정해준다. 이렇게 컴파일러가 타입을 분석해 프로그래머 대신 프로그램 구성 요소의 타입을 정해주는 기능을 **타입 추론**type inference이라 부른다.

식이 본문인 함수의 반환 타입만 생략 가능하다는 점에 유의하라. 블록이 본문인 함수가 값을 반환한다면 반드시 반환 타입을 지정하고 return문을 사용해 반환 값을 명시해야 한다. 우리[2]가 코틀린 언어를 이렇게 설계한 의도가 있다. 실전 프로그램에는 아주 긴 함수에 return문이 여럿 들어있는 경우가 자주 있다. 그런 경우 반환 타입을 꼭 명시하고 return을 반드시 사용한다면 함수가 어떤 타입의 값을 반환하고 어디서 그런 값을 반환하는지 더 쉽게 알아볼 수 있다. 이제 변수 선언 문법에 대해 살펴보자.

2.1.3 변수

자바에서는 변수를 선언할 때 타입이 맨 앞에 온다. 코틀린에서는 타입 지정을 생략하는 경우가 흔하다. 타입으로 변수 선언을 시작하면 타입을 생략할 경우 식과 변수 선언을 구별할 수 없다. 그런 이유로 코틀린에서는 키워드로 변수 선언을 시작하는 대신 변수 이름 뒤에 타입을 명시하거나 생략하게 허용한다. 변수를 몇 개 선언해보자.[3]

```
val question =
    "삶, 우주, 그리고 모든 것에 대한 궁극적인 질문"
val answer = 42
```

이 예제에서는 타입 표기를 생략했지만 원한다면 타입을 명시해도 된다.

```
val answer: Int = 42
```

---

2. 이 책의 두 저자는 젯브레인스의 코틀린 개발 팀에서 일한다. – 옮긴이

3. 예제는 더글라스 아담스(Douglas Adams)가 지은 소설 『은하수를 여행하는 히치하이커를 위한 안내서』(책세상)에 등장하는 유명한 질문과 답이다. – 옮긴이

식이 본문인 함수에서와 마찬가지로 여러분이 타입을 지정하지 않으면 컴파일러가 초기화 식을 분석해서 초기화 식의 타입을 변수 타입으로 지정한다. 여기서 초기화 식은 42로 Int 타입이다. 따라서 변수도 Int 타입이 된다.

부동소수점^{floating point} 상수를 사용한다면 변수 타입은 Double이 된다.

```
val yearsToCompute = 7.5e6          ←———— 7.5 × 10⁶ = 7500000.0
```

나중에 6.2절에서 숫자 타입에 대해 더 자세히 설명한다.

초기화 식을 사용하지 않고 변수를 선언하려면 변수 타입을 반드시 명시해야 한다.

```
val answer: Int
answer = 42
```

초기화 식이 없다면 변수에 저장될 값에 대해 아무 정보가 없기 때문에 컴파일러가 타입을 추론할 수 없다. 따라서 그런 경우 타입을 반드시 지정해야 한다.

변경 가능한 변수와 변경 불가능한 변수

변수 선언 시 사용하는 키워드는 다음과 같은 2가지가 있다.

- val(값을 뜻하는 value에서 따옴) – 변경 불가능한^{immutable} 참조를 저장하는 변수다. val로 선언된 변수는 일단 초기화하고 나면 재대입이 불가능하다. 자바로 말하자면 final 변수에 해당한다.
- var(변수를 뜻하는 variable에서 따옴[4]) – 변경 가능한^{mutable} 참조다. 이런 변수의 값은 바뀔 수 있다. 자바의 일반 변수에 해당한다.

---

4. variable이 형용사로 쓰이면 '변할 수 있는'이라는 뜻이다. 따라서 변수라는 말 자체에 이미 변화라는 개념이 내재돼 있다고 생각할 수 있으며, 함수형 프로그래머 중에는 변경 불가능한 변수를 표현하기 위해 변수라는 단어 대신 '값'이나 '이름'이라는 단어를 사용하는 사람도 있다. 문맥에 따라 '값'과 '이름'을 혼용하기도 한다. – 옮긴이

기본적으로는 모든 변수를 val 키워드를 사용해 불변 변수로 선언하고, 나중에 꼭 필요할 때에만 var로 변경하라. 변경 불가능한 참조와 변경 불가능한 객체를 부수 효과가 없는 함수와 조합해 사용하면 코드가 함수형 코드에 가까워진다. 1장에서 함수형 스타일의 장점에 대해 간략히 설명했다. 5장에서 좀 더 자세히 함수형 프로그래밍에 대해 설명한다.

val 변수는 블록을 실행할 때 정확히 한 번만 초기화돼야 한다. 하지만 어떤 블록이 실행될 때 오직 한 초기화 문장만 실행됨을 컴파일러가 확인할 수 있다면 조건에 따라 val 값을 다른 여러 값으로 초기화할 수도 있다.

```
val message: String
if (canPerformOperation()) {
    message = "Success"
    // ... 연산을 수행한다.
}
else {
    message = "Failed"
}
```

val 참조 자체는 불변일지라도 그 참조가 가리키는 객체의 내부 값은 변경될 수 있다는 사실을 기억하라. 예를 들어 다음 코드도 완전히 올바른 코틀린 코드다.

```
val languages = arrayListOf("Java")    ◄──── 불변 참조를 선언한다.
languages.add("Kotlin")   ◄──── 참조가 가리키는 객체 내부를 변경한다.
```

6장에서 변경 가능한 객체와 불변 객체에 대해 더 자세히 살펴본다.

var 키워드를 사용하면 변수의 값을 변경할 수 있지만 변수의 타입은 고정돼 바뀌지 않는다. 예를 들어 다음 코드는 컴파일할 수 없다.

```
var answer = 42
answer = "no answer"   ◄────   "Error: type mismatch"
                               컴파일 오류 발생
```

문자열 리터럴^{string literal}에서 컴파일 오류가 발생한다. 이유는 그 타입(String)이 컴파일러가 기대하는 타입(Int)과 다르기 때문이다. 컴파일러는 변수 선언 시점의 초기화 식으로부터 변수의 타입을 추론하며, 변수 선언 이후 변수 재대입이 이뤄질 때는 이미 추론한 변수의 타입을 염두에 두고 대입문의 타입을 검사한다.

어떤 타입의 변수에 다른 타입의 값을 저장하고 싶다면 변환 함수를 써서 값을 변수의 타입으로 변환하거나, 값을 변수에 대입할 수 있는 타입으로 강제 형 변환^{coerce}해야 한다. 원시 타입의 변환에 대해서는 6.2.3절에서 다룬다.

지금까지 변수를 정의하는 방법을 배웠다. 이제는 그런 변수에 들어있는 값을 참조하는 몇 가지 새로운 기법에 대해 살펴볼 때다.

2.1.4 더 쉽게 문자열 형식 지정: 문자열 템플릿

이 절의 서두에 있는 'Hello, World!' 예제로 다시 돌아가자. 다음은 그 예제의 다음 단계로, 사람 이름을 사용해 환영 인사를 출력하는 코틀린 프로그램이다.

리스트 2.2 문자열 템플릿 사용

```
fun main(args: Array<String>) {
    val name = if (args.size > 0) args[0] else "Kotlin"
    println("Hello, $name!")
}
```

> "Bob"을 인자로 넘기면 "Hello, Bob!"을 출력하고 아무 인자도 없으면 "Hello, Kotlin!"을 출력한다.

이 예제는 문자열 템플릿^{string template}이라는 기능을 보여준다. 이 코드는 name이라는 변수를 선언하고 그 다음 줄에 있는 문자열 리터럴 안에서 그 변수를 사용했다. 여러 스크립트 언어와 비슷하게 코틀린에서도 변수를 문자열 안에 사용할 수 있다. 문자열 리터럴의 필요한 곳에 변수를 넣되 변수 앞에 $를 추가해야 한다.

이 문자열 템플릿은 자바의 문자열 접합 연산("Hello, " + name + "!")과 동일한 기능을 하지만 좀 더 간결하며, 자바 문자열 접합 연산을 사용한 식과 마찬가지로 효율적이다.[5] 물론 컴파일러는 각 식을 정적static으로 (컴파일 시점에) 검사하기 때문에 존재하지 않는 변수를 문자열 템플릿 안에서 사용하면 컴파일 오류가 발생한다.

$ 문자를 문자열에 넣고 싶으면 println("\$x")와 같이 \를 사용해 $를 이스케이프escape시켜야 한다. println("\$x")는 화면에 x의 값을 출력하지 않고 $x를 출력한다.

문자열 템플릿 안에 사용할 수 있는 대상은 간단한 변수 이름만으로 한정되지 않는다. 복잡한 식도 중괄호({})로 둘러싸서 문자열 템플릿 안에 넣을 수 있다.

```
fun main(args: Array<String>) {
    if (args.size > 0) {
        println("Hello, ${args[0]}!")    ◄── args 배열의 첫 번째 원소를 넣기
    }                                         위해 ${} 구문을 사용한다.
}
```

한글을 문자열 템플릿에서 사용할 경우 주의할 점

코틀린에서는 자바와 마찬가지로 한글(사실은 한글 뿐 아니라 '글자(letter)'로 분류할 수 있는 모든 유니코드 문자)을 식별자에 사용할 수 있으므로 변수 이름에 한글이 들어갈 수 있다. 그런 유니코드 변수 이름으로 인해 문자열 템플릿을 볼 때 오해가 생길 수 있다. 문자열 템플릿 안에 $로 변수를 지정할 때 변수명 바로 뒤에 한글을 붙여서 사용하면 코틀린 컴파일러는 영문자와 한글을 한꺼번에 식별자로 인식해서 unresolved reference 오류를 발생시킨다. 예를 들어 리스트 2.2의 'Hello, $name!'을 '$name님 반가와요!'라는 문자열로 바꾸고 컴파일해보라.

이 문제를 해결하는 방법은 '${name}님 반가와요!'처럼 변수 이름을 {}로 감싸는 것이다. 문자열 템플릿 안에서 변수 이름만 사용하는 경우라도 ${name}처럼 중괄호로 변수명을 감싸는 습관을 들이면 더 좋다. 필요할 때 정규식 등을 통해 검색하거나 일괄 변환할 때도 중괄호를 쓴 경우 처리가 더 쉽고, 코드를 사람이 읽을 때도 문자열 템플릿 안에서 변수가 쓰인 부분을 더 쉽게 식별할 수 있다.

---

5. 컴파일된 코드는 StringBuilder를 사용하고 문자열 상수와 변수의 값을 append로 문자열 빌더 뒤에 추가한다. 자바에서 + 연산으로 문자열과 변수를 붙여도 컴파일러는 StringBuilder를 사용하는 바이트코드를 생성해준다.

중괄호로 둘러싼 식 안에서 큰 따옴표를 사용할 수도 있다.[6]

```
fun main(args: Array<String>) {
    println("Hello, ${if (args.size > 0) args[0] else "someone"}!")
}
```

나중에 3.5절에서 문자열에 대해 다룰 때 문자열로 할 수 있는 일을 더 많이 보여준다.

함수나 변수를 정의하는 방법을 배웠으므로 이제는 수준을 한 단계 더 높여서 클래스에 대해 살펴보자. 이번에는 코틀린 언어의 새로운 특성을 배울 때 자바-코틀린 변환기를 어떻게 활용할 수 있는지 보여주기 위해 자바-코틀린 변환기를 사용할 것이다.

2.2 클래스와 프로퍼티

이 책의 독자라면 객체지향에 대해 알고 있으며 클래스[class]라는 추상화도 잘 알기 때문에 코틀린의 클래스 개념도 이미 잘 아는 내용일 것이다. 그런 독자들도 코틀린을 활용하면 더 적은 양의 코드로 클래스와 관련 있는 대부분의 작업을 수행할 수 있다는 사실을 차차 알게 될 것이다. 이번 절은 클래스를 선언하는 기본 문법을 소개한다. 좀 더 자세한 내용은 4장에서 다룬다.

시작하기 위해 간단한 자바빈[JavaBean] 클래스인 Person을 정의하자. Person에는 name이라는 프로퍼티[property]만 들어있다.

리스트 2.3 간단한 자바 클래스 Person

```
/* 자바 */
public class Person {
    private final String name;
```

---

6. 심지어 중괄호로 둘러싼 식 안에서 문자열 템플릿을 사용해도 된다. 예를 들어 "${if(s.length>2) "too short" else "normal string ${s}"}"와 같은 문자열도 사용할 수 있다. - 옮긴이

```
  public Person(String name) {
    this.name = name;
  }

  public String getName() {
    return name;
  }
}
```

필드가 둘 이상으로 늘어나면 생성자인 Person(String name)의 본문에서 파라미터를 이름이 같은 필드에 대입하는 대입문의 수도 늘어난다. 자바에서는 생성자 본문에 이 같은 코드가 반복적으로 들어가는 경우가 많다. 코틀린에서는 그런 필드 대입 로직을 훨씬 더 적은 코드로 작성할 수 있다.

1.5.6절에서 자바-코틀린 변환기에 대해 소개했다. 자바-코틀린 변환기는 자바 코드를 같은 일을 하는 코틀린 코드로 자동으로 변환해준다. 변환기를 써서 방금 본 Person 클래스를 코틀린으로 변환해보자.

리스트 2.4 코틀린으로 변환한 Person 클래스

```
class Person(val name: String)
```

멋지다. 다른 최신 JVM 언어에서 이와 비슷한 클래스 정의를 이미 본 독자도 있을 것이다. 이런 유형의 클래스(코드가 없이 데이터만 저장하는 클래스)를 **값 객체**value object라 부르며, 다양한 언어가 값 객체를 간결하게 기술할 수 있는 구문을 제공한다.

자바를 코틀린으로 변환한 결과, public 가시성 변경자visibility modifier가 사라졌음을 확인하라. 코틀린의 기본 가시성은 public이므로 이런 경우 변경자를 생략해도 된다.

2.2.1 프로퍼티

여러분도 분명히 알고 있겠지만 클래스라는 개념의 목적은 데이터를 캡슐화encapsulate하고 캡슐화한 데이터를 다루는 코드를 한 주체 아래 가두는 것이다. 자바에서는 데이터를 필드field에 저장하며, 멤버 필드의 가시성은 보통 비공개private다. 클래스는 자신을 사용하는 클라이언트가 그 데이터에 접근하는 통로로 쓸 수 있는 **접근자 메서드**accessor method를 제공한다. 보통은 필드를 읽기 위한 게터getter를 제공하고 필드를 변경하게 허용해야 할 경우 세터setter를 추가 제공할 수 있다. 이런 예를 Person 클래스에서도 볼 수 있다. 세터는 자신이 받은 값을 검증하거나 필드 변경을 다른 곳에 통지하는 등의 로직을 더 가질 수 있다.

자바에서는 필드와 접근자를 한데 묶어 **프로퍼티**property라고 부르며, 프로퍼티라는 개념을 활용하는 프레임워크가 많다. 코틀린은 프로퍼티를 언어 기본 기능으로 제공하며, 코틀린 프로퍼티는 자바의 필드와 접근자 메서드를 완전히 대신한다. 클래스에서 프로퍼티를 선언할 때는 앞에서 살펴본 변수를 선언하는 방법과 마찬가지로 val이나 var를 사용한다. val로 선언한 프로퍼티는 읽기 전용이며, var로 선언한 프로퍼티는 변경 가능하다.

리스트 2.5 클래스 안에서 변경 가능한 프로퍼티 선언하기

```
class Person(
    val name: String,          읽기 전용 프로퍼티로, 코틀린은 (비공개) 필드와
                               필드를 읽는 단순한 (공개) 게터를 만들어낸다.
    var isMarried: Boolean     쓸 수 있는 프로퍼티로, 코틀린은 (비공개)
)                              필드, (공개) 게터, (공개) 세터를 만들어낸다.
```

기본적으로 코틀린에서 프로퍼티를 선언하는 방식은 프로퍼티와 관련 있는 접근자를 선언하는 것이다(읽기 전용 프로퍼티의 경우 게터만 선언하며 변경할 수 있는 프로퍼티의 경우 게터와 세터를 모두 선언한다). 코틀린은 값을 저장하기 위한 비공개 필드와 그 필드에 값을 저장하기 위한 세터, 필드의 값을 읽기 위한 게터로 이뤄진 간단한 디폴트 접근자 구현을 제공한다.

리스트 2.5에 있는 간결한 Person 클래스 정의 뒤에는 원래의 자바 코드와 똑같은

구현이 숨어있다. Person에는 비공개 필드가 들어있고, 생성자가 그 필드를 초기화하며, 게터를 통해 그 비공개 필드에 접근한다. 이는 어떤 언어로 정의했느냐와 관계없이 자바 클래스와 코틀린 클래스를 동일한 방식으로 사용할 수 있다는 뜻이다. 사용하는 쪽의 코드는 완전히 똑같다. 다음은 Person을 자바 코드에서 사용하는 방법을 보여준다.

리스트 2.6 자바에서 Person 클래스를 사용하는 방법

```
/* 자바 */
>>> Person person = new Person("Bob", true);
>>> System.out.println(person.getName());
Bob
>>> System.out.println(person.isMarried());
true
```

자바와 코틀린에서 정의한 Person 클래스 중 어느 쪽을 사용해도 이 코드를 바꿀 필요가 없다는 사실을 기억하라. 코틀린의 name 프로퍼티를 자바 쪽에서는 getName이라는 이름으로 불 수 있다. 게터와 세터의 이름을 정하는 규칙에는 예외가 있다. 이름이 is로 시작하는 프로퍼티의 게터에는 get이 붙지 않고 원래 이름을 그대로 사용하며, 세터에는 is를 set으로 바꾼 이름을 사용한다. 따라서 자바에서 isMarried 프로퍼티의 게터를 호출하려면 isMarried()를 사용해야 한다.

리스트 2.6을 자바-코틀린 변환기로 변환한 결과는 다음과 같다.

리스트 2.7 코틀린에서 Person 클래스 사용하기

```
>>> val person = Person("Bob", true)          ◀── new 키워드를 사용하지 않고
                                                   생성자를 호출한다.
>>> println(person.name)                       ◀── 프로퍼티 이름을 직접 사용해도
Bob                                                코틀린이 자동으로 게터를
>>> println(person.isMarried)                  ◀── 호출해준다.
true
```

게터를 호출하는 대신 프로퍼티를 직접 사용했음에 유의하라. 로직은 동일하지만 코드

는 더 간결해졌다. 변경 가능한 프로퍼티의 세터도 마찬가지 방식으로 동작한다. 자바에서는 person.setMarried(false)로 어떤 사람이 이혼했다는 사실을 기록하지만, 코틀린에서는 person.isMarried = false를 쓴다.

> **팁** 자바에서 선언한 클래스에 대해 코틀린 문법을 사용해도 된다. 코틀린에서는 자바 클래스의 게터를 val 프로퍼티처럼 사용할 수 있고, 게터/세터 쌍이 있는 경우에는 var 프로퍼티처럼 사용할 수 있다. 예를 들어 setName과 getName이라는 접근자를 제공하는 자바 클래스를 코틀린에서 사용할 때는 name이라는 프로퍼티를 사용할 수 있다. 자바 클래스가 isMarried와 setMarried 메서드를 제공한다면 그에 상응하는 코틀린 프로퍼티의 이름은 isMarried다.

대부분의 프로퍼티에는 그 프로퍼티의 값을 저장하기 위한 필드가 있다. 이를 프로퍼티를 **뒷받침하는 필드**backing field라고 부른다. 하지만 원한다면 프로퍼티 값을 그때그때 계산 (예를 들어 다른 프로퍼티들로부터 값을 계산할 수도 있다)할 수도 있다. 커스텀 게터를 작성하면 그런 프로퍼티를 만들 수 있다.

2.2.2 커스텀 접근자

이번 절에서는 프로퍼티의 접근자를 직접 작성하는 방법을 보여준다. 직사각형 클래스인 Rectangle을 정의하면서 자신이 정사각형인지 알려주는 기능을 만들어보자. 직사각형이 정사각형인지를 별도의 필드에 저장할 필요가 없다. 사각형의 너비와 높이가 같은지 검사하면 정사각형 여부를 그때그때 알 수 있다.

```
class Rectangle(val height: Int, val width: Int) {
    val isSquare: Boolean
        get() {                          ◄──── 프로퍼티 게터 선언
            return height == width
        }
}
```

isSquare 프로퍼티에는 자체 값을 저장하는 필드가 필요 없다. 이 프로퍼티에는 자체 구현을 제공하는 게터만 존재한다. 클라이언트가 프로퍼티에 접근할 때마다 게터가 프로퍼티 값을 매번 다시 계산한다.

블록을 본문으로 하는 복잡한 구문을 꼭 사용하지 않아도 좋다. 이런 경우 get() = height == width라고 해도 된다. 커스텀 게터를 사용하는 프로퍼티도 앞에서 살펴본 프로퍼티와 마찬가지 방식으로 사용할 수 있다.

```
>>> val rectangle = Rectangle(41, 43)
>>> println(rectangle.isSquare)
false
```

이 접근자를 자바에서 사용하려면 isSquare 메서드를 호출하면 된다.

파라미터가 없는 함수를 정의하는 방식과 커스텀 게터를 정의하는 방식 중 어느 쪽이 더 나은지 궁금한 독자도 있을 것이다. 두 방식 모두 비슷하다. 구현이나 성능상 차이는 없다. 차이가 나는 부분은 가독성뿐이다. 일반적으로 클래스의 특성(프로퍼티에는 특성이라는 뜻이 있다)을 정의하고 싶다면 프로퍼티로 그 특성을 정의해야 한다.

4장에서 클래스와 프로퍼티에 대한 예제를 더 보여주고 생성자를 명시적으로 선언하는 문법을 다룬다. 지금 당장 그 내용을 알고 싶은 독자는 언제든지 자바-코틀린 변환기를 사용할 수 있다. 이제 코틀린 언어의 다른 특성에 대해 살펴보기 전에 디스크상에서 코틀린 소스코드의 구조를 잡는 방법을 간략히 살펴보자.

2.2.3 코틀린 소스코드 구조: 디렉터리와 패키지

자바의 경우 모든 클래스를 패키지 단위로 관리한다는 사실을 잘 알고 있을 것이다. 코틀린에도 자바와 비슷한 개념의 패키지가 있다. 모든 코틀린 파일의 맨 앞에 package 문을 넣을 수 있다. 그러면 그 파일 안에 있는 모든 선언(클래스, 함수, 프로퍼티 등)이 해당 패키지에 들어간다. 같은 패키지에 속해 있다면 다른 파일에서 정의한 선언일지라도 직접 사용할 수 있다. 반면 다른 패키지에 정의한 선언을 사용하려면 임포트를 통해 선언을 불러와야 한다. 자바와 마찬가지로 임포트문은 파일의 맨 앞에 와야 하며 import 키워드를 사용한다. 다음은 패키지 선언과 임포트문을 보여주는 예제다.

리스트 2.8 클래스와 함수 선언을 패키지에 넣기

```
package geometry.shapes          ◀──── 패키지 선언

import java.util.Random                         ◀────── 표준 자바 라이브러리
                                                        클래스를 임포트한다
class Rectangle(val height: Int, val width: Int) {

    val isSquare: Boolean
        get() = height == width

}

fun createRandomRectangle(): Rectangle {

    val random = Random()

    return Rectangle(random.nextInt(), random.nextInt())

}
```

코틀린에서는 클래스 임포트와 함수 임포트에 차이가 없으며, 모든 선언을 import 키워드로 가져올 수 있다. 최상위 함수는 그 이름을 써서 임포트할 수 있다.

리스트 2.9 다른 패키지에 있는 함수 임포트하기

```
package geometry.example

import geometry.shapes.createRandomRectangle  ◀──── 이름으로 함수 임포트하기

fun main(args: Array<String>) {

    println(createRandomRectangle().isSquare)  ◀──── "true"가 아주 드물게 출력된다.

}
```

패키지 이름 뒤에 .*를 추가하면 패키지 안의 모든 선언을 임포트할 수 있다. 이런 스타 임포트^{star import}를 사용하면 패키지 안에 있는 모든 클래스뿐 아니라 최상위에 정의된 함수나 프로퍼티까지 모두 불러온다는 점에 유의하라. 리스트 2.9에서 구체적인 임포트 문 대신 import geometry.shapes.*를 사용해도 컴파일에 아무 문제가 없다.

자바에서는 패키지의 구조와 일치하는 디렉터리 계층 구조를 만들고 클래스의 소스코드를 그 클래스가 속한 패키지와 같은 디렉터리에 위치시켜야 한다. 예를 들어 shapes라는 패키지 안에 일부 클래스가 들어있다면 각각의 클래스를 자신의 이름과 똑같은 자바 파일로 저장하되 그 모든 파일을 shapes 디렉터리 안에 넣어야 한다. 그림 2.2는 geometry 패키지와 그 패키지에 속한 하위 패키지를 자바에서 어떻게 구성하는지 보여준다. 이때 createRandomRectangle 함수는 RectangleUtil라는 별도의 클래스에 들어있다고 가정하자.

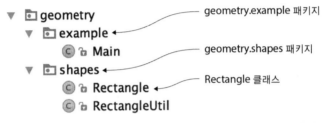

그림 2.2 자바에서는 디렉터리 구조가 패키지 구조를 그대로 따라야 한다.

코틀린에서는 여러 클래스를 한 파일에 넣을 수 있고, 파일의 이름도 마음대로 정할 수 있다. 코틀린에서는 디스크상의 어느 디렉터리에 소스코드 파일을 위치시키든 관계없다. 따라서 원하는 대로 소스코드를 구성할 수 있다. 예를 들어 geometry.shapes라는 패키지가 있다면 그 패키지의 모든 내용을 shapes.kt라는 파일에 넣고, 하위 패키지에 해당하는 별도의 디렉터리를 만들지 않고 geometry라는 폴더 안에 shapes.kt를 넣어도 된다.

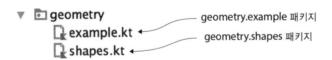

그림 2.3 패키지 구조와 디렉터리 구조가 맞아 떨어질 필요는 없다.

하지만 대부분의 경우 자바와 같이 패키지별로 디렉터리를 구성하는 편이 낫다. 특히 자바와 코틀린을 함께 사용하는 프로젝트에서는 자바의 방식을 따르는 게 중요하다. 자바의 방식을 따르지 않으면 자바 클래스를 코틀린 클래스로 마이그레이션할 때 문제가 생길 수도 있다. 하지만 여러 클래스를 한 파일에 넣는 것을 주저해서는 안 된다. 특히 각 클래스를 정의하는 소스코드 크기가 아주 작은 경우 더욱 그렇다(코틀린에서는 클래스 소스코드 크기가 작은 경우가 자주 있다).

지금까지 프로그램의 파일 및 디렉터리 구조를 구성하는 방법을 배웠다. 이제 코틀린의 제어 구조를 살펴보자.

2.3 선택 표현과 처리: enum과 when

이번 절에서는 코틀린의 구성 요소 중 when에 대해 설명한다. when은 자바의 switch를 대치하되 훨씬 더 강력하며, 앞으로 더 자주 사용할 프로그래밍 요소라고 생각할 수 있다. when에 대해 설명하는 과정에서 코틀린에서 enum을 선언하는 방법과 스마트 캐스트 smart cast에 대해서도 살펴본다.

2.3.1 enum 클래스 정의

이 책은 심각한 프로그래밍 책이지만 다채로운 색을 추가하자. 색을 표현하는 enum을 하나 정의하자.

리스트 2.10 간단한 enum 클래스 정의하기

```
enum class Color {
    RED, ORANGE, YELLOW, GREEN, BLUE, INDIGO, VIOLET
}
```

enum은 자바 선언보다 코틀린 선언에 더 많은 키워드를 써야 하는 흔치 않은 예다. 코틀린에서는 enum class를 사용하지만 자바에서는 enum을 사용한다. 코틀린에서 enum은 **소프트 키워드**soft keyword라 부르는 존재다. enum은 class 앞에 있을 때는 특별한 의미를 지니지만 다른 곳에서는 이름에 사용할 수 있다. 반면 class는 키워드다. 따라서 class

라는 이름을 사용할 수 없으므로 클래스를 표현하는 변수 등을 정의할 때는 clazz나 aClass와 같은 이름을 사용해야 한다.

자바와 마찬가지로 enum은 단순히 값만 열거하는 존재가 아니다. enum 클래스 안에도 프로퍼티나 메서드를 정의할 수 있다. 다음은 프로퍼티와 메서드를 enum 안에 선언하는 방법을 보여준다.

리스트 2.11 프로퍼티와 메서드가 있는 enum 클래스 선언하기

```
enum class Color(
    val r: Int, val g: Int, val b: Int ◀——— 상수의 프로퍼티를 정의한다.
) {
    RED(255, 0, 0), ORANGE(255, 165, 0), ◀——— 각 상수를 생성할 때 그에 대한 프로퍼티 값을 지정한다.
    YELLOW(255, 255, 0), GREEN(0, 255, 0), BLUE(0, 0, 255),    여기 반드시 세미콜론을
    INDIGO(75, 0, 130), VIOLET(238, 130, 238);    ◀——— 사용해야 한다

    fun rgb() = (r * 256 + g) * 256 + b ◀——— enum 클래스 안에서
}                                            메서드를 정의한다.
>>> println(Color.BLUE.rgb())
255
```

enum에서도 일반적인 클래스와 마찬가지로 생성자와 프로퍼티를 선언한다. 각 enum 상수를 정의할 때는 그 상수에 해당하는 프로퍼티 값을 지정해야만 한다. 이 예제에서는 코틀린에서 유일하게 세미콜론(;)이 필수인 부분을 볼 수 있다. enum 클래스 안에 메서드를 정의하는 경우 반드시 enum 상수 목록과 메서드 정의 사이에 세미콜론을 넣어야 한다. 이제 enum 상수로 할 수 있는 멋진 일을 살펴보자.

2.3.2 when으로 enum 클래스 다루기

무지개의 색을 기억하기 위해 연상법을 적용한 문장을 외우는 아이를 본 적이 있을 것이다. 그런 문장의 예로는 'Richard Of York Gave Battle In Vain!'를 들 수 있다(각 단어의

첫 글자는 빨주노초파남보에 해당하는 영어 단어의 첫 글자다). 무지개의 각 색에 대해 그와 상응하는 연상 단어를 짝지어주는 함수가 필요하다고 상상해보자(그리고 그 연상 단어 정보를 enum 안에 저장하지는 않는다고 하자). 자바라면 switch문으로 그런 함수를 작성할 수 있다. switch에 해당하는 코틀린 구성 요소는 when이다.

if와 마찬가지로 when도 값을 만들어내는 식이다. 따라서 식이 본문인 함수에 when을 바로 사용할 수 있다. 2장의 앞부분에서 함수에 대해 이야기할 때 여러 줄 식을 본문으로 하는 함수를 나중에 보여준다고 약속했다. 여기 바로 그런 함수가 있다.

리스트 2.12 when을 사용해 올바른 enum 값 찾기

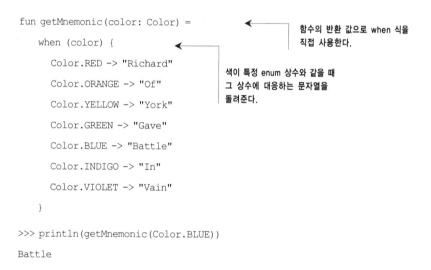

```
fun getMnemonic(color: Color) =        함수의 반환 값으로 when 식을
    when (color) {                     직접 사용한다.
        Color.RED -> "Richard"
        Color.ORANGE -> "Of"           색이 특정 enum 상수와 같을 때
        Color.YELLOW -> "York"         그 상수에 대응하는 문자열을
                                       돌려준다.
        Color.GREEN -> "Gave"
        Color.BLUE -> "Battle"
        Color.INDIGO -> "In"
        Color.VIOLET -> "Vain"
    }
>>> println(getMnemonic(Color.BLUE))
Battle
```

앞의 코드는 color로 전달된 값과 같은 분기를 찾는다. 자바와 달리 각 분기의 끝에 break를 넣지 않아도 된다(자바에서는 break를 빼먹어서 오류가 생기는 경우가 자주 있다). 성공적으로 매치되는 분기를 찾으면 switch는 그 분기를 실행한다. 한 분기 안에서 여러 값을 매치 패턴으로 사용할 수도 있다. 그럴 경우 값 사이를 콤마(,)로 분리한다.

```
fun getWarmth(color: Color) = when(color) {
    Color.RED, Color.ORANGE, Color.YELLOW -> "warm"
    Color.GREEN -> "neutral"
    Color.BLUE, Color.INDIGO, Color.VIOLET -> "cold"
}
>>> println(getWarmth(Color.ORANGE))
warm
```

지금까지 살펴본 두 예제에서는 Color.YELLOW처럼 Color라는 enum 클래스 이름을 enum 상수 이름 앞에 붙인 전체 이름을 사용했다. 상수 값을 임포트하면 이 코드를 더 간단하게 만들 수 있다.

리스트 2.14 enum 상수 값을 임포트해서 enum 클래스 수식자 없이 enum 사용하기

```
import ch02.colors.Color        ◄──── 다른 패키지에서 정의한 Color 클래스를 임포트한다.
import ch02.colors.Color.*              ◄──────  짧은 이름으로 사용하기 위해
                                                  enum 상수를 모두 임포트한다.
fun getWarmth(color: Color) = when(color) {
    RED, ORANGE, YELLOW -> "warm"   ◄──────  임포트한 enum 상수를
    GREEN -> "neutral"                        이름만으로 사용한다.
    BLUE, INDIGO, VIOLET -> "cold"
}
```

2.3.3 when과 임의의 객체를 함께 사용

코틀린에서 when은 자바의 switch보다 훨씬 더 강력하다. 분기 조건에 상수(enum 상수나 숫자 리터럴)만을 사용할 수 있는 자바 switch와 달리 코틀린 when의 분기 조건은 임의의 객체를 허용한다. 두 색을 혼합했을 때 미리 정해진 팔레트에 들어있는 색이 될 수 있는지 알려주는 함수를 작성하자. 팔레트에 있는 색을 조합할 수 있는 방법이 많지 않기 때문에 모든 경우를 쉽게 열거할 수 있다.

```
fun mix(c1: Color, c2: Color) =
    when (setOf(c1, c2)) {
        setOf(RED, YELLOW) -> ORANGE
        setOf(YELLOW, BLUE) -> GREEN
        setOf(BLUE, VIOLET) -> INDIGO
        else -> throw Exception("Dirty color")
    }
```

when 식의 인자로 아무 객체나 사용할 수 있다. when은 이렇게 인자로 받은 객체가 각 분기 조건에 있는 객체와 같은지 테스트한다.

두 색을 혼합해서 다른 색을 만들 수 있는 경우를 열거한다.

매치되는 분기 조건이 없으면 이 문장을 실행한다.

```
>>> println(mix(BLUE, YELLOW))
GREEN
```

c1과 c2가 RED와 YELLOW라면(또는 YELLOW와 RED라면) 그 둘을 혼합한 결과는 ORANGE다. 이를 구현하기 위해 집합 비교를 사용한다. 코틀린 표준 라이브러리에는 인자로 전달받은 여러 객체를 그 객체들을 포함하는 집합인 Set 객체로 만드는 setOf라는 함수가 있다. 집합^{set}은 원소가 모여 있는 컬렉션으로, 각 원소의 순서는 중요하지 않다. 따라서 setOf(c1, c2)와 setOf(RED, YELLOW)가 같다는 말은 c1이 RED이고 c2가 YELLOW거나, c1이 YELLOW이고 c2가 RED라는 말이다. 이는 여러분이 검사하려는 성질과 일치한다.

when 식은 인자 값과 매치하는 조건 값을 찾을 때까지 각 분기를 검사한다. 여기서는 setOf(c1, c2)와 분기 조건에 있는 객체 사이를 매치할 때 동등성^{equality}을 사용한다. 그러므로 앞의 코드는 처음에는 setOf(c1, c2)와 setOf(RED, YELLOW)를 비교하고, 그 둘이 같지 않으면 계속 다음 분기의 조건 객체와 setOf(c1, c2)를 차례로 비교하는 식으로 작동한다. 모든 분기 식에서 만족하는 조건을 찾을 수 없다면 else 분기의 문장을 계산한다.

when의 분기 조건 부분에 식을 넣을 수 있기 때문에 많은 경우 코드를 더 간결하고 아름답게 작성할 수 있다. 이 예제에서는 조건에서 동등성을 검사했다(코틀린 1.3부터는 when()의 괄호 안에서 검사 대상을 변수에 포획해서 새로운 이름으로 부를 수 있다. 부록 D.3.3을 살펴보라). 다음 예제에서는 임의의 불리언^{Boolean} 식을 조건으로 사용하는 모습을 살펴본다.

2.3.4 인자 없는 when 사용

리스트 2.15가 약간 비효율적임을 눈치 챈 독자가 있을 것이다. 이 함수는 호출될 때마다 함수 인자로 주어진 두 색이 when의 분기 조건에 있는 다른 두 색과 같은지 비교하기 위해 여러 Set 인스턴스를 생성한다. 보통은 이런 비효율성이 크게 문제가 되지 않는다. 하지만 이 함수가 아주 자주 호출된다면 불필요한 가비지 객체가 늘어나는 것을 방지하기 위해 함수를 고쳐 쓰는 편이 낫다. 인자가 없는 when 식을 사용하면 불필요한 객체 생성을 막을 수 있다. 코드는 약간 읽기 어려워지지만 성능을 더 향상시키기 위해 그 정도 비용을 감수해야 하는 경우도 자주 있다.

리스트 2.16 인자가 없는 when

```kotlin
fun mixOptimized(c1: Color, c2: Color) =
    when {                                    ◀──── when에 아무 인자도 없다.
      (c1 == RED && c2 == YELLOW) ||
      (c1 == YELLOW && c2 == RED) ->
        ORANGE

      (c1 == YELLOW && c2 == BLUE) ||
      (c1 == BLUE && c2 == YELLOW) ->
        GREEN

      (c1 == BLUE && c2 == VIOLET) ||
      (c1 == VIOLET && c2 == BLUE) ->
        INDIGO

      else -> throw Exception("Dirty color")
    }
>>> println(mixOptimized(BLUE, YELLOW))
GREEN
```

when에 아무 인자도 없으려면 각 분기의 조건이 불리언 결과를 계산하는 식이어야 한다. mixOptimized 함수는 앞에서 살펴본 mix 함수와 같은 일을 한다. mixOptimized는 추가 객체를 만들지 않는다는 장점이 있지만 가독성은 더 떨어진다.

이제 when을 사용하는 과정에서 스마트 캐스트가 쓰이는 예를 살펴보자.

2.3.5 스마트 캐스트: 타입 검사와 타입 캐스트를 조합

이번 절에서 사용할 예제로 (1 + 2) + 4 와 같은 간단한 산술식을 계산하는 함수를 만들어보자. 함수가 받을 산술식에서는 오직 두 수를 더하는 연산만 가능하다. 다른 연산(뺄셈, 곱셈, 나눗셈)도 비슷한 방식으로 구현할 수 있다. 연습문제 삼아 한번 풀어볼 것을 권장한다.

우선 식을 인코딩하는 방법을 생각해야 한다. 식을 트리 구조로 저장하자. 노드는 합계(Sum)나 수(Num) 중 하나다. Num은 항상 말단(leaf 또는 terminal) 노드지만, Sum은 자식이 둘 있는 중간(non-terminal) 노드다. Sum 노드의 두 자식은 덧셈의 두 인자다. 다음 리스트는 식을 표현하는 간단한 클래스를 보여준다. 식을 위한 Expr 인터페이스가 있고, Sum과 Num 클래스는 그 Expr 인터페이스를 구현한다. Expr은 아무 메서드도 선언하지 않으며, 단지 여러 타입의 식 객체를 아우르는 공통 타입 역할만 수행한다. 클래스가 구현하는 인터페이스를 지정하기 위해서 콜론(:) 뒤에 인터페이스 이름을 사용한다.

리스트 2.17 식을 표현하는 클래스 계층

```
interface Expr
class Num(val value: Int) : Expr
class Sum(val left: Expr, val right: Expr) : Expr
```

value라는 프로퍼티만 존재하는 단순한 클래스로 Expr 인터페이스를 구현한다.

Expr 타입의 객체라면 어떤 것이나 Sum 연산의 인자가 될 수 있다. 따라서 Num이나 다른 Sum이 인자로 올 수 있다.

Sum은 Expr의 왼쪽과 오른쪽 인자에 대한 참조를 left와 right 프로퍼티로 저장한다. 이 예제에서 left와 right는 각각 Num이나 Sum일 수 있다. (1 + 2) + 4라는 식을 저장하면 Sum(Sum(Num(1), Num(2)), Num(4))라는 구조의 객체가 생긴다. 그림 2.4는 이런 트리 표현을 보여준다.

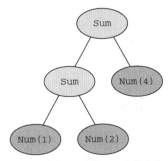

그림 2.4 Sum(Sum(Num(1), Num(2)), Num(4))이라는 식의 트리 표현

이제 식의 값을 어떻게 계산하는지 살펴보자. 앞에서 살펴본 예를 평가한 값은 7이어야 한다.

```
>>> println (eval(Sum(Sum(Num(1), Num(2)), Num (4))))
7
```

Expr 인터페이스에는 두 가지 구현 클래스가 존재한다. 따라서 식을 평가하려면 두 가지 경우를 고려해야 한다.

- 어떤 식이 수라면 그 값을 반환한다.
- 어떤 식이 합계라면 좌항과 우항의 값을 계산한 다음에 그 두 값을 합한 값을 반환한다.

자바 스타일로 작성한 함수를 먼저 살펴본 다음 코틀린 스타일로 만든 함수를 살펴보자. 자바였다면 조건을 검사하기 위해 if문을 사용했을 것이다. 따라서 코틀린에서 if를 써서 자바 스타일로 함수를 작성해보자.

리스트 2.18 if 연쇄를 사용해 식을 계산하기

```
fun eval(e: Expr): Int {
    if (e is Num) {
        val n = e as Num          ←── 여기서 Num으로 타입을 변환하는데,
        return n.value                 이는 불필요한 중복이다.
```

84

```
    }
    if (e is Sum) {
        return eval(e.right) + eval(e.left)  ◄───  변수 e에 대해 스마트 캐스트를
                                                    사용한다.
    }
    throw IllegalArgumentException("Unknown expression")
}
>>> println(eval(Sum(Sum(Num(1), Num(2)), Num(4))))
7
```

코틀린에서는 is를 사용해 변수 타입을 검사한다. C#을 아는 개발자라면 is가 낯익을
것이다. is 검사는 자바의 instanceof와 비슷하다. 하지만 자바에서 어떤 변수의 타입
을 instanceof로 확인한 다음에 그 타입에 속한 멤버에 접근하기 위해서는 명시적으로
변수 타입을 캐스팅해야 한다. 이런 멤버 접근을 여러 번 수행해야 한다면 변수에 따로
캐스팅한 결과를 저장한 후 사용해야 한다. 코틀린에서는 프로그래머 대신 컴파일러가
캐스팅을 해준다. 어떤 변수가 원하는 타입인지 일단 is로 검사하고 나면 굳이 변수를
원하는 타입으로 캐스팅하지 않아도 마치 처음부터 그 변수가 원하는 타입으로 선언된
것처럼 사용할 수 있다. 하지만 실제로는 컴파일러가 캐스팅을 수행해준다. 이를 스마트
캐스트smart cast라고 부른다.

    eval 함수에서 e의 타입이 Num인지 검사한 다음 부분에서 컴파일러는 e의 타입을
Num으로 해석한다. 그렇기 때문에 Num의 프로퍼티인 value를 명시적 캐스팅 없이
e.value로 사용할 수 있다. Sum의 프로퍼티인 right와 left도 마찬가지다. Sum 타입
인지 검사한 다음부터는 e.right와 e.left를 사용할 수 있다. IDE를 사용하면 스마트
캐스트 부분의 배경색을 달리 표시해주므로 이런 변환이 자동으로 이뤄졌음을 쉽게 알
수 있다. 그림 2.5를 보라.

```
if (e is Sum) {
    return eval(e.right) + eval(e.left)
}
```

그림 2.5 IDE는 배경색으로 스마트 캐스트를 표시해준다

스마트 캐스트는 is로 변수에 든 값의 타입을 검사한 다음에 그 값이 바뀔 수 없는 경우에만 작동한다. 예를 들어 앞에서 본 예제처럼 클래스의 프로퍼티에 대해 스마트 캐스트를 사용한다면 그 프로퍼티는 반드시 val이어야 하며 커스텀 접근자를 사용한 것이어도 안 된다. val이 아니거나 val이지만 커스텀 접근자를 사용하는 경우에는 해당 프로퍼티에 대한 접근이 항상 같은 값을 내놓는다고 확신할 수 없기 때문이다.

원하는 타입으로 명시적으로 타입 캐스팅하려면 as 키워드를 사용한다.

```
val n = e as Num
```

이제 eval 함수를 리팩토링해서 더 코틀린다운 코드로 만드는 방법을 살펴보자.

2.3.6 리팩토링: if를 when으로 변경

코틀린의 if와 자바의 if는 어떻게 다를까? 이미 그 차이에 대해 살펴봤다. 2장을 시작하면서 코틀린 if 식을 자바 3항 연산자처럼 쓴 예제를 살펴봤다. 코틀린의 if (a > b) a else b는 자바의 a > b ? a : b처럼 작동한다. 코틀린에서는 if가 값을 만들어내기 때문에 자바와 달리 3항 연산자가 따로 없다. 이런 특성을 사용하면 eval 함수에서 return문과 중괄호를 없애고 if 식을 본문으로 사용해 더 간단하게 만들 수 있다.

리스트 2.19 값을 만들어내는 if 식

```
fun eval(e: Expr): Int =
    if (e is Num) {
        e.value
    } else if (e is Sum) {
        eval(e.right) + eval(e.left)
    } else {
        throw IllegalArgumentException("Unknown expression")
    }
```

```
>>> println(eval(Sum(Num(1), Num(2))))
3
```

if의 분기에 식이 하나밖에 없다면 중괄호를 생략해도 된다. if 분기에 블록을 사용하는 경우 그 블록의 마지막 식이 그 분기의 결과 값이다.

이 코드를 when을 사용해 더 다듬을 수도 있다.

```
fun eval(e: Expr): Int =
    when (e) {
        is Num ->
            e.value
        is Sum ->
            eval(e.right) + eval(e.left)
        else ->
            throw IllegalArgumentException("Unknown expression")
    }
```

인자 타입을 검사하는 when 분기들

이 부분에 스마트 캐스트가 쓰였다.

when 식을 앞에서 살펴본 값 동등성 검사가 아닌 다른 기능에도 쓸 수 있다. 이 예제는 받은 값의 타입을 검사하는 when 분기를 보여준다. 리스트 2.19의 if 예제와 마찬가지로 타입을 검사하고 나면 스마트 캐스트가 이뤄진다. 따라서 Num이나 Sum의 멤버에 접근할 때 변수를 강제로 캐스팅할 필요가 없다.

when과 if 식을 사용한 eval을 서로 비교해보고, when으로 if를 대신할 수 있는 경우가 언제인지 생각해보라. if나 when의 각 분기에서 수행해야 하는 로직이 복잡해지면 분기 본문에 블록을 사용할 수 있다. 블록을 사용한 if와 when을 한번 살펴보자.

2.3.7 if와 when의 분기에서 블록 사용

if나 when 모두 분기에 블록을 사용할 수 있다. 그런 경우 블록의 마지막 문장이 블록 전체의 결과가 된다. 예제로 봤던 eval 함수에 로그를 추가하고 싶다면 각 분기를 블록으로 만들고 블록의 맨 마지막에 그 분기의 결과 값을 위치시키면 된다.

리스트 2.21 분기에 복잡한 동작이 들어가 있는 when 사용하기

```
fun evalWithLogging(e: Expr): Int =
    when (e) {
        is Num -> {
            println("num: ${e.value}")        이 식이 블록의 마지막 식이므로 e의 타입이
            e.value          ◀────────────    Num이면 e.value가 반환된다.
        }
        is Sum -> {
            val left = evalWithLogging(e.left)
            val right = evalWithLogging(e.right)
            println("sum: $left + $right")     e의 타입이 Sum이면
            left + right     ◀────────────     이 식의 값이 반환된다.
        }
        else -> throw IllegalArgumentException("Unknown expression")
    }
```

이제 evalWithLogging 함수가 출력하는 로그를 보면 연산이 이뤄진 순서를 알 수 있다.

```
>>> println(evalWithLogging(Sum(Sum(Num(1), Num(2)), Num(4))))
num: 1
num: 2
sum: 1 + 2
num: 4
sum: 3 + 4
7
```

'블록의 마지막 식이 블록의 결과'라는 규칙은 블록이 값을 만들어내야 하는 경우 항상 성립한다. 2장의 마지막에는 try 본문과 catch 절에서 마찬가지 규칙이 쓰이는 예가 있으며, 5장에서는 람다 식에서 이 규칙이 어떻게 쓰이는지 설명한다. 하지만 2.2절에서 설명한 대로 이 규칙은 함수에 대해서는 성립하지 않는다. 식이 본문인 함수는 블록을 본문으로 가질 수 없고 블록이 본문인 함수는 내부에 return문이 반드시 있어야 한다.

지금까지 코틀린에서 여러 선택 중 하나를 고르는 올바른 방법을 배웠다. 이제는 어떤 대상을 이터레이션^{iteration}하는 방법을 살펴보자.

2.4 대상을 이터레이션: while과 for 루프

2장에서 설명한 코틀린 특성 중 자바와 가장 비슷한 것이 이터레이션이다. 코틀린 while 루프는 자바와 동일하므로 간략하게 다루고 넘어간다. for는 자바의 for-each 루프에 해당하는 형태만 존재한다. 코틀린의 for는 C#과 마찬가지로 for <아이템> in <원소들> 형태를 취한다. 이런 for 루프는 자바에서와 마찬가지로 컬렉션에 대한 이터레이션에 가장 많이 쓰인다. 컬렉션을 다루는 경우를 포함하는 여러 반복 시나리오를 살펴보자.

2.4.1 while 루프

코틀린에는 while과 do-while 루프가 있다. 두 루프의 문법은 자바와 다르지 않다.

```
while (조건) {          ◀━━━━━━     조건이 참인 동안 본문을
    /*...*/                        반복 실행한다.
}

do {
    /*...*/                        맨 처음에 무조건 본문을 한 번 실행한 다음,
} while (조건)  ◀━━━━━━           조건이 참인 동안 본문을 반복 실행한다.
```

이 두 루프는 매우 단순하며 코틀린에서 추가한 새로운 기능도 없다. 이제 주저하지 말고 for 루프를 바로 살펴보자.

2.4.2 수에 대한 이터레이션: 범위와 수열

앞에서 설명했지만 코틀린에는 자바의 for 루프(어떤 변수를 초기화하고 그 변수를 루프를 한 번 실행할 때마다 갱신하고 루프 조건이 거짓이 될 때 반복을 마치는 형태의 루프)에 해당하는 요소가 없다. 이런 루프의 가장 흔한 용례인 초깃값, 증가 값, 최종 값을 사용한 루프를 대신하기 위해 코틀린에서는 범위^{range}를 사용한다.

범위는 기본적으로 두 값으로 이뤄진 구간이다. 보통은 그 두 값은 정수 등의 숫자 타입의 값이며, .. 연산자로 시작 값과 끝 값을 연결해서 범위를 만든다.

```
val oneToTen = 1..10
```

코틀린의 범위는 폐구간(닫힌 구간) 또는 양끝을 포함하는 구간이다. 이는 두 번째 값(위 예에서는 10)이 항상 범위에 포함된다는 뜻이다.

정수 범위로 수행할 수 있는 가장 단순한 작업은 범위에 속한 모든 값에 대한 이터레이션이다. 이런 식으로 어떤 범위에 속한 값을 일정한 순서로 이터레이션하는 경우를 수열^{progression}이라고 부른다.

피즈버즈$^{Fizz-Buzz}$ 게임을 위해 정수 범위를 사용해보자. 피즈버즈 게임은 장거리 여행을 하면서 초등학교 이후 퇴화한 나눗셈 기술을 연마할 때 아주 좋다. 참가자는 순차적으로 수를 세면서 3으로 나눠떨어지는 수에 대해서는 피즈, 5로 나눠떨어지는 수에 대해서는 버즈라고 말해야 한다. 어떤 수가 3과 5로 모두 나눠떨어지면 '피즈버즈'라고 말해야 한다.

다음 리스트는 1부터 100까지의 피즈버즈 결과를 보여준다. 인자가 없는 when을 사용해서 조건을 검사한다.

```
fun fizzBuzz(i: Int) = when {
    i % 15 == 0 -> "FizzBuzz "
    i % 3 == 0 -> "Fizz "        i가 3으로 나눠떨어지면          i가 15로 나눠떨어지면
                                 Fizz를 반환한다.              FizzBuzz를 반환한다.
    i % 5 == 0 -> "Buzz "        i가 5로 나눠떨어지면            자바와 마찬가지로 %는
                                 Buzz를 반환한다.              모듈로 연산자다.
    else -> "$i "
}                                다른 경우에는 그 수
                                 자체를 반환한다.
>>> for (i in 1..100) {
... print(fizzBuzz(i))           1..100 범위의 정수에
... }                            대해 이터레이션한다.
}
1 2 Fizz 4 Buzz Fizz 7 ...
```

같은 게임을 너무 오래해서 지겨워졌으므로 더 어려운 게임을 하고 싶다. 이제는 100부터 거꾸로 세되 짝수만으로 게임을 진행해보자.

```
>>> for (i in 100 downTo 1 step 2) {
...     print(fizzBuzz(i))
... }
Buzz 98 Fizz 94 92 FizzBuzz 88 ...
```

여기서는 증가 값 step을 갖는 수열에 대해 이터레이션한다. 증가 값을 사용하면 수를 건너 뛸 수 있다. 증가 값을 음수로 만들면 정방향 수열이 아닌 역방향 수열을 만들 수 있다. 이 예제에서 100 downTo 1은 역방향 수열을 만든다(역방향 수열의 기본 증가 값은 -1이다). 그 뒤에 step 2를 붙이면 증가 값의 절댓값이 2로 바뀐다(이때 증가 값의 방향은 바뀌지 않는다. 따라서 증가 값은 실제로는 -2와 같다).

앞에서 언급한 대로 ..는 항상 범위의 끝 값(..의 우항)을 포함한다. 하지만 끝 값을 포함하지 않는 반만 닫힌 범위half-closed range, 반폐구간 또는 반개구간에 대해 이터레이션하면 편할

때가 자주 있다. 그런 범위를 만들고 싶다면 until 함수를 사용하라. 예를 들어 for
(x in 0 until size)라는 루프는 for (x in 0..size-1)과 같지만 좀 더 명확하게
개념을 표현한다. 나중에 3.4.3절에서 downTo, step, until에 대해 더 자세히 다룬다.

범위나 수열로 좀 더 복잡한 피즈버즈 게임을 만드는 방법을 살펴봤다. 이제 for
루프를 사용하는 예제를 더 살펴보자.

2.4.3 맵에 대한 이터레이션

앞 절에서 컬렉션에 대한 이터레이션을 위해 for .. in 루프를 자주 쓴다고 말했다.
그런 for 루프는 자바와 마찬가지로 작동하기 때문에 설명할 내용이 많지 않다. 대신
맵map에 대한 이터레이션을 살펴보자.

예제로 문자에 대한 2진 표현을 출력하는 프로그램을 살펴보자. 이때 2진 표현을
맵에 저장하자(단지 예제로 쓰기 위한 목적이다). 다음 코드는 맵을 만들고, 몇 글자에 대한
2진 표현으로 맵을 채운 다음, 그 맵의 내용을 출력한다.

리스트 2.24 맵을 초기화하고 이터레이션하기

```
val binaryReps = TreeMap<Char, String>()  ◀── 키에 대해 정렬하기 위해 TreeMap을 사용한다.

for (c in 'A'..'F') {  ◀── A부터 F까지 문자의 범위를 사용해 이터레이션한다.
    val binary = Integer.toBinaryString(c.toInt())  ◀── 아스키(ASCII) 코드를 2진
    binaryReps[c] = binary                               표현으로 바꾼다.
}                              ◀── c를 키로 c의 2진 표현을
                                    맵에 넣는다.
for ((letter, binary) in binaryReps) {  ◀── 맵에 대해 이터레이션한다. 맵의 키와
    println("$letter = $binary")              값을 두 변수에 각각 대입한다
}
```

.. 연산자를 숫자 타입의 값뿐 아니라 문자 타입의 값에도 적용할 수 있다. 'A'..'F'는
A부터 F에 이르는 문자를 모두 포함하는 범위를 만든다.

리스트 2.24는 for 루프를 사용해 이터레이션하려는 컬렉션의 원소를 푸는 방법을

보여준다(맵은 키/값 쌍을 원소로 하는 컬렉션이다). 원소를 풀어서 letter와 binary라는 두 변수에 저장한다. letter에는 키가 들어가고, binary에는 2진 표현이 들어간다. 7.4.1절에서 객체를 풀어서 각 부분을 분리하는 구조 분해 문법에 대해 자세히 다룬다.

리스트 2.24는 이 밖에도 키를 사용해 맵의 값을 가져오거나 키에 해당하는 값을 설정하는 멋진 코틀린 기능을 보여준다. get과 put을 사용하는 대신 map[key]나 map[key] = value를 사용해 값을 가져오고 설정할 수 있다.

```
binaryReps[c] = binary
```

라는 코드는

```
binaryReps.put(c, binary)
```

라는 자바 코드와 같다.

출력은 다음과 비슷하다(출력을 두 열로 배열했다).

```
A = 1000001 D = 1000100
B = 1000010 E = 1000101
C = 1000011 F = 1000110
```

맵에 사용했던 구조 분해 구문을 맵이 아닌 컬렉션에도 활용할 수 있다. 그런 구조 분해 구문을 사용하면 원소의 현재 인덱스를 유지하면서 컬렉션을 이터레이션할 수 있다. 인덱스를 저장하기 위한 변수를 별도로 선언하고 루프에서 매번 그 변수를 증가시킬 필요가 없다.

```
val list = arrayListOf("10", "11", "1001")          인덱스와 함께 컬렉션을
for ((index, element) in list.withIndex()) {  ◀──   이터레이션한다.
    println("$index: $element")
}
```

이 코드는 예상대로 다음과 같은 결과를 출력한다.

```
0: 10
1: 11
2: 1001
```

withIndex의 정체에 대해서는 3장에서 살펴본다.

　컬렉션이나 범위에 대해 in 키워드를 사용하는 방법을 살펴봤다. 한편 어떤 값이 범위나 컬렉션에 들어있는지 알고 싶을 때도 in을 사용한다.

2.4.4 in으로 컬렉션이나 범위의 원소 검사

in 연산자를 사용해 어떤 값이 범위에 속하는지 검사할 수 있다. 반대로 !in을 사용하면 어떤 값이 범위에 속하지 않는지 검사할 수 있다. 다음은 어떤 문자가 정해진 문자의 범위에 속하는지를 검사하는 방법을 보여준다.

리스트 2.25　in을 사용해 값이 범위에 속하는지 검사하기

```
fun isLetter(c: Char) = c in 'a'..'z' || c in 'A'..'Z'
fun isNotDigit(c: Char) = c !in '0'..'9'
>>> println(isLetter('q'))
true
>>> println(isNotDigit('x'))
true
```

이렇게 어떤 문자가 글자인지 검사하는 방법은 간단해 보인다. 내부적으로도 교묘한 부분은 전혀 없다. 이렇게 코드를 작성해도 여전히 문자의 코드가 범위의 첫 번째 글자의 코드와 마지막 글자의 코드 사이에 있는지를 비교한다. 하지만 그런 비교 로직은 표준 라이브러리의 범위 클래스 구현 안에 깔끔하게 감춰져 있다.

```
c in 'a'..'z'          ◀────  'a' <= c && c <= 'z'로 변환된다.
```

in과 !in 연산자를 when 식에서 사용해도 된다.

리스트 2.26 when에서 in 사용하기

```
fun recognize(c: Char) = when (c) {          ┌─ c 값이 0부터 9 사이에
    in '0'..'9' -> "It's a digit!"    ◄──────┘  있는지 검사한다.
    in 'a'..'z', in 'A'..'Z' -> "It's a letter!"  ◄──┐ 여러 범위 조건을 함께
    else -> "I don't know…"                          └ 사용해도 된다.
}
>>> println(recognize('8'))
It's a digit!
```

범위는 문자에만 국한되지 않는다. 비교가 가능한 클래스라면(java.lang.Comparable 인터
페이스를 구현한 클래스라면) 그 클래스의 인스턴스 객체를 사용해 범위를 만들 수 있다.
Comparable을 사용하는 범위의 경우 그 범위 내의 모든 객체를 항상 이터레이션하지는
못한다. 예를 들어 'Java'와 'Kotlin' 사이의 모든 문자열을 이터레이션할 수 있을까? 그럴
수 없다. 하지만 in 연산자를 사용하면 값이 범위 안에 속하는지 항상 결정할 수 있다.

```
>>> println("Kotlin" in "Java".."Scala")   ◄──┐ "Java" <= "Kotlin" && "Kotlin"
true                                          └ <= "Scala"와 같다.
```

String에 있는 Comparable 구현이 두 문자열을 알파벳 순서로 비교하기 때문에 여기
있는 in 검사에서도 문자열을 알파벳 순서로 비교한다.

컬렉션에도 마찬가지로 in 연산을 사용할 수 있다.

```
>>> println("Kotlin" in setOf("Java", "Scala"))  ◄──┐ 이 집합에는 "Kotlin"이
false                                               └ 들어있지 않다.
```

나중에 7.3.2절에서 범위나 수열과 여러분이 직접 만든 데이터 타입을 함께 사용하는
방법에 대해 살펴보고 in 검사를 적용할 수 있는 객체에 대한 일반 규칙을 살펴본다.

2장에서 살펴보려는 코틀린 요소가 하나 더 있다. 바로 예외를 처리하는 문장이다.

2.5 코틀린의 예외 처리

코틀린의 예외^{exception} 처리는 자바나 다른 언어의 예외 처리와 비슷하다. 함수는 정상적으로 종료할 수 있지만 오류가 발생하면 예외를 던질^{throw} 수 있다. 함수를 호출하는 쪽에서는 그 예외를 잡아 처리할 수 있다. 발생한 예외를 함수 호출 단에서 처리^{catch}하지 않으면 함수 호출 스택을 거슬러 올라가면서 예외를 처리하는 부분이 나올 때까지 예외를 다시 던진다^{rethrow}.

코틀린의 기본 예외 처리 구문은 자바와 비슷하다. 예외를 던지는 방법은 전혀 놀랍지 않다.

```
if (percentage !in 0..100) {
    throw IllegalArgumentException(
      "A percentage value must be between 0 and 100: $percentage")
}
```

다른 클래스와 마찬가지로 예외 인스턴스를 만들 때도 new를 붙일 필요가 없다.

자바와 달리 코틀린의 throw는 식이므로 다른 식에 포함될 수 있다.

```
val percentage =
    if (number in 0..100)
      number
    else
      throw IllegalArgumentException(          ◀─── "throw"는 식이다.
        "A percentage value must be between 0 and 100: $number")
```

이 예제에서는 if의 조건이 참이므로 프로그램이 정상 동작해서 percentage 변수가 number의 값으로 초기화된다. 하지만 조건이 거짓이면 변수가 초기화되지 않는다. throw를 식에 활용할 때의 기술 사항에 대해서는 6.2.6절에서 자세히 설명한다.

2.5.1 try, catch, finally

자바와 마찬가지로 예외를 처리하려면 try와 catch, finally 절을 함께 사용한다. 파일에서 각 줄을 읽어 수로 변환하되 그 줄이 올바른 수 형태가 아니면 null을 반환하는 다음 예제에서 그 세 가지 요소를 모두 볼 수 있다.

리스트 2.27 자바와 마찬가지로 try 사용하기

```
fun readNumber(reader: BufferedReader): Int? {      ◀── 함수가 던질 수 있는 예외를
    try {                                               명시할 필요가 없다.
        val line = reader.readLine()
        return Integer.parseInt(line)
    }
    catch (e: NumberFormatException) {              ◀── 예외 타입을 :의
        return null                                      오른쪽에 쓴다.
    }
    finally {                                       ◀── "finally"는 자바와 똑같이
        reader.close()                                  작동한다.
    }
}
>>> val reader = BufferedReader(StringReader("239"))
>>> println(readNumber(reader))
239
```

자바 코드와 가장 큰 차이는 throws(이 경우 s가 붙어있다) 절이 코드에 없다는 점이다. 자바에서는 함수를 작성할 때 함수 선언 뒤에 throws IOException을 붙여야 한다. 이유는 IOException이 **체크 예외**^{checked exception}이기 때문이다. 자바에서는 체크 예외를 명시적으로 처리해야 한다. 어떤 함수가 던질 가능성이 있는 예외나 그 함수가 호출한 다른 함수에서 발생할 수 있는 예외를 모두 catch로 처리해야 하며, 처리하지 않은 예외는 throws 절에 명시해야 한다.

다른 최신 JVM 언어와 마찬가지로 코틀린도 체크 예외와 언체크 예외^{unchecked exception}

를 구별하지 않는다. 코틀린에서는 함수가 던지는 예외를 지정하지 않고 발생한 예외를 잡아내도 되고 잡아내지 않아도 된다. 실제 자바 프로그래머들이 체크 예외를 사용하는 방식을 고려해 이렇게 코틀린 예외를 설계했다. 자바는 체크 예외 처리를 강제한다. 하지만 프로그래머들이 의미 없이 예외를 다시 던지거나, 예외를 잡되 처리하지는 않고 그냥 무시하는 코드를 작성하는 경우가 흔하다. 그로 인해 예외 처리 규칙이 실제로는 오류 발생을 방지하지 못하는 경우가 자주 있다.

예를 들어 리스트 2.27에서 NumberFormatException은 체크 예외가 아니다. 따라서 자바 컴파일러는 NumberFormatException을 잡아내게 강제하지 않는다. 그에 따라 실제 실행 시점에 NumberFormatException이 발생하는 모습을 자주 볼 수 있다. 하지만 입력 값이 잘못되는 경우는 흔히 있는 일이므로 그런 문제가 발생한 경우 부드럽게 다음 단계로 넘어가도록 프로그램을 설계해야 한다는 점에서 이는 불행한 일이다. 동시에 BufferedReader.close는 IOException을 던질 수 있는데, 그 예외는 체크 예외이므로 자바에서는 반드시 처리해야 한다. 하지만 실제 스트림을 닫다가 실패하는 경우 특별히 스트림을 사용하는 클라이언트 프로그램이 취할 수 있는 의미 있는 동작은 없다. 그러므로 이 IOException을 잡아내는 코드는 그냥 불필요하다.

자바 7의 자원을 사용하는 try-with-resource는 어떨까? 코틀린은 그런 경우를 위한 특별한 문법을 제공하지 않는다. 하지만 라이브러리 함수로 같은 기능을 구현한다. 8.2.5절에서 그 방법을 살펴본다.

2.5.2 try를 식으로 사용

자바와 코틀린의 중요한 차이를 하나 더 살펴보기 위해 방금 살펴본 예제를 고쳐보자. (이미 어떻게 작동하는지 살펴본) finally 절을 없애고 파일에서 읽은 수를 출력하는 코드를 추가하자.

```
fun readNumber(reader: BufferedReader) {
    val number = try {
        Integer.parseInt(reader.readLine())        ◄──────  이 식의 값이 "try" 식의
    } catch (e: NumberFormatException) {                    값이 된다.
        return
    }
    println(number)
}
>>> val reader = BufferedReader(StringReader("not a number"))     아무것도 출력되지
                                                           ◄──── 않는다.
>>> readNumber(reader)
```

코틀린의 try 키워드는 if나 when과 마찬가지로 식이다. 따라서 try의 값을 변수에 대입할 수 있다. if와 달리 try의 본문을 반드시 중괄호 {}로 둘러싸야 한다. 다른 문장과 마찬가지로 try의 본문도 내부에 여러 문장이 있으면 마지막 식의 값이 전체 결과 값이다.

이 예제는 catch 블록 안에서 return문을 사용한다. 따라서 예외가 발생한 경우 catch 블록 다음의 코드는 실행되지 않는다. 하지만 계속 진행하고 싶다면 catch 블록도 값을 만들어야 한다. 역시 catch 블록도 그 안의 마지막 식이 블록 전체의 값이 된다. 다음은 그런 동작을 보여준다.

리스트 2.29 catch에서 값 반환하기

```
fun readNumber(reader: BufferedReader) {
    val number = try {                                      예외가 발생하지 않으면
        Integer.parseInt(reader.readLine())   ◄────────── 이 값을 사용한다.
    } catch (e: NumberFormatException) {
        null                              ◄────  예외가 발생하면 null 값을
    }                                            사용한다.
    println(number)
```

```
}
>>> val reader = BufferedReader(StringReader("not a number"))
>>> readNumber(reader)
null
```

예외가 발생했으므로 함수가
"null"을 출력한다.

try 코드 블록의 실행이 정상적으로 끝나면 그 블록의 마지막 식의 값이 결과다. 예외가 발생하고 잡히면 그 예외에 해당하는 catch 블록의 값이 결과다. 리스트 2.29에서는 NumberFormatException이 발생하므로 함수의 결과 값이 null이다.

지금까지 이 책을 읽은 독자라면 자바에서 코드를 작성했던 때와 비슷한 방식으로 코틀린 코드를 작성할 수 있을 것이다. 이 책을 계속 읽으면서 기존의 사고방식을 바꿔서 코틀린의 강력한 기능을 모두 다 활용하는 방법을 점차 배우게 될 것이다.

2.6 요약

- 함수를 정의할 때 fun 키워드를 사용한다. val과 var는 각각 읽기 전용 변수와 변경 가능한 변수를 선언할 때 쓰인다.

- 문자열 템플릿을 사용하면 문자열을 연결하지 않아도 되므로 코드가 간결해진다. 변수 이름 앞에 $를 붙이거나, 식을 ${식}처럼 ${}로 둘러싸면 변수나 식의 값을 문자열 안에 넣을 수 있다.

- 코틀린에서는 값 객체 클래스를 아주 간결하게 표현할 수 있다.

- 다른 언어에도 있는 if는 코틀린에서 식이며, 값을 만들어낸다.

- 코틀린 when은 자바의 switch와 비슷하지만 더 강력하다.

- 어떤 변수의 타입을 검사하고 나면 굳이 그 변수를 캐스팅하지 않아도 검사한 타입의 변수처럼 사용할 수 있다. 그런 경우 컴파일러가 스마트 캐스트를 활용해 자동으로 타입을 바꿔준다.

- for, while, do-while 루프는 자바가 제공하는 같은 키워드의 기능과 비슷하다. 하지만 코틀린의 for는 자바의 for보다 더 편리하다. 특히 맵을 이터레이션

하거나 이터레이션하면서 컬렉션의 원소와 인덱스를 함께 사용해야 하는 경우 코틀린의 for가 더 편리하다.

- 1..5와 같은 식은 범위를 만들어낸다. 범위와 수열은 코틀린에서 같은 문법을 사용하며, for 루프에 대해 같은 추상화를 제공한다. 어떤 값이 범위 안에 들어있거나 들어있지 않은지 검사하기 위해서 in이나 !in을 사용한다.

- 코틀린 예외 처리는 자바와 비슷하다. 다만 코틀린에서는 함수가 던질 수 있는 예외를 선언하지 않아도 된다.

3

함수 정의와 호출

3장에서 다루는 내용

- 컬렉션, 문자열, 정규식을 다루기 위한 함수

- 이름 붙인 인자, 디폴트 파라미터 값, 중위 호출 문법 사용

- 확장 함수와 확장 프로퍼티를 사용해 자바 라이브러리 적용

- 최상위 및 로컬 함수와 프로퍼티를 사용해 코드 구조화

지금까지는 자바와 코틀린이 많이 다르지 않아서 상당히 편했을 것이다. 지금까지는 자바에서 익숙하게 사용해 온 개념을 코틀린으로 바꾸면 어떤 모습인지 살펴보면서 코틀린이 그런 경우 더 간결하고 읽기 좋은 코드를 만들어낸다는 사실을 알아봤다.

3장에서는 모든 프로그램에서 핵심이라 할 수 있는 함수 정의와 호출 기능을 코틀린이 어떻게 개선했는지 살펴본다. 추가로 확장 함수와 프로퍼티를 사용해 자바 라이브러리를 코틀린 스타일로 적용하는 방법을 살펴본다. 확장을 통해 자바 라이브러리를 활용하면 코틀린과 자바를 함께 쓰는 프로젝트에서 코틀린의 장점을 최대한 살릴 수 있다.

우리는 3장에서 설명하는 내용이 더 유용하고 덜 추상적이기 원한다. 그래서 코틀린 컬렉션, 문자열, 정규식regulear expression만으로 문제 영역을 한정한다. 우선 코틀린에서 컬렉션을 만드는 방법을 살펴보자.

3.1 코틀린에서 컬렉션 만들기

컬렉션으로 흥미로운 일을 하기 위해서는 일단 컬렉션을 만드는 방법을 배워야 한다. 2.3.3절에서 setOf 함수를 사용해 집합을 만드는 방법을 살펴본 적이 있다. 그때는 색의 집합을 만들었지만 이번에는 좀 더 단순하게 숫자로 이뤄진 집합을 만들어보자.

```
val set = hashSetOf(1, 7, 53)
```

비슷한 방법으로 리스트와 맵도 만들 수 있다.

```
val list = arrayListOf(1, 7, 53)
val map = hashMapOf(1 to "one", 7 to "seven", 53 to "fifty-three")
```

여기서 to가 언어가 제공하는 특별한 키워드가 아니라 일반 함수라는 점에 유의하라. 이에 대해서는 나중에 다룬다.

여기서 만든 객체가 어떤 클래스에 속하는지 추측할 수 있겠는가? 다음 예제를 실행하면 직접 그 결과를 볼 수 있다.

```
>>> println(set.javaClass)
class java.util.HashSet

>>> println(list.javaClass)
class java.util.ArrayList

>>> println(map.javaClass)
class java.util.HashMap
```

← javaClass는 자바 getClass()에 해당하는 코틀린 코드다.

이는 코틀린이 자신만의 컬렉션 기능을 제공하지 않는다는 뜻이다. 자바 개발자가 기존 자바 컬렉션을 활용할 수 있다는 뜻이므로 이는 자바 개발자들에게 좋은 소식이다.

코틀린이 자체 컬렉션을 제공하지 않는 이유는 뭘까? 표준 자바 컬렉션을 활용하면 자바 코드와 상호작용하기가 훨씬 더 쉽다. 자바에서 코틀린 함수를 호출하거나 코틀린에서 자바 함수를 호출할 때 자바와 코틀린 컬렉션을 서로 변환할 필요가 없다.

코틀린 컬렉션은 자바 컬렉션과 똑같은 클래스다. 하지만 코틀린에서는 자바보다 더 많은 기능을 쓸 수 있다. 예를 들어 리스트의 마지막 원소를 가져오거나 수로 이뤄진 컬렉션에서 최댓값을 찾을 수 있다.

```
>>> val strings = listOf("first", "second", "fourteenth")
>>> println(strings.last())
fourteenth
>>> val numbers = setOf(1, 14, 2)
>>> println(numbers.max())
14
```

3장에서는 이런 기능이 어떻게 동작하는지 보여주고, 자바 클래스에 없는 메서드를 코틀린이 어디에 정의하는지 살펴본다.

4장 이후에서 람다에 대해 이야기할 때 컬렉션을 통해 할 수 있는 일을 더 보게 된다. 하지만 거기서도 똑같은 표준 자바 컬렉션을 사용한다. 나중에 6.3절에서 코틀린 타입 시스템 안에서 자바 컬렉션 클래스가 어떻게 표현되는지 배운다.

last나 max와 같은 함수가 자바 컬렉션에 대해 어떻게 마술처럼 작동하는지 살펴보기 전에 함수 선언에 대한 몇 가지 새로운 개념을 살펴보자.

3.2 함수를 호출하기 쉽게 만들기

여러 원소로 이뤄진 컬렉션을 만드는 방법을 배웠으므로 간단하게 모든 원소를 찍어보자. 너무 단순하지 않나 걱정할 필요는 없다. 원소를 찍는 과정에서 여러 중요한 개념에 마주치게 된다.

자바 컬렉션에는 디폴트 toString 구현이 들어있다. 하지만 그 디폴트 toString의 출력 형식은 고정돼 있고 우리에게 필요한 형식이 아닐 수도 있다.

```
>>> val list = listOf(1, 2, 3)
>>> println(list)                        ◀──── toString() 호출
[1, 2, 3]
```

디폴트 구현과 달리 (1; 2; 3)처럼 원소 사이를 세미콜론으로 구분하고 괄호로 리스트를 둘러싸고 싶다면 어떻게 해야 할까? 이를 위해서는 자바 프로젝트에 구아바^{Guava}나 아파치 커먼즈$^{Apache\ Commons}$ 같은 서드파티 프로젝트를 추가하거나 직접 관련 로직을 구현해야 한다. 코틀린에는 이런 요구 사항을 처리할 수 있는 함수가 표준 라이브러리에 이미 들어있다.

이번 절에서는 직접 그런 함수를 구현해보자. 처음에는 함수 선언을 간단하게 만들 수 있게 코틀린이 지원하는 여러 기능을 사용하지 않고 함수를 직접 구현한다. 그 후 좀 더 코틀린답게 같은 함수를 다시 구현한다.

다음 리스트의 joinToString 함수는 컬렉션의 원소를 StringBuilder의 뒤에 덧붙인다. 이때 원소 사이에 구분자^{separator}를 추가하고, StringBuilder의 맨 앞과 맨 뒤에는 접두사^{prefix}와 접미사^{postfix}를 추가한다.

리스트 3.1 joinToString() 함수의 초기 구현

```
fun <T> joinToString(
    collection: Collection<T>,
    separator: String,
    prefix: String,
```

```
        postfix: String
): String {

    val result = StringBuilder(prefix)

    for ((index, element) in collection.withIndex()) {

        if (index > 0) result.append(separator)  ◄────── 첫 원소 앞에는 구분자를
                                                          붙이면 안 된다.
        result.append(element)

    }

    result.append(postfix)

    return result.toString()

}
```

이 함수는 제네릭generic하다. 즉, 이 함수는 어떤 타입의 값을 원소로 하는 컬렉션이든
처리할 수 있다. 제네릭 함수의 문법은 자바와 비슷하다(제네릭스에 대해서는 9장에서 자세히
다룬다).

　　이 함수가 의도대로 작동하는지 검증해보자.

```
>>> val list = listOf(1, 2, 3)
>>> println(joinToString(list, "; ", "(", ")"))
(1; 2; 3)
```

잘 작동한다. 이 함수를 그대로 써도 좋을 것이다. 하지만 선언 부분을 좀 더 고민해봐야
한다. 어떻게 하면 이 함수를 호출하는 문장을 덜 번잡하게 만들 수 있을까? 함수를 호출
할 때마다 매번 네 인자를 모두 전달하지 않을 수는 없을까? 이제 그 방법을 알아보자.

3.2.1 이름 붙인 인자

해결하고픈 첫 번째 문제는 함수 호출 부분의 가독성이다. 예를 들어 다음과 같은
joinToString 호출을 살펴보자.

```
joinToString(collection, " ", " ", ".")
```

인자로 전달한 각 문자열이 어떤 역할을 하는지 구분할 수 있는가? 각 원소는 공백으로 구분될까, 마침표로 구분될까? 함수의 시그니처를 살펴보지 않고는 이런 질문에 답하기 어렵다. 여러분이 함수 시그니처를 외우거나 IDE가 함수 시그니처를 표시해서 도움을 줄 수는 있겠지만, 함수 호출 코드 자체는 여전히 모호하다.

이런 문제는 특히 불리언 플래그^{flag} 값을 전달해야 하는 경우 흔히 발생한다. 이를 해결하기 위해 일부 자바 코딩 스타일에서는 불리언 대신 enum 타입을 사용하라고 권장한다. 일부 코딩 스타일에서는 다음과 같이 파라미터 이름을 주석에 넣으라고 요구하기도 한다.

```
/* 자바 */
joinToString(collection, /* separator */ " ", /* prefix */ " ",
    /* postfix */ ".");
```

코틀린에서는 다음과 같이 더 잘 할 수 있다.

```
joinToString(collection, separator = " ", prefix = " ", postfix = ".")
```

코틀린으로 작성한 함수를 호출할 때는 함수에 전달하는 인자 중 일부(또는 전부)의 이름을 명시할 수 있다. 호출 시 인자 중 어느 하나라도 이름을 명시하고 나면 혼동을 막기 위해 그 뒤에 오는 모든 인자는 이름을 꼭 명시해야 한다.

> **팁**
>
> 인텔리J 아이디어는 호출 대상 함수가 파라미터 이름을 바꾼 경우 그 함수를 호출할 때 사용한 이름을 붙인 인자의 이름을 추적할 수 있다. 다만 함수의 파라미터 이름을 바꿀 때 직접 에디터에서 입력해서 바꾸지 말고 Refactor 메뉴 밑의 Rename이나 Change Signature 액션을 통해 파라미터 이름을 바꿔야 한다.

> **경고**
>
> 불행히도 자바로 작성한 코드를 호출할 때는 이름 붙인 인자를 사용할 수 없다. 따라서 안드로이드 프레임워크나 JDK가 제공하는 함수를 호출할 때도 마찬가지로 이름 붙인 인자를 쓸 수 없다. 클래스 파일(.class 파일)에 함수 파라미터 정보를 넣는 것은 자바 8

이후 추가된 선택적 특징인데, 코틀린은 JDK 6와 호환된다. 그 결과 코틀린 컴파일러는 함수 시그니처의 파라미터 이름을 인식할 수 없고, 여러분이 호출 시 사용한 인자 이름과 함수 정의의 파라미터 이름을 비교할 수 없다.

이름 붙인 인자는 특히 다음 절에 살펴볼 디폴트 파라미터 값과 함께 사용할 때 쓸모가 많다.

3.2.2 디폴트 파라미터 값

자바에서는 일부 클래스에서 오버로딩^{overloading}한 메서드가 너무 많아진다는 문제가 있다. java.lang.Thread에 있는 8가지 생성자를 살펴보라(http://mng.bz/4KZC). 이런 식의 오버로딩 메서드들은 하위 호환성을 유지하거나 API 사용자에게 편의를 더하는 등의 여러 가지 이유로 만들어진다. 하지만 어느 경우든 중복이라는 결과는 같다. 파라미터 이름과 타입이 계속 반복되며, 여러분이 친절한 개발자라면 모든 오버로딩 함수에 대해 대부분의 설명을 반복해 달아야 할 것이다. 그리고 인자 중 일부가 생략된 오버로드 함수를 호출할 때 어떤 함수가 불릴지 모호한 경우가 생긴다.

코틀린에서는 함수 선언에서 파라미터의 디폴트 값을 지정할 수 있으므로 이런 오버로드 중 상당수를 피할 수 있다. 디폴트 값을 사용해 joinToString 함수를 개선해보자. 대부분의 경우 아무 접두사나 접미사 없이 콤마로 원소를 구분한다. 따라서 그런 값을 디폴트로 지정하자.

리스트 3.2 디폴트 파라미터 값을 사용해 joinToString() 정의하기

```
fun <T> joinToString(
    collection: Collection<T>,
    separator: String = ", ",
    prefix: String = "",
    postfix: String = ""
): String
```

디폴트 값이 지정된
파라미터들

이제 함수를 호출할 때 모든 인자를 쓸 수도 있고, 일부를 생략할 수도 있다.

```
>>> joinToString(list, ", ", "", "")
1, 2, 3
>>> joinToString(list)                    ◀─── separator, prefix, postfix 생략
1, 2, 3
>>> joinToString(list, "; ")              ◀─── separator를 "; "로 지정, prefix와 postfix 생략
1; 2; 3
```

일반 호출 문법을 사용하려면 함수를 선언할 때와 같은 순서로 인자를 지정해야 한다. 그런 경우 일부를 생략하면 뒷부분의 인자들이 생략된다. 이름 붙인 인자를 사용하는 경우에는 인자 목록의 중간에 있는 인자를 생략하고, 지정하고 싶은 인자를 이름을 붙여서 순서와 관계없이 지정할 수 있다.

```
>>> joinToString(list, postfix = ";", prefix = "# ")
# 1, 2, 3;
```

함수의 디폴트 파라미터 값은 함수를 호출하는 쪽이 아니라 함수 선언 쪽에서 지정된다는 사실을 기억하라. 따라서 어떤 클래스 안에 정의된 함수의 디폴트 값을 바꾸고 그 클래스가 포함된 파일을 재컴파일하면 그 함수를 호출하는 코드 중에 값을 지정하지 않은 모든 인자는 자동으로 바뀐 디폴트 값을 적용받는다.

> **디폴트 값과 자바**
>
> 자바에는 디폴트 파라미터 값이라는 개념이 없어서 코틀린 함수를 자바에서 호출하는 경우에는 그 코틀린 함수가 디폴트 파라미터 값을 제공하더라도 모든 인자를 명시해야 한다. 자바에서 코틀린 함수를 자주 호출해야 한다면 자바 쪽에서 좀 더 편하게 코틀린 함수를 호출하고 싶을 것이다. 그럴 때 @JvmOverloads 애너테이션을 함수에 추가할 수 있다. @JvmOverloads를 함수에 추가하면 코틀린 컴파일러가 자동으로 맨 마지막 파라미터로부터 파라미터를 하나씩 생략한 오버로딩한 자바 메서드를 추가해준다.

예를 들어 joinToString에 @JvmOverloads를 붙이면 다음과 같은 오버로딩한 함수가 만들어진다.

```java
/* 자바 */
String joinToString(Collection<T> collection, String separator,
    String prefix, String postfix);

String joinToString(Collection<T> collection, String separator,
    String prefix);

String joinToString(Collection<T> collection, String separator);

String joinToString(Collection<T> collection);
```

각각의 오버로딩한 함수들은 시그니처에서 생략된 파라미터에 대해 코틀린 함수의 디폴트 파라미터 값을 사용한다.

지금까지는 함수를 사용할 때 그 함수를 선언하는 시점의 주위 환경을 신경 쓰지 않았다. 지금까지 설명한 함수들을 어떤 클래스 안에 선언해야만 할 것이다. 그렇지 않은가? 그러나 실제로 코틀린에서는 함수를 클래스 안에 선언할 필요가 전혀 없다.

3.2.3 정적인 유틸리티 클래스 없애기: 최상위 함수와 프로퍼티

자바를 아는 사람은 객체지향 언어인 자바에서는 모든 코드를 클래스의 메서드로 작성해야 한다는 사실을 알고 있다. 보통 그런 구조는 잘 작동한다. 하지만 실전에서는 어느 한 클래스에 포함시키기 어려운 코드가 많이 생긴다. 일부 연산에는 비슷하게 중요한 역할을 하는 클래스가 둘 이상 있을 수도 있다. 중요한 객체는 하나뿐이지만 그 연산을 객체의 인스턴스 API에 추가해서 API를 너무 크게 만들고 싶지는 않은 경우도 있다.

그 결과 다양한 정적 메서드를 모아두는 역할만 담당하며, 특별한 상태나 인스턴스 메서드는 없는 클래스가 생겨난다. JDK의 Collections 클래스가 전형적인 예다. 여러분이 작성한 코드에서 비슷한 예를 보고 싶다면 Util이 이름에 들어있는 클래스를 찾으면 된다.

코틀린에서는 이런 무의미한 클래스가 필요 없다. 대신 함수를 직접 소스 파일의 최상위 수준, 모든 다른 클래스의 밖에 위치시키면 된다. 그런 함수들은 여전히 그 파일의 맨 앞에 정의된 패키지의 멤버 함수이므로 다른 패키지에서 그 함수를 사용하고 싶을 때는 그 함수가 정의된 패키지를 임포트해야만 한다. 하지만 임포트 시 유틸리티 클래스 이름이 추가로 들어갈 필요는 없다.

joinToString 함수를 strings 패키지에 직접 넣어보자. join.kt라는 파일을 다음과 같이 작성하라.

리스트 3.3 joinToString() 함수를 최상위 함수로 선언하기

```
package strings

fun joinToString(...): String { ... }
```

이 함수가 어떻게 실행될 수 있는 걸까? JVM이 클래스 안에 들어있는 코드만을 실행할 수 있기 때문에 컴파일러는 이 파일을 컴파일할 때 새로운 클래스를 정의해준다. 코틀린만 사용하는 경우에는 그냥 그런 클래스가 생긴다는 사실만 기억하면 된다. 하지만 이 함수를 자바 등의 다른 JVM 언어에서 호출하고 싶다면 코드가 어떻게 컴파일되는지 알아야 joinToString과 같은 최상위 함수를 사용할 수 있다. 어떻게 코틀린이 join.kt를 컴파일하는지 보여주기 위해 join.kt를 컴파일한 결과와 같은 클래스를 자바 코드로 써보면 다음과 같다.

```
/* 자바 */
package strings;

public class JoinKt {                ◀── 리스트 3.3에서 살펴본 join.kt
    public static String joinToString(...) { ... }        파일에 해당하는 클래스
}
```

코틀린 컴파일러가 생성하는 클래스의 이름은 최상위 함수가 들어있던 코틀린 소스 파일의 이름과 대응한다. 코틀린 파일의 모든 최상위 함수는 이 클래스의 정적인 메서드가

된다. 따라서 자바에서 joinToString을 호출하기는 쉽다.

```java
/* 자바 */
import strings.JoinKt;
...
JoinKt.joinToString(list, ", ", "", "");
```

파일에 대응하는 클래스의 이름 변경하기

코틀린 최상위 함수가 포함되는 클래스의 이름을 바꾸고 싶다면 파일에 @JvmName 애너테이션을
추가하라. @JvmName 애너테이션은 파일의 맨 앞, 패키지 이름 선언 이전에 위치해야 한다.

```kotlin
@file:JvmName("StringFunctions")        ◄─── 클래스 이름을 지정하는 애너테이션

package strings                          ◄─────┐ @file:JvmName 애너테이션 뒤에
                                              │ 패키지 문이 와야 한다.
fun joinToString(...): String { ... }
```

이제 다음과 같이 joinToString 함수를 호출할 수 있다.

```java
/* 자바 */
import strings.StringFunctions;
StringFunctions.joinToString(list, ", ", "", "");
```

@JvmName 애너테이션의 문법에 대해서는 10장에서 설명한다.

최상위 프로퍼티

함수와 마찬가지로 프로퍼티도 파일의 최상위 수준에 놓을 수 있다. 어떤 데이터를 클래
스 밖에 위치시켜야 하는 경우는 흔하지는 않지만, 그래도 가끔 유용할 때가 있다.

예를 들어 어떤 연산을 수행한 횟수를 저장하는 var 프로퍼티를 만들 수 있다.

```kotlin
var opCount = 0              ◄─── 최상위 프로퍼티를 선언한다.

fun performOperation() {
    opCount++               ◄─── 최상위 프로퍼티의 값을 변경한다.
```

```
    // ...
}

fun reportOperationCount() {
    println("Operation performed $opCount times") ◄────── 최상위 프로퍼티의
}                                                          값을 읽는다.
```

이런 프로퍼티의 값은 정적 필드에 저장된다.

최상위 프로퍼티를 활용해 코드에 상수를 추가할 수 있다.

```
val UNIX_LINE_SEPARATOR = "\n"
```

기본적으로 최상위 프로퍼티도 다른 모든 프로퍼티처럼 접근자 메서드를 통해 자바 코드
에 노출된다(val의 경우 게터, var의 경우 게터와 세터가 생긴다). 겉으론 상수처럼 보이는데,
실제로는 게터를 사용해야 한다면 자연스럽지 못하다. 더 자연스럽게 사용하려면 이
상수를 public static final 필드로 컴파일해야 한다. const 변경자를 추가하면 프로
퍼티를 public static final 필드로 컴파일하게 만들 수 있다(단, 원시 타입과 String
타입의 프로퍼티만 const로 지정할 수 있다).

```
const val UNIX_LINE_SEPARATOR = "\n"
```

앞의 코드는 다음 자바 코드와 동등한 바이트코드를 만들어낸다.

```
/* 자바 */
public static final String UNIX_LINE_SEPARATOR = "\n";
```

joinToString 함수를 상당히 많이 개선했다. 하지만 joinToString을 좀 더 개선할
방법을 살펴보자.

3.3 메서드를 다른 클래스에 추가: 확장 함수와 확장 프로퍼티

기존 코드와 코틀린 코드를 자연스럽게 통합하는 것은 코틀린의 핵심 목표 중 하나다. 완전히 코틀린으로만 이뤄진 프로젝트조차도 JDK나 안드로이드 프레임워크 또는 다른 서드파티 프레임워크 등의 자바 라이브러리를 기반으로 만들어진다. 또 코틀린을 기존 자바 프로젝트에 통합하는 경우에는 코틀린으로 직접 변환할 수 없거나 미처 변환하지 않은 기존 자바 코드를 처리할 수 있어야 한다. 이런 기존 자바 API를 재작성하지 않고도 코틀린이 제공하는 여러 편리한 기능을 사용할 수 있다면 정말 좋은 일 아닐까? 바로 **확장 함수**extension function가 그런 역할을 해줄 수 있다.

개념적으로 확장 함수는 단순하다. 확장 함수는 어떤 클래스의 멤버 메서드인 것처럼 호출할 수 있지만 그 클래스의 밖에 선언된 함수다. 확장 함수를 보여주기 위해 어떤 문자열의 마지막 문자를 돌려주는 메서드를 추가해보자.

```
package strings

fun String.lastChar(): Char = this.get(this.length - 1)
```

확장 함수를 만들려면 추가하려는 함수 이름 앞에 그 함수가 확장할 클래스의 이름을 덧붙이기만 하면 된다. 클래스 이름을 **수신 객체 타입**receiver type이라 부르며, 확장 함수가 호출되는 대상이 되는 값(객체)을 **수신 객체**receiver object라고 부른다. 그림 3.1이 이런 관계를 보여준다.

그림 3.1 수신 객체 타입은 확장이 정의될 클래스의 타입이며, 수신 객체는 그 클래스에 속한 인스턴스 객체다.

이 함수를 호출하는 구문은 다른 일반 클래스 멤버를 호출하는 구문과 똑같다.

```
>>> println("Kotlin".lastChar())
n
```

이 예제에서는 String이 수신 객체 타입이고 "kotlin"이 수신 객체다.

어떤 면에서 이는 String 클래스에 새로운 메서드를 추가하는 것과 같다. String 클래스가 여러분이 직접 작성한 코드가 아니고 심지어 String 클래스의 소스코드를 소유한 것도 아니지만, 여러분은 여전히 원하는 메서드를 String 클래스에 추가할 수 있다. 심지어 String이 자바나 코틀린 등의 언어 중 어떤 것으로 작성됐는가는 중요하지 않다. 예를 들어 그루비^{Groovy}와 같은 다른 JVM 언어로 작성된 클래스도 확장할 수 있다. 자바 클래스로 컴파일한 클래스 파일이 있는 한 그 클래스에 원하는 대로 확장을 추가할 수 있다.

일반 메서드의 본문에서 this를 사용할 때와 마찬가지로 확장 함수 본문에도 this를 쓸 수 있다. 그리고 일반 메서드와 마찬가지로 확장 함수 본문에서도 this를 생략할 수 있다.

```
package strings

fun String.lastChar(): Char = get(length - 1)    ◄──── 수신 객체 멤버에 this 없이
                                                        접근할 수 있다.
```

확장 함수 내부에서는 일반적인 인스턴스 메서드의 내부에서와 마찬가지로 수신 객체의 메서드나 프로퍼티를 바로 사용할 수 있다. 하지만 확장 함수가 캡슐화를 깨지는 않는다는 사실을 기억하라. 클래스 안에서 정의한 메서드와 달리 확장 함수 안에서는 클래스 내부에서만 사용할 수 있는 비공개^{private} 멤버나 보호된^{protected} 멤버를 사용할 수 없다.

이제부터는 클래스의 멤버 메서드와 확장 함수를 모두 메서드라고 부를 것이다. 예를 들어 "확장 함수 내부에서는 수신 객체의 모든 메서드를 호출할 수 있다"라고 말하면 확장 함수 내부에서 수신 객체의 멤버 메서드와 확장 함수를 모두 호출할 수 있다는 뜻이다. 호출하는 쪽에서는 확장 함수와 멤버 메서드를 구분할 수 없다. 그리고 호출하는 메서드가 확장 함수인지 멤버 메서드인지 여부가 중요한 경우도 거의 없다.

3.3.1 임포트와 확장 함수

확장 함수를 정의했다고 해도 자동으로 프로젝트 안의 모든 소스코드에서 그 함수를 사용할 수 있지는 않다. 확장 함수를 사용하기 위해서는 그 함수를 다른 클래스나 함수와 마찬가지로 임포트해야만 한다. 확장 함수를 정의하자마자 어디서든 그 함수를 쓸 수 있다면 한 클래스에 같은 이름의 확장 함수가 둘 이상 있어서 이름이 충돌하는 경우가 자주 생길 수 있다. 코틀린에서는 클래스를 임포트할 때와 동일한 구문을 사용해 개별 함수를 임포트할 수 있다.

```
import strings.lastChar

val c = "Kotlin".lastChar()
```

물론 *를 사용한 임포트도 잘 작동한다.

```
import strings.*

val c = "Kotlin".lastChar()
```

as 키워드를 사용하면 임포트한 클래스나 함수를 다른 이름으로 부를 수 있다.

```
import strings.lastChar as last

val c = "Kotlin".last()
```

한 파일 안에서 다른 여러 패키지에 속해있는 이름이 같은 함수를 가져와 사용해야 하는 경우 이름을 바꿔서 임포트하면 이름 충돌을 막을 수 있다. 물론 일반적인 클래스나 함수라면 그 전체 이름[FQN, Fully Qualified Name]을 써도 된다. 하지만 코틀린 문법상 확장 함수는 반드시 짧은 이름을 써야 한다. 따라서 임포트할 때 이름을 바꾸는 것이 확장 함수 이름 충돌을 해결할 수 있는 유일한 방법이다.

3.3.2 자바에서 확장 함수 호출

내부적으로 확장 함수는 수신 객체를 첫 번째 인자로 받는 정적 메서드다. 그래서 확장 함수를 호출해도 다른 어댑터^{adapter} 객체나 실행 시점 부가 비용이 들지 않는다.

이런 설계로 인해 자바에서 확장 함수를 사용하기도 편하다. 단지 정적 메서드를 호출하면서 첫 번째 인자로 수신 객체를 넘기기만 하면 된다. 다른 최상위 함수와 마찬가지로 확장 함수가 들어있는 자바 클래스 이름도 확장 함수가 들어있는 파일 이름에 따라 결정된다. 따라서 확장 함수를 StringUtil.kt 파일에 정의했다면 다음과 같이 호출할 수 있다.

```
/* 자바 */
char c = StringUtilKt.lastChar("Java");
```

3.3.3 확장 함수로 유틸리티 함수 정의

이제 joinToString 함수의 최종 버전을 만들자. 이제 이 함수는 코틀린 라이브러리가 제공하는 함수와 거의 같아졌다.

리스트 3.4 joinToString()를 확장으로 정의하기

```
fun <T> Collection<T>.joinToString(    ◀─── Collection<T>에 대한 확장 함수를 선언한다.
    separator: String = ", ",
    prefix: String = "",                     파라미터의 디폴트 값을 지정한다.
    postfix: String = ""
): String {
    val result = StringBuilder(prefix)
    for ((index, element) in this.withIndex())   ◀─── "this"는 수신 객체를 가리킨다. 여기서는
        if (index > 0) result.append(separator)        T 타입의 원소로 이뤄진 컬렉션이다.
        result.append(element)
    }
```

```
        result.append(postfix)
        return result.toString()
}
>>> val list = listOf(1, 2, 3)
>>> println(list.joinToString(separator = "; ",
...        prefix = "(", postfix = ")"))
(1; 2; 3)
```

원소로 이뤄진 컬렉션에 대한 확장을 만든다. 그리고 모든 인자에 대한 디폴트 값을 지정한다. 이제 joinToString을 마치 클래스의 멤버인 것처럼 호출할 수 있다.

```
>>> val list = arrayListOf(1, 2, 3)
>>> println(list.joinToString(" "))
1 2 3
```

확장 함수는 단지 정적 메서드 호출에 대한 문법적인 편의^{syntatic sugar}일 뿐이다. 그래서 클래스가 아닌 더 구체적인 타입을 수신 객체 타입으로 지정할 수도 있다. 그래서 문자열의 컬렉션에 대해서만 호출할 수 있는 join 함수를 정의하고 싶다면 다음과 같이 하면 된다.

```
fun Collection<String>.join(
    separator: String = ", ",
    prefix: String = "",
    postfix: String = ""
) = joinToString(separator, prefix, postfix)
>>> println(listOf("one", "two", "eight").join(" "))
one two eight
```

이 함수를 객체의 리스트에 대해 호출할 수는 없다.

```
>>> listOf(1, 2, 8).join()
Error: Type mismatch: inferred type is List<Int> but Collection<String>
```

```
was expected.
```

확장 함수가 정적 메서드와 같은 특징을 가지므로, 확장 함수를 하위 클래스에서 오버라이드할 수는 없다. 관련 예제를 하나 살펴보자.

3.3.4 확장 함수는 오버라이드할 수 없다

코틀린의 메서드 오버라이드도 일반적인 객체지향의 메서드 오버라이드와 마찬가지다. 하지만 확장 함수는 오버라이드할 수 없다. View와 그 하위 클래스인 Button이 있는데, Button이 상위 클래스의 click 함수를 오버라이드하는 경우를 생각해보자.

리스트 3.5 멤버 함수 오버라이드하기

```
open class View {
    open fun click() = println("View clicked")
}
class Button: View() {                          ◀── Button은 View를
    override fun click() = println("Button clicked")    확장한다.
}
```

Button이 View의 하위 타입이기 때문에 View 타입 변수를 선언해도 Button 타입 변수를 그 변수에 대입할 수 있다. View 타입 변수에 대해 click과 같은 일반 메서드를 호출했는데, click을 Button 클래스가 오버라이드했다면 실제로는 Button이 오버라이드한 click이 호출된다.[1]

---

1. 실행 시점에 객체 타입에 따라 동적으로 호출될 대상 메서드를 결정하는 방식을 동적 디스패치(dynamic dispatch) 라고 한다. 반면 컴파일 시점에 알려진 변수 타입에 따라 정해진 메서드를 호출하는 방식은 정적 디스패치(static dispatch)라고 부른다. 참고로 프로그래밍 언어 용어에서 '정적'이라는 말은 컴파일 시점을 의미하고, '동적'이라는 말은 실행 시점을 의미한다. - 옮긴이

```
>>> val view: View = Button()
>>> view.click()                    ←——————  "view"에 저장된 값의 실제 타입에
Button clicked                              따라 호출할 메서드가 결정된다.
```

하지만 그림 3.2를 보면 알 수 있는 것처럼 확장은 이런 식으로 작동하지 않는다.

확장 함수는 클래스의 일부가 아니다. 확장 함수는 클래스 밖에 선언된다. 이름과 파라미터가 완전히 같은 확장 함수를 기반 클래스와 하위 클래스에 대해 정의해도 실제로는 확장 함수를 호출할 때 수신 객체로 지정한 변수의 정적 타입에 의해 어떤 확장 함수가 호출될지 결정되지, 그 변수에 저장된 객체의 동적인 타입에 의해 확장 함수가 결정되지 않는다.

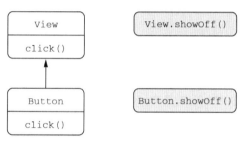

그림 3.2 확장 함수는 클래스의 밖에 선언된다.

다음 예제는 View와 Button 클래스에 대해 선언된 두 showOff 확장 함수를 보여준다.

리스트 3.6 확장 함수는 오버라이드할 수 없다.

```
fun View.showOff() = println("I'm a view!")
fun Button.showOff() = println("I'm a button!")

>>> >>> val view: View = Button()          확장 함수는 정적으로
>>> view.showOff()              ←——————    결정된다.
I'm a view!
```

view가 가리키는 객체의 실제 타입이 Button이지만, 이 경우 view의 타입이 View이기 때문에 무조건 View의 확장 함수가 호출된다.

확장 함수를 첫 번째 인자가 수신 객체인 정적 자바 메서드로 컴파일한다는 사실을 기억한다면 이런 동작을 쉽게 이해할 수 있다. 자바도 호출할 정적^{static} 함수를 같은 방식으로 정적으로 결정한다.

```
/* 자바 */
>>> View view = new Button();
>>> ExtensionsKt.showOff(view);   ◀──┐  showOff 함수를 extensions.kt
I'm a view!                          └  파일에 정의했다.
```

위 예제와 같이 확장 함수를 오버라이드할 수는 없다. 코틀린은 호출될 확장 함수를 정적으로 결정하기 때문이다.

노트

어떤 클래스를 확장한 함수와 그 클래스의 멤버 함수의 이름과 시그니처가 같다면 확장 함수가 아니라 멤버 함수가 호출된다(멤버 함수의 우선순위가 더 높다). 클래스의 API를 변경할 경우 항상 이를 염두에 둬야 한다. 여러분이 코드 소유권을 가진 클래스에 대한 확장 함수를 정의해서 사용하는 외부 클라이언트 프로젝트가 있다고 하자. 그 확장 함수와 이름과 시그니처가 같은 멤버 함수를 여러분의 클래스 내부에 추가하면 클라이언트 프로젝트를 재컴파일한 순간부터 그 클라이언트는 확장 함수가 아닌 새로 추가된 멤버 함수를 사용하게 된다.

지금까지 기존 클래스에 새로운 메서드를 추가하는 방법을 살펴봤다. 이제는 프로퍼티를 추가하는 방법을 살펴보자.

3.3.5 확장 프로퍼티

확장 프로퍼티를 사용하면 기존 클래스 객체에 대한 프로퍼티 형식의 구문으로 사용할 수 있는 API를 추가할 수 있다. 프로퍼티라는 이름으로 불리기는 하지만 상태를 저장할 적절한 방법이 없기 때문에(기존 클래스의 인스턴스 객체에 필드를 추가할 방법은 없다) 실제로 확장 프로퍼티는 아무 상태도 가질 수 없다. 하지만 프로퍼티 문법으로 더 짧게 코드를 작성할 수 있어서 편한 경우가 있다.

앞 절에서 `lastChar`라는 함수를 정의했다. 이제 그 함수를 프로퍼티로 바꾸자.

리스트 3.7 확장 프로퍼티 선언하기

```
val String.lastChar: Char
    get() = get(length - 1)
```

확장 함수의 경우와 마찬가지로 확장 프로퍼티도 일반적인 프로퍼티와 같은데, 단지 수신 객체 클래스가 추가됐을 뿐이다. **뒷받침하는 필드**(73페이지를 보라)가 없어서 기본 게터 구현을 제공할 수 없으므로 최소한 게터는 꼭 정의를 해야 한다. 마찬가지로 초기화 코드에서 계산한 값을 담을 장소가 전혀 없으므로 초기화 코드도 쓸 수 없다.

StringBuilder에 같은 프로퍼티를 정의한다면 StringBuilder의 맨 마지막 문자는 변경 가능하므로 프로퍼티를 var로 만들 수 있다.

리스트 3.8 변경 가능한 확장 프로퍼티 선언하기

```
var StringBuilder.lastChar: Char
    get() = get(length - 1)          ◀─── 프로퍼티 게터
    set(value: Char) {
        this.setCharAt(length - 1, value)   ◀─── 프로퍼티 세터
    }
```

확장 프로퍼티를 사용하는 방법은 멤버 프로퍼티를 사용하는 방법과 같다.

```
>>> println("Kotlin".lastChar)
n
>>> val sb = StringBuilder("Kotlin?")
>>> sb.lastChar = '!'
```

```
>>> println(sb)
Kotlin!
```

자바에서 확장 프로퍼티를 사용하고 싶다면 항상 `StringUtilKt.getLastChar("Java")`처럼 게터나 세터를 명시적으로 호출해야 한다.

지금까지 확장에 대해 전반적으로 다뤘다. 이제는 컬렉션이라는 주제로 돌아가서 컬렉션을 처리할 때 유용한 라이브러리 함수를 몇 가지 살펴보자. 그런 메서드를 살펴보면서 몇 가지 코틀린 언어의 특징을 함께 배울 수 있다.

3.4 컬렉션 처리: 가변 길이 인자, 중위 함수 호출, 라이브러리 지원

이번 절은 컬렉션을 처리할 때 쓸 수 있는 코틀린 표준 라이브러리 함수 몇 가지를 보여준다. 그 과정에서 다음과 같은 코틀린 언어 특성을 설명한다.

- vararg 키워드를 사용하면 호출 시 인자 개수가 달라질 수 있는 함수를 정의할 수 있다.
- 중위^{infix} 함수 호출 구문을 사용하면 인자가 하나뿐인 메서드를 간편하게 호출할 수 있다.
- 구조 분해 선언^{destructuring declaration}을 사용하면 복합적인 값을 분해해서 여러 변수에 나눠 담을 수 있다.

3.4.1 자바 컬렉션 API 확장

3장의 맨 앞부분에서 코틀린 컬렉션은 자바와 같은 클래스를 사용하지만 더 확장된 API를 제공한다고 했다. 그리고 리스트의 마지막 원소를 가져오는 예제와 숫자로 이뤄진 컬렉션의 최댓값을 찾는 예제를 살펴봤다.

```
>>> val strings: List<String> = listOf("first", "second", "fourteenth")
```

124

```
>>> strings.last()
fourteenth
>>> val numbers: Collection<Int> = setOf(1, 14, 2)
>>> numbers.max()
14
```

이런 코드가 어떻게 작동할 수 있는지 궁금했을 것이다. 어떻게 자바 라이브러리 클래스의 인스턴스인 컬렉션에 대해 코틀린이 새로운 기능을 추가할 수 있을까? 이제 여러분은 그 답을 명확히 안다. last와 max는 모두 확장 함수였던 것이다!

last 함수는 앞 절에서 String에 대해 정의했던 lastChar보다 복잡하지 않다. last는 List 클래스의 확장 함수다. max의 경우에는 더 단순하게 정리한 선언을 살펴 봤다(실제 코틀린 라이브러리의 max는 Int를 포함하는 다양한 타입의 컬렉션에 대해 작동한다).

```
fun <T> List<T>.last(): T { /* 마지막 원소를 반환함 */ }
fun Collection<Int>.max(): Int { /* 컬렉션의 최댓값을 찾음 */ }
```

코틀린 표준 라이브러리는 수많은 확장 함수를 포함하므로 여기서 그들을 모두 나열하지는 않을 것이다. 코틀린 표준 라이브러리의 기능을 전부 다 배우는 가장 좋은 방법이 무엇인지 궁금한 독자도 있을 것이다. 하지만 코틀린 표준 라이브러리를 모두 다 알 필요는 없다. 컬렉션이나 다른 객체에 대해 사용할 수 있는 메서드나 함수가 무엇인지 궁금할 때마다 IDE의 코드 완성 기능을 통해 그런 메서드나 함수를 살펴볼 수 있다. IDE가 표시해주는 목록에서 원하는 함수를 선택하기만 하라. 추가로 표준 라이브러리 참조 매뉴얼을 살펴보면 각 라이브러리 클래스가 제공하는 모든 메서드(멤버 메서드와 확장 함수)를 볼 수 있다.

3장을 시작하면서 컬렉션을 만들어내는 함수를 몇 가지 살펴봤다. 그런 함수가 모두 가진 특징은 바로 인자의 개수가 그때그때 달라질 수 있다는 점이다. 다음 절에서는 파라미터 개수가 달라질 수 있는 함수를 정의하는 방법을 살펴본다.

3.4.2 가변 인자 함수: 인자의 개수가 달라질 수 있는 함수 정의

리스트를 생성하는 함수를 호출할 때 원하는 만큼 많이 원소를 전달할 수 있다.

```
val list = listOf(2, 3, 5, 7, 11)
```

라이브러리에서 이 함수의 정의를 보면 다음과 같다.

```
fun listOf<T>(vararg values: T) : List<T> { ... }
```

자바의 가변 길이 인자^{varargs}에 익숙한 독자가 많을 것이다. 가변 길이 인자는 메서드를 호출할 때 원하는 개수만큼 값을 인자로 넘기면 자바 컴파일러가 배열에 그 값들을 넣어주는 기능이다. 코틀린의 가변 길이 인자도 자바와 비슷하다. 다만 문법이 조금 다르다. 타입 뒤에 ...를 붙이는 대신 코틀린에서는 파라미터 앞에 vararg 변경자를 붙인다.

이미 배열에 들어있는 원소를 가변 길이 인자로 넘길 때도 코틀린과 자바 구문이 다르다. 자바에서는 배열을 그냥 넘기면 되지만 코틀린에서는 배열을 명시적으로 풀어서 배열의 각 원소가 인자로 전달되게 해야 한다. 기술적으로는 스프레드^{spread} 연산자가 그런 작업을 해준다. 하지만 실제로는 전달하려는 배열 앞에 *를 붙이기만 하면 된다.

```
fun main(args: Array<String>) {
    val list = listOf("args: ", *args)  ◄──    스프레드 연산자가 배열의
    println(list)                               내용을 펼쳐준다.
}
```

이 예제는 스프레드 연산자를 통하면 배열에 들어있는 값과 다른 여러 값을 함께 써서 함수를 호출할 수 있음을 보여준다. 이런 기능은 자바에서는 사용할 수 없다.

이제 맵으로 대상을 옮겨서 코틀린 함수 호출의 가독성을 향상시킬 수 있는 다른 방법인 중위 호출에 대해 살펴보자.

3.4.3 값의 쌍 다루기: 중위 호출과 구조 분해 선언

맵을 만들려면 mapOf 함수를 사용한다.

```
val map = mapOf(1 to "one", 7 to "seven", 53 to "fifty-three")
```

이제 3장을 시작하면서 설명하기로 약속했던 다른 내용을 알려줄 때가 됐다. 여기서 to라는 단어는 코틀린 키워드가 아니다. 이 코드는 중위 호출^{infix call}이라는 특별한 방식으로 to라는 일반 메서드를 호출한 것이다.

중위 호출 시에는 수신 객체와 유일한 메서드 인자 사이에 메서드 이름을 넣는다(이때 객체, 메서드 이름, 유일한 인자 사이에는 공백이 들어가야 한다). 다음 두 호출은 동일하다.

```
1.to("one")          ◀─────  "to" 메서드를 일반적인 방식으로 호출함
1 to "one"           ◀─────  "to" 메서드를 중위 호출 방식으로 호출함
```

인자가 하나뿐인 일반 메서드나 인자가 하나뿐인 확장 함수에 중위 호출을 사용할 수 있다. 함수(메서드)를 중위 호출에 사용하게 허용하고 싶으면 infix 변경자를 함수(메서드) 선언 앞에 추가해야 한다. 다음은 to 함수의 정의를 간략하게 줄인 코드다.

```
infix fun Any.to(other: Any) = Pair(this, other)
```

이 to 함수는 Pair의 인스턴스를 반환한다. Pair는 코틀린 표준 라이브러리 클래스로, 그 이름대로 두 원소로 이뤄진 순서쌍을 표현한다. 실제로 to는 제네릭 함수지만 여기서는 설명을 위해 그런 세부 사항을 생략했다.

Pair의 내용으로 두 변수를 즉시 초기화할 수 있다.

```
val (number, name) = 1 to "one"
```

이런 기능을 **구조 분해 선언**^{destructuring declaration}이라고 부른다. 그림 3.3은 Pair에 대해 구조 분해가 어떻게 작동하는지 보여준다.

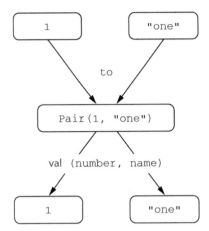

그림 3.3 to 함수를 사용해 순서쌍을 만든 다음 구조 분해를 통해 그 순서쌍을 풀기

　　Pair 인스턴스 외 다른 객체에도 구조 분해를 적용할 수 있다. 예를 들어 key와 value라는 두 변수를 맵의 원소를 사용해 초기화할 수 있다.

　　루프에서도 구조 분해 선언을 활용할 수 있다. joinToString에서 본 withIndex를 구조 분해 선언과 조합하면 컬렉션 원소의 인덱스와 값을 따로 변수에 담을 수 있다.

```
for ((index, element) in collection.withIndex()) {
    println("$index: $element")
}
```

7.4절에서는 식의 구조 분해와 구조 분해를 사용해 여러 변수를 초기화하는 방법에 대한 일반 규칙을 다룬다.

　　to 함수는 확장 함수다. to를 사용하면 타입과 관계없이 임의의 순서쌍을 만들 수 있다. 이는 to의 수신 객체가 제네릭하다는 뜻이다. 1 to "one", "one" to 1, list to list.size() 등의 호출이 모두 잘 작동한다. mapOf 함수의 선언을 살펴보자.

```
fun <K, V> mapOf(vararg values: Pair<K, V>): Map<K, V>
```

listOf와 마찬가지로 mapOf에도 원하는 개수만큼 인자를 전달할 수 있다. 하지만 mapOf의 경우에는 각 인자가 키와 값으로 이뤄진 순서쌍이어야 한다.

128

코틀린을 잘 모르는 사람이 보면 새로운 맵을 만드는 구문은 코틀린이 맵에 대해 제공하는 특별한 문법인 것처럼 느껴진다. 하지만 실제로는 일반적인 함수를 더 간결한 구문으로 호출하는 것뿐이다. 이제는 확장을 통해 문자열과 정규식을 더 편리하게 다루는 방법을 살펴본다.

3.5 문자열과 정규식 다루기

코틀린 문자열은 자바 문자열과 같다. 코틀린 코드가 만들어낸 문자열을 아무 자바 메서드에 넘겨도 되며, 자바 코드에서 받은 문자열을 아무 코틀린 표준 라이브러리 함수에 전달해도 전혀 문제없다. 특별한 변환도 필요 없고 자바 문자열을 감싸는 별도의 래퍼 wrapper도 생기지 않는다.

코틀린은 다양한 확장 함수를 제공함으로써 표준 자바 문자열을 더 즐겁게 다루게 해준다. 또한 혼동이 야기될 수 있는 일부 메서드에 대해 더 명확한 코틀린 확장 함수를 제공함으로써 프로그래머의 실수를 줄여준다. 자바와 코틀린 API의 차이를 알아보기 위한 첫 번째 예제로 문자열을 구분 문자열에 따라 나누는 작업을 코틀린에서 어떻게 처리하는지 살펴보자.

3.5.1 문자열 나누기

자바 개발자라면 String의 split 메서드를 잘 알고 있을 것이다. 모든 자바 개발자가 그 메서드를 사용하지만 불만을 표시하는 사람도 있다. 스택 오버플로우(http://stackoverflow.com) 질문 중에는 "자바 split 메서드로는 점(.)을 사용해 문자열을 분리할 수 없습니다." 라는 질문이 있다. "12.345-6.A".split(".")라는 호출의 결과가 [12, 345-6, A] 배열이라고 생각하는 실수를 저지르는 개발자가 많다. 하지만 자바의 split 메서드는 빈 배열을 반환한다! split의 구분 문자열은 실제로는 정규식regular expression이기 때문이다. 따라서 마침표(.)는 모든 문자를 나타내는 정규식으로 해석된다.

코틀린에서는 자바의 split 대신에 여러 가지 다른 조합의 파라미터를 받는 split 확장 함수를 제공함으로써 혼동을 야기하는 메서드를 감춘다. 정규식을 파라미터로 받는 함수는 String이 아닌 Regex 타입의 값을 받는다. 따라서 코틀린에서는 split 함수에 전달하는 값의 타입에 따라 정규식이나 일반 텍스트 중 어느 것으로 문자열을 분리하는지 쉽게 알 수 있다.

다음 코드는 마침표나 대시(-)로 문자열을 분리하는 예를 보여준다.

```
>>> println("12.345-6.A".split("\\.|-".toRegex()))    ◀── 정규식을 명시적으로 만든다.
[12, 345, 6, A]
```

코틀린 정규식 문법은 자바와 똑같다. 여기 있는 패턴은 마침표나 대시와 매치된다(정규식 안에서 마침표가 와일드카드^{wild card} 문자가 아닌 문자 자체^{literal}로 쓰이게 하기 위해 마침표를 이스케이프^{escape}시켰다). 정규식을 처리하는 API는 표준 자바 라이브러리 API와 비슷하지만 좀 더 코틀린답게 변경됐다. 예를 들어 코틀린에서는 toRegex 확장 함수를 사용해 문자열을 정규식으로 변환할 수 있다.

이런 간단한 경우에는 꼭 정규식을 쓸 필요가 없다. split 확장 함수를 오버로딩한 버전 중에는 구분 문자열을 하나 이상 인자로 받는 함수가 있다.

```
>>> println("12.345-6.A".split(".", "-"))    ◀── 여러 구분 문자열을 지정한다.
[12, 345, 6, A]
```

이 경우 "12.345-6.A".split('.', '-')처럼 문자열 대신 문자를 인자로 넘겨도 마찬가지 결과를 볼 수 있다. 이렇게 여러 문자를 받을 수 있는 코틀린 확장 함수는 자바에 있는 단 하나의 문자만 받을 수 있는 메서드를 대신한다.

3.5.2 정규식과 3중 따옴표로 묶은 문자열

다른 예로 두 가지 다른 구현을 만들어보자. 첫 번째 구현은 String을 확장한 함수를 사용하고 두 번째 구현은 정규식을 사용한다. 우리가 할 일은 파일의 전체 경로명을

130

디렉터리, 파일 이름, 확장자로 구분하는 것이다. 코틀린 표준 라이브러리에는 어떤 문자열에서 구분 문자열이 맨 나중(또는 처음)에 나타난 곳 뒤(또는 앞)의 부분 문자열을 반환하는 함수가 있다. 이런 함수를 사용해 경로 파싱을 구현한 버전은 다음과 같다(또한 그림 3.4를 보라).

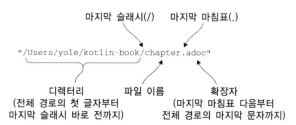

그림 3.4 substringBeforeLast와 substringAfterLast 함수를 활용해 경로를 디렉터리, 파일 이름, 확장자 부분으로 나누기

리스트 3.9 String 확장 함수를 사용해 경로 파싱하기

```
fun parsePath(path: String) {
    val directory = path.substringBeforeLast("/")
    val fullName = path.substringAfterLast("/")

    val fileName = fullName.substringBeforeLast(".")
    val extension = fullName.substringAfterLast(".")

    println("Dir: $directory, name: $fileName, ext: $extension")
}
>>> parsePath("/Users/yole/kotlin-book/chapter.adoc")
Dir: /Users/yole/kotlin-book, name: chapter, ext: adoc
```

path에서 처음부터 마지막 슬래시 직전까지의 부분 문자열은 파일이 들어있는 디렉터리 경로다. path에서 마지막 마침표 다음부터 끝까지의 부분 문자열은 파일 확장자다. 파일 이름은 그 두 위치 사이에 있다.

코틀린에서는 정규식을 사용하지 않고도 문자열을 쉽게 파싱할 수 있다. 정규식은 강력하기는 하지만 나중에 알아보기 힘든 경우가 많다. 정규식이 필요할 때는 코틀린 라이브러리를 사용하면 더 편하다. 다음은 같은 작업을 정규식을 활용해 구현한 프로그램이다.

```
fun parsePath(path: String) {
    val regex = """(.+)/(.+)\.(.+)""".toRegex()
    val matchResult = regex.matchEntire(path)
    if (matchResult != null) {
        val (directory, filename, extension) = matchResult.destructured
        println("Dir: $directory, name: $filename, ext: $extension")
    }
}
```

이 예제에서는 3중 따옴표 문자열을 사용해 정규식을 썼다. 3중 따옴표 문자열에서는 역슬래시(\)를 포함한 어떤 문자도 이스케이프할 필요가 없다. 예를 들어 일반 문자열을 사용해 정규식을 작성하는 경우 마침표 기호를 이스케이프하려면 \\.라고 써야 하지만, 3중 따옴표 문자열에서는 \.라고 쓰면 된다(그림 3.5를 보라). 이 예제에서 쓴 정규식은 슬래시와 마침표를 기준으로 경로를 세 그룹으로 분리한다. 패턴 .은 임의의 문자와 매치될 수 있다. 따라서 첫 번째 그룹인 (.+)는 마지막 슬래시까지 모든 문자와 매치된다.[2] 이 부분 문자열에는 마지막 슬래시를 제외한 모든 슬래시도 들어간다. 비슷한 이유로 두 번째 그룹에도 마지막 마침표 전까지 모든 문자가 들어간다. 세 번째 그룹에는 나머지 모든 문자가 들어간다.

---

2. 따로 지정하지 않으면 정규식 엔진은 각 패턴을 가능한 한 가장 긴 부분 문자열과 매치하려고 시도한다. 그래서 "path/to/dir/filename.ext"에서 (.+)와 일치하는 패턴을 찾으면 "path"가 아니라 "path/to/dir"이라는 부분 문자열이 매치된다. 이와 관련해 정규식에 대한 문서에서 '탐욕(greedy)' 또는 '게으름(lazy)'을 찾아보라. – 옮긴이

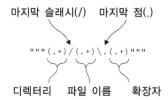

그림 3.5 경로를 디렉터리, 파일 이름, 확장자로 분리하는 정규식

이제 예제의 parsePath 함수 구현을 설명한다. 우선 정규식을 만들고, 그 정규식을 인자로 받은 path에 매치시킨다. 매치에 성공하면(결과가 null이 아님) 그룹별로 분해한 매치 결과를 의미하는 destructured 프로퍼티를 각 변수에 대입한다. 이때 사용한 구조 분해 선언은 Pair로 두 변수를 초기화할 때 썼던 구문과 같다. 이에 대해 7.4절에서 더 자세히 설명한다.

3.5.3 여러 줄 3중 따옴표 문자열

3중 따옴표 문자열을 문자열 이스케이프를 피하기 위해서만 사용하지는 않는다. 3중 따옴표 문자열에는 줄 바꿈을 표현하는 아무 문자열이나 (이스케이프 없이) 그대로 들어간다. 따라서 3중 따옴표를 쓰면 줄 바꿈이 들어있는 프로그램 텍스트를 쉽게 문자열로 만들 수 있다. 예제는 ASCII 아트(글자만 사용해 그린 그림)를 하나 출력한다.

```
val kotlinLogo = """| //
                   .| //
                   .|/ \"""
>>> println(kotlinLogo.trimMargin("."))
| //
| //
|/ \
```

여러 줄 문자열(여러 줄 문자열은 3중 따옴표 문자열이다)에는 들여쓰기나 줄 바꿈을 포함한 모든 문자가 들어간다. 여러 줄 문자열을 코드에서 더 보기 좋게 표현하고 싶다면[3] 들여쓰기를 하되 들여쓰기의 끝부분을 특별한 문자열로 표시하고, trimMargin을 사용해 그 문자열과 그 직전의 공백을 제거한다. 이 예제에서는 마침표를 들여쓰기 구분 문자열로 사용했다.

여러 줄 문자열에는 줄 바꿈이 들어가지만 줄 바꿈을 \n과 같은 특수 문자를 사용해 넣을 수는 없다. 반면에 \를 문자열에 넣고 싶으면 이스케이프할 필요가 없다. 따라서 일반 문자열로 "C:\\Users\\yole\\kotlin-book"이라고 쓴 윈도우 파일 경로를 3중 따옴표 문자열로 쓰면 """C:\Users\yole\kotlin-book"""이다.

3중 따옴표 문자열 안에 문자열 템플릿을 사용할 수도 있다. 그러나 3중 따옴표 문자열 안에서는 이스케이프를 할 수 없기 때문에 문자열 템플릿의 시작을 표현하는 $를 3중 따옴표 문자열 안에 넣을 수 없다는 문제가 생긴다. 3중 따옴표 문자열 안에 $를 넣어야 한다면 val price = """${'$'}99.9"""처럼 어쩔 수 없이 문자열 템플릿 안에 '$' 문자를 넣어야 한다.

프로그래밍 시 (아스키 아트를 활용한 게임을 제외하고) 여러 줄 문자열이 요긴한 분야로 테스트를 꼽을 수 있다. 테스트에서는 여러 줄의 텍스트 출력을 만들어내는 연산을 실행하고 그 결과를 예상 결과와 비교해야 하는 경우가 자주 있다. 여러 줄 문자열은 테스트의 예상 출력을 작성할 때 가장 완벽한 해법이다. 복잡하게 이스케이프를 쓰거나 외부 파일에서 텍스트를 불러올 필요가 없다. 단지 3중 따옴표 사이에 HTML이나 텍스트를 넣으면 된다. 그리고 소스코드에서 더 보기 좋게 하려면 앞에서 본 trimMargin 확장 함수를 사용하면 된다.

노트

이제 확장 함수가 기존 라이브러리의 API를 확장하고 기존 라이브러리를 새로운 언어에 맞춰 사용할 수 있게 도와주는 강력한 방법임을 알았을 것이다. 때로 이런 식으로 기존

---

3. 본문의 여러 줄 문자열에서 들여쓰기가 없으면 첫 번째 줄이 어긋나서 여러 줄 문자열의 모습을 알아보기 약간 어렵다. – 옮긴이

```
val kotlinLogo = """|  //
                    | //
                    |/ \"""
```

라이브러리를 새 언어에서 활용하는 패턴을 '라이브러리 알선(Pimp My Library)' 패턴이라 부른다.[4] 실제로 코틀린 표준 라이브러리 중 상당 부분은 표준 자바 클래스의 확장으로 이뤄졌다. 젯브레인스가 만든 안코(Anko) 라이브러리(http://github.com/kotlin/anko)도 안드로이드 API를 코틀린에 맞춰 확장한 함수를 제공한다. 그 외에도 스프링과 같은 여러 주요 서드파티 라이브러리를 코틀린에 맞게 확장해주는 코틀린 커뮤니티가 만든 수많은 라이브러리를 찾아볼 수 있다.

지금까지 코틀린에서 기존 라이브러리에 대한 더 나은 API를 제공하는 방법을 배웠다. 이제는 다시 직접 코드를 작성하는 쪽으로 관심을 돌려보자. 확장 함수가 유용한 다른 용례를 살펴보고 로컬[local] 함수라는 새로운 개념에 대해 알아보자.

3.6 코드 다듬기: 로컬 함수와 확장

많은 개발자들이 좋은 코드의 중요한 특징 중 하나가 중복이 없는 것이라 믿는다. 그래서 그 원칙에는 반복하지 말라(DRY, Don't Repeat Yourself)라는 이름도 붙어있다. 하지만 자바 코드를 작성할 때는 DRY 원칙을 피하기는 쉽지 않다. 많은 경우 메서드 추출[Extract Method] 리팩토링을 적용해서 긴 메서드를 부분부분 나눠서 각 부분을 재활용할 수 있다. 하지만 그렇게 코드를 리팩토링하면 클래스 안에 작은 메서드가 많아지고 각 메서드 사이의 관계를 파악하기 힘들어서 코드를 이해하기 더 어려워질 수도 있다. 리팩토링을 진행해서 추출한 메서드를 별도의 내부 클래스[inner class] 안에 넣으면 코드를 깔끔하게 조직할 수는 있지만, 그에 따른 불필요한 준비 코드가 늘어난다.

코틀린에는 더 깔끔한 해법이 있다. 코틀린에서는 함수에서 추출한 함수를 원 함수 내부에 중첩시킬 수 있다. 그렇게 하면 문법적인 부가 비용을 들이지 않고도 깔끔하게 코드를 조직할 수 있다.

흔히 발생하는 코드 중복을 로컬[local] 함수를 통해 어떻게 제거할 수 있는지 살펴보자.

---

4. 마틴 오더스키(Martin Odersky), "Pimp My Library," 아티마 디벨로퍼(Artima Developer), 2006년 10월 9일, http://mng.bz/86Qh

다음 리스트에는 사용자를 데이터베이스에 저장하는 함수가 있다. 이때 데이터베이스에
사용자 객체를 저장하기 전에 각 필드를 검증해야 한다.

리스트 3.11 코드 중복을 보여주는 예제

```
class User(val id: Int, val name: String, val address: String)

fun saveUser(user: User) {

    if (user.name.isEmpty()) {                          ◄──────┐
        throw IllegalArgumentException(
            "Can't save user ${user.id}: empty Name")          필드 검증이 중복된다.
    }

    if (user.address.isEmpty()) {                       ◄──────┘
        throw IllegalArgumentException(
            "Can't save user ${user.id}: empty Address")
    }

    // user를 데이터베이스에 저장한다.
}

>>> saveUser(User(1, "", ""))
java.lang.IllegalArgumentException: Can't save user 1: empty Name
```

여기서는 코드 중복이 그리 많지 않다. 하지만 클래스가 사용자의 필드를 검증할 때
필요한 여러 경우를 하나씩 처리하는 메서드로 넘쳐나기를 바라지는 않을 것이다. 이런
경우 검증 코드를 로컬 함수로 분리하면 중복을 없애는 동시에 코드 구조를 깔끔하게
유지할 수 있다. 다음 리스트는 그런 변경이 어떻게 작용하는지 보여준다.

리스트 3.12 로컬 함수를 사용해 코드 중복 줄이기

```
class User(val id: Int, val name: String, val address: String)

fun saveUser(user: User) {

    fun validate(user: User,           ◄──────┐  한 필드를 검증하는
                 value: String,                 로컬 함수를 정의한다.
```

```
        fieldName: String) {
    if (value.isEmpty()) {
      throw IllegalArgumentException(
        "Can't save user ${user.id}: empty $fieldName")
    }
  }

  validate(user, user.name, "Name")        ◁── 로컬 함수를 호출해서
  validate(user, user.address, "Address")      각 필드를 검증한다.

  // user를 데이터베이스에 저장한다.
}
```

훨씬 나아 보인다. 검증 로직 중복은 사라졌고, 필요하면 User의 다른 필드에 대한 검증
도 쉽게 추가할 수 있다. 하지만 User 객체를 로컬 함수에게 하나하나 전달해야 한다는
점은 아쉽다. 다행이지만 사실은 전혀 그럴 필요가 없다. 로컬 함수는 자신이 속한 바깥
함수의 모든 파라미터와 변수를 사용할 수 있다. 이런 성질을 이용해 불필요한 User
파라미터를 없애보자.

리스트 3.13 로컬 함수에서 바깥 함수의 파라미터 접근하기

```
class User(val id: Int, val name: String, val address: String)

fun saveUser(user: User) {
  fun validate(value: String, fieldName: String) {   ◁── 이제 saveUser 함수의 user
    if (value.isEmpty()) {                                파라미터를 중복 사용하지 않는다.
      throw IllegalArgumentException(
        "Can't save user ${user.id}: " +            ◁── 바깥 함수의 파라미터에
          "empty $fieldName")                            직접 접근할 수 있다.
    }
  }

  validate(user.name, "Name")
  validate(user.address, "Address")
```

```
    // user를 데이터베이스에 저장한다.
}
```

이 예제를 더 개선하고 싶다면 검증 로직을 User 클래스를 확장한 함수로 만들 수도 있다.

리스트 3.14 검증 로직을 확장 함수로 추출하기

```
class User(val id: Int, val name: String, val address: String)

fun User.validateBeforeSave() {
    fun validate(value: String, fieldName: String) {
        if (value.isEmpty()) {
            throw IllegalArgumentException(
                "Can't save user $id: empty $fieldName")    ◀──── User의 프로퍼티를
            }                                                       직접 사용할 수 있다.
        }
    }
    validate(name, "Name")
    validate(address, "Address")
}

fun saveUser(user: User) {
    user.validateBeforeSave()                    ◀──── 확장 함수를
                                                          호출한다.
    // user를 데이터베이스에 저장한다.
}
```

코드를 확장 함수로 뽑아내는 기법은 놀랄 만큼 유용하다. User는 라이브러리에 있는 클래스가 아니라 여러분 자신의 코드 기반에 있는 클래스지만, 이 경우 검증 로직은 User 를 사용하는 다른 곳에서는 쓰이지 않는 기능이기 때문에 User에 포함시키고 싶지는 않다. User를 간결하게 유지하면 생각해야 할 내용이 줄어들어서 더 쉽게 코드를 파악할 수 있다. 반면 한 객체만을 다루면서 객체의 비공개 데이터를 다룰 필요는 없는 함수는 리스트 3.14처럼 확장 함수로 만들면 객체.멤버처럼 수신 객체를 지정하지 않고도 공개된

멤버 프로퍼티나 메서드에 접근할 수 있다.

확장 함수를 로컬 함수로 정의할 수도 있다. 즉 `User.validateBeforeSave`를 `saveUser` 내부에 로컬 함수로 넣을 수 있다. 하지만 중첩된 함수의 깊이가 깊어지면 코드를 읽기가 상당히 어려워진다. 따라서 일반적으로는 한 단계만 함수를 중첩시키라고 권장한다.

함수를 통해 할 수 있는 여러 멋진 기법을 살펴봤다. 4장에서는 클래스로 할 수 있는 멋진 기법을 살펴보자.

3.7 요약

- 코틀린은 자체 컬렉션 클래스를 정의하지 않지만 자바 클래스를 확장해서 더 풍부한 API를 제공한다.
- 함수 파라미터의 디폴트 값을 정의하면 오버로딩한 함수를 정의할 필요성이 줄어든다. 이름 붙인 인자를 사용하면 함수의 인자가 많을 때 함수 호출의 가독성을 더 향상시킬 수 있다.
- 코틀린 파일에서 클래스 멤버가 아닌 최상위 함수와 프로퍼티를 직접 선언할 수 있다. 이를 활용하면 코드 구조를 더 유연하게 만들 수 있다.
- 확장 함수와 프로퍼티를 사용하면 외부 라이브러리에 정의된 클래스를 포함해 모든 클래스의 API를 그 클래스의 소스코드를 바꿀 필요 없이 확장할 수 있다. 확장 함수를 사용해도 실행 시점에 부가 비용이 들지 않는다.
- 중위 호출을 통해 인자가 하나 밖에 없는 메서드나 확장 함수를 더 깔끔한 구문으로 호출할 수 있다.
- 코틀린은 정규식과 일반 문자열을 처리할 때 유용한 다양한 문자열 처리 함수를 제공한다.
- 자바 문자열로 표현하려면 수많은 이스케이프가 필요한 문자열의 경우 3중 따옴표 문자열을 사용하면 더 깔끔하게 표현할 수 있다.

- 로컬 함수를 써서 코드를 더 깔끔하게 유지하면서 중복을 제거할 수 있다.

4

클래스, 객체, 인터페이스

4장은 코틀린 클래스를 다루는 방법을 더 깊이 이해하게 돕는다. 2장에서 클래스를 정의하는 기본 문법을 배웠다. 또한 메서드와 프로퍼티를 선언하는 방법과 짧은 구문으로 주 생성자를 정의하는 방법(멋지지 않은가?), enum을 사용하는 방법을 살펴봤다. 하지만 배워야 할 내용이 아직 남았다.

코틀린의 클래스와 인터페이스는 자바 클래스, 인터페이스와는 약간 다르다. 예를 들어 인터페이스에 프로퍼티 선언이 들어갈 수 있다. 자바와 달리 코틀린 선언은 기본적으로 final이며 public이다. 게다가 중첩 클래스는 기본적으로는 내부 클래스가 아니다. 즉, 코틀린 중첩 클래스에는 외부 클래스에 대한 참조가 없다.

짧은 주 생성자 구문으로도 거의 모든 경우를 잘 처리할 수 있다. 하지만 복잡한 초기화 로직을 수행하는 경우를 대비한 완전한 문법도 있다. 프로퍼티도 마찬가지다. 간결한 프로퍼티 구문으로도 충분히 제 몫을 하지만, 필요하면 접근자를 직접 정의할 수 있다.

코틀린 컴파일러는 번잡스러움을 피하기 위해 유용한 메서드를 자동으로 만들어준다. 클래스를 data로 선언하면 컴파일러가 일부 표준 메서드를 생성해준다. 그리고 코틀린 언어가 제공하는 위임delegation을 사용하면 위임을 처리하기 위한 준비 메서드를 직접 작성할 필요가 없다.

또한 4장에서는 클래스와 인스턴스를 동시에 선언하면서 만들 때 쓰는 object 키워드에 대해 설명한다. 싱글턴 클래스, 동반 객체companion object, 객체 식object expression(자바의 무명 클래스anonymous class에 해당)을 표현할 때 object 키워드를 쓴다. 먼저 클래스와 인터페이스에 대해 이야기하고 코틀린에서 클래스 계층을 정의할 때 주의해야 할 점에 대해 살펴보자.

4.1 클래스 계층 정의

이번 절에서는 코틀린에서 클래스 계층을 정의하는 방식과 자바 방식을 비교한다. 그후 코틀린의 가시성과 접근 변경자에 대해 살펴본다. 코틀린 가시성/접근 변경자는 자바와 비슷하지만 아무것도 지정하지 않은 경우 기본 가시성은 다르다. 또한 코틀린에 새로 도입한 sealed 변경자에 대해 설명한다. sealed는 클래스 상속을 제한한다.

4.1.1 코틀린 인터페이스

인터페이스를 정의하고 구현하는 방법을 살펴보자. 코틀린 인터페이스는 자바 8 인터페이스와 비슷하다. 코틀린 인터페이스 안에는 추상 메서드뿐 아니라 구현이 있는 메서드도 정의할 수 있다(이는 자바 8의 디폴트 메서드와 비슷하다). 다만 인터페이스에는 아무런 상태(필드)도 들어갈 수 없다.

코틀린에서 클래스는 class로 정의하지만 인터페이스는 interface를 사용한다.

리스트 4.1 간단한 인터페이스 선언하기

```
interface Clickable {
    fun click()
}
```

이 코드는 click이라는 추상 메서드가 있는 인터페이스를 정의한다. 이 인터페이스를 구현하는 모든 비추상 클래스(또는 구체적 클래스)는 click에 대한 구현을 제공해야 한다. 다음은 이 인터페이스를 구현하는 방법을 보여준다.

리스트 4.2 단순한 인터페이스 구현하기

```
class Button : Clickable {
    override fun click() = println("I was clicked")
}
>>> Button().click()
I was clicked
```

자바에서는 extends와 implements 키워드를 사용하지만, 코틀린에서는 클래스 이름 뒤에 콜론(:)을 붙이고 인터페이스와 클래스 이름을 적는 것으로 클래스 확장과 인터페이스 구현을 모두 처리한다. 자바와 마찬가지로 클래스는 인터페이스를 원하는 만큼 개수 제한 없이 마음대로 구현할 수 있지만, 클래스는 오직 하나만 확장할 수 있다.

자바의 @Override 애너테이션과 비슷한 override 변경자는 상위 클래스나 상위 인터페이스에 있는 프로퍼티나 메서드를 오버라이드한다는 표시다. 하지만 자바와 달리 코틀린에서는 override 변경자를 꼭 사용해야 한다. override 변경자는 실수로 상위 클래스의 메서드를 오버라이드하는 경우를 방지해준다. 상위 클래스에 있는 메서드와 시그니처가 같은 메서드를 우연히 하위 클래스에서 선언하는 경우 컴파일이 안 되기 때문에 override를 붙이거나 메서드 이름을 바꿔야만 한다.

인터페이스 메서드도 디폴트 구현을 제공할 수 있다. 그런 경우 메서드 앞에 default 를 붙여야 하는 자바 8과 달리 코틀린에서는 메서드를 특별한 키워드로 꾸밀 필요가 없다. 그냥 메서드 본문을 메서드 시그니처 뒤에 추가하면 된다. Clickable에 디폴트 구현이 포함된 메서드를 하나 추가해보자.

리스트 4.3 인터페이스 안에 본문이 있는 메서드 정의하기

```
interface Clickable {
    fun click()                              ◀──── 일반 메서드 선언
    fun showOff() = println("I'm clickable!") ◀──── 디폴트 구현이 있는 메서드
}
```

이 인터페이스를 구현하는 클래스는 click에 대한 구현을 제공해야 한다. 반면 showOff 메서드의 경우 새로운 동작을 정의할 수도 있고, 그냥 정의를 생략해서 디폴트 구현을 사용할 수도 있다.

이제 showOff 메서드를 정의하는 다른 인터페이스가 다음과 같은 구현을 포함한다고 하자.

리스트 4.4 동일한 메서드를 구현하는 다른 인터페이스 정의

```
interface Focusable {
    fun setFocus(b: Boolean) =
        println("I ${if (b) "got" else "lost"} focus.")

    fun showOff() = println("I'm focusable!")
}
```

144

한 클래스에서 이 두 인터페이스를 함께 구현하면 어떻게 될까? 두 인터페이스 모두 디폴트 구현이 들어있는 showOff 메서드가 있다. 어느 쪽 showOff 메서드가 선택될까? 어느 쪽도 선택되지 않는다. 클래스가 구현하는 두 상위 인터페이스에 정의된 showOff 구현을 대체할 오버라이딩 메서드를 직접 제공하지 않으면 다음과 같은 컴파일러 오류가 발생한다.

```
The class 'Button' must
override public open fun showOff() because it inherits
many implementations of it.
```

코틀린 컴파일러는 두 메서드를 아우르는 구현을 하위 클래스에 직접 구현하게 강제한다.

리스트 4.5 상속한 인터페이스의 메서드 구현 호출하기

```
class Button : Clickable, Focusable {
    override fun click() = println("I was clicked")
    override fun showOff() {
        super<Clickable>.showOff()
        super<Focusable>.showOff()
    }
}
```

이름과 시그니처가 같은 멤버 메서드에 대해 둘 이상의 디폴트 구현이 있는 경우 인터페이스를 구현하는 하위 클래스에서 명시적으로 새로운 구현을 제공해야 한다.

상위 타입의 이름을 꺾쇠 괄호(⟨⟩) 사이에 넣어서 "super"를 지정하면 어떤 상위 타입의 멤버 메서드를 호출할지 지정할 수 있다.

Button 클래스는 이제 두 인터페이스를 구현한다. Button은 상속한 두 상위 타입의 showOff() 메서드를 호출하는 방식으로 showOff()를 구현한다. 상위 타입의 구현을 호출할 때는 자바와 마찬가지로 super를 사용한다. 하지만 구체적으로 타입을 지정하는 문법은 다르다. 자바에서는 Clickable.super.showOff()처럼 super 앞에 기반 타입을 적지만, 코틀린에서는 super<Clickable>.showOff()처럼 꺾쇠 괄호 안에 기반 타입 이름을 지정한다.

상속한 구현 중 단 하나만 호출해도 된다면 다음과 같이 쓸 수도 있다.

```
override fun showOff() = super<Clickable>.showOff()
```

이 클래스의 인스턴스를 만들고 showOff()가 구현대로 상속한 모든 메서드를 호출하는지 검증해볼 수 있다.

```
fun main(args: Array<String>) {
    val button = Button()
    button.showOff()          ◄────── I'm clickable!
                                       I'm focusable! 출력
    button.setFocus(true)     ◄────── I got focus. 출력
    button.click()    ◄────── I was clicked. 출력
}
```

Button 클래스는 Focusable 인터페이스 안에 선언된 setFocus의 구현을 자동으로 상속한다.

자바에서 코틀린의 메서드가 있는 인터페이스 구현하기

코틀린은 자바 6와 호환되게 설계됐다. 따라서 인터페이스의 디폴트 메서드를 지원하지 않는다. 따라서 코틀린은 디폴트 메서드가 있는 인터페이스를 일반 인터페이스와 디폴트 메서드 구현이 정적 메서드로 들어있는 클래스를 조합해 구현한다. 인터페이스에는 메서드 선언만 들어가며, 인터페이스와 함께 생성되는 클래스에는 모든 디폴트 메서드 구현이 정적 메서드로 들어간다. 그러므로 디폴트 인터페이스가 포함된 코틀린 인터페이스를 자바 클래스에서 상속해 구현하고 싶다면 코틀린에서 메서드 본문을 제공하는 메서드를 포함하는 모든 메서드에 대한 본문을 작성해야 한다. 하지만 코틀린 1.5부터는 코틀린 컴파일러가 자바 인터페이스의 디폴트 메서드를 생성해준다.

지금까지 코틀린에서 메서드가 정의된 인터페이스를 사용하는 방법을 살펴봤다. 이제는 기반 클래스에 정의된 메서드를 오버라이드하는 방법을 살펴보자.

4.1.2 open, final, abstract 변경자: 기본적으로 final

여러분이 아는 대로 자바에서는 final로 명시적으로 상속을 금지하지 않는 모든 클래스를 다른 클래스가 상속할 수 있다. 이렇게 기본적으로 상속이 가능하면 편리한 경우도

많지만 문제가 생기는 경우도 많다.

취약한 기반 클래스^fragile base class라는 문제는 하위 클래스가 기반 클래스에 대해 가졌던 가정이 기반 클래스를 변경함으로써 깨져버린 경우에 생긴다. 어떤 클래스가 자신을 상속하는 방법에 대해 정확한 규칙(어떤 메서드를 어떻게 오버라이드해야 하는지 등)을 제공하지 않는다면 그 클래스의 클라이언트는 기반 클래스를 작성한 사람의 의도와 다른 방식으로 메서드를 오버라이드할 위험이 있다. 모든 하위 클래스를 분석하는 것은 불가능하므로 기반 클래스를 변경하는 경우 하위 클래스의 동작이 예기치 않게 바뀔 수도 있다는 면에서 기반 클래스는 '취약'하다.

이 문제를 해결하기 위해 자바 프로그래밍 기법에 대한 책 중 가장 유명한 책인 조슈아 블로크^Joshua Block가 쓴 『Effective Java』(Addison-Wesley, 2008)에서는 "상속을 위한 설계와 문서를 갖추거나, 그럴 수 없다면 상속을 금지하라"라는 조언을 한다.[1] 이는 특별히 하위 클래스에서 오버라이드하게 의도된 클래스와 메서드가 아니라면 모두 final로 만들라는 뜻이다.

코틀린도 마찬가지 철학을 따른다. 자바의 클래스와 메서드는 기본적으로 상속에 대해 열려있지만 코틀린의 클래스와 메서드는 기본적으로 final이다.

어떤 클래스의 상속을 허용하려면 클래스 앞에 open 변경자를 붙여야 한다. 그와 더불어 오버라이드를 허용하고 싶은 메서드나 프로퍼티의 앞에도 open 변경자를 붙여야 한다.

리스트 4.6 열린 메서드를 포함하는 열린 클래스 정의하기

```
open class RichButton : Clickable {    ◀── 이 클래스는 열려있다. 다른 클래스가 이 클래스를 상속할 수 있다.

    fun disable() {}    ◀── 이 함수는 파이널이다. 하위 클래스가 이 메서드를 오버라이드할 수 없다.

    open fun animate() {}    ◀── 이 함수는 열려있다. 하위 클래스에서 이 메서드를 오버라이드해도 된다.

    override fun click() {}    ◀── 이 함수는 (상위 클래스에서 선언된) 열려있는 메서드를
}                                   오버라이드한다. 오버라이드한 메서드는 기본적으로 열려있다.
```

---

1. 한국어판 『이펙티브 자바』, 이병준 역, 인사이트, 2014년

기반 클래스나 인터페이스의 멤버를 오버라이드하는 경우 그 메서드는 기본적으로 열려 있다. 오버라이드하는 메서드의 구현을 하위 클래스에서 오버라이드하지 못하게 금지하려면 오버라이드하는 메서드 앞에 final을 명시해야 한다.

리스트 4.7 오버라이드 금지하기

```
open class RichButton : Clickable {
    final override fun click() {}  ◀──
}
```

여기 있는 "final"은 쓸데 없이 붙은 중복이 아니다. "final"이 없는 "override" 메서드나 프로퍼티는 기본적으로 열려있다.

열린 클래스와 스마트 캐스트

클래스의 기본적인 상속 가능 상태를 final로 함으로써 얻을 수 있는 큰 이익은 다양한 경우에 스마트 캐스트가 가능하다는 점이다. 2.3.5절에서 말한 것처럼 스마트 캐스트는 타입 검사 뒤에 변경될 수 없는 변수에만 적용 가능하다. 클래스 프로퍼티의 경우 이는 val이면서 커스텀 접근자가 없는 경우에만 스마트 캐스트를 쓸 수 있다는 의미다. 이 요구 사항은 또한 프로퍼티가 final 이어야만 한다는 뜻이기도 하다. 프로퍼티가 final이 아니라면 그 프로퍼티를 다른 클래스가 상속하면서 커스텀 접근자를 정의함으로써 스마트 캐스트의 요구 사항을 깰 수 있다. 프로퍼티는 기본적으로 final이기 때문에 따로 고민할 필요 없이 대부분의 프로퍼티를 스마트 캐스트에 활용할 수 있다. 이는 코드를 더 이해하기 쉽게 만든다.

자바처럼 코틀린에서도 클래스를 abstract로 선언할 수 있다. abstract로 선언한 추상 클래스는 인스턴스화할 수 없다. 추상 클래스에는 구현이 없는 추상 멤버가 있기 때문에 하위 클래스에서 그 추상 멤버를 오버라이드해야만 하는 게 보통이다. 추상 멤버는 항상 열려있다. 따라서 추상 멤버 앞에 open 변경자를 명시할 필요가 없다. 다음 예를 보자.

리스트 4.8 추상 클래스 정의하기

```
abstract class Animated {  ◀──

    abstract fun animate()  ◀──
```

이 클래스는 추상클래스다. 이 클래스의 인스턴스를 만들 수 없다.

이 함수는 추상 함수다. 이 함수에는 구현이 없다. 하위 클래스에서는 이 함수를 반드시 오버라이드해야 한다.

```
open fun stopAnimating() {  ◄─────
                                    추상 클래스에 속했더라도 비추상 함수는
}                                   기본적으로 파이널이지만 원한다면 open으로
                                    오버라이드를 허용할 수 있다.
fun animateTwice() {  ◄────────
}
}
```

표 4.1은 코틀린의 상속 제어 변경자[2]를 나열한다. 표에 있는 설명을 클래스 멤버에 대해
적용할 수 있다. 인터페이스 멤버의 경우 final, open, abstract를 사용하지 않는다.
인터페이스 멤버는 항상 열려 있으며 final로 변경할 수 없다. 인터페이스 멤버에게
본문이 없으면 자동으로 추상 멤버가 되지만, 그렇더라도 따로 멤버 선언 앞에 abstract
키워드를 덧붙일 필요가 없다.

표 4.1 클래스 내에서 상속 제어 변경자의 의미

변경자	이 변경자가 붙은 멤버는...	설명
final	오버라이드할 수 없음	클래스 멤버의 기본 변경자다.
open	오버라이드할 수 있음	반드시 open을 명시해야 오버라이드할 수 있다.
abstract	반드시 오버라이드해야 함	추상 클래스의 멤버에만 이 변경자를 붙일 수 있다. 추상 멤버에는 구현이 있으면 안 된다.
override	상위 클래스나 상위 인스턴스의 멤버를 오버라이드하는 중	오버라이드하는 멤버는 기본적으로 열려있다. 하위 클래스의 오버라이드를 금지하려면 final을 명시해야 한다.

상속을 제어하는 변경자에 대해 설명했다. 이제 다른 유형의 변경자인 가시성 변경자에
대해 알아보자.

---

2. public, private, protected, internal 변경자를 접근 변경자(access modifier) 또는 가시성 변경자
   (visibility modifier)라고 부르지만, 상속 관련 final, open, override, abstract 등을 한꺼번에 부르는 영어
   용어는 없다. 저자는 이런 상속 관련 키워드도 접근 변경자(access modifier)라는 말을 썼지만 한국어판에서는
   상속 관련 키워드를 가리키는 access modifier를 상속 제어 변경자로 번역했다. – 옮긴이

4.1.3 가시성 변경자: 기본적으로 공개

가시성 변경자^{visibility modifier}는 코드 기반에 있는 선언에 대한 클래스 외부 접근을 제어한다. 어떤 클래스의 구현에 대한 접근을 제한함으로써 그 클래스에 의존하는 외부 코드를 깨지 않고도 클래스 내부 구현을 변경할 수 있다.

기본적으로 코틀린 가시성 변경자는 자바와 비슷하다. 자바와 같은 `public`, `protected`, `private` 변경자가 있다. 하지만 코틀린의 기본 가시성은 자바와 다르다. 아무 변경자도 없는 경우 선언은 모두 공개^{public}된다.

자바의 기본 가시성인 패키지 전용^{package-private}은 코틀린에 없다. 코틀린은 패키지를 네임스페이스^{namespace}를 관리하기 위한 용도로만 사용한다. 그래서 패키지를 가시성 제어에 사용하지 않는다.

패키지 전용 가시성에 대한 대안으로 코틀린에는 `internal`이라는 새로운 가시성 변경자를 도입했다(우리말로는 모듈 내부라고 번역한다. - 옮긴이). `internal`은 "모듈 내부에서만 볼 수 있음"이라는 뜻이다. 모듈^{module}은 한 번에 한꺼번에 컴파일되는 코틀린 파일들을 의미한다. 인텔리J나 이클립스, 메이븐, 그레이들 등의 프로젝트가 모듈이 될 수 있고, 앤트 태스크^{task}가 한 번 실행될 때 함께 컴파일되는 파일의 집합도 모듈이 될 수 있다.

모듈 내부 가시성은 여러분의 모듈의 구현에 대해 진정한 캡슐화를 제공한다는 장점이 있다. 자바에서는 패키지가 같은 클래스를 선언하기만 하면 어떤 프로젝트의 외부에 있는 코드라도 패키지 내부에 있는 패키지 전용 선언에 쉽게 접근할 수 있다. 그래서 모듈의 캡슐화가 쉽게 깨진다.

다른 차이는 코틀린에서는 최상위 선언에 대해 `private` 가시성(비공개 가시성)을 허용한다는 점이다. 그런 최상위 선언에는 클래스, 함수, 프로퍼티 등이 포함된다. 비공개 가시성인 최상위 선언은 그 선언이 들어있는 파일 내부에서만 사용할 수 있다. 이 또한 하위 시스템의 자세한 구현 사항을 외부에 감추고 싶을 때 유용한 방법이다. 표 4.2는 모든 가시성 변경자를 요약해 보여준다.

표 4.2 코틀린의 가시성 변경자

변경자	클래스 멤버	최상위 선언
public(기본 가시성임)	모든 곳에서 볼 수 있다.	모든 곳에서 볼 수 있다.
internal	같은 모듈 안에서만 볼 수 있다.	같은 모듈 안에서만 볼 수 있다.
protected	하위 클래스 안에서만 볼 수 있다.	(최상위 선언에 적용할 수 없음)
private	같은 클래스 안에서만 볼 수 있다.	같은 파일 안에서만 볼 수 있다.

예제를 하나 살펴보자. giveSpeech 함수 안의 각 줄은 가시성 규칙을 위반한다. 컴파일하면 오류를 볼 수 있다.

```kotlin
internal open class TalkativeButton : Focusable {
    private fun yell() = println("Hey!")
    protected fun whisper() = println("Let's talk!")
}
fun TalkativeButton.giveSpeech() {        ◄── 오류: "public" 멤버가 자신의 "internal" 수신
                                               타입인 "TalkativeButton"을 노출함
    yell()                            ◄── 오류: "yell"에 접근할 수 없음: "yell"은
                                           "TalkativeButton"의 "private" 멤버임
    whisper()  ◄── 오류: "whisper"에 접근할 수 없음: "whisper"는
}                  "TalkativeButton"의 "protected" 멤버임
```

코틀린은 public 함수인 giveSpeech 안에서 그보다 가시성이 더 낮은(이 경우 internal) 타입인 TalkativeButton을 참조하지 못하게 한다. 이는 어떤 클래스의 기반 타입 목록에 들어있는 타입이나 제네릭 클래스의 타입 파라미터에 들어있는 타입의 가시성은 그 클래스 자신의 가시성과 같거나 더 높아야 하고, 메서드의 시그니처에 사용된 모든 타입의 가시성은 그 메서드의 가시성과 같거나 더 높아야 한다는 더 일반적인 규칙에 해당한다. 이런 규칙은 어떤 함수를 호출하거나 어떤 클래스를 확장할 때 필요한 모든 타입에 접근할 수 있게 보장해준다. 여기서 컴파일 오류를 없애려면 giveSpeech 확장 함수의 가시성을 internal로 바꾸거나, TalkativeButton 클래스의 가시성을 public으로 바꿔야 한다.

자바에서는 같은 패키지 안에서 protected 멤버에 접근할 수 있지만, 코틀린에서는

그렇지 않다는 점에서 자바와 코틀린의 protected가 다르다는 사실에 유의하라. 코틀린의 가시성 규칙은 단순하다. protected 멤버는 오직 어떤 클래스나 그 클래스를 상속한 클래스 안에서만 보인다. 클래스를 확장한 함수는 그 클래스의 private이나 protected 멤버에 접근할 수 없다는 사실을 여기서 한 번 더 짚고 넘어가야겠다.

코틀린의 가시성 변경자와 자바

코틀린의 public, protected, private 변경자는 컴파일된 자바 바이트코드 안에서도 그대로 유지된다. 그렇게 컴파일된 코틀린 선언의 가시성은 마치 자바에서 똑같은 가시성을 사용해 선언한 경우와 같다. 유일한 예외는 private 클래스다. 자바에서는 클래스를 private으로 만들 수 없으므로 내부적으로 코틀린은 private 클래스를 패키지-전용 클래스로 컴파일한다.

그렇다면 internal 변경자는 어떻게 처리될지 궁금할 것이다. 자바에는 internal에 딱 맞는 가시성이 없다. 패키지-전용 가시성은 internal과는 전혀 다르다. 모듈은 보통 여러 패키지로 이뤄지며 서로 다른 모듈에 같은 패키지에 속한 선언이 들어 있을 수도 있다. 따라서 internal 변경자는 바이트코드상에서는 public이 된다.

코틀린 선언과 그에 해당하는 자바 선언(또는 바이트코드 표현)에 이런 차이가 있기 때문에 코틀린에서는 접근할 수 없는 대상을 자바에서 접근할 수 있는 경우가 생긴다. 예를 들어 다른 모듈에 정의된 internal 클래스나 internal 최상위 선언을 모듈 외부의 자바 코드에서 접근할 수 있다. 또한 코틀린에서 protected로 정의한 멤버를 코틀린 클래스와 같은 패키지에 속한 자바 코드에서는 접근할 수 있다(이는 자바에서 자바 protected 멤버에 접근하는 경우와 같다).

하지만 코틀린 컴파일러가 internal 멤버의 이름을 보기 나쁘게 바꾼다는(mangle) 사실을 기억하라. 그로 인해 기술적으로는 internal 멤버를 자바에서 문제없이 사용할 수 있지만, 멤버 이름이 보기 불편하고 코드가 못생겨 보인다. 이렇게 이름을 바꾸는 이유는 두 가지다. 첫 번째는 한 모듈에 속한 어떤 클래스를 모듈 밖에서 상속한 경우 그 하위 클래스 내부의 메서드 이름이 우연히 상위 클래스의 internal 메서드와 같아져서 내부 메서드를 오버라이드하는 경우를 방지하기 위함이고, 두 번째는 실수로 internal 클래스를 모듈 외부에서 사용하는 일을 막기 위함이다.

코틀린과 자바 가시성 규칙의 또 다른 차이는 코틀린에서는 외부 클래스가 내부 클래스나 중첩된 클래스의 private 멤버에 접근할 수 없다는 점이다. 다음 절에서 내부 클래스와 중첩된 클래스에 대해 설명하고 가시성과 관련된 예제도 살펴보자.

4.1.4 내부 클래스와 중첩된 클래스: 기본적으로 중첩 클래스

자바처럼 코틀린에서도 클래스 안에 다른 클래스를 선언할 수 있다. 클래스 안에 다른 클래스를 선언하면 도우미 클래스를 캡슐화하거나 코드 정의를 그 코드를 사용하는 곳 가까이에 두고 싶을 때 유용하다. 자바와의 차이는 코틀린의 중첩 클래스^{nested class}는 명시적으로 요청하지 않는 한 바깥쪽 클래스 인스턴스에 대한 접근 권한이 없다는 점이다. 예제를 살펴보면서 이런 특성이 왜 중요한지 알아보자.

View 요소를 하나 만든다고 상상해보자. 그 View의 상태를 직렬화해야 한다. 뷰를 직렬화하는 일은 쉽지 않지만 필요한 모든 데이터를 다른 도우미 클래스로 복사할 수는 있다. 이를 위해 State 인터페이스를 선언하고 Serializable을 구현한다. View 인터페이스 안에는 뷰의 상태를 가져와 저장할 때 사용할 getCurrentState와 restoreState 메서드 선언이 있다.

리스트 4.9 직렬화할 수 있는 상태가 있는 뷰 선언

```
interface State: Serializable

interface View {
    fun getCurrentState(): State
    fun restoreState(state: State) {}
}
```

Button 클래스의 상태를 저장하는 클래스는 Button 클래스 내부에 선언하면 편하다. 자바에서 그런 선언을 어떻게 하는지 살펴보자(이와 비슷한 코틀린 코드를 잠시 후 소개한다).

리스트 4.10 자바에서 내부 클래스를 사용해 View 구현하기

```
/* 자바 */
public class Button implements View {
    @Override
    public State getCurrentState() {
        return new ButtonState();
```

```
    }

    @Override
    public void restoreState(State state) { /*...*/ }

    public class ButtonState implements State { /*...*/ }
}
```

State 인터페이스를 구현한 ButtonState 클래스를 정의해서 Button에 대한 구체적인 정보를 저장한다. getCurrentState 메서드 안에서는 ButtonState의 새 인스턴스를 만든다. 실제로는 ButtonState 안에 필요한 모든 정보를 추가해야 한다.

이 코드의 어디가 잘못된 걸까? 왜 선언한 버튼의 상태를 직렬화하면 java.io. NotSerializableException: Button이라는 오류가 발생할까? 처음에는 이 상황이 이상해 보일지도 모르겠다. 직렬화하려는 변수는 ButtonState 타입의 state였는데 왜 Button을 직렬화할 수 없다는 예외가 발생할까?

자바에서 다른 클래스 안에 정의한 클래스는 자동으로 내부 클래스inner class가 된다는 사실을 기억한다면 어디가 잘못된 건지 명확히 알 수 있다. 이 예제의 ButtonState 클래스는 바깥쪽 Button 클래스에 대한 참조를 묵시적으로 포함한다. 그 참조로 인해 ButtonState를 직렬화할 수 없다. Button을 직렬화할 수 없으므로 버튼에 대한 참조가 ButtonState의 직렬화를 방해한다.

이 문제를 해결하려면 ButtonState를 static 클래스로 선언해야 한다. 자바에서 중첩 클래스를 static으로 선언하면 그 클래스를 둘러싼 바깥쪽 클래스에 대한 묵시적인 참조가 사라진다.

코틀린에서 중첩된 클래스가 기본적으로 동작하는 방식은 방금 설명한 것과 정반대다. 다음 예제를 보자.

리스트 4.11 중첩 클래스를 사용해 코틀린에서 View 구현하기

```
class Button : View {
    override fun getCurrentState(): State = ButtonState()
```

```
    override fun restoreState(state: State) { /*...*/ }

    class ButtonState : State { /*...*/ }           이 클래스는 자바의 정적 중첩
                                                      클래스와 대응한다.
}
```

코틀린 중첩 클래스에 아무런 변경자가 붙지 않으면 자바 static 중첩 클래스와 같다. 이를 내부 클래스로 변경해서 바깥쪽 클래스에 대한 참조를 포함하게 만들고 싶다면 inner 변경자를 붙여야 한다. 표 4.3은 이와 관련한 자바와 코틀린 사이의 차이를 보여 준다. 중첩 클래스와 내부 클래스 사이의 차이를 그림 4.1에서 볼 수 있다.

표 4.3 자바와 코틀린의 중첩 클래스와 내부 클래스의 관계

클래스 B 안에 정의된 클래스 A	자바에서는	코틀린에서는
중첩 클래스(바깥쪽 클래스에 대한 참조를 저장하지 않음)	static class A	class A
내부 클래스(바깥쪽 클래스에 대한 참조를 저장함)	class A	inner class A

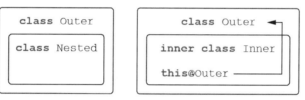

그림 4.1 중첩 클래스 안에는 바깥쪽 클래스에 대한 참조가 없지만 내부 클래스에는 있다.

코틀린에서 바깥쪽 클래스의 인스턴스를 가리키는 참조를 표기하는 방법도 자바와 다르다. 내부 클래스 Inner 안에서 바깥쪽 클래스 Outer의 참조에 접근하려면 this@Outer 라고 써야 한다.

```
class Outer {

    inner class Inner {

        fun getOuterReference(): Outer = this@Outer

    }

}
```

자바와 코틀린의 내부 클래스와 중첩 클래스 간의 차이에 대해 배웠다. 이제는 코틀린 중첩 클래스를 유용하게 사용하는 용례를 하나 살펴보자. 클래스 계층을 만들되 그 계층에 속한 클래스의 수를 제한하고 싶은 경우 중첩 클래스를 쓰면 편리하다.

4.1.5 봉인된 클래스: 클래스 계층 정의 시 계층 확장 제한

2.3.5절에서 살펴본 식을 표현하는 클래스 계층을 다시 생각해보자. 상위 클래스인 Expr에는 숫자를 표현하는 Num과 덧셈 연산을 표현하는 Sum이라는 두 하위 클래스가 있다. when 식에서 이 모든 하위 클래스를 처리하면 편리하다. 하지만 when 식에서 Num과 Sum이 아닌 경우를 처리하는 else 분기를 반드시 넣어줘야만 한다.

리스트 4.12 인터페이스 구현을 통해 식 표현하기

```
interface Expr
class Num(val value: Int) : Expr
class Sum(val left: Expr, val right: Expr) : Expr

fun eval(e: Expr): Int =
    when (e) {
        is Num -> e.value
        is Sum -> eval(e.right) + eval(e.left)        "else" 분기가
        else ->                                    ◄── 꼭 있어야 한다.
            throw IllegalArgumentException("Unknown expression")
    }
```

코틀린 컴파일러는 when을 사용해 Expr 타입의 값을 검사할 때 꼭 디폴트 분기인 else 분기를 덧붙이게 강제한다. 이 예제의 else 분기에서는 반환할 만한 의미 있는 값이 없으므로 예외를 던진다.

항상 디폴트 분기를 추가하는 게 편하지는 않다. 그리고 디폴트 분기가 있으면 이런 클래스 계층에 새로운 하위 클래스를 추가하더라도 컴파일러가 when이 모든 경우를 처

156

리하는지 제대로 검사할 수 없다. 혹 실수로 새로운 클래스 처리를 잊어버렸더라도 디폴트 분기가 선택되기 때문에 심각한 버그가 발생할 수 있다.

코틀린은 이런 문제에 대한 해법을 제공한다. sealed 클래스가 그 답이다. 상위 클래스에 sealed 변경자를 붙이면 그 상위 클래스를 상속한 하위 클래스 정의를 제한할 수 있다. sealed 클래스의 하위 클래스를 정의할 때는 반드시 상위 클래스 안에 중첩시켜야 한다.

리스트 4.13 sealed 클래스로 식 표현하기

```
sealed class Expr {                          ◀── 기반 클래스를 sealed로 봉인한다.
    class Num(val value: Int) : Expr()
    class Sum(val left: Expr, val right: Expr) : Expr()    ◀── 기반 클래스의 모든 하위 클래스를
}                                                               중첩 클래스로 나열한다.

fun eval(e: Expr): Int =
    when (e) {                               ◀── "when" 식이 모든 하위 클래스를 검사하므로
        is Expr.Num -> e.value                    별도의 "else" 분기가 없어도 된다.
        is Expr.Sum -> eval(e.right) + eval(e.left)
    }
```

when 식에서 sealed 클래스의 모든 하위 클래스를 처리한다면 디폴트 분기(else 분기)가 필요 없다. sealed로 표시된 클래스는 자동으로 open임을 기억하라. 따라서 별도로 open 변경자를 붙일 필요가 없다. 봉인된 클래스의 동작을 그림 4.2에서 볼 수 있다.

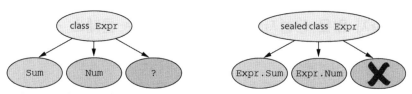

그림 4.2 봉인된 클래스는 클래스 외부에 자신을 상속한 클래스를 둘 수 없다.

sealed 클래스에 속한 값에 대해 디폴트 분기를 사용하지 않고 when 식을 사용하면 나중에 sealed 클래스의 상속 계층에 새로운 하위 클래스를 추가해도 when 식이 컴파

일되지 않는다. 따라서 when 식을 고쳐야 한다는 사실을 쉽게 알 수 있다.

내부적으로 Expr 클래스는 private 생성자를 가진다. 그 생성자는 클래스 내부에서만 호출할 수 있다. sealed 인터페이스를 정의할 수는 없다. 왜 그럴까? 봉인된 인터페이스를 만들 수 있다면 그 인터페이스를 자바 쪽에서 구현하지 못하게 막을 수 있는 수단이 코틀린 컴파일러에게 없기 때문이다.

노트
_____

코틀린 1.0에서 sealed는 너무 제약이 심하다. 예를 들어 모든 하위 클래스는 중첩 클래스여야 하고, 데이터 클래스로 sealed 클래스를 상속할 수도 없다(데이터 클래스에 대해서는 이번 장에서 나중에 설명한다). 코틀린 1.5부터는 봉인된 클래스가 정의된 패키지 안의 아무 위치(최상위, 다른 클래스나 객체나 인터페이스에 내포된 위치)에 선언할 수 있게 됐고, 봉인된 인터페이스도 추가됐다. 간략한 설명을 https://bit.ly/3L22vgS에서 볼 수 있다(영문).

_____

기억하겠지만 코틀린에서는 클래스를 확장할 때나 인터페이스를 구현할 때 모두 콜론(:)을 사용한다. 하위 클래스 선언을 자세히 살펴보자.

```
class Num(val value: Int) : Expr()
```

여러분은 이 선언에서 맨 마지막의 Expr()에 쓰인 괄호를 제외한 모든 부분을 명확히 이해할 수 있어야 한다. Expr()에 쓰인 괄호에 대해서는 코틀린의 클래스 초기화에 대해 다루는 다음 절에서 설명한다.

4.2 뻔하지 않은 생성자와 프로퍼티를 갖는 클래스 선언

알고 있겠지만 자바에서는 생성자를 하나 이상 선언할 수 있다. 코틀린도 비슷하지만 한 가지 바뀐 부분이 있다. 코틀린은 주^{primary} 생성자(보통 주 생성자는 클래스를 초기화할 때 주로 사용하는 간략한 생성자로, 클래스 본문 밖에서 정의한다)와 부^{secondary} 생성자(클래스 본문 안에서 정의한다)를 구분한다. 또한 코틀린에서는 **초기화 블록**^{initializer block}을 통해 초기화 로직을 추가할 수 있다. 먼저 주 생성자와 초기화 블록을 선언하는 문법을 살펴보고 나중에 생성자를 여럿 선언하는 방법을 설명한다. 그다음에는 프로퍼티에 대해 좀 더 자세히 알아본다.

4.2.1 클래스 초기화: 주 생성자와 초기화 블록

2장에서 간단한 클래스를 선언하는 방법을 살펴봤다.

```
class User(val nickname: String)
```

보통 클래스의 모든 선언은 중괄호({}) 사이에 들어간다. 하지만 이 클래스 선언에는 중괄호가 없고 괄호 사이에 val 선언만 존재한다. 그 이유가 궁금할 것이다. 이렇게 클래스 이름 뒤에 오는 괄호로 둘러싸인 코드를 주 생성자primary constructor라고 부른다. 주 생성자는 생성자 파라미터를 지정하고 그 생성자 파라미터에 의해 초기화되는 프로퍼티를 정의하는 두 가지 목적에 쓰인다. 이제 이 선언을 같은 목적을 달성할 수 있는 가장 명시적인 선언으로 풀어서 실제로는 어떤 일이 벌어지는지 살펴보자.

```
class User constructor(_nickname: String) {    ◀──  파라미터가 하나만
    val nickname: String                             있는 주 생성자

    init {                          ◀──── 초기화 블록
        nickname = _nickname
    }
}
```

이 예제에서 constructor와 init이라는 새로운 키워드를 볼 수 있다. constructor 키워드는 주 생성자나 부 생성자 정의를 시작할 때 사용한다. init 키워드는 초기화 블록을 시작한다. 초기화 블록에는 클래스의 객체가 만들어질 때(인스턴스화될 때) 실행될 초기화 코드가 들어간다. 초기화 블록은 주 생성자와 함께 사용된다. 주 생성자는 제한적이기 때문에 별도의 코드를 포함할 수 없으므로 초기화 블록이 필요하다. 필요하다면 클래스 안에 여러 초기화 블록을 선언할 수 있다.

생성자 파라미터 _nickname에서 맨 앞의 밑줄(_)은 프로퍼티와 생성자 파라미터를 구분해준다. 다른 방법으로 자바에서 흔히 쓰는 방식처럼 this.nickname = nickname 같은 식으로 생성자 파라미터와 프로퍼티의 이름을 같게 하고 프로퍼티에 this를 써서 모호성을 없애도 된다.

이 예제에서는 nickname 프로퍼티를 초기화하는 코드를 nickname 프로퍼티 선언에 포함시킬 수 있어서 초기화 코드를 초기화 블록에 넣을 필요가 없다. 또 주 생성자 앞에 별다른 애너테이션이나 가시성 변경자가 없다면 constructor를 생략해도 된다. 이런 변경을 적용하고 나면 코드를 다음과 같이 바꿀 수 있다.

```
class User(_nickname: String) {          ◀────── 파라미터가 하나뿐인 주 생성자
    val nickname = _nickname    ◀─────  프로퍼티를 주 생성자의
}                                         파라미터로 초기화한다.
```

이 예제는 같은 클래스를 정의하는 여러 방법 중 하나다. 프로퍼티를 초기화하는 식이나 초기화 블록 안에서만 주 생성자의 파라미터를 참조할 수 있다는 점에 유의하라.

방금 살펴본 두 예제는 클래스 본문에서 val 키워드를 통해 프로퍼티를 정의했다. 하지만 주 생성자의 파라미터로 프로퍼티를 초기화한다면 그 주 생성자 파라미터 이름 앞에 val을 추가하는 방식으로 프로퍼티 정의와 초기화를 간략히 쓸 수 있다.

```
class User(val nickname: String) ◀────── "val"은 이 파라미터에 상응하는 프로퍼티가 생성된다는 뜻이다.
```

지금까지 살펴본 세 가지 User 선언은 모두 같다. 하지만 마지막 선언이 가장 간결하다.

함수 파라미터와 마찬가지로 생성자 파라미터에도 디폴트 값을 정의할 수 있다.

```
class User(val nickname: String,         ◀────  생성자 파라미터에 대한 디폴트
          val isSubscribed: Boolean = true)       값을 제공한다.
```

클래스의 인스턴스를 만들려면 new 키워드 없이 생성자를 직접 호출하면 된다.

```
>>> val hyun = User("현석")             ◀────  isSubscribed 파라미터에는
>>> println(hyun.isSubscribed)                  디폴트 값이 쓰인다.
```

```
true
>>> val gye = User("계영", false)          ◀──────  모든 인자를 파라미터 선언
>>> println(gye.isSubscribed)                       순서대로 지정할 수도 있다.
false
>>> val hey = User("혜원", isSubscribed = false)  ◀──  생성자 인자 중 일부에 대해
>>> println(hey.isSubscribed)                            이름을 지정할 수도 있다.
false
```

이 예에서 현석은 디폴트로 메일링 리스트에 가입하고, 계영과 혜원은 가입 조건을 주의 깊게 읽고 메일링 리스트 가입 체크박스를 해제한 것 같다.

> **노트**
>
> 모든 생성자 파라미터에 디폴트 값을 지정하면 컴파일러가 자동으로 파라미터가 없는 생성자를 만들어준다. 그렇게 자동으로 만들어진 파라미터 없는 생성자는 디폴트 값을 사용해 클래스를 초기화한다. 의존관계 주입(DI, Dependency Injection) 프레임워크 등 자바 라이브러리 중에는 파라미터가 없는 생성자를 통해 객체를 생성해야만 라이브러리 사용이 가능한 경우가 있는데, 코틀린이 제공하는 파라미터 없는 생성자는 그런 라이브러리와의 통합을 쉽게 해준다.

클래스에 기반 클래스가 있다면 주 생성자에서 기반 클래스의 생성자를 호출해야 할 필요가 있다. 기반 클래스를 초기화하려면 기반 클래스 이름 뒤에 괄호를 치고 생성자 인자를 넘긴다.

```
open class User(val nickname: String) { ... }

class TwitterUser(nickname: String) : User(nickname) { ... }
```

클래스를 정의할 때 별도로 생성자를 정의하지 않으면 컴파일러가 자동으로 아무 일도 하지 않는 인자가 없는 디폴트 생성자를 만들어준다.

```
open class Button          ◀──────  인자가 없는 디폴트 생성자가 만들어진다.
```

Button의 생성자는 아무 인자도 받지 않지만, Button 클래스를 상속한 하위 클래스는 반드시 Button 클래스의 생성자를 호출해야 한다.

```
class RadioButton: Button()
```

이 규칙으로 인해 기반 클래스의 이름 뒤에는 꼭 빈 괄호가 들어간다(물론 생성자 인자가 있다면 괄호 안에 인자가 들어간다). 반면 인터페이스는 생성자가 없기 때문에 어떤 클래스가 인터페이스를 구현하는 경우 그 클래스의 상위 클래스 목록에 있는 인터페이스 이름 뒤에는 아무 괄호도 없다. 클래스 정의에 있는 상위 클래스 및 인터페이스 목록에서 이름 뒤에 괄호가 붙었는지 살펴보면 쉽게 기반 클래스와 인터페이스를 구별할 수 있다.

어떤 클래스를 클래스 외부에서 인스턴스화하지 못하게 막고 싶다면 모든 생성자를 private으로 만들면 된다. 다음과 같이 주 생성자에 private 변경자를 붙일 수 있다.

```
class Secretive private constructor() {}    ◀──── 이 클래스의 (유일한) 주 생성자는 비공개다.
```

Secretive 클래스 안에는 주 생성자밖에 없고 그 주 생성자는 비공개이므로 외부에서는 Secretive를 인스턴스화할 수 없다. 나중에 동반 객체$^{companion\ object}$에 대해 설명하면서 동반 객체 안에서 이런 비공개 생성자를 호출하면 좋은 이유에 대해 알아본다.

> **비공개 생성자에 대한 대안**
>
> 유틸리티 함수를 담아두는 역할만을 하는 클래스는 인스턴스화할 필요가 없고, 싱글턴인 클래스는 미리 정한 팩토리 메서드 등의 생성 방법을 통해서만 객체를 생성해야 한다. 자바에서는 이런 더 일반적인 요구 사항을 명시할 방법이 없으므로 어쩔 수 없이 private 생성자를 정의해서 클래스를 다른 곳에서 인스턴스화하지 못하게 막는 경우가 생긴다. 코틀린은 그런 경우를 언어에서 기본 지원한다. 정적 유틸리티 함수 대신 최상위 함수를 사용할 수 있고(3.2.3절), 싱글턴을 사용하고 싶으면 객체를 선언하면 된다(4.4.1절을 보라).

실제로 대부분의 경우 클래스의 생성자는 아주 단순하다. 생성자에 아무 파라미터도 없는 클래스도 많고, 생성자 코드 안에서 생성자가 인자로 받은 값을 프로퍼티에 설정하기만 하는 생성자도 많다. 그래서 코틀린은 간단한 주 생성자 문법을 제공한다. 대부분 이런 간단한 주 생성자 구문만으로도 충분하다. 하지만 삶에는 어려움이 있기 마련이다. 코틀린도 그런 경우를 대비해 필요에 따라 다양한 생성자를 정의할 수 있게 해준다. 이제부터는 생성자를 만드는 여러 방법을 살펴보자.

4.2.2 부 생성자: 상위 클래스를 다른 방식으로 초기화

일반적으로 코틀린에서는 생성자가 여럿 있는 경우가 자바보다 훨씬 적다. 자바에서 오버로드한 생성자가 필요한 상황 중 상당수는 코틀린의 디폴트 파라미터 값과 이름 붙인 인자 문법을 사용해 해결할 수 있다.

> **팁**
>
> 인자에 대한 디폴트 값을 제공하기 위해 부 생성자를 여럿 만들지 말라. 대신 파라미터의 디폴트 값을 생성자 시그니처에 직접 명시하라.

그래도 생성자가 여럿 필요한 경우가 가끔 있다. 가장 일반적인 상황은 프레임워크 클래스를 확장해야 하는데 여러 가지 방법으로 인스턴스를 초기화할 수 있게 다양한 생성자를 지원해야 하는 경우다. 예를 들어 자바에서 선언된 생성자가 2개인 View 클래스가 있다고 하자(안드로이드 개발자라면 이 클래스를 알아볼 수 있을 것이다). 그 클래스를 코틀린으로는 다음과 비슷하게 정의할 수 있다.

```
open class View {
    constructor(ctx: Context) {
        // 코드
    }
    constructor(ctx: Context, attr: AttributeSet) {
        // 코드
    }
}
```

부 생성자들

이 클래스는 주 생성자를 선언하지 않고(클래스 헤더에 있는 클래스 이름 뒤에 괄호가 없다), 부 생성자만 2가지 선언한다. 부 생성자는 constructor 키워드로 시작한다. 필요에 따라 얼마든지 부 생성자를 많이 선언해도 된다.

이 클래스를 확장하면서 똑같이 부 생성자를 정의할 수 있다.

```
class MyButton : View {
    constructor(ctx: Context)
        : super(ctx) {
        // ...
    }
    constructor(ctx: Context, attr: AttributeSet)
        : super(ctx, attr) {
        // ...
    }
}
```

상위 클래스의
생성자를 호출한다.

여기서 두 부 생성자는 super() 키워드를 통해 자신에 대응하는 상위 클래스 생성자를 호출한다. 이 관계를 그림 4.3에서 볼 수 있다. 그림에서 화살표는 생성자가 상위 클래스 생성자에게 객체 생성을 위임한다는 사실을 표시한다.

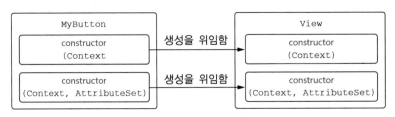

그림 4.3 상위 클래스의 여러 생성자에게 객체 생성 위임하기

자바와 마찬가지로 생성자에서 this()를 통해 클래스 자신의 다른 생성자를 호출할 수 있다. 다음을 살펴보자.

```
class MyButton : View {
    constructor(ctx: Context): this(ctx, MY_STYLE) {
```

이 클래스의 다른 생성자에게
위임한다.

```
  // ...
  }

  constructor(ctx: Context, attr: AttributeSet) : super(ctx, attr) {
    // ...
  }
}
```

MyButton 클래스의 생성자 중 하나가 그림 4.4처럼 파라미터의 디폴트 값을 넘겨서
같은 클래스의 다른 생성자(this를 사용해 참조함)에게 생성을 위임한다. 두 번째 생성자
는 여전히 super()를 호출한다.

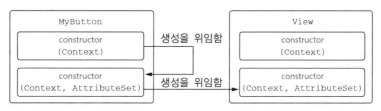

그림 4.4 같은 클래스의 다른 생성자에게 생성 위임하기

클래스에 주 생성자가 없다면 모든 부 생성자는 반드시 상위 클래스를 초기화하거나
다른 생성자에게 생성을 위임해야 한다. 그림 4.4를 바탕으로 생각해보면 각 부 생성자
에서 객체 생성을 위임하는 화살표를 따라가면 그 끝에는 상위 클래스 생성자를 호출하
는 화살표가 있어야 한다는 뜻이다.

부 생성자가 필요한 주된 이유는 자바 상호운용성이다. 하지만 부 생성자가 필요한
다른 경우도 있다. 클래스 인스턴스를 생성할 때 파라미터 목록이 다른 생성 방법이
여럿 존재하는 경우에는 부 생성자를 여럿 둘 수밖에 없다. 이에 대해서는 4.4.2절에서
설명한다.

지금까지 뻔하지 않은 생성자를 정의하는 방법을 살펴봤다. 이제는 뻔하지 않은 프
로퍼티를 살펴볼 때다.

4.2.3 인터페이스에 선언된 프로퍼티 구현

코틀린에서는 인터페이스에 추상 프로퍼티 선언을 넣을 수 있다. 다음은 추상 프로퍼티 선언이 들어있는 인터페이스 선언의 예다.

```
interface User {
    val nickname: String
}
```

이는 User 인터페이스를 구현하는 클래스가 nickname의 값을 얻을 수 있는 방법을 제공해야 한다는 뜻이다. 인터페이스에 있는 프로퍼티 선언에는 뒷받침하는 필드나 게터 등의 정보가 들어있지 않다. 사실 인터페이스는 아무 상태도 포함할 수 없으므로 상태를 저장할 필요가 있다면 인터페이스를 구현한 하위 클래스에서 상태 저장을 위한 프로퍼티 등을 만들어야 한다.

이제 이 인터페이스를 구현하는 방법을 몇 가지 살펴보자. PrivateUser는 별명을 저장하기만 하고 SubscribingUser는 이메일을 함께 저장한다. FacebookUser는 페이스북 계정의 ID를 저장한다. 이 세 클래스는 각각 다른 방식으로 추상 프로퍼티 nickname을 구현한다.

리스트 4.14 인터페이스의 프로퍼티 구현하기

```
class PrivateUser(override val nickname: String) : User     ◀──── 주 생성자에
                                                                   있는 프로퍼티
class SubscribingUser(val email: String) : User {
    override val nickname: String
        get() = email.substringBefore('@')     ◀──── 커스텀 게터
}
class FacebookUser(val accountId: Int) : User {
    override val nickname = getFacebookName(accountId)     ◀──── 프로퍼티
                                                                 초기화 식
}
>>> println(PrivateUser("test@kotlinlang.org").nickname)
```

166

```
test@kotlinlang.org
>>> println(SubscribingUser("test@kotlinlang.org").nickname)
test
```

PrivateUser는 주 생성자 안에 프로퍼티를 직접 선언하는 간결한 구문을 사용한다. 이 프로퍼티는 User의 추상 프로퍼티를 구현하고 있으므로 override를 표시해야 한다.

SubscribingUser는 커스텀 게터로 nickname 프로퍼티를 설정한다. 이 프로퍼티는 뒷받침하는 필드에 값을 저장하지 않고 매번 이메일 주소에서 별명을 계산해 반환한다.

FacebookUser에서는 초기화 식으로 nickname 값을 초기화한다. 이때 페이스북 사용자 ID를 받아서 그 사용자의 이름을 반환해주는 getFacebookName 함수(이 함수는 다른 곳에 정의돼 있다고 가정한다)를 호출해서 nickname을 초기화한다. getFacebookName은 페이스북에 접속해서 인증을 거친 후 원하는 데이터를 가져와야 하기 때문에 비용이 많이 들 수도 있다. 그래서 객체를 초기화하는 단계에 한 번만 getFacebookName을 호출하게 설계했다.

SubscribingUser와 FacebookUser의 nickname 구현 차이에 주의하라. 그 둘은 비슷해 보이지만, SubscribingUser의 nickname은 매번 호출될 때마다 substringBefore를 호출해 계산하는 커스텀 게터를 활용하고, FacebookUser의 nickname은 객체 초기화 시 계산한 데이터를 뒷받침하는 필드에 저장했다가 불러오는 방식을 활용한다.

인터페이스에는 추상 프로퍼티뿐 아니라 게터와 세터가 있는 프로퍼티를 선언할 수도 있다. 물론 그런 게터와 세터는 뒷받침하는 필드를 참조할 수 없다(뒷받침하는 필드가 있다면 인터페이스에 상태를 추가하는 셈인데 인터페이스는 상태를 저장할 수 없다). 예를 하나 살펴보자.

```
interface User {
    val email: String
    val nickname: String
        get() = email.substringBefore('@') ←    프로퍼티에 뒷받침하는 필드가 없다.
                                                 대신 매번 결과를 계산해 돌려준다.
}
```

이 인터페이스에는 추상 프로퍼티인 email과 커스텀 게터가 있는 nickname 프로퍼티가 함께 들어있다. 하위 클래스는 추상 프로퍼티인 email을 반드시 오버라이드해야 한다. 반면 nickname은 오버라이드하지 않고 상속할 수 있다.

인터페이스에 선언된 프로퍼티와 달리 클래스에 구현된 프로퍼티는 뒷받침하는 필드를 원하는 대로 사용할 수 있다. 이제 접근자에서 뒷받침하는 필드를 가리키는 방법을 살펴보자.

4.2.4 게터와 세터에서 뒷받침하는 필드에 접근

지금까지 프로퍼티의 두 가지 유형(값을 저장하는 프로퍼티와 커스텀 접근자에서 매번 값을 계산하는 프로퍼티)에 대해 살펴봤다. 이제는 이 두 유형을 조합해서 어떤 값을 저장하되 그 값을 변경하거나 읽을 때마다 정해진 로직을 실행하는 유형의 프로퍼티를 만드는 방법을 살펴보자. 값을 저장하는 동시에 로직을 실행할 수 있게 하기 위해서는 접근자 안에서 프로퍼티를 뒷받침하는 필드에 접근할 수 있어야 한다.

프로퍼티에 저장된 값의 변경 이력을 로그에 남기려는 경우를 생각해보자. 그런 경우 변경 가능한 프로퍼티를 정의하되 세터에서 프로퍼티 값을 바꿀 때마다 약간의 코드를 추가로 실행해야 한다.

```
class User(val name: String) {
    var address: String = "unspecified"
        set(value: String) {
            println("""
            Address was changed for $name:          ← 뒷받침하는
            "$field" -> "$value".""".trimIndent())       필드 값 읽기
            field = value    ← 뒷받침하는
        }                        필드 값 변경하기
}
```

168

```
>>> val user = User("Alice")
>>> user.address = "Elsenheimerstrasse 47, 80687 Muenchen"
Address was changed for Alice:
"unspecified" -> "Elsenheimerstrasse 47, 80687 Muenchen".
```

코틀린에서 프로퍼티의 값을 바꿀 때는 user.address = "new value"처럼 필드 설정 구문을 사용한다. 이 구문은 내부적으로는 address의 세터를 호출한다. 이 예제에서는 커스텀 세터를 정의해서 추가 로직을 실행한다(여기서는 단순화를 위해 화면에 값의 변화를 출력하기만 한다).

접근자의 본문에서는 field라는 특별한 식별자를 통해 뒷받침하는 필드에 접근할 수 있다. 게터에서는 field 값을 읽을 수만 있고, 세터에서는 field 값을 읽거나 쓸 수 있다.

변경 가능 프로퍼티의 게터와 세터 중 한쪽만 직접 정의해도 된다는 점을 기억하라. 리스트 4.15에서 address의 게터는 필드 값을 그냥 반환해주는 뻔한 게터다. 따라서 게터를 굳이 직접 정의할 필요가 없다.

뒷받침하는 필드가 있는 프로퍼티와 그런 필드가 없는 프로퍼티에 어떤 차이가 있는지 궁금한 독자가 있을 것이다. 클래스의 프로퍼티를 사용하는 쪽에서 프로퍼티를 읽는 방법이나 쓰는 방법은 뒷받침하는 필드의 유무와는 관계가 없다. 컴파일러는 디폴트 접근자 구현을 사용하건 직접 게터나 세터를 정의하건 관계없이 게터나 세터에서 field 를 사용하는 프로퍼티에 대해 뒷받침하는 필드를 생성해준다. 다만 field를 사용하지 않는 커스텀 접근자 구현을 정의한다면 뒷받침하는 필드는 존재하지 않는다(프로퍼티가 val인 경우에는 게터에 field가 없으면 되지만, var인 경우에는 게터나 세터 모두에 field가 없어야 한다).

때로 접근자의 기본 구현을 바꿀 필요는 없지만 가시성을 바꿀 필요가 있는 때가 있다. 이제 접근자의 가시성을 어떻게 바꾸는지 살펴보자.

4.2.5 접근자의 가시성 변경

접근자의 가시성은 기본적으로는 프로퍼티의 가시성과 같다. 하지만 원한다면 get이나 set 앞에 가시성 변경자를 추가해서 접근자의 가시성을 변경할 수 있다. 접근자의 가시성을 변경하는 방법을 다음 예제에서 살펴보자.

```
class LengthCounter {
    var counter: Int = 0
        private set                    ←──── 이 클래스 밖에서 이 프로퍼티의
                                              값을 바꿀 수 없다.
    fun addWord(word: String) {
        counter += word.length
    }
}
```

이 클래스는 자신에게 추가된 모든 단어의 길이를 합산한다. 전체 길이를 저장하는 프로퍼티는 클라이언트에게 제공하는 API의 일부분이므로 public으로 외부에 공개된다. 하지만 외부 코드에서 단어 길이의 합을 마음대로 바꾸지 못하게 이 클래스 내부에서만 길이를 변경하게 만들고 싶다. 그래서 기본 가시성을 가진 게터를 컴파일러가 생성하게 내버려 두는 대신 세터의 가시성을 private으로 지정한다.

다음은 이 클래스를 사용하는 방법을 보여준다.

```
>>> val lengthCounter = LengthCounter()
>>> lengthCounter.addWord("Hi!")
>>> println(lengthCounter.counter)
3
```

LengthCounter의 인스턴스를 만들고 "Hi!"라는 문자열을 추가한다. 이제 counter 프로퍼티에는 3이 들어있다.

> **프로퍼티에 대해 나중에 다룰 내용**
>
> 이 책의 뒷부분에서 프로퍼티에 대해 다룰 내용을 참고할 수 있게 여기 미리 밝혀둔다.
>
> - `lateinit` 변경자를 널이 될 수 없는 프로퍼티에 지정하면 프로퍼티를 생성자가 호출된 다음에 초기화한다는 뜻이다. 일부 프레임워크에서는 이런 특성이 꼭 필요하다. 6장에서 이에 대해 다룬다.
>
> - 요청이 들어오면 비로소 초기화되는 지연 초기화(lazy initialized) 프로퍼티는 더 일반적인 위임 프로퍼티(delegated property)의 일종이다. 위임 프로퍼티 및 지연 초기화 프로퍼티에 대해서는 7장에서 다룬다.
>
> - 자바 프레임워크와의 호환성을 위해 자바의 특징을 코틀린에서 에뮬레이션하는 애너테이션을 활용할 수 있다. 예를 들어 `@JvmField` 애너테이션을 프로퍼티에 붙이면 접근자가 없는 `public` 필드를 노출시켜준다. 애너테이션에 대해서는 10장에서 다룬다. `const` 변경자를 사용하면 애너테이션을 더 편리하게 다룰 수 있고 원시 타입이나 `String` 타입인 값을 애너테이션의 인자로 활용할 수 있다. 이에 대해서는 10장에서 자세히 다룬다.

이것으로 코틀린의 뻔하지 않은 프로퍼티와 생성자에 대한 설명을 마친다. 다음으로는 값-객체 클래스를 더 편하게 작성하는 방법인 data 클래스에 대해 다룬다.

4.3 컴파일러가 생성한 메서드: 데이터 클래스와 클래스 위임

자바 플랫폼에서는 클래스가 equals, hashCode, toString 등의 메서드를 구현해야 한다. 그리고 이런 메서드들은 보통 비슷한 방식으로 기계적으로 구현할 수 있다. 다행히 자바 IDE들이 이런 메서드를 자동으로 만들어줄 수 있어서 직접 이런 메서드를 작성할 일은 많지 않다. 하지만 자동으로 equals, hashCode, toString 등을 생성한다고 해도 코드베이스가 번잡해진다는 면은 동일하다. 코틀린 컴파일러는 한걸음 더 나가서 이런 메서드를 기계적으로 생성하는 작업을 보이지 않는 곳에서 해준다. 따라서 필수 메서드로 인한 잡음 없이 소스코드를 깔끔하게 유지할 수 있다.

그런 코틀린의 원칙이 잘 드러나는 경우로 클래스 생성자나 프로퍼티 접근자를 컴파일러가 자동으로 만들어주는 것을 살펴봤다. 이제 코틀린 컴파일러가 데이터 클래스에 유용한 메서드를 자동으로 만들어주는 예와 클래스 위임 패턴을 아주 간단하게 쓸 수 있게 해주는 예를 살펴보자.

4.3.1 모든 클래스가 정의해야 하는 메서드

자바와 마찬가지로 코틀린 클래스도 toString, equals, hashCode 등을 오버라이드할 수 있다. 각각이 어떤 메서드이고 어떻게 그런 메서드를 정의해야 하는지 살펴보자. 코틀린은 이런 메서드 구현을 자동으로 생성해줄 수 있다. 고객 이름과 우편번호를 저장하는 간단한 Client 클래스를 만들어서 예제에 사용하자.

리스트 4.17 Client 클래스의 초기 정의

```
class Client(val name: String, val postalCode: Int)
```

이제 이 클래스의 인스턴스를 어떻게 문자열로 표현할지 생각해보자.

문자열 표현: toString()

자바처럼 코틀린의 모든 클래스도 인스턴스의 문자열 표현을 얻을 방법을 제공한다. 주로 디버깅과 로깅 시 이 메서드를 사용한다. 물론 다른 맥락에서도 이를 사용할 수 있다. 기본 제공되는 객체의 문자열 표현은 Client@5e9f23b4 같은 방식인데, 이는 그다지 유용하지 않다. 이 기본 구현을 바꾸려면 toString 메서드를 오버라이드해야 한다.

리스트 4.18 Client에 toString() 구현하기

```
class Client(val name: String, val postalCode: Int) {
    override fun toString() = "Client(name=$name, postalCode=$postalCode)"
}
```

이제 어떤 고객에 대한 문자열 표현은 다음과 같다.

172

```
>>> val client1 = Client("오현석", 4122)
>>> println(client1)
Client(name=오현석, postalCode=4122)
```

이런 문자열 표현으로부터 기본 문자열 표현보다 더 많은 정보를 얻을 수 있다.

객체의 동등성: equals()

Client 클래스를 사용하는 모든 계산은 클래스 밖에서 이뤄진다. Client는 단지 데이터를 저장할 뿐이며, 그에 따라 구조도 단순하고 내부 정보를 투명하게 외부에 노출하게 설계됐다. 그렇지만 클래스는 단순할지라도 동작에 대한 몇 가지 요구 사항이 있을 수 있다. 예를 들어 서로 다른 두 객체가 내부에 동일한 데이터를 포함하는 경우 그 둘을 동등한 객체로 간주해야 할 수도 있다.

```
>>> val client1 = Client("오현석", 4122)
>>> val client2 = Client("오현석", 4122)
>>> println(client1 == client2)  ◀── 코틀린에서 == 연산자는 참조 동일성을 검사하지
false                                않고 객체의 동등성을 검사한다. 따라서 == 연산은
                                     equals를 호출하는 식으로 컴파일된다.
```

위 예제에서는 두 객체가 동일하지 않다. 이는 Client 클래스의 요구 사항을 만족시키고 싶다면 equals를 오버라이드할 필요가 있다는 뜻이다.

> **동등성 연산에 ==를 사용함**
>
> 자바에서는 ==를 원시 타입과 참조 타입을 비교할 때 사용한다. 원시 타입의 경우 ==는 두 피연산자의 값이 같은지 비교한다(동등성(equality)). 반면 참조 타입의 경우 ==는 두 피연산자의 주소가 같은지를 비교한다(참조 비교(reference comparision)). 따라서 자바에서는 두 객체의 동등성을 알려면 equals를 호출해야 한다. 자바에서는 equals 대신 ==를 호출하면 문제가 될 수 있다는 사실도 아주 잘 알려져 있다.
>
> 코틀린에서는 == 연산자가 두 객체를 비교하는 기본적인 방법이다. ==는 내부적으로 equals를 호출해서 객체를 비교한다. 따라서 클래스가 equals를 오버라이드하면 ==를 통해 안전하게 그 클래스의 인스턴스를 비교할 수 있다. 참조 비교를 위해서는 === 연산자를 사용할 수 있다. ===

연산자는 자바에서 객체의 참조를 비교할 때 사용하는 == 연산자와 같다.

이제 equals를 추가한 Client 클래스를 살펴보자.

리스트 4.19 Client에 equals() 구현하기

```
class Client(val name: String, val postalCode: Int) {
    override fun equals(other: Any?): Boolean {     ◀─── "Any"는 java.lang.Object에 대응하는
        if (other == null || other !is Client)     ◀───      클래스로, 코틀린의 모든 클래스의 최상위
            return false                                      클래스다. "Any?"는 널이 될 수 있는
        return name == other.name &&                ◀───      타입이므로 "other"는 null일 수 있다.
            postalCode == other.postalCode                   "other"가 Client인지 검사한다.
    }                                                        두 객체의 프로퍼티 값이
    override fun toString() = "Client(name=$name, postalCode=$postalCode)"   서로 같은지 검사한다.
}
```

다시 말하지만 코틀린의 is 검사는 자바의 instanceof와 같다. is는 어떤 값의 타입을 검사한다. in 연산자의 결과를 부정해주는 연산자가 !in 연산자인 것과 마찬가지로, !is 의 결과는 is 연산자의 결과를 부정한 값이다. 이런 연산자를 사용하면 코드가 읽기 편해진다. 6장에서는 널이 될 수 있는 타입^{nullable type}에 대해 설명하고, 왜 other == null || other !is Client라는 조건식을 other !is Client로 간단히 써도 되는지 알려준다.

코틀린에서는 override 변경자가 필수여서 실수로 override fun equals(other: Any?) 대신 override fun equals(other: Client)를 작성할 수는 없다. 그래서 equals를 오버라이드하고 나면 프로퍼티의 값이 모두 같은 두 고객 객체는 동등하리라 예상할 수 있다. 실제로 client1 == client2는 이제 true를 반환한다. 하지만 Client 클래스로 더 복잡한 작업을 수행해보면 제대로 작동하지 않는 경우가 있다. 이와 관련해 흔히 면접에서 질문하는 내용이 "Client가 제대로 작동하지 않는 경우를 말하고 문제가 무엇인지 설명하시오"다. hashCode 정의를 빠뜨려서 그렇다고 답하는 개발자가 많을

것이다. 이 경우에는 실제 hashCode가 없다는 점이 원인이다. 이제 왜 hashCode가 중요한지 알아보자.

해시 컨테이너: hashCode()

자바에서는 equals를 오버라이드할 때 반드시 hashCode도 함께 오버라이드해야 한다. 이번 절은 그 이유를 설명한다.

원소가 '오현석'이라는 고객 하나뿐인 집합을 만들자. 그 후 새로 원래의 '오현석'과 똑같은 프로퍼티를 포함하는 새로운 Client 인스턴스를 만들어서 그 인스턴스가 집합 안에 들어있는지 검사해보자. 프로퍼티가 모두 일치하므로 새 인스턴스와 집합에 있는 기존 인스턴스는 동등하다. 따라서 새 인스턴스가 집합에 속했는지 여부를 검사하면 true가 반환되리라 예상할 수 있다. 하지만 실제로는 false가 나온다.

```
>>> val processed = hashSetOf(Client("오현석", 4122))
>>> println(processed.contains(Client("오현석", 4122)))
false
```

이는 Client 클래스가 hashCode 메서드를 정의하지 않았기 때문이다. JVM 언어에서는 hashCode가 지켜야 하는 "equals()가 true를 반환하는 두 객체는 반드시 같은 hashCode()를 반환해야 한다"라는 제약이 있는데 Client는 이를 어기고 있다. processed 집합은 HashSet이다. HashSet은 원소를 비교할 때 비용을 줄이기 위해 먼저 객체의 해시 코드를 비교하고 해시 코드가 같은 경우에만 실제 값을 비교한다. 방금 본 예제의 두 Client 인스턴스는 해시 코드가 다르기 때문에 두 번째 인스턴스가 집합 안에 들어있지 않다고 판단한다. 해시 코드가 다를 때 equals가 반환하는 값은 판단 결과에 영향을 끼치지 못한다. 즉, 원소 객체들이 해시 코드에 대한 규칙을 지키지 않는 경우 HashSet은 제대로 작동할 수 없다.

이 문제를 고치려면 Client가 hashCode를 구현해야 한다.

리스트 4.20 Client에 hashCode 구현하기

```
class Client(val name: String, val postalCode: Int) {
    ...
    override fun hashCode(): Int = name.hashCode() * 31 + postalCode
}
```

이제 이 클래스는 예상대로 작동한다. 하지만 지금까지 얼마나 많은 코드를 작성해야 했는지 생각해보라. 다행히 코틀린 컴파일러는 이 모든 메서드를 자동으로 생성해줄 수 있다. 어떻게 하면 코틀린이 이런 메서드를 생성하게 만들 수 있는지 살펴보자.

4.3.2 데이터 클래스: 모든 클래스가 정의해야 하는 메서드 자동 생성

어떤 클래스가 데이터를 저장하는 역할만을 수행한다면 toString, equals, hashCode 를 반드시 오버라이드해야 한다. 다행히 이런 메서드를 정의하기는 그리 어렵지 않으며, 인텔리J 아이디어 등의 IDE는 자동으로 그런 메서드를 정의해주고, 작성된 메서드의 정확성과 일관성을 검사해준다.

코틀린은 더 편리하다. 이제는 이런 메서드를 IDE를 통해 생성할 필요도 없다. data 라는 변경자를 클래스 앞에 붙이면 필요한 메서드를 컴파일러가 자동으로 만들어준다. data 변경자가 붙은 클래스를 데이터 클래스라고 부른다.

리스트 4.21 Client를 데이터 클래스로 선언하기

```
data class Client(val name: String, val postalCode: Int)
```

아주 쉽다! 이제 Client 클래스는 자바에서 요구하는 모든 메서드를 포함한다.

- 인스턴스 간 비교를 위한 equals
- HashMap과 같은 해시 기반 컨테이너에서 키로 사용할 수 있는 hashCode
- 클래스의 각 필드를 선언 순서대로 표시하는 문자열 표현을 만들어주는 toString

equals와 hashCode는 주 생성자에 나열된 모든 프로퍼티를 고려해 만들어진다. 생성

된 equals 메서드는 모든 프로퍼티 값의 동등성을 확인한다. hashCode 메서드는 모든 프로퍼티의 해시 값을 바탕으로 계산한 해시 값을 반환한다. 이때 주 생성자 밖에 정의된 프로퍼티는 equals나 hashCode를 계산할 때 고려의 대상이 아니라는 사실에 유의하라.

코틀린 컴파일러는 data 클래스에게 방금 말한 세 메서드뿐 아니라 몇 가지 유용한 메서드를 더 생성해준다. 다음 절에서 한 가지를 더 설명하고 7.4절에서 나머지 메서드에 대해 이야기한다.

데이터 클래스와 불변성: copy() 메서드

데이터 클래스의 프로퍼티가 꼭 val일 필요는 없다. 원한다면 var 프로퍼티를 써도 된다. 하지만 데이터 클래스의 모든 프로퍼티를 읽기 전용으로 만들어서 데이터 클래스를 불변immutable 클래스로 만들라고 권장한다. HashMap 등의 컨테이너에 데이터 클래스 객체를 담는 경우엔 불변성이 필수적이다. 데이터 클래스 객체를 키로 하는 값을 컨테이너에 담은 다음에 키로 쓰인 데이터 객체의 프로퍼티를 변경하면 컨테이너 상태가 잘못될 수 있다. 게다가 불변 객체를 사용하면 프로그램에 대해 훨씬 쉽게 추론할 수 있다. 특히 다중스레드 프로그램의 경우 이런 성질은 더 중요하다. 불변 객체를 주로 사용하는 프로그램에서는 스레드가 사용 중인 데이터를 다른 스레드가 변경할 수 없으므로 스레드를 동기화해야 할 필요가 줄어든다.

데이터 클래스 인스턴스를 불변 객체로 더 쉽게 활용할 수 있게 코틀린 컴파일러는 한 가지 편의 메서드를 제공한다. 그 메서드는 객체를 복사copy하면서 일부 프로퍼티를 바꿀 수 있게 해주는 copy 메서드다. 객체를 메모리상에서 직접 바꾸는 대신 복사본을 만드는 편이 더 낫다. 복사본은 원본과 다른 생명주기를 가지며, 복사를 하면서 일부 프로퍼티 값을 바꾸거나 복사본을 제거해도 프로그램에서 원본을 참조하는 다른 부분에 전혀 영향을 끼치지 않는다. Client의 copy를 직접 구현한다면 다음과 같을 것이다.

```
class Client(val name: String, val postalCode: Int) {
    ...
```

```
    fun copy(name: String = this.name,
            postalCode: Int = this.postalCode) =
        Client(name, postalCode)
}
```

다음은 copy 메서드를 사용하는 방법을 보여준다.

```
>>> val lee = Client("이계영", 4122)
>>> println(lee.copy(postalCode = 4000))
Client(name=이계영, postalCode=4000)
```

지금까지 data 변경자를 통해 값 객체를 더 편리하게 사용하는 방법을 살펴봤다. 이제는 IDE가 생성해주는 코드를 사용하지 않고도 위임을 쉽게 사용할 수 있게 해주는 코틀린 기능인 클래스 위임^{class delegation}에 대해 살펴보자.

4.3.3 클래스 위임: by 키워드 사용

대규모 객체지향 시스템을 설계할 때 시스템을 취약하게 만드는 문제는 보통 구현 상속 implementation inheritance에 의해 발생한다. 하위 클래스가 상위 클래스의 메서드 중 일부를 오버라이드하면 하위 클래스는 상위 클래스의 세부 구현 사항에 의존하게 된다. 시스템 이 변함에 따라 상위 클래스의 구현이 바뀌거나 상위 클래스에 새로운 메서드가 추가된 다. 그 과정에서 하위 클래스가 상위 클래스에 대해 갖고 있던 가정이 깨져서 코드가 정상적으로 작동하지 못하는 경우가 생길 수 있다.

코틀린을 설계하면서 우리는 이런 문제를 인식하고 기본적으로 클래스를 final로 취급하기로 결정했다. 모든 클래스를 기본적으로 final로 취급하면 상속을 염두에 두고 open 변경자로 열어둔 클래스만 확장할 수 있다. 열린 상위 클래스의 소스코드를 변경할 때는 open 변경자를 보고 해당 클래스를 다른 클래스가 상속하리라 예상할 수 있으므로, 변경 시 하위 클래스를 깨지 않기 위해 좀 더 조심할 수 있다.

하지만 종종 상속을 허용하지 않는 클래스에 새로운 동작을 추가해야 할 때가 있다.

이럴 때 사용하는 일반적인 방법이 데코레이터^{Decorator} 패턴이다. 이 패턴의 핵심은 상속을 허용하지 않는 클래스(기존 클래스) 대신 사용할 수 있는 새로운 클래스(데코레이터)를 만들되 기존 클래스와 같은 인터페이스를 데코레이터가 제공하게 만들고, 기존 클래스를 데코레이터 내부에 필드로 유지하는 것이다. 이때 새로 정의해야 하는 기능은 데코레이터의 메서드에 새로 정의하고(물론 이때 기존 클래스의 메서드나 필드를 활용할 수도 있다) 기존 기능이 그대로 필요한 부분은 데코레이터의 메서드가 기존 클래스의 메서드에게 요청을 전달^{forwarding}한다.

이런 접근 방법의 단점은 준비 코드가 상당히 많이 필요하다는 점이다(필요한 준비 코드가 너무 많기 때문에 인텔리J 아이디어 등의 IDE는 데코레이터의 준비 코드를 자동으로 생성해주는 기능을 제공한다). 예를 들어 Collection 같이 비교적 단순한 인터페이스를 구현하면서 아무 동작도 변경하지 않는 데코레이터를 만들 때조차도 다음과 같이 복잡한 코드를 작성해야 한다.

```kotlin
class DelegatingCollection<T> : Collection<T> {
    private val innerList = arrayListOf<T>()

    override val size: Int get() = innerList.size
    override fun isEmpty(): Boolean = innerList.isEmpty()
    override fun contains(element: T): Boolean = innerList.contains(element)
    override fun iterator(): Iterator<T> = innerList.iterator()
    override fun containsAll(elements: Collection<T>): Boolean =
        innerList.containsAll(elements)
}
```

이런 위임을 언어가 제공하는 일급 시민 기능으로 지원한다는 점이 코틀린의 장점이다. 인터페이스를 구현할 때 by 키워드를 통해 그 인터페이스에 대한 구현을 다른 객체에 위임 중이라는 사실을 명시할 수 있다. 다음은 앞의 예제를 위임을 사용해 재작성한 코드다.

```kotlin
class DelegatingCollection<T>(
    innerList: Collection<T> = ArrayList<T>()
```

```
) : Collection<T> by innerList {}
```

클래스 안에 있던 모든 메서드 정의가 없어졌다. 컴파일러가 그런 전달 메서드를 자동으로 생성하며 자동 생성한 코드의 구현은 DelegatingCollection에 있던 구현과 비슷하다. 그런 단순한 코드 중 관심을 가질 만한 부분은 거의 없기 때문에 컴파일러가 자동으로 해줄 수 있는 작업을 굳이 직접 해야 할 이유가 없다.

메서드 중 일부의 동작을 변경하고 싶은 경우 메서드를 오버라이드하면 컴파일러가 생성한 메서드 대신 오버라이드한 메서드가 쓰인다. 기존 클래스의 메서드에 위임하는 기본 구현으로 충분한 메서드는 따로 오버라이드할 필요가 없다.

이 기법을 이용해서 원소를 추가하려고 시도한 횟수를 기록하는 컬렉션을 구현해보자. 예를 들어 중복을 제거하는 프로세스를 설계하는 중이라면 원소 추가 횟수를 기록하는 컬렉션을 통해 최종 컬렉션 크기와 원소 추가 시도 횟수 사이의 비율을 살펴봄으로써 중복 제거 프로세스의 효율성을 판단할 수 있다.

리스트 4.22 클래스 위임 사용하기

```
class CountingSet<T>(
    val innerSet: MutableCollection<T> = HashSet<T>()
) : MutableCollection<T> by innerSet {        ◄──   MutableCollection의 구현을
                                                    innerSet에게 위임한다.
    var objectsAdded = 0

    override fun add(element: T): Boolean {   ◄──────┐
        objectsAdded++
        return innerSet.add(element)                 이 두 메서드는 위임하지 않고
                                                     새로운 구현을 제공한다.
    }

    override fun addAll(c: Collection<T>): Boolean { ◄┘
        objectsAdded += c.size
        return innerSet.addAll(c)
    }
}

>>> val cset = CountingSet<Int>()
```

180

```
>>> cset.addAll(listOf(1, 1, 2))
>>> println("${cset.objectsAdded} objects were added, ${cset.size} remain")
3 objects were added, 2 remain
```

예제를 보면 알 수 있지만 add와 addAll을 오버라이드해서 카운터를 증가시키고, MutableCollection 인터페이스의 나머지 메서드는 내부 컨테이너(innerSet)에게 위임한다.

이때 CountingSet에 MutableCollection의 구현 방식에 대한 의존관계가 생기지 않는다는 점이 중요하다. 예를 들어 내부 컨테이너가 addAll을 처리할 때 루프를 돌면서 add를 호출할 수도 있지만, 최적화를 위해 다른 방식을 택할 수도 있다. 클라이언트 코드가 CountingSet의 코드를 호출할 때 발생하는 일은 CountingSet 안에서 마음대로 제어할 수 있지만, CountingSet 코드는 위임 대상 내부 클래스인 Mutable Collection에 문서화된 API를 활용한다. 그러므로 내부 클래스 MutableCollection이 문서화된 API를 변경하지 않는 한 CountingSet 코드가 계속 잘 작동할 것임을 확신할 수 있다.

방금 코틀린 컴파일러가 클래스에 유용한 메서드를 생성해주는 방식에 대한 설명을 마쳤다. 이제 코틀린 클래스에 대해 남은 마지막 중요한 요소인 object 키워드와 언제 그 키워드를 활용할 수 있는지 살펴보자.

4.4 object 키워드: 클래스 선언과 인스턴스 생성

코틀린에서는 object 키워드를 다양한 상황에서 사용하지만 모든 경우 클래스를 정의하면서 동시에 인스턴스(객체)를 생성한다는 공통점이 있다. object 키워드를 사용하는 여러 상황을 살펴보자.

- 객체 선언object declaration은 싱글턴을 정의하는 방법 중 하나다.
- 동반 객체companion object는 인스턴스 메서드는 아니지만 어떤 클래스와 관련 있는

메서드와 팩토리 메서드를 담을 때 쓰인다. 동반 객체 메서드에 접근할 때는 동반 객체가 포함된 클래스의 이름을 사용할 수 있다.

- 객체 식은 자바의 **무명 내부 클래스**^{anonymous inner class} 대신 쓰인다.

지금부터 이런 코틀린의 특성에 대해 자세히 설명한다.

4.4.1 객체 선언: 싱글턴을 쉽게 만들기

객체지향 시스템을 설계하다 보면 인스턴스가 하나만 필요한 클래스가 유용한 경우가 많다. 자바에서는 보통 클래스의 생성자를 private으로 제한하고 정적인 필드에 그 클래스의 유일한 객체를 저장하는 싱글턴 패턴^{singleton pattern}을 통해 이를 구현한다.

코틀린은 객체 선언 기능을 통해 싱글턴을 언어에서 기본 지원한다. 객체 선언은 클래스 선언과 그 클래스에 속한 단일 인스턴스의 선언을 합친 선언이다.

예를 들어 객체 선언을 사용해 회사 급여 대장을 만들 수 있다. 한 회사에 여러 급여 대장이 필요하지는 않을 테니 싱글턴을 쓰는 게 정당해 보인다.

```
object Payroll {
    val allEmployees = arrayListOf<Person>()

    fun calculateSalary() {
        for (person in allEmployees) {
            ...
        }
    }
}
```

객체 선언은 object 키워드로 시작한다. 객체 선언은 클래스를 정의하고 그 클래스의 인스턴스를 만들어서 변수에 저장하는 모든 작업을 단 한 문장으로 처리한다.

클래스와 마찬가지로 객체 선언 안에도 프로퍼티, 메서드, 초기화 블록 등이 들어갈 수 있다. 하지만 생성자는(주 생성자와 부 생성자 모두) 객체 선언에 쓸 수 없다. 일반 클래스

인스턴스와 달리 싱글턴 객체는 객체 선언문이 있는 위치에서 생성자 호출 없이 즉시 만들어진다. 따라서 객체 선언에는 생성자 정의가 필요 없다.

변수와 마찬가지로 객체 선언에 사용한 이름 뒤에 마침표(.)를 붙이면 객체에 속한 메서드나 프로퍼티에 접근할 수 있다.

```
Payroll.allEmployees.add(Person(...))

Payroll.calculateSalary()
```

객체 선언도 클래스나 인터페이스를 상속할 수 있다. 프레임워크를 사용하기 위해 특정 인터페이스를 구현해야 하는데, 그 구현 내부에 다른 상태가 필요하지 않은 경우에 이런 기능이 유용하다. 예를 들어 java.util.Comparator 인터페이스를 살펴보자. Comparator 구현은 두 객체를 인자로 받아 그중 어느 객체가 더 큰지 알려주는 정수를 반환한다. Comparator 안에는 데이터를 저장할 필요가 없다. 따라서 어떤 클래스에 속한 객체를 비교할 때 사용하는 Comparator는 보통 클래스마다 단 하나씩만 있으면 된다. 따라서 Comparator 인스턴스를 만드는 방법으로는 객체 선언이 가장 좋은 방법이다.

구체적인 예제로 두 파일 경로를 대소문자 관계없이 비교해주는 Comparator를 구현해보자.

리스트 4.23 객체 선언을 사용해 Comparator 구현하기

```
object CaseInsensitiveFileComparator : Comparator<File> {
    override fun compare(file1: File, file2: File): Int {
      return file1.path.compareTo(file2.path,
        ignoreCase = true)
    }
}

>>> println(CaseInsensitiveFileComparator.compare(
...    File("/User"), File("/user")))
0
```

일반 객체(클래스 인스턴스)를 사용할 수 있는 곳에서는 항상 싱글턴 객체를 사용할 수 있다. 예를 들어 이 객체를 Comparator를 인자로 받는 함수에게 인자로 넘길 수 있다.

```
>>> val files = listOf(File("/Z"), File("/a"))
>>> println(files.sortedWith(CaseInsensitiveFileComparator))
[/a, /Z]
```

이 예제는 전달받은 Comparator에 따라 리스트를 정렬하는 sortedWith 함수를 사용한다.

싱글턴과 의존관계 주입

싱글턴 패턴과 마찬가지 이유로 대규모 소프트웨어 시스템에서는 객체 선언이 항상 적합하지는 않다. 의존관계가 별로 많지 않은 소규모 소프트웨어에서는 싱글턴이나 객체 선언이 유용하지만, 시스템을 구현하는 다양한 구성 요소와 상호작용하는 대규모 컴포넌트에는 싱글턴이 적합하지 않다. 이유는 객체 생성을 제어할 방법이 없고 생성자 파라미터를 지정할 수 없어서다.

생성을 제어할 수 없고 생성자 파라미터를 지정할 수 없으므로 단위 테스트를 하거나 소프트웨어 시스템의 설정이 달라질 때 객체를 대체하거나 객체의 의존관계를 바꿀 수 없다. 따라서 그런 기능이 필요하다면 자바와 마찬가지로 의존관계 주입 프레임워크(예: 구글 주스(Guice), https://github.com/google/guice)와 코틀린 클래스를 함께 사용해야 한다.

클래스 안에서 객체를 선언할 수도 있다. 그런 객체도 인스턴스는 단 하나뿐이다(바깥 클래스의 인스턴스마다 중첩 객체 선언에 해당하는 인스턴스가 하나씩 따로 생기는 것이 아니다). 예를 들어 어떤 클래스의 인스턴스를 비교하는 Comparator를 클래스 내부에 정의하는 게 더 바람직하다.

```kotlin
data class Person(val name: String) {
    object NameComparator : Comparator<Person> {
        override fun compare(p1: Person, p2: Person): Int =
            p1.name.compareTo(p2.name)
    }
}

>>> val persons = listOf(Person("Bob"), Person("Alice"))
>>> println(persons.sortedWith(Person.NameComparator))
[Person(name=Alice), Person(name=Bob)]
```

코틀린 객체를 자바에서 사용하기

코틀린 객체 선언은 유일한 인스턴스에 대한 정적인 필드가 있는 자바 클래스로 컴파일된다. 이때 인스턴스 필드의 이름은 항상 INSTANCE다. 싱글턴 패턴을 자바에서 구현해도 비슷한 필드가 필요하다. 자바 코드에서 코틀린 싱글턴 객체를 사용하려면 정적인 INSTANCE 필드를 통하면 된다.

```java
/* 자바 */
CaseInsensitiveFileComparator.INSTANCE.compare(file1, file2);
```

이 예제에서 INSTANCE 필드의 타입은 CaseInsensitiveFileComparator다.

이제 클래스 안에 중첩된 객체 중에서도 독특한 객체를 살펴보자. 그 객체는 바로 동반 객체^{companion object}다.

4.4.2 동반 객체: 팩토리 메서드와 정적 멤버가 들어갈 장소

코틀린 클래스 안에는 정적인 멤버가 없다. 코틀린 언어는 자바 static 키워드를 지원하지 않는다. 그 대신 코틀린에서는 패키지 수준의 최상위 함수(자바의 정적 메서드 역할을 거의 대신 할 수 있다)와 객체 선언(자바의 정적 메서드 역할 중 코틀린 최상위 함수가 대신할 수 없는 역할이나 정적 필드를 대신할 수 있다)을 활용한다. 대부분의 경우 최상위 함수를 활용하는 편을 더 권장한다. 하지만 최상위 함수는 그림 4.5처럼 private으로 표시된 클래스 비공개 멤버에 접근할 수 없다. 그래서 클래스의 인스턴스와 관계없이 호출해야 하지만, 클래스 내부 정보에 접근해야 하는 함수가 필요할 때는 클래스에 중첩된 객체 선언의 멤버 함수로 정의해야 한다. 그런 함수의 대표적인 예로 팩토리 메서드를 들 수 있다.

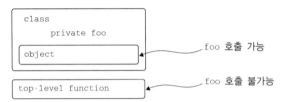

그림 4.5 클래스 밖에 있는 최상위 함수는 비공개 멤버를 사용할 수 없다.

클래스 안에 정의된 객체 중 하나에 companion이라는 특별한 표시를 붙이면 그 클래스의 동반 객체로 만들 수 있다. 동반 객체의 프로퍼티나 메서드에 접근하려면 그 동반 객체가 정의된 클래스 이름을 사용한다. 이때 객체의 이름을 따로 지정할 필요가 없다. 그 결과 동반 객체의 멤버를 사용하는 구문은 자바의 정적 메서드 호출이나 정적 필드 사용 구문과 같아진다.

```
class A {
    companion object {
        fun bar() {
            println("Companion object called")
        }
    }
}

>>> A.bar()
Companion object called
```

private 생성자를 호출하기 좋은 위치를 알려준다고 했던 사실을 기억하는가? 바로 동반 객체가 private 생성자를 호출하기 좋은 위치다. 동반 객체는 자신을 둘러싼 클래스의

186

모든 private 멤버에 접근할 수 있다. 따라서 동반 객체는 바깥쪽 클래스의 private 생성자도 호출할 수 있다. 따라서 동반 객체는 팩토리 패턴을 구현하기 가장 적합한 위치다.

이제 예제로 부 생성자가 2개 있는 클래스를 살펴보고, 다시 그 클래스를 동반 객체 안에서 팩토리 클래스를 정의하는 방식으로 변경해보자. 이 예제는 리스트 4.14의 FacebookUser와 SubscribingUser 예제를 바탕으로 한다. 리스트 4.14에서는 두 클래스 모두 User 클래스를 상속했다. 하지만 이제는 두 클래스를 한 클래스로 합치면서 사용자 객체를 생성하는 여러 방법을 제공하기로 결정했다.

리스트 4.25 부 생성자가 여럿 있는 클래스 정의하기

```
class User {
    val nickname: String

    constructor(email: String) {      ◀━━━━━┓
      nickname = email.substringBefore('@')
    }                                         부 생성자
    constructor(facebookAccountId: Int) {  ◀━━┛
      nickname = getFacebookName(facebookAccountId)
    }
}
```

이런 로직을 표현하는 더 유용한 방법으로 클래스의 인스턴스를 생성하는 팩토리 메서드가 있다. 리스트 4.26에 있는 구현에서는 생성자를 통해 User 인스턴스를 만들 수 없고 팩토리 메서드를 통해야만 한다.

리스트 4.26 부 생성자를 팩토리 메서드로 대신하기

```
                                              주 생성자를 비공개로
class User private constructor(val nickname: String) {  ◀━ 만든다.
    companion object {          ◀━━━ 동반 객체를 선언한다.
      fun newSubscribingUser(email: String) =
```

```
        User(email.substringBefore('@'))
    fun newFacebookUser(accountId: Int) =  ◄──── 페이스북 사용자 ID로 사용자를
        User(getFacebookName(accountId))              만드는 팩토리 메서드
    }
}
```

클래스 이름을 사용해 그 클래스에 속한 동반 객체의 메서드를 호출할 수 있다.

```
>>> val subscribingUser = User.newSubscribingUser("bob@gmail.com")
>>> val facebookUser = User.newFacebookUser(4)
>>> println(subscribingUser.nickname)
bob
```

팩토리 메서드는 매우 유용하다. 이 예제처럼 목적에 따라 팩토리 메서드 이름을 정할 수 있다. 게다가 팩토리 메서드는 그 팩토리 메서드가 선언된 클래스의 하위 클래스 객체를 반환할 수도 있다. 예를 들어 SubscribingUser와 FacebookUser 클래스가 따로 존재한다면 그때그때 필요에 따라 적당한 클래스의 객체를 반환할 수 있다. 또 팩토리 메서드는 생성할 필요가 없는 객체를 생성하지 않을 수도 있다. 예를 들어 이메일 주소별로 유일한 User 인스턴스를 만드는 경우 팩토리 메서드가 이미 존재하는 인스턴스에 해당하는 이메일 주소를 전달받으면 새 인스턴스를 만들지 않고 캐시에 있는 기존 인스턴스를 반환할 수 있다. 하지만 클래스를 확장해야만 하는 경우에는 동반 객체 멤버를 하위 클래스에서 오버라이드할 수 없으므로 여러 생성자를 사용하는 편이 더 나은 해법이다.

4.4.3 동반 객체를 일반 객체처럼 사용

동반 객체는 클래스 안에 정의된 일반 객체다. 따라서 동반 객체에 이름을 붙이거나, 동반 객체가 인터페이스를 상속하거나, 동반 객체 안에 확장 함수와 프로퍼티를 정의할 수 있다. 예를 하나 살펴보자.

188

회사의 급여 명부를 제공하는 웹 서비스를 만든다고 가정하자. 서비스에서 사용하기 위해 객체를 JSON으로 직렬화하거나 역직렬화해야 한다. 직렬화 로직을 동반 객체 안에 넣을 수 있다.

리스트 4.27 동반 객체에 이름 붙이기

```
class Person(val name: String) {
    companion object Loader {              ← 동반 객체에 이름을
        fun fromJSON(jsonText: String): Person = ...   붙인다.
    }
}
>>> person = Person.Loader.fromJSON("{name: 'Dmitry'}") ←
>>> person.name
                                          두 방법 모두 제대로
Dmitry                                    fromJSON을 호출할 수 있다.
>>> person2 = Person.fromJSON("{name: 'Brent'}")  ←
>>> person2.name
Brent
```

대부분의 경우 클래스 이름을 통해 동반 객체에 속한 멤버를 참조할 수 있으므로 객체의 이름을 짓느라 고심할 필요가 없다. 하지만 필요하다면 리스트 4.27처럼 companion object Loader 같은 방식으로 동반 객체에도 이름을 붙일 수 있다. 특별히 이름을 지정하지 않으면 동반 객체 이름은 자동으로 Companion이 된다. 이 이름을 사용하는 예제를 나중에 동반 객체 확장을 다룰 때 볼 수 있다.

동반 객체에서 인터페이스 구현

다른 객체 선언과 마찬가지로 동반 객체도 인터페이스를 구현할 수 있다. 잠시 후 보겠지만 인터페이스를 구현하는 동반 객체를 참조할 때 객체를 둘러싼 클래스의 이름을 바로 사용할 수 있다.

시스템에 Person을 포함한 다양한 타입의 객체가 있다고 가정하자. 이 시스템에서

는 모든 객체를 역직렬화를 통해 만들어야 하기 때문에 모든 타입의 객체를 생성하는 일반적인 방법이 필요하다. 이를 위해 JSON을 역직렬화하는 JSONFactory 인터페이스가 존재한다. Person은 다음과 같이 JSONFactory 구현을 제공할 수 있다.

리스트 4.28 동반 객체에서 인터페이스 구현하기

```
interface JSONFactory<T> {
    fun fromJSON(jsonText: String): T
}

class Person(val name: String) {
    companion object : JSONFactory<Person> {
        override fun fromJSON(jsonText: String): Person = ...   ◀── 동반 객체가
    }                                                              인터페이스를 구현한다.
}
```

이제 JSON으로부터 각 원소를 다시 만들어내는 추상 팩토리가 있다면 Person 객체를 그 팩토리에게 넘길 수 있다.

```
fun loadFromJSON<T>(factory: JSONFactory<T>): T {
    ...
}
                                        동반 객체의 인스턴스를
loadFromJSON(Person)   ◀──             함수에 넘긴다.
```

여기서 동반 객체가 구현한 JSONFactory의 인스턴스를 넘길 때 Person 클래스의 이름을 사용했다는 점에 유의하라.

코틀린 동반 객체와 정적 멤버

클래스의 동반 객체는 일반 객체와 비슷한 방식으로, 클래스에 정의된 인스턴스를 가리키는 정적 필드로 컴파일된다. 동반 객체에 이름을 붙이지 않았다면 자바 쪽에서 Companion이라는 이름으로 그 참조에 접근할 수 있다.

```
/* 자바 */
Person.Companion.fromJSON("...");
```

동반 객체에게 이름을 붙였다면 Companion 대신 그 이름이 쓰인다.

때로 자바에서 사용하기 위해 코틀린 클래스의 멤버를 정적인 멤버로 만들어야 할 필요가 있다. 그런 경우 @JvmStatic 애너테이션을 코틀린 멤버에 붙이면 된다. 정적 필드가 필요하다면 @JvmField 애너테이션을 최상위 프로퍼티나 객체에서 선언된 프로퍼티 앞에 붙인다. 이 기능은 자바와의 상호운용성을 위해 존재하며, 정확히 말하자면 코틀린 핵심 언어가 제공하는 기능은 아니다. 애너테이션에 대해서는 10장에서 자세히 다룬다.

코틀린에서도 자바의 정적 필드나 메서드를 사용할 수 있다. 그런 경우 자바와 똑같은 구문을 사용한다.

동반 객체 확장

3.3절에서 확장 함수를 사용하면 코드 기반의 다른 곳에서 정의된 클래스의 인스턴스에 대해 새로운 메서드를 정의할 수 있음을 보였다. 그렇다면 자바의 정적 메서드나 코틀린의 동반 객체 메서드처럼 기존 클래스에 대해 호출할 수 있는 새로운 함수를 정의하고 싶다면 어떻게 해야 할까? 클래스에 동반 객체가 있으면 그 객체 안에 함수를 정의함으로써 클래스에 대해 호출할 수 있는 확장 함수를 만들 수 있다. 더 구체적으로 설명해보자. C라는 클래스 안에 동반 객체가 있고 그 동반 객체(C.Companion) 안에 func를 정의하면 외부에서는 func()를 C.func()로 호출할 수 있다.

예를 들어 앞에서 살펴본 Person의 관심사를 좀 더 명확히 분리하고 싶다고 하자. Person 클래스는 핵심 비즈니스 로직 모듈의 일부다. 하지만 그 비즈니스 모듈이 특정 데이터 타입에 의존하기를 원치는 않는다. 따라서 역직렬화 함수를 비즈니스 모듈이 아니라 클라이언트/서버 통신을 담당하는 모듈 안에 포함시키고 싶다. 확장 함수를 사용하면 이렇게 구조를 잡을 수 있다. 다음 예제에서는 이름 없이 정의된 동반 객체를 가리키기 위해서 동반 객체의 기본 이름인 Companion을 사용했다.

```
// 비즈니스 로직 모듈
class Person(val firstName: String, val lastName: String) {
    companion object {                          ◄─────────    비어있는 동반 객체를
    }                                                          선언한다.
}

// 클라이언트/서버 통신 모듈
fun Person.Companion.fromJSON(json: String): Person {   ◄─────    확장 함수를
    ...                                                            선언한다.
}

val p = Person.fromJSON(json)
```

마치 동반 객체 안에서 fromJSON 함수를 정의한 것처럼 fromJSON을 호출할 수 있다. 하지만 실제로 fromJSON은 클래스 밖에서 정의한 확장 함수다. 다른 보통 확장 함수처럼 fromJSON도 클래스 멤버 함수처럼 보이지만, 실제로는 멤버 함수가 아니다. 여기서 동반 객체에 대한 확장 함수를 작성할 수 있으려면 원래 클래스에 동반 객체를 꼭 선언해야 한다는 점에 주의하라. 설령 빈 객체라도 동반 객체가 꼭 있어야 한다.

지금까지 동반 객체가 얼마나 유용한지 살펴봤다. 이제는 코틀린에서 object 키워드를 사용하는 또 다른 기능인 객체 식object expression에 대해 살펴보자.

4.4.4 객체 식: 무명 내부 클래스를 다른 방식으로 작성

object 키워드를 싱글턴과 같은 객체를 정의하고 그 객체에 이름을 붙일 때만 사용하지는 않는다. 무명 객체anonymous object를 정의할 때도 object 키워드를 쓴다. 무명 객체는 자바의 무명 내부 클래스를 대신한다. 예를 들어 자바에서 흔히 무명 내부 클래스로 구현하는 이벤트 리스너event listener를 코틀린에서 구현해보자.

```
window.addMouseListener(                              MouseAdapter를 확장하는
                                                      무명 객체를 선언한다.
    object : MouseAdapter() {              ◄────

        override fun mouseClicked(e: MouseEvent) {  ◄────

            // ...                                     MouseAdapter의 메서드를
                                                      오버라이드한다.
        }

        override fun mouseEntered(e: MouseEvent) {  ◄────

            // ...

        }

    }

)
```

사용한 구문은 객체 선언에서와 같다. 한 가지 유일한 차이는 객체 이름이 빠졌다는
점이다. 객체 식은 클래스를 정의하고 그 클래스에 속한 인스턴스를 생성하지만, 그 클래
스나 인스턴스에 이름을 붙이지는 않는다. 이런 경우 보통 함수를 호출하면서 인자로
무명 객체를 넘기기 때문에 클래스와 인스턴스 모두 이름이 필요하지 않다. 하지만 객체
에 이름을 붙여야 한다면 변수에 무명 객체를 대입하면 된다.

```
val listener = object : MouseAdapter() {

    override fun mouseClicked(e: MouseEvent) { ... }

    override fun mouseEntered(e: MouseEvent) { ... }

}
```

한 인터페이스만 구현하거나 한 클래스만 확장할 수 있는 자바의 무명 내부 클래스와
달리 코틀린 무명 클래스는 여러 인터페이스를 구현하거나 클래스를 확장하면서 인터페
이스를 구현할 수 있다.

> **노트**
>
> 객체 선언과 달리 무명 객체는 싱글턴이 아니다. 객체 식이 쓰일 때마다 새로운 인스턴스
> 가 생성된다.

자바의 무명 클래스와 같이 객체 식 안의 코드는 그 식이 포함된 함수의 변수에 접근할 수 있다. 하지만 자바와 달리 final이 아닌 변수도 객체 식 안에서 사용할 수 있다. 따라서 객체 식 안에서 그 변수의 값을 변경할 수 있다. 예를 들어 어떤 윈도우가 호출된 횟수를 리스너에서 누적하게 만들 수 있다.

리스트 4.31 무명 객체 안에서 로컬 변수 사용하기

```
fun countClicks(window: Window) {
    var clickCount = 0                    ◀──── 로컬 변수를 정의한다.

    window.addMouseListener(object : MouseAdapter() {
        override fun mouseClicked(e: MouseEvent) {
            clickCount++        ◀──── 로컬 변수의 값을 변경한다.
        }
    })
    // ...
}
```

노트

객체 식은 무명 객체 안에서 여러 메서드를 오버라이드해야 하는 경우에 훨씬 더 유용하다. 메서드가 하나뿐인 인터페이스(Runnable 등의 인터페이스가 그렇다)를 구현해야 한다면 코틀린의 SAM[3] 변환(함수 리터럴(function literal)을 변환해 SAM으로 만듦) 지원을 활용하는 편이 낫다. SAM 변환을 사용하려면 무명 객체 대신 함수 리터럴(람다(lambda))을 사용해야 한다. 람다와 SAM 변환에 대해서는 5장에서 자세히 다룬다.

이제 클래스, 인터페이스, 객체에 대한 논의를 마치자. 5장에서는 코틀린에서 좀 더 재미있는 주제로 넘어가서 람다와 함수형 프로그래밍에 대해 설명한다.

---

3. SAM(샘이라고 발음)은 추상 메서드가 하나만 있는(Single Abstract Method) 인터페이스라는 뜻이다. 자바에서 Runnable, Comparator, Callable, ActionListener 등 상당수의 인터페이스가 SAM이다. 다른 말로 함수형 인터페이스(functional interface)라고도 부른다. 자바 8에 도입된 자바 람다를 SAM 인터페이스를 구현하는 무명 클래스 대신 사용할 수 있다. - 옮긴이

4.5 요약

- 코틀린의 인터페이스는 자바 인터페이스와 비슷하지만 디폴트 구현을 포함할 수 있고(자바 8부터는 자바에서도 가능함), 프로퍼티도 포함할 수 있다(자바에서는 불가능).
- 모든 코틀린 선언은 기본적으로 final이며 public이다.
- 선언이 final이 되지 않게 만들려면(상속과 오버라이딩이 가능하게 하려면) 앞에 open을 붙여야 한다.
- internal 선언은 같은 모듈 안에서만 볼 수 있다.
- 중첩 클래스는 기본적으로 내부 클래스가 아니다. 바깥쪽 클래스에 대한 참조를 중첩 클래스 안에 포함시키려면 inner 키워드를 중첩 클래스 선언 앞에 붙여서 내부 클래스로 만들어야 한다.
- sealed 클래스를 상속하는 클래스를 정의하려면 반드시 부모 클래스 정의 안에 중첩(또는 내부) 클래스로 정의해야 한다(코틀린 1.1부터는 같은 파일 안에만 있으면 된다).
- 초기화 블록과 부 생성자를 활용해 클래스 인스턴스를 더 유연하게 초기화할 수 있다.
- field 식별자를 통해 프로퍼티 접근자(게터와 세터) 안에서 프로퍼티의 데이터를 저장하는 데 쓰이는 뒷받침하는 필드를 참조할 수 있다.
- 데이터 클래스를 사용하면 컴파일러가 equals, hashCode, toString, copy 등의 메서드를 자동으로 생성해준다.
- 클래스 위임을 사용하면 위임 패턴을 구현할 때 필요한 수많은 성가신 준비 코드를 줄일 수 있다.
- 객체 선언을 사용하면 코틀린답게 싱글턴 클래스를 정의할 수 있다.
- (패키지 수준 함수와 프로퍼티 및 동반 객체와 더불어) 동반 객체는 자바의 정적 메서드와 필드 정의를 대신한다.
- 동반 객체도 다른 (싱글턴) 객체와 마찬가지로 인터페이스를 구현할 수 있다. 외부에서 동반 객체에 대한 확장 함수와 프로퍼티를 정의할 수 있다.

- 코틀린의 객체 식은 자바의 무명 내부 클래스를 대신한다. 하지만 코틀린 객체 식은 여러 인스턴스를 구현하거나 객체가 포함된 영역^{scope}에 있는 변수의 값을 변경할 수 있는 등 자바 무명 내부 클래스보다 더 많은 기능을 제공한다.

<big>5</big>

람다로 프로그래밍

람다 식^{lambda expression} 또는 람다는 기본적으로 다른 함수에 넘길 수 있는 작은 코드 조각을 뜻한다. 람다를 사용하면 쉽게 공통 코드 구조를 라이브러리 함수로 뽑아낼 수 있다. 코틀린 표준 라이브러리는 람다를 아주 많이 사용한다. 람다를 자주 사용하는 경우로 컬렉션 처리를 들 수 있다. 5장에서는 컬렉션을 처리하는 패턴을 표준 라이브러리 함수에 람다를 넘기는 방식으로 대치하는 예제를 다수 살펴본다. 또한 자바 라이브러리와 람다를 함께 사용하는 방법도 살펴본다(심지어 처음부터 람다를 고려하지 않고 만든 라이브러리라도 람다를 활용하게 만들 수 있다). 마지막으로 **수신 객체 지정 람다**^{lambda with receiver}에 대해 살펴본다. 수신 객체 지정 람다는 특별한 람다로, 람다 선언을 둘러싸고 있는 환경과는 다른 상황에서 람다 본문을 실행할 수 있다.

5.1 람다 식과 멤버 참조

자바 프로그래머들은 람다의 도입을 오랫동안 기다려왔고 자바 8의 람다는 그 기다림의 끝이었다. 왜 람다가 그렇게 중요할까? 이번 절에서는 람다의 유용성을 보여주고 코틀린 람다 식 구문이 어떻게 생겼는지 알아본다.

5.1.1 람다 소개: 코드 블록을 함수 인자로 넘기기

"이벤트가 발생하면 이 핸들러를 실행하자"나 "데이터 구조의 모든 원소에 이 연산을 적용하자"와 같은 생각을 코드로 표현하기 위해 일련의 동작을 변수에 저장하거나 다른 함수에 넘겨야 하는 경우가 자주 있다. 예전에 자바에서는 무명 내부 클래스를 통해 이런 목적을 달성했다. 무명 내부 클래스를 사용하면 코드를 함수에 넘기거나 변수에 저장할 수 있기는 하지만 상당히 번거롭다.

이와 달리 함수형 프로그래밍에서는 함수를 값처럼 다루는 접근 방법을 택함으로써 이 문제를 해결한다. 클래스를 선언하고 그 클래스의 인스턴스를 함수에 넘기는 대신 함수형 언어에서는 함수를 직접 다른 함수에 전달할 수 있다. 람다 식을 사용하면 코드가 더욱 더 간결해진다. 람다 식을 사용하면 함수를 선언할 필요가 없고 코드 블록을 직접 함수의 인자로 전달할 수 있다.

예제를 하나 살펴보자. 버튼 클릭에 따른 동작을 정의하고 싶다. 그런 경우 클릭 이벤트를 처리하는 리스너를 추가한다. 버튼 클릭 리스너는 `onClick`이라는 메서드가 들어있는 `OnClickListener`를 구현해야 한다.

```java
/* 자바 */
button.setOnClickListener(new OnClickListener() {
    @Override
    public void onClick(View view) {
      /* 클릭 시 수행할 동작 */
    }
});
```

무명 내부 클래스를 선언하느라 코드가 번잡스러워졌다. 이와 비슷한 작업을 많이 수행해야 하는 경우 그런 번잡함은 난잡함으로 변해 개발자를 괴롭힌다. 클릭 시 벌어질 동작을 간단히 기술할 수 있는 표기법이 있다면 이런 불필요한 코드를 제거할 수 있을 것이다. 코틀린에서는 자바 8과 마찬가지로 람다를 쓸 수 있다.

```kotlin
button.setOnClickListener { /* 클릭 시 수행할 동작 */ }
```

이 코틀린 코드는 앞에서 살펴본 자바 무명 내부 클래스와 같은 역할을 하지만 훨씬 더 간결하고 읽기 쉽다. 이 예제를 이번 절 뒷부분에서 자세히 다룬다.

이 예제는 람다를 메서드가 하나뿐인 무명 객체 대신 사용할 수 있다는 사실을 보여준다. 이제 함수형 언어에서 전통적으로 람다를 많이 활용해 온 컬렉션에 대해 살펴보자.

5.1.2 람다와 컬렉션

코드에서 중복을 제거하는 것은 프로그래밍 스타일을 개선하는 중요한 방법 중 하나다. 컬렉션을 다룰 때 수행하는 대부분의 작업은 몇 가지 일반적인 패턴에 속한다. 따라서 그런 패턴은 라이브러리 안에 있어야 한다. 하지만 람다가 없다면 컬렉션을 편리하게 처리할 수 있는 좋은 라이브러리를 제공하기 힘들다. 그런 이유로 (자바 8 이전에는) 자바에서 쓰기 편한 컬렉션 라이브러리가 적었으며, 그에 따라 자바 개발자들은 필요한 컬렉션 기능을 직접 작성하곤 했다. 코틀린에서는 이런 습관을 버려야 한다!

예제를 하나 살펴보자. 사람의 이름과 나이를 저장하는 Person 클래스를 사용하자.

```
data class Person(val name: String, val age: Int)
```

사람들로 이뤄진 리스트가 있고 그중에 가장 연장자를 찾고 싶다. 람다를 사용해본 경험이 없는 개발자라면 루프를 써서 직접 검색을 구현할 것이다. 아마도 나이의 최댓값과 그 최댓값에 해당하는 나이를 먹은 첫 번째 인물을 저장하기 위해 변수를 두 개 만들고 리스트에 대해 이터레이션하면서 그 두 변수를 갱신할 것이다.

리스트 5.3 컬렉션을 직접 검색하기

```
fun findTheOldest(people: List<Person>) {
    var maxAge = 0              ←─── 가장 많은 나이를 저장한다.
    var theOldest: Person? = null   ←─── 가장 연장자인 사람을 저장한다.
    for (person in people) {
        if (person.age > maxAge) {   ←─── 현재까지 발견한 최연장자보다
            maxAge = person.age          더 나이가 많은 사람을 찾으면
            theOldest = person           최댓값을 바꾼다.
        }
    }
    println(theOldest)
}
>>> val people = listOf(Person("Alice", 29), Person("Bob", 31))
>>> findTheOldest(people)
Person(name=Bob, age=31)
```

경험이 많은 개발자라면 순식간에 이런 루프를 작성할 수 있다. 하지만 이 루프에는 상당히 많은 코드가 들어있기 때문에 작성하다 실수를 저지르기도 쉽다. 예를 들어 비교 연산자를 잘못 사용하면 최댓값 대신 최솟값을 찾게 된다.

코틀린에서는 더 좋은 방법이 있다. 라이브러리 함수를 쓰면 된다. 다음 예를 보자.

리스트 5.4 람다를 사용해 컬렉션 검색하기

```
>>> val people = listOf(Person("Alice", 29), Person("Bob", 31))
>>> println(people.maxBy { it.age })          ◀── 나이 프로퍼티를 비교해서
Person(name=Bob, age=31)                           값이 가장 큰 원소 찾기
```

모든 컬렉션에 대해 maxBy 함수를 호출할 수 있다. maxBy는 가장 큰 원소를 찾기 위해 비교에 사용할 값을 돌려주는 함수를 인자로 받는다. 중괄호로 둘러싸인 코드 { it.age }는 바로 비교에 사용할 값을 돌려주는 함수다. 이 코드는 컬렉션의 원소를 인자로 받아서 (it이 그 인자를 가리킨다) 비교에 사용할 값을 반환한다. 이 예제에서는 컬렉션의 원소가 Person 객체였으므로 이 함수가 반환하는 값은 Person 객체의 age 필드에 저장된 나이 정보다.

이런 식으로 단지 함수나 프로퍼티를 반환하는 역할을 수행하는 람다는 멤버 참조로 대치할 수 있다.

리스트 5.5 멤버 참조를 사용해 컬렉션 검색하기

```
people.maxBy(Person::age)
```

이 코드는 리스트 5.4와 같은 일을 한다. 이에 대해 5.1.5절에서 더 자세히 다룬다.

자바 컬렉션에 대해 (자바 8 이전에) 수행하던 대부분의 작업은 람다나 멤버 참조를 인자로 취하는 라이브러리 함수를 통해 개선할 수 있다. 그렇게 람다나 멤버 참조를 인자로 받는 함수를 통해 개선한 코드는 더 짧고 더 이해하기 쉽다. 그런 함수에 더 빨리 익숙해질 수 있게 먼저 람다 식의 문법을 자세히 살펴보자.

5.1.3 람다 식의 문법

이미 말했지만 람다는 값처럼 여기저기 전달할 수 있는 동작의 모음이다. 람다를 따로 선언해서 변수에 저장할 수도 있다. 하지만 함수에 인자로 넘기면서 바로 람다를 정의하는 경우가 대부분이다. 그림 5.1은 람다 식을 선언하기 위한 문법을 보여준다.

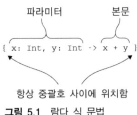

그림 5.1 람다 식 문법

코틀린 람다 식은 항상 중괄호로 둘러싸여 있다. 인자 목록 주변에 괄호가 없다는 사실을 꼭 기억하라. 화살표(->)가 인자 목록과 람다 본문을 구분해준다.

람다 식을 변수에 저장할 수 있다. 람다가 저장된 변수를 다른 일반 함수와 마찬가지로 다룰 수 있다(변수 이름 뒤에 괄호를 놓고 그 안에 필요한 인자를 넣어서 람다를 호출할 수 있다).

```
>>> val sum = { x: Int, y: Int -> x + y }
>>> println(sum(1, 2))                        ←──── 변수에 저장된 람다를 호출한다.
3
```

원한다면 람다 식을 직접 호출해도 된다.

```
>>> { println(42) }()
42
```

하지만 이와 같은 구문은 읽기 어렵고 그다지 쓸모도 없다. 굳이 람다를 만들자마자 바로 호출하느니 람다 본문을 직접 실행하는 편이 낫다. 이렇게 코드의 일부분을 블록으로 둘러싸 실행할 필요가 있다면 run을 사용한다. run은 인자로 받은 람다를 실행해주는 라이브러리 함수다.

```
>>> run { println(42) }                    ←——— 람다 본문에 있는 코드를 실행한다.
42
```

실행 시점에 코틀린 람다 호출에는 아무 부가 비용이 들지 않으며, 프로그램의 기본 구성
요소와 비슷한 성능을 낸다. 8.2절에서는 그 이유를 설명한다. 사람 목록에서 가장 연장
자를 찾는 예제인 리스트 5.4로 되돌아가자.

```
>>> val people = listOf(Person("Alice", 29), Person("Bob", 31))
>>> println(people.maxBy { it.age })
Person(name=Bob, age=31)
```

이 예제에서 코틀린이 코드를 줄여 쓸 수 있게 제공했던 기능을 제거하고 정식으로 람다
를 작성하면 다음과 같다.

```
people.maxBy({ p: Person -> p.age })
```

여기서 어떤 일이 벌어지고 있는지 더 명확히 알 수 있다. 중괄호 안에 있는 코드는
람다 식이고 그 람다 식을 maxBy 함수에 넘긴다. 람다 식은 Person 타입의 값을 인자로
받아서 인자의 age를 반환한다.

하지만 이 코드는 번잡하다. 우선 구분자가 너무 많이 쓰여서 가독성이 떨어진다.
그리고 컴파일러가 문맥으로부터 유추할 수 있는 인자 타입을 굳이 적을 필요는 없다.
마지막으로 인자가 단 하나뿐인 경우 굳이 인자에 이름을 붙이지 않아도 된다.

이런 개선을 적용해보자. 먼저 중괄호부터 시작해보자. 코틀린에는 함수 호출 시
맨 뒤에 있는 인자가 람다 식이라면 그 람다를 괄호 밖으로 빼낼 수 있다는 문법 관습이
있다. 이 예제에서는 람다가 유일한 인자이므로 마지막 인자이기도 하다. 따라서 괄호
뒤에 람다를 둘 수 있다.

```
people.maxBy() { p: Person -> p.age }
```

이 코드처럼 람다가 어떤 함수의 유일한 인자이고 괄호 뒤에 람다를 썼다면 호출 시 빈 괄호를 없애도 된다.

```
people.maxBy { p: Person -> p.age }
```

이 세 가지 형태는 모두 같은 뜻이지만 마지막 문장이 가장 읽기 쉽다. 람다가 함수의 유일한 인자라면 여러분은 분명 괄호 없이 람다를 바로 쓰기를 원하게 될 것이다. 인자가 여럿 있는 경우에는 람다를 밖으로 빼낼 수도 있고 람다를 괄호 안에 유지해서 함수의 인자임을 분명히 할 수도 있다. 두 방식 모두 정당하다. 둘 이상의 람다를 인자로 받는 함수라고 해도 인자 목록의 맨 마지막 람다만 밖으로 뺄 수 있다. 따라서 그런 경우에는 괄호를 사용하는 일반적인 함수 호출 구문을 사용하는 편이 낫다.

이 세 가지 방식을 더 복잡한 함수 호출에 적용한 모습을 보기 위해 3장에서 열심히 개선했던 joinToString 예제를 다시 살펴보자. 코틀린 표준 라이브러리에도 joinToString이라는 함수가 있지만, 표준 라이브러리의 joinToString은 맨 마지막 인자로 함수를 더 받는다는 차이가 있다. 리스트의 원소를 toString이 아닌 다른 방식을 통해 문자열로 변환하고 싶은 경우 이 인자를 활용한다. 다음은 각 사람의 이름만 출력하기 위해 joinToString에 람다를 사용한 모습을 보여준다.

리스트 5.6 이름 붙인 인자를 사용해 람다 넘기기

```
>>> val people = listOf(Person("이몽룡", 29), Person("성춘향", 31))
>>> val names = people.joinToString(separator = " ",
...                       transform = { p: Person -> p.name })
>>> println(names)
이몽룡 성춘향
```

이 함수 호출에서 함수를 괄호 밖으로 뺀 모습은 다음과 같다.

리스트 5.7 람다를 괄호 밖에 전달하기

```
people.joinToString(" ") { p: Person -> p.name }
```

리스트 5.6에서는 이름 붙인 인자를 사용해 람다를 넘김으로써 람다를 어떤 용도로 쓰는지 더 명확히 했다. 리스트 5.7은 더 간결하지만 람다의 용도를 분명히 알아볼 수는 없다. 따라서 joinToString에 익숙하지 않은 개발자에게는 리스트 5.7의 코드가 더 이해하기 어려울 것이다.

> **인텔리J 아이디어 사용 시 유용한 팁** 코드를 하나의 호출 형식에서 다른 호출 형식으로 바꾸고 싶다면 "람다 식을 괄호 밖으로 이동하기(Move lambda expression out of parentheses)" 메뉴와 "람다 식을 괄호 안으로 이동하기(Move lambda expression into parentheses)" 메뉴를 사용하면 된다.

이제 구문을 더 간단하게 다듬고 파라미터 타입을 없애자.

리스트 5.8 람다 파라미터 타입 제거하기

```
people.maxBy { p: Person -> p.age }   ◀── 파라미터 타입을 명시
people.maxBy { p -> p.age }   ◀── 파라미터 타입을 생략(컴파일러가 추론)
```

로컬 변수처럼 컴파일러는 람다 파라미터의 타입도 추론할 수 있다. 따라서 파라미터 타입을 명시할 필요가 없다. maxBy 함수의 경우 파라미터의 타입은 항상 컬렉션 원소 타입과 같다. 컴파일러는 여러분이 Person 타입의 객체가 들어있는 컬렉션에 대해 maxBy를 호출한다는 사실을 알고 있으므로 람다의 파라미터도 Person이라는 사실을 이해할 수 있다.

컴파일러가 람다 파라미터의 타입을 추론하지 못하는 경우도 있지만 언제 그런지에 대해 여기서 다루지는 않는다. 처음에는 타입을 쓰지 않고 람다를 작성하고 컴파일러가 타입을 모르겠다고 불평하는 경우에만 타입을 명시한다.

파라미터 중 일부의 타입은 지정하고 나머지 파라미터는 타입을 지정하지 않고 이름만 남겨둬도 된다. 컴파일러가 파라미터 타입 중 일부를 추론하지 못하거나 타입 정보가 코드를 읽을 때 도움이 된다면 그렇게 일부 타입만 표시하면 편하다.

마지막으로 람다의 파라미터 이름을 디폴트 이름인 it으로 바꾸면 람다 식을 더 간

단하게 만들 수 있다. 람다의 파라미터가 하나뿐이고 그 타입을 컴파일러가 추론할 수 있는 경우 it을 바로 쓸 수 있다.

```
people.maxBy { it.age }                    ◀──── "it"은 자동 생성된 파라미터 이름이다.
```

람다 파라미터 이름을 따로 지정하지 않은 경우에만 it이라는 이름이 자동으로 만들어진다.

> **노트**
>
> it을 사용하는 관습은 코드를 아주 간단하게 만들어준다. 하지만 이를 남용하면 안된다. 특히 람다 안에 람다가 중첩되는 경우 각 람다의 파라미터를 명시하는 편이 낫다. 파라미터를 명시하지 않으면 각각의 it이 가리키는 파라미터가 어떤 람다에 속했는지 파악하기 어려울 수 있다. 문맥에서 람다 파라미터의 의미나 파라미터의 타입을 쉽게 알 수 없는 경우에도 파라미터를 명시적으로 선언하면 도움이 된다.

람다를 변수에 저장할 때는 파라미터의 타입을 추론할 문맥이 존재하지 않는다. 따라서 파라미터 타입을 명시해야 한다.

```
>>> val getAge = { p: Person -> p.age }
>>> people.maxBy(getAge)
```

지금까지는 한 문장(식 또는 명령)으로 이뤄진 작은 람다만을 예제로 살펴봤다. 하지만 꼭 한 줄로 이뤄진 작은 람다만 있지는 않다. 본문이 여러 줄로 이뤄진 경우 본문의 맨 마지막에 있는 식이 람다의 결과 값이 된다.

```
>>> val sum = { x: Int, y: Int ->
...    println("Computing the sum of $x and $y...")
...    x + y
... }
>>> println(sum(1, 2))
```

```
Computing the sum of 1 and 2...
3
```

다음으로는 흔히 람다 식과 함께 사용하는 개념인 변수 포획에 대해 다룬다.

5.1.4 현재 영역에 있는 변수에 접근

자바 메서드 안에서 무명 내부 클래스를 정의할 때 메서드의 로컬 변수를 무명 내부 클래스에서 사용할 수 있다. 람다 안에서도 같은 일을 할 수 있다. 람다를 함수 안에서 정의하면 함수의 파라미터뿐 아니라 람다 정의의 앞에 선언된 로컬 변수까지 람다에서 모두 사용할 수 있다.

이런 기능을 보여주기 위해 forEach 표준 함수를 사용해보자. forEach는 가장 기본적인 컬렉션 조작 함수 중 하나다. forEach는 컬렉션의 모든 원소에 대해 람다를 호출해준다. forEach는 일반적인 for 루프보다 훨씬 간결하지만 그렇다고 다른 장점이 많지는 않다. 따라서 기존 for 루프를 forEach로 모두 바꿀 필요는 없다.

다음 리스트는 메시지의 목록을 받아 모든 메시지에 똑같은 접두사를 붙여서 출력해준다.

리스트 5.10   함수 파라미터를 람다 안에서 사용하기

```
fun printMessagesWithPrefix(messages: Collection<String>, prefix: String) {
    messages.forEach {                            각 원소에 대해 수행할 작업을
                                                   람다로 받는다.
        println("$prefix $it")
                           람다 안에서 함수의 "prefix"
    }                      파라미터를 사용한다.
}

>>> val errors = listOf("403 Forbidden", "404 Not Found")
>>> printMessagesWithPrefix(errors, "Error:")
Error: 403 Forbidden
Error: 404 Not Found
```

자바와 다른 점 중 중요한 한 가지는 코틀린 람다 안에서는 파이널 변수가 아닌 변수에 접근할 수 있다는 점이다. 또한 람다 안에서 바깥의 변수를 변경해도 된다. 다음 리스트는 전달받은 상태 코드 목록에 있는 클라이언트와 서버 오류의 횟수를 센다.

리스트 5.11 람다 안에서 바깥 함수의 로컬 변수 변경하기

```
fun printProblemCounts(responses: Collection<String>) {
    var clientErrors = 0          람다에서 사용할 변수를 정의한다.
    var serverErrors = 0
    responses.forEach {
        if (it.startsWith("4")) {
            clientErrors++         ◀─── 람다 안에서 람다 밖의 변수를
        } else if (it.startsWith("5")) {    변경한다.
            serverErrors++         ◀
        }
    }
    println("$clientErrors client errors, $serverErrors server errors")
}
>>> val responses = listOf("200 OK", "418 I'm a teapot",
...                         "500 Internal Server Error")
>>> printProblemCounts(responses)
1 client errors, 1 server errors
```

코틀린에서는 자바와 달리 람다에서 람다 밖 함수에 있는 파이널이 아닌 변수에 접근할 수 있고, 그 변수를 변경할 수도 있다. 이 예제의 prefix, clientErrors, serverErrors 와 같이 람다 안에서 사용하는 외부 변수를 '람다가 포획^{capture}한 변수'라고 부른다.[1]

기본적으로 함수 안에 정의된 로컬 변수의 생명주기는 함수가 반환되면 끝난다. 하

---

1. 람다를 실행 시점에 표현하는 데이터 구조는 람다에서 시작하는 모든 참조가 포함된 닫힌(closed) 객체 그래프를 람다 코드와 함께 저장해야 한다. 그런 데이터 구조를 클로저(closure)라고 부른다. 함수를 쓸모 있는 1급 시민으로 만들려면 포획한 변수를 제대로 처리해야 하고, 포획한 변수를 제대로 처리하려면 클로저가 꼭 필요하다. 그래서 람다를 클로저라고 부르기도 한다. 람다, 무명 함수, 함수 리터럴, 클로저를 서로 혼용하는 일이 많다. – 옮긴이

지만 어떤 함수가 자신의 로컬 변수를 포획한 람다를 반환하거나 다른 변수에 저장한다면 로컬 변수의 생명주기와 함수의 생명주기가 달라질 수 있다. 포획한 변수가 있는 람다를 저장해서 함수가 끝난 뒤에 실행해도 람다의 본문 코드는 여전히 포획한 변수를 읽거나 쓸 수 있다. 어떻게 그런 동작이 가능할까? 파이널 변수를 포획한 경우에는 람다 코드를 변수 값과 함께 저장한다. 파이널이 아닌 변수를 포획한 경우에는 변수를 특별한 래퍼로 감싸서 나중에 변경하거나 읽을 수 있게 한 다음, 래퍼에 대한 참조를 람다 코드와 함께 저장한다.

변경 가능한 변수 포획하기: 자세한 구현 방법

자바에서는 파이널 변수만 포획할 수 있다. 하지만 교묘한 속임수를 통해 변경 가능한 변수를 포획할 수 있다. 그 속임수는 변경 가능한 변수를 저장하는 원소가 단 하나뿐인 배열을 선언하거나, 변경 가능한 변수를 필드로 하는 클래스를 선언하는 것이다(안에 들어있는 원소는 변경 가능할지라도 배열이나 클래스의 인스턴스에 대한 참조를 final로 만들면 포획이 가능하다). 이런 속임수를 코틀린으로 작성하면 다음과 같다.

```
class Ref<T>(var value: T)    ◀─── 변경 가능한 변수를 포획하는 방법을 보여주기 위한 클래스
>>> val counter = Ref(0)
>>> val inc = { counter.value++ }  ◀─── 공식적으로는 변경 불가능한 변수를 포획했지만 그
                                         변수가 가리키는 객체의 필드 값을 바꿀 수 있다.
```

실제 코드에서는 이런 래퍼를 만들지 않아도 된다. 대신, 변수를 직접 바꾼다.

```
var counter = 0
val inc = { counter++ }
```

이 코틀린 코드가 어떻게 작동할까? 첫 번째 예제는 두 번째 예제가 작동하는 내부 모습을 보여준다. 람다가 파이널 변수(val)를 포획하면 자바와 마찬가지로 그 변수의 값이 복사된다. 하지만 람다가 변경 가능한 변수(var)를 포획하면 변수를 Ref 클래스 인스턴스에 넣는다. 그 Ref 인스턴스에 대한 참조를 파이널로 만들면 쉽게 람다로 포획할 수 있고, 람다 안에서는 Ref 인스턴스의 필드를 변경할 수 있다.

한 가지 꼭 알아둬야 할 함정이 있다. 람다를 이벤트 핸들러나 다른 비동기적으로 실행되는 코드로 활용하는 경우 함수 호출이 끝난 다음에 로컬 변수가 변경될 수도 있다. 예를 들어 다음 코드는 버튼 클릭 횟수를 제대로 셀 수 없다.

```
fun tryToCountButtonClicks(button: Button): Int {
    var clicks = 0
    button.onClick { clicks++ }
    return clicks
}
```

이 함수는 항상 0을 반환한다. onClick 핸들러는 호출될 때마다 clicks의 값을 증가시키지만 그 값의 변경을 관찰할 수는 없다. 핸들러는 tryToCountButtonClicks가 clicks를 반환한 다음에 호출되기 때문이다. 이 함수를 제대로 구현하려면 클릭 횟수를 세는 카운터 변수를 함수의 내부가 아니라 클래스의 프로퍼티나 전역 프로퍼티 등의 위치로 빼내서 나중에 변수 변화를 살펴볼 수 있게 해야 한다.

지금까지 람다를 정의하는 문법과 람다에서 변수를 포획하는 방법에 대해 다뤘다. 이제는 멤버 참조에 대해 살펴보자.

5.1.5 멤버 참조

람다를 사용해 코드 블록을 다른 함수에게 인자로 넘기는 방법을 살펴봤다. 하지만 넘기려는 코드가 이미 함수로 선언된 경우는 어떻게 해야 할까? 물론 그 함수를 호출하는 람다를 만들면 된다. 하지만 이는 중복이다. 함수를 직접 넘길 수는 없을까?

코틀린에서는 자바 8과 마찬가지로 함수를 값으로 바꿀 수 있다. 이때 이중 콜론(::)을 사용한다.

```
val getAge = Person::age
```

::를 사용하는 식을 **멤버 참조**[member reference]라고 부른다. 멤버 참조는 프로퍼티나 메서드

를 단 하나만 호출하는 함수 값을 만들어준다. ::는 클래스 이름과 여러분이 참조하려는 멤버(프로퍼티나 메서드) 이름 사이에 위치한다. 그림 5.2를 보라.

그림 5.2 멤버 참조 문법

`Person::age`는 같은 역할을 하는 다음 람다 식을 더 간략하게 표현한 것이다.

```
val getAge = { person: Person -> person.age }
```

참조 대상이 함수인지 프로퍼티인지와는 관계없이 멤버 참조 뒤에는 괄호를 넣으면 안 된다.

멤버 참조는 그 멤버를 호출하는 람다와 같은 타입이다.[2] 따라서 다음 예처럼 그 둘을 자유롭게 바꿔 쓸 수 있다.

```
people.maxBy(Person::age)
people.maxBy { p -> p.age }
people.maxBy { it.age }
...
```

최상위에 선언된(그리고 다른 클래스의 멤버가 아닌) 함수나 프로퍼티를 참조할 수도 있다.

```
fun salute() = println("Salute!")
>>> run(::salute)            ◄─── 최상위 함수를 참조한다.
Salute!
```

---

2. 함수 언어에서는 이런 경우를 에타 변환(eta conversion, eta는 그리스 알파벳 η)이라고 부른다. 에타 변환이란 함수 f와 람다 { x -> f(x) }를 서로 바꿔 쓰는 것을 뜻한다. – 옮긴이

REPL에서 이 예제를 테스트해보면 "error: left-hand side of a callable reference with a receiver parameter cannot be empty. Please specify the type of the receiver before '::' explicitly"라는 오류가 발생한다. salute.kts라는 스크립트 파일에 이 코드를 넣고 kotlinc -script salute.kts로 실행해 봐도 마찬가지다. 코틀린 소스코드에 이 코드를 넣으면 salute 정의는 문제없이 컴파일되지만 run(::salute)는 최상위 수준에는 선언만 넣을 수 있다는 의미의 오류("error: expecting a top level declaration")가 난다. 이 예제를 실험해보려면 코틀린 소스코드 파일을 하나 만들고 salute를 최상위에 정의하고 main 함수나 다른 함수 내부에서 run(::salute)를 호출해야 한다. REPL이나 스크립트에서는 ::salute를 쓸 수 없다(다음 코드를 보라). – 옮긴이

```
$ cat salute.kt
fun salute() = println("Salute!")

fun main(args:Array<String>) {
    run(::salute)
}
$ kotlinc salute.kt
$ kotlin SaluteKt
Salute!
```

클래스 이름을 생략하고 ::로 참조를 바로 시작한다. ::salute라는 멤버 참조를 run 라이브러리 함수에 넘긴다(run은 인자로 받은 람다를 호출한다).

람다가 인자가 여럿인 다른 함수한테 작업을 위임하는 경우 람다를 정의하지 않고 직접 위임 함수에 대한 참조를 제공하면 편리하다.

```
val action = { person: Person, message: String ->    ◄─┐  이 람다는 sendEmail 함수에게
    sendEmail(person, message)                           작업을 위임한다.
}
                                                      ┌─ 람다 대신 멤버 참조를
val nextAction = ::sendEmail    ◄─────────────────────┘  쓸 수 있다.
```

생성자 참조constructor reference를 사용하면 클래스 생성 작업을 연기하거나 저장해둘 수 있다. :: 뒤에 클래스 이름을 넣으면 생성자 참조를 만들 수 있다.

```
data class Person(val name: String, val age: Int)
```

212

```
>>> val createPerson = ::Person          ←── "Person"의 인스턴스를 만드는
>>> val p = createPerson("Alice", 29)          동작을 값으로 저장한다.
>>> println(p)
Person(name=Alice, age=29)
```

확장 함수도 멤버 함수와 똑같은 방식으로 참조할 수 있다는 점을 기억하라.

```
fun Person.isAdult() = age >= 21
val predicate = Person::isAdult
```

isAdult는 Person 클래스의 멤버가 아니고 확장 함수다. 그렇지만 isAdult를 호출할 때 person.isAdult()로 인스턴스 멤버 호출 구문을 쓸 수 있는 것처럼 Person::isAdult로 멤버 참조 구문을 사용해 이 확장 함수에 대한 참조를 얻을 수 있다.

바운드 멤버 참조

코틀린 1.0에서는 클래스의 메서드나 프로퍼티에 대한 참조를 얻은 다음에 그 참조를 호출할 때 항상 인스턴스 객체를 제공해야 했다. 코틀린 1.1부터는 바운드 멤버 참조(bound member reference)를 지원한다. 바운드 멤버 참조를 사용하면 멤버 참조를 생성할 때 클래스 인스턴스를 함께 저장한 다음 나중에 그 인스턴스에 대해 멤버를 호출해준다. 따라서 호출 시 수신 대상 객체를 별도로 지정해 줄 필요가 없다.

```
>>> val p = Person("Dmitry", 34)
>>> val personsAgeFunction = Person::age
>>> println(personsAgeFunction(p))
34
                                            ┌─ 코틀린 1.1부터 사용할 수 있는
>>> val dmitrysAgeFunction = p::age   ←──┘    바운드 멤버 참조
>>> println(dmitrysAgeFunction())
34
```

여기서 personsAgeFunction은 인자가 하나(인자로 받은 사람의 나이를 반환)이지만, dmitrysAgeFunction은 인자가 없는(참조를 만들 때 p가 가리키던 사람의 나이를 반환) 함수라는 점에 유의하라. 코틀린 1.0에서는 p::age 대신에 { p.age }라고 직접 객체의 프로퍼티를 돌려주는 람다를 만들어야만 한다.

다음 절에서는 람다 식이나 멤버 참조를 잘 활용할 수 있는 여러 라이브러리 함수[3]를 살펴본다.

5.2 컬렉션 함수형 API

함수형 프로그래밍 스타일을 사용하면 컬렉션을 다룰 때 편리하다. 대부분의 작업에 라이브러리 함수를 활용할 수 있고 그로 인해 코드를 아주 간결하게 만들 수 있다. 이번 절에서는 컬렉션을 다루는 코틀린 표준 라이브러리를 몇 가지 살펴본다. 먼저 filter와 map 함수와 그 두 함수를 뒷받침하는 개념으로부터 시작한다. 그 후 다른 유용한 함수를 살펴보면서 함수형 API를 활용하되 결코 남용하지는 않으면서 코드를 더 이해하기 쉽고 깔끔하게 작성하는 방법에 대해 조언한다.

　설명하는 함수 중에 코틀린을 설계한 사람이 발명한 함수는 전혀 없다. 이와 같거나 비슷한 함수를 C#, 그루비, 스칼라 등 람다를 지원하는 대부분의 언어에서 찾아볼 수 있다. 람다를 활용하는 언어나 함수형 프로그래밍 개념에 익숙한 독자는 5장의 예제를 쪽 훑어보면서 필요한 설명만 찾아봐도 된다.

5.2.1 필수적인 함수: filter와 map

filter와 map은 컬렉션을 활용할 때 기반이 되는 함수다. 대부분의 컬렉션 연산을 이 두 함수를 통해 표현할 수 있다.

　숫자를 사용한 예제와 Person을 사용한 예제를 통해 이 두 함수를 자세히 살펴보자.

---

3. 함수형 프로그래밍에서는 람다나 다른 함수를 인자로 받거나 함수를 반환하는 함수를 고차 함수(HOF, High Order Function)라고 부른다. 고차 함수는 기본 함수를 조합해서 새로운 연산을 정의하거나, 다른 고차 함수를 통해 조합된 함수를 또 조합해서 더 복잡한 연산을 쉽게 정의할 수 있다는 장점이 있다. 이런 식으로 고차 함수와 단순한 함수를 이리저리 조합해서 코드를 작성하는 기법을 컴비네이터 패턴(combinator pattern)이라 부르고, 컴비네이터 패턴에서 복잡한 연산을 만들기 위해 값이나 함수를 조합할 때 사용하는 고차 함수를 컴비네이터(combinator)라고 부른다. - 옮긴이

Person 클래스는 여러 번 봤기 때문에 낯익을 것이다.

```
data class Person(val name: String, val age: Int)
```

filter 함수(필터 함수 또는 걸러내는 함수라고 부름)는 컬렉션을 이터레이션하면서 주어진 람다에 각 원소를 넘겨서 람다가 true를 반환하는 원소만 모은다.

```
>>> val list = listOf(1, 2, 3, 4)
>>> println(list.filter { it % 2 == 0 })     ◀── 짝수만 남는다.
[2, 4]
```

결과는 입력 컬렉션의 원소 중에서 주어진 술어(참/거짓을 반환하는 함수를 술어predicate라고 한다)를 만족하는 원소만으로 이뤄진 새로운 컬렉션이다. 이를 그림 5.3에 표시했다.

그림 5.3 filter 함수는 주어진 술어를 만족하는 모든 원소를 선택한다.

30살 이상인 사람만 필요하다면 filter를 사용한다.

```
>>> val people = listOf(Person("Alice", 29), Person("Bob", 31))
>>> println(people.filter { it.age > 30 })
[Person(name=Bob, age=31)]
```

filter 함수는 컬렉션에서 원치 않는 원소를 제거한다. 하지만 filter는 원소를 변환할 수는 없다. 원소를 변환하려면 map 함수를 사용해야 한다.

map 함수는 주어진 람다를 컬렉션의 각 원소에 적용한 결과를 모아서 새 컬렉션을 만든다. 다음과 같이 하면 숫자로 이뤄진 리스트를 각 숫자의 제곱이 모인 리스트로 바꿀 수 있다.

```
>>> val list = listOf(1, 2, 3, 4)
>>> println(list.map { it * it })
[1, 4, 9, 16]
```

결과는 원본 리스트와 원소의 개수는 같지만, 각 원소는 주어진 함수에 따라 변환된 새로운 컬렉션이다. 그림 5.4를 보라.

그림 5.4 map 함수는 람다를 컬렉션의 모든 원소에 적용한 결과를 수집한다.

사람의 리스트가 아니라 이름의 리스트를 출력하고 싶다면 map으로 사람의 리스트를 이름의 리스트로 변환하면 된다.

```
>>> val people = listOf(Person("Alice", 29), Person("Bob", 31))
>>> println(people.map { it.name })
[Alice, Bob]
```

이 예제를 멤버 참조를 사용해 더 멋지게 작성할 수도 있다.

```
people.map(Person::name)
```

이런 호출을 쉽게 연쇄시킬 수 있다. 예를 들어 30살 이상인 사람의 이름을 출력해보자.

```
>>> people.filter { it.age > 30 }.map(Person::name)
[Bob]
```

이 예제에서 people.filter { it.age > 30 }은 people.filter({ it.age > 30 })과 같으므로 전체 식은 people.filter({ it.age > 30 }).map(Person::name)으로 해석된다. 여기서 메서드 호출 연쇄를 괄호를 써서 좀 더 명확히 하면 (people.filter({ it.age > 30 })).map(Person::name)이다. 하지만 예제에 있는 구문이 훨씬 더 간결하므로 이런 표현에 빨리 익숙해지도록 노력하는 편이 더 낫다.

이제 이 목록에서 가장 나이 많은 사람의 이름을 알고 싶다고 하자. 먼저 목록에 있는 사람들의 나이의 최댓값을 구하고 나이가 그 최댓값과 같은 모든 사람을 반환하면 된다. 람다를 사용하면 쉽게 그런 코드를 작성할 수 있다.

```
people.filter { it.age == people.maxBy(Person::age)!!.age }
```

하지만 이 코드는 목록에서 최댓값을 구하는 작업을 계속 반복한다는 단점이 있다. 100명의 사람이 있다면 100번 최댓값 연산을 수행한다!

다음은 이를 좀 더 개선해 최댓값을 한 번만 계산하게 만든 코드다.

```
val maxAge = people.maxBy(Person::age)!!.age
people.filter { it.age == maxAge }
```

꼭 필요하지 않은 경우 굳이 계산을 반복하지 말라! 람다를 인자로 받는 함수에 람다를 넘기면 겉으로 볼 때는 단순해 보이는 식이 내부 로직의 복잡도로 인해 실제로는 엄청나게 불합리한 계산식이 될 때가 있다. 항상 여러분이 작성하는 코드로 인해 어떤 일이 벌어질지 명확히 이해해야 한다.

필터와 변환 함수를 맵[4]에 적용할 수도 있다.

```
>>> val numbers = mapOf(0 to "zero", 1 to "one")
>>> println(numbers.mapValues { it.value.toUpperCase() })
{0=ZERO, 1=ONE}
```

맵의 경우 키와 값을 처리하는 함수가 따로 존재한다. filterKeys와 mapKeys는 키를 걸러 내거나 변환하고, fitlerValues와 mapValues는 값을 걸러 내거나 변환한다.

5.2.2 all, any, count, find: 컬렉션에 술어 적용

컬렉션에 대해 자주 수행하는 연산으로 컬렉션의 모든 원소가 어떤 조건을 만족하는지 판단하는(또는 그 변종으로 컬렉션 안에 어떤 조건을 만족하는 원소가 있는지 판단하는) 연산이 있다. 코틀린에서는 all과 any가 이런 연산이다. count 함수는 조건을 만족하는 원소의

---

4. 키와 값을 연관시켜주는 데이터 구조인 맵을 뜻한다. 컬렉션의 모든 원소를 변환해주는 map 함수와 다르다. 파이썬 같은 언어에서는 맵을 사전(딕셔너리, dictionary)이라고 부르기도 한다. — 옮긴이

개수를 반환하며, find 함수는 조건을 만족하는 첫 번째 원소를 반환한다.

이런 함수를 살펴보기 위해 어떤 사람의 나이가 27살 이하인지 판단하는 술어 함수 canBeInClub27를 만들자.

```
val canBeInClub27 = { p: Person -> p.age <= 27 }
```

모든 원소가 이 술어를 만족하는지 궁금하다면 all 함수를 쓴다.

```
>>> val people = listOf(Person("Alice", 27), Person("Bob", 31))
>>> println(people.all(canBeInClub27))
false
```

술어를 만족하는 원소가 하나라도 있는지 궁금하면 any를 쓴다.

```
>>> println(people.any(canBeInClub27))
true
```

어떤 조건에 대해 !all을 수행한 결과와 그 조건의 부정에 대해 any를 수행한 결과는 같다(드 모르강의 법칙^{De Morgan's Theorem}). 또 어떤 조건에 대해 !any를 수행한 결과와 그 조건의 부정에 대해 all을 수행한 결과도 같다. 가독성을 높이려면 any와 all 앞에 !를 붙이지 않는 편이 낫다.

```
>>> val list = listOf(1, 2, 3)
>>> println(!list.all { it == 3 })     ◄──── !를 눈치 채지 못하는 경우가 자주 있다. 따라서
true                                          이런 식보다는 any를 사용하는 식이 더 낫다.
>>> println(list.any { it != 3 })      ◄──── any를 사용하려면 술어를
true                                          부정해야 한다.
```

첫 번째 식은 list의 모든 원소가 3인 것은 아니라는 뜻이다. 이는 list의 원소 중 적어도 하나는 3이 아니라는 말과 같다. 두 번째 식은 any를 사용해 검사한다.

술어를 만족하는 원소의 개수를 구하려면 count를 사용한다.

```
>>> val people = listOf(Person("Alice", 27), Person("Bob", 31))
>>> println(people.count(canBeInClub27))
1
```

> **함수를 적재적소에 사용하라: count와 size**
>
> count가 있다는 사실을 잊어버리고, 컬렉션을 필터링한 결과의 크기를 가져오는 경우가 있다.
>
> ```
> >>> println(people.filter(canBeInClub27).size)
> 1
> ```
>
> 하지만 이렇게 처리하면 조건을 만족하는 모든 원소가 들어가는 중간 컬렉션이 생긴다. 반면
> count는 조건을 만족하는 원소의 개수만을 추적하지 조건을 만족하는 원소를 따로 저장하지
> 않는다. 따라서 count가 훨씬 더 효율적이다.
>
> 여러분의 필요에 따라 가장 적합한 연산을 선택하기 위해 최대한 노력하라.

술어를 만족하는 원소를 하나 찾고 싶으면 find 함수를 사용한다.

```
>>> val people = listOf(Person("Alice", 27), Person("Bob", 31))
>>> println(people.find(canBeInClub27))
Person(name=Alice, age=27)
```

이 식은 조건을 만족하는 원소가 하나라도 있는 경우 가장 먼저 조건을 만족한다고 확인
된 원소를 반환하며, 만족하는 원소가 전혀 없는 경우 null을 반환한다. find는
firstOrNull과 같다. 조건을 만족하는 원소가 없으면 null이 나온다는 사실을 더 명확
히 하고 싶다면 firstOrNull을 쓸 수 있다.

5.2.3 groupBy: 리스트를 여러 그룹으로 이뤄진 맵으로 변경

컬렉션의 모든 원소를 어떤 특성에 따라 여러 그룹으로 나누고 싶다고 하자. 예를 들어
사람을 나이에 따라 분류해보자. 특성을 파라미터로 전달하면 컬렉션을 자동으로 구분

해주는 함수가 있으면 편리할 것이다. groupBy 함수가 그런 역할을 한다.

```
>>> val people = listOf(Person("Alice", 31),
    ... Person("Bob", 29), Person("Carol", 31))
>>> println(people.groupBy { it.age })
```

이 연산의 결과는 컬렉션의 원소를 구분하는 특성(이 예제에서는 age)이 키이고, 키 값에 따른 각 그룹(이 예제에서는 Person 객체의 모임)이 값인 맵이다. 그림 5.5를 참고하라.

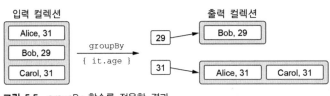

그림 5.5 groupBy 함수를 적용한 결과

이 예제의 경우 출력은 다음과 같다.

```
{29=[Person(name=Bob, age=29)],
 31=[Person(name=Alice, age=31), Person(name=Carol, age=31)]}
```

각 그룹은 리스트다. 따라서 groupBy의 결과 타입은 Map<Int, List<Person>>이다. 필요하면 이 맵을 mapKeys나 mapValues 등을 사용해 변경할 수 있다.

다른 예로 멤버 참조를 활용해 문자열을 첫 글자에 따라 분류하는 코드를 보자.

```
>>> val list = listOf("a", "ab", "b")
>>> println(list.groupBy(String::first))
{a=[a, ab], b=[b]}
```

first는 String의 멤버가 아니라 확장 함수지만 여전히 멤버 참조를 사용해 first에 접근할 수 있다.

5.2.4 flatMap과 flatten: 중첩된 컬렉션 안의 원소 처리

이제 사람에 대한 관심을 책으로 돌려보자. Book으로 표현한 책에 대한 정보를 저장하는 도서관이 있다고 가정하자.

```
class Book(val title: String, val authors: List<String>)
```

책마다 저자가 한 명 또는 여러 명 있다. 도서관에 있는 책의 저자를 모두 모은 집합을 다음과 같이 가져올 수 있다.

```
books.flatMap { it.authors }.toSet()   ◀── books 컬렉션에 있는 책을 쓴 모든 저자의 집합
```

flatMap 함수는 먼저 인자로 주어진 람다를 컬렉션의 모든 객체에 적용하고(또는 매핑하기map) 람다를 적용한 결과 얻어지는 여러 리스트를 한 리스트로 한데 모은다(또는 펼치기flatten). 문자열에 대해 이 개념을 적용한 예를 하나 살펴보자(그림 5.6 참조).

```
>>> val strings = listOf("abc", "def")
>>> println(strings.flatMap { it.toList() })
[a, b, c, d, e, f]
```

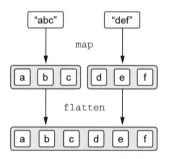

그림 5.6 flatMap 함수를 적용한 결과

toList 함수를 문자열에 적용하면 그 문자열에 속한 모든 문자로 이뤄진 리스트가 만들어진다. map과 toList를 함께 사용하면 그림 5.6의 가운데 줄에 표현한 것처럼 문자로 이뤄진 리스트로 이뤄진 리스트가 생긴다. flatMap 함수는 다음 단계로 리스트의 리스

트에 들어있던 모든 원소로 이뤄진 단일 리스트를 반환한다.

다시 저자 목록을 살펴보자.

```
>>> val books = listOf(Book("Thursday Next", listOf("Jasper Fforde")),
...                     Book("Mort", listOf("Terry Pratchett")),
...                     Book("Good Omens", listOf("Terry Pratchett",
...                                               "Neil Gaiman")))
>>> println(books.flatMap { it.authors }.toSet())
[Jasper Fforde, Terry Pratchett, Neil Gaiman]
```

책을 여러 작가가 함께 쓸 수도 있다. book.authors 프로퍼티는 작가를 모아둔 컬렉션이다. flatMap 함수는 모든 책의 작가를 평평한(문자열만으로 이뤄진) 리스트 하나로 모은다. toSet은 flatMap의 결과 리스트에서 중복을 없애고 집합으로 만든다. 따라서 최종출력에서는 Terry Pratchett를 한 번만 볼 수 있다.

리스트의 리스트가 있는데 모든 중첩된 리스트의 원소를 한 리스트로 모아야 한다면 flatMap을 떠올릴 수 있을 것이다. 하지만 특별히 변환해야 할 내용이 없다면 리스트의 리스트를 평평하게 펼치기만 하면 된다. 그런 경우 listOfLists.flatten()처럼 flatten 함수를 사용할 수 있다.

지금까지 코틀린 표준 라이브러리가 제공하는 몇 가지 컬렉션 연산 함수를 살펴봤다. 물론 더 많은 함수가 있다. 모든 함수를 다루면 책이 지루해지고 지면에도 한계가 있으므로 그 모든 함수를 다루지는 않을 것이다. 다만 컬렉션을 다루는 코드를 작성할 경우에는 원하는 바를 어떻게 일반적인 변환을 사용해 표현할 수 있는지 생각해보고 그런 변환을 제공하는 라이브러리 함수가 있는지 살펴보라. 대부분의 경우 원하는 함수를 찾을 수 있을 것이고, 찾은 함수를 활용하면 직접 코드로 로직을 구현하는 것보다 더 빨리 문제를 해결할 수 있을 것이다.

지금부터 컬렉션 연산을 연쇄해 사용하는 코드의 성능에 대해 좀 더 자세히 살펴보자. 다음 절은 컬렉션 연산을 연쇄 실행하는 여러 가지 방법을 다룬다.

5.3 지연 계산(lazy) 컬렉션 연산

앞 절에서는 map이나 filter 같은 몇 가지 컬렉션 함수를 살펴봤다. 그런 함수는 결과 컬렉션을 즉시[eagerly] 생성한다. 이는 컬렉션 함수를 연쇄하면 매 단계마다 계산 중간 결과를 새로운 컬렉션에 임시로 담는다는 말이다. 시퀀스[sequence]를 사용하면 중간 임시 컬렉션을 사용하지 않고도 컬렉션 연산을 연쇄할 수 있다.

다음 예를 보자.

```
people.map(Person::name).filter { it.startsWith("A") }
```

코틀린 표준 라이브러리 참조 문서에는 filter와 map이 리스트를 반환한다고 써 있다. 이는 이 연쇄 호출이 리스트를 2개 만든다는 뜻이다. 한 리스트는 filter의 결과를 담고, 다른 하나는 map의 결과를 담는다. 원본 리스트에 원소가 2개밖에 없다면 리스트가 2개 더 생겨도 큰 문제가 되지 않겠지만, 원소가 수백만 개가 되면 훨씬 더 효율이 떨어진다.

이를 더 효율적으로 만들기 위해서는 각 연산이 컬렉션을 직접 사용하는 대신 시퀀스를 사용하게 만들어야 한다.

```
people.asSequence()          ◀──── 원본 컬렉션을 시퀀스로 변환한다.
    .map(Person::name)
    .filter { it.startsWith("A") }   시퀀스도 컬렉션과 똑같은
                                     API를 제공한다.
    .toList()                ◀──── 결과 시퀀스를 다시 리스트로 변환한다.
```

전체 연산을 수행한 결과는 이름이 A로 시작하는 사람의 목록으로 이전의 (단순 리스트를 사용한) 예제와 같다. 하지만 방금 살펴본 예제에서는 중간 결과를 저장하는 컬렉션이 생기지 않기 때문에 원소가 많은 경우 성능이 눈에 띄게 좋아진다.

코틀린 지연 계산 시퀀스는 Sequence 인터페이스에서 시작한다. 이 인터페이스는 단지 한 번에 하나씩 열거될 수 있는 원소의 시퀀스를 표현할 뿐이다. Sequence 안에는 iterator라는 단 하나의 메서드가 있다. 그 메서드를 통해 시퀀스로부터 원소 값을 얻을 수 있다.

Sequence 인터페이스의 강점은 그 인터페이스 위에 구현된 연산이 계산을 수행하는 방법 때문에 생긴다. 시퀀스의 원소는 필요할 때 비로소 계산된다. 따라서 중간 처리 결과를 저장하지 않고도 연산을 연쇄적으로 적용해서 효율적으로 계산을 수행할 수 있다.

asSequence 확장 함수를 호출하면 어떤 컬렉션이든 시퀀스로 바꿀 수 있다. 시퀀스를 리스트로 만들 때는 toList를 사용한다.

왜 시퀀스를 다시 컬렉션으로 되돌려야 할까? 컬렉션보다 시퀀스가 훨씬 더 낫다면 그냥 시퀀스를 쓰는 편이 낫지 않을까? 하지만 답은 "항상 그렇지는 않다"이다. 시퀀스의 원소를 차례로 이터레이션해야 한다면 시퀀스를 직접 써도 된다. 하지만 시퀀스 원소를 인덱스를 사용해 접근하는 등의 다른 API 메서드가 필요하다면 시퀀스를 리스트로 변환해야 한다.

> **노트**
>
> 큰 컬렉션에 대해서 연산을 연쇄시킬 때는 시퀀스를 사용하는 것을 규칙으로 삼아라. 8.2 절에서는 중간 컬렉션을 생성함에도 불구하고 코틀린에서 즉시 계산 컬렉션에 대한 연산 이 더 효율적인 이유를 설명한다. 하지만 컬렉션에 들어있는 원소가 많으면 중간 원소를 재배열하는 비용이 커지기 때문에 지연 계산이 더 낫다.

시퀀스에 대한 연산을 지연 계산하기 때문에 정말 계산을 실행하게 만들려면 최종 시퀀스의 원소를 하나씩 이터레이션하거나 최종 시퀀스를 리스트로 변환해야 한다. 다음 절에서 이에 대해 설명한다.

5.3.1 시퀀스 연산 실행: 중간 연산과 최종 연산

시퀀스에 대한 연산은 중간^{intermediate} 연산과 최종^{terminal} 연산으로 나뉜다. 중간 연산은 다른 시퀀스를 반환한다. 그 시퀀스는 최초 시퀀스의 원소를 변환하는 방법을 안다. 최종 연산은 결과를 반환한다. 결과는 최초 컬렉션에 대해 변환을 적용한 시퀀스로부터 일련의 계산을 수행해 얻을 수 있는 컬렉션이나 원소, 숫자 또는 객체다(그림 5.7 참조).

그림 5.7 시퀀스에 대한 중간 연산과 최종 연산

중간 연산은 항상 지연 계산된다. 최종 연산이 없는 예제를 살펴보자.

```
>>> listOf(1, 2, 3, 4).asSequence()
...         .map { print("map($it) "); it * it }
...         .filter { print("filter($it) "); it % 2 == 0 }
```

이 코드를 실행하면 아무 내용도 출력되지 않는다. 이는 map과 filter 변환이 늦춰져서 결과를 얻을 필요가 있을 때(즉 최종 연산이 호출될 때) 적용된다는 뜻이다.

```
>>> listOf(1, 2, 3, 4).asSequence()
...         .map { print("map($it) "); it * it }
...         .filter { print("filter($it) "); it % 2 == 0 }
...         .toList()
map(1) filter(1) map(2) filter(4) map(3) filter(9) map(4) filter(16)
```

최종 연산을 호출하면 연기됐던 모든 계산이 수행된다.

이 예제에서 연산 수행 순서를 잘 알아둬야 한다. 직접 연산을 구현한다면 map 함수를 각 원소에 대해 먼저 수행해서 새 시퀀스를 얻고, 그 시퀀스에 대해 다시 filter를 수행할 것이다. 컬렉션에 대한 map과 filter는 그런 방식으로 작동한다. 하지만 시퀀스에 대한 map과 filter는 그렇지 않다. 시퀀스의 경우 모든 연산은 각 원소에 대해 순차적으로 적용된다. 즉 첫 번째 원소가 (변환된 다음에 걸러지면서) 처리되고, 다시 두 번째 원소가 처리되며, 이런 처리가 모든 원소에 대해 적용된다.

따라서 원소에 연산을 차례대로 적용하다가 결과가 얻어지면 그 이후의 원소에 대해서는 변환이 이뤄지지 않을 수도 있다. 이런 예를 map과 find 연산으로 살펴보자. map으로 리스트의 각 숫자를 제곱하고 제곱한 숫자 중에서 find로 3보다 큰 첫 번째 원소를 찾아보자.

```
>>> println(listOf(1, 2, 3, 4).asSequence()
                        .map { it * it }.find { it > 3 })
4
```

같은 연산을 시퀀스가 아니라 컬렉션에 수행하면 map의 결과가 먼저 평가돼 최초 컬렉션의 모든 원소가 변환된다. 두 번째 단계에서는 map을 적용해서 얻은 중간 컬렉션으로부터 술어를 만족하는 원소를 찾는다. 시퀀스를 사용하면 지연 계산으로 인해 원소 중 일부의 계산은 이뤄지지 않는다. 그림 5.8은 이 코드를 즉시 계산(컬렉션 사용)과 지연 계산(시퀀스 사용)으로 평가하는 경우의 차이를 보여준다.

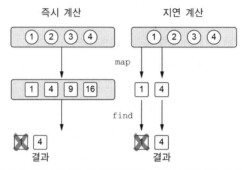

그림 5.8 즉시 계산은 전체 컬렉션에 연산을 적용하지만 지연 계산은 원소를 한번에 하나씩 처리한다.

컬렉션을 사용하면 리스트가 다른 리스트로 변환된다. 그래서 map 연산은 3과 4를 포함해 모든 원소를 변환한다. 그 후 find가 술어를 만족하는 첫 번째 원소인 4(2의 제곱)를 찾는다.

시퀀스를 사용하면 find 호출이 원소를 하나씩 처리하기 시작한다. 최초 시퀀스로부터 수를 하나 가져와서 map에 지정된 변환을 수행한 다음에 find에 지정된 술어를 만족하는지 검사한다. 최초 시퀀스에서 2를 가져오면 제곱 값(4)이 3보다 커지기 때문에 그 제곱 값을 결과로 반환한다. 이때 이미 답을 찾았으므로 3과 4를 처리할 필요가 없다.

컬렉션에 대해 수행하는 연산의 순서도 성능에 영향을 끼친다. 사람의 컬렉션이 있는데 이름이 어떤 길이보다 짧은 사람의 명단을 얻고 싶다고 하자. 이를 처리하기 위해서는 각 사람을 이름으로 map한 다음에 이름 중에서 길이가 긴 사람을 제외시켜야 한다.

이 경우 map과 filter를 어떤 순서로 수행해도 된다. 그러나 map 다음에 filter를 하는 경우와 filter 다음에 map을 하는 경우 결과는 같아도 수행해야 하는 변환의 전체 횟수는 다르다(그림 5.9를 보라).

```
>>> val people = listOf(Person("Alice", 29), Person("Bob", 31),
...          Person("Charles", 31), Person("Dan", 21))
>>> println(people.asSequence().map(Person::name)     ← map 다음에 filter 수행
...          .filter { it.length < 4 }.toList())
[Bob, Dan]
>>> println(people.asSequence().filter { it.name.length < 4 }
...          .map(Person::name).toList())     ← filter 다음에 map 수행
[Bob, Dan]
```

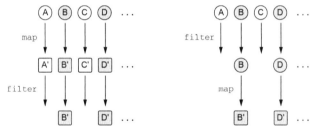

그림 5.9 filter를 먼저 적용하면 전체 변환 횟수가 줄어든다.

map을 먼저 하면 모든 원소를 변환한다. 하지만 filter를 먼저 하면 부적절한 원소를 먼저 제외하기 때문에 그런 원소는 변환되지 않는다.

자바 스트림과 코틀린 시퀀스 비교

자바 8 스트림을 아는 독자라면 시퀀스라는 개념이 스트림과 같다는 사실을 알았을 것이다. 코틀린에서 같은 개념을 따로 구현해 제공하는 이유는 안드로이드 등에서 예전 버전 자바를 사용하는 경우 자바 8에 있는 스트림이 없기 때문이다. 자바 8을 채택하면 현재 코틀린 컬렉션과 시퀀스에서 제공하지 않는 중요한 기능을 사용할 수 있다. 바로 스트림 연산(map과 filter 등)을 여러 CPU에서 병렬적으로 실행하는 기능이 그것이다. 여러분의 필요와 사용할 자바 버전에 따라 시퀀스와 스트림 중에 적절한 쪽을 선택하라.

5.3.2 시퀀스 만들기

지금까지 살펴본 시퀀스 예제는 모두 컬렉션에 대해 asSequence()를 호출해 시퀀스를 만들었다. 시퀀스를 만드는 다른 방법으로 generateSequence 함수를 사용할 수 있다. 이 함수는 이전의 원소를 인자로 받아 다음 원소를 계산한다. 다음은 generateSequence 로 0부터 100까지 자연수의 합을 구하는 프로그램이다.

리스트 5.12 자연수의 시퀀스를 생성하고 사용하기

```
>>> val naturalNumbers = generateSequence(0) { it + 1 }
>>> val numbersTo100 = naturalNumbers.takeWhile { it <= 100 }
>>> println(numbersTo100.sum())   ◄──── 모든 지연 연산은 "sum"의
5050                                     결과를 계산할 때 수행된다.
```

이 예제에서 naturalNumbers와 numbersTo100은 모두 시퀀스며, 연산을 지연 계산한다. 최종 연산을 수행하기 전까지는 시퀀스의 각 숫자는 계산되지 않는다(여기서는 sum이 최종 연산이다).

시퀀스를 사용하는 일반적인 용례 중 하나는 객체의 조상으로 이뤄진 시퀀스를 만들어내는 것이다. 어떤 객체의 조상이 자신과 같은 타입이고(사람이나 자바 파일이 그렇다) 모든 조상의 시퀀스에서 어떤 특성을 알고 싶을 때가 있다. 다음 예제는 어떤 파일의 상위 디렉터리를 뒤지면서 숨김hidden 속성을 가진 디렉터리가 있는지 검사함으로써 파일이 감춰진 디렉터리 안에 들어있는지 알아본다.

리스트 5.13 상위 디렉터리의 시퀀스를 생성하고 사용하기

```
fun File.isInsideHiddenDirectory() =
    generateSequence(this) { it.parentFile }.any { it.isHidden }
>>> val file = File("/Users/svtk/.HiddenDir/a.txt")
>>> println(file.isInsideHiddenDirectory())
true
```

228

여기서도 첫 번째 원소를 지정하고, 시퀀스의 한 원소로부터 다음 원소를 계산하는 방법을 제공함으로써 시퀀스를 만든다. any를 find로 바꾸면 원하는 디렉터리를 찾을 수도 있다. 이렇게 시퀀스를 사용하면 조건을 만족하는 디렉터리를 찾은 뒤에는 더 이상 상위 디렉터리를 뒤지지 않는다.

    컬렉션을 조작하기 위해 람다 식을 활용하는 방법을 자세히 살펴봤다. 이제 람다 식의 다른 중요한 활용으로 기존 자바 API에 대해 람다를 활용하는 방법을 살펴본다.

5.4 자바 함수형 인터페이스 활용

코틀린 라이브러리와 람다를 사용하는 것은 멋지지만, 여러분이 다뤄야 하는 API 중 상당수는 코틀린이 아니라 자바로 작성된 API일 가능성이 높다. 다행인 점은 코틀린 람다를 자바 API에 사용해도 아무 문제가 없다는 사실이다. 이번 절에서는 어떻게 코틀린 람다를 자바 API에 활용할 수 있는지 살펴본다.

    5장을 시작하면서 자바 메서드에 람다를 넘기는 예제를 보여줬다.

```
button.setOnClickListener { /* 클릭 시 수행할 동작 */ }
```
◀─── **람다를 인자로 넘김**

Button 클래스는 setOnClickListener 메서드를 사용해 버튼의 리스너를 설정한다. 이때 인자의 타입은 OnClickListener다.

```
/* 자바 */
public class Button {
    public void setOnClickListener(OnClickListener l) { ... }
}
```

OnClickListener 인터페이스는 onClick이라는 메서드만 선언된 인터페이스다.

```
/* 자바 */
public interface OnClickListener {
```

```
    void onClick(View v);
}
```

자바 8 이전의 자바에서는 setOnClickListener 메서드에게 인자로 넘기기 위해 무명 클래스의 인스턴스를 만들어야만 했다.

```
button.setOnClickListener(new OnClickListener() {
    @Override
    public void onClick(View v) {
        ...
    }
}
```

코틀린에서는 무명 클래스 인스턴스 대신 람다를 넘길 수 있다.

```
button.setOnClickListener { view -> ... }
```

OnClickListener를 구현하기 위해 사용한 람다에는 view라는 파라미터가 있다. view 의 타입은 View다. 이는 onClick 메서드의 인자 타입과 같다. 이런 관계를 그림 5.10에 서 볼 수 있다.

```
public interface OnClickListener {
    void onClick(View v);              ──────────▶  { view -> ... }
}
```

그림 5.10 람다의 파라미터는 메서드의 파라미터와 대응한다.

이런 코드가 작동하는 이유는 OnClickListener에 추상 메서드가 단 하나만 있기 때문 이다. 그런 인터페이스를 **함수형 인터페이스**^{functional interface} 또는 SAM 인터페이스라고 한 다. SAM은 단일 추상 메서드^{single abstract method}라는 뜻이다. 자바 API에는 Runnable이나 Callable과 같은 함수형 인터페이스와 그런 함수형 인터페이스를 활용하는 메서드가 많다. 코틀린은 함수형 인터페이스를 인자로 취하는 자바 메서드를 호출할 때 람다를 넘길 수 있게 해준다. 따라서 코틀린 코드는 무명 클래스 인스턴스를 정의하고 활용할

230

필요가 없어서 여전히 깔끔하며 코틀린다운 코드로 남아있을 수 있다.

노트

자바와 달리 코틀린에는 제대로 된 함수 타입이 존재한다. 따라서 코틀린에서 함수를 인자로 받을 필요가 있는 함수는 함수형 인터페이스가 아니라 함수 타입을 인자 타입으로 사용해야 한다. 코틀린 함수를 사용할 때는 코틀린 컴파일러가 코틀린 람다를 함수형 인터페이스로 변환해주지 않는다. 함수 선언에서 함수 타입을 사용하는 방법은 8.1절에서 설명한다.

이제 함수형 인터페이스 타입을 인자로 요구하는 자바 메서드에 람다를 전달하는 경우 어떤 일이 벌어지는지 자세히 살펴보자.

5.4.1 자바 메서드에 람다를 인자로 전달

함수형 인터페이스를 인자로 원하는 자바 메서드에 코틀린 람다를 전달할 수 있다. 예를 들어 다음 메서드는 Runnable 타입의 파라미터를 받는다.

```
/* 자바 */
void postponeComputation(int delay, Runnable computation);
```

코틀린에서 람다를 이 함수에 넘길 수 있다. 컴파일러는 자동으로 람다를 Runnable 인스턴스로 변환해준다.

```
postponeComputation(1000) { println(42) }
```

여기서 'Runnable 인스턴스'라는 말은 실제로는 'Runnable을 구현한 무명 클래스의 인스턴스'라는 뜻이다. 컴파일러는 자동으로 그런 무명 클래스와 인스턴스를 만들어준다. 이때 그 무명 클래스에 있는 유일한 추상 메서드를 구현할 때 람다 본문을 메서드 본문으로 사용한다. 여기서는 Runnable의 run이 그런 추상 메서드다.

　　Runnable을 구현하는 무명 객체를 명시적으로 만들어서 사용할 수도 있다.

```
postponeComputation(1000, object : Runnable {          ◄──────  객체 식을 함수형 인터페이스
    override fun run() {                                        구현으로 넘긴다.
      println(42)
    }
})
```

하지만 람다와 무명 객체 사이에는 차이가 있다. 객체를 명시적으로 선언하는 경우 메서 드를 호출할 때마다 새로운 객체가 생성된다. 람다는 다르다. 정의가 들어있는 함수의 변수에 접근하지 않는 람다에 대응하는 무명 객체를 메서드를 호출할 때마다 반복 사용한다.

```
                                                     프로그램 전체에서 Runnable의
                                                     인스턴스는 단 하나만 만들어진다.
postponeComputation(1000) { println(42) }   ◄────────
```

따라서 명시적인 object 선언을 사용하면서 람다와 동일한 코드는 다음과 같다. 이 경우 Runnable 인스턴스를 변수에 저장하고 메서드를 호출할 때마다 그 인스턴스를 사용한다.

```
val runnable = Runnable { println(42) }   // Runnable은 SAM 생성자(5.4.2절 참고)  ◄──┐
fun handleComputation() {                             전역 변수로 컴파일되므로 프로그램
                                                      안에 단 하나의 인스턴스만 존재한다.
    postponeComputation(1000, runnable)   ◄─────
}                                              모든 handleComputation 호출에 같은 객체를 사용한다.
```

람다가 주변 영역의 변수를 포획한다면 매 호출마다 같은 인스턴스를 사용할 수 없다. 그런 경우 컴파일러는 매번 주변 영역의 변수를 포획한 새로운 인스턴스를 생성해준다. 예를 들어 다음 함수에서는 id를 필드로 저장하는 새로운 Runnable 인스턴스를 매번 새로 만들어 사용한다.

```
fun handleComputation(id: String) {   ◄──────  람다 안에서 "id" 변수를 포획한다.
    postponeComputation(1000) { println(id) }   ◄──────  handleComputation을 호출할 때마다
}                                                        새로 Runnable 인스턴스를 만든다.
```

람다에 대해 무명 클래스를 만들고 그 클래스의 인스턴스를 만들어서 메서드에 넘긴다는 설명은 함수형 인터페이스를 받는 자바 메서드를 코틀린에서 호출할 때 쓰는 방식을 설명해주지만, 컬렉션을 확장한 메서드에 람다를 넘기는 경우 코틀린은 그런 방식을 사용하지 않는다. 코틀린 `inline`으로 표시된 코틀린 함수에게 람다를 넘기면 아무런 무명 클래스도 만들어지지 않는다. 대부분의 코틀린 확장 함수들은 `inline` 표시가 붙어있다. 이에 대해서는 8.2절에서 설명한다.

지금까지 살펴본 대로 대부분의 경우 람다와 자바 함수형 인터페이스 사이의 변환은 자동으로 이뤄진다. 컴파일러가 그 둘을 자동으로 변환할 수 있는 경우 여러분이 할 일은 전혀 없다. 하지만 어쩔 수 없이 수동으로 변환해야 하는 경우가 있다. 그런 경우 어떻게 람다를 처리하는지 살펴보자.

5.4.2 SAM 생성자: 람다를 함수형 인터페이스로 명시적으로 변경

SAM 생성자는 람다를 함수형 인터페이스의 인스턴스로 변환할 수 있게 컴파일러가 자동으로 생성한 함수다. 컴파일러가 자동으로 람다를 함수형 인터페이스 무명 클래스로 바꾸지 못하는 경우 SAM 생성자를 사용할 수 있다. 예를 들어 함수형 인터페이스의 인스턴스를 반환하는 메서드가 있다면 람다를 직접 반환할 수 없고, 반환하고픈 람다를 SAM 생성자로 감싸야 한다. 다음 예제를 살펴보자.

리스트 5.14 SAM 생성자를 사용해 값 반환하기

```
fun createAllDoneRunnable(): Runnable {
    return Runnable { println("All done!") }
}
>>> createAllDoneRunnable().run()
All done!
```

SAM 생성자의 이름은 사용하려는 함수형 인터페이스의 이름과 같다. SAM 생성자는 그 함수형 인터페이스의 유일한 추상 메서드의 본문에 사용할 람다만을 인자로 받아서 함수형 인터페이스를 구현하는 클래스의 인스턴스를 반환한다.

람다로 생성한 함수형 인터페이스 인스턴스를 변수에 저장해야 하는 경우에도 SAM 생성자를 사용할 수 있다. 여러 버튼에 같은 리스너를 적용하고 싶다면 다음 리스트 처럼 SAM 생성자를 통해 람다를 함수형 인터페이스 인스턴스로 만들어서 변수에 저장 해 활용할 수 있다(안드로이드라면 `Activity.onCreate` 메서드 안에 이런 코드가 들어갈 수 있다).

```
val listener = OnClickListener { view ->
    val text = when (view.id) {          ◄────  view.id를 사용해 어떤 버튼이
        R.id.button1 -> "First button"           클릭됐는지 판단한다.
        R.id.button2 -> "Second button"
        else -> "Unknown button"
    }
    toast(text)                  ◄────  "text"의 값을 사용자에게
}                                       보여준다.

button1.setOnClickListener(listener)
button2.setOnClickListener(listener)
```

listener는 어떤 버튼이 클릭됐는지에 따라 적절한 동작을 수행한다. OnClickListener 를 구현하는 객체 선언을 통해 리스너를 만들 수도 있지만 SAM 생성자를 쓰는 쪽이 더 간결하다.

> **람다와 리스너 등록/해제하기**
>
> 람다에는 무명 객체와 달리 인스턴스 자신을 가리키는 this가 없다는 사실에 유의하라. 따라서 람다를 변환한 무명 클래스의 인스턴스를 참조할 방법이 없다. 컴파일러 입장에서 보면 람다는 코드 블록일 뿐이고, 객체가 아니므로 객체처럼 람다를 참조할 수는 없다. 람다 안에서 this는 그 람다를 둘러싼 클래스의 인스턴스를 가리킨다.
>
> 이벤트 리스너가 이벤트를 처리하다가 자기 자신의 리스너 등록을 해제해야 한다면 람다를 사용할 수 없다. 그런 경우 람다 대신 무명 객체를 사용해 리스너를 구현하라. 무명 객체 안에서는 this가 그 무명 객체 인스턴스 자신을 가리킨다. 따라서 리스너를 해제하는 API 함수에게 this 를 넘길 수 있다.

또한 함수형 인터페이스를 요구하는 메서드를 호출할 때 대부분의 SAM 변환을 컴파일 러가 자동으로 수행할 수 있지만, 가끔 오버로드한 메서드 중에서 어떤 타입의 메서드를 선택해 람다를 변환해 넘겨줘야 할지 모호한 때가 있다. 그런 경우 명시적으로 SAM

생성자를 적용하면 컴파일 오류를 피할 수 있다.

이제 수신 객체 지정 람다를 살펴보고 그런 람다를 활용해 언어가 기본 제공하는 요소처럼 보이는 편리한 라이브러리 함수를 어떻게 작성할 수 있는지 설명하면서 람다 문법과 용례에 대한 논의를 마무리하자.

5.5 수신 객체 지정 람다: with와 apply

이번 절에서는 코틀린 표준 라이브러리의 with와 apply를 보여준다. 이 두 함수는 매우 편리하며, 많은 사람들이 사용 중이다. 그런 사용자 중에는 그 두 함수가 어떻게 정의됐는지 모르는 사용자도 많다. 나중에 11.2.1절에서 비슷한 함수를 직접 작성하는 방법을 살펴본다. 하지만 이번 절에서는 자바의 람다에는 없는 코틀린 람다의 독특한 기능을 여러분이 이해할 수 있게 설명한다. 그 기능은 바로 수신 객체를 명시하지 않고 람다의 본문 안에서 다른 객체의 메서드를 호출할 수 있게 하는 것이다. 그런 람다를 수신 객체 지정 람다^{lambda with receiver}라고 부른다. 먼저 with 함수를 살펴보자. with는 수신 객체 지정 람다를 활용한다.

5.5.1 with 함수

어떤 객체의 이름을 반복하지 않고도 그 객체에 대해 다양한 연산을 수행할 수 있다면 좋을 것이다. 다양한 언어가 그런 기능을 제공한다. 코틀린도 마찬가지 기능을 제공하지만 언어 구성 요소로 제공하지 않고 with라는 라이브러리 함수를 통해 제공한다.

with의 유용성을 맛보기 위해 먼저 다음 예제를 살펴보고 이를 with를 사용해 리팩토링해보자.

리스트 5.16 알파벳 만들기

```
fun alphabet(): String {
    val result = StringBuilder()
    for (letter in 'A'..'Z') {
        result.append(letter)
    }
    result.append("\nNow I know the alphabet!")
    return result.toString()
}
>>> println(alphabet())
ABCDEFGHIJKLMNOPQRSTUVWXYZ
Now I know the alphabet!
```

이 예제에서 result에 대해 다른 여러 메서드를 호출하면서 매번 result를 반복 사용했다. 이 정도 반복은 그리 나쁘지 않지만 이 코드가 훨씬 더 길거나, result를 더 자주 반복해야 했다면 어땠을까?

이제 앞의 예제를 with로 다시 작성한 결과를 살펴보자.

리스트 5.17 with를 사용해 알파벳 만들기

```
fun alphabet(): String {
    val stringBuilder = StringBuilder()        메서드를 호출하려는 수신 객체를
    return with(stringBuilder) {               지정한다.
        for (letter in 'A'..'Z') {
            this.append(letter)                "this"를 명시해서 앞에서 지정한 수신
        }                                      객체의 메서드를 호출한다.
        append("\nNow I know the alphabet!")   "this"를 생략하고
        this.toString()                        메서드를 호출한다.
    }                                          람다에서 값을
}                                              반환한다.
```

with문은 언어가 제공하는 특별한 구문처럼 보인다. 하지만 실제로는 파라미터가 2개 있는 함수다. 여기서 첫 번째 파라미터는 stringBuilder이고, 두 번째 파라미터는 람다다. 람다를 괄호 밖으로 빼내는 관례를 사용함에 따라 전체 함수 호출이 언어가 제공하는 특별 구문처럼 보인다. 물론 이 방식 대신 with(stringBuilder, { ... })라고 쓸 수도 있지만 더 읽기 나빠진다.

with 함수는 첫 번째 인자로 받은 객체를 두 번째 인자로 받은 람다의 수신 객체로 만든다. 인자로 받은 람다 본문에서는 this를 사용해 그 수신 객체에 접근할 수 있다. 일반적인 this와 마찬가지로 this와 점(.)을 사용하지 않고 프로퍼티나 메서드 이름만 사용해도 수신 객체의 멤버에 접근할 수 있다.

리스트 5.17에서 this는 with의 첫 번째 인자로 전달된 stringBuilder다. stringBuilder의 메서드를 this.append(letter)처럼 this 참조를 통해 접근하거나 append("\nNow…")처럼 바로 호출할 수 있다.

수신 객체 지정 람다와 확장 함수 비교

this가 함수의 수신 객체를 가리키는 비슷한 개념을 떠올린 독자가 있을지도 모르겠다. 확장 함수 안에서 this는 그 함수가 확장하는 타입의 인스턴스를 가리킨다. 그리고 그 수신 객체 this의 멤버를 호출할 때는 this.를 생략할 수 있다.

어떤 의미에서는 확장 함수를 수신 객체 지정 함수라 할 수도 있다. 다음과 같은 관계를 유추할 수 있다.

일반 함수	일반 람다
확장함수	수신 객체 지정 람다

람다는 일반 함수와 비슷한 동작을 정의하는 한 방법이다. 수신 객체 지정 람다는 확장 함수와 비슷한 동작을 정의하는 한 방법이다.

앞의 alphabet 함수를 더 리팩토링해서 불필요한 stringBuilder 변수를 없앨 수도 있다.

```
fun alphabet() = with(StringBuilder()) {
    for (letter in 'A'..'Z') {
        append(letter)
    }
    append("\nNow I know the alphabet!")
    toString()
}
```

불필요한 stringBuilder 변수를 없애면 alphabet 함수가 식의 결과를 바로 반환하게 된다. 따라서 식을 본문으로 하는 함수로 표현할 수 있다. StringBuilder의 인스턴스를 만들고 즉시 with에게 인자로 넘기고, 람다 안에서 this를 사용해 그 인스턴스를 참조한다.

> **메서드 이름 충돌**
>
> with에게 인자로 넘긴 객체의 클래스와 with를 사용하는 코드가 들어있는 클래스 안에 이름이 같은 메서드가 있으면 무슨 일이 생길까? 그런 경우 this 참조 앞에 레이블을 붙이면 호출하고 싶은 메서드를 명확하게 정할 수 있다.
>
> alphabet 함수가 OuterClass의 메서드라고 하자. StringBuilder가 아닌 바깥쪽 클래스 (OuterClass)에 정의된 toString을 호출하고 싶다면 다음과 같은 구문을 사용해야 한다.
>
> this@OuterClass.toString()

with가 반환하는 값은 람다 코드를 실행한 결과며, 그 결과는 람다 식의 본문에 있는 마지막 식의 값이다. 하지만 때로는 람다의 결과 대신 수신 객체가 필요한 경우도 있다. 그럴 때는 apply 라이브러리 함수를 사용할 수 있다.

5.5.2 apply 함수

apply 함수는 거의 with와 같다. 유일한 차이란 apply는 항상 자신에게 전달된 객체 (즉 수신 객체)를 반환한다는 점뿐이다. apply를 써서 alphabet 함수를 다시 리팩터링해 보자.

리스트 5.19 apply를 사용해 알파벳 만들기

```kotlin
fun alphabet() = StringBuilder().apply {
    for (letter in 'A'..'Z') {
        append(letter)
    }
    append("\nNow I know the alphabet!")
}.toString()
```

apply는 확장 함수로 정의돼 있다. apply의 수신 객체가 전달받은 람다의 수신 객체가 된다. 이 함수에서 apply를 실행한 결과는 StringBuilder 객체다. 따라서 그 객체의 toString을 호출해서 String 객체를 얻을 수 있다.

이런 apply 함수는 객체의 인스턴스를 만들면서 즉시 프로퍼티 중 일부를 초기화해야 하는 경우 유용하다. 자바에서는 보통 별도의 Builder 객체가 이런 역할을 담당한다. 코틀린에서는 어떤 클래스가 정의돼 있는 라이브러리의 특별한 지원 없이도 그 클래스 인스턴스에 대해 apply를 활용할 수 있다.

apply를 객체 초기화에 활용하는 예로 안드로이드의 TextView 컴포넌트를 만들면서 특성 중 일부를 설정해보자.

리스트 5.20 apply를 TextView 초기화에 사용하기

```kotlin
fun createViewWithCustomAttributes(context: Context) =
    TextView(context).apply {
        text = "Sample Text"
        textSize = 20.0
```

240

```
    setPadding(10, 0, 0, 0)
}
```

apply 함수를 사용하면 함수의 본문에 간결한 식을 사용할 수 있다. 새로운 TextView 인스턴스를 만들고 즉시 그 인스턴스를 apply에 넘긴다. apply에 전달된 람다 안에서는 TextView가 수신 객체가 된다. 따라서 원하는 대로 TextView의 메서드를 호출하거나 프로퍼티를 설정할 수 있다. 람다를 실행하고 나면 apply는 람다에 의해 초기화된 TextView 인스턴스를 반환한다. 그 인스턴스는 createViewWithCustomAttributes 함수의 결과가 된다.

with와 apply는 수신 객체 지정 람다를 사용하는 일반적인 예제 중 하나다. 더 구체적인 함수를 비슷한 패턴으로 활용할 수 있다. 예를 들어 표준 라이브러리의 buildString 함수를 사용하면 alphabet 함수를 더 단순화할 수 있다. buildString은 앞에서 살펴본 alphabet 코드에서 StringBuilder 객체를 만드는 일과 toString을 호출해주는 일을 알아서 해준다. buildString의 인자는 수신 객체 지정 람다며, 수신 객체는 항상 StringBuilder가 된다.

리스트 5.21 buildString으로 알파벳 만들기

```
fun alphabet() = buildString {
    for (letter in 'A'..'Z') {
      append(letter)
    }
    append("\nNow I know the alphabet!")
}
```

buildString 함수는 StringBuilder를 활용해 String을 만드는 경우 사용할 수 있는 우아한 해법이다.

11장에서 영역 특화 언어^{DSL, Domain Specific Language}에 대해 다룰 때 더 흥미진진한 예제를 볼 수 있다. 수신 객체 지정 람다는 DSL을 만들 때 매우 유용한 도구다. 11장에서 수신 객체 지정 람다를 DSL 정의에 사용하는 방법과 함께 수신 객체 지정 람다를 호출하는 함수를 직접 작성하는 방법을 설명한다.

5.6 요약

- 람다를 사용하면 코드 조각을 다른 함수에게 인자로 넘길 수 있다.
- 코틀린에서는 람다가 함수 인자인 경우 괄호 밖으로 람다를 빼낼 수 있고, 람다의 인자가 단 하나뿐인 경우 인자 이름을 지정하지 않고 it이라는 디폴트 이름으로 부를 수 있다.
- 람다 안에 있는 코드는 그 람다가 들어있는 바깥 함수의 변수를 읽거나 쓸 수 있다.
- 메서드, 생성자, 프로퍼티의 이름 앞에 ::을 붙이면 각각에 대한 참조를 만들 수 있다. 그런 참조를 람다 대신 다른 함수에게 넘길 수 있다.
- filter, map, all, any 등의 함수를 활용하면 컬렉션에 대한 대부분의 연산을 직접 원소를 이터레이션하지 않고 수행할 수 있다.
- 시퀀스를 사용하면 중간 결과를 담는 컬렉션을 생성하지 않고도 컬렉션에 대한 여러 연산을 조합할 수 있다.
- 함수형 인터페이스(추상 메서드가 단 하나뿐인 SAM 인터페이스)를 인자로 받는 자바 함수를 호출할 경우 람다를 함수형 인터페이스 인자 대신 넘길 수 있다.
- 수신 객체 지정 람다를 사용하면 람다 안에서 미리 정해둔 수신 객체의 메서드를 직접 호출할 수 있다.
- 표준 라이브러리의 with 함수를 사용하면 어떤 객체에 대한 참조를 반복해서 언급하지 않으면서 그 객체의 메서드를 호출할 수 있다. apply를 사용하면 어떤 객체라도 빌더 스타일의 API를 사용해 생성하고 초기화할 수 있다.

6

코틀린 타입 시스템

이제까지 코틀린 문법 중 많은 부분을 배웠다. 이제는 자바와 같은 일을 하는 코틀린 코드를 작성하는 단계를 넘어서서 코드를 더 간결하고 읽기 쉽게 해주며 생산성을 높여주는 코틀린 특성을 즐길 준비가 됐다.

이제 약간 속도를 늦춰 코틀린에서 가장 중요한 부분인 타입 시스템$^{type\ system}$을 살펴보자. 자바와 비교하면 코틀린의 타입 시스템은 코드의 가독성을 향상시키는 데 도움이 되는 몇 가지 특성을 새로 제공한다. 그런 특성으로는 널이 될 수 있는 타입$^{nullable\ type}$과 읽기 전용 컬렉션이 있다. 또한 코틀린은 자바 타입 시스템에서 불필요하거나 문제가 되던 부분을 제거했다. 배열 지원이 그런 예에 속한다. 이런 내용들을 자세히 살펴보자.

6.1 널 가능성

널 가능성^{nullability}은 NullPointerException 오류(간단히 NPE라고도 쓴다)를 피할 수 있게 돕기 위한 코틀린 타입 시스템의 특성이다. 프로그램 사용자로서 여러분은 아마도 자세한 추가 정보가 없는 "An error has occurred: java.lang.NullPointerException" (오류 발생: java.lang.NullPointerException) 메시지를 본적이 있을 것이다. 다른 버전으로는 "Unfortunately, the application X has stopped"(안타깝게도 X 애플리케이션이 중단됐습니다)와 같은 메시지도 있다. 그 메시지 또한 NullPointerException이라는 원인에서 비롯된 것일 수 있다. 이런 오류는 사용자와 개발자를 모두 당황시킨다.

코틀린을 비롯한 최신 언어에서 null에 대한 접근 방법은 가능한 한 이 문제를 실행 시점에서 컴파일 시점으로 옮기는 것이다. 널이 될 수 있는지 여부를 타입 시스템에 추가함으로써 컴파일러가 여러 가지 오류를 컴파일 시 미리 감지해서 실행 시점에 발생할 수 있는 예외의 가능성을 줄일 수 있다.

이번 절에서는 널이 될 수 있는 타입에 대해 알아본다. 코틀린에서 널이 될 수 있는 값을 어떻게 표기하고 코틀린이 제공하는 도구가 그런 널이 될 수 있는 값을 어떻게 처리하는지 살펴본다. 그 후 널이 될 수 있는 타입 측면에서 코틀린과 자바 코드를 어떻게 함께 사용할 수 있는지 살펴본다.

6.1.1 널이 될 수 있는 타입

코틀린과 자바의 첫 번째이자 가장 중요한 차이는 코틀린 타입 시스템이 널이 될 수 있는 타입을 명시적으로 지원한다는 점이다. 이 말이 무슨 뜻일까? 널이 될 수 있는 타입은 프로그램 안의 프로퍼티나 변수에 null을 허용하게 만드는 방법이다. 어떤 변수가 널이 될 수 있다면 그 변수에 대해(그 변수를 수신 객체로) 메서드를 호출하면 NullPointerException이 발생할 수 있으므로 안전하지 않다. 코틀린은 그런 메서드 호출을 금지함으로써 많은 오류를 방지한다. 널이 될 수 있는 타입의 동작을 배우기 위해 다음 자바 함수를 살펴보자.

244

```
/* 자바 */
int strLen(String s) {
    return s.length();
}
```

이 함수는 안전한가? 이 함수에 null을 넘기면 NullPointerException이 발생한다. 그렇다면 이 함수에서 s가 null인지 꼭 검사해야 할까? 검사가 필요할지 여부는 이 함수를 사용하는 의도에 따라 달라진다.

이 함수를 코틀린으로 다시 작성해보자. 코틀린에서 이런 함수를 작성할 때 가장 먼저 답을 알아야 할 질문은 "이 함수가 널을 인자로 받을 수 있는가?"이다. 여기서 널을 인자로 받을 수 있다는 말은 strLen(null)처럼 직접 null 리터럴을 사용하는 경우뿐 아니라 변수나 식의 값이 실행 시점에 null이 될 수 있는 경우를 모두 포함한다.

널이 인자로 들어올 수 없다면 코틀린에서는 다음과 같이 함수를 정의할 수 있다.

```
fun strLen(s: String) = s.length
```

strLen에 null이거나 널이 될 수 있는 인자를 넘기는 것은 금지되며, 혹시 그런 값을 넘기면 컴파일 시 오류가 발생한다.

```
>>> strLen(null)
ERROR: Null can not be a value of a non-null type String
```

strLen 함수에서 파라미터 s의 타입은 String인데 코틀린에서 이는 s가 항상 String의 인스턴스여야 한다는 뜻이다. 이때 컴파일러는 널이 될 수 있는 값을 strLen에게 인자로 넘기지 못하게 막는다. 따라서 strLen 함수가 결코 실행 시점에 NullPointer Exception을 발생시키지 않으리라 장담할 수 있다.

이 함수가 널과 문자열을 인자로 받을 수 있게 하려면 타입 이름 뒤에 물음표(?)를 명시해야 한다.

```
fun strLenSafe(s: String?) = ...
```

String?, Int?, MyCustomType? 등 어떤 타입이든 타입 이름 뒤에 물음표를 붙이면 그 타입의 변수나 프로퍼티에 null 참조를 저장할 수 있다는 뜻이다(그림 6.1을 보라).

$$\boxed{\text{Type?}} \quad = \quad \boxed{\text{Type}} \quad \text{또는} \quad \boxed{\text{null}}$$

그림 6.1 널이 될 수 있는 타입의 변수에는 null 참조를 저장할 수 있다.

다시 말하지만 물음표가 없는 타입은 그 변수가 null 참조를 저장할 수 없다는 뜻이다. 따라서 모든 타입은 기본적으로 널이 될 수 없는 타입이다. 뒤에 ?가 붙어야 널이 될 수 있다.

널이 될 수 있는 타입의 변수가 있다면 그에 대해 수행할 수 있는 연산이 제한된다. 예를 들어 널이 될 수 있는 타입인 변수에 대해 변수.메서드()처럼 메서드를 직접 호출할 수는 없다.

```
>>> fun strLenSafe(s: String?) = s.length()
ERROR: only safe (?.) or non-null asserted (!!.) calls are allowed on a nullable receiver
 of type kotlin.String?
```

널이 될 수 있는 값을 널이 될 수 없는 타입의 변수에 대입할 수 없다.

```
>>> val x: String? = null
>>> var y: String = x
ERROR: Type mismatch: inferred type is String? but String was expected
```

널이 될 수 있는 타입의 값을 널이 될 수 없는 타입의 파라미터를 받는 함수에 전달할 수 없다.

```
>>> strLen(x)
ERROR: Type mismatch: inferred type is String? but String was expected
```

이렇게 제약이 많다면 널이 될 수 있는 타입의 값으로 대체 뭘 할 수 있을까? 가장 중요한 일은 바로 null과 비교하는 것이다. 일단 null과 비교하고 나면 컴파일러는 그 사실을 기억하고 null이 아님이 확실한 영역에서는 해당 값을 널이 될 수 없는 타입의 값처럼 사용할 수 있다. 예를 들어 다음 코드는 올바른 코드다.

리스트 6.1 if 검사를 통해 null 값 다루기

```
fun strLenSafe(s: String?): Int =
    if (s != null) s.length else 0        ◄──────  null 검사를 추가하면
                                                   코드가 컴파일된다.
>>> val x: String? = null
>>> println(strLenSafe(x))
0
>>> println(strLenSafe("abc"))
3
```

널 가능성을 다루기 위해 사용할 수 있는 도구가 if 검사뿐이라면 코드가 번잡해지는 일을 피할 수 없을 것이다. 다행히 코틀린은 널이 될 수 있는 값을 다룰 때 도움이 되는 여러 도구를 제공한다. 하지만 그런 도구를 살펴보기 전에 널 가능성과 변수 타입의 의미에 대해 알아보자.

6.1.2 타입의 의미

가장 일반적인 질문에 대해 생각해보자. 타입이란 무엇이고 왜 변수에 타입을 지정해야 하는 걸까? 타입에 대한 위키피디아^Wikipedia 글(https://en.wikipedia.org/wiki/Data_type)은 다음과 같이 타입에 대해 잘 이야기해준다. "타입은 분류^classification로 ... 타입은 어떤 값들이 가능한지와 그 타입에 대해 수행할 수 있는 연산의 종류를 결정한다."

이런 정의를 자바 타입 중 몇 가지에 대해 적용해보자. 먼저 double 타입을 살펴보자. double은 여러분도 아는 바대로 64비트 부동소수점 수다. double 타입의 값에 대해 일반 수학 연산을 수행할 수 있다. double 타입에 속한 값이라면 어떤 값이든 관계없이 모든 일반 수학 연산 함수를 적용할 수 있다. 따라서 double 타입의 변수가 있고 그 변수에 대한 연산을 컴파일러가 통과시킨 경우 그 연산이 성공적으로 실행되리란 사실을 확신할 수 있다.

이제 double 타입과 String 타입의 변수를 비교해보자. 자바에서 String 타입의 변수에는 String이나 null이라는 두 가지 종류의 값이 들어갈 수 있다. 이 두 종류의 값은 서로 완전히 다르다. 심지어 자바 자체의 isntanceof 연산자도 null이 String이 아니라고 답한다. 두 종류의 값에 대해 실행할 수 있는 연산도 완전히 다르다. 실제 String이 들어있는 변수에 대해서는 String 클래스에 정의된 모든 메서드를 호출할 수 있다. 하지만 null이 들어있는 경우에는 사용할 수 있는 연산이 많지 않다.

이는 자바의 타입 시스템이 널을 제대로 다루지 못한다는 뜻이다. 변수에 선언된 타입이 있지만(여기서는 String) 널 여부를 추가로 검사하기 전에는 그 변수에 대해 어떤 연산을 수행할 수 있을지 알 수 없다. 프로그램을 작성하면서 프로그램의 데이터 흐름 속에서 특정 위치에 특정 변수가 절대로 널일 수 없다는 사실을 확신하고 이런 검사를 생략하는 경우가 자주 있다. 하지만 그 생각이 틀리면 실행 시점에 프로그램이 Null PointerException 예외를 발생시키며 오류로 중단된다.

> **NullPointerException 오류를 다루는 다른 방법**
>
> 자바에도 NullPointerException 문제를 해결하는 데 도움을 주는 도구가 있다. 예를 들어 애너테이션을 사용해 값이 널이 될 수 있는지 여부를 표시(@Nullable이나 @NotNull)하기도 한다. 이런 애너테이션을 활용해 NullPointerException이 발생할 수 있는 위치를 찾아주는 도구가 있다(예를 들어 인텔리J 아이디어의 코드 검사기도 이런 기능을 제공한다). 하지만 그런 도구는 표준 자바 컴파일 절차의 일부가 아니기 때문에 일관성 있게 적용된다는 보장을 할 수 없다. 또한 오류가 발생할 위치를 정확하게 찾기 위해 라이브러리를 포함하는 모든 코드베이스에 애너테이션을 추가하는 일도 쉽지는 않다. 젯브레인스에서 우리가 경험한 바로는 자바에서 가장 널리 쓰이는 널 가능성 관련 애너테이션으로도 모든 NPE 문제를 해결할 수는 없었다.
>
> 이 문제를 해결하는 다른 방법은 null 값을 코드에서 절대로 쓰지 않는 것이다. null 대신 자바 8에 새로 도입된 Optional 타입 등의 null을 감싸는 특별한 래퍼 타입을 활용할 수 있다. Optional은 어떤 값이 정의되거나 정의되지 않을 수 있음을 표현하는 타입이다. 이런 해법에는 몇 가지 단점이 있다. 코드가 더 지저분해지고 래퍼가 추가됨에 따라 실행 시점에 성능이 저하되며 전체 에코시스템에서 일관성 있게 활용하기 어렵다. 여러분이 작성한 코드에서는 Optional 을 사용하더라도 여전히 JDK 메서드나 안드로이드 프레임워크, 다른 서드파티 라이브러리 등에서 반환되는 null을 처리해야 한다.

코틀린의 널이 될 수 있는 타입은 이런 문제에 대해 종합적인 해법을 제공한다. 널이 될 수 있는 타입과 널이 될 수 없는 타입을 구분하면 각 타입의 값에 대해 어떤 연산이 가능할지 명확히 이해할 수 있고, 실행 시점에 예외를 발생시킬 수 있는 연산을 판단할 수 있다. 따라서 그런 연산을 아예 금지시킬 수 있다.

노트

실행 시점에 널이 될 수 있는 타입이나 널이 될 수 없는 타입의 객체는 같다. 널이 될 수 있는 타입은 널이 될 수 없는 타입을 감싼 래퍼 타입이 아니다. 모든 검사는 컴파일 시점에 수행된다. 따라서 코틀린에서는 널이 될 수 있는 타입을 처리하는 데 별도의 실행 시점 부가 비용이 들지 않는다.

이제 코틀린에서 널이 될 수 있는 타입을 어떻게 다루는지와 널이 될 수 있는 타입을 다루더라도 전혀 불편하지 않은 이유를 살펴보자. 먼저 널이 될 수 있는 값을 안전하게 다루게 도와주는 특별한 연산자를 살펴본다.

6.1.3 안전한 호출 연산자: ?.

코틀린이 제공하는 가장 유용한 도구 중 하나가 안전한 호출 연산자인 ?.이다. ?.은 null 검사와 메서드 호출을 한 번의 연산으로 수행한다. 예를 들어 s?.toUpperCase()는 훨씬 더 복잡한 if (s != null) s.toUpperCase() else null과 같다.

다시 말하지만 호출하려는 값이 null이 아니라면 ?.은 일반 메서드 호출처럼 작동한다. 호출하려는 값이 null이면 이 호출은 무시되고 null이 결과 값이 된다. 그림 6.2를 보라.

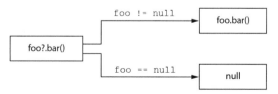

그림 6.2 안전한 호출 연산자는 널이 아닌 값에 대해서만 메서드를 호출한다.

안전한 호출의 결과 타입도 널이 될 수 있는 타입이라는 사실에 유의하라. String. toUpperCase는 String 타입의 값을 반환하지만 s가 널이 될 수 있는 타입인 경우 s?.toUpperCase() 식의 결과 타입은 String?이다.

```
fun printAllCaps(s: String?) {
    val allCaps: String? = s?.toUpperCase()  ◄─────  allCaps는
    println(allCaps)                                   널일 수도 있다.
}
>>> printAllCaps("abc")
ABC
>>> printAllCaps(null)
null
```

메서드 호출뿐 아니라 프로퍼티를 읽거나 쓸 때도 안전한 호출을 사용할 수 있다. 다음 예제는 널이 될 수 있는 프로퍼티가 있는 간단한 코틀린 클래스로 프로퍼티 접근 시 안전한 호출을 사용하는 방법을 보여준다.

리스트 6.2 널이 될 수 있는 프로퍼티를 다루기 위해 안전한 호출 사용하기

```
class Employee(val name: String, val manager: Employee?)
fun managerName(employee: Employee): String? = employee.manager?.name
>>> val ceo = Employee("Da Boss", null)
>>> val developer = Employee("Bob Smith", ceo)
>>> println(managerName(developer))
Da Boss
>>> println(managerName(ceo))
null
```

객체 그래프에서 널이 될 수 있는 중간 객체가 여럿 있다면 한 식 안에서 안전한 호출을 연쇄해서 함께 사용하면 편할 때가 자주 있다. 예를 들어 어떤 사람에 대한 정보와 그 사람이 다니는 회사에 대한 정보, 그리고 그 회사의 주소에 대한 정보를 각각 다른 클래

스로 표현한다고 가정하자. 회사나 주소는 모두 생략 가능하다. ?. 연산자를 사용하면 다른 추가 검사 없이 Person의 회사 주소에서 country 프로퍼티를 단 한 줄로 가져올 수 있다.

리스트 6.3 안전한 호출 연쇄시키기

```
class Address(val streetAddress: String, val zipCode: Int,
              val city: String, val country: String)
class Company(val name: String, val address: Address?)
class Person(val name: String, val company: Company?)
fun Person.countryName(): String {
    val country = this.company?.address?.country     ◀── 여러 안전한 호출 연산자를
    return if (country != null) country else "Unknown"     연쇄해 사용한다.
}
>>> val person = Person("Dmitry", null)
>>> println(person.countryName())
Unknown
```

널 검사가 들어간 호출이 연달아 있는 경우를 자바 코드에서 자주 볼 수 있다. 하지만 코틀린에서는 훨씬 간결하게 널 검사를 할 수 있다. 하지만 리스트 6.3에는 불필요한 동작이 들어있다. 맨 마지막을 보면 country가 null인지 검사해서 정상적으로 얻은 country 값을 반환하거나 null인 경우에 대응하는 "Unknown"을 반환한다. 코틀린을 사용하면 이런 if문도 없앨 수 있다.

6.1.4 엘비스 연산자: ?:

코틀린은 null 대신 사용할 디폴트 값을 지정할 때 편리하게 사용할 수 있는 연산자를 제공한다. 그 연산자는 엘비스elvis 연산자라고 한다(더 심각한 이름을 좋아하는 사람을 위해 널 복합null coalescing 연산자라는 이름도 있다). 엘비스 연산자는 ?:처럼 생겼다(시계방향으로 90

도 돌리면 엘비스 프레슬리^{Elvis Presley} 특유의 헤어스타일과 눈이 보인다). 다음은 엘비스 연산자를
사용하는 방법이다.

```
fun foo(s: String?) {
    val t: String = s ?: ""    ◄──────  "s"가 null이면 결과는
}                                       빈 문자열("")이다.
```

이 연산자는 이항 연산자로 좌항을 계산한 값이 널인지 검사한다. 좌항 값이 널이 아니
면 좌항 값을 결과로 하고, 좌항 값이 널이면 우항 값을 결과로 한다. 그림 6.3은 이런
동작을 보여준다.

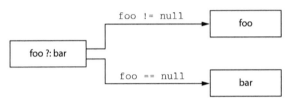

그림 6.3 엘비스 연산자는 널을 특정 값으로 바꿔준다.

엘비스 연산자를 객체가 널인 경우 널을 반환하는 안전한 호출 연산자와 함께 사용해서
객체가 널인 경우에 대비한 값을 지정하는 경우도 많다. 이런 패턴을 활용해 리스트
6.1을 줄여 쓰면 다음과 같다.

리스트 6.4 엘비스 연산자를 활용해 널 값 다루기

```
fun strLenSafe(s: String?): Int = s?.length ?: 0

>>> println(strLenSafe("abc"))
3
>>> println(strLenSafe(null))
0
```

리스트 6.3의 countryName 함수도 이제 한 줄로 표현할 수 있다.

```
fun Person.countryName() = company?.address?.country ?: "Unknown"
```

252

코틀린에서는 return이나 throw 등의 연산도 식이다. 따라서 엘비스 연산자의 우항에 return, throw 등의 연산을 넣을 수 있고, 엘비스 연산자를 더욱 편하게 사용할 수 있다. 그런 경우 엘비스 연산자의 좌항이 널이면 함수가 즉시 어떤 값을 반환하거나 예외를 던진다. 이런 패턴은 함수의 전제 조건^{precondition}을 검사하는 경우 특히 유용하다.

이제 엘비스 연산자를 활용해서 지정한 사람의 회사 주소를 라벨에 인쇄하는 함수를 만들어보자. 다음 리스트는 모든 클래스를 다시 한 번 정의한다. 코틀린에서는 클래스 정의가 아주 단순하고 짧아서 이렇게 반복 표시해도 전혀 문제가 없다.

리스트 6.5 throw와 엘비스 연산자 함께 사용하기

```
class Address(val streetAddress: String, val zipCode: Int,
              val city: String, val country: String)

class Company(val name: String, val address: Address?)

class Person(val name: String, val company: Company?)

fun printShippingLabel(person: Person) {
    val address = person.company?.address
      ?: throw IllegalArgumentException("No address")   ◀── 주소가 없으면 예외를
                                                             발생시킨다.
    with (address) {                          ◀──── "address"는
                                                    널이 아니다.
      println(streetAddress)
      println("$zipCode $city, $country")
    }
}

>>> val address = Address("Elsestr. 47", 80687, "Munich", "Germany")
>>> val jetbrains = Company("JetBrains", address)
>>> val person = Person("Dmitry", jetbrains)

>>> printShippingLabel(person)
Elsestr. 47
80687 Munich, Germany

>>> printShippingLabel(Person("Alexey", null))
java.lang.IllegalArgumentException: No address
```

printShippingLabel 함수는 모든 정보가 제대로 있으면 주소를 출력한다. 주소가 없으면 그냥 NullPointerException을 던지는 대신에 의미 있는 오류를 발생시킨다. 주소가 있다면 라벨은 거리 주소, 우편번호, 도시, 나라 순으로 구성된다. 5장에서 살펴본 with 함수를 사용했기 때문에 address를 한 줄에서 네 번이나 반복하지 않아도 됐다.

6장에서는 코틀린에서 "if not-null" 검사를 수행하는 방법을 살펴봤다. 이제는 자바 instanceof 검사 대신 코틀린이 제공하는 더 안전한 타입 캐스트 연산자를 살펴보자. 타입 캐스트 연산자를 엘비스 연산자나 안전한 호출 연산자와 함께 사용하는 경우가 많다.

6.1.5 안전한 캐스트: as?

2장에서 코틀린 타입 캐스트 연산자인 as에 대해 살펴봤다. 자바 타입 캐스트와 마찬가지로 대상 값을 as로 지정한 타입으로 바꿀 수 없으면 ClassCastException이 발생한다. 물론 as를 사용할 때마다 is를 통해 미리 as로 변환 가능한 타입인지 검사해볼 수도 있다. 하지만 안전하면서 간결한 언어를 지향하는 코틀린이라면 더 나은 해법을 제공하지 않을까? 정말로 코틀린은 더 좋은 해법을 제공한다.

as? 연산자는 어떤 값을 지정한 타입으로 캐스트한다. as?는 값을 대상 타입으로 변환할 수 없으면 null을 반환한다. 그림 6.4는 이를 보여준다.

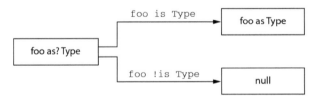

그림 6.4 타입 캐스트 연산자는 값을 주어진 타입으로 변환하려 시도하고 타입이 맞지 않으면 null을 반환한다.

안전한 캐스트를 사용할 때 일반적인 패턴은 캐스트를 수행한 뒤에 엘비스 연산자를 사용하는 것이다. 예를 들어 equals를 구현할 때 이런 패턴이 유용하다.

```
class Person(val firstName: String, val lastName: String) {

    override fun equals(o: Any?): Boolean {
        val otherPerson = o as? Person ?: return false

        return otherPerson.firstName == firstName &&
                otherPerson.lastName == lastName
    }

    override fun hashCode(): Int =
        firstName.hashCode() * 37 + lastName.hashCode()
}

>>> val p1 = Person("Dmitry", "Jemerov")
>>> val p2 = Person("Dmitry", "Jemerov")
>>> println(p1 == p2)
true
>>> println(p1.equals(42))
false
```

타입이 서로 일치하지 않으면 false를 반환한다.

안전한 캐스트를 하고 나면 otherPerson이 Person 타입으로 스마트 캐스트된다.

== 연산자는 "equals" 메서드를 호출한다.

이 패턴을 사용하면 파라미터로 받은 값이 원하는 타입인지 쉽게 검사하고 캐스트할 수 있고, 타입이 맞지 않으면 쉽게 false를 반환할 수 있다. 이 모든 동작을 한 식으로 해결 가능하다. 물론 스마트 캐스트를 이 상황에 적용할 수도 있다. 일단 타입을 검사한 후 null 값을 거부하고 나면 컴파일러가 otherPerson 변수의 값이 Person이라는 사실을 알고 적절히 처리해줄 수 있다.

안전한 호출, 안전한 캐스트, 엘비스 연산자는 유용하기 때문에 코틀린 코드에 자주 나타난다. 하지만 때로는 코틀린의 널 처리 지원을 활용하는 대신 직접 컴파일러에게 어떤 값이 널이 아니라는 사실을 알려주고 싶은 경우가 있다. 이제 그런 정보를 컴파일러에게 어떻게 넘길 수 있는지 살펴보자.

6.1.6 널 아님 단언: !!

널 아님 단언^{not-null assertion}은 코틀린에서 널이 될 수 있는 타입의 값을 다룰 때 사용할 수 있는 도구 중에서 가장 단순하면서도 무딘 도구다. 느낌표를 이중(!!)으로 사용하면 어떤 값이든 널이 될 수 없는 타입으로 (강제로) 바꿀 수 있다. 실제 널에 대해 !!를 적용하면 NPE가 발생한다. 널 아님 단언의 처리 흐름을 그림 6.5에서 볼 수 있다.

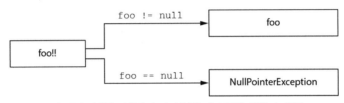

그림 6.5 널 아님 단언을 사용하면 값이 널일 때 NPE를 던질 수 있다.

다음은 널 아님 단언을 사용해 널이 될 수 있는 인자를 널이 될 수 없는 타입으로 변환하는 간단한 예제다.

리스트 6.7 널 아님 단언 사용하기

```
fun ignoreNulls(s: String?) {
    val sNotNull: String = s!!        ◀──── 예외는 이 지점을
    println(sNotNull.length)                가리킨다.
}

>>> ignoreNulls(null)
Exception in thread "main" kotlin.KotlinNullPointerException
at <...>.ignoreNulls(07_NotnullAssertions.kt:2)
```

s가 null이면 함수 안에서 어떤 일이 벌어질까? 예외(NullPointerException의 한 종류)를 던지는 일 외에 코틀린이 택할 수 있는 대안이 별로 없다. 하지만 발생한 예외는 null 값을 사용하는 코드(sNotNull.length가 있는 줄)가 아니라 단언문이 위치한 곳을 가리킨다는 점에 유의하라. 근본적으로 !!는 컴파일러에게 "나는 이 값이 null이 아님을 잘 알고 있다. 내가 잘못 생각했다면 예외가 발생해도 감수하겠다"라고 말하는 것이다.

256

아마도 !!가 약간 무례해 보인다는 사실을 눈치 챘을 것이다. !! 기호는 마치 컴파일러에게 소리를 지르는 것 같은 느낌이 든다. 사실 이는 의도한 것이다. 코틀린 설계자들은 컴파일러가 검증할 수 없는 단언을 사용하기보다는 더 나은 방법을 찾아보라는 의도를 넌지시 표현하려고 !!라는 못생긴 기호를 택했다.

하지만 널 아님 단언문이 더 나은 해법인 경우도 있다. 어떤 함수가 값이 널인지 검사한 다음에 다른 함수를 호출한다고 해도 컴파일러는 호출된 함수 안에서 안전하게 그 값을 사용할 수 있음을 인식할 수 없다. 하지만 이런 경우 호출된 함수가 언제나 다른 함수에서 널이 아닌 값을 전달받는다는 사실이 분명하다면 굳이 널 검사를 다시 수행하고 싶지는 않을 것이다. 이럴 때 널 아님 단언문을 쓸 수 있다.

실무에서는 스윙과 같은 다양한 UI 프레임워크에 있는 액션 클래스에서 이런 일이 자주 발생한다. 액션 클래스 안에는 그 액션의 상태를 변경(활성화 또는 비활성화)하는 메서드와 실제 액션을 실행하는 메서드가 있다. update 메서드 안에서 검사하는 조건을 만족하지 않는 경우 execute 메서드는 호출될 수 없다. 하지만 컴파일러는 그런 연관관계를 알 방법이 없다.

이런 상황에서 널 아님 단언을 사용하는 스윙 액션 예제를 살펴보자. CopyRow Action은 리스트 컨트롤에서 선택된 줄을 클립보드에 복사한다고 가정하자. 설명에 불필요한 자세한 부분은 생략하고 어떤 줄이 선택됐는지 여부를 검사(줄이 선택되면 액션을 실행할 수 있다는 뜻임)하고 선택된 줄의 정보를 가져오는 부분만을 남겼다. 액션 API는 isEnabled가 true인 경우 actionPerformed를 호출해준다고 가정하자.

리스트 6.8 스윙 액션에서 널 아님 단언 사용하기

```
class CopyRowAction(val list: JList<String>) : AbstractAction() {
    override fun isEnabled(): Boolean =
        list.selectedValue != null
    override fun actionPerformed(e: ActionEvent) {     ◄── actionPerformed는 isEnabled가
        val value = list.selectedValue!!                     "true"인 경우에만 호출된다.
```

```
    // value를 클립보드로 복사
    }
}
```

이 경우 !!를 사용하지 않으려면 `val value = list.selectedValue ?: return`처럼 널이 될 수 없는 타입의 값을 얻어야 한다. 이런 패턴을 사용하면 `list.selectedValue`가 null이면 함수가 조기 종료되므로 함수의 나머지 본문에서는 value가 항상 널이 아니게 된다. 이 식에서 엘비스 연산자는 중복이라 할 수 있지만 나중에 isEnabled가 더 복잡해질 가능성에 대비해 미리 보호 장치를 마련해 둔다고 생각할 수도 있다.

기억해야만 하는 함정이 한 가지 더 있다. !!를 널에 대해 사용해서 발생하는 예외의 스택 트레이스^{stack trace}에는 어떤 파일의 몇 번째 줄인지에 대한 정보는 들어있지만 어떤 식에서 예외가 발생했는지에 대한 정보는 들어있지 않다. 어떤 값이 널이었는지 확실히 하기 위해 여러 !! 단언문을 한 줄에 함께 쓰는 일을 피하라.

`person.company!!.address!!.country` ◀──── **이런 식으로 코드를 작성하지 말라.**

지금까지는 널이 될 수 있는 타입의 값에 어떻게 접근하는지에 대해 주로 살펴봤다. 하지만 널이 될 수 있는 값을 널이 아닌 값만 인자로 받는 함수에 넘기려면 어떻게 해야 할까? 그런 호출은 안전하지 않기 때문에 컴파일러는 그 호출을 허용하지 않는다. 코틀린 언어는 이런 경우 특별한 지원을 제공하지 않지만 표준 라이브러리에 도움이 될 수 있는 함수가 있다. 그 함수의 이름은 let이다.

6.1.7 let 함수

let 함수를 사용하면 널이 될 수 있는 식을 더 쉽게 다룰 수 있다. let 함수를 안전한 호출 연산자와 함께 사용하면 원하는 식을 평가해서 결과가 널인지 검사한 다음에 그 결과를 변수에 넣는 작업을 간단한 식을 사용해 한꺼번에 처리할 수 있다.

let을 사용하는 가장 흔한 용례는 널이 될 수 있는 값을 널이 아닌 값만 인자로

258

받는 함수에 넘기는 경우다. 이메일을 보내는 sendEmailTo 함수가 이메일 주소를 String 타입의 파라미터로 받는다고 하자. 이 함수는 코틀린으로 작성됐으며 널이 아닌 파라미터를 받는다.

```
fun sendEmailTo(email: String) { /*...*/ }
```

이 함수에게 널이 될 수 있는 타입의 값을 넘길 수는 없다.

```
>>> val email: String? = ...
>>> sendEmailTo(email)
ERROR: Type mismatch: inferred type is String? but String was expected
```

인자를 넘기기 전에 주어진 값이 널인지 검사해야 한다.

```
if (email != null) sendEmailTo(email)
```

하지만 let 함수를 통해 인자를 전달할 수도 있다. let 함수는 자신의 수신 객체를 인자로 전달받은 람다에게 넘긴다. 널이 될 수 있는 값에 대해 안전한 호출 구문을 사용해 let을 호출하되 널이 될 수 없는 타입을 인자로 받는 람다를 let에 전달한다. 이렇게 하면 널이 될 수 있는 타입의 값을 널이 될 수 없는 타입의 값으로 바꿔서 람다에 전달하게 된다(그림 6.6을 보라).

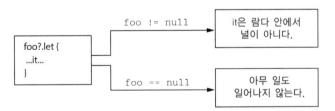

그림 6.6 let을 안전하게 호출하면 수신 객체가 널이 아닌 경우 람다를 실행해준다.

let 함수는 이메일 주소 값이 널이 아닌 경우에만 호출된다. 따라서 다음 예제의 람다 안에서는 널이 될 수 없는 타입으로 email을 사용할 수 있다.

```
email?.let { email -> sendEmailTo(email) }
```

it을 사용하는 더 짧은 구문을 쓰면 email?.let { sendEmailTo(it) }처럼 더 짧은 코드도 가능하다. 다음은 이런 패턴을 보여주는 더 복잡한 예제다.

리스트 6.9 let을 사용해 null이 아닌 인자로 함수 호출하기

```
fun sendEmailTo(email: String) {
    println("Sending email to $email")
}
>>> var email: String? = "yole@example.com"
>>> email?.let { sendEmailTo(it) }
Sending email to yole@example.com
>>> email = null
>>> email?.let { sendEmailTo(it) }
```

아주 긴 식이 있고 그 값이 널이 아닐 때 수행해야 하는 로직이 있을 때 let을 쓰면 훨씬 더 편하다. let을 쓰면 긴 식의 결과를 저장하는 변수를 따로 만들 필요가 없다. 다음 명시적인 if 검사가 있다고 하자.

```
val person: Person? = getTheBestPersonInTheWorld()
if (person != null) sendEmailTo(person.email)
```

군이 person 변수를 추가할 필요 없이 다음과 같이 쓸 수 있다.

```
getTheBestPersonInTheWorld()?.let { sendEmailTo(it.email) }
```

다음 getTheBestPersonInTheWorld() 함수는 null을 반환한다. 따라서 위의 람다 식은 결코 실행되지 않는다.

```
fun getTheBestPersonInTheWorld(): Person? = null
```

여러 값이 널인지 검사해야 한다면 let 호출을 중첩시켜서 처리할 수 있다. 그렇게 let

을 중첩시켜 처리하면 코드가 복잡해져서 알아보기 어려워진다. 그런 경우 일반적인 if를 사용해 모든 값을 한꺼번에 검사하는 편이 낫다.

자주 발생하는 다른 상황으로, 실제로는 널이 될 수 없는 프로퍼티인데 생성자 안에서 널이 아닌 값으로 초기화할 방법이 없는 경우가 있다. 이런 상황을 코틀린에서 어떻게 처리할 수 있는지 살펴보자.

6.1.8 나중에 초기화할 프로퍼티

객체 인스턴스를 일단 생성한 다음에 나중에 초기화하는 프레임워크가 많다. 예를 들어 안드로이드에서는 onCreate에서 액티비티^{activity}를 초기화한다. 제이유닛^{JUnit}에서는 @Before로 애너테이션된 메서드 안에서 초기화 로직을 수행해야만 한다.

하지만 코틀린에서 클래스 안의 널이 될 수 없는 프로퍼티를 생성자 안에서 초기화하지 않고 특별한 메서드 안에서 초기화할 수는 없다. 코틀린에서는 일반적으로 생성자에서 모든 프로퍼티를 초기화해야 한다. 게다가 프로퍼티 타입이 널이 될 수 없는 타입이라면 반드시 널이 아닌 값으로 그 프로퍼티를 초기화해야 한다. 그런 초기화 값을 제공할 수 없으면 널이 될 수 있는 타입을 사용할 수밖에 없다. 하지만 널이 될 수 있는 타입을 사용하면 모든 프로퍼티 접근에 널 검사를 넣거나 !! 연산자를 써야 한다.

리스트 6.10 널 아님 단언을 사용해 널이 될 수 있는 프로퍼티 접근하기

```
class MyService {
    fun performAction(): String = "foo"
}

class MyTest {
    private var myService: MyService? = null    ◄─┐ null로 초기화하기 위해 널이 될 수
                                                   │ 있는 타입인 프로퍼티를 선언한다.

    @Before fun setUp() {                       ┌─ setUp 메서드 안에서
        myService = MyService()    ◄───────────┘   진짜 초깃값을 지정한다.
    }
```

```
@Test fun testAction() {
    Assert.assertEquals("foo",
        myService!!.performAction())
}
}
```

반드시 널 가능성에 신경 써야 한다.
!!나 ?을 꼭 써야 한다.

이 코드는 보기 나쁘다. 특히 프로퍼티를 여러 번 사용해야 하면 코드가 더 못생겨진다. 이를 해결하기 위해 myService 프로퍼티를 나중에 초기화^{late-initialized}할 수 있다. lateinit 변경자를 붙이면 프로퍼티를 나중에 초기화할 수 있다.

리스트 6.11 나중에 초기화하는 프로퍼티 사용하기

```
class MyService {
    fun performAction(): String = "foo"
}

class MyTest {
    private lateinit var myService: MyService

    @Before fun setUp() {
        myService = MyService()
    }

    @Test fun testAction() {
        Assert.assertEquals("foo",
            myService.performAction())
    }
}
```

초기화하지 않고 널이 될 수
없는 프로퍼티를 선언한다.

예제 6.10과 마찬가지로 setUp
메서드에서 프로퍼티를 초기화한다.

널 검사를 수행하지 않고
프로퍼티를 사용한다.

나중에 초기화하는 프로퍼티는 항상 var여야 한다. val 프로퍼티는 final 필드로 컴파일되며, 생성자 안에서 반드시 초기화해야 한다. 따라서 생성자 밖에서 초기화해야 하는 나중에 초기화하는 프로퍼티는 항상 var여야 한다. 그렇지만 나중에 초기화하는 프로퍼티는 널이 될 수 없는 타입이라 해도 더 이상 생성자 안에서 초기화할 필요가 없다. 그 프로퍼티를 초기화하기 전에 프로퍼티에 접근하면 "lateinit property

262

myService has not been initialized"(myService라는 lateinit 프로퍼티를 아직 초기화하지 않았음)이라는 예외가 발생한다. 예외를 보면 어디가 잘못됐는지 확실히 알 수 있다. 따라서 단순한 NullPointerException이 발생하는 것보다 훨씬 좋다.

> **노트**
>
> lateinit 프로퍼티를 의존관계 주입(DI) 프레임워크와 함께 사용하는 경우가 많다. 그런 시나리오에서는 lateinit 프로퍼티의 값을 DI 프레임워크가 외부에서 설정해준다. 다양한 자바 프레임워크와의 호환성을 위해 코틀린은 lateinit가 지정된 프로퍼티와 가시성이 똑같은 필드를 생성해준다. 어떤 프로퍼티가 public이라면 코틀린이 생성한 필드도 public이다.

이제 널이 될 수 있는 타입을 확장함으로써 null 값을 다루는 새로운 도구를 추가하는 방법에 대해 살펴보자.

6.1.9 널이 될 수 있는 타입 확장

널이 될 수 있는 타입에 대한 확장 함수를 정의하면 null 값을 다루는 강력한 도구로 활용할 수 있다. 어떤 메서드를 호출하기 전에 수신 객체 역할을 하는 변수가 널이 될 수 없다고 보장하는 대신, 직접 변수에 대해 메서드를 호출해도 확장 함수인 메서드가 알아서 널을 처리해준다. 이런 처리는 확장 함수에서만 가능하다. 일반 멤버 호출은 객체 인스턴스를 통해 디스패치^{dispatch}되므로[1] 그 인스턴스가 널인지 여부를 검사하지 않는다.

예를 들어 코틀린 라이브러리에서 String을 확장해 정의된 isEmpty와 isBlank라

---

1. 객체지향 언어에서 객체의 동적 타입에 따라 적절한 메서드를 호출해주는 방식을 동적 디스패치라 부른다. 반대로 컴파일러가 컴파일 시점에 어떤 메서드가 호출될지 결정해서 코드를 생성하는 방식을 직접 디스패치라고 한다. 일반적으로 동적 디스패치를 처리할 때는 객체별로 자신의 메서드에 대한 테이블을 저장하는 방법을 가장 많이 사용한다. 물론 대부분의 객체지향 언어에서 같은 클래스에 속한 객체는 같은 메서드 테이블을 공유하므로 보통 메서드 테이블은 클래스마다 하나씩만 만들고 각 객체는 자신의 클래스에 대한 참조를 통해 그 메서드 테이블을 찾아보는 경우가 많다. – 옮긴이

는 함수를 생각해보자. isEmpty는 문자열이 빈 문자열("")인지 검사하고, isBlank는 문자열이 모두 공백^{whitespace} 문자로 이뤄졌는지 검사한다. 이 문자열로 무언가 의미 있는 작업을 수행하고 싶은 경우 보통 이런 함수들로 문자열을 검사할 것이다. isEmpty나 isBlank처럼 널을 검사할 수 있다면 편하지 않을까? 실제로 String? 타입의 수신 객체에 대해 호출할 수 있는 isNullOrEmpty이나 isNullOrBlank 메서드가 있다.

리스트 6.12 null이 될 수 있는 수신 객체에 대해 확장 함수 호출하기

```
fun verifyUserInput(input: String?) {
    if (input.isNullOrBlank()) {        ←——— 안전한 호출을 하지 않아도 된다.
        println("Please fill in the required fields")
    }
}

>>> verifyUserInput(" ")
Please fill in the required fields          isNullOrBlank에 "null"을 수신 객체로
>>> verifyUserInput(null)              ←    전달해도 아무런 예외가 발생하지 않는다.
Please fill in the required fields
```

안전한 호출 없이도 널이 될 수 있는 수신 객체 타입에 대해 선언된 확장 함수를 호출 가능하다(그림 6.7을 보라). 함수는 null 값이 들어오는 경우 이를 적절히 처리한다.

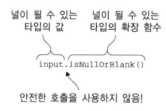

그림 6.7 널이 될 수 있는 타입의 확장 함수는 안전한 호출 없이도 호출 가능하다.

isNullOrBlank는 널을 명시적으로 검사해서 널인 경우 true를 반환하고, 널이 아닌 경우 isBlank를 호출한다. isBlank는 널이 아닌 문자열 타입의 값에 대해서만 호출할 수 있다.

264

```
fun String?.isNullOrBlank(): Boolean =        ◄─────  널이 될 수 있는 String의 확장
        this == null || this.isBlank() ◄─────  두 번째 "this"에는 스마트 캐스트가 적용된다.
```

널이 될 수 있는 타입(그런 타입은 ?로 끝난다)에 대한 확장을 정의하면 널이 될 수 있는
값에 대해 그 확장 함수를 호출할 수 있다. 그 함수의 내부에서 this는 널이 될 수 있다.
따라서 명시적으로 널 여부를 검사해야 한다. 자바에서는 메서드 안의 this는 그 메서드
가 호출된 수신 객체를 가리키므로 항상 널이 아니다.[2] 코틀린에서는 널이 될 수 있는
타입의 확장 함수 안에서는 this가 널이 될 수 있다는 점이 자바와 다르다.

    앞에서 살펴본 let 함수도 널이 될 수 있는 타입의 값에 대해 호출할 수 있지만
let은 this가 널인지 검사하지 않는다. 널이 될 수 있는 타입의 값에 대해 안전한 호출
을 사용하지 않고 let을 호출하면 람다의 인자는 널이 될 수 있는 타입으로 추론된다.

```
>>> val person: Person? = ...                   안전한 호출을 하지 않음. 따라서 "it"은
>>> person.let { sendEmailTo(it) } ◄─────│     널이 될 수 있는 타입으로 취급됨
ERROR: Type mismatch: inferred type is Person? but Person was expected
```

따라서 let을 사용할 때 수신 객체가 널이 아닌지 검사하고 싶다면 예전에 살펴본
person?.let { sendEmailTo(it) }처럼 반드시 안전한 호출 연산인 ?.을 사용해야
한다.

노트

여러분이 직접 확장 함수를 작성한다면 그 확장 함수를 널이 될 수 있는 타입에 대해
정의할지 여부를 고민할 필요가 있다. 처음에는 널이 될 수 없는 타입에 대한 확장 함수를
정의하라. 나중에 대부분 널이 될 수 있는 타입에 대해 그 함수를 호출했다는 사실을 깨닫
게 되면 확장 함수 안에서 널을 제대로 처리하게 하면(그 확장 함수를 사용하는 코드가
깨지지 않으므로) 안전하게 그 확장 함수를 널이 될 수 있는 타입에 대한 확장 함수로
바꿀 수 있다.

---

2. 수신 객체가 널이었다면 NPE가 발생해서 메서드 안으로 들어가지도 못한다. 따라서 자바에서 메서드가 정상 실행
   된다면 그 메서드의 this는 항상 널이 아니다. – 옮긴이

이번 절에서는 예상하지 못했던 내용을 배웠을 것이다. 코틀린에서 s.isNullOrBlank() 처럼 추가 검사 없이 변수를 참조한다고 해서 s가 널이 될 수 없는 타입이 되는 건 아니다. isNullOrBlank()가 널이 될 수 있는 타입의 확장 함수라면 s가 널이 될 수 있는 타입일 수도 있다. 다음 절의 내용도 여러분을 놀라게 할 수 있다. 다음 절은 물음표가 붙어있지 않은 타입 파라미터가 널이 될 수 있는 타입일 수도 있다는 점을 보여준다.

6.1.10 타입 파라미터의 널 가능성

코틀린에서는 함수나 클래스의 모든 타입 파라미터는 기본적으로 널이 될 수 있다. 널이 될 수 있는 타입을 포함하는 어떤 타입이라도 타입 파라미터를 대신할 수 있다. 따라서 타입 파라미터 T를 클래스나 함수 안에서 타입 이름으로 사용하면 이름 끝에 물음표가 없더라도 T가 널이 될 수 있는 타입이다. 다음 예제를 살펴보자.

리스트 6.13 널이 될 수 있는 타입 파라미터 다루기

```
fun <T> printHashCode(t: T) {
    println(t?.hashCode())                ◀──  "t"가 null이 될 수 있으므로
}                                              안전한 호출을 써야만 한다.
>>> printHashCode(null)  ◀──  "T"의 타입은 "Any?"로
null                          추론된다.
```

printHashCode 호출에서 타입 파라미터 T에 대해 추론한 타입은 널이 될 수 있는 Any? 타입이다. t 파라미터의 타입 이름 T에는 물음표가 붙어있지 않지만 t는 null을 받을 수 있다.

타입 파라미터가 널이 아님을 확실히 하려면 널이 될 수 없는 타입 상한upper bound 를 지정해야 한다. 이렇게 널이 될 수 없는 타입 상한을 지정하면 널이 될 수 있는 값을 거부하게 된다.

```
fun <T: Any> printHashCode(t: T) {          ← 이제 "T"는 널이 될 수
    println(t.hashCode())                        없는 타입이다.
}
>>> printHashCode(null)                     ← 이 코드는 컴파일되지 않는다.
Error: Type parameter bound for `T` is not satisfied    널이 될 수 없는 타입의
>>> printHashCode(42)                            파라미터에 널을 넘길 수 없다.
42
```

9장에서는 코틀린 제네릭스에 대해 다루며, 9.1.4절에서 이 주제에 대해 좀 더 자세히 다룬다.

타입 파라미터는 널이 될 수 있는 타입을 표시하려면 반드시 물음표를 타입 이름 뒤에 붙여야 한다는 규칙의 유일한 예외다. 다음 절에서는 널 가능성의 특별한 경우로 자바에서 가져온 타입의 널 가능성에 대해 살펴본다.

6.1.11 널 가능성과 자바

지금까지 코틀린에서 널을 다룰 때 활용할 수 있는 도구에 대해 배웠다. 그러나 코틀린은 자바 상호운용성을 자랑스럽게 강조하는 언어다. 여러분도 알다시피 자바 타입 시스템은 널 가능성을 지원하지 않는다. 그렇다면 자바와 코틀린을 조합하면 어떤 일이 생길까? 그 둘을 조합한 프로그램은 전혀 안전하지 않게 될까? 아니면 모든 값을 쓸 때마다 null인지 검사해야 할까? 또는 더 나은 해법이 있을까? 이제 그 질문에 대한 답을 찾아보자.

첫째로 앞에서 언급했지만 자바 코드에도 애너테이션으로 표시된 널 가능성 정보가 있다. 이런 정보가 코드에 있으면 코틀린도 그 정보를 활용한다. 따라서 자바의 @Nullable String은 코틀린 쪽에서 볼 때 String?와 같고, 자바의 @NotNull String은 코틀린쪽에서 볼 때 String과 같다(그림 6.8).

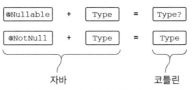

그림 6.8 코틀린은 애너테이션이 붙은 자바 타입을 애너테이션에 따라 널이 될 수 있는 타입이나 널이 될 수 없는 타입으로 취급한다.

코틀린은 여러 널 가능성 애너테이션을 알아본다. JSR-305 표준(javax.annotation 패키지), 안드로이드(android.support.annotation 패키지), 젯브레인스 도구들이 지원하는 애너테이션(org.jetbrains.annotations) 등이 코틀린이 이해할 수 있는 널 가능성 애너테이션들이다. 이런 널 가능성 애너테이션이 소스코드에 없는 경우는 더 흥미롭다. 그런 경우 자바의 타입은 코틀린의 플랫폼 타입^{platform type}이 된다.

플랫폼 타입

플랫폼 타입은 코틀린이 널 관련 정보를 알 수 없는 타입을 말한다. 그 타입을 널이 될 수 있는 타입으로 처리해도 되고 널이 될 수 없는 타입으로 처리해도 된다(그림 6.9 참조). 이는 자바와 마찬가지로 플랫폼 타입에 대해 수행하는 모든 연산에 대한 책임은 온전히 여러분에게 있다는 뜻이다. 컴파일러는 모든 연산을 허용한다. 코틀린은 보통 널이 될 수 없는 타입의 값에 대해 널 안전성을 검사하는 연산을 수행하면 경고를 표시하지만 플랫폼 타입의 값에 대해 널 안전성 검사를 중복 수행해도 아무 경고도 표시하지 않는다. 어떤 플랫폼 타입의 값이 널이 될 수도 있음을 알고 있다면 그 값을 사용하기 전에 널인지 검사할 수 있다. 어떤 플랫폼 타입의 값이 널이 아님을 알고 있다면 아무 널 검사 없이 그 값을 직접 사용해도 된다. 자바와 마찬가지로 여러분이 틀렸다면 NullPointerException이 발생한다.

그림 6.9 자바 타입은 코틀린에서 플랫폼 타입으로 표현된다. 플랫폼 타입은 널이 될 수 있는 타입이나 널이 될 수 없는 타입 모두로 사용할 수 있다.

268

자바로 선언된 Person 클래스가 있다고 가정하자.

리스트 6.15 널 가능성 애너테이션이 없는 자바 클래스

```java
/* 자바 */
public class Person {
    private final String name;

    public Person(String name) {
        this.name = name;
    }

    public String getName() {
        return name;
    }
}
```

getName은 null을 리턴할까 아닐까? 코틀린 컴파일러는 이 경우 String 타입의 널
가능성에 대해 전혀 알지 못한다. 따라서 널 가능성을 여러분이 직접 처리해야만 한다.
이 변수가 널이 아님을 확신할 수 있다면 자바와 마찬가지로 추가 검사 없이 이를 참조할
수 있다. 하지만 추가 검사를 하지 않으면 예외가 발생할 수도 있음을 염두에 둬야 한다.

리스트 6.16 널 검사 없이 자바 클래스 접근하기

```kotlin
fun yellAt(person: Person) {
    println(person.name.toUpperCase() + "!!!")    ← toUpperCase()의 수신 객체
}                                                    person.name가 널이어서 예외가
                                                     발생한다.
>>> yellAt(Person(null))
java.lang.IllegalArgumentException: Parameter specified as non-null
is null: method toUpperCase, parameter $receiver
```

여기서 NullPointerException이 아니라 toUpperCase()가 수신 객체($receiver)로
널을 받을 수 없다는 더 자세한 예외가 발생함에 유의하라.

실제로 코틀린 컴파일러는 공개^{public} 가시성인 코틀린 함수의 널이 아닌 타입인 파라미터와 수신 객체에 대한 널 검사를 추가해준다. 따라서 공개 가시성 함수에 널 값을 사용하면 즉시 예외가 발생한다. 이런 파라미터 값 검사는 함수 내부에서 파라미터를 사용하는 시점이 아니라 함수 호출 시점에 이뤄진다. 따라서 잘못된 인자로 함수를 호출해도 그 인자가 여러 함수에 전달돼 전혀 엉뚱한 위치에서 예외가 발생하지 않고 가능한 한 빨리 예외가 발생하기 때문에 예외가 발생해도 더 원인을 파악할 수 있다.

물론 getName()의 반환 타입을 널이 될 수 있는 타입으로 해석해서 널 안전성 연산을 활용해도 된다.

리스트 6.17 널 검사를 통해 자바 클래스 접근하기

```
fun yellAtSafe(person: Person) {
    println((person.name ?: "Anyone").toUpperCase() + "!!!")
}

>>> yellAtSafe(Person(null))
ANYONE!!!
```

이 예제에서는 널 값을 제대로 처리하므로 실행 시점에 예외가 발생하지 않는다.

자바 API를 다룰 때는 조심해야 한다. 대부분의 라이브러리는 널 관련 애너테이션을 쓰지 않는다. 따라서 모든 타입을 널이 아닌 것처럼 다루기 쉽지만 그렇게 하면 오류가 발생할 수 있다. 오류를 피하려면 사용하려는 자바 메서드의 문서를 자세히 살펴봐서 그 메서드가 널을 반환할지 알아내고 널을 반환하는 메서드에 대한 널 검사를 추가해야 한다.

> **코틀린이 왜 플랫폼 타입을 도입했는가?**
>
> 모든 자바 타입을 널이 될 수 있는 타입으로 다루면 더 안전하지 않을까? 물론 그래도 되지만 모든 타입을 널이 될 수 있는 타입으로 다루면 결코 널이 될 수 없는 값에 대해서도 불필요한 널 검사가 들어간다.

특히 제네릭을 다룰 때 상황이 더 나빠진다. 예를 들어 모든 자바 `ArrayList<String>`을 코틀 린에서 `ArrayList<String?>?`처럼 다루면 이 배열의 원소에 접근할 때마다 널 검사를 수행하 거나 안전한 캐스트를 수행해야 한다. 하지만 이런 식으로 처리하면 널 안전성으로 얻는 이익보 다 검사에 드는 비용이 훨씬 더 커진다. 또한 모든 타입의 값에 대해 항상 널 검사를 작성하는 것은 너무 성가신 일이다. 그래서 코틀린 설계자들은 자바의 타입을 가져온 경우 프로그래머에게 그 타입을 제대로 처리할 책임을 부여하는 실용적인 접근 방법을 택했다.

코틀린에서 플랫폼 타입을 선언할 수는 없다. 자바 코드에서 가져온 타입만 플랫폼 타입 이 된다. 하지만 IDE나 컴파일러 오류 메시지에서는 플랫폼 타입을 볼 수 있다.

```
>>> val i: Int = person.name
ERROR: Type mismatch: inferred type is String! but Int was expected
```

여기서 코틀린 컴파일러가 표시한 `String!`라는 타입은 자바 코드에서 온 타입이다. 하지만 이런 타입 표기를 코틀린 코드에 사용할 수는 없고, 느낌표가 이런 오류 메시지의 근원과 관련이 있는 경우가 거의 없기 때문에 대부분 눈치 채지 못하고 이런 메시지를 지나칠 것이다. `!` 표기는 `String!` 타입의 널 가능성에 대해 아무 정보도 없다는 뜻이다.

앞에서 이야기했지만 플랫폼 타입을 널이 될 수 있는 타입이나 널이 될 수 없는 타입 어느 쪽으로든 사용할 수 있다. 따라서 다음 두 선언은 모두 올바른 선언이다.

```
>>> val s: String? = person.name      ←—— 자바 프로퍼티를 널이 될 수 있는 타입으로 볼 수 있다.
>>> val s1: String = person.name      ←—— 또는 자바 프로퍼티를 널이 될 수 없는 타입으로도 볼 수 있다.
```

메서드를 호출할 때처럼 이 경우에도 여러분이 프로퍼티의 널 가능성을 제대로 알고 사용해야 한다. 자바에서 가져온 널 값을 널이 될 수 없는 코틀린 변수에 대입하면 실행 시점에 대입이 이뤄질 때 예외가 발생한다.

자바 타입을 코틀린에 가져와 사용할 때 널 가능성을 어떻게 다루는지에 대해 살펴봤 다. 이제는 코틀린과 자바를 혼합한 클래스 계층을 선언할 때 빠지기 쉬운 함정에 대해 이야기하자.

상속

코틀린에서 자바 메서드를 오버라이드할 때 그 메서드의 파라미터와 반환 타입을 널이 될 수 있는 타입으로 선언할지 널이 될 수 없는 타입으로 선언할지 결정해야 한다. 예를 들어 자바의 `StringProcessor`를 살펴보자.

리스트 6.18 String 파라미터가 있는 자바 인터페이스

```
/* 자바 */
interface StringProcessor {
    void process(String value);
}
```

코틀린 컴파일러는 다음과 같은 두 구현을 다 받아들인다.

리스트 6.19 자바 인터페이스를 여러 다른 널 가능성으로 구현하기

```
class StringPrinter : StringProcessor {
    override fun process(value: String) {
        println(value)
    }
}

class NullableStringPrinter : StringProcessor {
    override fun process(value: String?) {
        if (value != null) {
            println(value)
        }
    }
}
```

자바 클래스나 인터페이스를 코틀린에서 구현할 경우 널 가능성을 제대로 처리하는 일이 중요하다. 구현 메서드를 다른 코틀린 코드가 호출할 수 있으므로 코틀린 컴파일러는

272

널이 될 수 없는 타입으로 선언한 모든 파라미터에 대해 널이 아님을 검사하는 단언문을 만들어준다. 자바 코드가 그 메서드에게 널 값을 넘기면 이 단언문이 발동돼 예외가 발생한다. 설령 파라미터를 메서드 안에서 결코 사용하지 않아도 이런 예외는 피할 수 없다.

이제 널 가능성에 대한 논의를 정리해보자. 지금까지 널이 될 수 있는 타입과 널이 될 수 없는 타입과 그 의미에 대해 살펴보면서 안전한 호출(?.), 엘비스 연산자(?:), 안전한 캐스트(as?) 등 안전한 연산을 위한 안전 연산자와 안전하지 못한 참조를 위한 연산자인 널 아님 단언(!!)에 대해 다뤘다. 또한 라이브러리 함수인 let을 사용해 널 안전성을 검증한 결과를 널이 될 수 없는 타입의 인자를 받는 함수에게 간결한 구문을 사용해 전달할 수 있음과 확장 함수를 통해 널 검사를 함수 안으로 옮길 수 있음을 살펴봤다. 그리고 자바 타입을 코틀린에서 표현할 때 사용하는 플랫폼 타입에 대해 정리했다.

이제 널 관련 주제를 모두 다뤘으므로 코틀린 언어의 원시 타입을 내부에서 어떻게 표현하는지 살펴보자. 방금 살펴봤던 널 가능성 관련 지식은 코틀린이 자바의 박스 타입 boxed type을 처리하는 방법을 이해할 때 중요한 역할을 한다.

6.2 코틀린의 원시 타입

이번 절에서는 프로그램에서 사용하는 Int, Boolean, Any 등의 원시 타입에 대해 살펴본다. 코틀린은 원시 타입과 래퍼 타입을 구분하지 않는다. 잠시 후 그 이유와 코틀린 내부에서 어떻게 원시 타입에 대한 래핑이 작동하는지 설명한다. 또한 Object, Void 등의 자바 타입과 코틀린 타입 간의 대응 관계에 대해서도 살펴본다.

6.2.1 원시 타입: Int, Boolean 등

여러분이 알고 있는 것처럼 자바는 원시 타입과 참조 타입을 구분한다. 원시 타입primitive type(int 등)의 변수에는 그 값이 직접 들어가지만, 참조 타입reference type(String 등)의 변수에는 메모리상의 객체 위치가 들어간다.

원시 타입의 값을 더 효율적으로 저장하고 여기저기 전달할 수 있다. 하지만 그런 값에 대해 메서드를 호출하거나 컬렉션에 원시 타입 값을 담을 수는 없다. 자바는 참조 타입이 필요한 경우 특별한 래퍼 타입(java.lang.Integer 등)으로 원시 타입 값을 감싸서 사용한다. 따라서 정수의 컬렉션을 정의하려면 Collection<int>가 아니라 Collection<Integer>를 사용해야 한다.

코틀린은 원시 타입과 래퍼 타입을 구분하지 않으므로 항상 같은 타입을 사용한다. 다음 예제는 정수를 표현하는 Int 타입을 사용한다.

```
val i: Int = 1
val list: List<Int> = listOf(1, 2, 3)
```

래퍼 타입을 따로 구분하지 않으면 편리하다. 더 나아가 코틀린에서는 숫자 타입 등 원시 타입의 값에 대해 메서드를 호출할 수 있다. 예를 들어 다음 코드는 표준 라이브러리 함수 coerceIn을 사용해 값을 특정 범위로 제한한다.

```
fun showProgress(progress: Int) {
    val percent = progress.coerceIn(0, 100)
    println("We're ${percent}% done!")
}
>>> showProgress(146)
We're 100% done!
```

원시 타입과 참조 타입이 같다면 코틀린이 그들을 항상 객체로 표현하는 걸까? 그렇게 한다면 너무 비효율적이지 않을까? 실제로도 항상 객체로 표현한다면 비효율적이겠지만 코틀린은 그러지 않는다.

실행 시점에 숫자 타입은 가능한 한 가장 효율적인 방식으로 표현된다. 대부분의 경우(변수, 프로퍼티, 파라미터, 반환 타입 등) 코틀린의 Int 타입은 자바 int 타입으로 컴파일된다. 이런 컴파일이 불가능한 경우는 컬렉션과 같은 제네릭 클래스를 사용하는 경우뿐이다. 예를 들어 Int 타입을 컬렉션의 타입 파라미터로 넘기면 그 컬렉션에는 Int의 래퍼 타입에 해당하는 java.lang.Integer 객체가 들어간다.

자바 원시 타입에 해당하는 타입은 다음과 같다.

- **정수 타입** Byte, Short, Int, Long
- **부동소수점 수 타입** Float, Double
- **문자 타입** Char
- **불리언 타입** Boolean

Int와 같은 코틀린 타입에는 널 참조가 들어갈 수 없기 때문에 쉽게 그에 상응하는 자바 원시 타입으로 컴파일할 수 있다. 마찬가지로 반대로 자바 원시 타입의 값은 결코 널이 될 수 없으므로 자바 원시 타입을 코틀린에서 사용할 때도 (플랫폼 타입이 아니라) 널이 될 수 없는 타입으로 취급할 수 있다.

6.2.2 널이 될 수 있는 원시 타입: Int?, Boolean? 등

null 참조를 자바의 참조 타입의 변수에만 대입할 수 있기 때문에 널이 될 수 있는 코틀린 타입은 자바 원시 타입으로 표현할 수 없다. 따라서 코틀린에서 널이 될 수 있는 원시 타입을 사용하면 그 타입은 자바의 래퍼 타입으로 컴파일된다.

널이 될 수 있는 타입을 사용하는 예를 살펴보자. 앞에서 살펴본 Person 클래스를 다시 기억해보자. 그 클래스에는 age와 name 프로퍼티가 있는데 두 프로퍼티 모두 널이 될 수 있는 타입이다. 이제 어떤 사람이 다른 사람보다 나이가 많은지 검사하는 함수를 추가하자.

리스트 6.20 널이 될 수 있는 원시 타입

```
data class Person(val name: String,
                  val age: Int? = null) {
    fun isOlderThan(other: Person): Boolean? {
```

```
        if (age == null || other.age == null)
            return null
        return age > other.age
    }
}
>>> println(Person("Sam", 35).isOlderThan(Person("Amy", 42)))
false
>>> println(Person("Sam", 35).isOlderThan(Person("Jane")))
null
```

여기서 널 가능성 관련 규칙을 어떻게 적용하는가 살펴보라. 널이 될 가능성이 있으므로 Int? 타입의 두 값을 직접 비교할 수는 없다. 먼저 두 값이 모두 널이 아닌지 검사해야한다. 컴파일러는 널 검사를 마친 다음에야 두 값을 일반적인 값처럼 다루게 허용한다.

Person 클래스에 선언된 age 프로퍼티의 값은 java.lang.Integer로 저장된다. 하지만 그런 자세한 사항은 자바에서 가져온 클래스를 다룰 때만 문제가 된다. 코틀린에서 적절한 타입을 찾으려면 그 변수나 프로퍼티에 널이 들어갈 수 있는지만 고민하면 된다.

앞에서 이야기한 대로 제네릭 클래스의 경우 래퍼 타입을 사용한다. 어떤 클래스의 타입 인자로 원시 타입을 넘기면 코틀린은 그 타입에 대한 박스 타입을 사용한다. 예를 들어 다음 문장에서는 null 값이나 널이 될 수 있는 타입을 전혀 사용하지 않았지만 만들어지는 리스트는 래퍼인 Integer 타입으로 이뤄진 리스트다.

```
val listOfInts = listOf(1, 2, 3)
```

이렇게 컴파일하는 이유는 자바 가상머신^{JVM}에서 제네릭을 구현하는 방법 때문이다. JVM은 타입 인자로 원시 타입을 허용하지 않는다. 따라서 자바나 코틀린 모두에서 제네릭 클래스는 항상 박스 타입을 사용해야 한다. 원시 타입으로 이뤄진 대규모 컬렉션을 효율적으로 저장해야 한다면 원시 타입으로 이뤄진 효율적인 컬렉션을 제공하는 서드파티 라이브러리(트로브4J(http://trove.starlight-systems.com/) 등)를 사용하거나 배열을 사용해야 한다. 6장의 끝부분에서 배열에 대해 다룬다.

이제 여러 원시 타입의 값을 서로 어떻게 변환하는지 살펴보자.

6.2.3 숫자 변환

코틀린과 자바의 가장 큰 차이점 중 하나는 숫자를 변환하는 방식이다. 코틀린은 한 타입의 숫자를 다른 타입의 숫자로 자동 변환하지 않는다. 결과 타입이 허용하는 숫자의 범위가 원래 타입의 범위보다 넓은 경우조차도 자동 변환은 불가능하다. 예를 들어 코틀린 컴파일러는 다음 코드를 거부한다.

```
val i = 1
val l: Long = i                    ◀── "Error: type mismatch" 컴파일 오류 발생
```

대신 직접 변환 메서드를 호출해야 한다.

```
val i = 1
val l: Long = i.toLong()
```

코틀린은 모든 원시 타입(단 Boolean은 제외)에 대한 변환 함수를 제공한다. 그런 변환 함수의 이름은 toByte(), toShort(), toChar() 등과 같다. 양방향 변환 함수가 모두 제공된다. 즉 어떤 타입을 더 표현 범위가 넓은 타입으로 변환하는 함수도 있고 (Int.toLong()), 타입을 범위가 더 표현 범위가 좁은 타입으로 변환하면서 값을 벗어나는 경우에는 일부를 잘라내는 함수(Long.toInt())도 있다.

코틀린은 개발자의 혼란을 피하기 위해 타입 변환을 명시하기로 결정했다. 특히 박스 타입을 비교하는 경우 문제가 많다. 두 박스 타입 간의 equals 메서드는 그 안에 들어있는 값이 아니라 박스 타입 객체를 비교한다. 따라서 자바에서 new Integer(42).equals(new Long(42))는 false다. 코틀린에서 묵시적 변환을 허용한다면 다음과 같이 쓸 수 있을 것이다.

```
val x = 1        ◀────── Int 타입인 변수
val list = listOf(1L, 2L, 3L)  ◀────── Long 값으로 이뤄진 리스트
x in list    ◀────── 묵시적 타입 변환으로 인해 false임
```

대부분의 사람들이 생각하는 바와 달리 이 식은 false다. 따라서 x in list는 컴파일되면 안 된다. 코틀린에서는 타입을 명시적으로 변환해서 같은 타입의 값으로 만든 후 비교해야 한다.

```
>>> val x = 1
>>> println(x.toLong() in listOf(1L, 2L, 3L))
true
```

코드에서 동시에 여러 숫자 타입을 사용하려면 예상치 못한 동작을 피하기 위해 각 변수를 명시적으로 변환해야 한다.

원시 타입 리터럴

코틀린은 소스코드에서 단순한 10진수(정수) 외에 다음과 같은 숫자 리터럴을 허용한다.

- L 접미사가 붙은 Long 타입 리터럴: 123L
- 표준 부동소수점 표기법을 사용한 Double 타입 리터럴: 0.12, 2.0, 1.2e10, 1.2e-10
- f나 F 접미사가 붙은 Float 타입 리터럴: 123.4f, .456F, 1e3f
- 0x나 0X 접두사가 붙은 16진 리터럴: 0xCAFEBABE, 0xbcdL
- 0b나 0B 접두사가 붙은 2진 리터럴: 0b000000101

코틀린 1.1부터는 숫자 리터럴 중간에 밑줄(_)을 넣을 수 있다(1_234, 1_0000_0000_0000L, 1_000.123_456, 0b0100_0001 등)

문자 리터럴의 경우 자바와 마찬가지 구문을 사용한다. 작은따옴표 안에 문자를 넣으면 되며, 이스케이프 시퀀스를 사용할 수도 있다. '1', '\t'(이스케이프 시퀀스로 정의한 탭 문자), '\u0009'(유니코드 이스케이프 시퀀스로 정의한 탭 문자) 등은 모두 코틀린 문자 리터럴이다.

숫자 리터럴을 사용할 때는 보통 변환 함수를 호출할 필요가 없다. 42L이나 42.0f처럼 상수 뒤에 타입을 표현하는 문자를 붙이면 변환이 필요 없다. 또한 여러분이 직접 변환

하지 않아도 숫자 리터럴을 타입이 알려진 변수에 대입하거나 함수에게 인자로 넘기면 컴파일러가 필요한 변환을 자동으로 넣어준다. 추가로 산술 연산자는 적당한 타입의 값을 받아들일 수 있게 이미 오버로드돼 있다. 예를 들어 별도의 변환이 없어도 다음 코드가 잘 작동한다.

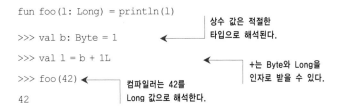

```
fun foo(l: Long) = println(l)
>>> val b: Byte = 1          ◀——| 상수 값은 적절한
                                 | 타입으로 해석된다.
>>> val l = b + 1L           ◀——  +는 Byte와 Long을
                                  인자로 받을 수 있다.
>>> foo(42)  ◀—— 컴파일러는 42를
42               Long 값으로 해석한다.
```

코틀린 산술 연산자에서도 자바와 똑같이 숫자 연산 시 값 넘침^{overflow}이 발생할 수 있다. 코틀린은 값 넘침을 검사하느라 추가 비용을 들이지 않는다.

문자열을 숫자로 변환하기

코틀린 표준 라이브러리는 문자열을 원시 타입으로 변환하는 여러 함수를 제공한다(toInt, toByte, toBoolean 등).

```
>>> println("42".toInt())
42
```

이런 함수는 문자열의 내용을 각 원시 타입을 표기하는 문자열로 파싱한다. 파싱에 실패하면 NumberFormatException이 발생한다.

다른 타입을 다루기 전에 세 가지 특별한 타입을 살펴봐야 한다. Any, Unit, Nothing이 그 세 타입이다.

6.2.4 Any, Any?: 최상위 타입

자바에서 Object가 클래스 계층의 최상위 타입이듯 코틀린에서는 Any 타입이 모든 널이 될 수 없는 타입의 조상 타입이다. 하지만 자바에서는 참조 타입만 Object를 정점으로 하는 타입 계층에 포함되며, 원시 타입은 그런 계층에 들어있지 않다. 이는 자바에서 Object 타입의 객체가 필요할 경우 int와 같은 원시 타입을 java.lang.Integer 같은 래퍼 타입으로 감싸야만 한다는 뜻이다. 하지만 코틀린에서는 Any가 Int 등의 원시 타입을 포함한 모든 타입의 조상 타입이다.

자바와 마찬가지로 코틀린에서도 원시 타입 값을 Any 타입의 변수에 대입하면 자동으로 값을 객체로 감싼다.

```
val answer: Any = 42
```
◄──── **Any가 참조 타입이기 때문에 42가 박싱된다.**

Any가 널이 될 수 없는 타입임에 유의하라. 따라서 Any 타입의 변수에는 null이 들어갈 수 없다. 코틀린에서 널을 포함하는 모든 값을 대입할 변수를 선언하려면 Any? 타입을 사용해야 한다.

내부에서 Any 타입은 java.lang.Object에 대응한다. 자바 메서드에서 Object를 인자로 받거나 반환하면 코틀린에서는 Any로 그 타입을 취급한다(물론 더 정확히 말하면 널이 될 수 있는지 여부를 알 수 없으므로 플랫폼 타입인 Any!로 취급한다). 코틀린 함수가 Any를 사용하면 자바 바이트코드의 Object로 컴파일된다.

4장에서 살펴본 것처럼 모든 코틀린 클래스에는 toString, equals, hashCode라는 세 메서드가 들어있다. 이 세 메서드는 Any에 정의된 메서드를 상속한 것이다. 하지만 java.lang.Object에 있는 다른 메서드(wait나 notify 등)는 Any에서 사용할 수 없다. 따라서 그런 메서드를 호출하고 싶다면 java.lang.Object 타입으로 값을 캐스트해야 한다.

6.2.5 Unit 타입: 코틀린의 void

코틀린 Unit 타입은 자바 void와 같은 기능을 한다. 관심을 가질 만한 내용을 전혀 반환하지 않는 함수의 반환 타입으로 Unit을 쓸 수 있다.

```
fun f(): Unit { ... }
```

이는 반환 타입 선언 없이 정의한 블록이 본문인 함수와 같다.

```
fun f() { ... }                    ◀──── 반환 타입을 명시하지 않았다.
```

대부분의 경우 void와 Unit의 차이를 알기는 어렵다. 코틀린 함수의 반환 타입이 Unit 이고 그 함수가 제네릭 함수를 오버라이드하지 않는다면 그 함수는 내부에서 자바 void 함수로 컴파일된다. 그런 코틀린 함수를 자바에서 오버라이드하는 경우 void를 반환 타입으로 해야 한다.

그렇다면 코틀린의 Unit이 자바 void와 다른 점은 무엇일까? Unit은 모든 기능을 갖는 일반적인 타입이며, void와 달리 Unit을 타입 인자로 쓸 수 있다. Unit 타입에 속한 값은 단 하나뿐이며, 그 이름도 Unit이다. Unit 타입의 함수는 Unit 값을 묵시적으로 반환한다. 이 두 특성은 제네릭 파라미터를 반환하는 함수를 오버라이드하면서 반환 타입으로 Unit을 쓸 때 유용하다.

```
interface Processor<T> {
    fun process(): T
}
class NoResultProcessor : Processor<Unit> {      ┌ Unit을 반환하지만 타입을
    override fun process() {              ◀───────┤ 지정할 필요는 없다.
        // 업무 처리 코드
    }         ◀────── 여기서 return을
}                     명시할 필요가 없다.
```

인터페이스의 시그니처는 process 함수가 어떤 값을 반환하라고 요구한다. Unit 타입

도 Unit 값을 제공하기 때문에 메서드에서 Unit 값을 반환하는 데는 아무 문제가 없다. 하지만 NoResultProcessor에서 명시적으로 Unit을 반환할 필요는 없다. 컴파일러가 묵시적으로 return Unit을 넣어준다.

타입 인자로 '값 없음'을 표현하는 문제를 자바에서 어떻게 코틀린과 같이 깔끔하게 해결할 수 있을지 생각해보라. 별도의 인터페이스(Callable과 Runnable 등과 비슷하게)를 사용해 값을 반환하는 경우와 값을 반환하지 않는 경우를 분리하는 방법도 있다. 다른 방법으로는 타입 파라미터로 특별히 java.lang.Void 타입을 사용하는 방법도 있다. 후자를 택한다 해도 여전히 Void 타입에 대응할 수 있는 유일한 값인 null을 반환하기 위해 return null을 명시해야 한다. 이런 경우 반환 타입이 void가 아니므로 함수를 반환할 때 return을 사용할 수 없고 항상 return null을 사용해야 한다.

왜 코틀린에서 Void가 아니라 Unit이라는 다른 이름을 골랐는지 궁금한 독자가 있을 것이다. 함수형 프로그래밍에서 전통적으로 Unit은 '단 하나의 인스턴스만 갖는 타입'을 의미해 왔고 바로 그 유일한 인스턴스의 유무가 자바 void와 코틀린 Unit을 구분하는 가장 큰 차이다. 어쩌면 자바 등의 명령형 프로그래밍 언어에서 관례적으로 사용해온 Void라는 이름을 사용할 수도 있겠지만, 코틀린에는 Nothing이라는 전혀 다른 기능을 하는 타입이 하나 존재한다. Void와 Nothing이라는 두 이름은 의미가 아주 비슷하기 때문에 혼란을 야기하기 쉽다. 그렇다면 Nothing은 대체 어떤 타입일까? 이제 그에 대해 알아보자.

6.2.6 Nothing 타입: 이 함수는 결코 정상적으로 끝나지 않는다

코틀린에는 결코 성공적으로 값을 돌려주는 일이 없으므로 '반환 값'이라는 개념 자체가 의미 없는 함수가 일부 존재한다. 예를 들어 테스트 라이브러리들은 fail이라는 함수를 제공하는 경우가 많다. fail은 특별한 메시지가 들어있는 예외를 던져서 현재 테스트를 실패시킨다. 다른 예로 무한 루프를 도는 함수도 결코 값을 반환하며, 정상적으로 끝나지 않는다.

그런 함수를 호출하는 코드를 분석하는 경우 함수가 정상적으로 끝나지 않는다는 사실을 알면 유용하다. 그런 경우를 표현하기 위해 코틀린에는 Nothing이라는 특별한 반환 타입이 있다.

```kotlin
fun fail(message: String): Nothing {
    throw IllegalStateException(message)
}
>>> fail("Error occurred")
java.lang.IllegalStateException: Error occurred
```

Nothing 타입은 아무 값도 포함하지 않는다. 따라서 Nothing은 함수의 반환 타입이나 반환 타입으로 쓰일 타입 파라미터로만 쓸 수 있다. 그 외의 다른 용도로 사용하는 경우 Nothing 타입의 변수를 선언하더라도 그 변수에 아무 값도 저장할 수 없으므로 아무 의미도 없다.

Nothing을 반환하는 함수를 엘비스 연산자의 우항에 사용해서 전제 조건precondition을 검사할 수 있다.

```kotlin
val address = company.address ?: fail("No address")
println(address.city)
```

이 예제는 타입 시스템에서 Nothing이 얼마나 유용한지 보여준다. 컴파일러는 Nothing이 반환 타입인 함수가 결코 정상 종료되지 않음을 알고 그 함수를 호출하는 코드를 분석할 때 사용한다. 앞의 예제에서 컴파일러는 company.address가 널인 경우 엘비스 연산자의 우항에서 예외가 발생한다는 사실을 파악하고 address의 값이 널이 아님을 추론할 수 있다.

이것으로 코틀린 원시 타입에 대한 논의를 마친다. 이제 컬렉션 타입을 살펴보고 코틀린 컬렉션과 자바 컬렉션의 차이에 대해 알아보자.

6.3 컬렉션과 배열

이미 컬렉션 API를 사용하는 다양한 예제를 살펴봤다. 또한 코틀린 컬렉션이 자바 라이브러리를 바탕으로 만들어졌고 확장 함수를 통해 기능을 추가한다는 사실을 배웠다. 하지만 코틀린의 컬렉션 지원과 자바와 코틀린 컬렉션 간의 관계에 대해 이야기할 내용이 아직도 남아있다. 이제 그에 대해 이야기할 때다.

6.3.1 널 가능성과 컬렉션

6장의 앞에서 널이 될 수 있는 타입에 대해 설명했다. 그때 타입 인자의 널 가능성에 대해서는 아주 간략히 다뤘지만, 사실 이는 타입 시스템 일관성을 지키기 위해 필수적으로 고려해야 할 사항이다. 컬렉션 안에 널 값을 넣을 수 있는지 여부는 어떤 변수의 값이 널이 될 수 있는지 여부와 마찬가지로 중요하다. 변수 타입 뒤에 ?를 붙이면 그 변수에 널을 저장할 수 있다는 뜻인 것처럼 타입 인자로 쓰인 타입에도 같은 표시를 사용할 수 있다. 타입 인자 안에서 ?가 하는 일을 이해하기 위해 파일의 각 줄을 읽어서 숫자로 변환하기 위해 파싱하는 다음 예제를 보자.

리스트 6.21 널이 될 수 있는 값으로 이뤄진 컬렉션 만들기

```
fun readNumbers(reader: BufferedReader): List<Int?> {
    val result = ArrayList<Int?>()          ◀──── 널이 될 수 있는 Int 값으로
    for (line in reader.lineSequence()) {          이뤄진 리스트를 만든다.
        try {
            val number = line.toInt()
            result.add(number)       ◀──── 정수(널이 아닌 값)를 리스트에
        }                                    추가한다.
        catch(e: NumberFormatException) {
            result.add(null)      ◀──── 현재 줄을 파싱할 수 없으므로
        }                                리스트에 널을 추가한다.
    }
```

```
    return result
}
```

List<Int?>는 Int? 타입의 값을 저장할 수 있다. 다른 말로 하면 그 리스트에는 Int나 null을 저장할 수 있다. 현재 줄을 파싱할 수 있으면 result에 정수를 넣고 그렇지 않으면 null을 넣는다. 코틀린 1.1부터는 파싱에 실패하면 null을 반환하는 String.toIntOrNull을 사용해 이 예제를 더 줄일 수 있다.

어떤 변수 타입의 널 가능성과 타입 파라미터로 쓰이는 타입의 널 가능성 사이의 차이를 살펴보자. 널이 될 수 있는 Int로 이뤄진 리스트와 Int로 이뤄진 널이 될 수 있는 리스트 사이의 차이를 그림 6.10에서 볼 수 있다.

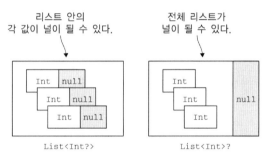

그림 6.10 널이 될 수 있게 만들 때는 조심하라. 널이 될 수 있는 게 컬렉션의 원소인가 컬렉션 자체인가?

첫 번째 경우 리스트 자체는 항상 널이 아니다. 하지만 리스트에 들어있는 각 원소는 널이 될 수도 있다. 두 번째 경우 리스트를 가리키는 변수에는 널이 들어갈 수 있지만 리스트 안에는 널이 아닌 값만 들어간다.

경우에 따라 널이 될 수 있는 값으로 이뤄진 널이 될 수 있는 리스트를 정의해야 할 수도 있다. 코틀린에서는 물음표를 2개 사용해 List<Int?>?로 이를 표현한다. 이런 리스트를 처리할 때는 변수에 대해 널 검사를 수행한 다음에 그 리스트에 속한 모든 원소에 대해 다시 널 검사를 수행해야 한다.

널이 될 수 있는 값으로 이뤄진 리스트를 다루는 예를 살펴보자. 정상적인 숫자를 따로 모으고 그렇지 않은 숫자(그런 경우 그 값은 null이다)의 개수를 세는 함수를 작성해보자.

```kotlin
fun addValidNumbers(numbers: List<Int?>) {
    var sumOfValidNumbers = 0
    var invalidNumbers = 0
    for (number in numbers) {        ◄─────  리스트에서 널이 될 수
                                             있는 값을 읽는다.
        if (number != null) {        ◄─────  널에 대한 값을
            sumOfValidNumbers += number      확인한다.
        } else {
            invalidNumbers++
        }
    }
    println("Sum of valid numbers: $sumOfValidNumbers")
    println("Invalid numbers: $invalidNumbers")
}
>>> val reader = BufferedReader(StringReader("1\nabc\n42"))
>>> val numbers = readNumbers(reader)
>>> addValidNumbers(numbers)
Sum of valid numbers: 43
Invalid numbers: 1
```

특별한 내용은 없다. 리스트의 원소에 접근하면 Int? 타입의 값을 얻는다. 따라서 그 값을 산술식에 사용하기 전에 널 여부를 검사해야 한다.

널이 될 수 있는 값으로 이뤄진 컬렉션으로 널 값을 걸러내는 경우가 자주 있어서 코틀린 표준 라이브러리는 그런 일을 하는 filterNotNull이라는 함수를 제공한다. 다음은 filterNotNull을 사용해 앞의 예제를 더 단순하게 만든 코드다.

```kotlin
fun addValidNumbers(numbers: List<Int?>) {
    val validNumbers = numbers.filterNotNull()
    println("Sum of valid numbers: ${validNumbers.sum()}")
```

286

```
    println("Invalid numbers: ${numbers.size - validNumbers.size}")
}
```

물론 걸러내는 연산도 컬렉션의 타입에 영향을 끼친다. filterNotNull이 컬렉션 안에 널이 들어있지 않음을 보장해주므로 validNumbers는 List<Int> 타입이다.

이제 코틀린에서 널이 될 수 있는 타입의 값으로 이뤄진 컬렉션에서 널 값과 아닌 값을 분류하는 방법을 배웠다. 다음으로는 코틀린에서 컬렉션을 구분하는 다른 중요한 기준인 변경 가능한 컬렉션과 읽기 전용 컬렉션(변경 불가능한 컬렉션)에 대해 살펴보자.

6.3.2 읽기 전용과 변경 가능한 컬렉션

코틀린 컬렉션과 자바 컬렉션을 나누는 가장 중요한 특성 하나는 코틀린에서는 컬렉션 안의 데이터에 접근하는 인터페이스와 컬렉션 안의 데이터를 변경하는 인터페이스를 분리했다는 점이다. 이런 구분은 코틀린 컬렉션을 다룰 때 사용하는 가장 기초적인 인터페이스인 kotlin.collections.Collection부터 시작한다. 이 Collection 인터페이스를 사용하면 컬렉션 안의 원소에 대해 이터레이션하고, 컬렉션의 크기를 얻고, 어떤 값이 컬렉션 안에 들어있는지 검사하고, 컬렉션에서 데이터를 읽는 여러 다른 연산을 수행할 수 있다. 하지만 Collection에는 원소를 추가하거나 제거하는 메서드가 없다.

컬렉션의 데이터를 수정하려면 kotlin.collections.MutableCollection 인터페이스를 사용하라. MutableCollection은 일반 인터페이스인 kotlin.collections.Collection을 확장하면서 원소를 추가하거나, 삭제하거나, 컬렉션 안의 원소를 모두 지우는 등의 메서드를 더 제공한다. 그림 6.11은 두 인터페이스에 들어있는 핵심 메서드를 보여준다.

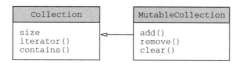

그림 6.11 MutableCollection은 Collection을 확장하면서 컬렉션 내용을 변경하는 메서드를 더 제공한다.

코드에서 가능하면 항상 읽기 전용 인터페이스를 사용하는 것을 일반적인 규칙으로 삼아라. 코드가 컬렉션을 변경할 필요가 있을 때만 변경 가능한 버전을 사용하라.

val과 var의 구별과 마찬가지로 컬렉션의 읽기 전용 인터페이스와 변경 가능 인터페이스를 구별한 이유는 프로그램에서 데이터에 어떤 일이 벌어지는지를 더 쉽게 이해하기 위함이다. 어떤 함수가 MutableCollection이 아닌 Collection 타입의 인자를 받는다면 그 함수는 컬렉션을 변경하지 않고 읽기만 한다. 반면 어떤 함수가 Mutable Collection을 인자로 받는다면 그 함수가 컬렉션의 데이터를 바꾸리라 가정할 수 있다. 어떤 컴포넌트의 내부 상태에 컬렉션이 포함된다면 그 컬렉션을 MutableCollection을 인자로 받는 함수에 전달할 때는 어쩌면 원본의 변경을 막기 위해 컬렉션을 복사해야 할 수도 있다(이런 패턴을 방어적 복사^{defensive copy}라고 부른다).

예를 들어 다음 copyElements 함수가 source 컬렉션은 변경하지 않지만 target 컬렉션을 변경하리라는 사실을 분명히 알 수 있다.

리스트 6.24 읽기 전용과 변경 가능한 컬렉션 인터페이스

```
fun <T> copyElements(source: Collection<T>,
                     target: MutableCollection<T>) {      source 컬렉션의 모든 원소에
                                                     ◀─── 대해 루프를 돈다.
    for (item in source) {
        target.add(item)              ◀───  변경 가능한 target 컬렉션에
    }                                       원소를 추가한다.
}
>>> val source: Collection<Int> = arrayListOf(3, 5, 7)
>>> val target: MutableCollection<Int> = arrayListOf(1)
>>> copyElements(source, target)
>>> println(target)
[1, 3, 5, 7]
```

target에 해당하는 인자로 읽기 전용 컬렉션을 넘길 수 없다. 실제 그 값(컬렉션)이 변경 가능한 컬렉션인지 여부와 관계없이 선언된 타입이 읽기 전용이라면 target에 넘기면

컴파일 오류가 난다.

```
>>> val source: Collection<Int> = arrayListOf(3, 5, 7)
>>> val target: Collection<Int> = arrayListOf(1)
>>> copyElements(source, target)
Error: Type mismatch: inferred type is Collection<Int>
    but MutableCollection<Int> was expected
```

"target" 인자에서
컴파일 오류가 발생한다.

컬렉션 인터페이스를 사용할 때 항상 염두에 둬야 할 핵심은 읽기 전용 컬렉션이라고 해서 꼭 변경 불가능한 컬렉션[3]일 필요는 없다는 점이다.[4] 읽기 전용 인터페이스 타입인 변수를 사용할 때 그 인터페이스는 실제로는 어떤 컬렉션 인스턴스를 가리키는 수많은 참조 중 하나일 수 있다. 그림 6.12처럼 같은 인스턴스를 가리키는 변경 가능한 인터페이스 타입의 참조도 있을 수 있다.

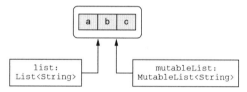

그림 6.12 같은 컬렉션 객체를 가리키는 다른 타입의 참조들(읽기 전용과 변경 가능 리스트)

이런 상황(어떤 동일한 컬렉션 객체를 가리키는 읽기 전용 컬렉션 타입의 참조와 변경 가능한 컬렉션 타입의 참조가 있는 경우)에서 이 컬렉션을 참조하는 다른 코드를 호출하거나 병렬 실행한다면 컬렉션을 사용하는 도중에 다른 컬렉션이 그 컬렉션의 내용을 변경하는 상황이 생길 수 있고, 이런 상황에서는 ConcurrentModificationException이나 다른 오류가 발생할 수 있다. 따라서 읽기 전용 컬렉션이 항상 스레드 안전thread safe하지는 않다는 점을 명심해야 한다. 다중 스레드 환경에서 데이터를 다루는 경우 그 데이터를 적절히 동기화하거나 동시 접근을 허용하는 데이터 구조를 활용해야 한다.

---

3. 나중에 코틀린 표준 라이브러리에 불변 컬렉션을 추가할 예정이다.

4. 현재 구현이 진행 중인 불변 컬렉션에 대한 제안 문서는 https://goo.gl/pWMW2e에 있고 구현 중인 컬렉션의 소스코드 깃허브 리포트는 https://goo.gl/uPNasc에 있다. — 옮긴이

그렇다면 코틀린은 읽기 전용 컬렉션과 변경 가능 컬렉션을 어떻게 구분하는 걸까? 앞에서 코틀린의 컬렉션은 자바 컬렉션과 동일하다고 하지 않았던가? 그렇다면 이는 모순 아닐까? 이제 정말 어떤 일이 벌어지고 있는지 자세히 살펴보자.

6.3.3 코틀린 컬렉션과 자바

모든 코틀린 컬렉션은 그에 상응하는 자바 컬렉션 인터페이스의 인스턴스라는 점은 사실이다. 따라서 코틀린과 자바 사이를 오갈 때 아무 변환도 필요 없다. 또한 래퍼 클래스를 만들거나 데이터를 복사할 필요도 없다. 하지만 그림 6.13에서 보듯 코틀린은 모든 자바 컬렉션 인터페이스마다 읽기 전용 인터페이스와 변경 가능한 인터페이스라는 두 가지 표현^{representation}을 제공한다.

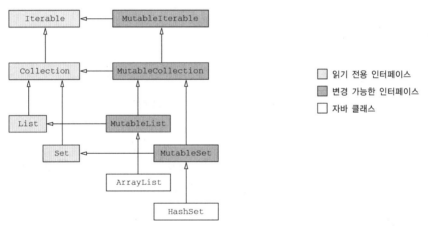

그림 6.13 코틀린 컬렉션 인터페이스의 계층 구조. 자바 클래스 ArrayList와 HashSet은 코틀린의 변경 가능 인터페이스를 확장한다.

그림 6.13에 표시된 모든 컬렉션 인터페이스는 코틀린에서 정의한 것이다. 코틀린의 읽기 전용과 변경 가능 인터페이스의 기본 구조는 `java.util` 패키지에 있는 자바 컬렉션 인터페이스의 구조를 그대로 옮겨 놓았다. 추가로 변경 가능한 각 인터페이스는 자신과 대응하는 읽기 전용 인터페이스를 확장(상속)한다. 변경 가능한 인터페이스는 `java.util`

패키지에 있는 인터페이스와 직접적으로 연관되지만 읽기 전용 인터페이스에는 컬렉션을 변경할 수 있는 모든 요소가 빠져있다.

그림 6.13에는 자바 표준 클래스를 코틀린에서 어떻게 취급하는지 보여주기 위해 `java.util.ArrayList`와 `java.util.HashSet` 클래스가 들어있다. 코틀린은 이들이 마치 각각 코틀린의 `MutableList`와 `MutableSet` 인터페이스를 상속한 것처럼 취급한다. 자바 컬렉션 라이브러리에 있는 다른 구현(`LinkedList`, `SortedSet` 등)은 따로 표시하지 않지만 코틀린은 그들도 마찬가지로 코틀린 상위 타입을 갖는 것처럼 취급한다. 이런 방식을 통해 코틀린은 자바 호환성을 제공하는 한편 읽기 전용 인터페이스와 변경 가능 인터페이스를 분리한다.

컬렉션과 마찬가지로 `Map` 클래스(맵은 `Collection`이나 `Iterable`을 확장하지 않는다)도 코틀린에서 `Map`과 `MutableMap`이라는 두 가지 버전으로 나타난다. 표 6.1은 여러 다른 컬렉션을 만들 때 사용하는 함수를 보여준다.

표 6.1 컬렉션 생성 함수

컬렉션 타입	읽기 전용 타입	변경 가능 타입
List	listOf	mutableListOf, arrayListOf
Set	setOf	mutableSetOf, hashSetOf, linkedSetOf, sortedSetOf
Map	mapOf	mutableMapOf, hashMapOf, linkedMapOf, sortedMapOf

`setOf()`와 `mapOf()`는 자바 표준 라이브러리에 속한 클래스의 인스턴스를 반환한다(최소한 코틀린 1까지는 그렇다).[5] 그들은 내부에서는 변경 가능한 클래스다.[6] 하지만 그 둘이 변경 가능한 클래스라는 사실에 의존하면 안 된다. 미래에는 `setOf`나 `mapOf`가 진정한

---

5. 코틀린 라이브러리 소스를 보면 코틀린 1.1.4에서도 마찬가지다. 예를 들어 코틀린 깃 리포지터리에서 1.1.4 버전의 `mapOf`는 https://goo.gl/L4XMcf에 있는 Maps.kt 파일에서 볼 수 있는데, 원소가 하나면 싱글턴 맵(`java.util.Collections.singletonMap`), 둘 이상이면 연결 해시 맵(`LinkedHashMap`)을 사용한다. – 옮긴이

6. `Collection.unmodifiable`로 감싸면 간접 접근에 따른 부가 비용이 생기므로 `unmodifiable`로 감싸지는 않는다.

불변 컬렉션 인스턴스를 반환하게 바뀔 수도 있다.

자바 메서드를 호출하되 컬렉션을 인자로 넘겨야 한다면 따로 변환하거나 복사하는 등의 추가 작업 없이 직접 컬렉션을 넘기면 된다. 예를 들어 java.util.Collection을 파라미터로 받는 자바 메서드가 있다면 아무 Collection이나 MutableCollection 값을 인자로 넘길 수 있다.

이런 성질로 인해 컬렉션의 변경 가능성과 관련해 중요한 문제가 생긴다. 자바는 읽기 전용 컬렉션과 변경 가능 컬렉션을 구분하지 않으므로, 코틀린에서 읽기 전용 Collection으로 선언된 객체라도 자바 코드에서는 그 컬렉션 객체의 내용을 변경할 수 있다. 코틀린 컴파일러는 자바 코드가 컬렉션에 대해 어떤 일을 하는지 완전히 분석할 수 없다. 따라서 컬렉션을 변경하는 자바 메서드에 읽기 전용 Collection을 넘겨도 코틀린 컴파일러가 이를 막을 수 없다. 예를 들어 다음 두 코드를 함께 사용하면 호환 가능한 코틀린/자바 혼용 프로그램이 된다.

```java
/* 자바 코드 */
// CollectionUtils.java
public class CollectionUtils {
    public static List<String> uppercaseAll(List<String> items) {
        for (int i = 0; i < items.size(); i++) {
            items.set(i, items.get(i).toUpperCase());
        }
        return items;
    }
}
```

```kotlin
// 코틀린 코드
// collections.kt
fun printInUppercase(list: List<String>) {      ◀── 읽기 전용 파라미터를 선언한다.
    println(CollectionUtils.uppercaseAll(list))  ◀── 컬렉션을 변경하는 자바 함수를 호출한다.
    println(list.first())       ◀── 컬렉션이 변경됐는지 살펴본다.
}
```

```
>>> val list = listOf("a", "b", "c")
>>> printInUppercase(list)
[A, B, C]
A
```

따라서 여러분이 컬렉션을 자바로 넘기는 코틀린 프로그램을 작성한다면 호출하려는 자바 코드가 컬렉션을 변경할지 여부에 따라 올바른 파라미터 타입[7]을 사용할 책임은 여러분에게 있다.

이런 함정은 널이 아닌 원소로 이뤄진 컬렉션 타입에서도 발생한다. 널이 아닌 원소로 이뤄진 컬렉션을 자바 메서드로 넘겼는데 자바 메서드가 널을 컬렉션에 넣을 수도 있다. 코틀린에서 이를 금지할 방법이 없고, 성능을 포기하지 않고는 컬렉션에 널 값이 들어왔는지 감지할 방법도 없다. 따라서 컬렉션을 자바 코드에게 넘길 때는 특별히 주의를 기울여야 하며, 코틀린 쪽 타입이 적절히 자바 쪽에서 컬렉션에게 가할 수 있는 변경의 내용을 반영(널 가능성이나 불변성 등)하게 해야 한다.

이제 자바 코드에 선언된 컬렉션을 코틀린에서 어떻게 다루는지 자세히 살펴보자.

6.3.4 컬렉션을 플랫폼 타입으로 다루기

6장의 앞에서 설명한 널 가능성을 기억한다면 자바 코드에서 정의한 타입을 코틀린에서는 플랫폼 타입으로 본다는 사실을 알 것이다. 플랫폼 타입의 경우 코틀린 쪽에는 널 관련 정보가 없다. 따라서 컴파일러는 코틀린 코드가 그 타입을 널이 될 수 있는 타입이나 널이 될 수 없는 타입 어느 쪽으로든 사용할 수 있게 허용한다. 마찬가지로 자바 쪽에서 선언한 컬렉션 타입의 변수를 코틀린에서는 플랫폼 타입으로 본다. 플랫폼 타입인 컬렉션은 기본적으로 변경 가능성에 대해 알 수 없다. 따라서 코틀린 코드는 그 타입을 읽기 전용 컬렉션이나 변경 가능한 컬렉션 어느 쪽으로든 다룰 수 있다. 보통은 원하

---

7. 다시 말하지만 변경 불가능한 컬렉션 타입을 넘겨도 자바 쪽에서 내용을 변경할 수 있다. 따라서 자바 쪽에서 컬렉션을 변경할 여지가 있다면 아예 코틀린 쪽에서도 변경 가능한 컬렉션 타입을 사용해서 자바 코드 수행 후 컬렉션 내용이 변할 수 있음을 코드에 남겨둬야 한다. – 옮긴이

는 동작이 그냥 잘 수행될 가능성이 높으므로 이는 실제 문제가 되지는 않는다.

하지만 컬렉션 타입이 시그니처에 들어간 자바 메서드 구현을 오버라이드하려는 경우 읽기 전용 컬렉션과 변경 가능 컬렉션의 차이가 문제가 된다. 플랫폼 타입에서 널 가능성을 다룰 때처럼 이런 경우에도 오버라이드하려는 메서드의 자바 컬렉션 타입을 어떤 코틀린 컬렉션 타입으로 표현할지 결정해야 한다.

이런 상황에서는 여러 가지를 선택해야 한다. 그리고 이렇게 선택한 내용을 코틀린에서 사용할 컬렉션 타입에 반영해야 한다.

- 컬렉션이 널이 될 수 있는가?
- 컬렉션의 원소가 널이 될 수 있는가?
- 오버라이드하는 메서드가 컬렉션을 변경할 수 있는가?

선택에 따라 차이가 생기는 몇 가지 경우를 살펴보자. 첫 번째 예제에서는 자바 인터페이스가 파일에 들어있는 텍스트를 처리하는 객체를 표현한다.

리스트 6.25 컬렉션 파라미터가 있는 자바 인터페이스

```java
/* 자바 */
interface FileContentProcessor {
    void processContents(File path,
        byte[] binaryContents,
        List<String> textContents);
}
```

이 인터페이스를 코틀린으로 구현하려면 다음을 선택해야 한다.

- 일부 파일은 이진 파일이며 이진 파일 안의 내용은 텍스트로 표현할 수 없는 경우가 있으므로 리스트는 널이 될 수 있다.
- 파일의 각 줄은 널일 수 없으므로 이 리스트의 원소는 널이 될 수 없다.
- 이 리스트는 파일의 내용을 표현하며 그 내용을 바꿀 필요가 없으므로 읽기 전용이다.

다음은 이를 코틀린으로 구현한 모습을 보여준다.

```kotlin
class FileIndexer : FileContentProcessor {
    override fun processContents(path: File,
        binaryContents: ByteArray?,
        textContents: List<String>?) {

        // ...

    }
}
```

이를 다른 인터페이스와 비교해보자. 여기서는 인터페이스를 구현한 클래스가 텍스트 폼에서 읽은 데이터를 파싱해서 객체 리스트를 만들고, 그 리스트의 객체들을 출력 리스트 뒤에 추가하고, 데이터를 파싱하는 과정에서 발생한 오류 메시지를 별도의 리스트에 넣어서 오류를 보고한다.

```java
/* 자바 */
interface DataParser<T> {
    void parseData(String input,
        List<T> output,
        List<String> errors);
}
```

이 예제에서 선택한 내용은 다음과 같다.

- 호출하는 쪽에서 항상 오류 메시지를 받아야 하므로 List<String>은 널이 되면 안 된다.
- errors의 원소는 널이 될 수도 있다. output에 들어가는 정보를 파싱하는 과정에서 오류가 발생하지 않으면 그 정보와 연관된 오류 메시지는 널이다.

- 구현 코드에서 원소를 추가할 수 있어야 하므로 List<String>은 변경 가능해야 한다.

이를 코틀린으로 구현하면 다음과 같다.

리스트 6.28 DataParser의 코틀린 구현

```kotlin
class PersonParser : DataParser<Person> {
    override fun parseData(input: String,
      output: MutableList<Person>,
      errors: MutableList<String?>) {
        // ...
    }
}
```

자바에서는 같았던 타입(List<String>)이 코틀린에서 어떻게 달라졌는지 살펴보라. 자바 List<String>를 구현하는데 한 구현은 List<String>?(문자열로 이뤄진 널이 될 수 있는 읽기 전용 리스트)를 사용하고, 다른 구현은 MutableList<String?>(널이 될 수 있는 문자열로 이뤄진 변경 가능한 리스트)를 사용한다. 이런 선택을 제대로 하려면 자바 인터페이스나 클래스가 어떤 맥락에서 사용되는지 정확히 알아야 한다. 보통 자바에서 가져온 컬렉션에 대해 코틀린 구현에서 어떤 작업을 수행해야 할지 검토하면 쉽게 결정을 내릴 수 있다.

지금까지 컬렉션에 대해 살펴봤다. 이제는 배열에 대해 살펴볼 때다. 앞에서 말한 것처럼 기본적으로는 배열보다는 컬렉션을 더 먼저 사용해야 한다. 하지만 여러 자바 API가 여전히 배열을 사용하므로 배열을 써야 하는 경우가 생긴다. 이제 코틀린에서 배열을 다루는 방법을 설명한다.

6.3.5 객체의 배열과 원시 타입의 배열

자바 main 함수의 표준 시그니처에는 배열 파라미터가 들어있어서 지금까지 살펴본 여러 예제에서 코틀린 배열 타입을 이미 봤다. 다음 예제는 코틀린 배열이 어떻게 생겼는지 다시 한 번 보여준다.

리스트 6.29 배열 사용하기

```
fun main(args: Array<String>) {
    for (i in args.indices) {          ◄─── 배열의 인덱스 값의 범위에 대해 이터레이션하기
        println("Argument $i is: ${args[i]}")   위해 array.indices 확장 함수를 사용한다.
    }                                  ◄─── array[index]로 인덱스를 사용해
}                                           배열 원소에 접근한다.
```

코틀린 배열은 타입 파라미터를 받는 클래스다. 배열의 원소 타입은 바로 그 타입 파라미터에 의해 정해진다.

코틀린에서 배열을 만드는 방법은 다양하다.

- arrayOf 함수에 원소를 넘기면 배열을 만들 수 있다.
- arrayOfNulls 함수에 정수 값을 인자로 넘기면 모든 원소가 null이고 인자로 넘긴 값과 크기가 같은 배열을 만들 수 있다. 물론 원소 타입이 널이 될 수 있는 타입인 경우에만 이 함수를 쓸 수 있다.
- Array 생성자는 배열 크기와 람다를 인자로 받아서 람다를 호출해서 각 배열 원소를 초기화해준다. arrayOf를 쓰지 않고 각 원소가 널이 아닌 배열을 만들어야 하는 경우 이 생성자를 사용한다.

간단한 예제로 다음은 Array 생성자를 사용해 a부터 z까지 26개의 알파벳 소문자에 해당하는 문자열이 원소인 배열을 만든다.

```
>>> val letters = Array<String>(26) { i -> ('a' + i).toString() }
>>> println(letters.joinToString(""))
abcdefghijklmnopqrstuvwxyz
```

람다는 배열 원소의 인덱스를 인자로 받아서 배열의 해당 위치에 들어갈 원소를 반환한다. 여기서는 인덱스 값에 a 문자 값을 더한 결과를 문자열로 변환한다. 타입을 좀 더 분명히 보여주기 위해 Array<String>(26) ...처럼 타입 인자를 굳이 지정했지만 생략해도 컴파일러가 알아서 원소 타입을 추론해준다.

이미 말한 대로 코틀린에서는 배열을 인자로 받는 자바 함수를 호출하거나 vararg 파라미터를 받는 코틀린 함수를 호출하기 위해 가장 자주 배열을 만든다. 하지만 이때 데이터가 이미 컬렉션에 들어 있다면 컬렉션을 배열로 변환해야 한다. toTypedArray 메서드를 사용하면 쉽게 컬렉션을 배열로 바꿀 수 있다.

리스트 6.31 컬렉션을 vararg 메서드에게 넘기기

```
>>> val strings = listOf("a", "b", "c")
>>> println("%s/%s/%s".format(*strings.toTypedArray()))   ◀─┐ vararg 인자를 넘기기 위해
a/b/c                                                        └ 스프레드 연산자(*)를 써야 한다.
```

다른 제네릭 타입에서처럼 배열 타입의 타입 인자도 항상 객체 타입이 된다. 따라서 Array<Int> 같은 타입을 선언하면 그 배열은 박싱된 정수의 배열(자바 타입은 java.lang.Integer[])이다. 박싱하지 않은 원시 타입의 배열이 필요하다면 그런 타입을 위한 특별한 배열 클래스를 사용해야 한다.

코틀린은 원시 타입의 배열을 표현하는 별도 클래스를 각 원시 타입마다 하나씩 제공한다. 예를 들어 Int 타입의 배열은 IntArray다. 코틀린은 ByteArray, CharArray, BooleanArray 등의 원시 타입 배열을 제공한다. 이 모든 타입은 자바 원시 타입 배열인 int[], byte[], char[] 등으로 컴파일된다. 따라서 그런 배열의 값은 박싱하지 않고 가장 효율적인 방식으로 저장된다.

원시 타입의 배열을 만드는 방법은 다음과 같다.

- 각 배열 타입의 생성자는 size 인자를 받아서 해당 원시 타입의 디폴트 값(보통은 0)으로 초기화된 size 크기의 배열을 반환한다.
- 팩토리 함수(IntArray를 생성하는 intArrayOf 등)는 여러 값을 가변 인자로 받아서 그런 값이 들어간 배열을 반환한다.
- (일반 배열과 마찬가지로) 크기와 람다를 인자로 받는 생성자를 사용한다.

다음은 첫 번째와 두 번째 방법으로 5개의 0이 들어있는 배열을 만드는 코드를 보여준다.

```
val fiveZeros = IntArray(5)
val fiveZerosToo = intArrayOf(0, 0, 0, 0, 0)
```

다음은 람다를 인자로 받는 생성자를 사용하는 방법이다.

```
>>> val squares = IntArray(5) { i -> (i+1) * (i+1) }
>>> println(squares.joinToString())
1, 4, 9, 16, 25
```

이 밖에 박싱된 값이 들어있는 컬렉션이나 배열이 있다면 toIntArray 등의 변환 함수를 사용해 박싱하지 않은 값이 들어있는 배열로 변환할 수 있다.

이제 배열로 할 수 있는 일을 예제를 통해 살펴보자. 코틀린 표준 라이브러리는 배열 기본 연산(배열 길이 구하기, 원소 설정하기, 원소 읽기)에 더해 컬렉션에 사용할 수 있는 모든 확장 함수를 배열에도 제공한다. 5장에서 살펴본 함수(filter, map 등)를 배열에 써도 잘 작동한다. 원시 타입인 원소로 이뤄진 배열에도 그런 확장 함수를 똑같이 사용할 수 있다(다만 이런 함수가 반환하는 값은 배열이 아니라 리스트라는 점에 유의하라).

이제 리스트 6.30을 forEachIndexed 함수와 람다를 사용해 다시 작성하자. forEachIndexed는 배열의 모든 원소를 갖고 인자로 받은 람다를 호출해준다. 이때 배열의 원소와 그 원소의 인덱스를 람다에게 인자로 전달한다.

```
fun main(args: Array<String>) {
    args.forEachIndexed { index, element ->
        println("Argument $index is: $element")
    }
}
```

코드에서 배열을 사용하는 방법을 배웠다. 코틀린에서 배열을 다루는 일은 컬렉션을 다루는 일만큼이나 쉽다.

6.4 요약

- 코틀린은 널이 될 수 있는 타입을 지원해 NullPointerException 오류를 컴파일 시점에 감지할 수 있다.

- 코틀린의 안전한 호출(?.), 엘비스 연산자(?:), 널 아님 단언(!!), let 함수 등을 사용하면 널이 될 수 있는 타입을 간결한 코드로 다룰 수 있다.

- as? 연산자를 사용하면 값을 다른 타입으로 변환하는 것과 변환이 불가능한 경우를 처리하는 것을 한꺼번에 편리하게 처리할 수 있다.

- 자바에서 가져온 타입은 코틀린에서 플랫폼 타입으로 취급된다. 개발자는 플랫폼 타입을 널이 될 수 있는 타입으로도, 널이 될 수 없는 타입으로도 사용할 수 있다.

- 코틀린에서는 수를 표현하는 타입(Int 등)이 일반 클래스와 똑같이 생겼고 일반 클래스와 똑같이 동작한다. 하지만 대부분 컴파일러는 숫자 타입을 자바 원시 타입(int 등)으로 컴파일한다.

- 널이 될 수 있는 원시 타입(Int? 등)은 자바의 박싱한 원시 타입(java.lang.Integer 등)에 대응한다.

- Any 타입은 다른 모든 타입의 조상 타입이며, 자바의 Object에 해당한다. Unit 은 자바의 void와 비슷하다.
- 정상적으로 끝나지 않는 함수의 반환 타입을 지정할 때 Nothing 타입을 사용한다.
- 코틀린 컬렉션은 표준 자바 컬렉션 클래스를 사용한다. 하지만 코틀린은 자바보다 컬렉션을 더 개선해서 읽기 전용 컬렉션과 변경 가능한 컬렉션을 구별해 제공한다.
- 자바 클래스를 코틀린에서 확장하거나 자바 인터페이스를 코틀린에서 구현하는 경우 메서드 파라미터의 널 가능성과 변경 가능성에 대해 깊이 생각해야 한다.
- 코틀린의 Array 클래스는 일반 제네릭 클래스처럼 보인다. 하지만 Array는 자바 배열로 컴파일된다.
- 원시 타입의 배열은 IntArray와 같이 각 타입에 대한 특별한 배열로 표현된다.

Part 2

코틀린답게 사용하기

지금까지 이 책을 본 독자라면 자바나 코틀린으로 작성한 라이브러리 API를 코틀린으로 쉽게 활용할 수 있을 것이다. 2부에서는 코틀린으로 여러분 자신의 API를 만드는 방법을 배운다. 라이브러리를 개발하는 사람만 API를 만들지는 않는다는 사실을 명심해야 한다. 프로그램 안에서 상호작용하는 클래스가 둘 이상이라면 다른 클래스에게 API를 제공하는 클래스가 적어도 하나 이상 있기 마련이다.

7장에서는 관례convention에 대해 배운다. 코틀린은 연산자 오버로딩과 프로퍼티 위임 등의 기법에 관례를 사용한다. 8장에서는 람다를 더 자세히 살펴보고, 람다를 인자로 받는 함수를 선언하는 방법을 배운다. 그 후 코틀린이 자바 고급 개념을 어떻게 채택했는지 살펴본다. 그런 개념으로는 제네릭스(9장)와 애너테이션 및 리플렉션(10장)이 있다. 10장에서는 상당히 큰 실제 코틀린 프로젝트인 JSON 직렬화/역직렬화 라이브러리 제이키드 JKid를 살펴본다. 마지막으로 11장에서는 코틀린의 가장 멋진 기능 중 하나인 영역 특화 언어 DSL 지원을 살펴본다.

7

연산자 오버로딩과
기타 관례

여러분도 알겠지만 자바에는 표준 라이브러리와 밀접하게 연관된 언어 기능이 몇 가지 있다. 예를 들어 for ... in 루프에 java.lang.Iterable을 구현한 객체를 사용할 수 있고, 자원을 사용하는 try문 try-with-resource statement에 java.lang.AutoCloseable을 구현한 객체를 사용할 수 있다.

이와 비슷하게 코틀린에서도 어떤 언어 기능이 정해진 사용자 작성 함수와 연결되는 경우가 몇 가지 있다. 하지만 코틀린에서는 이런 언어 기능이 어떤 타입(클래스)과 연관되기보다는 특정 함수 이름과 연관된다. 예를 들어 어떤 클래스 안에 plus라는 이름의 특별한 메서드를 정의하면 그 클래스의 인스턴스에 대해 + 연산자를 사용할 수 있다. 이런 식으로 어떤 언어 기능과 미리 정해진 이름의 함수를 연결해주는 기법을 코틀린에서는 관례convention라고 부른다. 7장에서는 코틀린이 지원하는 여러 관례와 그 관례의 사용법을 살펴본다.

언어 기능을 타입에 의존하는 자바와 달리 코틀린은 (함수 이름을 통한) 관례에 의존한다. 코틀린에서 이런 관례를 채택한 이유는 기존 자바 클래스를 코틀린 언어에 적용하기 위함이다. 기존 자바 클래스가 구현하는 인터페이스는 이미 고정돼 있고 코틀린 쪽에서 자바 클래스가 새로운 인터페이스를 구현하게 만들 수는 없다. 반면 확장 함수를 사용하면 기존 클래스에 새로운 메서드를 추가할 수 있다. 따라서 기존 자바 클래스에 대해 확장 함수를 구현하면서 관례에 따라 이름을 붙이면 기존 자바 코드를 바꾸지 않아도 새로운 기능을 쉽게 부여할 수 있다.

7장에서는 화면상의 점을 표현하는 Point 클래스를 예제로 계속 사용한다. 대부분의 UI 프레임워크에는 그와 비슷한 클래스가 있다. 따라서 앞으로 살펴볼 예제 코드를 쉽게 여러분 자신의 프로젝트에 맞게 변형할 수 있을 것이다.

```
data class Point(val x: Int, val y: Int)
```

일단 Point 클래스에 속한 객체에 대한 산술 연산을 몇 가지 정의해보자.

7.1 산술 연산자 오버로딩

코틀린에서 관례를 사용하는 가장 단순한 예는 산술 연산자다. 자바에서는 원시 타입에 대해서만 산술 연산자를 사용할 수 있고, 추가로 String에 대해 + 연산자를 사용할 수 있다. 그러나 다른 클래스에서도 산술 연산자가 유용한 경우가 있다. 예를 들어 BigInteger 클래스를 다룬다면 add 메서드를 명시적으로 호출하기보다는 + 연산을 사용하는 편이 더 낫다. 컬렉션에 원소를 추가하는 경우에도 += 연산자를 사용할 수 있으면 더 좋다. 코틀린에서는 그런 일이 가능하다. 이번 절에서는 어떻게 클래스에 대한 일반 산술 연산자를 정의할 수 있는지 살펴보자.

7.1.1 이항 산술 연산 오버로딩

Point에서 지원하고픈 첫 번째 연산은 두 점을 더하는 연산이다. 이 연산은 두 점의 X 좌표와 Y 좌표를 각각 더한다. 다음 코드는 + 연산자 구현을 보여준다.

리스트 7.1 plus 연산자 구현하기

```
data class Point(val x: Int, val y: Int) {        "plus"라는 이름의 연산자
    operator fun plus(other: Point): Point {  ◀── 함수를 정의한다.

        return Point(x + other.x, y + other.y)  ◀── 좌표를 성분별로 더한
                                                     새로운 점을 반환한다.
    }
}
>>> val p1 = Point(10, 20)
>>> val p2 = Point(30, 40)          +로 계산하면 "plus" 함수가
>>> println(p1 + p2)          ◀──   호출된다.
Point(x=40, y=60)
```

plus 함수 앞에 operator 키워드를 붙여야 한다. 연산자를 오버로딩하는 함수 앞에는 꼭 operator가 있어야 한다. operator 키워드를 붙임으로써 어떤 함수가 관례를 따르는 함수임을 명확히 할 수 있다. operator가 없는데 실수로 관례에서 사용하는 함수 이름을 쓰고 우연히 그 이름에 해당하는 기능을 사용한다면 "operator modifier is required..."(operator 변경자를 추가해야 함) 오류를 통해 이름이 겹쳤다는 사실을 알고 문제를 해결할 수 있다.

　　operator 변경자를 추가해 plus 함수를 선언하고 나면 + 기호로 두 Point 객체를 더할 수 있다. 내부에서는 그림 7.1처럼 plus 함수가 호출된다.

그림 7.1 + 연산자는 `plus` 함수 호출로 컴파일된다.

연산자를 멤버 함수로 만드는 대신 확장 함수로 정의할 수도 있다.

```
operator fun Point.plus(other: Point): Point {
    return Point(x + other.x, y + other.y)
}
```

이 구현도 앞의 구현과 똑같다. 외부 함수의 클래스에 대한 연산자를 정의할 때는 관례를 따르는 이름의 확장 함수로 구현하는 게 일반적인 패턴이다. 프로젝트 안에서 직접 작성한 클래스에 대해 관례를 따르는 확장 함수를 만들어도 역시 잘 작동한다. 따라서 7장에서는 확장 함수를 사용해 대부분의 관례를 구현한다.

다른 언어와 비교할 때 코틀린에서 오버로딩한 연산자를 정의하고 사용하기가 더 쉽다. 코틀린에서는 프로그래머가 직접 연산자를 만들어 사용할 수 없고 언어에서 미리 정해둔 연산자만 오버로딩할 수 있으며, 관례에 따르기 위해 클래스에서 정의해야 하는 이름이 연산자별로 정해져 있다. 표 7.1은 코틀린에서 정의할 수 있는 이항 연산자와 그에 상응하는 연산자 함수 이름을 보여준다.

표 7.1 오버로딩 가능한 이항 산술 연산자

식	함수 이름
a * b	times
a / b	div
a % b	mod(1.1부터 rem)
a + b	plus
a - b	minus

직접 정의한 함수를 통해 구현하더라도 연산자 우선순위는 언제나 표준 숫자 타입에 대한 연산자 우선순위와 같다. 예를 들어 a + b * c라는 식에서는 언제나 곱셈이 항상 덧셈보다 먼저 수행된다. *, /, %는 모두 우선순위가 같고, 이 셋의 우선순위는 +와 - 연산자보다 높다.

> **연산자 함수와 자바**
>
> 코틀린 연산자를 자바에서 호출하기는 쉽다. 모든 오버로딩한 연산자는 함수로 정의되며, 긴 이름(FQN)을 사용하면 일반 함수로 호출할 수 있다. 자바를 코틀린에서 호출하는 경우에는 함수 이름이 코틀린의 관례에 맞아 떨어지기만 하면 항상 연산자 식을 사용해 그 함수를 호출할 수 있다. 자바에서는 따로 연산자에 표시를 할 수 없으므로 operator 변경자를 사용해야 한다는 요구 사항을 자바 메서드에 적용할 수는 없다. 따라서 이름과 파라미터의 개수만 문제가 된다. 자바 클래스에 여러분이 원하는 연산자 기능을 제공하는 메서드가 이미 있지만, 이름만 다르다면 관례에 맞는 이름을 가진 확장 함수를 작성하고 연산을 기존 자바 메서드에 위임하면 된다.

연산자를 정의할 때 두 피연산자(연산자 함수의 두 파라미터)가 같은 타입일 필요는 없다. 예를 들어 어떤 점을 비율에 따라 확대/축소하는 연산자를 정의해보자. 이를 사용해 여러 다른 좌표계 사이에 점을 변환할 수 있다.

리스트 7.3 두 피연산자의 타입이 다른 연산자 정의하기

```
operator fun Point.times(scale: Double): Point {
    return Point((x * scale).toInt(), (y * scale).toInt())
}
>>> val p = Point(10, 20)
>>> println(p * 1.5)
Point(x=15, y=30)
```

코틀린 연산자가 자동으로 교환 법칙commutativity(a op b == b op a인 성질)을 지원하지는 않음에 유의하라. 사용자가 p * 1.5 외에 1.5 * p라고도 쓸 수 있어야 한다면 p * 1.5와 같은 식에 대응하는 연산자 함수인 operator fun Double.times(p: Point): Point

를 더 정의해야 한다.

연산자 함수의 반환 타입이 꼭 두 피연산자 중 하나와 일치해야만 하는 것도 아니다. 예를 들어 어떤 문자를 여러 번 반복해서 문자열을 만들어내는 연산자를 다음과 같이 정의할 수 있다.

리스트 7.4 결과 타입이 피연산자 타입과 다른 연산자 정의하기

```
operator fun Char.times(count: Int): String {
    return toString().repeat(count)
}

>>> println('a' * 3)
aaa
```

이 연산자는 Char을 좌항으로 받고 Int를 우항으로 받아서 String을 돌려준다. 이런 식의 피연산자와 결과 타입 조합도 완전히 합법적인 연산자 오버로딩이다.

일반 함수와 마찬가지로 operator 함수도 오버로딩할 수 있다. 따라서 이름은 같지만 파라미터 타입이 서로 다른 연산자 함수를 여럿 만들 수 있다.

비트 연산자에 대해 특별한 연산자 함수를 사용하지 않는다.

코틀린은 표준 숫자 타입에 대해 비트 연산자를 정의하지 않는다. 따라서 커스텀 타입에서 비트 연산자를 정의할 수도 없다. 대신에 중위 연산자 표기법을 지원하는 일반 함수를 사용해 비트 연산을 수행한다. 커스텀 타입에서도 그와 비슷한 함수를 정의해 사용할 수 있다.

다음은 코틀린에서 비트 연산을 수행하는 함수의 목록이다.

- shl – 왼쪽 시프트(자바 <<)
- shr – 오른쪽 시프트(부호 비트 유지, 자바 >>)
- ushr – 오른쪽 시프트(0으로 부호 비트 설정, 자바 >>>)
- and – 비트 곱(자바 &)
- or – 비트 합(자바 |)
- xor – 비트 배타 합(자바 ^)
- inv – 비트 반전(자바 ~)

다음 예제는 일부 함수의 사용법을 보여준다.

```
>>> println(0x0F and 0xF0)
0
>>> println(0x0F or 0xF0)
255
>>> println(0x1 shl 4)
16
```

이제는 +=처럼 대입과 산술 연산을 하나로 합친 연산자에 대해 설명한다.

7.1.2 복합 대입 연산자 오버로딩

plus와 같은 연산자를 오버로딩하면 코틀린은 + 연산자뿐 아니라 그와 관련 있는 연산자인 +=도 자동으로 함께 지원한다. +=, -= 등의 연산자는 복합 대입^{compound assignment} 연산자라 불린다. 다음 예를 보자.

```
>>> var point = Point(1, 2)
>>> point += Point(3, 4)
>>> println(point)
Point(x=4, y=6)
```

point += Point(3, 4)는 point = point + Point(3, 4)라고 쓴 식과 같다. 물론 변수가 변경 가능한 경우에만 복합 대입 연산자를 사용할 수 있다.

경우에 따라 += 연산이 객체에 대한 참조를 다른 참조로 바꾸기보다[1] 원래 객체의 내부 상태를 변경하게 만들고 싶을 때가 있다. 변경 가능한 컬렉션에 원소를 추가하는

---

1. point = point + Point(3, 4)의 실행을 하나하나 따라가 보자. point의 plus는 새로운 객체를 반환하므로 point + Point(3, 4)는 두 점의 좌표 성분을 각각 더한 값을 성분으로 하는 새로운 Point 객체를 반환한다. 그 후 대입이 이뤄지면 point 변수는 새로운 Point 객체를 가리키게 된다. 따라서 += 연산은 참조를 다른 참조로 바꿔치기 한다. – 옮긴이

경우가 대표적인 예다.

```
>>> val numbers = ArrayList<Int>()
>>> numbers += 42
>>> println(numbers[0])
42
```

반환 타입이 Unit인 plusAssign 함수를 정의하면 코틀린은 += 연산자에 그 함수를 사용한다. 다른 복합 대입 연산자 함수도 비슷하게 minusAssign, timesAssign 등의 이름을 사용한다.

코틀린 표준 라이브러리는 변경 가능한 컬렉션에 대해 plusAssign을 정의하며, 앞의 예제는 그 plusAssign을 사용한다.

```
operator fun <T> MutableCollection<T>.plusAssign(element: T) {
    this.add(element)
}
```

이론적으로는 코드에 있는 +=를 plus와 plusAssign 양쪽으로 컴파일할 수 있다(그림 7.2를 보라). 어떤 클래스가 이 두 함수를 모두 정의하고 둘 다 +=에 사용 가능한 경우 컴파일러는 오류를 보고한다. 일반 연산자를 사용하면 이를 해결할 수 있다. 다른 방법으로 var를 val로 바꿔서 plusAssign 적용이 불가능하게 할 수도 있다. 하지만 일반적으로 새로운 클래스를 일관성 있게 설계하는 게 가장 좋다. plus와 plusAssign 연산을 동시에 정의하지 말라. 클래스가 앞에서 본 Point처럼 변경 불가능하다면 plus와 같이 새로운 값을 반환하는 연산만을 추가해야 한다. 빌더와 같이 변경 가능한 클래스를 설계한다면 plusAssign이나 그와 비슷한 연산만을 제공하라.

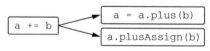

그림 7.2 += 연산자는 plus 또는 plusAssign 함수 호출로 번역할 수 있다.

코틀린 표준 라이브러리는 컬렉션에 대해 두 가지 접근 방법을 함께 제공한다. +와 −는 항상 새로운 컬렉션을 반환하며, +=와 −= 연산자는 항상 변경 가능한 컬렉션에 작용해 메모리에 있는 객체 상태를 변화시킨다. 또한 읽기 전용 컬렉션에서 +=와 −=는 변경을 적용한 복사본을 반환한다(따라서 var로 선언한 변수가 가리키는 읽기 전용 컬렉션에만 +=와 −=를 적용할 수 있다). 이런 연산자의 피연산자로는 개별 원소를 사용하거나 원소 타입이 일치하는 다른 컬렉션을 사용할 수 있다.

```
>>> val list = arrayListOf(1, 2)
>>> list += 3                          ◀─── +=는 "list"를 변경한다.
>>> val newList = list + listOf(4, 5)  ◀── +는 두 리스트의 모든 원소를
>>> println(list)                          포함하는 새로운 리스트를 반환한다.
[1, 2, 3]
>>> println(newList)
[1, 2, 3, 4, 5]
```

지금까지는 a + b와 같이 두 값에 대해 작용하는 연산자인 이항^{binary} 연산에 대해 설명했다. 하지만 코틀린은 −a와 같이 한 값에만 작용하는 단항^{unary} 연산자도 제공한다.

7.1.3 단항 연산자 오버로딩

단항 연산자를 오버로딩하는 절차도 이항 연산자와 마찬가지다. 미리 정해진 이름의 함수를 (멤버나 확장 함수로) 선언하면서 operator로 표시하면 된다. 예제를 살펴보자.

리스트 7.5 단항 연산자 정의하기

```
operator fun Point.unaryMinus(): Point {   ◀──  단항 minus(음수) 함수는
    return Point(-x, -y)   ◀──┐                 파라미터가 없다.
}                             │
>>> val p = Point(10, 20)     좌표에서 각 성분의 음수를
>>> println(-p)               취한 새 점을 반환한다.
```

```
Point(x=-10, y=-20)
```

단항 연산자를 오버로딩하기 위해 사용하는 함수는 인자를 취하지 않는다. 그림 7.3처럼 단항 + 연산자도 단항 -와 마찬가지로 작동한다. 표 7.2는 코틀린에서 오버로딩할 수 있는 모든 단항 연산자를 보여준다.

그림 7.3 단항 + 연산자는 `unaryPlus` 호출로 변환된다.

표 7.2 오버로딩할 수 있는 단항 산술 연산자

식	함수 이름
+a	unaryPlus
-a	unaryMinus
!a	not
++a, a++	inc
--a, a--	dec

inc나 dec 함수를 정의해 증가/감소 연산자를 오버로딩하는 경우 컴파일러는 일반적인 값에 대한 전위와 후위 증가/감소 연산자와 같은 의미를 제공한다. 다음 예제는 BigDecimal 클래스에서 ++를 오버로딩하는 모습을 보여준다.

리스트 7.6 증가 연산자 정의하기

```
operator fun BigDecimal.inc() = this + BigDecimal.ONE

>>> var bd = BigDecimal.ZERO
>>> println(bd++)                  후위 증가 연산자는 println이
                                   실행된 다음에 값을 증가시킨다.
0
                                   전위 증가 연산자는 println이
>>> println(++bd)                  실행되기 전에 값을 증가시킨다.
2
```

후위 ++ 연산은 먼저 현재의 bd 값을 반환한 다음에 bd의 값을 증가시킨다. 반면 전위 ++는 그 반대 순서로 작동한다. 출력된 값은 Int 타입의 변수에서 후위와 전위 증가 연산을 실행한 결과와 같다. 전위와 후위 연산을 처리하기 위해 별다른 처리를 해주지 않아도 제대로 증가 연산자가 작동한다.

7.2 비교 연산자 오버로딩

코틀린에서는 산술 연산자와 마찬가지로 원시 타입 값뿐 아니라 모든 객체에 대해 비교 연산을 수행할 수 있다. equals나 compareTo를 호출해야 하는 자바와 달리 코틀린에서는 == 비교 연산자를 직접 사용할 수 있어서 비교 코드가 equals나 compareTo를 사용한 코드보다 더 간결하며 이해하기 쉽다. 이번 절에서는 이런 비교 연산자를 지원하는 관례를 살펴본다.

7.2.1 동등성 연산자: equals

4.3.1절에서 동등성에 대해 다루면서 코틀린이 == 연산자 호출을 equals 메서드 호출로 컴파일한다는 사실을 배웠다. 사실 이는 특별한 경우는 아니고 지금껏 설명한 여러 관례를 적용한 것에 불과하다.

　!= 연산자를 사용하는 식도 equals 호출로 컴파일된다. 물론 당연히 비교 결과를 뒤집은 값을 결과 값으로 사용한다. ==와 !=는 내부에서 인자가 널인지 검사하므로 다른 연산과 달리 널이 될 수 있는 값에도 적용할 수 있다. a == b라는 비교를 처리할 때 코틀린은 a가 널인지 판단해서 널이 아닌 경우에만 a.equals(b)를 호출한다(그림 7.4를 보라). a가 널이라면 b도 널인 경우에만 결과가 true다.

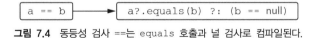

그림 7.4 동등성 검사 ==는 equals 호출과 널 검사로 컴파일된다.

Point 클래스의 경우 data라는 표시가 붙어있으므로 컴파일러가 자동으로 equals를 생성해준다(이에 대해 4.3.2절에서 설명했다). 하지만 직접 equals를 구현한다면 다음과 비슷한 코드가 된다.

리스트 7.7 equals 메서드 구현하기

```
class Point(val x: Int, val y: Int) {
    override fun equals(obj: Any?): Boolean {          ← Any에 정의된 메서드를
                                                         오버라이딩한다.
        if (obj === this) return true                  ← 최적화: 파라미터가 "this"와 같은
                                                         객체인지 살펴본다.
        if (obj !is Point) return false                ← 파라미터 타입을 검사한다.
        return obj.x == x && obj.y == y                ← Point로 스마트 캐스트해서 x와
    }                                                    y 프로퍼티에 접근한다.
}

>>> println(Point(10, 20) == Point(10, 20))
true
>>> println(Point(10, 20) != Point(5, 5))
true
>>> println(null == Point(1, 2))
false
```

식별자 비교identity equals 연산자(===)를 사용해 equals의 파라미터가 수신 객체와 같은지 살펴본다. 식별자 비교 연산자는 자바 == 연산자와 같다. 따라서 ===는 자신의 두 피연산자가 서로 같은 객체를 가리키는지(원시 타입인 경우 두 값이 같은지) 비교한다. equals를 구현할 때는 ===를 사용해 자기 자신과의 비교를 최적화하는 경우가 많다. ===를 오버로딩할 수는 없다는 사실을 기억하라.

equals 함수에는 override가 붙어있다. 다른 연산자 오버로딩 관례와 달리 equals는 Any에 정의된 메서드이므로 override가 필요하다(동등성 비교를 모든 코틀린 객체에 대해 적용할 수 있다). 상위 클래스에서 정의된 메서드를 오버라이드한다는 사실을 알면 equals 앞에 operator를 붙이지 않는 이유를 알 수 있다. Any의 equals에는 operator가 붙어있지만 그 메서드를 오버라이드하는 (하위 클래스) 메서드 앞에는 operator 변경자를

붙이지 않아도 자동으로 상위 클래스의 operator 지정이 적용된다. 또한 Any에서 상속받은 equals가 확장 함수보다 우선순위가 높기 때문에 equals를 확장 함수로 정의할수는 없다는 사실에 유의하라.

이 예제는 또한 != 호출이 equals 메서드 호출로 바뀐다는 사실을 보여준다. 컴파일러는 equals의 반환 값을 반전시켜 돌려준다. 따라서 여러분이 !=를 처리하기 위해특별히 해야 할 일은 없다.

그렇다면 다른 비교 연산자는 어떻게 구현할 수 있을까?

7.2.2 순서 연산자: compareTo

자바에서 정렬이나 최댓값, 최솟값 등 값을 비교해야 하는 알고리즘에 사용할 클래스는 Comparable 인터페이스를 구현해야 한다. Comparable에 들어있는 compareTo 메서드는 한 객체와 다른 객체의 크기를 비교해 정수로 나타내준다. 하지만 자바에는 이메서드를 짧게 호출할 수 있는 방법이 없다. <나 > 등의 연산자로는 원시 타입의 값만비교할 수 있다. 다른 모든 타입의 값에는 element1.compareTo(element2)를 명시적으로 사용해야 한다.

코틀린도 똑같은 Comparable 인터페이스를 지원한다. 게다가 코틀린은 Comparable 인터페이스 안에 있는 compareTo 메서드를 호출하는 관례를 제공한다. 따라서 그림 7.5처럼 비교 연산자(<, >, <=, >=)는 compareTo 호출로 컴파일된다. compareTo가 반환하는 값은 Int다. p1 < p2는 p1.compareTo(p2) < 0과 같다. 다른 비교 연산자도 똑같은 방식으로 작동한다.

그림 7.5 두 객체를 비교하는 식은 compareTo의 결과를 0과 비교하는 코드로 컴파일된다.

한 점을 다른 점과 비교할 수 있는 정해진 방법은 없다. 따라서 Point 대신 Person 클래스를 통해 compareTo 메서드를 구현하는 방법을 살펴보자. 사람을 비교할 때는 주소록 순서(성을 비교하고 성이 같으면 이름을 비교한다)를 사용한다.

리스트 7.8 compareTo 메서드 구현하기

```
class Person(
    val firstName: String, val lastName: String
) : Comparable<Person> {
    override fun compareTo(other: Person): Int {
        return compareValuesBy(this, other,        ◀──── 인자로 받은 함수를 차례로
            Person::lastName, Person::firstName)          호출하면서 값을 비교한다.
    }
}
>>> val p1 = Person("Alice", "Smith")
>>> val p2 = Person("Bob", "Johnson")
>>> println(p1 < p2)
false
```

여기서 정의한 Person 객체의 Comparable 인터페이스를 코틀린뿐 아니라 자바 쪽의 컬렉션 정렬 메서드 등에도 사용할 수 있다. equals와 마찬가지로 Comparable의 compareTo에도 operator 변경자가 붙어있으므로 하위 클래스의 오버라이딩 함수에 operator를 붙일 필요가 없다.

이 코드는 코틀린 표준 라이브러리의 compareValuesBy 함수를 사용해 compareTo 를 쉽고 간결하게 정의할 수 있음을 보여준다. compareValuesBy는 두 객체와 여러 비교 함수를 인자로 받는다. compareValuesBy는 첫 번째 비교 함수에 두 객체를 넘겨 서 두 객체가 같지 않다는 결과(0이 아닌 값)가 나오면 그 결과 값을 즉시 반환하고, 두 객체가 같다는 결과(0)가 나오면 두 번째 비교 함수를 통해 두 객체를 비교한다. compareValuesBy는 이런 식으로 두 객체의 대소를 알려주는 0이 아닌 값이 처음 나올 때까지 인자로 받은 함수를 차례로 호출해 두 값을 비교하며, 모든 함수가 0을 반환하면 0을 반환한다. 각 비교 함수는 람다나 프로퍼티/메서드 참조일 수 있다.

그렇지만 필드를 직접 비교하면 코드는 조금 더 복잡해지지만 비교 속도는 훨씬 더

318

빨라진다는 사실을 기억하라. 언제나 그렇듯이 처음에는 성능에 신경 쓰지 말고 이해하기 쉽고 간결하게 코드를 작성하고, 나중에 그 코드가 자주 호출됨에 따라 성능이 문제가 되면 성능을 개선하라.

Comparable 인터페이스를 구현하는 모든 자바 클래스를 코틀린에서는 간결한 연산자 구문으로 비교할 수 있다.

```
>>> println("abc" < "bac")
true
```

비교 연산자를 자바 클래스에 대해 사용하기 위해 특별히 확장 메서드를 만들거나 할 필요는 없다.

7.3 컬렉션과 범위에 대해 쓸 수 있는 관례

컬렉션을 다룰 때 가장 많이 쓰는 연산은 인덱스를 사용해 원소를 읽거나 쓰는 연산과 어떤 값이 컬렉션에 속해있는지 검사하는 연산이다. 이 모든 연산을 연산자 구문으로 사용할 수 있다. 인덱스를 사용해 원소를 설정하거나 가져오고 싶을 때는 a[b]라는 식을 사용한다(이를 인덱스 연산자라고 부른다). in 연산자는 원소가 컬렉션이나 범위에 속하는지 검사하거나 컬렉션에 있는 원소를 이터레이션할 때 사용한다. 사용자 지정 클래스에 이런 연산을 추가할 수 있다. 이제 이런 연산을 지원하기 위해 어떤 관례를 사용하는지 살펴보자.

7.3.1 인덱스로 원소에 접근: get과 set

여러분은 이미 코틀린에서 맵의 원소에 접근할 때나 자바에서 배열 원소에 접근할 때 모두 각괄호([])를 사용한다는 사실을 알고 있을 것이다.

```
val value = map[key]
```

같은 연산자를 사용해 변경 가능 맵에 키/값 쌍을 넣거나 이미 맵에 들어있는 키/값 연관 관계를 변경할 수 있다.

```
mutableMap[key] = newValue
```

이제 이 코드가 어떻게 동작하는지 살펴볼 때다. 코틀린에서는 인덱스 연산자도 관례를 따른다. 인덱스 연산자를 사용해 원소를 읽는 연산은 get 연산자 메서드로 변환되고, 원소를 쓰는 연산은 set 연산자 메서드로 변환된다. Map과 MutableMap 인터페이스에는 그 두 메서드가 이미 들어있다. 이제 Point 클래스에 이런 메서드를 추가해보자.

점의 좌표를 읽을 때 인덱스 연산을 사용할 수 있다. p[0]은 X 좌표를 의미하고, p[1]은 Y 좌표를 의미한다. 다음은 이런 연산을 구현하고 사용하는 방법을 보여준다.

리스트 7.9 get 관례 구현하기

```
operator fun Point.get(index: Int): Int {   ◄──── "get" 연산자 함수를 정의한다.
    return when(index) {
        0 -> x                    주어진 인덱스에 해당하는
        1 -> y                    좌표를 찾는다.
        else ->
            throw IndexOutOfBoundsException("Invalid coordinate $index")
    }
}
>>> val p = Point(10, 20)
>>> println(p[1])
20
```

get이라는 메서드를 만들고 operator 변경자를 붙이기만 하면 된다. 그 후 p[1]이라는 식은 p가 Point 타입인 경우 방금 정의한 get 메서드로 변환된다(그림 7.6을 보라).

그림 7.6 각괄호를 사용한 접근은 get 함수 호출로 변환된다.

320

get 메서드의 파라미터로 Int가 아닌 타입도 사용할 수 있다는 점을 기억하라. 예를 들어 맵 인덱스 연산의 경우 get의 파라미터 타입은 맵의 키 타입과 같은 임의의 타입이 될 수 있다. 또한 여러 파라미터를 사용하는 get을 정의할 수도 있다. 예를 들어 2차원 행렬이나 배열을 표현하는 클래스에 operator fun get(rowIndex: Int, colIndex: Int)를 정의하면 matrix[row, col]로 그 메서드를 호출할 수 있다. 컬렉션 클래스가 다양한 키 타입을 지원해야 한다면 다양한 파라미터 타입에 대해 오버로딩한 get 메서드를 여럿 정의할 수도 있다.

인덱스에 해당하는 컬렉션 원소를 쓰고 싶을 때는 set이라는 이름의 함수를 정의하면 된다. Point 클래스는 불변 클래스이므로 set이 의미가 없다. 대신 변경 가능한 점을 표현하는 다른 클래스를 만들어서 예제로 사용하자.

리스트 7.10 관례를 따르는 set 구현하기

```
data class MutablePoint(var x: Int, var y: Int)

operator fun MutablePoint.set(index: Int, value: Int) {        ◀── "set"이라는 연산자
                                                                    함수를 정의한다.
    when(index) {
        0 -> x = value          주어진 인덱스에 해당하는
                                좌표를 변경한다.
        1 -> y = value
        else ->
            throw IndexOutOfBoundsException("Invalid coordinate $index")
    }
}

>>> val p = MutablePoint(10, 20)
>>> p[1] = 42
>>> println(p)
MutablePoint(x=10, y=42)
```

이 예제도 단순하다. 대입에 인덱스 연산자를 사용하려면 set이라는 이름의 함수를 정의해야 한다. set이 받는 마지막 파라미터 값은 대입문의 우항에 들어가고, 나머지 파라미터 값은 인덱스 연산자([])에 들어간다. 그림 7.7을 보라.

그림 7.7 각괄호를 사용한 대입문은 set 함수 호출로 컴파일된다.

7.3.2 in 관례

컬렉션이 지원하는 다른 연산자로는 in이 있다. in은 객체가 컬렉션에 들어있는지 검사(멤버십 검사^{membership test})한다. 그런 경우 in 연산자와 대응하는 함수는 contains다. 어떤 점이 사각형 영역에 들어가는지 판단할 때 in 연산자를 사용하게 구현해보자.

리스트 7.11 in 관례 구현하기

```
data class Rectangle(val upperLeft: Point, val lowerRight: Point)
operator fun Rectangle.contains(p: Point): Boolean {         범위를 만들고 "x" 좌표가 그
    return p.x in upperLeft.x until lowerRight.x &&   ◄──    범위 안에 있는지 검사한다.

        p.y in upperLeft.y until lowerRight.y   ◄──     "until" 함수를 사용해 열린
                                                        범위를 만든다.
}
>>> val rect = Rectangle(Point(10, 20), Point(50, 50))
>>> println(Point(20, 30) in rect)
true
>>> println(Point(5, 5) in rect)
false
```

in의 우항에 있는 객체는 contains 메서드의 수신 객체가 되고, in의 좌항에 있는 객체는 contains 메서드에 인자로 전달된다(그림 7.8을 보라).

그림 7.8 in 연산자는 contains 함수 호출로 변환된다.

열린 범위는 끝 값을 포함하지 않는 범위를 말한다. 예를 들어 10..20이라는 식을 사용해 일반적인 (닫힌) 범위를 만들면 10 이상 20 이하인 범위가 생긴다(20을 포함). 10 until

20으로 만드는 열린 범위는 10 이상 19 이하인 범위며, 20은 범위 안에 포함되지 않는다. 사각형을 표현하는 Rectangle 클래스의 경우 오른쪽과 아래쪽 좌표는 사각형 안에 포함시키지 않는 경우가 많다. 따라서 이 경우 열린 범위를 사용하는 편이 더 낫다.

7.3.3 rangeTo 관례

범위를 만들려면 .. 구문을 사용해야 한다. 예를 들어 1..10은 1부터 10까지 모든 수가 들어있는 범위를 가리킨다. 2.4.2절에서 범위에 대해 이미 다뤘지만, 여기서는 범위를 만들 때 도움이 될 수 있는 관례에 대해 설명한다. .. 연산자는 rangeTo 함수를 간략하게 표현하는 방법이다(그림 7.9를 보라).

그림 7.9 .. 연산자는 rangeTo 함수 호출로 컴파일된다.

rangeTo 함수는 범위를 반환한다. 이 연산자를 아무 클래스에나 정의할 수 있다. 하지만 어떤 클래스가 Comparable 인터페이스를 구현하면 rangeTo를 정의할 필요가 없다. 코틀린 표준 라이브러리를 통해 비교 가능한 원소로 이뤄진 범위를 쉽게 만들 수 있다. 코틀린 표준 라이브러리에는 모든 Comparable 객체에 대해 적용 가능한 rangeTo 함수가 들어있다.

```
operator fun <T: Comparable<T>> T.rangeTo(that: T): ClosedRange<T>
```

이 함수는 범위를 반환하며, 어떤 원소가 그 범위 안에 들어있는지 in을 통해 검사할 수 있다.

예를 들어 LocalDate 클래스(자바 8 표준 라이브러리에 있음)를 사용해 날짜의 범위를 만들어보자.

```
>>> val now = LocalDate.now()
>>> val vacation = now..now.plusDays(10)
>>> println(now.plusWeeks(1) in vacation)
true
```

now(오늘)부터 시작해
10일짜리 범위를 만든다.

특정 날짜가 날짜 범위 안에
들어가는지 검사한다.

`now..now.plusDays(10)` 이라는 식은 컴파일러에 의해 `now.rangeTo(now.plusDays` `(10))` 으로 변환된다. `rangeTo` 함수는 `LocalDate`의 멤버는 아니며, 앞에서 본대로 `Comparable`에 대한 확장 함수다.

rangeTo 연산자는 다른 산술 연산자보다 우선순위가 낮다. 하지만 혼동을 피하기 위해 괄호로 인자를 감싸주면 더 좋다.

```
>>> val n = 9
>>> println(0..(n + 1))
0..10
```

0..n + 1이라고 써도 되지만
괄호를 치면 더 뜻이 명확해진다.

또한 `0..n.forEach {}`와 같은 식은 컴파일할 수 없음에 유의하라. 범위 연산자는 우선순위가 낮아서 범위의 메서드를 호출하려면 범위를 괄호로 둘러싸야 한다.

```
>>> (0..n).forEach { print(it) }
0123456789
```

범위의 메서드를 호출하려면
범위를 괄호로 둘러싸라.

이제 컬렉션이나 범위를 이터레이션할 때 사용하는 관례를 살펴보자.

7.3.4 for 루프를 위한 iterator 관례

2장에서 설명했듯이 코틀린의 for 루프는 범위 검사와 똑같이 in 연산자를 사용한다. 하지만 이 경우 in의 의미는 다르다. `for (x in list) { ... }`와 같은 문장은 `list.iterator()`를 호출해서 이터레이터를 얻은 다음, 자바와 마찬가지로 그 이터레이터에 대해 hasNext와 next 호출을 반복하는 식으로 변환된다.

하지만 코틀린에서는 이 또한 관례이므로 iterator 메서드를 확장 함수로 정의할 수 있다. 이런 성질로 인해 일반 자바 문자열에 대한 for 루프가 가능하다. 코틀린 표준 라이브러리는 String의 상위 클래스인 CharSequence에 대한 iterator 확장 함수를 제공한다.

```
operator fun CharSequence.iterator(): CharIterator ◄──── 이 라이브러리 함수는 문자열을
                                                          이터레이션할 수 있게 해준다.
>>> for (c in "abc") {}
```

클래스 안에 직접 iterator 메서드를 구현할 수도 있다. 예를 들어 날짜에 대해 이터레이션하는 다음 코드를 살펴보자.

리스트 7.13 날짜 범위에 대한 이터레이터 구현하기

```
operator fun ClosedRange<LocalDate>.iterator(): Iterator<LocalDate> =
    object : Iterator<LocalDate> {  ◄──── 이 객체는 LocalDate 원소에
                                          대한 Iterator를 구현한다.
      var current = start

      override fun hasNext() =          compareTo 관례를 사용해
        current <= endInclusive  ◄──── 날짜를 비교한다.

      override fun next() = current.apply {  ◄──── 현재 날짜를 저장한 다음에 날짜를 변경한다.
                                               그 후 저장해둔 날짜를 반환한다.
        current = plusDays(1)  ◄──── 현재 날짜를 1일 뒤로 변경한다.
      }
    }
}
>>> val newYear = LocalDate.ofYearDay(2017, 1)
>>> val daysOff = newYear.minusDays(1)..newYear
>>> for (dayOff in daysOff) { println(dayOff) } ◄──── daysOff에 대응하는 iterator 함수가
                                                       있으면 daysOff에 대해 이터레이션한다.
2016-12-31
2017-01-01
```

여기서 범위 타입에 대한 iterator 메서드를 어떻게 정의하는지 살펴보라. 앞 절에서 살펴본 rangeTo 라이브러리 함수는 ClosedRange의 인스턴스를 반환한다. 코드에서 ClosedRange<LocalDate>에 대한 확장 함수 iterator를 정의했기 때문에 LocalDate의 범위 객체를 for 루프에 사용할 수 있다.

7.4 구조 분해 선언과 component 함수

4.3.2절에서 데이터 클래스에 대해 설명할 때 데이터 클래스의 특성 중 몇 가지를 나중에 설명한다고 말했다. 이제 코틀린의 관례 원리를 이해했으므로 관례를 사용한 마지막 특성인 구조 분해 선언^{destructuring declaration}에 대해 살펴보자. 구조 분해를 사용하면 복합적인 값을 분해해서 여러 다른 변수를 한꺼번에 초기화할 수 있다.

다음은 구조 분해를 사용하는 방법을 보여준다.

```
>>> val p = Point(10, 20)
>>> val (x, y) = p          ◄──  x와 y 변수를 선언한 다음에 p의 여러
>>> println(x)                   컴포넌트로 초기화한다.
10
>>> println(y)
20
```

구조 분해 선언은 일반 변수 선언과 비슷해 보인다. 다만 =의 좌변에 여러 변수를 괄호로 묶었다는 점이 다르다.

내부에서 구조 분해 선언은 다시 관례를 사용한다. 구조 분해 선언의 각 변수를 초기화하기 위해 componentN이라는 함수를 호출한다. 여기서 N은 구조 분해 선언에 있는 변수 위치에 따라 붙는 번호다. 앞에서 살펴본 val (x, y) = p는 그림 7.10과 같이 컴파일된다.

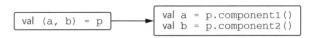

그림 7.10 구조 분해 선언은 componentN 함수 호출로 변환된다.

data 클래스의 주 생성자에 들어있는 프로퍼티에 대해서는 컴파일러가 자동으로 componentN 함수를 만들어준다. 다음 예제는 데이터 타입이 아닌 클래스에서 이런 함수를 어떻게 구현하는지 보여준다.

```
class Point(val x: Int, val y: Int) {
    operator fun component1() = x
    operator fun component2() = y
}
```

구조 분해 선언은 함수에서 여러 값을 반환할 때 유용하다. 여러 값을 한꺼번에 반환해
야 하는 함수가 있다면 반환해야 하는 모든 값이 들어갈 데이터 클래스를 정의하고 함수
의 반환 타입을 그 데이터 클래스로 바꾼다. 구조 분해 선언 구문을 사용하면 이런 함수
가 반환하는 값을 쉽게 풀어서 여러 변수에 넣을 수 있다. 이런 동작을 보여주기 위해
파일 이름을 이름과 확장자로 나누는 함수를 작성해보자.

리스트 7.14 구조 분해 선언을 사용해 여러 값 반환하기

```
data class NameComponents(val name: String,   ◀──   값을 저장하기 위한 데이터
                          val extension: String)      클래스를 선언한다.

fun splitFilename(fullName: String): NameComponents {
    val result = fullName.split('.', limit = 2)
    return NameComponents(result[0], result[1])   ◀──   함수에서 데이터 클래스의
}                                                        인스턴스를 반환한다.
>>> val (name, ext) = splitFilename("example.kt")   ◀──   구조 분해 선언 구문을 사용해
>>> println(name)                                          데이터 클래스를 푼다.
example
>>
>>> > println(ext)
kt
```

배열이나 컬렉션에도 componentN 함수가 있음을 안다면 이 예제를 더 개선할 수 있다.
크기가 정해진 컬렉션을 다루는 경우 구조 분해가 특히 더 유용하다. 예를 들어 여기서
split은 2개의 원소로 이뤄진 리스트를 반환한다.

```
data class NameComponents(
    val name: String,
    val extension: String)

fun splitFilename(fullName: String): NameComponents {
    val (name, extension) = fullName.split('.', limit = 2)
    return NameComponents(name, extension)
}
```

물론 무한히 componentN을 선언할 수는 없으므로 이런 구문을 무한정 사용할 수는 없다. 하지만 그럼에도 불구하고 여전히 컬렉션에 대한 구조 분해는 유용하다. 코틀린 표준 라이브러리에서는 맨 앞의 다섯 원소에 대한 componentN을 제공한다.[2]

표준 라이브러리의 Pair나 Triple 클래스를 사용하면 함수에서 여러 값을 더 간단하게 반환할 수 있다. Pair와 Triple은 그 안에 담겨있는 원소의 의미를 말해주지 않으므로 경우에 따라 가독성이 떨어질 수 있는 반면, 직접 클래스를 작성할 필요가 없으므로 코드는 더 단순해진다.

---

2. 이 특징으로 인해 컬렉션 크기가 5보다 작아도 여전히 component1부터 component5까지 사용 가능하다. 다만 컬렉션 크기를 벗어나는 위치의 원소에 대한 구조 분해 선언을 사용하면 실행 시점에 java.lang.Array IndexOutOfBoundsException 등의 예외가 발생한다. 반면 여섯 개 이상의 변수를 사용하는 구조 분해를 컬렉션에 대해 사용하면 component6 등에 의한 컴파일 오류가 발생한다. – 옮긴이

```
>>> val x = listOf(1,2)
>>> val (a,b,c,d,e) = x
java.lang.ArrayIndexOutOfBoundsException: 2
    at java.util.Arrays$ArrayList.get(Arrays.java:3841)
>>> val (a,b,c,d,e,f) = x
error: destructuring declaration initializer of type List<Int> must have a 'component6()'
function
val (a,b,c,d,e,f) = x
```

7.4.1 구조 분해 선언과 루프

함수 본문 내의 선언문뿐 아니라 변수 선언이 들어갈 수 있는 장소라면 어디든 구조 분해 선언을 사용할 수 있다. 예를 들어 루프 안에서도 구조 분해 선언을 사용할 수 있다. 특히 맵의 원소에 대해 이터레이션할 때 구조 분해 선언이 유용하다. 다음 예제는 주어진 맵의 모든 원소를 출력하는 간단한 코드다.

리스트 7.16 구조 분해 선언을 사용해 맵 이터레이션하기

```
fun printEntries(map: Map<String, String>) {
    for ((key, value) in map) {          ◄──── 루프 변수에 구조 분해
        println("$key -> $value")               선언을 사용한다.
    }
}
>>> val map = mapOf("Oracle" to "Java", "JetBrains" to "Kotlin")
>>> printEntries(map)
Oracle -> Java
JetBrains -> Kotlin
```

이 간단한 예제는 두 가지 코틀린 관례를 활용한다. 하나는 객체를 이터레이션하는 관례고, 다른 하나는 구조 분해 선언이다. 코틀린 표준 라이브러리에는 맵에 대한 확장 함수로 iterator가 들어있다. 그 iterator는 맵 원소에 대한 이터레이터를 반환한다. 따라서 자바와 달리 코틀린에서는 맵을 직접 이터레이션할 수 있다. 또한 코틀린 라이브러리는 Map.Entry에 대한 확장 함수로 component1과 component2를 제공한다. 앞의 루프는 이런 확장 함수를 사용하는 다음 코드와 같다.

```
for (entry in map.entries) {
    val key = entry.component1()
    val value = entry.component2()
    // ...
}
```

이 예제는 코틀린 관례를 적용할 때 확장 함수가 얼마나 중요한 역할을 하는지 잘 보여준다.

7.5 프로퍼티 접근자 로직 재활용: 위임 프로퍼티

7장에서 마지막으로 다룰 내용은 코틀린이 제공하는 관례에 의존하는 특성 중에 독특하면서 강력한 기능인 **위임 프로퍼티**^{delegated property}다. 위임 프로퍼티를 사용하면 값을 뒷받침하는 필드에 단순히 저장하는 것보다 더 복잡한 방식으로 작동하는 프로퍼티를 쉽게 구현할 수 있다. 또한 그 과정에서 접근자 로직을 매번 재구현할 필요도 없다. 예를 들어 프로퍼티는 위임을 사용해 자신의 값을 필드가 아니라 데이터베이스 테이블이나 브라우저 세션, 맵 등에 저장할 수 있다.

이런 특성의 기반에는 위임이 있다. 위임은 객체가 직접 작업을 수행하지 않고 다른 도우미 객체가 그 작업을 처리하게 맡기는 디자인 패턴을 말한다. 이때 작업을 처리하는 도우미 객체를 **위임 객체**^{delegate}라고 부른다. 4.3.3절에서 클래스 위임에 대해 다룰 때 이 패턴을 이미 살펴봤다. 여기서는 그 패턴을 프로퍼티에 적용해서 접근자 기능을 도우미 객체가 수행하게 위임한다. 도우미 객체를 직접 작성할 수도 있지만(잠시 후 그런 예제를 본다) 더 나은 방법은 코틀린 언어가 제공하는 기능을 활용하는 것이다. 먼저 일반적인 예제를 살펴본 후 더 구체적인 예를 살펴보자.

7.5.1 위임 프로퍼티 소개

위임 프로퍼티의 일반적인 문법은 다음과 같다.

```
class Foo {
    var p: Type by Delegate()
}
```

p 프로퍼티는 접근자 로직을 다른 객체에게 위임한다. 여기서는 Delegate 클래스의 인스턴스를 위임 객체로 사용한다. by 뒤에 있는 식을 계산해서 위임에 쓰일 객체를 얻는다. 프로퍼티 위임 객체가 따라야 하는 관례를 따르는 모든 객체를 위임에 사용할 수 있다.

다음과 같이 컴파일러는 숨겨진 도우미 프로퍼티를 만들고 그 프로퍼티를 위임 객체의 인스턴스로 초기화한다. p 프로퍼티는 바로 그 위임 객체에게 자신의 작업을 위임한다. 설명을 편하게 하기 위해 이 감춰진 프로퍼티 이름을 delegate라고 하자.

```
class Foo {
    private val delegate = Delegate()          ← 컴파일러가 생성한 도우미
                                                  프로퍼티다.
    var p: Type
    set(value: Type) = delegate.setValue(..., value)   ← "p" 프로퍼티를 위해 컴파일러가
                                                          생성한 접근자는 "delegate"의
    get() = delegate.getValue(...)                       getValue와 setValue 메서드를
                                                          호출한다.
}
```

프로퍼티 위임 관례를 따르는 Delegate 클래스는 getValue와 setValue 메서드를 제공해야 한다(물론 변경 가능한 프로퍼티만 setValue를 사용한다). 관례를 사용하는 다른 경우와 마찬가지로 getValue와 setValue는 멤버 메서드이거나 확장 함수일 수 있다. 일단은 설명을 단순화하기 위해 이 두 메서드의 파라미터를 생략한다. 하지만 나중에 각 메서드 파라미터의 정확한 의미를 설명할 것이다. Delegate 클래스를 단순화하면 다음과 같다.

```
class Delegate {
    operator fun getValue(...) { ... }    ← getValue는 게터를 구현하는
                                             로직을 담는다.
    operator fun setValue(..., value: Type) { ... }  ← setValue 메서드는 세터를
                                                        구현하는 로직을 담는다.
}
class Foo {
    var p: Type by Delegate()    ← "by" 키워드는 프로퍼티와
                                    위임 객체를 연결한다.
}
```

```
>>> val foo = Foo()
>>> val oldValue = foo.p   ◄─── foo.p라는 프로퍼티 호출은 내부에서      프로퍼티 값을 변경하는 문장은 내부에서
                                delegate.getValue(…)을 호출한다.        delegate.setValue(…, newValue)를
>>> foo.p = newValue       ◄───                                        호출한다.
```

foo.p는 일반 프로퍼티처럼 쓸 수 있고, 일반 프로퍼티 같아 보인다. 하지만 실제로
p의 게터나 세터는 Delegate 타입의 위임 프로퍼티 객체에 있는 메서드를 호출한다.
실제로 이런 구조가 어떻게 작동하는지 살펴보기 위해 위임 프로퍼티의 강력함을 보여주
는 한 가지 예를 살펴보자. 코틀린 라이브러리는 프로퍼티 위임을 사용해 프로퍼티 초기
화를 지연시켜줄 수 있다. 지연 초기화 예제를 살펴본 다음에는 직접 위임 프로퍼티를
작성하는 방법을 보여주고 언제 위임 프로퍼티가 유용한지 설명한다.

7.5.2 위임 프로퍼티 사용: by lazy()를 사용한 프로퍼티 초기화 지연

지연 초기화$^{lazy\ initialization}$는 객체의 일부분을 초기화하지 않고 남겨뒀다가 실제로 그 부분
의 값이 필요할 경우 초기화할 때 흔히 쓰이는 패턴이다. 초기화 과정에 자원을 많이
사용하거나 객체를 사용할 때마다 꼭 초기화하지 않아도 되는 프로퍼티에 대해 지연
초기화 패턴을 사용할 수 있다.

예를 들어 person 클래스가 자신이 작성한 이메일의 목록을 제공한다고 가정하자.
이메일은 데이터베이스에 들어있고 불러오려면 시간이 오래 걸린다. 그래서 이메일 프
로퍼티의 값을 최초로 사용할 때 단 한 번만 이메일을 데이터베이스에서 가져오고 싶다.
이제 데이터베이스에서 이메일을 가져오는 loadEmails 함수가 있다고 하자.

```
class Email { /*...*/ }
fun loadEmails(person: Person): List<Email> {
    println("${person.name}의 이메일을 가져옴")
    return listOf(/*...*/)
}
```

다음은 이메일을 불러오기 전에는 null을 저장하고, 불러온 다음에는 이메일 리스트를 저장하는 _emails 프로퍼티를 추가해서 지연 초기화를 구현한 클래스를 보여준다.

리스트 7.17 지연 초기화를 뒷받침하는 프로퍼티를 통해 구현하기

```
class Person(val name: String) {
    private var _emails: List<Email>? = null       ←── 데이터를 저장하고 emails의 위임
                                                        객체 역할을 하는 _emails" 프로퍼티
    val emails: List<Email>
        get() {
            if (_emails == null) {                  ←── 최초 접근 시 이메일을
                _emails = loadEmails(this)               가져온다.
            }
            return _emails!!      ←── 저장해 둔 데이터가 있으면
        }                             그 데이터를 반환한다.
}

>>> val p = Person("Alice")
>>> p.emails          ←── 최초로 emails를 읽을 때 단 한 번만
Load emails for Alice      이메일을 가져온다.
>>> p.emails
```

여기서는 **뒷받침하는 프로퍼티**backing property라는 기법을 사용한다. _emails라는 프로퍼티는 값을 저장하고, 다른 프로퍼티인 emails는 _emails라는 프로퍼티에 대한 읽기 연산을 제공한다. _emails는 널이 될 수 있는 타입인 반면 emails는 널이 될 수 없는 타입이므로 프로퍼티를 두 개 사용해야 한다. 이런 기법을 자주 사용하므로 잘 알아두는 편이 낫다.

하지만 이런 코드를 만드는 일은 약간 성가시다. 지연 초기화해야 하는 프로퍼티가 많아지면 코드가 어떻게 될까? 게다가 이 구현은 스레드 안전하지 않아서 언제나 제대로 작동한다고 말할 수도 없다. 물론 코틀린은 더 나은 해법을 제공한다.

위임 프로퍼티를 사용하면 이 코드가 훨씬 더 간단해진다. 위임 프로퍼티는 데이터를 저장할 때 쓰이는 뒷받침하는 프로퍼티와 값이 오직 한 번만 초기화됨을 보장하는

게터 로직을 함께 캡슐화해준다. 예제와 같은 경우를 위한 위임 객체를 반환하는 표준 라이브러리 함수가 바로 lazy다.

리스트 7.18 지연 초기화를 위임 프로퍼티를 통해 구현하기

```
class Person(val name: String) {
    val emails by lazy { loadEmails(this) }
}
```

lazy 함수는 코틀린 관례에 맞는 시그니처의 getValue 메서드가 들어있는 객체를 반환한다. 따라서 lazy를 by 키워드와 함께 사용해 위임 프로퍼티를 만들 수 있다. lazy 함수의 인자는 값을 초기화할 때 호출할 람다다. lazy 함수는 기본적으로 스레드 안전하다. 하지만 필요에 따라 동기화에 사용할 락을 lazy 함수에 전달할 수도 있고, 다중 스레드 환경에서 사용하지 않을 프로퍼티를 위해 lazy 함수가 동기화를 하지 못하게 막을 수도 있다.

다음 절에서는 위임 프로퍼티가 어떻게 작동하는지 자세히 살펴보고 그 과정에서 어떤 관례를 사용하는지 설명한다.

7.5.3 위임 프로퍼티 구현

위임 프로퍼티를 구현하는 방법을 살펴보기 위해 다른 예제를 생각해보자. 어떤 객체의 프로퍼티가 바뀔 때마다 리스너에게 변경 통지를 보내고 싶다. 이런 기능이 유용할 때가 많다. 예를 들어 어떤 객체를 UI에 표시하는 경우 객체가 바뀌면 자동으로 UI도 바뀌어야 한다. 자바에서는 PropertyChangeSupport와 PropertyChangeEvent 클래스를 사용해 이런 통지를 처리하는 경우가 자주 있다. 이제 코틀린에서 위임 프로퍼티 없이 이런 기능을 구현하고 나중에 그 코드를 위임 프로퍼티를 사용하게 리팩토링하자.

PropertyChangeSupport 클래스는 리스너의 목록을 관리하고 PropertyChangeEvent 이벤트가 들어오면 목록의 모든 리스너에게 이벤트를 통지한다. 자바 빈 클래스의 필드

에 PropertyChangeSupport 인스턴스를 저장하고 프로퍼티 변경 시 그 인스턴스에게 처리를 위임하는 방식으로 이런 통지 기능을 주로 구현한다.

필드를 모든 클래스에 추가하고 싶지는 않으므로 PropertyChangeSupport 인스턴스를 changeSupport라는 필드에 저장하고 프로퍼티 변경 리스너를 추적해주는 작은 도우미 클래스를 만들자. 리스너 지원이 필요한 클래스는 이 도우미 클래스를 확장해서 changeSupport에 접근할 수 있다.

리스트 7.19 PropertyChangeSupport를 사용하기 위한 도우미 클래스

```
open class PropertyChangeAware {
    protected val changeSupport = PropertyChangeSupport(this)

    fun addPropertyChangeListener(listener: PropertyChangeListener) {
        changeSupport.addPropertyChangeListener(listener)
    }

    fun removePropertyChangeListener(listener: PropertyChangeListener) {
        changeSupport.removePropertyChangeListener(listener)
    }
}
```

이제 Person 클래스를 작성하자. 읽기 전용 프로퍼티(사람의 이름)와 변경 가능한 프로퍼티 둘(나이와 급여)을 정의한다. 이 클래스는 나이나 급여가 바뀌면 그 사실을 리스너에게 통지한다.

리스트 7.20 프로퍼티 변경 통지를 직접 구현하기

```
class Person(
    val name: String, age: Int, salary: Int
) : PropertyChangeAware() {

    var age: Int = age
        set(newValue) {
            val oldValue = field  ◀─── 뒷받침하는 필드에 접근할 때
                                       "field" 식별자를 사용한다.
```

```kotlin
            field = newValue
            changeSupport.firePropertyChange(
                "age", oldValue, newValue)
        }

    var salary: Int = salary
        set(newValue) {
            val oldValue = field
            field = newValue
            changeSupport.firePropertyChange(
                "salary", oldValue, newValue)
        }
}
>>> val p = Person("Dmitry", 34, 2000)
>>> p.addPropertyChangeListener(
...     PropertyChangeListener { event ->
...         println("Property ${event.propertyName} changed " +
...             "from ${event.oldValue} to ${event.newValue}")
...     }
... )
>>> p.age = 35
Property age changed from 34 to 35
>>> p.salary = 2100
Property salary changed from 2000 to 2100
```

← 프로퍼티 변경을 리스너에게 통지한다.

← 프로퍼티 변경 리스너를 추가한다.

이 코드는 field 키워드를 사용해 age와 salary 프로퍼티를 뒷받침하는 필드에 접근하는 방법을 보여준다. 이에 대해서는 4.2.4절에서 다뤘다.

세터 코드를 보면 중복이 많이 보인다. 이제 프로퍼티의 값을 저장하고 필요에 따라 통지를 보내주는 클래스를 추출해보자.

```kotlin
class ObservableProperty(
    val propName: String, var propValue: Int,
    val changeSupport: PropertyChangeSupport
) {
    fun getValue(): Int = propValue
    fun setValue(newValue: Int) {
        val oldValue = propValue
        propValue = newValue
        changeSupport.firePropertyChange(propName, oldValue, newValue)
    }
}

class Person(
    val name: String, age: Int, salary: Int
) : PropertyChangeAware() {
    val _age = ObservableProperty("age", age, changeSupport)
    var age: Int
        get() = _age.getValue()
        set(value) { _age.setValue(value) }
    val _salary = ObservableProperty("salary", salary, changeSupport)
    var salary: Int
        get() = _salary.getValue()
        set(value) { _salary.setValue(value) }
}
```

이 코드는 코틀린의 위임이 실제로 작동하는 방식과 비슷하다. 프로퍼티 값을 저장하고 그 값이 바뀌면 자동으로 변경 통지를 전달해주는 클래스를 만들었고, 로직의 중복을 상당 부분 제거했다. 하지만 아직도 각각의 프로퍼티마다 ObservableProperty를 만들고 게터와 세터에서 ObservableProperty에 작업을 위임하는 준비 코드가 상당 부분 필요하다. 코틀린의 위임 프로퍼티 기능을 활용하면 이런 준비 코드를 없앨 수 있다.

하지만 위임 프로퍼티를 사용하기 전에 ObservableProperty에 있는 두 메서드의 시그니처를 코틀린의 관례에 맞게 수정해야 한다.

리스트 7.22 ObservableProperty를 프로퍼티 위임에 사용할 수 있게 바꾼 모습

```
class ObservableProperty(
    var propValue: Int, val changeSupport: PropertyChangeSupport
) {
    operator fun getValue(p: Person, prop: KProperty<*>): Int = propValue

    operator fun setValue(p: Person, prop: KProperty<*>, newValue: Int) {
        val oldValue = propValue
        propValue = newValue
        changeSupport.firePropertyChange(prop.name, oldValue, newValue)
    }
}
```

이전 코드와 비교해보면 다음과 같은 차이가 있다.

- 코틀린 관례에 사용하는 다른 함수와 마찬가지로 getValue와 setValue 함수에도 operator 변경자가 붙는다.
- getValue와 setValue는 프로퍼티가 포함된 객체(여기서는 Person 타입인 p)와 프로퍼티를 표현하는 객체를 파라미터로 받는다. 코틀린은 KProperty 타입의 객체를 사용해 프로퍼티를 표현한다. KProperty 내부에 대해서는 10.2절에서 더 자세히 다룬다. 지금은 그냥 KProperty.name을 통해 메서드가 처리할 프로퍼티 이름을 알 수 있다는 점만 기억하라.
- KProperty 인자를 통해 프로퍼티 이름을 전달받으므로 주 생성자에서는 name 프로퍼티를 없앤다.

마침내 코틀린이 제공하는 위임 프로퍼티라는 마법을 사용할 수 있다. 코드가 얼마나 짧아졌는지 지금까지 살펴본 여러 예제와 비교해보라.

338

리스트 7.23 위임 프로퍼티를 통해 프로퍼티 변경 통지 받기

```
class Person(
    val name: String, age: Int, salary: Int
) : PropertyChangeAware() {
    var age: Int by ObservableProperty(age, changeSupport)
    var salary: Int by ObservableProperty(salary, changeSupport)
}
```

by 키워드를 사용해 위임 객체를 지정하면 이전 예제에서 직접 코드를 짜야 했던 여러 작업을 코틀린 컴파일러가 자동으로 처리해준다. 이 코드를 Person 코드의 이전 버전과 비교해보라. 코틀린 컴파일러가 만들어주는 코드는 여러분이 직접 작성했던 이전 Person과 비슷하다. by 오른쪽에 오는 객체를 위임 객체delegate라고 부른다. 코틀린은 위임 객체를 감춰진 프로퍼티에 저장하고, 주 객체의 프로퍼티를 읽거나 쓸 때마다 위임 객체의 getValue와 setValue를 호출해준다.

관찰 가능한 프로퍼티 로직을 직접 작성하는 대신 코틀린 표준 라이브러리를 사용해도 된다. 표준 라이브러리에는 이미 ObservableProperty와 비슷한 클래스가 있다. 다만 이 표준 라이브러리의 클래스는 PropertyChangeSupport와는 연결돼 있지 않다. 따라서 프로퍼티 값의 변경을 통지할 때 PropertyChangeSupport를 사용하는 방법을 알려주는 람다를 그 표준 라이브러리 클래스에게 넘겨야 한다. 다음 코드를 보자.

리스트 7.24 Delegates.observable을 사용해 프로퍼티 변경 통지 구현하기

```
class Person(
    val name: String, age: Int, salary: Int
) : PropertyChangeAware() {
    private val observer = {
        prop: KProperty<*>, oldValue: Int, newValue: Int ->
        changeSupport.firePropertyChange(prop.name, oldValue, newValue)
    }
```

```
    var age: Int by Delegates.observable(age, observer)
    var salary: Int by Delegates.observable(salary, observer)
}
```

by의 오른쪽에 있는 식이 꼭 새 인스턴스를 만들 필요는 없다. 함수 호출, 다른 프로퍼티, 다른 식 등이 by의 우항에 올 수 있다. 다만 우항에 있는 식을 계산한 결과인 객체는 컴파일러가 호출할 수 있는 올바른 타입의 getValue와 setValue를 반드시 제공해야 한다. 다른 관례와 마찬가지로 getValue와 setValue 모두 객체 안에 정의된 메서드이거나 확장 함수일 수 있다.

여기서는 예제를 단순화하기 위해 Int 타입의 프로퍼티 위임만을 살펴봤다. 하지만 프로퍼티 위임 메커니즘을 모든 타입에 두루두루 사용할 수 있다.

7.5.4 위임 프로퍼티 컴파일 규칙

위임 프로퍼티가 어떤 방식으로 동작하는지 정리해보자. 다음과 같은 위임 프로퍼티가 있는 클래스가 있다고 가정하자.

```
class C {
    var prop: Type by MyDelegate()
}
val c = C()
```

컴파일러는 MyDelegate 클래스의 인스턴스를 감춰진 프로퍼티에 저장하며 그 감춰진 프로퍼티를 <delegate>라는 이름으로 부른다. 또한 컴파일러는 프로퍼티를 표현하기 위해 KProperty 타입의 객체를 사용한다. 이 객체를 <property>라고 부른다.

컴파일러는 다음 코드를 생성한다.

```
class C {
    private val <delegate> = MyDelegate()
    var prop: Type
```

```
    get() = <delegate>.getValue(this, <property>)
    set(value: Type) = <delegate>.setValue(this, <property>, value)
}
```

다시 말해 컴파일러는 모든 프로퍼티 접근자 안에 그림 7.11처럼 getValue와 setValue
호출 코드를 생성해준다.

그림 7.11 프로퍼티를 사용하면 <delegate>에 있는 getValue나 setValue 함수가 호출된다.

이 메커니즘은 상당히 단순하지만 상당히 흥미로운 활용법이 많다. 프로퍼티 값이 저장
될 장소를 바꿀 수도 있고(맵, 데이터베이스 테이블, 사용자 세션의 쿠키 등) 프로퍼티를 읽거나
쓸 때 벌어질 일을 변경할 수도 있다(값 검증, 변경 통지 등). 이 모두를 간결한 코드로
달성할 수 있다. 표준 라이브러리가 제공하는 위임 프로퍼티를 사용하는 방법을 하나
더 보고 여러분 자신의 프레임워크에서 위임 프로퍼티를 활용하는 방법을 살펴보자.

7.5.5 프로퍼티 값을 맵에 저장

자신의 프로퍼티를 동적으로 정의할 수 있는 객체를 만들 때 위임 프로퍼티를 활용하는
경우가 자주 있다. 그런 객체를 **확장 가능한 객체**expando object라고 부르기도 한다. 예를
들어 연락처 관리 시스템에서 연락처별로 임의의 정보를 저장할 수 있게 허용하는
경우를 살펴보자. 시스템에 저장된 연락처에는 특별히 처리해야 하는 일부 필수 정보
(이름 등)가 있고, 사람마다 달라질 수 있는 추가 정보가 있다(예를 들어 제일 어린 자식의
생일 등).

그런 시스템을 구현하는 방법 중에는 정보를 모두 맵에 저장하되 그 맵을 통해 처리
하는 프로퍼티를 통해 필수 정보를 제공하는 방법이 있다. 다음 예를 살펴보자.

```
class Person {
    // 추가 정보
    private val _attributes = hashMapOf<String, String>()

    fun setAttribute(attrName: String, value: String) {
        _attributes[attrName] = value
    }

    // 필수 정보
    val name: String
    get() = _attributes["name"]!!          ◀───┐  수동으로 맵에서
}                                               │  정보를 꺼낸다.
>>> val p = Person()
>>> val data = mapOf("name" to "Dmitry", "company" to "JetBrains")
>>> for ((attrName, value) in data)
...     p.setAttribute(attrName, value)
>>> println(p.name)
Dmitry
```

이 코드는 추가 데이터를 저장하기 위해 일반적인 API를 사용하고(실제 프로젝트에서는
JSON 역직렬화 등의 기술을 활용할 수 있다), 특정 프로퍼티(name)를 처리하기 위해 구체적인
개별 API를 제공한다. 이를 아주 쉽게 위임 프로퍼티를 활용하게 변경할 수 있다. by
키워드 뒤에 맵을 직접 넣으면 된다.

```
class Person {
    private val _attributes = hashMapOf<String, String>()

    fun setAttribute(attrName: String, value: String) {
        _attributes[attrName] = value
    }
```

```
    val name: String by _attributes          ◀———  위임 프로퍼티로
                                                    맵을 사용한다.
}
```

이런 코드가 작동하는 이유는 표준 라이브러리가 Map과 MutableMap 인터페이스에 대해
getValue와 setValue 확장 함수를 제공하기 때문이다. getValue에서 맵에 프로퍼티
값을 저장할 때는 자동으로 프로퍼티 이름을 키로 활용한다. 리스트 7.25와 마찬가지로
p.name은 _attributes.getValue(p, prop)라는 호출을 대신하고, _attributes.
getValue(p, prop)는 다시 _attributes[prop.name]을 통해 구현된다.

7.5.6 프레임워크에서 위임 프로퍼티 활용

객체 프로퍼티를 저장하거나 변경하는 방법을 바꿀 수 있으면 프레임워크를 개발할 때
유용하다. 1.3.1절에서 위임 프로퍼티를 사용하는 데이터베이스 프레임워크를 살펴봤
다. 이번 절에서는 비슷한 예제와 그 예제가 어떤 방식으로 작동하는지를 살펴본다.

　　데이터베이스에 User라는 테이블이 있고 그 테이블에는 name이라는 문자열 타입의
칼럼[column]과 age라는 정수 타입의 열이 있다고 가정하자. Users와 User라는 클래스를
코틀린에서 정의할 수 있다. 그리고 데이터베이스에 들어있는 모든 사용자 엔티티[entity]를
User 클래스를 통해 가져오고 저장할 수 있다.

리스트 7.27 위임 프로퍼티를 사용해 데이터베이스 칼럼 접근하기

```
object Users : IdTable() {  ◀———  객체는 데이터베이스 테이블에 해당한다.

    val name = varchar("name", length = 50).index()    │  프로퍼티는 테이블
                                                        │  칼럼에 해당한다.
    val age = integer("age")

}
                                               각 User 인스턴스는 테이블에 들어있는
                                               구체적인 엔티티에 해당한다.
class User(id: EntityID) : Entity(id) {  ◀———

    var name: String by Users.name  ◀———  사용자 이름은 데이터베이스
                                           "name" 칼럼에 들어 있다.
    var age: Int by Users.age

}
```

Users 객체는 데이터베이스 테이블을 표현한다. 데이터베이스 전체에 단 하나만 존재하는 테이블을 표현하므로 Users를 (싱글턴) 객체로 선언했다. 객체의 프로퍼티는 테이블 칼럼을 표현한다.

User의 상위 클래스인 Entity 클래스는 데이터베이스 칼럼을 엔티티의 속성^{attribute} 값으로 연결해주는 매핑이 있다. 각 User의 프로퍼티 중에는 데이터베이스에서 가져온 name과 age가 있다.

이 프레임워크를 사용하면 User의 프로퍼티에 접근할 때 자동으로 Entity 클래스에 정의된 데이터베이스 매핑으로부터 필요한 값을 가져오므로 편리하다. 어떤 User 객체를 변경하면 그 객체는 변경됨 dirty 상태로 변하고, 프레임워크는 나중에 적절히 데이터베이스에 변경 내용을 반영한다. user.age += 1을 코틀린 코드에서 사용하면 user에 해당하는 데이터베이스 엔티티가 자동으로 갱신된다.

여러분은 이런 API를 제공하는 프레임워크를 어떻게 구현할 수 있는지 이해하기 위해 필요한 내용을 모두 배웠다. 각 엔티티 속성(name, age)은 위임 프로퍼티며, 칼럼 객체 (Users.name, Users.age)를 위임 객체로 사용한다.

```kotlin
class User(id: EntityID) : Entity(id) {
    var name: String by Users.name     ◄─────┐ Users.name은 "name" 프로퍼티에
    var age: Int by Users.age                 │ 해당하는 위임 객체다.
}
```

프레임워크는 Column 클래스 안에 getValue와 setValue 메서드를 정의한다. 이 두 메서드는 코틀린의 위임 객체 관례에 따른 시그니처 요구 사항을 만족한다.

```kotlin
operator fun <T> Column<T>.getValue(o: Entity, desc: KProperty<*>): T {
    // 데이터베이스에서 칼럼 값 가져오기
}

operator fun <T> Column<T>.setValue(o: Entity, desc: KProperty<*>, value: T) {
    // 데이터베이스의 값 변경하기
}
```

Column 프로퍼티(User.name)를 위임 프로퍼티(name)에 대한 위임 객체로 사용할 수 있다. user.age += 1이라는 식을 코드에서 사용하면 그 식은 user.ageDelegate.setValue(user.ageDelegate.getValue() + 1)과 비슷한 코드로 변환된다(객체 인스턴스와 프로퍼티 파라미터는 생략함). getValue와 setValue 메서드는 데이터베이스에서 데이터를 가져오고 기록하는 작업을 처리한다.

이 예제의 완전한 구현을 Exposed 프레임워크 소스코드에서 볼 수 있다(https://github.com/JetBrains/Exposed). 11장에서는 Exposed 프레임워크에 사용한 DSL 설계 기법에 대해 살펴본다.

7.6 요약

- 코틀린에서는 정해진 이름의 함수를 오버로딩함으로써 표준 수학 연산자를 오버로딩할 수 있다. 하지만 직접 새로운 연산자를 만들 수는 없다.
- 비교 연산자는 equals와 compareTo 메서드로 변환된다.
- 클래스에 get, set, contains라는 함수를 정의하면 그 클래스의 인스턴스에 대해 []와 in 연산을 사용할 수 있고, 그 객체를 코틀린 컬렉션 객체와 비슷하게 다룰 수 있다.
- 미리 정해진 관례를 따라 rangeTo, iterator 함수를 정의하면 범위를 만들거나 컬렉션과 배열의 원소를 이터레이션할 수 있다.
- 구조 분해 선언을 통해 한 객체의 상태를 분해해서 여러 변수에 대입할 수 있다. 함수가 여러 값을 한꺼번에 반환해야 하는 경우 구조 분해가 유용하다. 데이터 클래스에 대한 구조 분해는 거저 사용할 수 있지만, 커스텀 클래스의 인스턴스에서 구조 분해를 사용하려면 componentN 함수를 정의해야 한다.
- 위임 프로퍼티를 통해 프로퍼티 값을 저장하거나 초기화하거나 읽거나 변경할 때 사용하는 로직을 재활용할 수 있다. 위임 프로퍼티는 프레임워크를 만들 때 아주 유용하다.

- 표준 라이브러리 함수인 lazy를 통해 지연 초기화 프로퍼티를 쉽게 구현할 수 있다.
- Delegates.observable 함수를 사용하면 프로퍼티 변경을 관찰할 수 있는 관찰자를 쉽게 추가할 수 있다.
- 맵을 위임 객체로 사용하는 위임 프로퍼티를 통해 다양한 속성을 제공하는 객체를 유연하게 다룰 수 있다.

8

고차 함수: 파라미터와
반환 값으로 람다 사용

8장에서 다루는 내용

- 함수 타입

- 고차 함수와 코드를 구조화할 때 고차 함수를 사용하는 방법

- 인라인 함수

- 비로컬 return과 레이블

- 무명 함수

5장에서 람다의 개념과 람다를 사용하는 표준 라이브러리 함수에 대해 설명했다. 람다는 추상화를 하기 좋은 도구며, 표준 라이브러리에 있는 클래스나 컬렉션에만 람다의 능력을 적용할 수 있는 것은 아니다. 8장에서는 람다를 인자로 받거나 반환하는 함수인 고차 함수high order function를 만드는 방법을 다룬다. 고차 함수로 코드를 더 간결하게 다듬고

코드 중복을 없애고 더 나은 추상화를 구축하는 방법을 살펴본다. 또한 람다를 사용함에 따라 발생할 수 있는 성능상 부가 비용을 없애고 람다 안에서 더 유연하게 흐름을 제어할 수 있는 코틀린 특성인 인라인^{inline} 함수에 대해 설명한다.

8.1 고차 함수 정의

8장의 핵심은 고차 함수라는 개념이다. 고차 함수는 다른 함수를 인자로 받거나 함수를 반환하는 함수다. 코틀린에서는 람다나 함수 참조를 사용해 함수를 값으로 표현할 수 있다. 따라서 고차 함수는 람다나 함수 참조를 인자로 넘길 수 있거나 람다나 함수 참조를 반환하는 함수다. 물론 함수를 인자로 받는 동시에 함수를 반환하는 함수도 고차 함수다. 예를 들어 표준 라이브러리 함수인 filter는 술어 함수를 인자로 받으므로 고차 함수다.

```
list.filter { x > 0 }
```

5장에서 코틀린 표준 라이브러리가 제공하는 map, with 등의 여러 고차 함수를 살펴봤다. 이제는 그런 고차 함수를 정의하는 방법을 살펴본다. 고차 함수를 정의하려면 함수 타입^{function type}에 대해 먼저 알아야 한다.

8.1.1 함수 타입

람다를 인자로 받는 함수를 정의하려면 먼저 람다 인자의 타입을 어떻게 선언할 수 있는지 알아야 한다. 인자 타입을 정의하기 전에 더 단순한 경우로 람다를 로컬 변수에 대입하는 경우를 살펴보자. 코틀린의 타입 추론으로 인해 변수 타입을 지정하지 않아도 람다를 변수에 대입할 수 있음을 이미 알 것이다.

```
val sum = { x: Int, y: Int -> x + y }
val action = { println(42) }
```

이 경우 컴파일러는 sum과 action이 함수 타입임을 추론한다. 이제는 각 변수에 구체적인 타입 선언을 추가하면 어떻게 되는지 살펴보자.

```
val sum: (Int, Int) -> Int = { x, y -> x + y }   ◄── Int 파라미터를 2개 받아서 Int 값을
                                                      반환하는 함수
val action: () -> Unit = { println(42) }   ◄── 아무 인자도 받지 않고 아무 값도
                                                반환하지 않는 함수
```

함수 타입을 정의하려면 함수 파라미터의 타입을 괄호 안에 넣고, 그 뒤에 화살표(->)를 추가한 다음, 함수의 반환 타입을 지정하면 된다(그림 8.1을 보라).

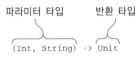

그림 8.1 코틀린 함수 타입 문법

기억하겠지만 Unit 타입은 의미 있는 값을 반환하지 않는 함수 반환 타입에 쓰는 특별한 타입이다. 그냥 함수를 정의한다면 함수의 파라미터 목록 뒤에 오는 Unit 반환 타입 지정을 생략해도 되지만, 함수 타입을 선언할 때는 반환 타입을 반드시 명시해야 하므로 Unit을 빼먹어서는 안 된다.

이렇게 변수 타입을 함수 타입으로 지정하면 함수 타입에 있는 파라미터로부터 람다의 파라미터 타입을 유추할 수 있다. 따라서 람다 식 안에서 굳이 파라미터 타입을 적을 필요가 없다. 그래서 { x, y -> x + y }처럼 x와 y의 타입을 생략해도 된다.

다른 함수와 마찬가지로 함수 타입에서도 반환 타입을 널이 될 수 있는 타입으로 지정할 수 있다.

```
var canReturnNull: (Int, Int) -> Int? = {x, y -> null }
```

물론 널이 될 수 있는 함수 타입 변수를 정의할 수도 있다. 다만 함수의 반환 타입이 아니라 함수 타입 전체가 널이 될 수 있는 타입임을 선언하기 위해 함수 타입을 괄호로 감싸고 그 뒤에 물음표를 붙여야만 한다.

```
var funOrNull: ((Int, Int) -> Int)? = null
```

canReturnNull의 타입과 funOrNull의 타입 사이에는 큰 차이가 있다는 사실에 유의하라. funOrNull의 타입을 지정하면서 괄호를 빼먹으면 널이 될 수 있는 함수 타입이 아니라 널이 될 수 있는 반환 타입을 갖는 함수 타입을 선언하게 된다.

파라미터 이름과 함수 타입

함수 타입에서 파라미터 이름을 지정할 수도 있다.

```
fun performRequest(
    url: String,
    callback: (code: Int, content: String) -> Unit   ◀─── 함수 타입의 각 파라미터에
                                                          이름을 붙인다.
) {
    /*...*/
}
>>> val url = "http://kotl.in"
>>> performRequest(url) { code, content -> /*...*/ }   ◀─── API에서 제공하는 이름을
                                                            람다에 사용할 수 있다.
>>> performRequest(url) { code, page -> /*...*/ }       ◀─── 하지만 그냥 원하는 다른
                                                            이름을 붙여도 된다.
```

파라미터 이름은 타입 검사 시 무시된다. 이 함수 타입의 람다를 정의할 때 파라미터 이름이 꼭 함수 타입 선언의 파라미터 이름과 일치하지 않아도 된다. 하지만 함수 타입에 인자 이름을 추가하면 코드 가독성이 좋아지고, IDE는 그 이름을 코드 완성에 사용할 수 있다.

8.1.2 인자로 받은 함수 호출

앞에서 함수 타입을 선언하는 방법을 배웠다. 이제는 고차 함수를 어떻게 구현하는지 살펴보자. 이해하기 쉽게 첫 번째 예제는 앞 절의 sum 변수 선언에 있는 함수 타입과 같은 타입을 활용한다. 이 함수는 2와 3에 대해 인자로 받은 연산을 수행하고 그 결과를 화면에 출력한다.

```
fun twoAndThree(operation: (Int, Int) -> Int) {          함수 타입인 파라미터를
                                                          선언한다.
    val result = operation(2, 3)              함수 타입인 파라미터를
                                              호출한다.
    println("The result is $result")
}

>>> twoAndThree { a, b -> a + b }
The result is 5
>>> twoAndThree { a, b -> a * b }
The result is 6
```

인자로 받은 함수를 호출하는 구문은 일반 함수를 호출하는 구문과 같다. 그 문법은 함수 이름 뒤에 괄호를 붙이고 괄호 안에 원하는 인자를 콤마(,)로 구분해 넣는 것이다.

더 흥미로운 예제로 지금까지 가장 자주 사용해 온 표준 라이브러리 함수인 filter를 다시 구현해보자. 예제를 단순하게 유지하기 위해 String에 대한 filter를 구현한다. 하지만 제네릭을 사용해 모든 타입의 원소를 지원하게 구현해도 많이 달라지지는 않는다. 그림 8.2는 filter 선언을 자세히 보여준다.

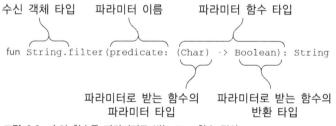

수신 객체 타입   파라미터 이름   파라미터 함수 타입

fun String.filter(predicate: (Char) -> Boolean): String

파라미터로 받는 함수의   파라미터로 받는 함수의
파라미터 타입   반환 타입

그림 8.2 술어 함수를 파라미터로 받는 filter 함수 정의

filter 함수는 술어를 파라미터로 받는다. predicate 파라미터는 문자(Char 타입)를 파라미터로 받고 불리언(Boolean 타입) 결과 값을 반환한다. 술어는 인자로 받은 문자가 filter 함수가 돌려주는 결과 문자열에 남아 있기를 바라면 true를 반환하고 문자열에서 사라지기를 바라면 false를 반환하면 된다. 다음은 이 함수를 구현하는 방법을 보여준다.

```
fun String.filter(predicate: (Char) -> Boolean): String {
    val sb = StringBuilder()
    for (index in 0 until length) {
        val element = get(index)
        if (predicate(element)) sb.append(element)  ◄────   "predicate" 파라미터로
    }                                                       전달받은 함수를 호출한다.
    return sb.toString()
}
>>> println("ab1c".filter { it in 'a'..'z' })  ◄────   람다를 "predicate" 파라미터로
abc                                                    전달한다.
```

filter 함수 구현은 단순하다. filter는 문자열의 각 문자를 술어에 넘겨서 반환 값이
true면 결과를 담는 StringBuilder 뒤에 그 문자를 추가한다.

> **인텔리J 아이디어 팁** 인텔리J 아이디어에서는 디버깅할 때 람다 코드 내부를 한 단계
> 씩 실행해볼 수 있는 스마트 스테핑smart stepping을 제공한다. 앞 예제를 이 기능을 활용
> 해 한 단계씩 실행해보면 filter 함수가 문자열의 각 문자를 처리함에 따라 filter
> 함수와 여러분이 넘긴 람다 사이에서 함수 실행이 오가는 모습을 볼 수 있다.

8.1.3 자바에서 코틀린 함수 타입 사용

컴파일된 코드 안에서 함수 타입은 일반 인터페이스로 바뀐다. 즉 함수 타입의 변수는
FunctionN 인터페이스를 구현하는 객체를 저장한다. 코틀린 표준 라이브러리는 함수
인자의 개수에 따라 Function0<R>(인자가 없는 함수), Function1<P1, R>(인자가 하나인
함수) 등의 인터페이스를 제공한다. 각 인터페이스에는 invoke 메서드 정의가 하나 들어
있다. invoke를 호출하면 함수를 실행할 수 있다. 함수 타입인 변수는 인자 개수에 따라
적당한 FunctionN 인터페이스를 구현하는 클래스의 인스턴스를 저장하며, 그 클래스의

invoke 메서드 본문에는 람다의 본문이 들어간다.

함수 타입을 사용하는 코틀린 함수를 자바에서도 쉽게 호출할 수 있다. 자바 8 람다를 넘기면 자동으로 함수 타입의 값으로 변환된다.

```
/* 코틀린 선언 */
fun processTheAnswer(f: (Int) -> Int) {
    println(f(42))
}
```

```
/* 자바 */
>>> processTheAnswer(number -> number + 1);
43
```

자바 8 이전의 자바에서는 필요한 FunctionN 인터페이스의 invoke 메서드를 구현하는 무명 클래스를 넘기면 된다.

```
/* 자바 */
>>> processTheAnswer(
...     new Function1<Integer, Integer>() {    ◀──── 자바 코드에서 코틀린 함수 타입을
...         @Override                                사용한다(자바 8 이전).
...         public Integer invoke(Integer number) {
...             System.out.println(number);
...             return number + 1;
...         }
... });
43
```

자바에서 코틀린 표준 라이브러리가 제공하는 람다를 인자로 받는 확장 함수를 쉽게 호출할 수 있다. 하지만 수신 객체를 확장 함수의 첫 번째 인자로 명시적으로 넘겨야 하므로 코틀린에서 확장 함수를 호출할 때처럼 코드가 깔끔하지는 않다.

```
/* 자바 */
>>> List<String> strings = new ArrayList();
```

```
>>> strings.add("42");
>>> CollectionsKt.forEach(strings, s -> {  // strings는 확장 함수의 수신 객체 ◀──┐
...    System.out.println(s);                            코틀린 표준 라이브러리에서 가져온
...    return Unit.INSTANCE;  ◀──┐                         함수를 자바 코드에서 호출할 수 있다.
... });                           Unit 타입의 값을 명시적으로
                                  반환해야만 한다.
```

반환 타입이 Unit인 함수나 람다를 자바로 작성할 수도 있다. 하지만 코틀린 Unit 타입에는 값이 존재하므로 자바에서는 그 값을 명시적으로 반환해줘야 한다. (String) -> Unit처럼 반환 타입이 Unit인 함수 타입의 파라미터 위치에 void를 반환하는 자바 람다를 넘길 수는 없다.

8.1.4 디폴트 값을 지정한 함수 타입 파라미터나 널이 될 수 있는 함수 타입 파라미터

파라미터를 함수 타입으로 선언할 때도 디폴트 값을 정할 수 있다. 함수 타입 파라미터의 디폴트 값이 유용한 경우를 살펴보기 위해 3장에서 살펴본 joinToString 예제로 다시 돌아가 보자. 다음은 3장의 맨 마지막에 살펴본 joinToString 구현이다.

리스트 8.3 하드 코딩을 통해 toString 사용 관례를 따르는 joinToString

```
fun <T> Collection<T>.joinToString(
        separator: String = ", ",
        prefix: String = "",
        postfix: String = ""
): String {
   val result = StringBuilder(prefix)

   for ((index, element) in this.withIndex()) {
     if (index > 0) result.append(separator)
     result.append(element)  ◀──┐   기본 toString 메서드를 사용해
   }                               객체를 문자열로 변환한다.

   result.append(postfix)
```

```
        return result.toString()
}
```

이 구현은 유연하지만 핵심 요소 하나를 제어할 수 없다는 단점이 있다. 그 핵심 요소는 바로 컬렉션의 각 원소를 문자열로 변환하는 방법이다. 코드는 `StringBuilder.append`(o: Any?)를 사용하는데, 이 함수는 항상 객체를 `toString` 메서드를 통해 문자열로 바꾼다. 물론 `toString`으로 충분한 경우도 많지만 그렇지 않을 때도 있다. 여러분은 이런 경우 원소를 문자열로 바꾸는 방법을 람다로 전달하면 된다는 사실을 배웠다. 하지만 `joinToString`를 호출할 때마다 매번 람다를 넘기게 만들면 기본 동작으로도 충분한 대부분의 경우 함수 호출을 오히려 더 불편하게 만든다는 문제가 있다. 함수 타입의 파라미터에 대한 디폴트 값을 지정하면 이런 문제를 해결할 수 있다. 디폴트 값으로 람다 식을 넣으면 된다.

리스트 8.4 함수 타입의 파라미터에 대한 디폴트 값 지정하기

```
fun <T> Collection<T>.joinToString(
        separator: String = ", ",
        prefix: String = "",
        postfix: String = "",
        transform: (T) -> String = { it.toString() }  ◀── 함수 타입 파라미터를 선언하면서
): String {                                                  람다를 디폴트 값으로 지정한다.
    val result = StringBuilder(prefix)

    for ((index, element) in this.withIndex()) {
        if (index > 0) result.append(separator)
        result.append(transform(element))  ◀── "tranform" 파라미터로 받은 함수를
    }                                             호출한다.

    result.append(postfix)

    return result.toString()
}

>>> val letters = listOf("Alpha", "Beta")
```

```
>>> println(letters.joinToString())        ◄──── 디폴트 변환 함수를
Alpha, Beta                                        사용한다.
>>> println(letters.joinToString { it.toLowerCase() })  ◄──── 람다를 인자로
alpha, beta                                              전달한다.
>>> println(letters.joinToString(separator = "! ", postfix = "! ",
... transform = { it.toUpperCase() }))     ◄──── 이름 붙인 인자 구문을 사용해 람다를
ALPHA! BETA!                                     포함하는 여러 인자를 전달한다.
```

이 함수는 제네릭 함수다. 따라서 컬렉션의 원소 타입을 표현하는 T를 타입 파라미터로 받는다. transform 람다는 그 T 타입의 값을 인자로 받는다.

함수 타입에 대한 디폴트 값을 선언할 때 특별한 구문이 필요하지는 않다. 다른 디폴트 파라미터 값과 마찬가지로 함수 타입에 대한 디폴트 값 선언도 = 뒤에 람다를 넣으면 된다. 이 예제는 joinToString 함수를 호출하는 여러 방법을 보여준다. 람다를 아예 생략하거나(람다를 생략하면 디폴트 람다에 있는 대로 toString()을 써서 원소를 변환한다), 인자 목록 뒤에 람다를 넣거나(여기서는 람다 밖에 전달할 인자가 없어서 () 없이 람다만 썼다), 이름 붙인 인자로 람다를 전달할 수 있다.

다른 접근 방법으로 널이 될 수 있는 함수 타입을 사용할 수도 있다. 널이 될 수 있는 함수 타입으로 함수를 받으면 그 함수를 직접 호출할 수 없다는 점에 유의하라. 코틀린은 NPE가 발생할 가능성이 있으므로 그런 코드의 컴파일을 거부할 것이다. null 여부를 명시적으로 검사하는 것도 한 가지 해결 방법이다.

```
fun foo(callback: (() -> Unit)?) {
    // ...
    if (callback != null) {
        callback()
    }
}
```

함수 타입이 invoke 메서드를 구현하는 인터페이스라는 사실을 활용하면 이를 더 짧게 만들 수 있다. 일반 메서드처럼 invoke도 안전 호출 구문으로 callback?.invoke() 처

럼 호출할 수 있다.

이렇게 안전 호출을 활용해 joinToString을 다시 쓰면 다음과 같다.

리스트 8.5 널이 될 수 있는 함수 타입 파라미터를 사용하기

```
fun <T> Collection<T>.joinToString(
        separator: String = ", ",
        prefix: String = "",
        postfix: String = "",
        transform: ((T) -> String)? = null  ◀──── 널이 될 수 있는 함수 타입의
                                                  파라미터를 선언한다.
): String {
    val result = StringBuilder(prefix)

    for ((index, element) in this.withIndex()) {
        if (index > 0) result.append(separator)
        val str = transform?.invoke(element)    ◀──── 안전 호출을 사용해
                                                       함수를 호출한다.
            ?: element.toString()  ◀──── 엘비스 연산자를 사용해
                                         람다를 인자로 받지 않은
        result.append(str)                       경우를 처리한다.
    }

    result.append(postfix)
    return result.toString()
}
```

지금까지 함수를 인자로 받는 함수를 만드는 방법을 배웠다. 이제 다른 종류의 고차 함수인 함수를 반환하는 함수에 대해 살펴보자.

8.1.5 함수를 함수에서 반환

함수가 함수를 반환할 필요가 있는 경우보다는 함수가 함수를 인자로 받아야 할 필요가 있는 경우가 훨씬 더 많다. 하지만 함수를 반환하는 함수도 여전히 유용하다. 프로그램의 상태나 다른 조건에 따라 달라질 수 있는 로직이 있다고 생각해보자. 예를 들어 사용

자가 선택한 배송 수단에 따라 배송비를 계산하는 방법이 달라질 수 있다. 이럴 때 적절한 로직을 선택해서 함수로 반환하는 함수를 정의해 사용할 수 있다. 다음 예제는 그런 코드를 보여준다.

리스트 8.6 함수를 반환하는 함수 정의하기

```
enum class Delivery { STANDARD, EXPEDITED }

class Order(val itemCount: Int)

fun getShippingCostCalculator(
    delivery: Delivery): (Order) -> Double {          ◀── 함수를 반환하는
                                                          함수를 선언한다.
    if (delivery == Delivery.EXPEDITED) {
        return { order -> 6 + 2.1 * order.itemCount }  ◀──
    }                                                      함수에서 람다를
    return { order -> 1.2 * order.itemCount }          ◀── 반환한다.
}
>>> val calculator =                                   ◀── 반환받은 함수를
                                                           변수에 저장한다.
...     getShippingCostCalculator(Delivery.EXPEDITED)
>>> println("Shipping costs ${calculator(Order(3))}")  ◀── 반환받은 함수를
                                                           호출한다.
Shipping costs 12.3
```

다른 함수를 반환하는 함수를 정의하려면 함수의 반환 타입으로 함수 타입을 지정해야 한다. 리스트 8.6에서 getShippingCostCalculator 함수는 Order를 받아서 Double을 반환하는 함수를 반환한다. 함수를 반환하려면 return 식에 람다나 멤버 참조나 함수 타입의 값을 계산하는 식 등을 넣으면 된다.

함수를 반환하는 함수가 유용한 경우를 하나 더 살펴보자. GUI 연락처 관리 앱을 만드는 데 UI의 상태에 따라 어떤 연락처 정보를 표시할지 결정해야 할 필요가 있다고 가정하자. 사용자가 UI의 입력 창에 입력한 문자열과 매치되는 연락처만 화면에 표시하되 설정에 따라 전화번호 정보가 없는 연락처를 제외시킬 수도 있고 포함시킬 수도 있어야 한다. ContactListFilters 클래스를 사용해 이런 선택 사항의 상태를 저장한다.

358

```
class ContactListFilters {
    var prefix: String = ""
    var onlyWithPhoneNumber: Boolean = false
}
```

이름이나 성이 D로 시작하는 연락처를 보기 위해 사용자가 D를 입력하면 prefix 값이
변한다. 사용자 입력에 따라 ContactListFilters 인스턴스의 상태를 변화시키는 로
직은 생략한다(UI 관련 코드를 다 포함시키면 양이 너무 많기 때문이다).

　연락처 목록 표시 로직과 연락처 필터링 UI를 분리하기 위해 연락처 목록을 필터링
하는 술어 함수를 만드는 함수를 정의할 수 있다. 이 술어 함수는 이름과 성의 접두사를
검사하고 필요하면 전화번호가 연락처에 있는지도 검사한다.

리스트 8.7　함수를 반환하는 함수를 UI 코드에서 사용하기

```
data class Person(
    val firstName: String,
    val lastName: String,
    val phoneNumber: String?
)
class ContactListFilters {
    var prefix: String = ""
    var onlyWithPhoneNumber: Boolean = false

    fun getPredicate(): (Person) -> Boolean {     ◀────── 함수를 반환하는
        val startsWithPrefix = { p: Person ->             함수를 정의한다.
            p.firstName.startsWith(prefix) || p.lastName.startsWith(prefix)
        }
        if (!onlyWithPhoneNumber) {
            return startsWithPrefix     ◀────── 함수 타입의 변수를
        }                                        반환한다.
        return { startsWithPrefix(it)
                && it.phoneNumber != null }     ◀────── 람다를 반환한다.
```

```
        }
    }
>>> val contacts = listOf(Person("Dmitry", "Jemerov", "123-4567"),
                  Person("Svetlana", "Isakova", null))
>>> val contactListFilters = ContactListFilters()
>>> with (contactListFilters) {
>>>     prefix = "Dm"
>>>     onlyWithPhoneNumber = true
>>> }
>>> println(contacts.filter(
...     contactListFilters.getPredicate()))    ◄── getPredicate이 반환한 함수를
                                                  "filter"에게 인자로 넘긴다.
[Person(firstName=Dmitry, lastName=Jemerov, phoneNumber=123-4567)]
```

getPredicate 메서드는 filter 함수에게 인자로 넘길 수 있는 함수를 반환한다. 문자
열과 같은 일반 타입의 값을 함수가 쉽게 반환할 수 있는 것처럼, 함수 타입을 사용하면
함수에서 함수를 쉽게 반환할 수 있다.

고차 함수는 코드 구조를 개선하고 중복을 없앨 때 쓸 수 있는 아주 강력한 도구다.
이제 람다를 사용해 코드 중복을 제거하는 방법을 살펴보자.

8.1.6 람다를 활용한 중복 제거

함수 타입과 람다 식은 재활용하기 좋은 코드를 만들 때 쓸 수 있는 훌륭한 도구다.
람다를 사용할 수 없는 환경에서는 아주 복잡한 구조를 만들어야만 피할 수 있는 코드
중복도 람다를 활용하면 간결하고 쉽게 제거할 수 있다.

웹사이트 방문 기록을 분석하는 예를 살펴보자. SiteVisit에는 방문한 사이트의
경로, 사이트에서 머문 시간, 사용자의 운영체제[OS]가 들어있다. 여러 OS를 enum을 사용
해 표현한다.

```
data class SiteVisit(
    val path: String,
    val duration: Double,
    val os: OS
)
enum class OS { WINDOWS, LINUX, MAC, IOS, ANDROID }
val log = listOf(
    SiteVisit("/", 34.0, OS.WINDOWS),
    SiteVisit("/", 22.0, OS.MAC),
    SiteVisit("/login", 12.0, OS.WINDOWS),
    SiteVisit("/signup", 8.0, OS.IOS),
    SiteVisit("/", 16.3, OS.ANDROID)
)
```

윈도우 사용자의 평균 방문 시간을 출력하고 싶다. average 함수를 사용하면 쉽게 그런
작업을 수행할 수 있다.

```
val averageWindowsDuration = log
    .filter { it.os == OS.WINDOWS }
    .map(SiteVisit::duration)
    .average()
>>> println(averageWindowsDuration)
23.0
```

이제 맥 사용자에 대해 같은 통계를 구하고 싶다. 중복을 피하기 위해 OS를 파라미터로
뽑아 낼 수 있다.

```
fun List<SiteVisit>.averageDurationFor(os: OS) =
        filter { it.os == os }.map(SiteVisit::duration).average()
>>> println(log.averageDurationFor(OS.WINDOWS))
23.0
>>> println(log.averageDurationFor(OS.MAC))
22.0
```

중복 코드를 별도 함수로 추출한다.

이 함수를 확장으로 정의함에 따라 가독성이 얼마나 좋아졌는지 살펴보라. 이 함수가 어떤 함수 내부에서만 쓰인다면 이를 로컬 확장 함수로 정의할 수도 있다.

하지만 이 함수는 충분히 강력하지 않다. 모바일 디바이스 사용자(현재는 iOS와 안드로이드 사용자만 존재함)의 평균 방문 시간을 구하고 싶다면 어떻게 해야 할까?

```
val averageMobileDuration = log
    .filter { it.os in setOf(OS.IOS, OS.ANDROID) }
    .map(SiteVisit::duration)
    .average()
>>> println(averageMobileDuration)
12.15
```

플랫폼을 표현하는 간단한 파라미터로는 이런 상황을 처리할 수 없다. 게다가 "iOS 사용자의 /signup 페이지 평균 방문 시간은?"과 같이 더 복잡한 질의를 사용해 방문 기록을 분석하고 싶을 때도 있다. 이럴 때 람다가 유용하다. 함수 타입을 사용하면 필요한 조건을 파라미터로 뽑아낼 수 있다.

```
fun List<SiteVisit>.averageDurationFor(predicate: (SiteVisit) -> Boolean) =
        filter(predicate).map(SiteVisit::duration).average()

>>> println(log.averageDurationFor {
...   it.os in setOf(OS.ANDROID, OS.IOS) })
12.15
>>> println(log.averageDurationFor {
...   it.os == OS.IOS && it.path == "/signup" })
8.0
```

코드 중복을 줄일 때 함수 타입이 상당히 도움이 된다. 코드의 일부분을 복사해 붙여 넣고 싶은 경우가 있다면 그 코드를 람다로 만들면 중복을 제거할 수 있을 것이다. 변수, 프로퍼티, 파라미터 등을 사용해 데이터의 중복을 없앨 수 있는 것처럼 람다를 사용하면 코드의 중복을 없앨 수 있다.

노트

일부 잘 알려진 (객체 지향) 디자인 패턴을 함수 타입과 람다 식을 사용해 단순화할 수 있다. 전략 패턴을 생각해보자. 람다 식이 없다면 인터페이스를 선언하고 구현 클래스를 통해 전략을 정의해야 한다. 함수 타입을 언어가 지원하면 일반 함수 타입을 사용해 전략을 표현할 수 있고 경우에 따라 다른 람다 식을 넘김으로써 여러 전략을 전달할 수 있다.

지금까지 고차 함수를 만드는 방법을 설명했다. 이제 고차 함수의 성능에 대해 이야기 해보자. 고차 함수를 여기저기 활용하면 전통적인 루프와 조건문을 사용할 때보다 더 느려지지 않을까? 다음 절에서는 람다를 활용한다고 코드가 항상 더 느려지지는 않는 다는 사실을 설명하고 inline 키워드를 통해 어떻게 람다의 성능을 개선하는지 보여 준다.

8.2 인라인 함수: 람다의 부가 비용 없애기

코틀린에서 람다를 함수 인자로 넘기는 구문이 if나 for와 같은 일반 문장과 비슷하다는 사실을 여러분도 눈치 챘을 것이다. 5장에서 살펴본 with와 apply 함수가 그런 예다. 하지만 람다를 활용한 코드의 성능은 어떨까? 혹시 겉보기엔 일반 자바 문장과 똑같지만 실행해보면 훨씬 느리게 작동해서 사람들을 불쾌하게 하는 함수를 작성하고 있는 건 아닐까?

5장에서는 코틀린이 보통 람다를 무명 클래스로 컴파일하지만 그렇다고 람다 식을 사용할 때마다 새로운 클래스가 만들어지지는 않는다는 사실을 설명했고, 람다가 변수를 포획하면 람다가 생성되는 시점마다 새로운 무명 클래스 객체가 생긴다는 사실도 설명했다. 이런 경우 실행 시점에 무명 클래스 생성에 따른 부가 비용이 든다. 따라서 람다를 사용하는 구현은 똑같은 작업을 수행하는 일반 함수를 사용한 구현보다 덜 효율적이다.

그렇다면 반복되는 코드를 별도의 라이브러리 함수로 빼내되 컴파일러가 자바의 일반 명령문만큼 효율적인 코드를 생성하게 만들 수는 없을까? 사실 코틀린 컴파일러에서는 그런 일이 가능하다. inline 변경자를 어떤 함수에 붙이면 컴파일러는 그 함수를 호출하는 모든 문장을 함수 본문에 해당하는 바이트코드로 바꿔치기 해준다. 이 과정을 자세히 탐구해보고 구체적인 예제를 살펴보자.

8.2.1 인라이닝이 작동하는 방식

어떤 함수를 inline으로 선언하면 그 함수의 본문이 인라인inline된다. 다른 말로 하면 함수를 호출하는 코드를 함수를 호출하는 바이트코드 대신에 함수 본문을 번역한 바이트코드로 컴파일한다는 뜻이다. 인라이닝을 한 코드가 어떻게 컴파일되는지 예제를 통해 살펴보자.

리스트 8.13의 함수는 다중 스레드 환경에서 어떤 공유 자원에 대한 동시 접근을 막기 위한 것이다. 이 함수는 Lock 객체를 잠그고 주어진 코드 블록을 실행한 다음에 Lock 객체에 대한 잠금을 해제한다.

```
inline fun <T> synchronized(lock: Lock, action: () -> T): T {
    lock.lock()
    try {
        return action()
    }
    finally {
        lock.unlock()
    }
}
val l = Lock()
synchronized(l) {
    // ...
}
```

이 함수를 호출하는 코드는 자바의 synchronized문과 똑같아 보인다. 차이는 자바에서는 임의의 객체에 대해 synchronized를 사용할 수 있지만 이 함수는 Lock 클래스의 인스턴스를 요구한다는 점뿐이다. 여기서 보여준 코드는 단지 예일 뿐이다. 코틀린 표준 라이브러리는 아무 타입의 객체나 인자로 받을 수 있는 synchronized 함수를 제공한다.

하지만 동기화에 명시적인 락을 사용하면 더 신뢰할 수 있고 관리하기 쉬운 코드를 만들 수 있다. 8.2.5절에서 코틀린 표준 라이브러리가 제공하는 withLock 함수를 소개한다. 코틀린에서 락을 건 상태에서 코드를 실행해야 한다면 먼저 withLock을 써도 될지 고려해봐야 한다.

synchronized 함수를 inline으로 선언했으므로 synchronized를 호출하는 코드는 모두 자바의 synchronized문과 같아진다. synchronized()를 사용하는 다음 예제를 생각해보자.

```
fun foo(l: Lock) {
    println("Before sync")
```

```
    synchronized(l) {
        println("Action")
    }
    println("After sync")
}
```

그림 8.3은 이 코틀린 코드와 동등한 코드를 보여준다. 이 코드는 앞의 코드와 같은 바이트코드를 만들어낸다.

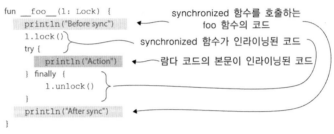

그림 8.3 foo 함수를 컴파일한 버전

synchronized 함수의 본문뿐 아니라 synchronized에 전달된 람다의 본문도 함께 인라이닝된다는 점에 유의하라. 람다의 본문에 의해 만들어지는 바이트코드는 그 람다를 호출하는 코드(synchronized) 정의의 일부분으로 간주되기 때문에 코틀린 컴파일러는 그 람다를 함수 인터페이스를 구현하는 무명 클래스로 감싸지 않는다.

　인라인 함수를 호출하면서 람다를 넘기는 대신에 함수 타입의 변수를 넘길 수도 있다.

```
class LockOwner(val lock: Lock) {
    fun runUnderLock(body: () -> Unit) {
        synchronized(lock, body)        람다 대신에 함수 타입인 변수를
    }                                    인자로 넘긴다.
}
```

이런 경우 인라인 함수를 호출하는 코드 위치에서는 변수에 저장된 람다의 코드를 알수 없다. 따라서 람다 본문은 인라이닝되지 않고 synchronized 함수의 본문만 인라이

366

닝된다. 따라서 람다는 다른 일반적인 경우와 마찬가지로 호출된다. runUnderLock을 컴파일한 바이트코드는 다음 함수와 비슷하다.

```
class LockOwner(val lock: Lock) {
    fun __runUnderLock__(body: () -> Unit) {    ◄──── 이 함수는 runUnderLock을 실제로
        lock.lock()                                   컴파일한 바이트코드와 비슷하다.
        try {
            body()    ◄──── synchronized를 호출하는 부분에서 람다를 알 수
        }                    없으므로 본문(body())은 인라이닝되지 않는다.
        finally {
            lock.unlock()
        }
    }
}
```

한 인라인 함수를 두 곳에서 각각 다른 람다를 사용해 호출한다면 그 두 호출은 각각 따로 인라이닝된다. 인라인 함수의 본문 코드가 호출 지점에 복사되고 각 람다의 본문이 인라인 함수의 본문 코드에서 람다를 사용하는 위치에 복사된다.

8.2.2 인라인 함수의 한계

인라이닝을 하는 방식으로 인해 람다를 사용하는 모든 함수를 인라이닝할 수는 없다. 함수가 인라이닝될 때 그 함수에 인자로 전달된 람다 식의 본문은 결과 코드에 직접 들어갈 수 있다. 하지만 이렇게 람다가 본문에 직접 펼쳐지기 때문에 함수가 파라미터로 전달받은 람다를 본문에 사용하는 방식이 한정될 수밖에 없다. 함수 본문에서 파라미터로 받은 람다를 호출한다면 그 호출을 쉽게 람다 본문으로 바꿀 수 있다. 하지만 파라미터로 받은 람다를 다른 변수에 저장하고 나중에 그 변수를 사용한다면 람다를 표현하는 객체가 어딘가는 존재해야 하기 때문에 람다를 인라이닝할 수 없다.

　일반적으로 인라인 함수의 본문에서 람다 식을 바로 호출하거나 람다 식을 인자로

전달받아 바로 호출하는 경우에는 그 람다를 인라이닝할 수 있다. 그런 경우가 아니라면 컴파일러는 "Illegal usage of inline-parameter"라는 메시지와 함께 인라이닝을 금지시킨다.

예를 들어 시퀀스에 대해 동작하는 메서드 중에는 람다를 받아서 모든 시퀀스 원소에 그 람다를 적용한 새 시퀀스를 반환하는 함수가 많다. 그런 함수는 인자로 받은 람다를 시퀀스 객체 생성자의 인자로 넘기곤 한다. 다음은 Sequence.map을 정의하는 방법을 보여준다.

```
fun <T, R> Sequence<T>.map(transform: (T) -> R): Sequence<R> {
    return TransformingSequence(this, transform)
}
```

이 map 함수는 transform 파라미터로 전달받은 함수 값을 호출하지 않는 대신, TransformingSequence라는 클래스의 생성자에게 그 함수 값을 넘긴다. TransformingSequence 생성자는 전달 받은 람다를 프로퍼티로 저장한다. 이런 기능을 지원하려면 map에 전달되는 transform 인자를 일반적인(인라이닝하지 않는) 함수 표현으로 만들 수밖에 없다. 즉, 여기서는 transform을 함수 인터페이스를 구현하는 무명 클래스 인스턴스로 만들어야만 한다.

둘 이상의 람다를 인자로 받는 함수에서 일부 람다만 인라이닝하고 싶을 때도 있다. 예를 들어 어떤 람다에 너무 많은 코드가 들어가거나 어떤 람다에 인라이닝을 하면 안 되는 코드가 들어갈 가능성이 있다면 그런 람다를 인라이닝하면 안 된다. 이런 식으로 인라이닝하면 안 되는 람다를 파라미터로 받는다면 noinline 변경자를 파라미터 이름 앞에 붙여서 인라이닝을 금지할 수 있다.

```
inline fun foo(inlined: () -> Unit, noinline notInlined: () -> Unit) {
    // ...
}
```

코틀린에서는 어떤 모듈이나 서드파티 라이브러리 안에서 인라인 함수를 정의하고 그 모듈이나 라이브러리 밖에서 해당 인라인 함수를 사용할 수 있다. 또 자바에서도 코틀린에서 정의한 인라인 함수를 호출할 수 있다. 이런 경우 컴파일러는 인라인 함수를 인라이닝하지 않고 일반 함수 호출로 컴파일한다.

9.2.4절에서는 noinline을 사용해야 하는 다른 상황을 몇 가지 볼 수 있다(하지만 자바 상호운용성에 약간 제약이 있다).

8.2.3 컬렉션 연산 인라이닝

컬렉션에 대해 작용하는 코틀린 표준 라이브러리의 성능을 살펴보자. 코틀린 표준 라이브러리의 컬렉션 함수는 대부분 람다를 인자로 받는다. 표준 라이브러리 함수를 사용하지 않고 직접 이런 연산을 구현한다면 더 효율적이지 않을까?

예를 들어 Person의 리스트를 걸러내는 두 가지 방법을 비교해보자.

리스트 8.14 람다를 사용해 컬렉션 거르기

```
data class Person(val name: String, val age: Int)

val people = listOf(Person("Alice", 29), Person("Bob", 31))

>>> println(people.filter { it.age < 30 })
[Person(name=Alice, age=29)]
```

이 예제를 람다 식을 사용하지 않게 다시 쓰면 다음과 같다.

리스트 8.15 컬렉션을 직접 거르기

```
>>> val result = mutableListOf<Person>()
>>> for (person in people) {
        if (person.age < 30) result.add(person)
    }
>>> println(result)
```

```
[Person(name=Alice, age=29)]
```

코틀린의 `filter` 함수는 인라인 함수다. 따라서 `filter` 함수의 바이트코드는 그 함수에 전달된 람다 본문의 바이트코드와 함께 `filter`를 호출한 위치에 들어간다. 그 결과 앞 예제에서 `filter`를 써서 생긴 바이트코드와 뒤 예제에서 생긴 바이트코드는 거의 같다. 여러분은 코틀린다운 연산을 컬렉션에 대해 안전하게 사용할 수 있고, 코틀린이 제공하는 함수 인라이닝을 믿고 성능에 신경 쓰지 않아도 된다.

`filter`와 `map`을 연쇄해서 사용하면 어떻게 될까?

```
>>> println(people.filter { it.age > 30 }
...                  .map(Person::name))
[Bob]
```

이 예제는 람다 식과 멤버 참조를 사용한다. 여기서 사용한 `filter`와 `map`은 인라인 함수다. 따라서 그 두 함수의 본문은 인라이닝되며, 추가 객체나 클래스 생성은 없다. 하지만 이 코드는 리스트를 걸러낸 결과를 저장하는 중간 리스트를 만든다. `filter` 함수에서 만들어진 코드는 원소를 그 중간 리스트에 추가하고, `map` 함수에서 만들어진 코드는 그 중간 리스트를 읽어서 사용한다.

처리할 원소가 많아지면 중간 리스트를 사용하는 부가 비용도 걱정할 만큼 커진다. `asSequence`를 통해 리스트 대신 시퀀스를 사용하면 중간 리스트로 인한 부가 비용은 줄어든다. 이때 각 중간 시퀀스는 람다를 필드에 저장하는 객체로 표현되며, 최종 연산은 중간 시퀀스에 있는 여러 람다를 연쇄 호출한다. 따라서 앞 절에서 설명한 대로 시퀀스는 (람다를 저장해야 하므로) 람다를 인라인하지 않는다. 따라서 지연 계산을 통해 성능을 향상시키려는 이유로 모든 컬렉션 연산에 `asSequence`를 붙여서는 안 된다. 시퀀스 연산에서는 람다가 인라이닝되지 않기 때문에 크기가 작은 컬렉션은 오히려 일반 컬렉션 연산이 더 성능이 나을 수도 있다. 시퀀스를 통해 성능을 향상시킬 수 있는 경우는 컬렉션 크기가 큰 경우뿐이다.

8.2.4 함수를 인라인으로 선언해야 하는 경우

inline 키워드의 이점을 배우고 나면 코드를 더 빠르게 만들기 위해 코드 여기저기에서 inline을 사용하고 싶어질 것이다. 하지만 사실 이는 좋은 생각이 아니다. inline 키워드를 사용해도 람다를 인자로 받는 함수만 성능이 좋아질 가능성이 높다. 다른 경우에는 주의 깊게 성능을 측정하고 조사해봐야 한다.

일반 함수 호출의 경우 JVM은 이미 강력하게 인라이닝을 지원한다. JVM은 코드 실행을 분석해서 가장 이익이 되는 방향으로 호출을 인라이닝한다. 이런 과정은 바이트코드를 실제 기계어 코드로 번역하는 과정(JIT)에서 일어난다. 이런 JVM의 최적화를 활용한다면 바이트코드에서는 각 함수 구현이 정확히 한 번만 있으면 되고, 그 함수를 호출하는 부분에서 따로 함수 코드를 중복할 필요가 없다. 반면 코틀린 인라인 함수는 바이트코드에서 각 함수 호출 지점을 함수 본문으로 대치하기 때문에 코드 중복이 생긴다. 게다가 함수를 직접 호출하면 스택 트레이스가 더 깔끔해진다.

반면 람다를 인자로 받는 함수를 인라이닝하면 이익이 더 많다. 첫째로 인라이닝을 통해 없앨 수 있는 부가 비용이 상당하다. 함수 호출 비용을 줄일 수 있을 뿐 아니라 람다를 표현하는 클래스와 람다 인스턴스에 해당하는 객체를 만들 필요도 없어진다. 둘째로 현재의 JVM은 함수 호출과 람다를 인라이닝해 줄 정도로 똑똑하지는 못하다. 마지막으로 인라이닝을 사용하면 일반 람다에서는 사용할 수 없는 몇 가지 기능을 사용할 수 있다. 그런 기능 중에는 8장 뒤에서 설명할 넌로컬non-local 반환이 있다.

하지만 inline 변경자를 함수에 붙일 때는 코드 크기에 주의를 기울여야 한다. 인라이닝하는 함수가 큰 경우 함수의 본문에 해당하는 바이트코드를 모든 호출 지점에 복사해 넣고 나면 바이트코드가 전체적으로 아주 커질 수 있다. 그런 경우 람다 인자와 무관한 코드를 별도의 비인라인 함수로 빼낼 수도 있다. 코틀린 표준 라이브러리가 제공하는 inline 함수를 보면 모두 크기가 아주 작다는 사실을 알 수 있을 것이다.

다음으로는 고차 함수를 사용해 코드를 더 개선하는 방법을 살펴보자.

8.2.5 자원 관리를 위해 인라인된 람다 사용

람다로 중복을 없앨 수 있는 일반적인 패턴 중 한 가지는 어떤 작업을 하기 전에 자원을 획득하고 작업을 마친 후 자원을 해제하는 자원 관리다. 여기서 **자원**^{resource}은 파일, 락, 데이터베이스 트랜잭션 등 여러 다른 대상을 가리킬 수 있다. 자원 관리 패턴을 만들 때 보통 사용하는 방법은 try/finally문을 사용하되 try 블록을 시작하기 직전에 자원을 획득하고 finally 블록에서 자원을 해제하는 것이다.

이전에 try/finally문의 로직을 함수로 캡슐화하고 자원을 사용하는 코드를 람다식으로 그 함수에 전달하는 예제를 본 적이 있다. 그 예제에는 자바의 synchronized문과 똑같은 구문을 제공하는 synchronized 함수가 있었다. synchronized 함수는 락 객체를 인자로 취한다. 코틀린 라이브러리에는 좀 더 코틀린다운 API를 통해 같은 기능을 제공하는 withLock이라는 함수도 있다. withLock은 Lock 인터페이스의 확장 함수다. 다음은 withLock 사용법이다.

```
val l: Lock = ...
l.withLock {          ◀── 락을 잠근 다음에 주어진 동작을
    // 락에 의해 보호되는 자원을 사용한다.          수행한다.
}
```

다음은 코틀린 라이브러리에 있는 withLock 함수 정의다.

```
fun <T> Lock.withLock(action: () -> T): T {   ◀── 락을 획득한 후 작업하는 과정을
    lock()                                         별도의 함수로 분리한다.
    try {
        return action()
    } finally {
        unlock()
    }
}
```

이런 패턴을 사용할 수 있는 다른 유형의 자원으로 파일이 있다. 자바 7부터는 이를 위한 특별한 구문인 try-with-resource문이 생겼다. 다음은 try-with-resource를 사용해 파일의 각 줄을 읽는 자바 메서드다.

리스트 8.16 자바 try-with-resource

```
static String readFirstLineFromFile(String path) throws IOException {
    try (BufferedReader br =
        new BufferedReader(new FileReader(path))) {
      return br.readLine();
    }
}
```

코틀린에서는 함수 타입의 값을 파라미터로 받는 함수(따라서 이 함수는 람다를 인자로 받는다)를 통해 아주 매끄럽게 이를 처리할 수 있으므로, 코틀린 언어는 이와 같은 기능을 언어 구성 요소로 제공하지는 않는다. 대신 자바 try-with-resource와 같은 기능을 제공하는 use라는 함수가 코틀린 표준 라이브러리 안에 들어있다. 다음은 리스트 8.16에 있는 프로그램을 코틀린의 use를 사용해 다시 쓴 프로그램이다.

리스트 8.17 use 함수를 자원 관리에 활용하기

```
fun readFirstLineFromFile(path: String): String {          ┐ BufferedReader 객체를 만들고
    BufferedReader(FileReader(path)).use { br ->    ◄─────── "use" 함수를 호출하면서 파일에 대한
                                                              연산을 실행할 람다를 넘긴다.
        return br.readLine()    ◄────── 자원(파일)에서 맨 처음 가져온 한 줄을 람다가
    }                                   아닌 readFirstLineFromFile에서 반환한다.
}
```

use 함수는 닫을 수 있는^{closeable} 자원에 대한 확장 함수며, 람다를 인자로 받는다. use는 람다를 호출한 다음에 자원을 닫아준다. 이때 람다가 정상 종료한 경우는 물론 람다 안에서 예외가 발생한 경우에도 자원을 확실히 닫는다. 물론 use 함수도 인라인 함수다. 따라서 use를 사용해도 성능에는 영향이 없다.

람다의 본문 안에서 사용한 return은 넌로컬 return이다. 이 return문은 람다가 아니라 readFirstLineFromFile 함수를 끝내면서 값을 반환한다. 람다 안에서 return 을 어떻게 사용하는지 좀 더 자세히 살펴보자.

8.3 고차 함수 안에서 흐름 제어

루프와 같은 명령형 코드를 람다로 바꾸기 시작한 독자는 곧 return 문제에 부딪칠 것이다. 루프의 중간에 있는 return문의 의미를 이해하기는 쉽다. 하지만 그 루프를 filter와 같이 람다를 호출하는 함수로 바꾸고 인자로 전달하는 람다 안에서 return을 사용하면 어떤 일이 벌어질까? 몇 가지 예제를 살펴보자.

8.3.1 람다 안의 return문: 람다를 둘러싼 함수로부터 반환

이 절에서는 컬렉션에 대한 이터레이션을 두 가지 살펴본다. 다음 코드의 실행 결과를 보면 이름이 Alice인 경우에 lookForAlice 함수로부터 반환된다는 사실을 분명히 알 수 있다.

리스트 8.18 일반 루프 안에서 return 사용하기

```
data class Person(val name: String, val age: Int)

val people = listOf(Person("Alice", 29), Person("Bob", 31))

fun lookForAlice(people: List<Person>) {
    for (person in people) {
        if (person.name == "Alice") {
            println("Found!")
            return
        }
    }
}
```

```
    println("Alice is not found")          ◄──── "people" 안에 앨리스가 없으면
}                                                  이 줄이 출력된다.

>>> lookForAlice(people)
Found!
```

이 코드를 forEach로 바꿔 써도 될까? forEach에 넘긴 람다 안에 있는 return도 앞 예제와 같은 의미일까? 그렇다. forEach 함수를 대신 써도 안전하다. 다음 예를 살펴보자.

리스트 8.19 forEach에 전달된 람다에서 return 사용하기

```
fun lookForAlice(people: List<Person>) {
    people.forEach {
        if (it.name == "Alice") {
            println("Found!")
            return                         ◄──── 리스트 8.18과 마찬가지로
        }                                         lookForAlice 함수에서 반환된다.
    }
    println("Alice is not found")
}
```

람다 안에서 return을 사용하면 람다로부터만 반환되는 게 아니라 그 람다를 호출하는 함수가 실행을 끝내고 반환된다. 그렇게 자신을 둘러싸고 있는 블록보다 더 바깥에 있는 다른 블록을 반환하게 만드는 return문을 넌로컬$^{non-local}$ return이라 부른다.

이 규칙 뒤에 숨어있는 로직을 이해하려면 자바 메서드 안에 있는 for 루프나 synchronized 블록 안에서 return 키워드가 어떻게 동작하는지 살펴보면 된다. 그런 경우 return은 for 루프나 synchronized 블록을 끝내지 않고 메서드를 반환시킨다. 코틀린에서는 언어가 제공하는 기본 구성 요소가 아니라 람다를 받는 함수로 for나 synchronized와 같은 기능을 구현한다. 코틀린은 그런 함수 안에서 쓰이는 return이 자바의 return과 같은 의미를 갖게 허용한다.

이렇게 return이 바깥쪽 함수를 반환시킬 수 있는 때는 람다를 인자로 받는 함수가 인라인 함수인 경우뿐이다. 리스트 8.19에서 forEach는 인라인 함수이므로 람다 본문과 함께 인라이닝된다. 따라서 return 식이 바깥쪽 함수(여기서는 lookForAlice)를 반환시키도록 쉽게 컴파일할 수 있다. 하지만 인라이닝되지 않는 함수에 전달되는 람다 안에서 return을 사용할 수는 없다. 인라이닝되지 않는 함수는 람다를 변수에 저장할 수 있고, 바깥쪽 함수로부터 반환된 뒤에 저장해 둔 람다가 호출될 수도 있다. 그런 경우 람다 안의 return이 실행되는 시점이 바깥쪽 함수를 반환시키기엔 너무 늦은 시점일 수도 있다.

8.3.2 람다로부터 반환: 레이블을 사용한 return

람다 식에서도 로컬^{local} return을 사용할 수 있다. 람다 안에서 로컬 return은 for 루프의 break와 비슷한 역할을 한다. 로컬 return은 람다의 실행을 끝내고 람다를 호출했던 코드의 실행을 계속 이어간다. 로컬 return과 넌로컬 return을 구분하기 위해 레이블^{label}을 사용해야 한다. return으로 실행을 끝내고 싶은 람다 식 앞에 레이블을 붙이고, return 키워드 뒤에 그 레이블을 추가하면 된다.

리스트 8.20   레이블을 통해 로컬 리턴 사용하기

```
fun lookForAlice(people: List<Person>) {        람다 식 앞에
    people.forEach label@{            ◀────      레이블을 붙인다.
        if (it.name == "Alice") return@label ◀   return@label은 앞에서
    }                                             정의한 레이블을 참조한다.
    println("Alice might be somewhere")  ◀────    항상 이 줄이
}                                                 출력된다.

>>> lookForAlice(people)
Alice might be somewhere
```

376

람다 식에 레이블을 붙이려면 레이블 이름 뒤에 @ 문자를 추가한 것을 람다를 여는 {
앞에 넣으면 된다. 람다로부터 반환하려면 return 키워드 뒤에 @ 문자와 레이블을 차례
로 추가하면 된다. 이를 그림 8.4에 정리해뒀다.

그림 8.4 람다에 레이블을 붙이거나 `return` 뒤에 레이블을 붙이기 위해 @ 사용하기

람다에 레이블을 붙여서 사용하는 대신 람다를 인자로 받는 인라인 함수의 이름을
return 뒤에 레이블로 사용해도 된다.

리스트 8.21 함수 이름을 `return` 레이블로 사용하기

```
fun lookForAlice(people: List<Person>) {
    people.forEach {
        if (it.name == "Alice") return@forEach        ◀── return@forEach는 람다
    }                                                      식으로부터 반환시킨다.
    println("Alice might be somewhere")
}
```

람다 식의 레이블을 명시하면 함수 이름을 레이블로 사용할 수 없다는 점에 유의하라.
람다 식에는 레이블이 2개 이상 붙을 수 없다.

레이블이 붙은 this 식

this 식의 레이블에도 마찬가지 규칙이 적용된다. 5장에서 수신 객체 지정 람다에 대해 설명했
다. 수신 객체 지정 람다의 본문에서는 this 참조를 사용해 묵시적인 컨텍스트 객체(람다를 만들
때 지정한 수신 객체)를 가리킬 수 있다(11장에서 수신 객체 지정 람다를 인자로 받는 함수를

어떻게 작성하는지 설명한다). 수신 객체 지정 람다 앞에 레이블을 붙인 경우 `this` 뒤에 그 레이블을 붙여서 묵시적인 컨텍스트 객체를 지정할 수 있다.

```
>>> println(StringBuilder().apply sb@{        ◀──  this@sb를 통해 이 람다의 묵시적
                                                   수신 객체에 접근할 수 있다.
...   listOf(1, 2, 3).apply {
                                               ◀──  "this"는 이 위치를 둘러싼 가장 안쪽
...       this@sb.append(this.toString())     ◀──  영역의 묵시적 수신 객체를 가리킨다.
                                                   "모든 묵시적 수신 객체를 사용할 수 있다.
...   }                                            다만 바깥쪽 묵시적 수신 객체에 접근할
                                                   때는 레이블을 명시해야 한다.
... })
[1, 2, 3]
```

레이블 붙은 `return`과 마찬가지로 이 경우에도 람다 앞에 명시한 레이블을 사용하거나 람다를 인자로 받는 함수 이름을 사용할 수 있다.

하지만 넌로컬 반환문은 장황하고, 람다 안의 여러 위치에 `return` 식이 들어가야 하는 경우 사용하기 불편하다. 코틀린은 코드 블록을 여기저기 전달하기 위한 다른 해법을 제공하며, 그 해법을 사용하면 넌로컬 반환문을 여럿 사용해야 하는 코드 블록을 쉽게 작성할 수 있다. 바로 무명 함수가 그 해법이다.

8.3.3 무명 함수: 기본적으로 로컬 return

무명 함수는 코드 블록을 함수에 넘길 때 사용할 수 있는 다른 방법이다. 먼저 예제를 하나 살펴보자.

리스트 8.22 무명 함수 안에서 return 사용하기

```
fun lookForAlice(people: List<Person>) {        람다 식 대신 무명 함수를
   people.forEach(fun (person) {        ◀──     사용한다.
      if (person.name == "Alice") return    ◀── "return"은 가장 가까운 함수를 가리키는데 이
      println("${person.name} is not Alice")     위치에서 가장 가까운 함수는 무명 함수다.
   })
}
```

378

```
>>> lookForAlice(people)
Bob is not Alice
```

무명 함수는 일반 함수와 비슷해 보인다. 차이는 함수 이름이나 파라미터 타입을 생략할 수 있다는 점뿐이다. 다음은 또 다른 예다.

리스트 8.23 filter에 무명 함수 넘기기

```
people.filter(fun (person): Boolean {
    return person.age < 30
})
```

무명 함수도 일반 함수와 같은 반환 타입 지정 규칙을 따른다. 리스트 8.23처럼 블록이 본문인 무명 함수는 반환 타입을 명시해야 하지만, 식을 본문으로 하는 무명 함수의 반환 타입은 생략할 수 있다.

리스트 8.24 식이 본문인 무명 함수 사용하기

```
people.filter(fun (person) = person.age < 30)
```

무명 함수 안에서 레이블이 붙지 않은 return 식은 무명 함수 자체를 반환시킬 뿐 무명 함수를 둘러싼 다른 함수를 반환시키지 않는다. 사실 return에 적용되는 규칙은 단순히 return은 fun 키워드를 사용해 정의된 가장 안쪽 함수를 반환시킨다는 점이다. 람다 식은 fun을 사용해 정의되지 않으므로 람다 본문의 return은 람다 밖의 함수를 반환시킨다. 무명 함수는 fun을 사용해 정의되므로 그 함수 자신이 바로 가장 안쪽에 있는 fun으로 정의된 함수다. 따라서 무명 함수 본문의 return은 그 무명 함수를 반환시키고, 무명 함수 밖의 다른 함수를 반환시키지 못한다. 그림 8.5에 이 차이를 표시했다.

```
fun lookForAlice(people: List<Person>) {

    people.forEach(fun(person) {
        if (person.name == "Alice") return

    })
}

fun lookForAlice(people: List<Person>) {
    people.forEach {
        if (it.name == "Alice") return
    }
}
```

그림 8.5 return 식은 fun 키워드로 정의된 함수를 반환시킨다.

무명 함수는 일반 함수와 비슷해 보이지만 실제로는 람다 식에 대한 문법적 편의일 뿐이다. 람다 식의 구현 방법이나 람다 식을 인라인 함수에 넘길 때 어떻게 본문이 인라이닝되는지 등의 규칙을 무명 함수에도 모두 적용할 수 있다.

8.4 요약

- 함수 타입을 사용해 함수에 대한 참조를 담는 변수나 파라미터나 반환 값을 만들 수 있다.

- 고차 함수는 다른 함수를 인자로 받거나 함수를 반환한다. 함수의 파라미터 타입이나 반환 타입으로 함수 타입을 사용하면 고차 함수를 선언할 수 있다.

- 인라인 함수를 컴파일할 때 컴파일러는 그 함수의 본문과 그 함수에게 전달된 람다의 본문을 컴파일한 바이트코드를 모든 함수 호출 지점에 삽입해준다. 이렇게 만들어지는 바이트코드는 람다를 활용한 인라인 함수 코드를 풀어서 직접 쓴 경우와 비교할 때 아무 부가 비용이 들지 않는다.

- 고차 함수를 사용하면 컴포넌트를 이루는 각 부분의 코드를 더 잘 재사용할 수 있다. 또 고차 함수를 활용해 강력한 제네릭 라이브러리를 만들 수 있다.

- 인라인 함수에서는 람다 안에 있는 return문이 바깥쪽 함수를 반환시키는 넌로컬 return을 사용할 수 있다.

- 무명 함수는 람다 식을 대신할 수 있으며 return 식을 처리하는 규칙이 일반 람다 식과는 다르다. 본문 여러 곳에서 return해야 하는 코드 블록을 만들어야 한다면 람다 대신 무명 함수를 쓸 수 있다.

9
제네릭스

9장에서 다루는 내용

- 제네릭 함수와 클래스를 정의하는 방법
- 타입 소거와 실체화한 타입 파라미터
- 선언 지점과 사용 지점 변성

지금까지 일부 예제에서 제네릭스를 사용한 적이 있다. 코틀린에서 제네릭 클래스와 함수를 선언하고 사용하는 기본 개념은 자바와 비슷하다. 따라서 따로 설명하지는 않았지만 자바 개발자라면 지금까지 살펴본 예제 중에서 제네릭스가 쓰였던 일부 예제가 어떤 뜻인지 분명히 이해할 수 있어야 한다. 9장에서는 먼저 이미 살펴본 제네릭스 예제를 몇 가지 다시 살펴보고 좀 더 자세히 설명한다.

그 후 제네릭스를 더 깊이 다루면서 **실체화한 타입 파라미터**^{reified type parameter}나 **선언 지점 변성**^{declaration-site variance} 등의 새로운 내용을 설명한다. 이런 개념이 어려워 보일수도 있지만 걱정할 필요는 없다. 9장에서 이해하기 쉽게 자세히 설명할 예정이다.

실체화한 타입 파라미터를 사용하면 인라인 함수 호출에서 타입 인자로 쓰인 구체적인 타입을 실행 시점에 알 수 있다(일반 클래스나 함수의 경우 타입 인자 정보가 실행 시점에 사라지기 때문에 이런 일이 불가능하다).

선언 지점 변성을 사용하면 기저 타입[1]은 같지만 타입 인자가 다른 두 제네릭 타입 Type<A>와 Type<B>가 있을 때 타입 인자 A와 B의 상위/하위 타입 관계에 따라 두 제네릭 타입의 상위/하위 타입 관계가 어떻게 되는지 지정할 수 있다. 예를 들어 List<Any>를 인자로 받는 함수에게 List<Int> 타입의 값을 전달할 수 있을지 여부[2]를 선언 지점 변성을 통해 지정할 수 있다. **사용 지점 변성**use-site variance은 같은 목표(제네릭 타입 값 사이의 상위/하위 타입 관계 지정)를 제네릭 타입 값을 사용하는 위치에서 파라미터 타입에 대한 제약을 표시하는 방식으로 달성한다. 자바 와일드카드는 사용 지점 변성에 속하며, 코틀린 선언 지점 변성과 같은 역할을 한다.

9.1 제네릭 타입 파라미터

제네릭스를 사용하면 **타입 파라미터**type parameter를 받는 타입을 정의할 수 있다. 제네릭 타입의 인스턴스를 만들려면 타입 파라미터를 구체적인 **타입 인자**type argument로 치환해야 한다. 예를 들어 List라는 타입이 있다면 그 안에 들어가는 원소의 타입을 안다면 쓸모가 있을 것이다. 타입 파라미터를 사용하면 "이 변수는 리스트다"라고 말하는 대신 정확하게 "이 변수는 문자열을 담는 리스트다"라고 말할 수 있다. 코틀린에서 '문자열을 담는 리스트'를 표현하는 구문은 자바와 마찬가지로 List<String>이다. 클래스에 타입 파라

---

1. 원서에서는 base type으로 객체지향의 기반 타입과 같은 용어를 사용한다. 하지만 List와 List<String>이 기반 타입 - 파생 타입 관계라고 보기는 어렵기 때문에 제네릭 타입에서 타입 파라미터를 제외한 부분을 가리킬 때 기저 타입이라는 용어로 번역했다. - 옮긴이

2. 객체지향 법칙 중에 "A가 B의 상위 타입(클래스)이라면 A 타입의 인스턴스에 대해 성립하는 모든 규칙은 B 타입의 인스턴스에 대해서도 성립해야 한다"는 리스코프 치환 규칙(LSP, Liskov Substitution Principle)이 이런 성질을 뜻한다. 객체지향 법칙 중 중요한 5가지를 모아서 SOLID 법칙이라고 부르기도 하는데, LSP도 그중 하나다. - 옮긴이

미터가 여럿 있을 수도 있다. 예를 들어 Map 클래스는 키 타입과 값 타입을 타입 파라미터로 받으므로 Map<K, V>가 된다. 이런 제네릭 클래스에 Map<String, Person>처럼 구체적인 타입을 타입 인자로 넘기면 타입을 인스턴스화할 수 있다. 지금까지는 모든 내용이 자바와 똑같아 보인다.

코틀린 컴파일러는 보통 타입과 마찬가지로 타입 인자도 추론할 수 있다.

```
val authors = listOf("Dmitry", "Svetlana")
```

listOf에 전달된 두 값이 문자열이기 때문에 컴파일러는 여기서 생기는 리스트가 List<String>임을 추론한다. 반면에 빈 리스트를 만들어야 한다면 타입 인자를 추론할 근거가 없기 때문에 직접 타입 인자를 명시해야 한다. 리스트를 만들 때 변수의 타입을 지정해도 되고 변수를 만드는 함수의 타입 인자를 지정해도 된다. 다음 예제는 두 방법을 모두 보여준다.

```
val readers: MutableList<String> = mutableListOf()
```

```
val readers = mutableListOf<String>()
```

이 두 선언은 동등하다. 컬렉션 생성 함수에 대해서는 6.3절에서 이미 다뤘다.

노트

자바와 달리 코틀린에서는 제네릭 타입의 타입 인자를 프로그래머가 명시하거나 컴파일러가 추론할 수 있어야 한다. 자바는 맨 처음에 제네릭 지원이 없었고 자바 1.5에 뒤늦게 제네릭을 도입했기 때문에 이전 버전과 호환성을 유지하기 위해 타입 인자가 없는 제네릭 타입(로(raw) 타입)을 허용한다. 예를 들어 자바에서는 리스트 원소 타입을 지정하지 않고 List 타입의 변수를 선언할 수도 있다. 코틀린은 처음부터 제네릭을 도입했기 때문에 로 타입을 지원하지 않고 제네릭 타입의 타입 인자를 (프로그래머가 직접 정의하든 타입 추론에 의해 자동으로 정의되든) 항상 정의해야 한다.

9.1.1 제네릭 함수와 프로퍼티

리스트를 다루는 함수를 작성한다면 어떤 특정 타입을 저장하는 리스트뿐 아니라 모든 리스트(제네릭 리스트)를 다룰 수 있는 함수를 원할 것이다. 이럴때 제네릭 함수를 작성해야 한다. 제네릭 함수를 호출할 때는 반드시 구제척 타입으로 타입 인자를 넘겨야 한다.

컬렉션을 다루는 라이브러리 함수는 대부분 제네릭 함수다. 예를 들어 그림 9.1의 slice 함수 정의를 살펴보자. slice 함수는 구체적 범위 안에 든 원소만을 포함하는 새 리스트를 반환한다.

그림 9.1 제네릭 함수인 slice는 T를 타입 파라미터로 받는다.

함수의 타입 파라미터 T가 수신 객체와 반환 타입에 쓰인다. 수신 객체와 반환 타입 모두 List<T>다. 이런 함수를 구체적인 리스트에 대해 호출할 때 타입 인자를 명시적으로 지정할 수 있다. 하지만 실제로는 대부분 컴파일러가 타입 인자를 추론할 수 있으므로 그럴 필요가 없다. 다음 예제를 보자.

리스트 9.1 제네릭 함수 호출하기

```
>>> val letters = ('a'..'z').toList()
>>> println(letters.slice<Char>(0..2))      타입 인자를 명시적으로
                                             지정한다.
[a, b, c]
                                             컴파일러는 여기서 T가
>>> println(letters.slice(10..13))           Char라는 사실을 추론한다.
[k, l, m, n]
```

이 두 호출의 결과 타입은 모두 List<Char>다. 컴파일러는 반환 타입 List<T>의 T를 자신이 추론한 Char로 치환한다.

386

8.1절에서 filter 함수 정의를 살펴봤다. 그 함수는 (T) -> Boolean 타입의 함수를 파라미터로 받는다. 이 함수를 조금 전 예제에서 살펴본 readers와 authors 변수에 적용하는 부분을 살펴보자.

리스트 9.2 제네릭 고차 함수 호출하기

```
val authors = listOf("Dmitry", "Svetlana")
val readers = mutableListOf<String>(/* ... */)
fun <T> List<T>.filter(predicate: (T) -> Boolean): List<T>
>>> readers.filter { it !in authors }
```

람다 파라미터에 대해 자동으로 만들어진 변수 it의 타입은 T라는 제네릭 타입이다(여기서 T는 함수 파라미터의 타입 (T) -> Boolean에서 온 타입이다). 컴파일러는 filter가 List<T> 타입의 리스트에 대해 호출될 수 있다는 사실과 filter의 수신 객체인 reader의 타입이 List<String>이라는 사실을 알고 그로부터 T가 String이라는 사실을 추론한다.

클래스나 인터페이스 안에 정의된 메서드, 확장 함수 또는 최상위 함수에서 타입 파라미터를 선언할 수 있다. 리스트 9.1이나 리스트 9.2와 같이 확장 함수에서는 수신 객체나 파라미터 타입에 타입 파라미터를 사용할 수 있다. 예를 들어 filter는 수신 객체 타입 List<T>와 파라미터 함수 타입 (T) -> Boolean에 타입 파라미터 T를 사용한다.

제네릭 함수를 정의할 때와 마찬가지 방법으로 제네릭 확장 프로퍼티를 선언할 수 있다. 예를 들어 다음은 리스트의 마지막 원소 바로 앞에 있는 원소를 반환하는 확장 프로퍼티다.

```
val <T> List<T>.penultimate: T          ◄──  모든 리스트 타입에 이 제네릭 확장
    get() = this[size - 2]                    프로퍼티를 사용할 수 있다.

>>> println(listOf(1, 2, 3, 4).penultimate)  ◄──  이 호출에서 타입 파라미터 T는 Int로
3                                                 추론된다.
```

> **확장 프로퍼티만 제네릭하게 만들 수 있다.**
>
> 일반 (확장이 아닌) 프로퍼티는 타입 파라미터를 가질 수 없다. 클래스 프로퍼티에 여러 타입의
> 값을 저장할 수는 없으므로 제네릭한 일반 프로퍼티는 말이 되지 않는다. 일반 프로퍼티를 제네
> 릭하게 정의하면 컴파일러가 다음과 같은 오류를 표시한다.
>
> ```
> >>> val <T> x: T = TODO()
> ERROR: type parameter of a property must be used in its receiver type
> ```

이제 제네릭 클래스를 선언하는 방법을 다시 살펴보자.

9.1.2 제네릭 클래스 선언

자바와 마찬가지로 코틀린에서도 타입 파라미터를 넣은 꺾쇠 기호(<>)를 클래스(또는 인
터페이스) 이름 뒤에 붙이면 클래스(인터페이스)를 제네릭하게 만들 수 있다. 타입 파라미터
를 이름 뒤에 붙이고 나면 클래스 본문 안에서 타입 파라미터를 다른 일반 타입처럼
사용할 수 있다. 표준 자바 인터페이스인 List를 코틀린으로 정의해보자. 설명을 쉽게
하기 위해 List의 메서드를 하나만 남기고 전부 생략한다.

```
interface List<T> {    ◀──── List 인터페이스에 T라는 타입 파라미터를 정의한다.
    operator fun get(index: Int): T ◀────  인터페이스 안에서 T를
    // ...                                  일반 타입처럼 사용할 수 있다.
}
```

9장의 뒤에서 변성^{variance}에 대해 설명하면서 이 예제를 더 개선할 것이다. 그때 코틀린
표준 라이브러리의 List에 대해 다시 자세히 설명한다.

제네릭 클래스를 확장하는 클래스(또는 제네릭 인터페이스를 구현하는 클래스)를 정의하려
면 기반 타입의 제네릭 파라미터에 대해 타입 인자를 지정해야 한다. 이때 구체적인
타입을 넘길 수도 있고 (하위 클래스도 제네릭 클래스라면) 타입 파라미터로 받은 타입을 넘길
수도 있다.

```
class StringList: List<String> {
    override fun get(index: Int): String = ... }
class ArrayList<T> : List<T> {
    override fun get(index: Int): T = ...
}
```

이 클래스는 구체적인 타입 인자로
String을 지정해 List를 구현한다.

String을 어떻게 사용하는지
살펴보라.

ArrayList의 제네릭 타입 파라미터
T를 List의 타입 인자로 넘긴다.

StringList 클래스는 String 타입의 원소만을 포함한다. 따라서 String을 기반 타입의
타입 인자로 지정한다. 하위 클래스에서 상위 클래스에 정의된 함수를 오버라이드하거나
사용하려면 타입 인자 T를 구체적 타입 String으로 치환해야 한다. 따라서 StringList에
서는 fun get(Int): T가 아니라 fun get(Int): String이라는 시그니처를 사용한다.

ArrayList 클래스는 자신만의 타입 파라미터 T를 정의하면서 그 T를 기반 클래스의
타입 인자로 사용한다. 여기서 ArrayList<T>의 T와 앞에서 본 List<T>의 T는 같지
않다. ArrayList<T>의 T는 앞에서 본 List<T>의 T와 전혀 다른 타입 파라미터며, 실
제로는 T가 아니라 다른 이름을 사용해도 의미에는 아무 차이가 없다.

심지어 클래스가 자기 자신을 타입 인자로 참조할 수도 있다. Comparable 인터페이
스를 구현하는 클래스가 이런 패턴의 예다. 비교 가능한 모든 값은 자신을 같은 타입의
다른 값과 비교하는 방법을 제공해야만 한다.

```
interface Comparable<T> {
    fun compareTo(other: T): Int
}
class String : Comparable<String> {
    override fun compareTo(other: String): Int = /* ... */
}
```

String 클래스는 제네릭 Comparable 인터페이스를 구현하면서 그 인터페이스의 타입
파라미터 T로 String 자신을 지정한다.

지금까지 살펴본 코틀린 제네릭스는 자바 제네릭스와 비슷하다. 하지만 9.2절과 9.3
절에서 코틀린 제네릭스가 자바와 다른 점에 대해 설명한다. 지금은 자바와 비슷한 다른

개념을 살펴보자. 그 개념을 사용하면 비교 가능한 원소를 다룰 때 쓸모 있는 함수를
작성할 수 있다.

9.1.3 타입 파라미터 제약

타입 파라미터 제약^{type parameter constraint}은 클래스나 함수에 사용할 수 있는 타입 인자를
제한하는 기능이다. 예를 들어 리스트에 속한 모든 원소의 합을 구하는 sum 함수를 생각
해보자. List<Int>나 List<Double>에 그 함수를 적용할 수 있지만 List<String>
등에는 그 함수를 적용할 수 없다. sum 함수가 타입 파라미터로 숫자 타입만을 허용하게
정의하면 이런 조건을 표현할 수 있다.

어떤 타입을 제네릭 타입의 타입 파라미터에 대한 **상한**^{upper bound}으로 지정하면 그
제네릭 타입을 인스턴스화할 때 사용하는 타입 인자는 반드시 그 상한 타입이거나 그
상한 타입의 하위 타입이어야 한다(지금은 하위 타입^{subtype}을 하위 클래스^{subclass}와 동의어라고
생각하면 된다. 9.3.2절에서 그 둘 사이의 차이를 더 설명한다).

제약을 가하려면 타입 파라미터 이름 뒤에 콜론(:)을 표시하고 그 뒤에 상한 타입을
적으면 된다. 그림 9.2를 보라. 자바에서는 <T extends Number> T sum(List<T> list)
처럼 extends를 써서 같은 개념을 표현한다.

그림 9.2 타입 파라미터 뒤에 상한을 지정함으로써 제약을 정의할 수 있다.

다음 함수 호출은 실제 타입 인자(Int)가 Number를 확장하므로 합법적이다.

```
>>> println(listOf(1, 2, 3).sum())
6
```

타입 파라미터 T에 대한 상한을 정하고 나면 T 타입의 값을 그 상한 타입의 값으로 취급
할 수 있다. 예를 들면 상한 타입에 정의된 메서드를 T 타입 값에 대해 호출할 수 있다.

```
fun <T : Number> oneHalf(value: T): Double {          ◄─────   Number를 타입 파라미터
    return value.toDouble() / 2.0   ◄─────                     상한으로 정한다.
}                                         Number 클래스에 정의된
                                          메서드를 호출한다.
>>> println(oneHalf(3))
1.5
```

이제 두 파라미터 사이에서 더 큰 값을 찾는 제네릭 함수를 작성해보자. 서로를 비교할
수 있어야 최댓값을 찾을 수 있으므로 함수 시그니처에도 두 인자를 서로 비교할 수
있어야 한다는 사실을 지정해야 한다. 다음은 그런 내용을 지정하는 방법을 보여준다.

리스트 9.3 타입 파라미터를 제약하는 함수 선언하기

```
fun <T: Comparable<T>> max(first: T, second: T): T {   ◄─────   이 함수의 인자들은
    return if (first > second) first else second                비교 가능해야 한다.
}

>>> println(max("kotlin", "java"))   ◄─────   문자열은 알파벳순으로
kotlin                                        비교된다.
```

max를 비교할 수 없는 값 사이에 호출하면 컴파일 오류가 난다.

```
>>> println(max("kotlin", 42))
ERROR: Type parameter bound for T is not satisfied:
inferred type Any is not a subtype of Comparable<Any>
```

T의 상한 타입은 Comparable<T>다. 예전에 본 것처럼 String이 Comparable<String>
을 확장하므로 String은 max 함수에 적합한 타입 인자다.

first > second라는 식은 코틀린 연산자 관례에 따라 first.compareTo(second)
> 0이라고 컴파일된다는 점을 기억하라. max 함수에서 first의 타입 T는 Comparable<T>
를 확장하므로 first를 다른 T 타입 값인 second와 비교할 수 있다.

아주 드물지만 타입 파라미터에 대해 둘 이상의 제약을 가해야 하는 경우도 있다.
그런 경우에는 약간 다른 구문을 사용한다. 예를 들어 다음 리스트는 CharSequence의

맨 끝에 마침표(.)가 있는지 검사하는 제네릭 함수다. 표준 StringBuilder나
java.nio.CharBuffer 클래스 등에 대해 이 함수를 사용할 수 있다.

리스트 9.4 타입 파라미터에 여러 제약을 가하기

```
fun <T> ensureTrailingPeriod(seq: T)
    where T : CharSequence, T : Appendable {    ◄─── 타입 파라미터
                                                      제약 목록이다.
    if (!seq.endsWith('.')) {                    ◄─── CharSequence 인터페이스의
                                                      확장 함수를 호출한다.
        seq.append('.')    ◄─── Appendable 인터페이스의
                                메서드를 호출한다.
    }
}

>>> val helloWorld = StringBuilder("Hello World")
>>> ensureTrailingPeriod(helloWorld)
>>> println(helloWorld)
Hello World.
```

이 예제는 타입 인자가 CharSequence와 Appendable 인터페이스를 반드시 구현해야
한다는 사실을 표현한다. 이는 데이터에 접근하는 연산(endsWith)과 데이터를 변환하는
연산(append)을 T 타입의 값에게 수행할 수 있다는 뜻이다.

　　파라미터 제약을 자주 쓰는 또 다른 경우로 널이 될 수 없는 타입으로 파라미터를
한정하고 싶을 때를 살펴보자.

9.1.4 타입 파라미터를 널이 될 수 없는 타입으로 한정

제네릭 클래스나 함수를 정의하고 그 타입을 인스턴스화할 때는 널이 될 수 있는 타입을
포함하는 어떤 타입으로 타입 인자를 지정해도 타입 파라미터를 치환할 수 있다. 아무런
상한을 정하지 않은 타입 파라미터는 결과적으로 Any?를 상한으로 정한 파라미터와 같
다. 다음 예를 보자.

```
class Processor<T> {
    fun process(value: T) {
        value?.hashCode()          ◄─────── "value"는 널이 될 수 있다. 따라서
    }                                        안전한 호출을 사용해야 한다.
}
```

process 함수에서 value 파라미터의 타입 T에는 물음표(?)가 붙어있지 않지만 실제로는
T에 해당하는 타입 인자로 널이 될 수 있는 타입을 넘길 수도 있다. 다음은 Processor
클래스를 널이 될 수 있는 타입을 사용해 인스턴스화한 예다.

```
                                                      널이 될 수 있는 타입인 String?이
val nullableStringProcessor = Processor<String?>() ◄──  T를 대신한다.
nullableStringProcessor.process(null) ◄────── 이 코드는 잘 컴파일되며 "null"이
                                              "value" 인자로 지정된다.
```

항상 널이 될 수 없는 타입만 타입 인자로 받게 만들려면 타입 파라미터에 제약을 가해야
한다. 널 가능성을 제외한 아무런 제약도 필요 없다면 Any? 대신 Any를 상한으로 사용
하라.

```
class Processor<T : Any> {                     ◄──── "null"이 될 수 없는 타입 상한을
    fun process(value: T) {                          지정한다.
        value.hashCode() ◄──────  T 타입의 "value"는 "null"이
    }                             될 수 없다.
}
```

<T : Any>라는 제약은 T 타입이 항상 널이 될 수 없는 타입이 되게 보장한다. 컴파일러
는 타입 인자인 String?가 Any의 자손 타입이 아니므로 Processor<String?> 같은
코드를 거부한다(String?는 Any?의 자손 타입이며, Any?는 Any보다 덜 구체적인 타입이다).

```
>>> val nullableStringProcessor = Processor<String?>()
Error: Type argument is not within its bounds: should be subtype of 'Any'
```

타입 파라미터를 널이 될 수 없는 타입으로 제약하기만 하면 타입 인자로 널이 될 수
있는 타입이 들어오는 일을 막을 수 있다는 점을 기억하라. 따라서 Any를 사용하지 않고

다른 널이 될 수 없는 타입을 사용해 상한을 정해도 된다(리스트 9.3의 Comparable<T> 타입도 그런 예다).

지금까지는 코틀린 제네릭스의 기초를 살펴봤다. 대부분의 내용은 자바 제네릭스와 비슷했다. 이제부터 자바 개발자에게 낯익은 다른 주제를 살펴보자. 그 주제는 실행 시점에 제네릭스가 어떻게 동작하는가이다.

9.2 실행 시 제네릭스의 동작: 소거된 타입 파라미터와 실체화된 타입 파라미터

자바 개발자라면 알고 있겠지만 JVM의 제네릭스는 보통 타입 소거^{type erasure}를 사용해 구현된다. 이는 실행 시점에 제네릭 클래스의 인스턴스에 타입 인자 정보가 들어있지 않다는 뜻이다. 이번 절에서는 코틀린 타입 소거가 실용적인 면에서 어떤 영향을 끼치는지 살펴보고 함수를 inline으로 선언함으로써 이런 제약을 어떻게 우회할 수 있는지 살펴본다. 함수를 inline으로 만들면 타입 인자가 지워지지 않게 할 수 있다(코틀린에서는 이를 실체화^{reify}라고 부른다). 실체화한 타입 파라미터에 대해 자세히 다루고 실체화한 타입 파라미터가 유용한 이유를 예제를 통해 설명한다.

9.2.1 실행 시점의 제네릭: 타입 검사와 캐스트

자바와 마찬가지로 코틀린 제네릭 타입 인자 정보는 런타임에 지워진다. 이는 제네릭 클래스 인스턴스가 그 인스턴스를 생성할 때 쓰인 타입 인자에 대한 정보를 유지하지 않는다는 뜻이다. 예를 들어 List<String> 객체를 만들고 그 안에 문자열을 여럿 넣더라도 실행 시점에는 그 객체를 오직 List로만 볼 수 있다. 그 List 객체가 어떤 타입의 원소를 저장하는지 실행 시점에는 알 수 없다(물론 원소를 하나 얻으면 그 타입을 검사할 수는 있지만 그렇게 한 원소의 타입을 안다고 해도 그리 큰 도움이 되지는 않는다. 여러 원소가 서로 다른 타입일 수도 있으므로 모든 원소를 검사해야만 한다).

코드를 실행할 때 다음 두 리스트에 어떤 일이 벌어지는지 생각해보자(그림 9.3을 보라).

```
val list1: List<String> = listOf("a", "b")
val list2: List<Int> = listOf(1, 2, 3)
```

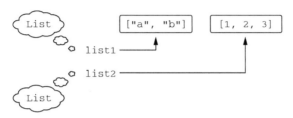

그림 9.3 실행 시점에 list1이나 list2가 문자열이나 정수의 리스트로 선언됐다는 사실을 알 수 없다. 각 객체는 단지 List일 뿐이다

컴파일러는 두 리스트를 서로 다른 타입으로 인식하지만 실행 시점에 그 둘은 완전히 같은 타입의 객체다. 그럼에도 불구하고 보통은 List<String>에는 문자열만 들어있고 List<Int>에는 정수만 들어있다고 가정할 수 있는데, 이는 컴파일러가 타입 인자를 알고 올바른 타입의 값만 각 리스트에 넣도록 보장해주기 때문이다(자바 로^{raw} 타입을 사용해 리스트에 접근하고 타입 캐스트를 활용하면 컴파일러를 속일 수는 있지만 품이 많이 든다).

다음으로 타입 소거로 인해 생기는 한계를 살펴보자. 타입 인자를 따로 저장하지 않기 때문에 실행 시점에 타입 인자를 검사할 수 없다. 예를 들어 어떤 리스트가 문자열로 이뤄진 리스트인지 다른 객체로 이뤄진 리스트인지를 실행 시점에 검사할 수 없다. 일반적으로 말하자면 is 검사에서 타입 인자로 지정한 타입을 검사할 수는 없다. 다음 코드는 컴파일 시 오류를 발생시킨다.

```
>>> if (value is List<String>) { ... }
ERROR: Cannot check for instance of erased type
```

실행 시점에 어떤 값이 List인지 여부는 확실히 알아낼 수 있지만 그 리스트가 String 의 리스트인지, Person의 리스트인지 혹은 다른 어떤 타입의 리스트인지는 알 수가 없다. 그런 정보는 지워진다. 다만 저장해야 하는 타입 정보의 크기가 줄어들어서 전반적인 메모리 사용량이 줄어든다는 제네릭 타입 소거 나름의 장점이 있다.

앞에서 말한 대로 코틀린에서는 타입 인자를 명시하지 않고 제네릭 타입을 사용할 수 없다. 그렇다면 어떤 값이 집합이나 맵이 아니라 리스트라는 사실을 어떻게 확인할 수 있을까? 바로 스타 프로젝션^{star projection}을 사용하면 된다.

```
if (value is List<*>) { ... }
```

타입 파라미터가 2개 이상이라면 모든 타입 파라미터에 *를 포함시켜야 한다. 스타 프로젝션에 대해서는 9장의 뒤에서 더 자세히 다룬다(그때 스타 프로젝션이라고 부르는 이유에 대해서도 설명한다). 지금은 인자를 알 수 없는 제네릭 타입을 표현할 때(자바의 List<?>와 비슷) 스타 프로젝션을 쓴다고만 알아두면 된다. 앞의 예제에서 value가 List임을 알 수는 있지만 그 원소 타입은 알 수 없다.

as나 as? 캐스팅에도 여전히 제네릭 타입을 사용할 수 있다. 하지만 기저 클래스는 같지만 타입 인자가 다른 타입으로 캐스팅해도 여전히 캐스팅에 성공한다는 점을 조심해야 한다. 실행 시점에는 제네릭 타입의 타입 인자를 알 수 없으므로 캐스팅은 항상 성공한다. 그런 타입 캐스팅을 사용하면 컴파일러가 "unchecked cast(검사할 수 없는 캐스팅)"이라는 경고를 해준다. 하지만 컴파일러는 단순히 경고만 하고 컴파일을 진행하므로 다음 코드처럼 값을 원하는 제네릭 타입으로 캐스팅해 사용해도 된다.

리스트 9.5 제네릭 타입으로 타입 캐스팅하기

```
fun printSum(c: Collection<*>) {
    val intList = c as? List<Int>          ← 여기서 Unchecked cast: List(*) to
                                              List<Int> 경고 발생
        ?: throw IllegalArgumentException("List is expected")
    println(intList.sum())
}
>>> printSum(listOf(1, 2, 3))             ← 예상대로 작동한다.
6
```

컴파일러가 캐스팅 관련 경고를 한다는 점을 제외하면 모든 코드가 문제없이 컴파일된다.[3] 정수 리스트나 정수 집합에 대해 printSum을 호출하면 예상처럼 작동한다. 정수 리스트에 대해서는 합계를 출력하고 정수 집합에 대해서는 IllegalArgumentException이 발생한다. 하지만 잘못된 타입의 원소가 들어있는 리스트를 전달하면 실행 시점에 ClassCastException이 발생한다.

```
>>> printSum(setOf(1, 2, 3))                         집합은 리스트가 아니므로 예외가
IllegalArgumentException: List is expected           발생한다.

>>> printSum(listOf("a", "b", "c"))                  as? 캐스팅은 성공하지만 나중에
ClassCastException: String cannot be cast to Number  다른 예외가 발생한다.
```

문자열 리스트를 printSum 함수에 전달하면 발생하는 예외에 대해 좀 더 설명한다. 어떤 값이 List<Int>인지 검사할 수는 없으므로 IllegalArgumentException이 발생하지는 않는다. 따라서 as? 캐스트가 성공하고 문자열 리스트에 대해 sum 함수가 호출된다. sum이 실행되는 도중에 예외가 발생한다. sum은 Number 타입의 값을 리스트에서 가져와서 서로 더하려고 시도한다. 하지만 String을 Number로 사용하려고 하면 실행 시 ClassCastException이 발생한다.

코틀린 컴파일러는 컴파일 시점에 타입 정보가 주어진 경우에는 is 검사를 수행하게 허용할 수 있을 정도로 똑똑하다.

리스트 9.6 알려진 타입 인자를 사용해 타입 검사하기

```
fun printSum(c: Collection<Int>) {
    if (c is List<Int>) {            ◀─── 이 검사는 올바르다.
        println(c.sum())
    }
}
```

---

3. REPL에서는 제대로 경고를 해주지 않는다. 코틀린 REPL은 아직 더 개선할 여지가 많다. – 옮긴이

```
>>> printSum(listOf(1, 2, 3))
6
```

리스트 9.6에서는 컴파일 시점에 c 컬렉션(리스트나 집합 등 종류는 문제가 안 된다)이 Int
값을 저장한다는 사실이 알려져 있으므로 c가 List<Int>인지 검사할 수 있다.

일반적으로 코틀린 컴파일러는 여러분에게 안전하지 못한 검사와 수행할 수 있는
검사를 알려주기 위해 최대한 노력한다(안전하지 못한 is 검사는 금지하고 위험한 as 캐스팅은
경고를 출력한다). 따라서 컴파일러 경고의 의미와 어떤 연산이 안전한지에 대해 알아야
한다.

이미 언급한 것처럼 코틀린은 제네릭 함수의 본문에서 그 함수의 타입 인자를 가리킬
수 있는 특별한 기능을 제공하지 않는다. 하지만 inline 함수 안에서는 타입 인자를
사용할 수 있다. 이제 그 기능에 대해 살펴보자.

9.2.2 실체화한 타입 파라미터를 사용한 함수 선언

앞에서 다뤘지만 코틀린 제네릭 타입의 타입 인자 정보는 실행 시점에 지워진다. 따라서
제네릭 클래스의 인스턴스가 있어도 그 인스턴스를 만들 때 사용한 타입 인자를 알아낼
수 없다. 제네릭 함수의 타입 인자도 마찬가지다. 제네릭 함수가 호출되도 그 함수의
본문에서는 호출 시 쓰인 타입 인자를 알 수 없다.

```
>>> fun <T> isA(value: Any) = value is T
Error: Cannot check for instance of erased type: T
```

이는 일반적으로는 사실이다. 하지만 이런 제약을 피할 수 있는 경우가 하나 있다. 인라
인 함수의 타입 파라미터는 실체화되므로 실행 시점에 인라인 함수의 타입 인자를 알
수 있다.

8.2절에서 inline 함수에 대해 자세히 설명했다. 기억을 되살리기 위해 간단하게
다시 설명하겠다. 어떤 함수에 inline 키워드를 붙이면 컴파일러는 그 함수를 호출한

식을 모두 함수 본문으로 바꾼다. 함수가 람다를 인자로 사용하는 경우 그 함수를 인라인 함수로 만들면 람다 코드도 함께 인라이닝되고, 그에 따라 무명 클래스와 객체가 생성되지 않아서 성능이 더 좋아질 수 있다. 이번 절에서는 인라인 함수가 유용한 다른 이유인 타입 인자 실체화에 대해 설명한다.

방금 살펴본 isA 함수를 인라인 함수로 만들고 타입 파라미터를 reified로 지정하면 value의 타입이 T의 인스턴스인지를 실행 시점에 검사할 수 있다.

리스트 9.7 실체화한 타입 파라미터를 사용하는 함수 정의하기

```
inline fun <reified T> isA(value: Any) = value is T   ◀── 이제는 이 코드가
>>> println(isA<String>("abc"))                            컴파일된다.
true
>>> println(isA<String>(123))
false
```

실체화한 타입 파라미터를 사용하는 예를 살펴보자. 실체화한 타입 파라미터를 활용하는 가장 간단한 예제 중 하나는 표준 라이브러리 함수인 filterIsInstance다. 이 함수는 인자로 받은 컬렉션의 원소 중에서 타입 인자로 지정한 클래스의 인스턴스만을 모아서 만든 리스트를 반환한다. 다음 예제는 filterIsInstance 사용법을 보여준다.

리스트 9.8 filterIsInstance 표준 라이브러리 함수 사용하기

```
>>> val items = listOf("one", 2, "three")
>>> println(items.filterIsInstance<String>())
[one, three]
```

filterIsInstance의 타입 인자로 String을 지정함으로써 문자열만 필요하다는 사실을 기술한다. 이 함수의 반환 타입은 따라서 List<String>이다. 여기서는 타입 인자를 실행 시점에 알 수 있고 filterIsInstance는 그 타입 인자를 사용해 리스트의 원소 중에 타입 인자와 타입이 일치하는 원소만을 추려낼 수 있다.

다음은 코틀린 표준 라이브러리에 있는 filterIsInstance 선언을 간단하게 정리한 코드다.

리스트 9.9 filterIsInstance를 간단하게 정리한 버전

```
inline fun <reified T>                          ◄──────  "reified" 키워드는 이 타입 파라미터가
    Iterable<*>.filterIsInstance(): List<T> {            실행 시점에 지워지지 않음을 표시한다.

    val destination = mutableListOf<T>()

    for (element in this) {

        if (element is T) {       ◄──────   각 원소가 타입 인자로 지정한 클래스의
                                             인스턴스인지 검사할 수 있다.
            destination.add(element)

        }

    }

    return destination

}
```

> **인라인 함수에서만 실체화한 타입 인자를 쓸 수 있는 이유**
>
> 그렇다면 실체화한 타입 인자는 어떻게 작동하는 걸까? 왜 일반 함수에서는 element is T를 쓸 수 없고 인라인 함수에서만 쓸 수 있는 걸까?
>
> 8.2절에서 설명했지만 컴파일러는 인라인 함수의 본문을 구현한 바이트코드를 그 함수가 호출되는 모든 지점에 삽입한다. 컴파일러는 실체화한 타입 인자를 사용해 인라인 함수를 호출하는 각 부분의 정확한 타입 인자를 알 수 있다. 따라서 컴파일러는 타입 인자로 쓰인 구체적인 클래스를 참조하는 바이트코드를 생성해 삽입할 수 있다. 결과적으로 리스트 9.8의 filterIsInstance <String> 호출은 다음과 동등한 코드를 만들어낸다.
>
> ```
> for (element in this) {
>
>     if (element is String) {    ◄──────  특정 클래스 참조
>
>         destination.add(element)
>
>     }
>
> }
> ```

> 타입 파라미터가 아니라 구체적인 타입을 사용하므로 만들어진 바이트코드는 실행 시점에 벌어
> 지는 타입 소거의 영향을 받지 않는다.
>
> 자바 코드에서는 reified 타입 파라미터를 사용하는 inline 함수를 호출할 수 없다는 점을
> 기억하라. 자바에서는 코틀린 인라인 함수를 다른 보통 함수처럼 호출한다. 그런 경우 인라인
> 함수를 호출해도 실제로 인라이닝이 되지는 않는다. 실체화한 타입 파라미터가 있는 함수의
> 경우 타입 인자 값을 바이트코드에 넣기 위해 일반 함수보다 더 많은 작업이 필요하고, 항상
> 인라이닝 돼야만 한다. 따라서 실체화한 타입 파라미터가 있는 인라이닝 함수를 일반 함수처럼
> 자바에서 호출할 수는 없다.

인라인 함수에는 실체화한 타입 파라미터가 여럿 있거나 실체화한 타입 파라미터와 실체
화하지 않은 타입 파라미터가 함께 있을 수도 있다. 람다를 파라미터로 받지 않지만
filterIsInstance를 인라인 함수로 정의했다는 점에 유의하라. 8.2.4절에서 함수의
파라미터 중에 함수 타입인 파라미터가 있고 그 파라미터에 해당하는 인자(람다)를 함께
인라이닝함으로써 얻는 이익이 더 큰 경우에만 함수를 인라인 함수로 만들라고 했다.
하지만 이 경우에는 함수를 inline으로 만드는 이유가 성능 향상이 아니라 실체화한
타입 파라미터를 사용하기 위함이다.

성능을 좋게 하려면 인라인 함수의 크기를 계속 관찰해야 한다. 함수가 커지면 실체
화한 타입에 의존하지 않는 부분을 별도의 일반 함수로 뽑아내는 편이 낫다.

9.2.3 실체화한 타입 파라미터로 클래스 참조 대신

java.lang.Class 타입 인자를 파라미터로 받는 API에 대한 코틀린 어댑터[adapter]를 구
축하는 경우 실체화한 타입 파라미터를 자주 사용한다. java.lang.Class를 사용하는
API의 예로는 JDK의 ServiceLoader가 있다. ServiceLoader는 어떤 추상 클래스나
인터페이스를 표현하는 java.lang.Class를 받아서 그 클래스나 인스턴스를 구현한
인스턴스를 반환한다. 실체화한 타입 파라미터를 활용해 이런 API를 쉽게 호출할 수
있게 만드는 방법을 살펴보자.

표준 자바 API인 ServiceLoader를 사용해 서비스를 읽어 들이려면 다음 코드처럼 호출해야 한다.

```
val serviceImpl = ServiceLoader.load(Service::class.java)
```

::class.java 구문은 코틀린 클래스에 대응하는 java.lang.Class 참조를 얻는 방법을 보여준다. Service::class.java라는 코드는 Service.class라는 자바 코드와 완전히 같다. 이에 대해서는 10.2절에서 리플렉션에 대해 설명할 때 더 자세히 다룬다.

이제 이 예제를 구체화한 타입 파라미터를 사용해 다시 작성하자.

```
val serviceImpl = loadService<Service>()
```

훨씬 짧다! 이제는 읽어 들일 서비스 클래스를 loadService 함수의 타입 인자로 지정한다. 클래스를 타입 인자로 지정하면 ::class.java라고 쓰는 경우보다 훨씬 더 읽고 이해하기 쉽다.

이제 loadService 함수를 어떻게 정의할 수 있는지 살펴보자.

```
inline fun <reified T> loadService() {        ◀── 타입 파라미터를 "reified"로 표시한다.
    return ServiceLoader.load(T::class.java) ◀──┐ T::class로 타입 파라미터의
}                                               │ 클래스를 가져온다.
```

일반 클래스에 사용할 수 있는 ::class.java 구문을 이 경우에도 사용할 수 있다. 이를 통해 타입 파라미터로 지정된 클래스에 따른 java.lang.Class를 얻을 수 있고, 그렇게 얻은 클래스 참조를 보통 때와 마찬가지로 사용할 수 있다.

> **안드로이드의 startActivity 함수 간단하게 만들기**
>
> 안드로이드 개발자라면 더 익숙한 다른 예제를 찾을 수 있다. 액티비티를 표시하는 과정이 바로 그런 예다. 액티비티의 클래스를 java.lang.Class로 전달하는 대신 실체화한 타입 파라미터를 사용할 수 있다.

```
inline fun <reified T : Activity>
    Context.startActivity() {          ← 타입 파라미터를
                                          "reified"로 표시한다.
    val intent = Intent(this, T::class.java)  ← T::class로 타입 파라미터의
                                                 클래스를 가져온다.
    startActivity(intent)

}                                        ← 액티비티를 표시하기
                                           위해 메서드를 호출한다.
startActivity<DetailActivity>()  ←
```

9.2.4 실체화한 타입 파라미터의 제약

실체화한 타입 파라미터는 유용한 도구지만 몇 가지 제약이 있다. 일부는 실체화의 개념
으로 인해 생기는 제약이며, 나머지는 지금 코틀린이 실체화를 구현하는 방식에 의해
생기는 제약으로 향후 완화될 가능성이 있다.

더 구체적으로 말하면 다음과 같은 경우에 실체화한 타입 파라미터를 사용할 수 있다

- 타입 검사와 캐스팅(is, !is, as, as?)
- 10장에서 설명할 코틀린 리플렉션 API(::class)
- 코틀린 타입에 대응하는 java.lang.Class를 얻기(::class.java)
- 다른 함수를 호출할 때 타입 인자로 사용

하지만 다음과 같은 일은 할 수 없다.

- 타입 파라미터 클래스의 인스턴스 생성하기
- 타입 파라미터 클래스의 동반 객체 메서드 호출하기
- 실체화한 타입 파라미터를 요구하는 함수를 호출하면서 실체화하지 않은 타입
  파라미터로 받은 타입을 타입 인자로 넘기기
- 클래스, 프로퍼티, 인라인 함수가 아닌 함수의 타입 파라미터를 reified로 지정
  하기

마지막 제약으로 인해 한 가지 흥미로운 파급 효과가 생긴다. 실체화한 타입 파라미터를 인라인 함수에만 사용할 수 있으므로 실체화한 타입 파라미터를 사용하는 함수는 자신에게 전달되는 모든 람다와 함께 인라이닝된다. 람다 내부에서 타입 파라미터를 사용하는 방식에 따라서는 람다를 인라이닝할 수 없는 경우가 생기기도 하고 여러분이 성능 문제로 람다를 인라이닝하고 싶지 않을 수도 있다. 그런 경우 8.2.2절에서 소개한 noinline 변경자를 함수 타입 파라미터에 붙여서 인라이닝을 금지할 수 있다.

지금까지 언어 특성인 제네릭이 어떻게 작동하는지 살펴봤다. 이제는 코틀린 프로그램에서 가장 자주 볼 수 있는 제네릭 타입인 컬렉션과 그 자손 타입에 대해 더 자세히 살펴보자. 우리는 컬렉션과 컬렉션의 자손 타입을 하위 타입과 변성 개념을 알아보기 위한 출발점으로 삼을 것이다.

9.3 변성: 제네릭과 하위 타입

변성^{variance} 개념은 List<String>와 List<Any>와 같이 기저 타입이 같고 타입 인자가 다른 여러 타입이 서로 어떤 관계가 있는지 설명하는 개념이다. 일반적으로 이런 관계가 왜 중요한지 먼저 설명한 다음에 코틀린에서 변성을 어떻게 표시하는지 살펴본다. 직접 제네릭 클래스나 함수를 정의하는 경우 변성을 꼭 이해해야 한다. 변성을 잘 활용하면 사용에 불편하지 않으면서 타입 안전성을 보장하는 API를 만들 수 있다.

9.3.1 변성이 있는 이유: 인자를 함수에 넘기기

List<Any> 타입의 파라미터를 받는 함수에 List<String>을 넘기면 안전할까? String 클래스는 Any를 확장하므로 Any 타입 값을 파라미터로 받는 함수에 String 값을 넘겨도 절대로 안전하다. 하지만 Any와 String이 List 인터페이스의 타입 인자로 들어가는 경우 그렇게 자신 있게 안전성을 말할 수 없다.

예를 들어 리스트의 내용을 출력하는 함수를 생각해보자.

```
fun printContents(list: List<Any>) {
    println(list.joinToString())
}

>>> printContents(listOf("abc", "bac"))
abc, bac
```

이 경우에는 문자열 리스트도 잘 작동한다. 이 함수는 각 원소를 Any로 취급하며 모든 문자열은 Any 타입이기도 하므로 완전히 안전하다.

이제 리스트를 변경하는 다른 함수를 살펴보자(따라서 MutableList 인스턴스를 파라미터로 받아야 한다).

```
fun addAnswer(list: MutableList<Any>) {
    list.add(42)
}
```

이 함수에 문자열 리스트를 넘기면 나쁜 일이 생길까?

```
>>> val strings = mutableListOf("abc", "bac")
>>> addAnswer(strings)                          ←—— 이 줄이 컴파일된다면.
>>> println(strings.maxBy { it.length })        ←——┐ 실행 시점에 예외가
ClassCastException: Integer cannot be cast to String  │ 발생할 것이다.
```

MutableList<String> 타입의 strings 변수를 선언해서 함수에 넘긴다. 컴파일러가 이 식을 받아들인다면 정수를 문자열 리스트 뒤에 추가할 수 있다. 따라서 이 함수 호출은 컴파일될 수 없다. 이 예제는 MutableList<Any>가 필요한 곳에 MutableList<String>을 넘기면 안 된다는 사실을 보여준다. 코틀린 컴파일러는 실제 이런 함수 호출을 금지한다.

이제 List<Any> 타입의 파라미터를 받는 함수에 List<String>을 넘기면 안전한가라는 질문에 답할 수 있다. 어떤 함수가 리스트의 원소를 추가하거나 변경한다면 타입 불일치가 생길 수 있어서 List<Any> 대신 List<String>을 넘길 수 없다. 하지만 원소 추가나 변경이 없는 경우에는 List<String>을 List<Any> 대신 넘겨도 안전하다

(왜 그런지에 대해서는 나중에 자세히 설명한다). 코틀린에서는 리스트의 변경 가능성에 따라 적절한 인터페이스를 선택하면 안전하지 못한 함수 호출을 막을 수 있다. 함수가 읽기 전용 리스트를 받는다면 더 구체적인 타입의 원소를 갖는 리스트를 그 함수에 넘길 수 있다. 하지만 리스트가 변경 가능하다면 그럴 수 없다.

나중에 List뿐 아니라 모든 제네릭 클래스에 대해 같은 질문을 던지고 일반화한다. 또한 왜 List와 MutableList의 변성이 다른지 살펴본다. 하지만 그런 내용을 알아보기 전에 먼저 타입과 하위 타입^{subtype}이라는 개념에 대해 알아볼 필요가 있다.

9.3.2 클래스, 타입, 하위 타입

6.1.2절에서 변수의 타입이 그 변수에 담을 수 있는 값의 집합을 지정한다고 설명했다. 이 책에서는 타입과 클래스라는 용어를 서로 자주 혼용해 왔다. 하지만 실제로 그 둘은 같지 않다. 이제는 타입과 클래스의 차이에 대해 설명하겠다.

가장 단순한 경우를 생각해보자. 제네릭 클래스가 아닌 클래스에서는 클래스 이름을 바로 타입으로 쓸 수 있다. 예를 들어 var x:String이라고 쓰면 String 클래스의 인스턴스를 저장하는 변수를 정의할 수 있다. 하지만 var x: String?처럼 같은 클래스 이름을 널이 될 수 있는 타입에도 쓸 수 있다는 점을 기억하라. 이는 모든 코틀린 클래스가 적어도 둘 이상의 타입을 구성할 수 있다는 뜻이다.

제네릭 클래스에서는 상황이 더 복잡하다. 올바른 타입을 얻으려면 제네릭 타입의 타입 파라미터를 구체적인 타입 인자로 바꿔줘야 한다. 예를 들어 List는 타입이 아니다(하지만 클래스다). 하지만 타입 인자를 치환한 List<Int>, List<String?>, List<List<String>> 등은 모두 제대로 된 타입이다. 각각의 제네릭 클래스는 무수히 많은 타입을 만들어낼 수 있다.

타입 사이의 관계를 논하기 위해 하위 타입^{subtype}이라는 개념을 잘 알아야 한다. 어떤 타입 A의 값이 필요한 모든 장소에 어떤 타입 B의 값을 넣어도 아무 문제가 없다면 타입 B는 타입 A의 하위 타입이다. 예를 들어 Int는 Number의 하위 타입이지만 String의 하위 타입은 아니다. 이 정의는 모든 타입이 자신의 하위 타입이라는 뜻이기도 하다. 그림 9.4는 이런 상황을 보여준다.

상위 타입^{supertype}은 하위 타입의 반대다. A 타입이 B 타입의 하위 타입이라면 B는 A의 상위 타입이다.

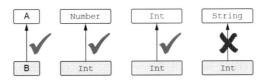

그림 9.4 A가 필요한 모든 곳에 B를 사용할 수 있으면 B는 A의 하위 타입이다.

한 타입이 다른 타입의 하위 타입인지가 왜 중요할까? 컴파일러는 변수 대입이나 함수 인자 전달 시 하위 타입 검사를 매번 수행한다. 다음 예를 살펴보자.

리스트 9.10 어떤 타입이 다른 타입의 하위 타입인지 검사하기

```
fun test(i: Int) {
    val n: Number = i       ◀──  Int가 Number의 하위 타입이어서
                                 컴파일된다.
    fun f(s: String) { /*...*/ }  Int가 String의 하위 타입이 아니어서
    f(i)                    ◀──  컴파일되지 않는다.
}
```

어떤 값의 타입이 변수 타입의 하위 타입인 경우에만 값을 변수에 대입하게 허용한다. 이 예제에서 변수를 초기화한 i의 Int로 변수의 타입인 Number의 하위 타입이다. 따라서 이 대입은 올바르다. 함수에 전달하는 식의 타입이 함수 파라미터 타입의 하위 타입인 경우에만 함수 호출이 허용된다. 이 예제에서 i 인자의 타입인 Int는 파라미터 타입인 String의 하위 타입이 아니다. 따라서 f 함수 호출은 컴파일되지 않는다.

간단한 경우 하위 타입은 **하위 클래스**^{subclass}와 근본적으로 같다. 예를 들어 Int 클래스는 Number의 하위 클래스이므로 Int는 Number의 하위 타입이다. String은 CharSequence의 하위 타입인 것처럼 어떤 인터페이스를 구현하는 클래스의 타입은 그

인터페이스 타입의 하위 타입이다.

널이 될 수 있는 타입은 하위 타입과 하위 클래스가 같지 않은 경우를 보여주는 예다.
그림 9.5를 보라.

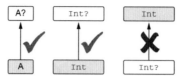

그림 9.5 널이 될 수 없는 타입 A는 널이 될 수 있는 타입 A?의 하위 타입이지만 A?는 A의 하위 타입이 아니다.

널이 될 수 없는 타입은 널이 될 수 있는 타입의 하위 타입이다. 하지만 두 타입 모두
같은 클래스에 해당한다. 항상 널이 될 수 없는 타입의 값을 널이 될 수 있는 타입의
변수에 저장할 수 있지만, 거꾸로 널이 될 수 있는 타입의 값을 널이 될 수 없는 타입의
변수에 저장할 수는 없다(null을 널이 될 수 없는 변수에 대입할 수는 없으므로 이는 당연하다).

```
val s: String = "abc"

val t: String? = s
```
◀ ── String이 String?의 하위 타입이므로
이 대입은 합법적이다.

제네릭 타입에 대해 이야기할 때 특히 하위 클래스와 하위 타입의 차이가 중요해진다.
앞 절에서 살펴본 "List<String> 타입의 값을 List<Any>를 파라미터로 받는 함수에
전달해도 괜찮은가?"라는 질문을 하위 타입 관계를 써서 다시 쓰면 "List<String>은
List<Any>의 하위 타입인가?"다. 왜 MutableList<String>을 MutableList<Any>의
하위 타입으로 다루면 안 되는지 앞 절에서 살펴봤다. 이 경우에는 분명히 그 반대도
참이 아니다. 즉 MutableList<Any>도 MutableList<String>의 하위 타입이 아니다.

제네릭 타입을 인스턴스화할 때 타입 인자로 서로 다른 타입이 들어가면 인스턴스
타입 사이의 하위 타입 관계가 성립하지 않으면 그 제네릭 타입을 **무공변**^{invariant}이라고
말한다. MutableList를 예로 들면 A와 B가 서로 다르기만 하면 MutableList<A>는
항상 MutableList<B>의 하위 타입이 아니다. 자바에서는 모든 클래스가 무공변이다(조
금 있다 보겠지만 코드에서 클래스를 사용하는 부분에서 무공변이 아닌 변성^{variance}을 지정해도 무공변
으로 취급된다).

앞 절에서 하위 타입 규칙이 다른 클래스를 이미 살펴봤다. 코틀린의 List 인터페이스는 읽기 전용 컬렉션을 표현한다. A가 B의 하위 타입이면 List<A>는 List<B>의 하위 타입이다. 그런 클래스나 인터페이스를 **공변적**^{covariant}이라 말한다. 다음 절에서는 공변성 개념을 자세히 알아보고 클래스나 인터페이스가 공변적임을 선언할 수 있는 이유가 무엇인지 설명한다.

9.3.3 공변성: 하위 타입 관계를 유지

Producer<T>를 예로 공변성 클래스를 설명하자. A가 B의 하위 타입일 때 Producer<A>가 Producer<B>의 하위 타입이면 Producer는 공변적이다. 이를 하위 타입 관계가 유지된다고 말한다. 예를 들어 Cat가 Animal의 하위 타입이기 때문에 Producer<Cat>은 Producer<Animal>의 하위 타입이다.

코틀린에서 제네릭 클래스가 타입 파라미터에 대해 공변적임을 표시하려면 타입 파라미터 이름 앞에 out을 넣어야 한다.

```
interface Producer<out T> {       ◀─────  클래스가 T에 대해
    fun produce(): T                       공변적이라고 선언한다.
}
```

클래스의 타입 파라미터를 공변적으로 만들면 함수 정의에 사용한 파라미터 타입과 타입 인자의 타입이 정확히 일치하지 않더라도 그 클래스의 인스턴스를 함수 인자나 반환 값으로 사용할 수 있다. 예를 들어 Herd 클래스로 표현되는 동물 무리의 사육을 담당하는 함수가 있다고 생각해보자. Herd 클래스의 타입 파라미터는 그 떼가 어떤 동물 무리인지 알려준다.

리스트 9.11 무공변 컬렉션 역할을 하는 클래스 정의하기

```
open class Animal {
    fun feed() { ... }
```

```
}

class Herd<T : Animal> {                    ◄───────   이 타입 파라미터를 무공변성으로
    val size: Int get() = ...                            지정한다.
    operator fun get(i: Int): T { ... }
}

fun feedAll(animals: Herd<Animal>) {
    for (i in 0 until animals.size) {
        animals[i].feed()
    }
}
```

사용자 코드가 고양이 무리를 만들어서 관리한다고 하자.

리스트 9.12 무공변 컬렉션 역할을 하는 클래스 사용하기

```
class Cat : Animal() {                      ◄───────   Cat은 Animal이다.
    fun cleanLitter() { ... }
}

fun takeCareOfCats(cats: Herd<Cat>) {
    for (i in 0 until cats.size) {
        cats[i].cleanLitter()
        // feedAll(cats)                     ◄───────   Error: inferred type is Herd<Cat>, but Herd<Animal>
    }                                                    was expected 라는 오류가 발생한다.
}
```

불행히도 고양이들은 여전히 배고플 것이다. feedAll 함수에게 고양이 무리를 넘기면
타입 불일치^{type mismatch} 오류를 볼 수 있다. Herd 클래스의 T 타입 파라미터에 대해 아무
변성도 지정하지 않았기 때문에 고양이 무리는 동물 무리의 하위 클래스가 아니다. 명시
적으로 타입 캐스팅을 사용하면 이 문제를 풀 수 있긴 하지만 그런 식으로 처리하면
코드가 장황해지고 실수를 하기 쉽다. 게다가 타입 불일치를 해결하기 위해 강제 캐스팅
을 하는 것은 결코 올바른 방법이 아니다.

Herd 클래스는 List와 비슷한 API를 제공하며 동물을 그 클래스에 추가하거나 무리 안의 동물을 다른 동물로 바꿀 수는 없다. 따라서 Herd를 공변적인 클래스로 만들고 호출 코드를 적절히 바꿀 수 있다.

리스트 9.13 공변적 컬렉션 역할을 하는 클래스 사용하기

```
class Herd<out T : Animal> {        ◀──── T는 이제 공변적이다.
    ...
}

fun takeCareOfCats(cats: Herd<Cat>) {
    for (i in 0 until cats.size) {
        cats[i].cleanLitter()
    }
    feedAll(cats)                   ◀──── 캐스팅을 할 필요가 없다.
}
```

모든 클래스를 공변적으로 만들 수는 없다. 공변적으로 만들면 안전하지 못한 클래스도 있다. 타입 파라미터를 공변적으로 지정하면 클래스 내부에서 그 파라미터를 사용하는 방법을 제한한다. 타입 안전성을 보장하기 위해 공변적 파라미터는 항상 아웃^{out} 위치에만 있어야 한다. 이는 클래스가 T 타입의 값을 생산할 수는 있지만 T 타입의 값을 소비할 수는 없다는 뜻이다.

클래스 멤버를 선언할 때 타입 파라미터를 사용할 수 있는 지점은 모두 인^{in}과 아웃 위치로 나뉜다. T라는 타입 파라미터를 선언하고 T를 사용하는 함수가 멤버로 있는 클래스를 생각해보자. T가 함수의 반환 타입에 쓰인다면 T는 아웃 위치에 있다. 그 함수는 T 타입의 값을 생산^{produce}한다. T가 함수의 파라미터 타입에 쓰인다면 T는 인 위치에 있다. 그런 함수는 T 타입의 값을 소비^{consume}한다. 그림 9.6은 이 관계를 보여준다.

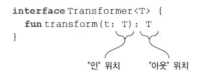

그림 9.6 함수 파라미터 타입은 인 위치, 함수 반환 타입은 아웃 위치에 있다.

클래스 타입 파라미터 T 앞에 out 키워드를 붙이면 클래스 안에서 T를 사용하는 메서드
가 아웃 위치에서만 T를 사용하게 허용하고 인 위치에서는 T를 사용하지 못하게 막는다.
out 키워드는 T의 사용법을 제한하며 T로 인해 생기는 하위 타입 관계의 타입 안전성을
보장한다.

예를 들어 Herd 클래스를 생각해보자. Herd에서 타입 파라미터 T를 사용하는 장소
는 오직 get 메서드의 반환 타입뿐이다.

```
class Herd<out T : Animal> {
    val size: Int get() = ...
    operator fun get(i: Int): T { ... }  ◀── T를 반환 타입으로 사용한다.
}
```

이 위치(함수의 반환 타입)는 아웃 위치다. 따라서 이 클래스를 공변적으로 선언해도 안전
하다. Cat이 Animal의 하위 타입이기 때문에 Herd<Animal>의 get을 호출하는 모든
코드는 get이 Cat을 반환해도 아무 문제없이 작동한다.

다시 한 번 반복하자. 타입 파라미터 T에 붙은 out 키워드는 다음 두 가지를 함께
의미한다.

- **공변성**: 하위 타입 관계가 유지된다(Producer<Cat>은 Producer<Animal>의 하위
  타입이다).
- **사용 제한**: T를 아웃 위치에서만 사용할 수 있다.

이제 List<T> 인터페이스를 보자. 코틀린 List는 읽기 전용이다. 따라서 그 안에는
T 타입의 원소를 반환하는 get 메서드는 있지만 리스트에 T 타입의 값을 추가하거나
리스트에 있는 기존 값을 변경하는 메서드는 없다. 따라서 List는 T에 대해 공변적이다.

```
interface List<out T> : Collection<T> {
    operator fun get(index: Int): T    ◄──── 읽기 전용 메서드로 T를 반환하는 메서드만
                                              정의한다(따라서 T는 항상 "아웃" 위치에 쓰인다).
    // ...
}
```

타입 파라미터를 함수의 파라미터 타입이나 반환 타입에만 쓸 수 있는 것은 아니다.
타입 파라미터를 다른 타입의 타입 인자로 사용할 수도 있다. 예를 들어 List 인터페이
스에는 List<T>를 반환하는 subList라는 메서드가 있다.

```
interface List<out T> : Collection<T> {
    fun subList(fromIndex: Int, toIndex: Int): List<T>   ◄──── 여기서도 T는
                                                                "아웃" 위치에 있다.
    // ...
}
```

이 경우 subList 함수에 쓰인 T는 아웃 위치에 있다. 다만 여기서 왜 이 위치가 아웃
위치인지는 자세히 설명하지는 않는다. 어떤 위치가 아웃인지 인인지 판정하는 정확한
알고리즘이 궁금한 독자는 코틀린 언어 문서를 참조하라.

　　MutableList<T>를 타입 파라미터 T에 대해 공변적인 클래스로 선언할 수는 없다는
점에 유의하라. MutableList<T>에는 T를 인자로 받아서 그 타입의 값을 반환하는 메
서드가 있다(따라서 T가 인과 아웃 위치에 동시에 쓰인다).

```
interface MutableList<T>              ◄──── MutableList는 T에 대해
    : List<T>, MutableCollection<T> {       공변적일 수 없다,
    override fun add(element: T): Boolean   ◄──── 이유는 T가 "인" 위치에 쓰이기
}                                                 때문이다.
```

컴파일러는 타입 파라미터가 쓰이는 위치를 제한한다. 클래스가 공변적으로 선언된 경
우 "Type parameter T is declared as 'out' but occurs in 'in' position"(타입
파라미터 T가 'out'으로 선언됐지만 'in' 위치에 나타남)이라는 오류를 보고한다.

　　생성자 파라미터는 인이나 아웃 어느 쪽도 아니라는 사실에 유의하라. 타입 파라미
터가 out이라 해도 그 타입을 여전히 생성자 파라미터 선언에 사용할 수 있다.

```
class Herd<out T: Animal>(vararg animals: T) { ... }
```

변성은 코드에서 위험할 여지가 있는 메서드를 호출할 수 없게 만듦으로써 제네릭 타입의 인스턴스 역할을 하는 클래스 인스턴스를 잘못 사용하는 일이 없게 방지하는 역할을 한다. 생성자는 (인스턴스를 생성한 뒤) 나중에 호출할 수 있는 메서드가 아니다. 따라서 생성자는 위험할 여지가 없다.

하지만 val이나 var 키워드를 생성자 파라미터에 적는다면 게터나 (변경 가능한 프로퍼티의 경우) 세터를 정의하는 것과 같다. 따라서 읽기 전용 프로퍼티는 아웃 위치, 변경 가능 프로퍼티는 아웃과 인 위치 모두에 해당한다.

```
class Herd<T: Animal>(var leadAnimal: T, vararg animals: T) { ... }
```

여기서는 T 타입인 leadAnimal 프로퍼티가 인 위치에 있기 때문에 T를 out으로 표시할 수 없다.

또한 이런 위치 규칙은 오직 외부에서 볼 수 있는 (public, protected, internal) 클래스 API에만 적용할 수 있다. 비공개private 메서드의 파라미터는 인도 아니고 아웃도 아닌 위치다. 변성 규칙은 클래스 외부의 사용자가 클래스를 잘못 사용하는 일을 막기 위한 것이므로 클래스 내부 구현에는 적용되지 않는다.

클래스의 타입 파라미터가 인 위치에서만 쓰이는 경우에는 어떤 일이 생길지 궁금할 것이다. 그런 경우 타입 파라미터의 하위 타입 관계와 제네릭 타입의 하위 타입 관계가 서로 역전된다. 다음 절에서는 이를 자세히 설명한다.

9.3.4 반공변성: 뒤집힌 하위 타입 관계

반공변성contravariance은 공변성을 거울에 비친 상이라 할 수 있다. 반공변 클래스의 하위 타입 관계는 공변 클래스의 경우와 반대다. 예를 들어 Comparator 인터페이스를 살펴보자. 이 인터페이스에는 compare라는 메서드가 있다. 이 메서드는 주어진 두 객체를 비교한다.

```
interface Comparator<in T> {
    fun compare(e1: T, e2: T): Int { ... }        ◀──── T를 "인" 위치에 사용한다.
}
```

이 인터페이스의 메서드는 T 타입의 값을 소비하기만 한다. 이는 T가 인^{in} 위치에서만
쓰인다는 뜻이다. 따라서 T 앞에는 in 키워드를 붙여야만 한다.

물론 어떤 타입에 대해 Comparator를 구현하면 그 타입의 하위 타입에 속하는 모든
값을 비교할 수 있다. 예를 들어 Comparator<Any>가 있다면 이를 사용해 모든 타입의
값을 비교할 수 있다.

```
>>> val anyComparator = Comparator<Any> {
...    e1, e2 -> e1.hashCode() - e2.hashCode()
... }
>>> val strings: List<String> = ...           ┌ 문자열과 같은 구체적인 타입의 객체를 비교하기 위해
>>> strings.sortedWith(anyComparator)  ◀────┤ 모든 객체를 비교하는 Comparator를 사용할 수 있다.
```

sortedWith 함수는 Comparator<String>(문자열을 비교하는 Comparator)을 요구하므로,
String보다 더 일반적인 타입을 비교할 수 있는 Comparator를 sortedWith에 넘기는
것은 안전하다. 어떤 타입의 객체를 Comparator로 비교해야 한다면 그 타입이나 그
타입의 조상 타입을 비교할 수 있는 Comparator를 사용할 수 있다. 이는 Comparator
<Any>가 Comparator<String>의 하위 타입이라는 뜻이다. 그런데 여기서 Any는
String의 상위 타입이다. 따라서 서로 다른 타입 인자에 대해 Comparator의 하위 타입
관계는 타입 인자의 하위 타입 관계와는 정반대 방향이다.

이제 반공변성에 대한 정의를 설명할 준비가 됐다. Comsumer<T>를 예로 들어 설명
하자. 타입 B가 타입 A의 하위 타입인 경우 Consumer<A>가 Consumer<B>의 하위 타입
인 관계가 성립하면 제네릭 클래스 Consumer<T>는 타입 인자 T에 대해 반공변이다.
여기서 A와 B의 위치가 서로 뒤바뀐다는 점에 유의하라. 따라서 하위 타입 관계가 뒤집
힌다고 말한다. 예를 들어 Consumer<Animal>은 Consumer<Cat>의 하위 타입이다.

그림 9.7은 타입 파라미터에 대해 공변성인 클래스와 반공변성인 클래스의 하위 타

입 관계를 보여준다. Producer 클래스는 타입 인자의 하위 타입 관계를 그대로 따르지만 Consumer 클래스에서는 타입 인자의 하위 타입 관계와는 반대라는 점을 확인할 수 있다.

그림 9.7 공변성 타입 Producer<T>에서는 타입 인자의 하위 타입 관계가 제네릭 타입에서도 유지되지만 반공변성 타입 Consumer<T>에서는 타입 인자의 하위 타입 관계가 제네릭 타입으로 오면서 뒤집힌다.

in이라는 키워드는 그 키워드가 붙은 타입이 이 클래스의 메서드 안으로 전달[passed in]돼 메서드에 의해 소비된다는 뜻이다. 공변성의 경우와 마찬가지로 타입 파라미터의 사용을 제한함으로써 특정 하위 타입 관계에 도달할 수 있다. in 키워드를 타입 인자에 붙이면 그 타입 인자를 오직 인 위치에서만 사용할 수 있다는 뜻이다. 표 9.1은 여러 가지 선택할 수 있는 변성에 대해 요약해 보여준다.

표 9.1 공변성, 반공변성, 무공변성 클래스

공변성	반공변성	무공변성
Producer<out T>	Consumer<in T>	MutableList<T>
타입 인자의 하위 타입 관계가 제네릭 타입에서도 유지된다.	타입 인자의 하위 타입 관계가 제네릭 타입에서 뒤집힌다.	하위 타입 관계가 성립하지 않는다.
Producer<Cat>은 Producer<Animal>의 하위 타입이다.	Consumer<Animal>은 Consumer<Cat>의 하위 타입이다.	
T를 아웃 위치에서만 사용할 수 있다.	T를 인 위치에서만 사용할 수 있다.	T를 아무 위치에서나 사용할 수 있다.

클래스나 인터페이스가 어떤 타입 파라미터에 대해서는 공변적이면서 다른 타입 파라미터에 대해서는 반공변적일 수도 있다. Function 인터페이스가 고전적인 예다. 다

음 선언은 파라미터가 하나뿐인 Function 인터페이스인 Function1이다.

```
interface Function1<in P, out R> {
    operator fun invoke(p: P): R
}
```

코틀린 표기에서 (P) -> R은 Function1<P, R>을 더 알아보기 쉽게 적은 것일 뿐이다. 여기서 P(함수 파라미터의 타입)는 오직 인 위치, R(함수 반환 타입)은 오직 아웃 위치에 사용된다는 사실과 그에 따라 P와 R에 각각 in과 out 표시가 붙어 있음을 볼 수 있다. 이는 함수 Function1의 하위 타입 관계는 첫 번째 타입 인자의 하위 타입 관계와는 반대지만 두 번째 타입 인자의 하위 타입 관계와는 같음을 뜻한다. 예를 들어 동물을 인자로 받아서 정수를 반환하는 람다를 고양이에게 번호를 붙이는 고차 함수에 넘길 수 있다.

```
fun enumerateCats(f: (Cat) -> Number) { ... }
fun Animal.getIndex(): Int = ...
>>> enumerateCats(Animal::getIndex)  ←── Animal은 Cat의 상위 타입이며 Int는 Number의
                                         하위 타입이므로, 이 코드는 올바른 코틀린 식이다.
```

그림 9.8은 이 예제의 하위 타입 관계를 보여준다.

지금까지 살펴본 예제를 보면 클래스 정의에 변성을 직접 기술하면 그 클래스를 사용하는 모든 장소에 그 변성이 적용된다는 점을 알 수 있다. 자바는 이를 지원하지 않는다. 대신 클래스를 사용하는 위치에서 와일드카드를 사용해 그때그때 변성을 지정해야 한다. 이런 두 접근 방법의 차이를 알아보고 코틀린에서 자바와 같은 변성 지정 방법을 어떻게 사용할 수 있는지 살펴보자.

그림 9.8 함수 타입 (T) -> R은 인자의 타입에 대해서는 반공변적이면서 반환 타입에 대해서는 공변적이다.

9.3.5 사용 지점 변성: 타입이 언급되는 지점에서 변성 지정

클래스를 선언하면서 변성을 지정하면 그 클래스를 사용하는 모든 장소에 변성 지정자가 영향을 끼치므로 편리하다. 이런 방식을 선언 지점 변성declaration site variance이라 부른다. 자바의 와일드카드 타입(? extends나 ? super)에 익숙하다면 자바는 변성을 다른 방식으로 다룬다는 점을 깨달았을 것이다. 자바에서는 타입 파라미터가 있는 타입을 사용할 때마다 해당 타입 파라미터를 하위 타입이나 상위 타입 중 어떤 타입으로 대치할 수 있는지 명시해야 한다. 이런 방식을 사용 지점 변성use-site variance이라 부른다.

> **코틀린 선언 지점 변성과 자바 와일드카드 비교**
>
> 선언 지점 변성을 사용하면 변성 변경자를 단 한 번만 표시하고 클래스를 쓰는 쪽에서는 변성에 대해 신경을 쓸 필요가 없으므로 코드가 더 간결해진다. 자바에서 사용자의 예상대로 작동하는 API를 만들기 위해 라이브러리 개발자는 항상 Function<? super T, ? extends R>처럼 와일드카드를 사용해야 한다. 자바 8 표준 라이브러리 소스코드를 살펴보면 Function 인터페이스를 사용하는 모든 위치에서 와일드카드를 볼 수 있다. 예를 들어 Stream.map 메서드는 다음과 같이 정의돼 있다.
>
> ```
> /* 자바 */
> public interface Stream {
>     <R> Stream <R> map(Function<? super T, ? extends R> mapper);
> }
> ```
>
> 클래스 선언 지점에서 변성을 한 번만 지정하면 훨씬 더 간결하고 우아한 코드를 작성할 수 있다.

코틀린도 사용 지점 변성을 지원한다. 따라서 클래스 안에서 어떤 타입 파라미터가 공변적이거나 반공변적인지 선언할 수 없는 경우에도 특정 타입 파라미터가 나타나는 지점에서 변성을 정할 수 있다. 코틀린 사용 지점 변성이 어떻게 작동하는지 살펴보자.

MutableList와 같은 상당수의 인터페이스는 타입 파라미터로 지정된 타입을 소비하는 동시에 생산할 수 있기 때문에 일반적으로 공변적이지도 반공변적이지도 않다. 하지만 그런 인터페이스 타입의 변수가 한 함수 안에서 생산자나 소비자 중 단 한 가지 역할만을 담당하는 경우가 자주 있다. 예를 들어 다음 함수를 살펴보자.

리스트 9.14 무공변 파라미터 타입을 사용하는 데이터 복사 함수

```
fun <T> copyData(source: MutableList<T>,
                 destination: MutableList<T>) {
    for (item in source) {
      destination.add(item)
    }
}
```

이 함수는 컬렉션의 원소를 다른 컬렉션으로 복사한다. 두 컬렉션 모두 무공변 타입이지만 원본 컬렉션에서는 읽기만 하고 대상 컬렉션에는 쓰기만 한다. 이 경우 두 컬렉션의 원소 타입이 정확하게 일치할 필요가 없다. 예를 들어 문자열이 원소인 컬렉션에서 객체의 컬렉션으로 원소를 복사해도 아무 문제가 없다.

이 함수가 여러 다른 리스트 타입에 대해 작동하게 만들려면 두 번째 제네릭 타입 파라미터를 도입할 수 있다.

리스트 9.15 타입 파라미터가 둘인 데이터 복사 함수

```
fun <T: R, R> copyData(source: MutableList<T>,     ◄─── source 원소 타입은 destination
                       destination: MutableList<R>) {     원소 타입의 하위 타입이어야 한다.
    for (item in source) {
      destination.add(item)
    }
}
>>> val ints = mutableListOf(1, 2, 3)
>>> val anyItems = mutableListOf<Any>()
>>> copyData(ints, anyItems)     ◄─── Int가 Any의 하위 타입이므로
>>> println(anyItems)                  이 함수를 호출할 수 있다.
[1, 2, 3]
```

두 타입 파라미터는 원본과 대상 리스트의 원소 타입을 표현한다. 한 리스트에서 다른 리스트로 원소를 복사할 수 있으려면 원본 리스트 원소 타입은 대상 리스트 원소 타입의 하위 타입이어야 한다. 예를 들어 리스트 9.15에서 Int는 Any의 하위 타입이다.

하지만 코틀린에는 이를 더 우아하게 표현할 수 있는 방법이 있다. 함수 구현이 아웃 위치(또는 인 위치)에 있는 타입 파라미터를 사용하는 메서드만 호출한다면 그런 정보를 바탕으로 함수 정의 시 타입 파라미터에 변성 변경자를 추가할 수 있다.

리스트 9.16 아웃-프로젝션 타입 파라미터를 사용하는 데이터 복사 함수

```
fun <T> copyData(source: MutableList<out T>,     ◄──    "out" 키워드를 타입을 사용하는 위치 앞에
                 destination: MutableList<T>) {          붙이면 T 타입을 "in" 위치에 사용하는
    for (item in source) {                               메서드를 호출하지 않는다는 뜻이다.
        destination.add(item)
    }
}
```

타입 선언에서 타입 파라미터를 사용하는 위치라면 어디에나 변성 변경자를 붙일 수 있다. 따라서 (리스트 9.16처럼) 파라미터 타입, 로컬 변수 타입, 함수 반환 타입 등에 타입 파라미터가 쓰이는 경우 in이나 out 변경자를 붙일 수 있다. 이때 **타입 프로젝션**^{type projection}이 일어난다. 즉 source를 일반적인 MutableList가 아니라 MutableList를 프로젝션을 한(제약을 가한) 타입으로 만든다. 이 경우 copyData 함수는 MutableList의 메서드 중에서 반환 타입으로 타입 파라미터 T를 사용하는 메서드만 호출할 수 있다(더 정확하게는 타입 파라미터 T를 아웃 위치에서 사용하는 메서드만 호출할 수 있다). 컴파일러는 타입 파라미터 T를 함수 인자 타입(더 정확하게는 인 위치에 있는 타입)로 사용하지 못하게 막는다.

```
>>> val list: MutableList<out Number> = ...
>>> list.add(42)
Error: Out-projected type 'MutableList<out Number>' prohibits
the use of 'fun add(element: E): Boolean'
```

프로젝션 타입의 메서드 중 일부를 호출하지 못하더라도 놀라지 말라. 그런 메서드를 호출하고 싶으면 프로젝션 타입 대신 일반 타입을 사용하면 된다. 일반 타입을 사용하려면 경우에 따라 리스트 9.15처럼 다른 타입과 연관이 있는 새 타입 파라미터를 추가해야 할 수도 있다.

물론 copyData와 같은 함수를 제대로 구현하는 방법은 List<T>를 source 인자의 타입으로 정하는 것이다. 실제 MutableList가 아니라 List에 있는 메서드만 source에 대해 사용하면 되고, List의 타입 파라미터 공변성은 List 선언에 들어있다. 하지만 이 예제는 여전히 타입 프로젝션의 개념을 설명하기 좋다. 또한 List와 MutableList처럼 공변적인 읽기 전용 인터페이스와 무공변적인 인터페이스가 나뉘어 있지 않은 클래스의 경우 여전히 프로젝션이 유용하다.

List<out T>처럼 out 변경자가 지정된 타입 파라미터를 out 프로젝션하는 것은 의미 없다. List의 정의는 이미 class List<out T>이므로 List<out T>는 그냥 List<T>와 같다. 코틀린 컴파일러는 이런 경우 불필요한 프로젝션이라는 경고를 한다.

비슷한 방식으로 타입 파라미터가 쓰이는 위치 앞에 in을 붙여서 그 위치에 있는 값이 소비자 역할을 수행한다고 표시할 수 있다. in을 붙이면 그 파라미터를 더 상위 타입으로 대치할 수 있다. 다음은 in 프로젝션을 사용해 리스트 9.16을 다시 작성한 코드다.

리스트 9.17 in 프로젝션 타입 파라미터를 사용하는 데이터 복사 함수

```
fun <T> copyData(source: MutableList<T>,
                 destination: MutableList<in T>) {    ← 원본 리스트 원소 타입의 상위 타입을
                                                          대상 리스트 원소 타입으로 허용한다.
    for (item in source) {
        destination.add(item)
    }
}
```

코틀린의 사용 지점 변성 선언은 자바의 한정 와일드카드(bounded wildcard)와 똑같다.
코틀린 MutableList<out T>는 자바 MutableList<? extends T>와 같고 코틀린
MutableList<in T>는 자바 MutableList<? super T>와 같다.

사용 지점 변성을 사용하면 타입 인자로 사용할 수 있는 타입의 범위가 넓어진다. 이제
극단적인 경우로 모든 타입 인자를 받아들일 수 있게 만드는 방법을 살펴보자.

9.3.6 스타 프로젝션: 타입 인자 대신 * 사용

9장 앞부분에서 타입 검사와 캐스트에 대해 설명할 때 제네릭 타입 인자 정보가 없음을
표현하기 위해 스타 프로젝션^{star projection}을 사용한다고 말했다. 예를 들어 원소 타입이
알려지지 않은 리스트는 List<*>라는 구문으로 표현할 수 있다. 이제 스타 프로젝션의
의미를 자세히 살펴보자.

첫째, MutableList<*>는 MutableList<Any?>와 같지 않다(여기서 MutableList<T>
가 T에 대해 무공변성이라는 점이 중요하다). MutableList<Any?>는 모든 타입의 원소를 담
을 수 있다는 사실을 알 수 있는 리스트다. 반면 MutableList<*>는 어떤 정해진 구체
적인 타입의 원소만을 담는 리스트지만 그 원소의 타입을 정확히 모른다는 사실을 표현
한다. 리스트의 타입이 MutableList<*>라는 말은 그 리스트가 String과 같은 구체적
인 타입의 원소를 저장하기 위해 만들어진 것이라는 뜻이다(타입이 MutableList<*>인
리스트를 만들 수는 없다). 여기서 그 리스트의 원소 타입이 어떤 타입인지 모른다고 해서
그 안에 아무 원소나 다 담아도 된다는 뜻은 아니다. 그 리스트에 담는 값의 타입에
따라서는 리스트를 만들어서 넘겨준 쪽이 바라는 조건을 깰 수도 있기 때문이다. 하지만
MutableList<*> 타입의 리스트에서 원소를 얻을 수는 있다. 그런 경우 진짜 원소 타입
은 알 수 없지만 어쨌든 그 원소 타입이 Any?의 하위 타입이라는 사실은 분명하다. Any?
는 코틀린에서 모든 타입의 상위 타입이기 때문이다.

```
>>> val list: MutableList<Any?> = mutableListOf('a', 1, "qwe")
>>> val chars = mutableListOf('a', 'b', 'c')                    MutableList<*>는 MutableList<Any?>와
>>> val unknownElements: MutableList<*> =    ◀───────────       같지 않다.
... if (Random().nextBoolean()) list else chars
>>> unknownElements.add(42)                  ◀───────────       컴파일러는 이 메서드 호출을
Error: Out-projected type 'MutableList<*>' prohibits          금지한다.
the use of 'fun add(element: E): Boolean'     ◀─────          원소를 가져와도 안전하다. first()는 Any?
>>> println(unknownElements.first())          ◀─────          타입의 원소를 반환한다.
a
```

왜 컴파일러가 MutableList<*>를 아웃 프로젝션 타입으로 인식할까? 이 맥락에서
MutableList<*>는 MutableList<out Any?>처럼 동작한다. 어떤 리스트의 원소 타입
을 모르더라도 그 리스트에서 안전하게 Any? 타입의 원소를 꺼내올 수는 있지만(Any?는
모든 코틀린 타입의 상위 타입이다), 타입을 모르는 리스트에 원소를 마음대로 넣을 수는 없
다. 자바 와일드카드에 대해 이야기하자면 코틀린의 MyType<*>는 자바의 MyType<?>
에 대응한다.

> **노트**
>
> Consumer<in T>와 같은 반공변 타입 파라미터에 대한 스타 프로젝션은 <in Nothing>
> 과 동등하다. 결과적으로 그런 스타 프로젝션에서는 T가 시그니처에 들어가 있는 메서드
> 를 호출할 수 없다. 타입 파라미터가 반공변이라면 제네릭 클래스는 소비자 역할을 하는
> 데, 우리는 그 클래스가 정확히 T의 어떤 부분을 사용할지 알 수 없다. 따라서 반공변
> 클래스에 무언가를 소비하게 넘겨서는 안 된다. 이에 대해 더 자세히 알고 싶은 독자는
> 코틀린 온라인 문서를 참조하라(http://mng.bz/3Ed7).

타입 파라미터를 시그니처에서 전혀 언급하지 않거나 데이터를 읽기는 하지만 그 타입에
는 관심이 없는 경우와 같이 타입 인자 정보가 중요하지 않을 때도 스타 프로젝션 구문을
사용할 수 있다. 예를 들어 printFirst 함수가 List<*>를 파라미터로 받을 수도 있다.

```
fun printFirst(list: List<*>) {   ◀────── 모든 리스트를 인자로 받을 수 있다.
    if (list.isNotEmpty()) {       ◀────── isNotEmpty()에서는 제네릭 타입 파라미터를 사용하지 않는다.
```

```
    println(list.first())    ←──── first()는 이제 Any?를 반환하지만 여기서는 그 타입만으로 충분하다.
  }
}

>>> printFirst(listOf("Svetlana", "Dmitry"))
Svetlana
```

사용 지점 변성과 마찬가지로 이런 스타 프로젝션도 우회하는 방법이 있는데, 제네릭
타입 파라미터를 도입하면 된다.

```
fun <T> printFirst(list: List<T>) {    ←──── 이 경우에도 모든 리스트를 인자로
  if (list.isNotEmpty()) {                     받을 수 있다.
    println(list.first())    ←──── 이제 first()는 T 타입의 값을
  }                                 반환한다.
}
```

스타 프로젝션을 쓰는 쪽에 더 간결하지만 제네릭 타입 파라미터가 어떤 타입인지 군이
알 필요가 없을 때만 스타 프로젝션을 사용할 수 있다. 스타 프로젝션을 사용할 때는
값을 만들어내는 메서드만 호출할 수 있고 그 값의 타입에는 신경을 쓰지 말아야 한다.

　이제 스타 프로젝션을 쓰는 방법과 스타 프로젝션 사용 시 빠지기 쉬운 함정을 보여
주는 예제를 더 살펴보자. 사용자 입력을 검증해야 해서 FieldValidator라는 인터페
이스를 정의했다고 가정하자. FieldValidator에는 인 위치에만 쓰이는 타입 파라미터
가 있다. 따라서 FieldValidator는 반공변성이다. 실제로 String 타입의 필드를 검증
하기 위해 Any 타입을 검증하는 FieldValidator를 사용할 수 있다(반공변성이 바로 그런
일을 가능하게 만든다). 이제 String과 Int를 검증하는 FieldValidator를 정의하자.

　리스트 9.18　입력 검증을 위한 인터페이스

```
interface FieldValidator<in T> {    ←──── T에 대해 반공변인 인터페이스를 선언한다.
  fun validate(input: T): Boolean    ←──── T를 "인" 위치에만 사용한다(이 메서드는
}                                           T 타입의 값을 소비한다).

object DefaultStringValidator : FieldValidator<String> {
```

424

```
    override fun validate(input: String) = input.isNotEmpty()
}

object DefaultIntValidator : FieldValidator<Int> {
    override fun validate(input: Int) = input >= 0
}
```

이제 모든 검증기를 한 컨테이너에 넣고 입력 필드의 타입에 따라 적절한 검증기를 꺼내서 사용하는 경우를 생각해보자. 맵에 검증기를 담으면 될 것이다. 모든 타입의 검증기를 맵에 넣을 수 있어야 하므로 KClass를 키로 하고(KClass는 코틀린 클래스를 표현한다. 10장에서 자세히 설명한다) FieldValidator<*>를 값으로 하는 맵(FieldValidator<*>는 모든 타입의 검증기를 표현한다)을 선언한다.

```
>>> val validators = mutableMapOf<KClass<*>, FieldValidator<*>>()
>>> validators[String::class] = DefaultStringValidator
>>> validators[Int::class] = DefaultIntValidator
```

이렇게 정의를 하고 나면 검증기를 쓸 때 문제가 생긴다. String 타입의 필드를 FieldValidator<*> 타입의 검증기로 검증할 수 없다. 컴파일러는 FieldValidator<*>가 어떤 타입을 검증하는 검증기인지 모르기 때문에 String을 검증하기 위해 그 검증기를 사용하면 안전하지 않다고 판단한다.

```
>>> validators[String::class]!!.validate("")          ◀────  맵에 저장된 값의 타입은
Error: Out-projected type 'FieldValidator<*>' prohibits       FieldValidator(*)이다.
the use of 'fun validate(input: T): Boolean'
```

MutableList<*> 타입의 리스트에 원소를 넣으려고 했을 때 이 오류를 본 적이 있다. 여기서 이 오류는 알 수 없는 타입의 검증기에 구체적인 타입의 값을 넘기면 안전하지 못하다는 뜻이다. 검증기를 원하는 타입으로 캐스팅하면 이런 문제를 고칠 수 있다. 하지만 그런 타입 캐스팅은 안전하지 못하고 권장할 수 없다. 어쨌든 타입 캐스팅을 하면 컴파일은 되고 나중에 리팩토링 가능하므로 일단 그렇게 진행하자.

```
>>> val stringValidator = validators[String::class]          ◄─── Warning: unchecked cast
                          as FieldValidator<String>                (경고: 안전하지 않은 캐스팅)
>>> println(stringValidator.validate(""))
false
```

컴파일러는 타입 캐스팅이 안전하지 못하다고 경고한다. 또한 이 코드를 실행하면 타입
캐스팅 부분에서 실패하지 않고 값을 검증하는 메서드 안에서 실패한다는 사실을 유의해
야 한다. 실행 시점에 모든 제네릭 타입 정보는 사라지므로 타입 캐스팅은 문제가 없고
검증 메서드 안에서 값(객체)의 메서드나 프로퍼티를 사용할 때 문제가 생긴다.

```
                                                     검증기를 (어쩌면 실수로) 잘못 가져왔지만
                                                     컴파일과 타입 캐스팅시 아무 문제가 없다.
>>> val stringValidator = validators[Int::class]  ◄─
                          as FieldValidator<String> ◄─
                                                     Warning: unchecked cast를
>>> stringValidator.validate("")  ◄─                  표시하지만 컴파일은 된다.
java.lang.ClassCastException:         검증기를 사용해야 비로소
                                       오류가 발생한다.
    java.lang.String cannot be cast to java.lang.Number
    at DefaultIntValidator.validate
```

이 (잘못된) 코드와 리스트 9.19는 둘 다 컴파일러 경고가 발생한다는 점에서 비슷하다.
올바른 타입의 검증기를 가져와서 정상 작동하는 타입으로 캐스팅하는 것은 이제 프로그
래머의 책임이다.

　이런 해법은 타입 안전성을 보장할 수도 없고 실수를 하기도 쉽다. 따라서 한 장소에
여러 다른 타입의 검증기를 보관할 좋은 방법이 없는지 살펴보자.

　리스트 9.21의 해법은 똑같이 validators 맵을 사용하지만 검증기를 등록하거나
가져오는 작업을 수행할 때 타입을 제대로 검사하게 캡슐화한다. 이 코드도 앞의 예제와
마찬가지로 안전하지 않은 캐스팅 오류를 컴파일 시 발생시키지만 Validators 객체가
맵에 대한 접근을 통제하기 때문에 맵에 잘못된 값이 들어가지 못하게 막을 수 있다.

```
object Validators {
    private val validators =
            mutableMapOf<KClass<*>, FieldValidator<*>>()

    fun <T: Any> registerValidator(
        kClass: KClass<T>, fieldValidator: FieldValidator<T>) {
      validators[kClass] = fieldValidator
    }
    @Suppress("UNCHECKED_CAST")
    operator fun <T: Any> get(kClass: KClass<T>): FieldValidator<T> =
        validators[kClass] as? FieldValidator<T>
            ?: throw IllegalArgumentException(
                "No validator for ${kClass.simpleName}")
}
```

앞 예제와 같은 맵을 사용하지만 외부에서 이 맵에 접근할 수 없다.

어떤 클래스와 검증기가 타입이 맞아 떨어지는 경우에만 그 클래스와 검증기 정보를 맵에 키/값 쌍으로 넣는다.

FieldValidator⟨T⟩ 캐스팅이 안전하지 않다는 경고를 무시하게 만든다.

```
>>> Validators.registerValidator(String::class, DefaultStringValidator)
>>> Validators.registerValidator(Int::class, DefaultIntValidator)
>>> println(Validators[String::class].validate("Kotlin"))
true
>>> println(Validators[Int::class].validate(42))
true
```

이제 타입 안전성을 보장하는 API를 만들었다. 안전하지 못한 모든 로직은 클래스 내부에 감춰졌다. 그리고 안전하지 못한 부분을 감춤으로써 이제는 외부에서 그 부분을 잘못 사용하지 않음을 보장할 수 있다. Validators 객체에 있는 제네릭 메서드에서 검증기 (FieldValidator<T>)와 클래스(KClass<T>)의 타입 인자가 같기 때문에 컴파일러가 타입이 일치하지 않는 클래스와 검증기를 등록하지 못하게 막는다.

```
>>> println(Validators[String::class].validate(42))
Error: The integer literal does not conform to the expected type String
```

이제 "get" 메서드는 항상 FieldValidator⟨String⟩ 타입 객체를 반환한다.

이 패턴을 모든 커스텀 제네릭 클래스를 저장할 때 사용할 수 있게 확장할 수도 있다. 안전하지 못한 코드를 별도로 분리하면 그 코드를 잘못 사용하지 못하게 방지할 수 있고 안전하게 컨테이너를 사용하게 만들 수 있다. 방금 살펴본 패턴을 자바에도 적용할 수 있다.

자바 제네릭스와 변성은 자바에서 가장 어려운 부분으로 여겨진다. 코틀린을 설계하면서 우리는 좀 더 이해하고 다루기 쉬우면서 자바와 상호운용할 수 있게 코틀린 제네릭스를 만들기 위해 노력했다.

9.4 요약

- 코틀린 제네릭스는 자바와 아주 비슷하다. 제네릭 함수와 클래스를 자바와 비슷하게 선언할 수 있다.
- 자바와 마찬가지로 제네릭 타입의 타입 인자는 컴파일 시점에만 존재한다.
- 타입 인자가 실행 시점에 지워지므로 타입 인자가 있는 타입(제네릭 타입)을 is 연산자를 사용해 검사할 수 없다.
- 인라인 함수의 타입 매개변수를 reified로 표시해서 실체화하면 실행 시점에 그 타입을 is로 검사하거나 java.lang.Class 인스턴스를 얻을 수 있다.
- 변성은 기저 클래스가 같고 타입 파라미터가 다른 두 제네릭 타입 사이의의 상위/하위 타입 관계가 타입 인자 사이의 상위/하위 타입 관계에 의해 어떤 영향을 받는지를 명시하는 방법이다.
- 제네릭 클래스의 타입 파라미터가 아웃 위치에서만 사용되는 경우(생산자) 그 타입 파라미터를 out으로 표시해서 공변적으로 만들 수 있다.
- 공변적인 경우와 반대로 제네릭 클래스의 타입 파라미터가 인 위치에서만 사용되는 경우(소비자) 그 타입 파라미터를 in으로 표시해서 반공변적으로 만들 수 있다.

- 코틀린의 읽기 전용 List 인터페이스는 공변적이다. 따라서 List<String>은 List<Any>의 하위 타입이다.

- 함수 인터페이스는 첫 번째 타입 파라미터에 대해서는 반공변적이고, 두 번째 타입 파라미터에 대해서는 공변적이다(다른 말로 하면 함수 타입은 함수 파라미터 타입에 대해서는 반공변적이며 함수 반환 타입에 대해서는 공변적이다). 그래서 (Animal) -> Int는 (Cat) -> Number의 하위 타입이다.

- 코틀린에서는 제네릭 클래스의 공변성을 전체적으로 지정하거나(선언 지점 변성), 구체적인 사용 위치에서 지정할 수 있다(사용 지점 변성).

- 제네릭 클래스의 타입 인자가 어떤 타입인지 정보가 없거나 타입 인자가 어떤 타입인지가 중요하지 않을 때 스타 프로젝션 구문을 사용할 수 있다.

10

애너테이션과 리플렉션

지금까지 클래스와 함수를 사용하는 여러 코틀린 특성을 살펴봤다. 하지만 그 모두는 함수나 클래스 이름을 소스코드에서 정확하게 알고 있어야만 사용할 수 있는 기능이었다. 어떤 함수를 호출하려면 그 함수가 정의된 클래스의 이름과 함수 이름, 파라미터 이름 등을 알아야만 했다. 애너테이션annotation과 리플렉션reflection을 사용하면 그런 제약을 벗어나서 미리 알지 못하는 임의의 클래스를 다룰 수 있다. 애너테이션을 사용하면 라이브러리가 요구하는 의미를 클래스에게 부여할 수 있고, 리플렉션을 사용하면 실행 시점에 컴파일러 내부 구조를 분석할 수 있다.

애너테이션을 적용하기는 쉽다. 하지만 애너테이션을 직접 만들기는 어렵고, 특히 애너테이션을 처리하는 코드를 작성하기는 더 어렵다. 코틀린에서 애너테이션을 사용하는 문법은 자바와 똑같지만 애너테이션을 선언할 때 사용하는 문법은 자바와 약간 다르다. 리플렉션 API의 일반 구조는 자바와 같지만 세부 사항에서 약간 차이가 있다.

애너테이션과 리플렉션의 사용법을 보여주는 예제로 10장에서는 실전 프로젝트에 준하는 JSON 직렬화와 역직렬화 라이브러리인 제이키드^{JKid}를 구현한다. 이 라이브러리는 실행 시점에 코틀린 객체의 프로퍼티를 읽거나 JSON 파일에서 읽은 데이터를 코틀린 객체로 만들기 위해 리플렉션을 사용한다. 그리고 애너테이션을 통해 제이키드 라이브러리가 클래스와 프로퍼티를 직렬화하고 역직렬화하는 방식을 변경한다.

10.1 애너테이션 선언과 적용

자바 프레임워크도 애노테이션을 많이 사용한다. 코틀린 애너테이션도 개념은 마찬가지다. 메타데이터를 선언에 추가하면 애너테이션을 처리하는 도구가 컴파일 시점이나 실행 시점에 적절한 처리를 해준다.

10.1.1 애너테이션 적용

코틀린에서는 자바와 같은 방법으로 애너테이션을 사용할 수 있다. 애너테이션을 적용하려면 적용하려는 대상 앞에 애너테이션을 붙이면 된다. 애너테이션은 @과 애너테이션 이름으로 이뤄진다. 함수나 클래스 등 여러 다른 코드 구성 요소에 애너테이션을 붙일 수 있다.

예를 들어 제이유닛^{JUnit} 프레임워크(http://junit.org/junit4/)를 사용한다면 테스트 메서드 앞에 @Test 애너테이션을 붙여야 한다.

```
import org.junit.*
class MyTest {
    @Test fun testTrue() {          ◀──  @Test 애너테이션을 사용해 제이유닛 프레임워크에게 이
        Assert.assertTrue(true)            메서드를 테스트로 호출하라고 지시한다.
```

```
    }
}
```

더 흥미로운 예제로 @Deprecated 애너테이션을 한번 살펴보자. 자바와 코틀린에서 @Deprecated의 의미는 똑같다. 하지만 코틀린에서는 replaceWith 파라미터를 통해 옛 버전을 대신할 수 있는 패턴을 제시할 수 있고, API 사용자는 그 패턴을 보고 지원이 종료 될 API 기능을 더 쉽게 새 버전으로 포팅할 수 있다. 다음 예제는 @Deprecated 애너테이 션에 어떻게 인자를 지정하는지 보여준다(사용 금지를 설명하는 메시지와 대체할 패턴을 지정).

```
@Deprecated("Use removeAt(index) instead.", ReplaceWith("removeAt(index)"))
fun remove(index: Int) { ... }
```

애너테이션에 인자를 넘길 때는 일반 함수와 마찬가지로 괄호 안에 인자를 넣는다. 이런 remove 함수 선언이 있다면 인텔리J 아이디어는 remove를 호출하는 코드에 대해 경고 메시지("Use removeAt(index) instead")를 표시해 줄 뿐 아니라 자동으로 그 코드를 새로운 API 버전에 맞는 코드로 바꿔주는 퀵 픽스quick fix도 제시해준다.

애너테이션의 인자로는 원시 타입의 값, 문자열, enum, 클래스 참조, 다른 애너테이 션 클래스, 그리고 지금까지 말한 요소들로 이뤄진 배열이 들어갈 수 있다. 애너테이션 인자를 지정하는 문법은 자바와 약간 다르다.

- 클래스를 애너테이션 인자로 지정할 때는 @MyAnnotation(MyClass::class) 처럼 ::class를 클래스 이름 뒤에 넣어야 한다.
- 다른 애너테이션을 인자로 지정할 때는 인자로 들어가는 애너테이션의 이름 앞에 @를 넣지 않아야 한다. 예를 들어 방금 살펴본 예제의 ReplaceWith는 애너테이 션이다. 하지만 Deprecated 애너테이션의 인자로 들어가므로 ReplaceWith 앞 에 @를 사용하지 않는다.
- 배열을 인자로 지정하려면 @RequestMapping(path = arrayOf("/foo", "/bar")) 처럼 arrayOf 함수를 사용한다. 자바에서 선언한 애너테이션 클래스를 사용한 다면 value라는 이름의 파라미터가 필요에 따라 자동으로 가변 길이 인자로

변환된다. 따라서 그런 경우에는 @JavaAnnotationWithArrayValue("abc", "foo", "bar") 처럼 arrayOf 함수를 쓰지 않아도 된다.

애너테이션 인자를 컴파일 시점에 알 수 있어야 한다. 따라서 임의의 프로퍼티를 인자로 지정할 수는 없다. 프로퍼티를 애너테이션 인자로 사용하려면 그 앞에 const 변경자를 붙여야 한다. 컴파일러는 const가 붙은 프로퍼티를 컴파일 시점 상수로 취급한다. 다음은 제이유닛의 @Test 애너테이션에 timeout 파라미터를 사용해 밀리초 단위로 타임아웃 시간을 지정하는 예다.

```
const val TEST_TIMEOUT = 100L

@Test(timeout = TEST_TIMEOUT) fun testMethod() { ... }
```

3.3.1절에서 설명한 것처럼 const가 붙은 프로퍼티는 파일의 맨 위나 object 안에 선언해야 하며, 원시 타입이나 String으로 초기화해야만 한다. 일반 프로퍼티를 애너테이션 인자로 사용하려 시도하면 "Only const val can be used in constant expressions"(const val만 상수 식에 사용할 수 있음)이라는 오류가 발생한다.

10.1.2 애너테이션 대상

코틀린 소스코드에서 한 선언을 컴파일한 결과가 여러 자바 선언과 대응하는 경우가 자주 있다. 그리고 이때 코틀린 선언과 대응하는 여러 자바 선언에 각각 애너테이션을 붙여야 할 때가 있다. 예를 들어 코틀린 프로퍼티는 기본적으로 자바 필드와 게터 메서드 선언과 대응한다. 프로퍼티가 변경 가능하면 세터에 대응하는 자바 세터 메서드와 세터 파라미터가 추가된다. 게다가 주 생성자에서 프로퍼티를 선언하면 이런 접근자 메서드와 파라미터 외에 자바 생성자 파라미터와도 대응이 된다. 따라서 애너테이션을 붙일 때 이런 요소 중 어떤 요소에 애너테이션을 붙일지 표시할 필요가 있다.

사용 지점 대상use-site target 선언으로 애너테이션을 붙일 요소를 정할 수 있다. 사용 지점 대상은 @ 기호와 애너테이션 이름 사이에 붙으며, 애너테이션 이름과는 콜론(:)으로 분리된다. 그림 10.1의 get은 @Rule 애너테이션을 프로퍼티 게터에 적용하라는 뜻이다.

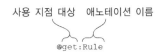

그림 10.1 사용 지점 대상 지정 문법

이 애너테이션을 사용하는 예를 살펴보자. 제이유닛에서는 각 테스트 메서드 앞에 그 메서드를 실행하기 위한 규칙을 지정할 수 있다. 예를 들어 TemporaryFolder라는 규칙을 사용하면 메서드가 끝나면 삭제될 임시 파일과 폴더를 만들 수 있다.

규칙을 지정하려면 공개^{public} 필드나 메서드 앞에 @Rule을 붙여야 한다. 하지만 코틀린 테스트 클래스의 folder라는 프로퍼티 앞에 @Rule을 붙이면 "The @Rule 'folder' must be public"(@Rule을 지정한 'folder'는 공개 필드여야 함)라는 제이유닛 예외가 발생한다. @Rule은 필드에 적용되지만 코틀린의 필드는 기본적으로 비공개이기 때문에 이런 예외가 생긴다. @Rule 애너테이션을 정확한 대상에 적용하려면 다음과 같이 @get:Rule을 사용해야 한다.

```
class HasTempFolder {

    @get:Rule                                    ◀──── 프로퍼티가 아니라 게터에
    val folder = TemporaryFolder()                      애너테이션이 붙는다.

    @Test
    fun testUsingTempFolder() {
      val createdFile = folder.newFile("myfile.txt")
      val createdFolder = folder.newFolder("subfolder")
      // ...
    }
}
```

자바에 선언된 애너테이션을 사용해 프로퍼티에 애너테이션을 붙이는 경우 기본적으로 프로퍼티의 필드에 그 애너테이션이 붙는다. 하지만 코틀린으로 애너테이션을 선언하면

프로퍼티에 직접 적용할 수 있는 애너테이션을 만들 수 있다.

사용 지점 대상을 지정할 때 지원하는 대상 목록은 다음과 같다.

- **property** 프로퍼티 전체. 자바에서 선언된 애너테이션에는 이 사용 지점 대상을 사용할 수 없다
- **field** 프로퍼티에 의해 생성되는 (뒷받침하는) 필드
- **get** 프로퍼티 게터
- **set** 프로퍼티 세터
- **receiver** 확장 함수나 프로퍼티의 수신 객체 파라미터
- **param** 생성자 파라미터
- **setparam** 세터 파라미터
- **delegate** 위임 프로퍼티의 위임 인스턴스를 담아둔 필드
- **file** 파일 안에 선언된 최상위 함수와 프로퍼티를 담아두는 클래스

file 대상을 사용하는 애너테이션은 package 선언 앞에서 파일의 최상위 수준에만 적용할 수 있다. 파일에 흔히 적용하는 애너테이션으로는 파일에 있는 최상위 선언을 담는 클래스의 이름을 바꿔주는 @JvmName이 있다. @file:JvmName("StringFunctions")이라는 예제를 3.2.3절에서 이미 살펴봤다.

자바와 달리 코틀린에서는 애너테이션 인자로 클래스나 함수 선언이나 타입 외에 임의의 식을 허용한다. 가장 흔히 쓰이는 예로는 컴파일러 경고를 무시하기 위한 @Suppress 애너테이션이 있다. 다음은 안전하지 못한 캐스팅 경고를 무시하는 로컬 변수 선언이다.

```
fun test(list: List<*>) {
    @Suppress("UNCHECKED_CAST")
    val strings = list as List<String>
    // ...
}
```

인텔리J 아이디어에서는 컴파일러 경고에서 Alt-Enter를 누르거나 인텐션 옵션 메뉴

intention option menu(컴파일러 경고로 반전된 소스코드 영역에 커서를 가져가면 뜨는 전구 아이콘에 붙어 있는 메뉴)에서 Suppress를 선택하면 이 애너테이션을 추가해준다.

자바 API를 애너테이션으로 제어하기

코틀린은 코틀린으로 선언한 내용을 자바 바이트코드로 컴파일하는 방법과 코틀린 선언을 자바에 노출하는 방법을 제어하기 위한 애너테이션을 많이 제공한다. 이런 애너테이션 중 일부는 자바 언어의 일부 키워드를 대신한다. 예를 들어 `@Volatile`과 `@Strictfp` 애너테이션은 자바의 `volatile`과 `strictfp` 키워드를 그대로 대신한다. 다음에 나열한 애너테이션을 사용하면 코틀린 선언을 자바에 노출시키는 방법을 변경할 수 있다.

- `@JvmName`은 코틀린 선언이 만들어내는 자바 필드나 메서드 이름을 변경한다.
- `@JvmStatic`을 메서드, 객체 선언, 동반 객체에 적용하면 그 요소가 자바 정적 메서드로 노출된다.
- `@JvmOverloads`를 사용하면 디폴트 파라미터 값이 있는 함수에 대해 컴파일러가 자동으로 오버로딩한 함수를 생성해준다. 3.2.2절에서 이에 대해 다뤘다.
- `@JvmField`를 프로퍼티에 사용하면 게터나 세터가 없는 공개된(public) 자바 필드로 프로퍼티를 노출시킨다.

더 자세한 내용을 각 애너테이션의 문서에서 찾아볼 수 있다. 또한 온라인 문서의 자바 상호운용 관련 내용에서도 이에 대한 설명을 볼 수 있다.

10.1.3 애너테이션을 활용한 JSON 직렬화 제어

애너테이션을 사용하는 고전적인 예제로 객체 직렬화 제어를 들 수 있다. 직렬화 serialization는 객체를 저장장치에 저장하거나 네트워크를 통해 전송하기 위해 텍스트나 이진 형식으로 변환하는 것이다. 반대 과정인 **역직렬화**deserialization는 텍스트나 이진 형식으로 저장된 데이터로부터 원래의 객체를 만들어낸다. 직렬화에 자주 쓰이는 형식에 JSON이 있다. 자바와 JSON을 변환할 때 자주 쓰이는 라이브러리로는 잭슨Jackson(https://github.com/FasterXML/jackson)과 지슨GSON(https://github.com/google/gson)이 있다. 다른 자바 라이브러리처럼 이들도 코틀린과 완전히 호환된다.

　지금부터 JSON 직렬화를 위한 제이키드라는 순수 코틀린 라이브러리를 구현하는 과정을 알아본다. 제이키드는 모든 소스코드를 쉽게 파악할 수 있을 정도로 작다. 따라서 10장을 읽으면서 제이키드 소스코드를 모두 읽어보길 바란다.

제이키드 라이브러리 소스코드와 연습문제

이 책의 소스코드에 제이키드 전체 구현이 들어있으며, 웹 https://manning.com/books/kotlin-in-action과 http://github.com/yole/jkid에서도 소스코드를 찾아볼 수 있다. 라이브러리 구현과 예제를 공부하려면 IDE에서 ch10/jkid/build.gradle을 그레이들 프로젝트로 열라. 예제는 src/test/kotlin/examples 밑에서 볼 수 있다. 라이브러리는 지슨이나 잭슨처럼 다양한 기능을 제공하거나 유연하지는 않지만, 실전에 사용할 만큼 충분히 성능이 좋다. 여러분의 필요를 충족시킬 수 있다면 프로젝트에 제이키드를 사용해도 좋다.

제이키드 프로젝트에는 10장을 읽고 나서 개념을 제대로 이해했는지 확인하기 위해 풀어볼 만한 여러 연습문제가 들어있다. 연습문제에 대한 설명은 프로젝트 README.md 파일에 있으며 깃허브 프로젝트 페이지에서도 그 내용을 볼 수 있다.

라이브러리를 테스트할 수 있는 가장 간단한 예제로 Person 클래스를 직렬화하고 역직렬화하는 것부터 시작해보자. Person의 인스턴스를 serialize 함수에 전달하면 JSON 표현이 담긴 문자열을 돌려받는다.

```
data class Person(val name: String, val age: Int)

>>> val person = Person("Alice", 29)
>>> println(serialize(person))
{"age": 29, "name": "Alice"}
```

예제에서 객체 인스턴스의 JSON 표현은 키/값 쌍으로 이뤄진 객체를 표현한다. "age": 29와 같은 키/값 쌍은 각 인스턴스의 프로퍼티 이름과 값을 표현한다.

　　JSON 표현을 다시 객체로 만들려면 deserialize 함수를 호출한다.

```
>>> val json = """{"name": "Alice", "age": 29}"""
>>> println(deserialize<Person>(json))
Person(name=Alice, age=29)
```

JSON에는 객체의 타입이 저장되지 않기 때문에 JSON 데이터로부터 인스턴스를 만들려면 타입 인자로 클래스를 명시해야 한다. 여기서는 Person 클래스를 타입 인자로 넘겼다.

그림 10.2는 객체와 JSON 표현 사이의 동등성 관계를 보여준다. 이 그림에서는 원시 타입이나 String 타입의 프로퍼티만 직렬화하려는 클래스 안에 들어있지만, 실제로는 다른 값 객체 클래스나 여러 값으로 이뤄진 컬렉션 타입의 프로퍼티도 들어갈 수 있다.

그림 10.2 Person 인스턴스의 직렬화와 역직렬화

애너테이션을 활용해 객체를 직렬화하거나 역직렬화하는 방법을 제어할 수 있다. 객체를 JSON으로 직렬화할 때 제이키드 라이브러리는 기본적으로 모든 프로퍼티를 직렬화하며 프로퍼티 이름을 키로 사용한다. 애너테이션을 사용하면 이런 동작을 변경할 수 있다. 이번 절에서는 @JsonExclude와 @JsonName이라는 두 애너테이션을 다룬다. 그리고 그 두 애너테이션의 구현에 대해 나중에 살펴본다.

- @JsonExclude 애너테이션을 사용하면 직렬화나 역직렬화 시 그 프로퍼티를 무시할 수 있다.
- @JsonName 애너테이션을 사용하면 프로퍼티를 표현하는 키/값 쌍의 키로 프로퍼티 이름 대신 애너테이션이 지정한 이름을 쓰게 할 수 있다.

다음 예제를 살펴보자.

```
data class Person(
    @JsonName("alias") val firstName: String,
    @JsonExclude val age: Int? = null
)
```

firstName 프로퍼티를 JSON으로 저장할 때 사용하는 키를 변경하기 위해 @JsonName

애너테이션을 사용하고, age 프로퍼티를 직렬화나 역직렬화에 사용하지 않기 위해
@JsonExclude 애너테이션을 사용한다. 직렬화 대상에서 제외할 age 프로퍼티에는 반
드시 디폴트 값을 지정해야만 한다. 디폴트 값을 지정하지 않으면 역직렬화 시 Person
의 인스턴스를 새로 만들 수 없다. 그림 10.3은 Person 클래스 인스턴스와 JSON 표현이
어떻게 달라지는지 보여준다.

그림 10.3 애너테이션을 덧붙인 Person 인스턴스의 직렬화와 역직렬화

지금까지 제이키드 라이브러리가 제공하는 기능인 serialize(), deserialize(),
@JsonName, @JsonExclude를 살펴봤다. 이제 제이키드 구현을 살펴보자. 우선 애너테
이션 선언부터 시작하자.

10.1.4 애너테이션 선언

이번 절에서는 제이키드의 애너테이션을 예제로 애너테이션을 선언하는 방법을 살펴본
다. @JsonExclude 애너테이션은 아무 파라미터도 없는 가장 단순한 애너테이션이다.

```
annotation class JsonExclude
```

이 애너테이션 선언 구문은 일반 클래스 선언처럼 보인다. 일반 클래스와의 차이는 class
키워드 앞에 annotation이라는 변경자가 붙어있다는 점 뿐인 것 같다. 하지만 애너테
이션 클래스는 오직 선언이나 식과 관련 있는 메타데이터^metadata의 구조를 정의하기 때문
에 내부에 아무 코드도 들어있을 수 없다. 그런 이유로 컴파일러는 애너테이션 클래스에
서 본문을 정의하지 못하게 막는다.

　파라미터가 있는 애너테이션을 정의하려면 애너테이션 클래스의 주 생성자에 파라
미터를 선언해야 한다.

```
annotation class JsonName(val name: String)
```

일반 클래스의 주 생성자 선언 구문을 똑같이 사용한다. 다만 애너테이션 클래스에서는 모든 파라미터 앞에 val을 붙여야만 한다.

이를 자바 애너테이션 선언과 비교해보자.

```
/* 자바 */
public @interface JsonName {
    String value();
}
```

코틀린 애너테이션에서는 name이라는 프로퍼티를 사용했지만 자바 애너테이션에서는 value라는 메서드를 썼다는 점에 유의하라. 자바에서 value 메서드는 특별하다. 어떤 애너테이션을 적용할 때 value를 제외한 모든 애트리뷰트에는 이름을 명시해야 한다. 반면 코틀린의 애너테이션 적용 문법은 일반적인 생성자 호출과 같다. 따라서 인자의 이름을 명시하기 위해 이름 붙인 인자 구문을 사용할 수도 있고 이름을 생략할 수도 있다. 여기서는 name이 JsonName 생성자의 첫 번째 인자이므로 @JsonName(name = "first_name")은 @JsonName("first_name")과 같다. 자바에서 선언한 애너테이션을 코틀린의 구성 요소에 적용할 때는 value를 제외한 모든 인자에 대해 이름 붙인 인자 구문을 사용해야만 한다. 코틀린도 자바 애너테이션에 정의된 value를 특별하게 취급한다.

다음으로는 애너테이션의 사용을 제어하는 방법과 애너테이션을 다른 애너테이션에 적용하는 방법을 알아본다.

10.1.5 메타애너테이션: 애너테이션을 처리하는 방법 제어

자바와 마찬가지로 코틀린 애너테이션 클래스에도 애너테이션을 붙일 수 있다. 애너테이션 클래스에 적용할 수 있는 애너테이션을 메타애너테이션meta-annotation이라고 부른다.

표준 라이브러리에는 몇 가지 메타애너테이션이 있으며, 그런 메타애너테이션들은 컴파일러가 애너테이션을 처리하는 방법을 제어한다. 프레임워크 중에도 메타애너테이션을 제공하는 것이 있다. 예를 들어 여러 의존관계 주입 라이브러리들이 메타애너테이션을 사용해 주입 가능한 타입이 동일한 여러 객체를 식별한다.

표준 라이브러리에 있는 메타애너테이션 중 가장 흔히 쓰이는 메타애너테이션은 @Target이다. 제이키드의 JsonExclude와 JsonName 애너테이션도 적용 가능 대상을 지정하기 위해 @Target을 사용한다. 다음 코드를 살펴보자.

```
@Target(AnnotationTarget.PROPERTY)
annotation class JsonExclude
```

@Target 메타애너테이션은 애너테이션을 적용할 수 있는 요소의 유형을 지정한다. 애너테이션 클래스에 대해 구체적인 @Target을 지정하지 않으면 모든 선언에 적용할 수 있는 애너테이션이 된다. 하지만 제이키드 라이브러리는 프로퍼티 애너테이션만을 사용하므로 애너테이션 클래스에 @Target을 꼭 지정해야 한다.

애너테이션이 붙을 수 있는 대상이 정의된 이넘^{enum}은 AnnotationTarget이다. 그 안에는 클래스, 파일, 프로퍼티, 프로퍼티 접근자, 타입, 식 등에 대한 이넘 정의가 들어있다. 필요하다면 @Target(AnnotationTarget.CLASS, AnnotationTarget.METHOD) 처럼 둘 이상의 대상을 한꺼번에 선언할 수도 있다.

메타애너테이션을 직접 만들어야 한다면 ANNOTATION_CLASS를 대상으로 지정하라.

```
@Target(AnnotationTarget.ANNOTATION_CLASS)
annotation class BindingAnnotation

@BindingAnnotation
annotation class MyBinding
```

대상을 PROPERTY로 지정한 애너테이션을 자바 코드에서 사용할 수는 없다. 자바에서 그런 애너테이션을 사용하려면 AnnotationTarget.FIELD를 두 번째 대상으로 추가해야 한다. 그렇게 하면 애너테이션을 코틀린 프로퍼티와 자바 필드에 적용할 수 있다.

10.1.6 애너테이션 파라미터로 클래스 사용

정적인 데이터를 인자로 유지하는 애너테이션을 정의하는 방법을 조금 전에 살펴봤다. 하지만 어떤 클래스를 선언 메타데이터로 참조할 수 있는 기능이 필요할 때도 있다. 클래스 참조를 파라미터로 하는 애너테이션 클래스를 선언하면 그런 기능을 사용할 수 있다. 제이키드 라이브러리에 있는 @DeserializeInterface는 인터페이스 타입인 프로퍼티에 대한 역직렬화를 제어할 때 쓰는 애너테이션이다. 인터페이스의 인스턴스를 직접 만들 수는 없다. 따라서 역직렬화 시 어떤 클래스를 사용해 인터페이스를 구현할지를 지정할 수 있어야 한다.

다음은 @DeserializeInterface 사용법을 보여주는 예제다.

```
interface Company {
    val name: String
}
data class CompanyImpl(override val name: String) : Company

data class Person(
    val name: String,
    @DeserializeInterface(CompanyImpl::class) val company: Company
)
```

직렬화된 Person 인스턴스를 역직렬화하는 과정에서 company 프로퍼티를 표현하는 JSON을 읽으면 제이키드는 그 프로퍼티 값에 해당하는 JSON을 역직렬화하면서 CompanyImpl의 인스턴스를 만들어서 Person 인스턴스의 company 프로퍼티에 설정한다. 이렇게 역직렬화를 사용할 클래스를 지정하기 위해 @DeserializeInterface 애너테이션의 인자로 CompanyImpl::class를 넘긴다. 일반적으로 클래스를 가리키려면 클래스 이름 뒤에 ::class 키워드를 붙여야 한다.

이제 @DeserializeInterface(CompanyImpl::class)처럼 클래스 참조를 인자로 받는 애너테이션을 어떻게 정의하는지 살펴보자.

```
annotation class DeserializeInterface(val targetClass: KClass<out Any>)
```

KClass는 자바 java.lang.Class 타입과 같은 역할을 하는 코틀린 타입이다. 코틀린 클래스에 대한 참조를 저장할 때 KClass 타입을 사용한다. 10장 뒤쪽에 있는 '리플렉션' 절에서 이렇게 저장한 클래스 참조로 어떤 일을 할 수 있는지 살펴본다.

KClass의 타입 파라미터는 이 KClass의 인스턴스가 가리키는 코틀린 타입을 지정한다. 예를 들어 CompanyImpl::class의 타입은 KClass<CompanyImpl>이며, 이 타입은 방금 살펴본 DeserializeInterface의 파라미터 타입인 KClass<out Any>의 하위 타입이다(그림 10.4를 보라).

그림 10.4 애너테이션에 인자로 전달한 CompanyImpl::class의 타입인 KClass<CompanyImpl>은 애너테이션의 파라미터 타입인 KClass<out Any>의 하위 타입이다.

KClass의 타입 파라미터를 쓸 때 out 변경자 없이 KClass<Any>라고 쓰면 Deserialize-Interface에게 CompanyImpl::class를 인자로 넘길 수 없고 오직 Any::class만 넘길 수 있다. 반면 out 키워드가 있으면 모든 코틀린 타입 T에 대해 KClass<T>가 KClass<out Any>의 하위 타입이 된다(공변성). 따라서 Deserialize Interface의 인

자로 Any뿐 아니라 Any를 확장하는 모든 클래스에 대한 참조를 전달할 수 있다. 다음 절에서는 제네릭 클래스에 대한 참조를 파라미터로 받는 애너테이션을 하나 더 살펴보자.

10.1.7 애너테이션 파라미터로 제네릭 클래스 받기

기본적으로 제이키드는 원시 타입이 아닌 프로퍼티를 중첩된 객체로 직렬화한다. 이런 기본 동작을 변경하고 싶으면 값을 직렬화하는 로직을 직접 제공하면 된다.

@CustomSerializer 애너테이션은 커스텀 직렬화 클래스에 대한 참조를 인자로 받는다. 이 직렬화 클래스는 ValueSerializer 인터페이스를 구현해야만 한다.

```
interface ValueSerializer<T> {
    fun toJsonValue(value: T): Any?
    fun fromJsonValue(jsonValue: Any?): T
}
```

날짜를 직렬화한다고 하자. 이때 ValueSerializer<Date>를 구현하는 DateSerializer를 사용하고 싶다(http://mng.bz/73a7를 보라). 다음은 이 직렬화 로직을 Person 클래스에 적용하는 방법을 보여준다.

```
data class Person(
    val name: String,
    @CustomSerializer(DateSerializer::class) val birthDate: Date
)
```

이제 @CustomSerializer 애너테이션을 구현하는 방법을 살펴보자. ValueSerializer 클래스는 제네릭 클래스라서 타입 파라미터가 있다. 따라서 ValueSerializer 타입을 참조하려면 항상 타입 인자를 제공해야 한다. 하지만 이 애너테이션이 어떤 타입에 대해 쓰일지 전혀 알 수 없으므로 여기서는 스타 프로젝션(9.3.6절을 보라)을 사용할 수 있다.

```
annotation class CustomSerializer(
    val serializerClass: KClass<out ValueSerializer<*>>
)
```

그림 10.5는 `serializerClass` 파라미터의 타입을 여러 부분으로 나눠서 설명한다. 여기서 `CustomSerializer`가 `ValueSerializer`를 구현하는 클래스만 인자로 받아야 함을 명시할 필요가 있다. 예를 들어 `Date`가 `ValueSerializer`를 구현하지 않으므로 `@CustomSerializer(Date::class)`라는 애너테이션을 금지시켜야 한다.

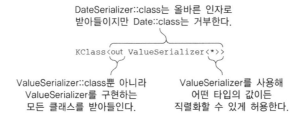

그림 10.5 애너테이션 파라미터 `serializerClass`의 타입. `ValueSerializer`를 확장하는 클래스에 대한 참조만 올바른 인자로 인정된다.

약간 어렵지만 다행히 클래스를 애너테이션 인자로 받아야 할 때마다 같은 패턴을 사용할 수 있다. 클래스를 인자로 받아야 하면 애너테이션 파라미터 타입에 `KClass<out 허용할 클래스 이름>`을 쓴다. 제네릭 클래스를 인자로 받아야 하면 `KClass<out 허용할 클래스 이름<*>>`처럼 허용할 클래스의 이름 뒤에 스타 프로젝션을 덧붙인다.

이제 코틀린에서 애너테이션을 선언하고 적용할 때 중요한 내용을 모두 살펴봤다. 다음으로는 애너테이션에 저장된 데이터에 접근하는 방법을 살펴보자. 리플렉션reflection 을 사용해야 애너테이션에 저장된 데이터에 접근할 수 있다.

10.2 리플렉션: 실행 시점에 코틀린 객체 내부 관찰

간단히 말해 리플렉션은 실행 시점에 (동적으로) 객체의 프로퍼티와 메서드에 접근할 수 있게 해주는 방법이다. 보통 객체의 메서드나 프로퍼티에 접근할 때는 프로그램 소스코

446

드 안에 구체적인 선언이 있는 메서드나 프로퍼티 이름을 사용하며, 컴파일러는 그런 이름이 실제로 가리키는 선언을 컴파일 시점에 (정적으로) 찾아내서 해당하는 선언이 실제 존재함을 보장한다. 하지만 타입과 관계없이 객체를 다뤄야 하거나 객체가 제공하는 메서드나 프로퍼티 이름을 오직 실행 시점에만 알 수 있는 경우가 있다. JSON 직렬화 라이브러리가 그런 경우다. 직렬화 라이브러리는 어떤 객체든 JSON으로 변환할 수 있어야 하고, 실행 시점이 되기 전까지는 라이브러리가 직렬화할 프로퍼티나 클래스에 대한 정보를 알 수 없다. 이런 경우 리플렉션을 사용해야 한다.

코틀린에서 리플렉션을 사용하려면 두 가지 서로 다른 리플렉션 API를 다뤄야 한다. 첫 번째는 자바가 `java.lang.reflect` 패키지를 통해 제공하는 표준 리플렉션이다. 코틀린 클래스는 일반 자바 바이트코드로 컴파일되므로 자바 리플렉션 API도 코틀린 클래스를 컴파일한 바이트코드를 완벽히 지원한다. 이는 리플렉션을 사용하는 자바 라이브러리와 코틀린 코드가 완전히 호환된다는 뜻이므로 특히 중요하다.

두 번째 API는 코틀린이 `kotlin.reflect` 패키지를 통해 제공하는 코틀린 리플렉션 API다. 이 API는 자바에는 없는 프로퍼티나 널이 될 수 있는 타입과 같은 코틀린 고유 개념에 대한 리플렉션을 제공한다. 하지만 현재 코틀린 리플렉션 API는 자바 리플렉션 API를 완전히 대체할 수 있는 복잡한 기능을 제공하지는 않는다. 따라서 나중에 보겠지만 자바 리플렉션을 대안으로 사용해야 하는 경우가 생긴다. 또한 코틀린 리플렉션 API가 코틀린 클래스만 다룰 수 있는 것은 아니라는 점을 잘 알아둬야 한다. 코틀린 리플렉션 API를 사용해도 다른 JVM 언어에서 생성한 바이트코드를 충분히 다룰 수 있다.

노트

안드로이드와 같이 런타임 라이브러리 크기가 문제가 되는 플랫폼을 위해 코틀린 리플렉션 API는 kotlin-reflect.jar라는 별도의 .jar 파일에 담겨 제공되며, 새 프로젝트를 생성할 때 리플렉션 패키지 .jar 파일에 대한 의존관계가 자동으로 추가되는 일은 없다. 따라서 코틀린 리플렉션 API를 사용한다면 직접 프로젝트 의존관계에 리플렉션 .jar 파일을 추가해야 한다. 인텔리J 아이디어는 리플렉션 API를 사용한 경우에 빠진 의존관계를 자동으로 인식해서 관련 .jar를 추가하게 도와준다. 코틀린 리플렉션 패키지의 메이븐 그룹/아티팩트 ID는 `org.jetbrains.kotlin:kotlin-reflect`다.

이번 절에서는 제이키드에서 리플렉션 API를 사용하는 방법을 살펴본다. 더 단순하며 설명하기 쉬운 직렬화 쪽을 먼저 살펴본다. 그 후 JSON 파싱과 역직렬화를 다룬다. 하지만 그런 내용을 다루기 전에 리플렉션 API에 어떤 내용이 들어있는지 먼저 살펴보자.

10.2.1 코틀린 리플렉션 API: KClass, KCallable, KFunction, KProperty

코틀린 리플렉션 API를 사용할 때 처음 접하게 되는 것은 클래스를 표현하는 KClass다. java.lang.Class에 해당하는 KClass를 사용하면 클래스 안에 있는 모든 선언을 열거하고 각 선언에 접근하거나 클래스의 상위 클래스를 얻는 등의 작업이 가능하다. MyClass::class라는 식을 쓰면 KClass의 인스턴스를 얻을 수 있다. 실행 시점에 객체의 클래스를 얻으려면 먼저 객체의 javaClass 프로퍼티를 사용해 객체의 자바 클래스를 얻어야 한다. javaClass는 자바의 java.lang.Object.getClass()와 같다. 일단 자바 클래스를 얻었으면 .kotlin 확장 프로퍼티를 통해 자바에서 코틀린 리플렉션 API로 옮겨올 수 있다.

```
class Person(val name: String, val age: Int)
>>> import kotlin.reflect.full.* // memberProperties 확장 함수 임포트
>>> val person = Person("Alice", 29)
>>> val kClass = person.javaClass.kotlin          ◀── KClass(Person)의 인스턴스를
>>> println(kClass.simpleName)                         반환한다.
Person
>>> kClass.memberProperties.forEach { println(it.name) }
age
name
```

이 예제는 클래스 이름과 그 클래스에 들어있는 프로퍼티 이름을 출력하고 member Properties를 통해 클래스와 모든 조상 클래스 내부에 정의된 비확장 프로퍼티를 모두 가져온다.

KClass 선언을 찾아보면(https://goo.gl/UNXeJM) 클래스의 내부를 살펴볼 때 사용할
수 있는 다양한 메서드를 볼 수 있다.

```
interface KClass<T : Any> {
    val simpleName: String?
    val qualifiedName: String?
    val members: Collection<KCallable<*>>
    val constructors: Collection<KFunction<T>>
    val nestedClasses: Collection<KClass<*>>
    ...
}
```

memberProperties를 비롯해 KClass에 대해 사용할 수 있는 다양한 기능은 실제로는
kotlin-reflect 라이브러리를 통해 제공하는 확장 함수다. 이런 확장 함수를 사용하
려면 import kotlin.reflect.full.*로 확장 함수 선언을 임포트해야 한다. KClass
에 정의된 메서드 목록(확장 포함)을 표준 라이브러리 참조 문서(http://mng.bz/em4i)에서
볼 수 있다.[1]

클래스의 모든 멤버의 목록이 KCallable 인스턴스의 컬렉션이라는 사실을 눈치 챘
을 것이다. KCallable은 함수와 프로퍼티를 아우르는 공통 상위 인터페이스다. 그 안
에는 call 메서드가 들어있다. call을 사용하면 함수나 프로퍼티의 게터를 호출할 수
있다.

---

1. 코틀린 참조 문서를 살펴보는 도중에 관련 소스코드를 보고 싶은 경우가 있을 것이다. 그럴 때는 클래스/인터페이스
   문서에 있는 메서드/프로퍼티 목록에서 소스코드를 보고 싶은 메서드나 프로퍼티를 클릭해서 상세 페이지를 열면
   소스코드에 대한 링크를 얻을 수 있다. 예를 들어 memberProperties의 소스코드를 보고 싶다면 우선 코틀린 표준
   라이브러리 참조 문서(https://goo.gl/LSFsVq)를 열고, kotlin.reflect 패키지 링크(https://goo.gl/Yc2LpV)
   를 클릭한 다음에 KClass 클래스 링크를 누르고(https://goo.gl/in4dj1), 그 안에서 memberProperties 프로퍼
   티의 링크(https://goo.gl/dEMynu)를 누르면 나오는 페이지의 프로퍼티 시그니처(val <T : Any> KClass<T>.
   memberProperties: Collection<KProperty1<T, *>> (source))에 있는 (source) 링크를 누르면 된다. —
   옮긴이

```
interface KCallable<out R> {
    fun call(vararg args: Any?): R
    ...
}
```

call을 사용할 때는 함수 인자를 vararg 리스트로 전달한다. 다음 코드는 리플렉션이 제공하는 call을 사용해 함수를 호출할 수 있음을 보여준다.

```
fun foo(x: Int) = println(x)
>>> val kFunction = ::foo
>>> kFunction.call(42)
42
```

::foo에 대해 5.1.5절에서 설명했다. 이제는 ::foo 식의 값 타입이 리플렉션 API에 있는 KFunction 클래스의 인스턴스임을 알 수 있다. 이 함수 참조가 가리키는 함수를 호출하려면 KCallable.call 메서드를 호출한다. 여기서는 42 하나만 인자로 넘긴다. call에 넘긴 인자 개수와 원래 함수에 정의된 파라미터 개수가 맞아 떨어져야 한다. 예를 들어 파라미터를 1개 받는 kFunction을 kFunction.call()로 호출하면 "IllegalArgumentException: Callable expects 1 arguments, but 0 were provided"(잘못된 인자 예외: Callable은 인자를 1개 받는데 0개를 제공했음)라는 런타임 예외가 발생한다.

하지만 여기서는 함수를 호출하기 위해 더 구체적인 메서드를 사용할 수도 있다. ::foo의 타입 KFunction1<Int, Unit>에는 파라미터와 반환 값 타입 정보가 들어있다. 1은 이 함수의 파라미터가 1개라는 의미다. KFunction1 인터페이스를 통해 함수를 호출하려면 invoke 메서드를 사용해야 한다. invoke는 정해진 개수의 인자만을 받아들이며(KFunction1은 1개), 인자 타입은 KFunction1 제네릭 인터페이스의 첫 번째 타입 파라미터와 같다. 게다가 kFunction을 직접 호출할 수도 있다.[2]

---

2. 11.3절에서 invoke를 명시적으로 호출하지 않고도 직접 kFunction을 호출할 수 있는 이유에 대해 자세히 설명한다.

450

```
import kotlin.reflect.KFunction2

fun sum(x: Int, y: Int) = x + y
>>> val kFunction: KFunction2<Int, Int, Int> = ::sum
>>> println(kFunction.invoke(1, 2) + kFunction(3, 4))
10
>>> kFunction(1)
ERROR: No value passed for parameter p2
```

kFunction의 invoke 메서드를 호출할 때는 인자 개수나 타입이 맞아 떨어지지 않으면 컴파일이 안 된다. 따라서 KFunction의 인자 타입과 반환 타입을 모두 다 안다면 invoke 메서드를 호출하는 게 낫다. call 메서드는 모든 타입의 함수에 적용할 수 있는 일반적인 메서드지만 타입 안전성을 보장해주지는 않는다.

> ### 언제 그리고 어떻게 KFunctionN 인터페이스가 정의되는가?
>
> KFunction1과 같은 타입은 파라미터 개수가 다른 여러 함수를 표현한다. 각 KFunctionN 타입은 KFunction을 확장하며, N과 파라미터 개수가 같은 invoke를 추가로 포함한다. 예를 들어 KFunction2<P1,P2,R>에는 operator fun invoke(p1: P1, p2: P2): R 선언이 들어있다.
>
> 이런 함수 타입들은 컴파일러가 생성한 합성 타입(synthetic compiler-generated type)이다. 따라서 kotlin.reflect 패키지에서 이런 타입의 정의를 찾을 수는 없다. 코틀린에서는 컴파일러가 생성한 합성 타입을 사용하기 때문에 원하는 수만큼 많은 파라미터를 갖는 함수에 대한 인터페이스를 사용할 수 있다. 합성 타입을 사용하기 때문에 코틀린은 kotlin-runtime.jar의 크기를 줄일 수 있고, 함수 파라미터 개수에 대한 인위적인 제약을 피할 수 있다.

KProperty의 call 메서드를 호출할 수도 있다. KProperty의 call은 프로퍼티의 게터를 호출한다. 하지만 프로퍼티 인터페이스는 프로퍼티 값을 얻는 더 좋은 방법으로 get 메서드를 제공한다.

get 메서드에 접근하려면 프로퍼티가 선언된 방법에 따라 올바른 인터페이스를 사용해야 한다. 최상위 프로퍼티는 KProperty0 인터페이스의 인스턴스로 표현되며, KProperty0 안에는 인자가 없는 get 메서드가 있다.

```
var counter = 0
>>> val kProperty = ::counter
>>> kProperty.setter.call(21)
>>> println(kProperty.get())
21
```

리플렉션 기능을 통해 세터를
호출하면서 21을 인자로 넘긴다.

"get"을 호출해 프로퍼티 값을
가져온다.

멤버 프로퍼티는 KProperty1 인스턴스로 표현된다. 그 안에는 인자가 1개인 get 메서드가 들어있다. 멤버 프로퍼티는 어떤 객체에 속해 있는 프로퍼티이므로 멤버 프로퍼티의 값을 가져오려면 get 메서드에게 프로퍼티를 얻고자 하는 객체 인스턴스를 넘겨야 한다. 다음 예제는 memberProperty 변수에 프로퍼티 참조를 저장한 다음에 memberProperty.get(person)을 호출해서 person 인스턴스의 프로퍼티 값을 가져온다. 따라서 memberProperty가 Person 클래스의 age 프로퍼티를 참조한다면 memberProperty.get(person)은 동적으로 person.age를 가져온다.

```
class Person(val name: String, val age: Int)
>>> val person = Person("Alice", 29)
>>> val memberProperty = Person::age
>>> println(memberProperty.get(person))
29
```

KProperty1은 제네릭 클래스다. memberProperty 변수는 KProperty<Person, Int> 타입으로, 첫 번째 타입 파라미터는 수신 객체 타입, 두 번째 타입 파라미터는 프로퍼티 타입을 표현한다. 따라서 수신 객체를 넘길 때는 KProperty1의 타입 파라미터와 일치하는 타입의 객체만을 넘길 수 있고 memberProperty.get("Alice")와 같은 호출은 컴파일되지 않는다.

최상위 수준이나 클래스 안에 정의된 프로퍼티만 리플렉션으로 접근할 수 있고 함수의 로컬 변수에는 접근할 수 없다는 점을 알아둬야 한다. 함수 안에서 로컬 변수 x를 정의하고 ::x로 그 변수에 대한 참조를 얻으려 시도하면 "References to variables aren't supported yet"(변수에 대한 참조는 아직 지원하지 않음)이라는 오류를 볼 수 있다.

452

그림 10.6은 실행 시점에 소스코드 요소에 접근하기 위해 사용할 수 있는 인터페이스의 계층 구조를 보여준다. KClass, KFunction, KParameter는 모두 KAnnotatedElement를 확장한다. KClass는 클래스와 객체를 표현할 때 쓰인다. KProperty는 모든 프로퍼티를 표현할 수 있고, 그 하위 클래스인 KMutableProperty는 var로 정의한 변경 가능한 프로퍼티를 표현한다. KProperty와 KMutableProperty에 선언된 Getter와 Setter 인터페이스로 프로퍼티 접근자를 함수처럼 다룰 수 있다. 따라서 접근자 메서드에 붙어 있는 애너테이션을 알아내려면 Getter와 Setter를 통해야 한다. Getter와 Setter는 모두 KFunction을 확장한다. 번잡함을 피하기 위해 KProperty0와 같은 구체적인 프로퍼티를 위한 인터페이스는 그림에서 생략했다.

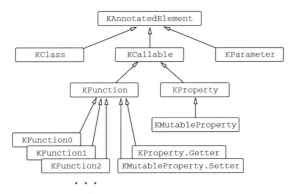

그림 10.6 코틀린 리플렉션 API의 인터페이스 계층 구조

이제 코틀린 리플렉션 API에 대한 기본적인 내용을 배웠으므로 제이키드 라이브러리 구현에 대해 살펴보자.

10.2.2 리플렉션을 사용한 객체 직렬화 구현

우선 제이키드의 직렬화 함수 선언을 살펴보자.

```
fun serialize(obj: Any): String
```

이 함수는 객체를 받아서 그 객체에 대한 JSON 표현을 문자열로 돌려준다. 이 함수는 객체의 프로퍼티와 값을 직렬화하면서 StringBuilder 객체 뒤에 직렬화한 문자열을 추가한다. 이 append 호출을 더 간결하게 수행하기 위해 직렬화 기능을 StringBuilder 의 확장 함수로 구현한다. 이렇게 하면 별도로 StringBuilder 객체를 지정하지 않아도 append 메서드를 편하게 사용할 수 있다.

```
private fun StringBuilder.serializeObject(x: Any) {
    append(...)
}
```

함수 파라미터를 확장 함수의 수신 객체로 바꾸는 방식은 코틀린 코드에서 흔히 사용하는 패턴이며, 11.2.1절에서 그에 대해 자세히 설명한다. serializeObject는 StringBuilder API를 확장하지 않는다는 점에 유의하라. serializeObject가 수행하는 연산은 지금 설명하는 이 맥락을 벗어나면 전혀 쓸모가 없다. 따라서 private으로 가시성을 지정해 서 다른 곳에서는 사용할 수 없게 만든다. serializeObject를 확장 함수로 만든 이유 는 이 코드 블록에서 주로 사용하는 객체가 어떤 것인지 명확히 보여주고 그 객체를 더 쉽게 다루기 위함이다.

이렇게 확장 함수를 정의한 결과 serialize는 대부분의 작업을 serializeObject 에 위임한다.

```
fun serialize(obj: Any): String = buildString { serializeObject(obj) }
```

5.5.2절에서 본 것처럼 buildString은 StringBuilder를 생성해서 인자로 받은 람다 에 넘긴다. 람다 안에서는 StringBuilder 인스턴스를 this로 사용할 수 있다. 이 코드는 람다 본문에서 serializeObject(obj)를 호출해서 obj를 직렬화한 결과를 StringBuilder에 추가한다.

이제 직렬화 함수의 기능을 살펴보자. 기본적으로 직렬화 함수는 객체의 모든 프로 퍼티를 직렬화한다. 원시 타입이나 문자열은 적절히 JSON 수, 불리언, 문자열 값 등으로 변환된다. 컬렉션은 JSON 배열로 직렬화된다. 원시 타입이나 문자열, 컬렉션이 아닌 다른 타입인 프로퍼티는 중첩된 JSON 객체로 직렬화된다. 앞 절에서 설명한 것처럼 이런 동작을 애너테이션을 통해 변경할 수 있다.

serializeObject 구현을 살펴보자. 이 함수는 리플렉션 API를 실전에서 어떻게 사용하는지 보여주는 좋은 예다.

리스트 10.1 객체 직렬화하기

```
private fun StringBuilder.serializeObject(obj: Any) {
    val kClass = obj.javaClass.kotlin        ◀─── 객체의 KClass를 얻는다.
    val properties = kClass.memberProperties   ◀─── 클래스의 모든 프로퍼티를 얻는다.

    properties.joinToStringBuilder(
        this, prefix = "{", postfix = "}") { prop ->
      serializeString(prop.name)    ◀─── 프로퍼티 이름을 얻는다.
      append(": ")
      serializePropertyValue(prop.get(obj))  ◀─── 프로퍼티 값을 얻는다.
    }
}
```

이 함수 구현은 명확하다. 클래스의 각 프로퍼티를 차례로 직렬화한다. 결과 JSON은 { prop1: value1, prop2: value2 } 같은 형태다. joinToStringBuilder 함수는 프로퍼티를 콤마(,)로 분리해준다. serializeString 함수는 JSON 명세에 따라 특수 문자를 이스케이프해준다. serializePropertyValue 함수는 어떤 값이 원시 타입, 문자열, 컬렉션, 중첩된 객체 중 어떤 것인지 판단하고 그에 따라 값을 적절히 직렬화한다.

앞 절에서 KProperty 인스턴스의 값을 얻는 방법인 get 메서드에 대해 설명했다. 앞 절의 예제에서는 KProperty1<Person, Int> 타입인 Person::age 프로퍼티를 처리했기 때문에 컴파일러가 수신 객체와 프로퍼티 값의 타입을 정확히 알 수 있었다. 하지만 이 예제에서는 어떤 객체의 클래스에 정의된 모든 프로퍼티를 열거하기 때문에 정확히 각 프로퍼티가 어떤 타입인지 알 수 없다. 따라서 prop 변수의 타입은 KProperty1<Any, *>이며, prop.get(obj) 메서드 호출은 Any 타입의 값을 반환한다.

이 경우 수신 객체 타입을 컴파일 시점에 검사할 방법이 없다. 하지만 이 코드에서는 어떤 프로퍼티의 get에 넘기는 객체가 바로 그 프로퍼티를 얻어온 객체(obj)이기 때문에 항상 프로퍼티 값이 제대로 반환된다. 다음으로는 직렬화를 제어하는 애너테이션을 어떻게 구현하는지 살펴보자.

10.2.3 애너테이션을 활용한 직렬화 제어

10장 앞에서 JSON 직렬화 과정을 제어하는 애너테이션 정의를 살펴봤다. 특히 @JsonExclude, @JsonName, @CustomSerializer 애너테이션에 대해 알아봤다. 이제 이런 애너테이션을 serializeObject 함수가 어떻게 처리하는지 살펴볼 때다.

먼저 @JsonExclude부터 시작하자. 어떤 프로퍼티를 직렬화에서 제외하고 싶을 때 이 애너테이션을 쓸 수 있다. serializeObject 함수를 어떻게 수정해야 이 애너테이션을 지원할 수 있을지 조사해보자.

클래스의 모든 멤버 프로퍼티를 가져오기 위해 KClass 인스턴스의 memberProperties 프로퍼티를 사용했던 것을 기억할 것이다. 하지만 지금은 @JsonExclude 애너테이션이 붙은 프로퍼티를 제외해야 하므로 문제가 약간 더 복잡해진다. 어떻게 특정 애너테이션이 붙은 프로퍼티를 제외할 수 있을까?

KAnnotatedElement 인터페이스에는 annotations 프로퍼티가 있다. annotations 는 소스코드상에서 해당 요소에 적용된 (@Retention을 RUNTIME으로 지정한) 모든 애너테이션 인스턴스의 컬렉션이다. KProperty는 KAnnotatedElement를 확장하므로 property. annotations를 통해 프로퍼티의 모든 애너테이션을 얻을 수 있다.

하지만 여기서는 모든 애너테이션을 사용하지 않는다. 단지 어떤 한 애너테이션을 찾기만 하면 된다. 이럴 때 findAnnotation라는 함수가 쓸모 있다.

```
inline fun <reified T> KAnnotatedElement.findAnnotation(): T?
    = annotations.filterIsInstance<T>().firstOrNull()
```

findAnnotation 함수는 인자로 전달받은 타입에 해당하는 애너테이션이 있으면 그 애너테이션을 반환한다. 이 함수는 9.2.3절에서 설명한 패턴을 사용해 타입 파라미터를 reified로 만들어서 애너테이션 클래스를 타입 인자로 전달한다.

이제 findAnnotation을 표준 라이브러리 함수인 filter와 함께 사용하면 @JsonExclude로 애너테이션된 프로퍼티를 없앨 수 있다.

```
val properties = kClass.memberProperties
    .filter { it.findAnnotation<JsonExclude>() == null }
```

다음 애너테이션은 @JsonName이다. 기억을 되살리기 위해 @JsonName 선언과 사용법을 여기 다시 적는다.

```
annotation class JsonName(val name: String)

data class Person(
    @JsonName("alias") val firstName: String,
    val age: Int
)
```

이 경우에는 애너테이션의 존재 여부뿐 아니라 애너테이션에 전달한 인자도 알아야 한다. @JsonName의 인자는 프로퍼티를 직렬화해서 JSON에 넣을 때 사용할 이름이다. 다행히 findAnnotation이 이 경우에도 도움이 된다.

```
val jsonNameAnn = prop.findAnnotation<JsonName>()       ← @JsonName 애너테이션이 있으면
                                                          그 인스턴스를 얻는다.
val propName = jsonNameAnn?.name ?: prop.name       ← 애너테이션에서 "name" 인자를 찾고 그런
                                                      인자가 없으면 "prop.name"를 사용한다.
```

프로퍼티에 @JsonName 애너테이션이 없다면 jsonNameAnn이 널이다. 그런 경우 여전히 prop.name을 JSON의 프로퍼티 이름으로 사용할 수 있다. 프로퍼티에 애너테이션이 있다면 애너테이션이 지정하는 이름을 대신 사용한다.

앞에서 살펴본 Person 클래스 인스턴스를 직렬화하는 과정을 살펴보자. firstName 프로퍼티를 직렬화하는 동안 jsonNameAnn에는 JsonName 애너테이션 클래스에 해당하

는 인스턴스가 들어있다. 따라서 jsonNameAnn?.name의 값은 널이 아니고 "alias"이
며, 직렬화 시 이 이름을 키로 사용한다. age 프로퍼티를 직렬화할 때는 @JsonName
애너테이션을 찾을 수 없으므로 프로퍼티 이름인 age를 키로 사용한다.

지금까지 설명한 내용을 반영해 직렬화 로직을 바꿔보자.

리스트 10.2 프로퍼티 필터링을 포함하는 객체 직렬화

```
private fun StringBuilder.serializeObject(obj: Any) {
    obj.javaClass.kotlin.memberProperties
        .filter { it.findAnnotation<JsonExclude>() == null }
        .joinToStringBuilder(this, prefix = "{", postfix = "}") {
            serializeProperty(it, obj)
        }
}
```

이 코드는 @JsonExclude로 애너테이션한 프로퍼티를 제외시킨다. 또한 프로퍼티 직렬
화와 관련된 로직을 serializeProperty라는 확장 함수로 분리해 호출한다.

리스트 10.3 프로퍼티 직렬화하기

```
private fun StringBuilder.serializeProperty(
    prop: KProperty1<Any, *>, obj: Any
) {
    val jsonNameAnn = prop.findAnnotation<JsonName>()
    val propName = jsonNameAnn?.name ?: prop.name
    serializeString(propName)
    append(": ")
    serializePropertyValue(prop.get(obj))
}
```

serializeProperty는 앞에서 설명한 것처럼 @JsonName에 따라 프로퍼티 이름을 처
리한다.

458

다음으로 나머지 애너테이션인 @CustomSerializer를 구현해보자. 이 구현은 getSerializer라는 함수에 기초한다. getSerializer는 @CustomSerializer를 통해 등록한 ValueSerializer 인스턴스를 반환한다. 예를 들어 Person 클래스를 다음과 같이 정의하고 birthDate 프로퍼티를 직렬화하면서 getSerializer()를 호출하면 DateSerializer 인스턴스를 얻을 수 있다.

```
data class Person(
    val name: String,
    @CustomSerializer(DateSerializer::class) val birthDate: Date
)
```

getSerializer 구현을 더 잘 이해할 수 있게 돕기 위해 @CustomSerializer 선언을 다시 적으면 다음과 같다.

```
annotation class CustomSerializer(
    val serializerClass: KClass<out ValueSerializer<*>>
)
```

getSerializer 구현은 다음과 같다.

리스트 10.4 프로퍼티의 값을 직렬화하는 직렬화기 가져오기

```
fun KProperty<*>.getSerializer(): ValueSerializer<Any?>? {
    val customSerializerAnn = findAnnotation<CustomSerializer>() ?: return null
    val serializerClass = customSerializerAnn.serializerClass
    val valueSerializer = serializerClass.objectInstance
        ?: serializerClass.createInstance()
    @Suppress("UNCHECKED_CAST")
    return valueSerializer as ValueSerializer<Any?>
}
```

getSerializer가 주로 다루는 객체가 KProperty 인스턴스이기 때문에 KProperty
의 확장 함수로 정의한다. getSerializer는 findAnnotation 함수를 호출해서
@CustomSerializer 애너테이션이 있는지 찾는다. @CustomSerialize 애너테이션이
있다면 그 애너테이션의 serializerClass가 직렬화기 인스턴스를 얻기 위해 사용해야
할 클래스다.

여기서 가장 흥미로운 부분은 @CustomSerializer의 값으로 클래스와 객체(코틀린
의 싱글턴 객체)를 처리하는 방식이다. 클래스와 객체는 모두 KClass 클래스로 표현된다.
다만 객체에는 object 선언에 의해 생성된 싱글턴을 가리키는 objectInstance라는
프로퍼티가 있다는 것이 클래스와 다른 점이다. 예를 들어 DateSerializer를 object
로 선언한 경우에는 objectInstance 프로퍼티에 DateSerializer의 싱글턴 인스턴
스가 들어있다. 따라서 그 싱글턴 인스턴스를 사용해 모든 객체를 직렬화하면 되므로
createInstance를 호출할 필요가 없다.

하지만 KClass가 일반 클래스를 표현한다면 createInstance를 호출해서 새 인스
턴스를 만들어야 한다. createInstance 함수는 java.lang.Class.newInstance와
비슷하다.

마지막으로 serializeProperty 구현 안에서 getSerializer를 사용할 수 있다.
다음은 serializeProperty의 최종 버전이다.

리스트 10.5 커스텀 직렬화기를 지원하는 프로퍼티 직렬화 함수

```
private fun StringBuilder.serializeProperty(
    prop: KProperty1<Any, *>, obj: Any
) {
    val name = prop.findAnnotation<JsonName>()?.name ?: prop.name
    serializeString(name)
    append(": ")

    val value = prop.get(obj)
    val jsonValue =
        prop.getSerializer()?.toJsonValue(value)   ◀── 프로퍼티에 대해 정의된 커스텀
                                                        직렬화기가 있으면 그 커스텀
                                                        직렬화기를 사용한다.
```

460

```
        ?: value
    serializePropertyValue(jsonValue)
```
← 커스텀 직렬화기가 없으면 일반적인
방법을 따라 프로퍼티를 직렬화한다.
```
}
```

serializeProperty는 커스텀 직렬화기의 toJsonValue 함수를 호출해서 프로퍼티
값을 JSON 형식으로 변환한다. 어떤 프로퍼티에 커스텀 직렬화기가 지정돼 있지 않다면
프로퍼티 값을 그냥 사용한다.

지금까지 제이키드 라이브러리의 직렬화 부분을 모두 살펴봤다. 이제 역직렬화 부분
을 살펴보자. 역직렬화 부분은 코드가 좀 더 길기 때문에 모든 부분을 살펴보지는 않는
다. 대신 역직렬화 부분의 전체 구조를 살펴보고 객체를 역직렬화할 때 리플렉션을 어떻
게 사용하는지를 주로 설명한다.

10.2.4 JSON 파싱과 객체 역직렬화

이제 제이키드 라이브러리의 나머지 절반인 역직렬화 로직에 대해 이야기해보자. 먼저
API를 다시 살펴보자. API는 직렬화와 마찬가지로 함수 하나로 이뤄져 있다.

```
inline fun <reified T: Any> deserialize(json: String): T
```

이 함수를 사용하는 방법은 다음과 같다.

```
data class Author(val name: String)
data class Book(val title: String, val author: Author)
>>> val json = """{"title": "Catch-22", "author": {"name": "J. Heller"}}"""
>>> val book = deserialize<Book>(json)
>>> println(book)
Book(title=Catch-22, author=Author(name=J. Heller))
```

역직렬화할 객체의 타입을 실체화한 타입 파라미터로 deserialize 함수에 넘겨서 새로
운 객체 인스턴스를 얻는다.

JSON 문자열 입력을 파싱하고, 리플렉션을 사용해 객체의 내부에 접근해서 새로운 객체와 프로퍼티를 생성하기 때문에 JSON을 역직렬화하는 것은 직렬화보다 더 어렵다. 제이키드의 JSON 역직렬화기는 흔히 쓰는 방법을 따라 3단계로 구현돼 있다. 첫 단계는 **어휘 분석기**^{lexical analyzer}로 **렉서**^{lexer}라고 부른다. 두 번째 단계는 **문법 분석기**^{syntax analyzer}로 **파서**^{parser}라고 부른다. 마지막 단계는 파싱한 결과로 객체를 생성하는 역직렬화 컴포넌트다.

어휘 분석기는 여러 문자로 이뤄진 입력 문자열을 **토큰**^{token}의 리스트로 변환한다. 토큰에는 2가지 종류가 있다. **문자 토큰**은 문자를 표현하며 JSON 문법에서 중요한 의미가 있다(콤마, 콜론, 중괄호, 각괄호가 문자 토큰이다). **값 토큰**은 문자열, 수, 불리언 값, null 상수를 말한다. 왼쪽 중괄호({), 문자열 값("Catch-22"), 정수 값(42)은 모두 서로 다른 토큰이다.

파서는 토큰의 리스트를 구조화된 표현으로 변환한다. 제이키드에서 파서는 JSON의 상위 구조를 이해하고 토큰을 JSON에서 지원하는 의미 단위로 변환하는 일을 한다. 그런 의미 단위로는 키/값 쌍과 배열이 있다.

`JsonObject` 인터페이스는 현재 역직렬화하는 중인 객체나 배열을 추적한다. 파서는 현재 객체의 새로운 프로퍼티를 발견할 때마다 그 프로퍼티의 유형(간단한 값, 복합 프로퍼티, 배열)에 해당하는 `JsonObject`의 함수를 호출한다.

리스트 10.6 JSON 파서 콜백 인터페이스

```
interface JsonObject {
    fun setSimpleProperty(propertyName: String, value: Any?)

    fun createObject(propertyName: String): JsonObject

    fun createArray(propertyName: String): JsonObject
}
```

각 메서드의 `propertyName` 파라미터는 JSON 키를 받는다. 따라서 파서가 객체를 값으로 하는 `author` 프로퍼티를 만나면 `createObject("author")` 메서드가 호출된다.

간단한 프로퍼티 값은 setSimpleProperty를 호출하면서 실제 값을 value에 넘기는 방식으로 등록한다. JsonObject를 구현하는 클래스는 새로운 객체를 생성하고 새로 생성한 객체를 외부 객체에 등록하는 과정을 책임져야 한다.

그림 10.7은 예제 문자열을 역직렬화하는 과정에서 어휘 분석과 문법 분석 단계의 입력과 출력을 보여준다. 다시 말하지만 어휘 분석은 문자열을 토큰 리스트로 바꾸고, 문법 분석(파서)은 어휘 분석기가 만든 토큰 리스트를 분석하면서 의미 단위를 만날 때마다 JsonObject의 메서드를 적절히 호출한다.

그 후 역직렬화기는 JsonObject에 상응하는 코틀린 타입의 인스턴스를 점차 만들어내는 JsonObject 구현을 제공한다. 이런 구현은 클래스 프로퍼티와 JSON 키(그림 10.7에서는 title, author, name) 사이의 대응 관계를 찾아내고 중첩된 객체 값(Author의 인스턴스)을 만들어 낸다. 그렇게 모든 중첩 객체 값을 만들고 난 뒤에는 필요한 클래스 (Book)의 인스턴스를 새로 만든다.

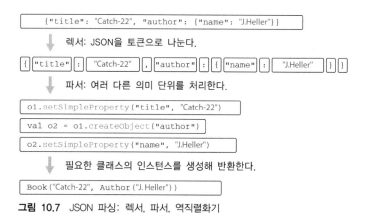

그림 10.7 JSON 파싱: 렉서, 파서, 역직렬화기

제이키드는 데이터 클래스와 함께 사용하려는 의도로 만든 라이브러리다. 따라서 제이키드는 JSON에서 가져온 이름/값 쌍을 역직렬화하는 클래스의 생성자에 넘긴다. 제이키드는 객체를 생성한 다음에 프로퍼티를 설정하는 것을 지원하지 않는다. 따라서 제이키드 역직렬화기는 JSON에서 데이터를 읽는 과정에서 중간에 만든 프로퍼티 객체들을 어딘가에 저장해 뒀다가 나중에 생성자를 호출할 때 써야 한다.

객체를 생성하기 전에 그 객체의 하위 요소를 저장해야 한다는 요구 사항을 보면 전통적인 빌더 패턴이 생각난다. 물론 빌더 패턴은 타입이 미리 정해진 객체를 만들기 위한 도구라는 차이가 있기는 하지만, 이 요구 사항을 만족시키기 위한 해법은 만들려는 객체 종류와 관계없이 일반적인 해법이어야 한다. 빌더라는 용어를 쓰면 지겨우므로 여기서는 씨앗을 뜻하는 시드^{seed}라는 단어를 사용한다. JSON에서는 객체, 컬렉션, 맵과 같은 복합 구조를 만들 필요가 있다. ObjectSeed, ObjectListSeed, ValueListSeed 는 각각 객체, 복합 객체로 이뤄진 리스트, 간단한 값을 만드는 일을 한다. 맵을 만드는 시드를 구현하는 것은 연습문제로 남겨둔다.

기본 Seed 인터페이스는 JsonObject를 확장하면서 객체 생성 과정이 끝난 후 결과 인스턴스를 얻기 위한 spawn 메서드를 추가 제공한다. 또한 Seed 안에는 중첩된 객체나 중첩된 리스트를 만들 때 사용할 createCompositeProperty 메서드 선언이 들어있다 (중첩된 객체나 리스트도 역시 시드를 사용해 인스턴스를 생성하는 로직을 활용한다).

리스트 10.7 JSON 데이터로부터 객체를 만들어내기 위한 인터페이스

```
interface Seed: JsonObject {
    fun spawn(): Any?

    fun createCompositeProperty(
      propertyName: String,
      isList: Boolean
    ): JsonObject

    override fun createObject(propertyName: String) =
        createCompositeProperty(propertyName, false)

    override fun createArray(propertyName: String) =
        createCompositeProperty(propertyName, true)

    // ...
}
```

spawn을 build와 비슷하다고 생각할 수도 있다. 둘 다 만들어낸 객체를 돌려주는 메서드다. spawn은 ObjectSeed의 경우 생성된 객체를 반환하고, ObjectListSeed나 ValueListSeed의 경우 생성된 리스트를 반환한다. 리스트를 역직렬화하는 방법에 대해 자세히 설명하지 않고, 더 복잡하며 시드를 사용하는 방법을 더 잘 보여주는 객체 생성 과정에 초점을 맞춰 설명하겠다.

그러나 시드를 사용한 객체 생성을 살펴보기 전에 값을 역직렬화하는 모든 과정을 처리하는 deserialize 함수를 살펴보자.

리스트 10.8 최상위 역직렬화 함수

```
fun <T: Any> deserialize(json: Reader, targetClass: KClass<T>): T {
    val seed = ObjectSeed(targetClass, ClassInfoCache())
    Parser(json, seed).parse()
    return seed.spawn()
}
```

파싱을 시작하려면 직렬화할 객체의 프로퍼티를 담을 ObjectSeed를 하나 생성해야 한다. 그리고 파서를 호출하면서 입력 스트림 리더인 josn과 시드를 인자로 전달해야 한다. 입력 데이터의 끝에 도달하면 spawn 함수를 호출해서 결과 객체를 생성한다.

이제 지금 만들고 있는 객체의 상태를 저장하는 ObjectSeed 구현을 살펴보자. ObjectSeed는 결과 클래스에 대한 참조와 결과 클래스 안의 프로퍼티에 대한 정보를 저장하는 캐시인 classInfoCache 객체를 인자로 받는다. 나중에 이 캐시 정보를 사용해서 클래스의 인스턴스를 만든다. ClassInfoCache와 ClassInfo는 도우미 클래스며, 10장의 뒤에서 살펴본다.

리스트 10.9 객체 역직렬화하기

```
class ObjectSeed<out T: Any>(
    targetClass: KClass<T>,
    val classInfoCache: ClassInfoCache
```

```kotlin
) : Seed {
    private val classInfo: ClassInfo<T> =
        classInfoCache[targetClass]

    private val valueArguments = mutableMapOf<KParameter, Any?>()
    private val seedArguments = mutableMapOf<KParameter, Seed>()

    private val arguments: Map<KParameter, Any?>
      get() = valueArguments +
          seedArguments.mapValues { it.value.spawn() }

    override fun setSimpleProperty(propertyName: String, value: Any?) {
      val param = classInfo.getConstructorParameter(propertyName)
      valueArguments[param] =
          classInfo.deserializeConstructorArgument(param, value)
    }

    override fun createCompositeProperty(
        propertyName: String, isList: Boolean
    ): Seed {
      val param = classInfo.getConstructorParameter(propertyName)
      val deserializeAs =
          classInfo.getDeserializeClass(propertyName)
      val seed = createSeedForType(
          deserializeAs ?: param.type.javaType, isList)
      return seed.apply { seedArguments[param] = this }
    }

    override fun spawn(): T =
        classInfo.createInstance(arguments)
}
```

- targetClass의 인스턴스를 만들 때 필요한 정보를 캐시한다. → `private val classInfo: ClassInfo<T> =`
- 생성자 파라미터와 그 값을 연결하는 맵을 만든다. → `private val arguments: Map<KParameter, Any?>`
- 널생성자 파라미터 값이 간단한 값인 경우 그 값을 기록한다. → `valueArguments[param] =`
- 프로퍼티에 대한 DeserializeInterface 애너테이션이 있다면 그 값을 가져온다. → `val deserializeAs =`
- 파라미터 타입에 따라 ObjectSeed나 CollectionSeed를 만든다(1). → `val seed = createSeedForType(`
- (1)에서 만든 시드 객체를 seedArgument 맵에 기록한다. → `return seed.apply { seedArguments[param] = this }`
- 인자 맵을 넘겨서 targetClass 타입의 인스턴스를 만든다. → `override fun spawn(): T =`

ObjectSeed는 생성자 파라미터와 값을 연결해주는 맵을 만든다. 이를 위해 두 가지 변경 가능한 맵을 사용한다. valueArguments는 간단한 값 프로퍼티를 저장하고 seedArguments는 복합 프로퍼티를 저장한다. 결과를 만들면서 setSimpleProperty 를 호출해서 valueArguments 맵에 새 인자를 추가하고 createCompositeProperty

466

를 호출해서 seedArguments 맵에 새 인자를 추가한다. 초기 (비어있는) 상태에서 새로운 복합 시드를 추가한 후 입력 스트림에서 들어오는 데이터로 그 복합 시드에 데이터를 채워 넣는다. 마지막으로 spawn 메서드는 내부에 중첩된 모든 시드의 spawn을 재귀적으로 호출해서 내부 객체 계층 구조를 만든다.

여기서 spawn 메서드 본문의 arguments가 재귀적으로 복합 (시드) 인자를 만드는 과정을 살펴보라. arguments 프로퍼티의 커스텀 게터 안에서는 mapValues 메서드를 사용해 seedArguments의 각 원소에 대해 spawn 메서드를 호출한다. createSeedForType 함수는 파라미터의 타입을 분석해서 적절히 ObjectSeed, ObjectListSeed, ValueListSeed 중 하나를 생성해준다. createSeedForType의 구현을 살펴보는 것은 여러분의 몫이다. 다음으로는 ClassInfo.createInstance 함수가 targetClass의 인스턴스를 어떻게 만드는지 살펴본다.

10.2.5 최종 역직렬화 단계: callBy(), 리플렉션을 사용해 객체 만들기

마지막으로 이해해야 할 부분은 최종 결과인 객체 인스턴스를 생성하고 생성자 파라미터 정보를 캐시하는 ClassInfo 클래스다. ClassInfo는 ObjectSeed 안에서 쓰인다. 하지만 ClassInfo 구현을 자세히 살펴보기 전에 리플렉션을 통해 객체를 만들 때 사용할 API를 몇 가지 살펴보자.

앞에서 KCallable.call을 살펴봤다. KCallable.call은 인자 리스트를 받아서 함수나 생성자를 호출해준다. 유용한 경우도 많지만 KCallable.call은 디폴트 파라미터 값을 지원하지 않는다는 한계가 있다. 제이키드에서 역직렬화 시 생성해야 하는 객체에 디폴트 생성자 파라미터 값이 있고 제이키드가 그런 디폴트 값을 활용할 수 있다면 JSON에서 관련 프로퍼티를 꼭 지정하지 않아도 된다. 따라서 여기서는 디폴트 파라미터 값을 지원하는 KCallable.callBy를 사용해야 한다.

```
interface KCallable<out R> {
    fun callBy(args: Map<KParameter, Any?>): R
```

```
    ...
}
```

이 메서드는 파라미터와 파라미터에 해당하는 값을 연결해주는 맵을 인자로 받는다.
인자로 받은 맵에서 파라미터를 찾을 수 없는데, 파라미터 디폴트 값이 정의돼 있다면
그 디폴트 값을 사용한다. 이 방식의 다른 좋은 점은 파라미터의 순서를 지킬 필요가
없다는 점이다. 따라서 객체 생성자에 원래 정의된 파라미터 순서에 신경 쓰지 않고
JSON에서 이름/값 쌍을 읽어서 이름과 일치하는 파라미터를 찾은 후 맵에 파라미터 정
보와 값을 넣을 수 있다.

여기서 타입을 제대로 처리하기 위해 신경써야 한다. args 맵에 들어있는 각 값의
타입이 생성자의 파라미터 타입과 일치해야 한다. 그렇지 않으면 IllegalArgument
Exception이 발생한다. 특히 숫자 타입을 처리할 때 조심해야 한다. 파라미터가 Int,
Long, Double 등의 타입 중 어떤 것인지를 확인해서 JSON에 있는 숫자 값을 적절한
타입으로 변환해야만 한다. KParameter.type 프로퍼티를 활용하면 파라미터의 타입
을 알 수 있다.

타입 변환에는 커스텀 직렬화에 사용했던 ValueSerializer 인스턴스를 똑같이 사
용한다. 프로퍼티에 @CustomSerializer 애너테이션이 없다면 프로퍼티 타입에 따라
표준 구현을 불러와 사용한다.

리스트 10.10 값 타입에 따라 직렬화기를 가져오기

```
fun serializerForType(type: Type) : ValueSerializer<out Any?>? =
    when(type) {
        Byte::class.java -> ByteSerializer
        Int::class.java -> IntSerializer
        Boolean::class.java -> BooleanSerializer
        // ...
        else -> null
    }
```

타입별 ValueSerializer 구현은 필요한 타입 검사나 변환을 수행한다.

리스트 10.11 Boolean 값을 위한 직렬화기

```
object BooleanSerializer : ValueSerializer<Boolean> {
    override fun fromJsonValue(jsonValue: Any?): Boolean {
        if (jsonValue !is Boolean) throw JKidException("Boolean expected")
        return jsonValue
    }

    override fun toJsonValue(value: Boolean) = value
}
```

callBy 메서드에 생성자 파라미터와 그 값을 연결해주는 맵을 넘기면 객체의 주 생성자를 호출할 수 있다. ValueSerializer 메커니즘을 사용해 생성자를 호출할 때 사용하는 맵에 들어가는 값이 생성자 파라미터 정의의 타입과 일치하게 만든다. 이제 이 API를 호출하는 부분을 살펴보자.

ClassInfoCache는 리플렉션 연산의 비용을 줄이기 위한 클래스다. 직렬화와 역직렬화에 사용하는 애너테이션들(@JsonName, @CustomSerializer)이 파라미터가 아니라 프로퍼티에 적용된다는 사실을 기억하라. 하지만 객체를 역직렬화할 때는 프로퍼티가 아니라 생성자 파라미터를 다뤄야 한다. 따라서 애너테이션을 꺼내려면 파라미터에 해당하는 프로퍼티를 찾아야 한다. JSON에서 모든 키/값 쌍을 읽을 때마다 이런 검색을 수행하면 코드가 아주 느려질 수 있다. 따라서 클래스별로 한 번만 검색을 수행하고 검색 결과를 캐시에 넣어둔다. 다음은 ClassInfoCache의 전체 구현이다.

리스트 10.12 리플렉션 데이터 캐시 저장소

```
class ClassInfoCache {
    private val cacheData = mutableMapOf<KClass<*>, ClassInfo<*>>()
    @Suppress("UNCHECKED_CAST")
    operator fun <T : Any> get(cls: KClass<T>): ClassInfo<T> =
```

```
    cacheData.getOrPut(cls) { ClassInfo(cls) } as ClassInfo<T>
}
```

9.3.6절에서 설명한 패턴을 사용한다. 맵에 값을 저장할 때는 타입 정보가 사라지지만, 맵에서 돌려받은 값의 타입인 ClassInfo<T>의 타입 인자가 항상 올바른 값이 되게 get 메서드 구현이 보장한다. getOrPut을 사용하는 부분을 자세히 살펴보자. cls에 대한 항목이 cacheData 맵에 있다면 그 항목을 반환한다. 그런 항목이 없다면 전달받은 람다를 호출해서 키에 대한 값을 계산하고 계산한 결과 값을 맵에 저장한 다음에 반환한다.

    ClassInfo 클래스는 대상 클래스의 새 인스턴스를 만들고 필요한 정보를 캐시해 둔다. 설명에 필요하지 않은 일부 함수와 뻔한 초기화를 표시하지 않았다. 또한 여기서는 !!를 썼지만 실제 프로덕션 코드(https://goo.gl/PHt644)는 어떤 문제가 발생했는지를 알려주는 메시지가 들어있는 예외를 던진다(여러분의 프로젝트에서도 더 자세한 정보를 담은 예외를 던지는 습관을 들이면 좋다).

리스트 10.13 생성자 파라미터와 애너테이션 정보를 저장하는 캐시

```
class ClassInfo<T : Any>(cls: KClass<T>) {
    private val constructor = cls.primaryConstructor!!

    private val jsonNameToParam = hashMapOf<String, KParameter>()
    private val paramToSerializer =
        hashMapOf<KParameter, ValueSerializer<out Any?>>()
    private val jsonNameToDeserializeClass =
        hashMapOf<String, Class<out Any>?>()

    init {
        constructor.parameters.forEach { cacheDataForParameter(cls, it) }
    }

    fun getConstructorParameter(propertyName: String): KParameter =
        jsonNameToParam[propertyName]!!

    fun deserializeConstructorArgument(
        param: KParameter, value: Any?): Any? {
```

470

```
        val serializer = paramToSerializer[param]
        if (serializer != null) return serializer.fromJsonValue(value)
        validateArgumentType(param, value)
        return value
    }

    fun createInstance(arguments: Map<KParameter, Any?>): T {
        ensureAllParametersPresent(arguments)
        return constructor.callBy(arguments)
    }

    // ...
}
```

초기화 시 이 코드는 각 생성자 파라미터에 해당하는 프로퍼티를 찾아서 애너테이션을
가져온다. 코드는 데이터를 세 가지 맵에 저장한다. jsonNameToParam은 JSON 파일의
각 키에 해당하는 파라미터를 저장하며, paramToSerializer는 각 파라미터에 대한
직렬화기를 저장하고, jsonNameToDeserializeClass는 @DeserializeInterface
애너테이션 인자로 지정한 클래스를 저장한다. ClassInfo는 프로퍼티 이름으로 생성자
파라미터를 제공할 수 있으며, 생성자를 호출하는 코드는 그 파라미터를 파라미터와 생
성자 인자를 연결하는 맵의 키로 사용한다.

cacheDataForParameter, validateArgumentType, ensureAllParametersPresent
함수는 이 클래스에 정의된 비공개 함수다. 다음은 ensureAllParametersPresent의
구현을 보여준다. 다른 함수의 코드를 소스에서 직접 찾아보기 바란다.

리스트 10.14 필수 파라미터가 모두 있는지 검증하기

```
private fun ensureAllParametersPresent(arguments: Map<KParameter, Any?>) {
    for (param in constructor.parameters) {
        if (arguments[param] == null &&
            !param.isOptional && !param.type.isMarkedNullable) {
            throw JKidException("Missing value for parameter ${param.name}")
```

```
        }
    }
}
```

이 함수는 생성자에 필요한 모든 필수 파라미터가 맵에 들어있는지 검사한다. 여기서 리플렉션 API를 어떻게 활용하는지 살펴보라. 파라미터에 디폴트 값이 있다면 `param.isOptional`이 true다. 따라서 그런 파라미터에 대한 인자가 인자 맵에 없어도 아무 문제가 없다. 파라미터가 널이 될 수 있는 값이라면(그런 경우 `type.isMarkedNullable`이 true다) 디폴트 파라미터 값으로 null을 사용한다. 그 두 경우가 모두 아니라면 예외를 발생시킨다. 리플렉션 캐시를 사용하면 역직렬화 과정을 제어하는 애너테이션을 찾는 과정을 JSON 데이터에서 발견한 모든 프로퍼티에 대해 반복할 필요 없이 프로퍼티 이름별로 단 한 번만 수행할 수 있다.

이것으로 제이키드 라이브러리 구현에 대한 논의를 마친다. 10장에서는 JSON 직렬화와 역직렬화 라이브러리인 제이키드의 구현을 살펴봤다. 제이키드는 리플렉션 API를 사용해 구현된 라이브러리로 애너테이션을 사용해 직렬화와 역직렬화 동작을 제어한다. 물론 10장에서 보여준 모든 기법을 여러분이 작성할 프레임워크에 활용할 수도 있다.

10.3 요약

- 코틀린에서 애너테이션을 적용할 때 사용하는 문법은 자바와 거의 같다.
- 코틀린에서는 자바보다 더 넓은 대상에 애너테이션을 적용할 수 있다. 그런 대상으로는 파일과 식을 들 수 있다.
- 애너테이션 인자로 원시 타입 값, 문자열, 이넘, 클래스 참조, 다른 애너테이션 클래스의 인스턴스, 그리고 지금까지 말한 여러 유형의 값으로 이뤄진 배열을 사용할 수 있다.
- `@get:Rule`을 사용해 애너테이션의 사용 대상을 명시하면 한 코틀린 선언이 여러 가지 바이트코드 요소를 만들어내는 경우 정확히 어떤 부분에 애너테이션을

적용할지 지정할 수 있다.

- 애너테이션 클래스를 정의할 때는 본문이 없고 주 생성자의 모든 파라미터를 val 프로퍼티로 표시한 코틀린 클래스를 사용한다.

- 메타애너테이션을 사용해 대상, 애너테이션 유지 방식 등 여러 애너테이션 특성을 지정할 수 있다.

- 리플렉션 API를 통해 실행 시점에 객체의 메서드와 프로퍼티를 열거하고 접근할 수 있다. 리플렉션 API에는 클래스(KClass), 함수(KFunction) 등 여러 종류의 선언을 표현하는 인터페이스가 들어있다.

- 클래스를 컴파일 시점에 알고 있다면 KClass 인스턴스를 얻기 위해 ClassName::class를 사용한다. 하지만 실행 시점에 obj 변수에 담긴 객체로부터 KClass 인스턴스를 얻기 위해서는 obj.javaClass.kotlin을 사용한다.

- KFunction과 KProperty 인터페이스는 모두 KCallable을 확장한다. KCallable은 제네릭 call 메서드를 제공한다.

- KCallable.callBy 메서드를 사용하면 메서드를 호출하면서 디폴트 파라미터 값을 사용할 수 있다.

- KFunction0, KFunction1 등의 인터페이스는 모두 파라미터 수가 다른 함수를 표현하며, invoke 메서드를 사용해 함수를 호출할 수 있다.

- KProperty0는 최상위 프로퍼티나 변수, KProperty1은 수신 객체가 있는 프로퍼티에 접근할 때 쓰는 인터페이스다. 두 인터페이스 모두 get 메서드를 사용해 프로퍼티 값을 가져올 수 있다. KMutableProperty0과 KMutableProperty1은 각각 KProperty0과 KProperty1을 확장하며, set 메서드를 통해 프로퍼티 값을 변경할 수 있게 해준다.

11

DSL 만들기

11장에서 다루는 내용

- 영역 특화 언어 만들기

- 수신 객체 지정 람다 사용

- `invoke` 관례 사용

- 기존 코틀린 DSL 예제

11장에서는 **영역 특화 언어**DSL, Domain-Specific Language를 사용해 표현력이 좋고 코틀린다운 API를 설계하는 방법을 설명한다. 전통적인 API와 DSL 형식 API의 차이를 설명하고, DSL 형식의 API를 데이터베이스 접근, HTML 생성, 테스트, 빌드 스크립트 작성, 안드로이드 UI 레이아웃 정의 등의 여러 작업에 사용할 수 있음을 보여준다.

코틀린 DSL 설계는 코틀린 언어의 여러 특성을 활용한다. 그중 두 가지 특성을 아직 완전히 살펴보지 않았다. 첫 번째 특성은 5장에서 간략하게 살펴본 수신 객체 지정 람다다. 수신 객체 지정 람다를 사용하면 코드 블록에서 이름(변수)이 가리키는 대상을 결정하는 방식을 변경해서 DSL 구조를 더 쉽게 만들 수 있다. 다른 한 특성은 invoke 관례로, 아직 설명한 적이 없다. invoke 관례를 사용하면 DSL 코드 안에서 람다와 프로퍼티 대입을 더 유연하게 조합할 수 있다. 11장에서는 이 두 가지 특성을 자세히 살펴본다.

11.1 API에서 DSL로

DSL에 대해 알아보기 전에 우리가 해결하려는 문제에 대해 더 자세히 알아보자. 궁극적으로 목표는 코드의 가독성과 유지 보수성을 가장 좋게 유지하는 것이다. 그런 목표를 달성하려면 개별 클래스에 집중하는 것만으로는 충분치 않다. 클래스에 있는 코드 중 대부분은 다른 클래스와 상호작용한다. 따라서 그런 상호작용이 일어나는 연결 지점(인터페이스)을 살펴봐야 한다. 다른 말로 하면 클래스의 API를 살펴봐야 한다.

라이브러리를 만드는 사람들에게만 API를 훌륭하게 만들 책임이 있는 것이 아니라는 사실이 중요하다. 사실 모든 개발자는 API를 훌륭하게 만들기 위해 노력해야 한다. 라이브러리가 외부 사용자에게 프로그래밍 API를 지원하는 것처럼 애플리케이션 안의 모든 클래스는 다른 클래스에게 자신과 상호작용할 수 있는 가능성을 제공한다. 이런 상호작용을 이해하기 쉽고 명확하게 표현할 수 있게 만들어야 프로젝트를 계속 유지 보수할 수 있다.

지금까지 이 책에서 클래스를 위한 API를 깔끔하게 작성할 수 있게 돕는 여러 코틀린 특성을 살펴봤다. 그렇다면 API가 깔끔하다는 말은 어떤 뜻일까? API가 깔끔하다는 말에는 다음과 같은 두 가지 뜻이 있다.

- 코드를 읽는 독자들이 어떤 일이 벌어질지 명확하게 이해할 수 있어야 한다. 이름과 개념을 잘 선택하면 이런 목적을 달성할 수 있다. 어떤 언어를 사용하건 이름을 잘 붙이고 적절한 개념을 사용하는 것은 매우 중요하다.
- 코드가 간결해야 한다. 불필요한 구문이나 번잡한 준비 코드가 가능한 한 적어야 한다. 11장에서 주로 초점을 맞추는 것도 바로 그런 간결함이다. 깔끔한 API

는 언어에 내장된 기능과 거의 구분할 수 없다.

깔끔한 API를 작성할 수 있게 돕는 코틀린 기능에는 확장 함수, 중위 함수 호출, 람다 구문에 사용할 수 있는 it 등의 문법적 편의, 연산자 오버로딩 등이 있다. 표 11.1은 이런 특성이 코드에 있는 문법적인 잡음을 얼마나 줄여주는지 보여준다.

표 11.1 코틀린이 간결한 구문을 어떻게 지원하는가?

일반 구문	간결한 구문	사용한 언어 특성
StringUtil.capitalize(s)	s.capitalize()	확장 함수
1.to("one")	1 to "one"	중위 호출
set.add(2)	set += 2	연산자 오버로딩
map.get("key")	map["key"]	get 메서드에 대한 관례
file.use({ f -> f.read() })	file.use { it.read() }	람다를 괄호 밖으로 빼내는 관례

sb.append("yes")
sb.append("no")
	with (sb) {
	   append("yes")
	   append("no")
	}
		수신 객체 지정 람다

11장에서는 깔끔한 API에서 한걸음 더 나아가 DSL 구축을 도와주는 코틀린 기능을 살펴본다. 코틀린 DSL은 간결한 구문을 제공하는 기능과 그런 구문을 확장해서 여러 메서드 호출을 조합으로써 구조를 만들어내는 기능에 의존한다. 그 결과로 DSL은 메서드 호출만을 제공하는 API에 비해 더 표현력이 풍부해지고 사용하기 편해진다.

코틀린 언어의 다른 특성과 마찬가지로 코틀린 DSL도 온전히 컴파일 시점에 타입이 정해진다. 따라서 컴파일 시점 오류 감지, IDE 지원 등 모든 정적 타입 지정 언어의 장점을 코틀린 DSL을 사용할 때도 누릴 수 있다.

맛보기로 코틀린 DSL이 할 수 있는 일을 몇 가지 살펴보자. 다음 식은 시간을 되돌려서 하루 전 날을 반환한다.

```
val yesterday = 1.days.ago
```

다음 함수는 HTML 표를 생성한다.

```
fun createSimpleTable() = createHTML().
    table {
        tr {
            td { +"cell" }
        }
    }
```

11장에서는 이런 예제를 어떻게 구현하는지 살펴본다. 하지만 구현을 더 자세히 살펴보기 전에 DSL이 무엇인지 먼저 알아보자.

11.1.1 영역 특화 언어라는 개념

DSL이라는 개념은 프로그래밍 언어라는 개념과 거의 마찬가지로 오래된 개념이다. 우리는 컴퓨터가 발명된 초기부터 컴퓨터로 풀 수 있는 모든 문제를 충분히 풀 수 있는 기능을 제공하는 **범용 프로그래밍 언어**^{general-purpose programming language}와 특정 과업 또는 영역에 초점을 맞추고 그 영역에 필요하지 않은 기능을 없앤 영역 특화 언어를 구분해왔다.

여러분에게 가장 익숙한 DSL은 분명 SQL과 정규식일 것이다. 이 두 언어는 데이터베이스 조작과 문자열 조작이라는 특정 작업에 가장 적합하다. 하지만 전체 애플리케이션을 정규식이나 SQL을 사용해 작성하는 경우는 없다(적어도 우리는 여러분이 그런 시도조차 하지 않기를 바란다. 정규식으로만 만들어진 애플리케이션이라니 생각만 해도 끔찍하지 않은가).

이런 DSL이 스스로 제공하는 기능을 제한함으로써 오히려 더 효율적으로 자신의 목표를 달성할 수 있다는 점을 생각해 보라. SQL 문장을 실행할 필요가 있는 경우 클래스나 함수를 선언하는 것부터 시작할 필요가 없다. 대신에 모든 SQL 문장은 첫 키워드가 수행하려는 연산의 종류를 지정하고, 각 연산은 처리해야 할 작업에 맞춰 각각 서로 다른 문법과 키워드를 사용한다. 정규식 언어의 경우 문법은 훨씬 더 단순하다. 정규식 프로그램은 압축적인 기호 문법을 사용해 텍스트가 어떻게 달라질 수 있는지 지정함으로써 대상 텍스트를 직접 기술한다. 이런 압축적인 문법을 사용함으로써 DSL은 범용 언어를 사용하는 경우보다 특정 영역에 대한 연산을 더 간결하게 기술할 수 있다.

그리고 DSL이 범용 프로그래밍 언어와 달리 더 **선언적**declarative이라는 점이 중요하다. 범용 프로그래밍 언어는 보통 **명령적**imperative이다. 명령적 언어는 어떤 연산을 완수하기 위해 필요한 각 단계를 순서대로 정확히 기술하는 반면, 선언적 언어는 원하는 결과를 기술하기만 하고 그 결과를 달성하기 위해 필요한 세부 실행은 언어를 해석하는 엔진에 맡긴다. 실행 엔진이 결과를 얻는 과정을 전체적으로 한꺼번에 최적화하기 때문에 선언적 언어가 더 효율적인 경우가 자주 있다. 반면 명령적 접근법에서는 각 연산에 대한 구현을 독립적으로 최적화해야 한다.

빛이 있으면 그늘도 있다는 말대로 이런 DSL에도 한 가지 단점이 있다. 그 단점은 바로 DSL을 범용 언어로 만든 호스트 애플리케이션과 함께 조합하기가 어렵다는 점이다. DSL은 자체 문법이 있기 때문에 다른 언어의 프로그램 안에 직접 포함시킬 수가 없다. 따라서 DSL로 작성한 프로그램을 다른 언어에서 호출하려면 DSL 프로그램을 별도의 파일이나 문자열 리터럴로 저장해야 한다. 하지만 이런 식으로 DSL을 저장하면 호스트 프로그램과 DSL의 상호작용을 컴파일 시점에 제대로 검증거나, DSL 프로그램을 디버깅하거나, DSL 코드 작성을 돕는 IDE 기능을 제공하기 어려워진다는 문제가 있다. 또한 DSL과 호스트 언어의 문법이 서로 다르므로 두 언어를 함께 배워야 하고 (특히 문자열에 DSL 코드를 저장하는 경우) 코드를 읽기가 어려워지는 경우도 많다.

이런 문제를 해결하면서 DSL의 다른 이점을 살리는 방법으로 내부internal DSL이라는 개념이 점점 유명해지고 있다. 이제 내부 DSL에 대해 알아보자.

11.1.2 내부 DSL

독립적인 문법 구조를 가진 외부external DSL과는 반대로 내부 DSL은 범용 언어로 작성된 프로그램의 일부며, 범용 언어와 동일한 문법을 사용한다. 따라서 내부 DSL은 완전히 다른 언어가 아니라 DSL의 핵심 장점을 유지하면서 주 언어를 특별한 방법으로 사용하는 것이다.

두 접근 방법을 비교하기 위해 같은 과업을 내부와 외부 DSL로 달성하는 예를 각각 살펴보자. Customer와 Country라는 두 테이블이 있고, 각 Customer에는 각 고객이 살고 있는 나라에 대한 참조(Country의 레코드에 대한 외부 키)가 있다고 하자. 목표는 가장 많은 고객이 살고 있는 나라를 알아내는 것이다. 외부 DSL로는 SQL을 사용하며, 내부 DSL로는 코틀린으로 작성된 데이터베이스 프레임워크인 익스포즈드[Exposed] 프레임워크 (https://github.com/JetBrains/Exposed)가 제공하는 DSL을 사용한다. 다음은 SQL을 사용한 구현이다.

```
SELECT Country.name, COUNT(Customer.id)
    FROM Country
    JOIN Customer
      ON Country.id = Customer.country_id
GROUP BY Country.name
ORDER BY COUNT(Customer.id) DESC
    LIMIT 1
```

질의 언어와 주 애플리케이션 언어(이 경우에는 코틀린) 사이에 상호작용할 수 있는 방법을 제공해야 하기 때문에 SQL로 코드를 작성하는 것이 편하지 않을 수도 있다. 보통 최선의 수단은 SQL을 문자열 리터럴에 넣고 SQL 작성과 검증을 IDE가 도와주기를 바라는 것이다.

코틀린과 익스포즈드를 사용해 같은 질의를 구현한 예는 다음과 같다. 앞에서 살펴본 예와 비교해보자.

```
(Country join Customer)
    .slice(Country.name, Count(Customer.id))
    .selectAll()
    .groupBy(Country.name)
    .orderBy(Count(Customer.id), isAsc = false)
```

```
    .limit(1)
```

이 두 프로그램에서 비슷한 점을 발견했을 것이다. 사실 두 번째 프로그램을 실행하면
직접 작성한 첫 번째 SQL과 동일한 프로그램이 생성되고 실행된다. 하지만 두 번째 버전
은 일반 코틀린 코드며, selectAll, groupBy, orderBy 등은 일반 코틀린 메서드다.
더 나아가 두 번째 버전에서는 SQL 질의가 돌려주는 결과 집합을 코틀린 객체로 변환하
기 위해 노력할 필요가 없다. 쿼리를 실행한 결과가 네이티브 코틀린 객체이기 때문이
다. 따라서 두 번째 버전을 내부 DSL이라고 부른다. 코드는 어떤 구체적인 과업을 달성
(SQL 질의를 만듦)하기 위한 것이지만, 범용 언어(코틀린)의 라이브러리로 구현된다.

11.1.3 DSL의 구조

DSL과 일반 API 사이에 잘 정의된 일반적인 경계는 없다. 종종 그 둘에 대한 평가는
주관적이기 때문에 "내 생각에 그건 DSL이야"와 같은 말을 쉽게 들을 수 있다. DSL은
중위 호출이나 연산자 오버로딩 같이 다른 문맥에서도 널리 쓰이는 언어 기능에 의존하
기도 한다. 하지만 다른 API에는 존재하지 않지만 DSL에만 존재하는 특징이 한 가지
있다. 바로 구조 또는 문법이다.

  전형적인 라이브러리는 여러 메서드로 이뤄지며, 클라이언트는 그런 메서드를 한
번에 하나씩 호출함으로써 라이브러리를 사용한다. 함수 호출 시퀀스에는 아무런 구조
가 없으며, 한 호출과 다른 호출 사이에는 아무 맥락도 존재하지 않는다. 그런 API를
때로 명령-질의command-query API라고 부른다. 반대로 DSL의 메서드 호출은 DSL 문법
grammar에 의해 정해지는 더 커다란 구조에 속한다. 코틀린 DSL에서는 보통 람다를 중첩
시키거나 메서드 호출을 연쇄시키는 방식으로 구조를 만든다. 그런 구조를 방금 살펴본
SQL 예제에서도 확인할 수 있다. 질의를 실행하려면 필요한 결과 집합의 여러 측면을
기술하는 메서드 호출을 조합해야 하며, 그렇게 메서드를 조합해서 만든 질의는 질의에
필요한 인자를 메서드 호출 하나에 모두 다 넘기는 것보다 훨씬 더 읽기 쉽다.

  이런 문법이 있기 때문에 내부 DSL을 언어라고 부를 수 있다. 영어와 같은 자연어에

서는 단어가 문장을 구성하고 문법 규칙은 단어가 모여서 문장을 만드는 방식을 규정한다. 마찬가지로 DSL에서는 여러 함수 호출을 조합해서 연산을 만들며, 타입 검사기는 여러 함수 호출이 바르게 조합됐는지를 검사한다. 결과적으로 함수 이름은 보통 동사(groupBy, orderBy) 역할을 하고, 함수 인자는 명사(Country.name) 역할을 한다.

DSL 구조의 장점은 같은 문맥을 함수 호출 시마다 반복하지 않고도 재사용할 수 있다는 점이다. 그레이들에서 의존관계를 정의할 때 사용하는 코틀린 DSL인 다음 예제는 이 사실을 보여준다(https://github.com/gradle/gradle-script-kotlin).

```
dependencies {                        ◀━━━━  람다 중첩을 통해
    compile("junit:junit:4.11")              구조를 만든다.
    compile("com.google.inject:guice:4.1.0")
}
```

반대로 다음은 일반 명령-질의 API를 통해 같은 일을 하는 프로그램이다. 코드에서 중복이 더 많다는 사실을 알 수 있다.

```
project.dependencies.add("compile", "junit:junit:4.11")
project.dependencies.add("compile", "com.google.inject:guice:4.1.0")
```

메서드 호출 연쇄는 DSL 구조를 만드는 또 다른 방법이다. 예를 들어 테스트 프레임워크에서 단언문을 여러 메서드 호출로 나눠서 작성하는 경우가 많다. 그런 단언문은 훨씬 더 읽기 쉽다. 특히 중위 호출 구문을 사용하면 가독성이 더 좋아진다. 코틀린을 위한 서드파티 테스트 프레임워크인 코틀린테스트(https://github.com/kotlintest/kotlintest)에서 가져온 다음 예제를 살펴보자. 코틀린 테스트에 대해서는 11.4.1절에서 더 자세히 설명한다.

```
str should startWith("kot")           ◀━━━━  메서드 호출을 연쇄시켜 구조를 만든다.
```

일반 제이유닛 API를 사용해 같은 테스트를 작성하면 잡음이 더 많고 읽기 쉽지 않다.

```
assertTrue(str.startsWith("kot"))
```

이제 내부 DSL 예제를 좀 더 자세히 살펴보자.

11.1.4 내부 DSL로 HTML 만들기

11장의 맨 앞에서 보여준 DSL 중 HTML 페이지를 생성하는 DSL이 있었다. 이번 절에서는 그에 대해 더 자세히 살펴본다. 여기서 사용할 API는 kotlinx.html 라이브러리 (https://github.com/Kotlin/kotlinx.html)에서 가져온 것이다. 다음은 칸(셀^{cell})이 하나인 표를 만드는 코드다.

```
fun createSimpleTable() = createHTML().
    table {
      tr {
        td { +"cell" }
      }
    }
```

이와 같은 구조가 만들어내는 HTML이 어떤 모습일지 상상하기는 어렵지 않다.

```
<table>
    <tr>
      <td>cell</td>
    </tr>
</table>
```

createSimpleTable 함수는 이 HTML 조각이 들어있는 문자열을 반환한다.

그렇다면 직접 HTML 텍스트를 작성하지 않고 코틀린 코드로 HTML을 만들려는 이유가 뭘까? 첫째로 코틀린 버전은 타입 안전성을 보장한다. td를 tr 안에서만 사용할 수 있다. 그렇게 하지 않으면 컴파일이 되지 않는다. 더 중요한 것은 이 코드가 일반 코틀린 코드라는 점이다. 그 안에서 코틀린 코드를 원하는 대로 사용할 수 있다. 이는 표를 정의하면서 동적으로(예를 들어 맵에 들어있는 원소를 따라) 표의 칸을 생성할 수 있다는 뜻이다.

```kotlin
fun createAnotherTable() = createHTML().table {
    val numbers = mapOf(1 to "one", 2 to "two")
    for ((num, string) in numbers) {
        tr {
            td { +"$num" }
            td { +string }
        }
    }
}
```

이렇게 만든 데이터에는 필요한 데이터가 들어있다.

```html
<table>
    <tr>
        <td>1</td>
        <td>one</td>
    </tr>
    <tr>
        <td>2</td>
        <td>two</td>
    </tr>
</table>
```

HTML은 고전적인 마크업 언어 예제며, DSL의 개념을 제대로 보여준다. XML과 같이 HTML과 구조가 비슷한 다른 모든 언어에 이와 비슷한 접근 방식을 택할 수 있다. 조금 있다가 코틀린에서 이런 코드가 어떻게 작동하는지 설명한다.

이제 DSL의 정의와 왜 DSL이 필요한지 알았으므로 DSL을 작성할 때 코틀린이 어떻게 도움이 되는지 살펴보자. 우선 DSL 문법을 만들 때 가장 중요한 역할을 하는 수신 객체 지정 람다를 더 자세히 살펴보자.

484

11.2 구조화된 API 구축: DSL에서 수신 객체 지정 DSL 사용

수신 객체 지정 람다는 구조화된 API를 만들 때 도움이 되는 강력한 코틀린 기능이다. 앞에서 설명한 대로 구조가 있다는 점은 일반 API와 DSL을 구분하는 중요한 특성이다. 이번 절에서는 수신 객체 지정 람다와 그 기능을 활용하는 DSL을 살펴본다.

11.2.1 수신 객체 지정 람다와 확장 함수 타입

5.5절에서 buildString, with, apply 표준 라이브러리 함수를 설명하면서 수신 객체 지정 람다에 대해 간략히 소개했다. 이제 buildString 함수를 통해 코틀린이 수신 객체 지정 람다를 어떻게 구현하는지 살펴보자. buildString을 사용하면 한 StringBuilder 객체에 여러 내용을 추가할 수 있다.

설명을 시작하면서 먼저 일반 람다를 받는 buildString 함수를 정의해보자. 8장에서 람다를 받는 함수를 사용하는 방법에 대해 배웠으므로 이 코드도 쉽게 이해할 수 있을 것이다.

리스트 11.1 람다를 인자로 받는 buildString() 정의하기

```
fun buildString(
    builderAction: (StringBuilder) -> Unit      ◀── 함수 타입인 파라미터를
): String {                                          정의한다.
    val sb = StringBuilder()
    builderAction(sb)      ◀── 람다 인자로 StringBuilder
    return sb.toString()       인스턴스를 넘긴다.
}

>>> val s = buildString {
...     it.append("Hello, ")      ◀── "it"은 StringBuilder
...     it.append("World!")           인스턴스를 가리킨다.
... }
```

```
>>> println(s)
Hello, World!
```

이 코드는 이해하기 쉽다. 하지만 사용하기 편하지는 않다. 람다 본문에서 매번 it을 사용해 StringBuilder 인스턴스를 참조해야 한다(it 대신 원하는 파라미터 이름을 정의할 수도 있지만 그렇게 해도 역시 명시적으로 매번 이름을 지정해야 한다). 람다의 목적이 StringBuilder를 텍스트로 채우는 것이므로 it.append처럼 메서드 이름 앞에 it.을 일일이 넣지 않고 append처럼 더 간단하게 호출하기를 바란다.

그런 소원을 이루려면 람다를 **수신 객체 지정 람다**^{lambda with a receiver}로 바꿔야 한다. 람다의 인자 중 하나에게 수신 객체라는 상태를 부여하면 이름과 마침표를 명시하지 않아도 그 인자의 멤버를 바로 사용할 수 있다. 다음 리스트는 그 방법을 보여준다.

리스트 11.2 수신 객체 지정 람다를 사용해 다시 정의한 buildString()

```
fun buildString(
        builderAction: StringBuilder.() -> Unit   ← 수신 객체가 있는 함수 타입의
) : String {                                          파라미터를 선언한다.
    val sb = StringBuilder()
    sb.builderAction()   ← StringBuilder 인스턴스를 람다의
    return sb.toString()      수신 객체로 넘긴다.
}
>>> val s = buildString {
...     this.append("Hello, ")   ← "this" 키워드는 StringBuilder
                                      인스턴스를 가리킨다.
...     append("World!")   ← "this"를 생략해도 묵시적으로 StringBuilder
...  }                         인스턴스가 수신 객체로 취급된다.
>>> println(s)
Hello, World!
```

리스트 11.1과 11.2 사이의 차이에 주목하라. 먼저 buildString이 어떻게 향상됐는지 살펴보라. 이제는 buildString에게 수신 객체 지정 람다를 인자로 넘기기 때문에 람다 안에서 it을 사용하지 않아도 된다. it.append() 대신 append()를 사용한다. 완전한

문장은 this.append()지만 클래스 멤버 안에서 보통 그렇듯이 모호한 경우가 아니라면 this.를 명시할 필요가 없다.

다음으로 buildString 함수의 선언이 어떻게 변했는지 살펴보자. 리스트 11.2에서는 파라미터 타입을 선언할 때 일반 함수 타입 대신 **확장 함수 타입**^{extension function type}을 사용했다. 확장 함수 타입 선언은 람다의 파라미터 목록에 있던 수신 객체 타입을 파라미터 목록을 여는 괄호 앞으로 빼 놓으면서 중간에 마침표(.)를 붙인 형태다. 리스트 11.2에서는 (StringBuilder) -> Unit를 StringBuilder.() -> Unit으로 바꿨다. 여기서 . 앞에 오는 타입(StringBuilder)을 수신 객체 타입이라 부르며, 람다에 전달되는 그런 타입의 객체를 수신 객체라고 부른다. 그림 11.1은 더 복잡한 확장 함수 타입 선언을 보여준다.

그림 11.1 수신 객체 타입이 String이며 파라미터로 두 Int를 받고 Unit을 반환하는 확장 함수 타입 정의

왜 확장 함수 타입일까? 외부 타입의 멤버를 아무런 수식자 없이 사용한다는 말을 들으면 확장 함수라는 단어가 떠오를 것이다. 확장 함수의 본문에서는 확장 대상 클래스에 정의된 메서드를 마치 그 클래스 내부에서 호출하듯이 사용할 수 있었다. 확장 함수나 수신 객체 지정 람다에서는 모두 함수(람다)를 호출할 때 수신 객체를 지정해야만 하고, 함수(람다) 본문 안에서는 그 수신 객체를 특별한 수식자 없이 사용할 수 있다. 일반 람다를 사용할 때는 StringBuilder 인스턴스를 builderAction(sb) 구문을 사용해 전달하지만 수신 객체 지정 람다를 사용할 때는 sb.builderAction()으로 전달한다. 다시 말해 sb.builderAction()에서 builderAction은 StringBuilder 클래스 안에 정의가 있는 함수가 아니며, StringBuilder 인스턴스인 sb는 확장 함수를 호출할 때와 동일한 구문으로 호출할 수 있는 함수 타입(따라서 확장 함수 타입)의 인자일 뿐이다.

그림 11.2는 buildString 함수의 인자와 파라미터 사이의 대응 관계와 람다 본문이 호출될 때 어떤 수신 객체가 쓰이는지를 보여준다.

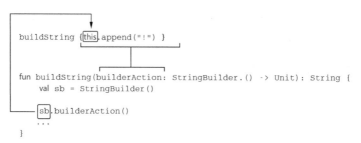

그림 11.2 buildString 함수(수신 객체 지정 람다)의 인자는 확장 함수 타입(builderAction)의 파라미터와 대응한다. 호출된 람다 본문 안에서는 수신 객체(sb)가 묵시적 수신 객체(this)가 된다

다음 코드처럼 확장 함수 타입의 변수를 정의할 수도 있다. 정의한 확장 함수 타입 변수를 마치 확장 함수처럼 호출하거나 수신 객체 지정 람다를 요구하는 함수에게 인자로 넘길 수 있다.

리스트 11.3 수신 객체 지정 람다를 변수에 저장하기

```
val appendExcl : StringBuilder.() -> Unit =        ◀──   appendExcl은 확장 함수 타입의
    { this.append("!") }                                  값이다.
>>> val stringBuilder = StringBuilder("Hi")
>>> stringBuilder.appendExcl()        ◀──   appendExcl을 확장 함수처럼
>>> println(stringBuilder)                  호출할 수 있다.
Hi!
>>> println(buildString(appendExcl))  ◀──   appendExcel을 인자로
!                                           넘길 수 있다.
```

소스코드상에서 수신 객체 지정 람다는 일반 람다와 똑같아 보인다는 점을 유의하라. 람다에 수신 객체가 있는지 알아보려면 그 람다가 전달되는 함수를 살펴봐야 한다. 함수 시그니처를 보면 람다에 수신 객체가 있는지와 람다가 어떤 타입의 수신 객체를 요구하는지를 알 수 있다. 예를 들어 buildString의 선언을 보거나 IDE에서 buildString의 문서를 찾아보면 그 함수가 StringBuilder.() -> Unit 타입의 람다를 파라미터로 받는다는 사실을 알 수 있으므로, 람다의 본문에서 StringBuilder의 멤버를 특별한

488

수식자 없이 사용할 수 있다는 결론을 내릴 수 있다.

표준 라이브러리의 buildString 구현은 리스트 11.2보다 더 짧다. builderAction을 명시적으로 호출하는 대신 builderAction을 apply 함수에게 인자로 넘긴다(5.5절에서 apply를 살펴봤다). 이렇게 하면 buildString을 단 한 줄로 구현할 수 있다.

```
fun buildString(builderAction: StringBuilder.() -> Unit): String =
    StringBuilder().apply(builderAction).toString()
```

apply 함수는 인자로 받은 람다나 함수(여기서는 builderAction)를 호출하면서 자신의 수신 객체(여기서는 StringBuilder의 인스턴스)를 람다나 함수의 묵시적 수신 객체로 사용한다. 예전에 apply와 함께 with라는 유용한 라이브러리 함수를 살펴본 적이 있다. 이 두 함수의 구현을 한번 살펴보자.

```
inline fun <T> T.apply(block: T.() -> Unit): T {      this.block()과 같다. "apply"의 수신 객체를 수신
    block()                                            객체로 지정해 람다(block)를 호출한다.
    return this                                 ←───── 수신 객체를 반환한다.
}
inline fun <T, R> with(receiver: T, block: T.() -> R): R =
    receiver.block()     ←───── 람다를 호출해 얻은 결과를 반환한다.
```

기본적으로 apply와 with는 모두 자신이 제공받은 수신 객체로 확장 함수 타입의 람다를 호출한다. apply는 수신 객체 타입에 대한 확장 함수로 선언됐기 때문에 수신 객체의 메서드처럼 불리며, 수신 객체를 묵시적 인자(this)로 받는다. 반면 with는 수신 객체를 첫 번째 파라미터로 받는다. 또한 apply는 수신 객체를 다시 반환하지만 with는 람다를 호출해 얻은 결과를 반환한다.

결과를 받아서 쓸 필요가 없다면 이 두 함수를 서로 바꿔 쓸 수 있다.

```
>>> val map = mutableMapOf(1 to "one")
>>> map.apply { this[2] = "two"}
>>> with (map) { this[3] = "three" }
>>> println(map)
```

```
{1=one, 2=two, 3=three}
```

코틀린에서는 with와 apply 함수를 자주 사용한다. 여러분도 이 두 함수를 사용해 얻을 수 있는 간결함을 만끽했거나 앞으로 만끽하기를 희망한다.

지금까지 수신 객체 지정 람다와 확장 함수 타입에 대해 설명했다. 이제는 이런 개념을 DSL에서 어떻게 사용하는지 살펴보자.

11.2.2 수신 객체 지정 람다를 HTML 빌더 안에서 사용

HTML을 만들기 위한 코틀린 DSL을 보통은 HTML 빌더[builder]라고 부른다. HTML 빌더는 더 넓은 범위의 개념인 타입 안전한 빌더[type-safe builder]의 대표적인 예다. 처음 빌더라는 개념이 유명해진 곳은 그루비 커뮤니티였다(http://www.groovy-lang.org/dsls.html#_builders). 빌더를 사용하면 객체 계층 구조를 선언적으로 정의할 수 있다. 특히 XML이나 UI 컴포넌트 레이아웃을 정의할 때 빌더가 매우 유용하다.

코틀린도 마찬가지 개념을 채택하지만 코틀린 빌더는 타입 안전성을 보장한다. 따라서 코틀린 빌더는 사용하기 편하면서도 안전하므로 어떤 면에서는 그루비의 동적 빌더보다 더 매력적이다. 코틀린 HTML 빌더가 어떻게 작동하는지 자세히 살펴보자.

리스트 11.4 코틀린 HTML 빌더를 사용해 간단한 HTML 표 만들기

```
fun createSimpleTable() = createHTML().
    table {
      tr {
        td { +"cell" }
      }
    }
```

이 코드는 일반 코틀린 코드지 특별한 템플릿 언어 같은 것이 아니다. table, tr, td 등은 모두 평범한 함수다. 각 함수는 고차 함수로 수신 객체 지정 람다를 인자로 받는다.

여기서 관심을 가질 만한 것은 각 수신 객체 지정 람다가 이름 결정 규칙을 바꾼다는 점이다. table 함수에 넘겨진 람다에서는 tr 함수를 사용해 <tr> HTML 태그를 만들 수 있다. 하지만 그 람다 밖에서는 tr이라는 이름의 함수를 찾을 수 없다. 마찬가지로 td 함수는 tr 안에서만 접근 가능한 함수다(이렇게 API를 설계하면 어쩔 수 없이 HTML 언어의 문법을 따르는 코드만 작성할 수 있다).

각 블록의 이름 결정 규칙은 각 람다의 수신 객체에 의해 결정된다. table에 전달된 수신 객체는 TABLE이라는 특별한 타입이며, 그 안에 tr 메서드 정의가 있다. 마찬가지로 tr 함수는 TR 객체에 대한 확장 함수 타입의 람다를 받는다. 다음 리스트는 방금 설명한 클래스와 메서드 정의를 간단하게 정리한 코드다.

리스트 11.5 HTML 빌더를 위한 태그 클래스 정의

```
open class Tag

class TABLE : Tag {
    fun tr(init : TR.() -> Unit)          ◄── tr 함수는 TR 타입을 수신 객체로
}                                             받는 람다를 인자로 받는다.

class TR : Tag {
    fun td(init : TD.() -> Unit)          ◄── td 함수는 TD 타입을 수신 객체로
}                                             받는 람다를 인자로 받는다.

class TD : Tag
```

TABLE, TR, TD는 모두 HTML 생성 코드에 나타나면 안 되는 유틸리티 클래스다. 그래서 이름을 모두 대문자로 만들어서 일반 클래스와 구분한다. 이들은 모두 Tag를 확장한다. 각 클래스에는 자신의 내부에 들어갈 수 있는 태그를 생성하는 메서드가 들어있다. 예를 들어 TABLE 클래스 안에는 tr 메서드가 있고 TR 클래스 안에는 td 메서드가 있다.

tr과 td 함수의 init 파라미터 타입을 살펴보라. 그들의 타입인 TR.() -> Unit과 TD.() -> Unit은 모두 확장 함수 타입이다. 이런 확장 함수 타입은 각 메서드에 전달할 람다의 수신 객체 타입을 순서대로 TR과 TD로 지정한다.

여기서 어떤 일이 벌어지는지 더 분명히 보기 위해 모든 수신 객체를 명시하면서 리스트 11.4를 다시 써보자. foo 함수의 람다가 사용하는 수신 객체에 접근할 때 this@foo라는 식을 사용한다는 사실을 다시 한 번 기억하자.

리스트 11.6 HTML 빌더 호출의 수신 객체를 명시한 코드

```
fun createSimpleTable() = createHTML().
    table {
        (this@table).tr {          this@table의 타입은
                                   TABLE이다.
            (this@tr).td {         this@tr의 타입은 TR이다.
                +"cell"            이 본문에서는 묵시적 수신 객체로
            }                      this@td을 사용할 수 있고 그 타입은 TD다.
        }
    }
```

빌더에 수신 객체 지정 람다가 아닌 일반 람다를 사용하면 HTML 생성 코드 구문이 알아볼 수 없을 정도로 난잡해질 것이다. 태그 생성 메서드를 호출할 때 it을 붙이거나 it이라는 이름이 싫다면 람다 안에서 적절히 파라미터 이름을 정의해야만 한다. 수신 객체를 묵시적으로 정하고 this 참조를 쓰지 않아도 되면 빌더 문법이 간단해지고 전체적인 구문이 원래의 HTML 구문과 비슷해진다.

리스트 11.6처럼 수신 객체 지정 람다가 다른 수신 객체 지정 람다 안에 들어가면 내부 람다에서 외부 람다에 정의된 수신 객체를 사용할 수 있다. 예를 들어 td 함수의 인자인 람다 안에서는 세 가지 수신 객체(this@table, this@tr, this@td)를 사용할 수 있다. 한편 코틀린 1.1부터는 @DslMarker 애너테이션을 사용해 중첩된 람다에서 외부 람다의 수신 객체를 접근하지 못하게 제한할 수 있다.

방금 HTML 빌더의 문법이 수신 객체 지정 람다와 어떤 관계가 있는지 설명했다. 지금부터는 원하는 HTML을 빌더가 어떻게 생성하는지 살펴보자.

리스트 11.6은 kotlinx.html 라이브러리에서 정의한 함수를 사용한다. 이제부터 HTML을 아주 단순화한 빌더 라이브러리를 구현한다. TABLE, TR, TD 태그 선언을 확장

해서 결과 HTML을 생성하는 기능을 추가한다. 이런 간략화한 버전의 출발점인 최상위 table 함수는 <table> 태그가 최상위에 있는 HTML 조각을 만들어준다.

리스트 11.7 HTML에서 문자열 만들기

```
fun createTable() =
    table {
        tr {
            td {
            }
        }
    }

>>> println(createTable())
<table><tr><td></td></tr></table>
```

table 함수는 TABLE 태그의 새 인스턴스를 만들고 그 인스턴스를 초기화(이때 table 함수에게 전달된 init 람다를 호출한다)하고 반환한다.

```
fun table(init: TABLE.() -> Unit) = TABLE().apply(init)
```

createTable에서 table 함수에 전달된 람다에는 tr 함수 호출이 들어있다. 이 table 호출에서 모든 부분을 명시하면 table(init = { this.tr { ... } })이다. tr 함수는 마치 TABLE().tr { ... }이라고 쓴 것처럼 TABLE 인스턴스를 수신 객체로 호출된다.

이 간단한 예제에서 <table>은 최상위 태그며 다른 모든 태그는 <table> 안에 들어간다. 각 태그에는 자식들에 대한 참조를 저장하는 리스트가 들어있다. 따라서 tr 함수는 TR 인스턴스를 새로 만들고 바깥 태그의 자식 리스트에 그 새로 만든 TR 인스턴스를 추가해야만 한다.

리스트 11.8 태그 빌더 함수 정의하기

```
fun tr(init: TR.() -> Unit) {
```

```
        val tr = TR()
        tr.init()
        children.add(tr)
    }
```

이런 식으로 주어진 태그를 초기화하고 바깥쪽 태그의 자식으로 추가하는 로직을 거의 모든 태그가 공유한다. 따라서 이런 기능을 상위 클래스인 Tag로 뽑아내서 doInit이라는 멤버로 만들 수 있다. doInit은 자식 태그에 대한 참조를 저장하는 일과 인자로 전달받은 람다를 호출하는 일을 책임진다. 여러 태그는 그냥 doInit을 호출하면 된다. 예를 들어 tr 함수는 TR 클래스의 인스턴스를 새로 하나 만들어서 doInit(TR(), init)과 같은 방식으로 인스턴스와 초기화 람다를 doInit 함수에게 넘긴다. 다음 리스트는 전체 HTML을 어떻게 만드는지 보여주는 예제다.

리스트 11.9 간단한 HTML 빌더의 전체 구현

```
open class Tag(val name: String) {
    private val children = mutableListOf<Tag>()  ◀─── 모든 중첩 태그를 저장한다.
    protected fun <T : Tag> doInit(child: T, init: T.() -> Unit) {
        child.init()  ◀─── 자식 태그를 초기화한다.
        children.add(child)  ◀─── 자식 태그에 대한 참조를 저장한다.
    }
    override fun toString() =
        "<$name>${children.joinToString("")}</$name>"  ◀─── 결과 HTML을 문자열로
                                                              반환한다.
}

fun table(init: TABLE.() -> Unit) = TABLE().apply(init)

class TABLE : Tag("table") {
    fun tr(init: TR.() -> Unit) = doInit(TR(), init)  ◀─── TR 태그 인스턴스를 새로 만들고
                                                            초기화한 다음에 TABLE 태그의
}                                                           자식으로 등록한다.

class TR : Tag("tr") {
    fun td(init: TD.() -> Unit) = doInit(TD(), init)  ◀─── TD 태그의 새 인스턴스를 만들어서
                                                            TR 태그의 자식으로 등록한다.
}
```

494

```
class TD : Tag("td")

fun createTable() =
    table {
        tr {
            td {
            }
        }
    }

>>> println(createTable())
<table><tr><td></td></tr></table>
```

모든 태그에는 중첩 태그를 저장하는 리스트가 있다. 각 태그는 자기 이름을 태그 안에 넣고 자식 태그를 재귀적으로 문자열로 바꿔서 합친 다음에 닫는 태그를 추가하는 방식으로 적절히 자기 자신을 문자열로 표현한다. 여기서는 태그 내부의 텍스트나 태그의 애트리뷰트를 지원하지는 않는다. 전체 구현을 보고 싶은 독자는 kotlinx.html 라이브러리(https://github.com/Kotlin/kotlinx.html)를 살펴보라.

    태그 생성 함수가 자신이 새로 생성한 태그를 부모 태그가 가진 자식 목록에 추가한다는 점에 유의하라. 따라서 태그를 동적으로 만들 수 있다.

리스트 11.10   HTML 빌더를 사용해 태그를 동적으로 생성하기

```
fun createAnotherTable() = table {
    for (i in 1..2) {
        tr {                    ◀——  "tr"이 호출될 때마다 매번 새 TR
            td {                       태그가 생기고 TABLE의 자식으로
            }                          등록된다.
        }
    }
}

>>> println(createAnotherTable())
<table><tr><td></td></tr><tr><td></td></tr></table>
```

이번 절에서 살펴본 대로 수신 객체 지정 람다는 DSL을 만들 때 아주 유용한 도구다. 수신 객체 지정 람다를 사용하면 코드 블록 내부에서 이름 결정 규칙을 바꿀 수 있으므로 이를 이용해 API에 구조를 추가할 수 있다. 구조는 DSL과 평범한 메서드 호출을 나열하는 것을 구별하는 가장 큰 특징이다. 이제 이 DSL을 정적 타입 지정 언어에 통합함으로써 얻는 이익에 대해 살펴보자.

11.2.3 코틀린 빌더: 추상화와 재사용을 가능하게 하는 도구

프로그램에서 일반 코드를 작성하는 경우 중복을 피하고 코드를 더 멋지게 만들 수 있는 여러 도구가 존재한다. 특히 반복되는 코드를 새로운 함수로 묶어서 이해하기 쉬운 이름을 붙일 수 있다. 하지만 외부 DSL인 SQL이나 HTML을 별도 함수로 분리해 이름을 부여하기는 어렵다. 하지만 내부 DSL을 사용하면 일반 코드와 마찬가지로 반복되는 내부 DSL 코드 조각을 새 함수로 묶어서 재사용할 수 있다.

부트스트랩 라이브러리(http://getbootstrap.com)에서 가져온 예를 살펴보자. 부트스트랩은 아주 유명한 HTML, CSS, JS 프레임워크로, 반응형 모바일 우선 웹 페이지를 개발할 때 쓸 수 있다. 여기서는 애플리케이션에 드롭다운drop-down 목록을 추가하는 구체적인 예를 다룬다. 그런 목록을 HTML에 직접 추가하려면 필요한 코드 조각을 복사해서 목록을 표시할 버튼이나 다른 요소 아래의 원하는 위치에 붙여 넣어야 한다. 이때 부트스트랩에서 드롭다운 메뉴를 처리하기 위해 필요한 몇 가지 참조(CSS 스타일)를 넣고 드롭다운 목록 제목을 추가해야 한다. 초기 HTML 코드는 다음과 같다(스타일 지정 관련 요소를 없애고 좀 간략하게 만든 버전이다).

리스트 11.11 부트스트랩 라이브러리를 사용해 드롭다운 메뉴를 HTML에 추가하기

```
<div class="dropdown">
    <button class="btn dropdown-toggle">
      Dropdown
      <span class="caret"></span>
```

```
        </button>
        <ul class="dropdown-menu">
            <li><a href="#">Action</a></li>
            <li><a href="#">Another action</a></li>
            <li role="separator" class="divider"></li>
            <li class="dropdown-header">Header</li>
            <li><a href="#">Separated link</a></li>
        </ul>
    </div>
```

코틀린에서 kotlinx.html을 사용한다면 같은 구조를 만들기 위해 div, button, ul, li 같은 함수를 사용할 수 있다.

리스트 11.12 코틀린 HTML 빌더를 사용해 드롭다운 메뉴 만들기

```kotlin
fun buildDropdown() = createHTML().div(classes = "dropdown") {
    button(classes = "btn dropdown-toggle") {
        +"Dropdown"
        span(classes = "caret")
    }
    ul(classes = "dropdown-menu") {
        li { a("#") { +"Action" } }
        li { a("#") { +"Another action" } }
        li { role = "separator"; classes = setOf("divider") }
        li { classes = setOf("dropdown-header"); +"Header" }
        li { a("#") { +"Separated link" } }
    }
}
```

하지만 이를 더 개선할 수 있다. div, button은 모두 일반 함수이기 때문에 반복되는 로직을 별도의 함수로 분리하면 코드를 더 읽기 쉽게 만들 수 있다. 그렇게 개선한 결과는 다음과 같다.

```
fun dropdownExample() = createHTML().dropdown {
    dropdownButton { +"Dropdown" }
    dropdownMenu {
        item("#", "Action")
        item("#", "Another action")
        divider()
        dropdownHeader("Header")
        item("#", "Separated link")
    }
}
```

이제 불필요한 세부 사항은 감춰지고 코드가 더 근사해 보인다. 이런 기능을 어떻게 구현하는지 살펴보자. 먼저 item 함수를 분석한다. 이 함수는 파라미터를 2개 받는다. 첫 번째 파라미터는 href에 들어갈 주소고, 두 번째 파라미터는 메뉴 원소의 이름이다. 함수 코드는 드롭다운 메뉴 목록에 li { a(href) { +name } }라는 원소를 새로 추가한다. 여기서 한 가지 의문이 남는다. 어떻게 이 함수의 본문에서 li를 호출할 수 있을까? 함수를 확장 함수로 만들어야 할까? li 함수가 UL 클래스의 확장 함수이므로 이 경우도 UL 클래스의 확장 함수로 구현할 수 있다. 리스트 11.13에서 item은 UL의 묵시적인 this에 대해 호출된다.

```
fun UL.item(href: String, name: String) = li { a(href) { +name } }
```

이렇게 item 함수를 정의하고 나면 모든 UL 태그 안에서 item을 호출할 수 있다. 그리고 이 item 함수는 항상 LI 태그를 추가해준다. item을 별도로 뽑아내고 나면 리스트 11.12의 ul 함수 호출 부분을 다음과 같이 변경해도 만들어지는 HTML 코드는 바뀌지 않는다.

```
ul {
    classes = setOf("dropdown-menu")          여기서 "li" 대신 "item"을
    item("#", "Action")              ◄——┘    쓸 수 있다.
    item("#", "Another action")
    li { role = "separator"; classes = setOf("divider") }
    li { classes = setOf("dropdown-header"); +"Header" }
    item("#", "Separated link")
}
```

비슷한 방식으로 UL에 대해 두 가지 확장 함수를 정의한다. 이 두 함수를 사용해 나머지 li 태그를 없앨 수 있다.

```
fun UL.divider() = li { role = "separator"; classes = setOf("divider") }

fun UL.dropdownHeader(text: String) =
    li { classes = setOf("dropdown-header"); +text }
```

이제 dropdownMenu 구현을 살펴보자. 이 함수는 dropdown-menu CSS 클래스가 지정된 ul 태그를 만드는데, 인자로 태그 내용을 채워 넣는 수신 객체 지정 람다를 받는다.

```
dropdownMenu {
    item("#", "Action")
    ...
}
```

ul { ... } 블록을 dropdownMenu { ... } 호출로 바꿀 수 있다. 따라서 ul과 dropdownMenu의 수신 객체 지정 람다({ ... }) 내부에서는 수신 객체가 같다. dropdownMenu는 UL을 적용한 확장 함수 타입의 람다를 인자로 받는다. 따라서 그 람다 안에서는 조금 전에 정의한 UL.item 등을 특별한 지시자 없이 사용할 수 있다. 다음은 dropdownMenu 함수 선언이다.

```
fun DIV.dropdownMenu(block: UL.() -> Unit) = ul("dropdown-menu", block)
```

dropdownButton 함수도 비슷한 방법으로 정의할 수 있으므로 따로 여기 보이지는 않는다. 하지만 전체 구현을 kotlinx.html 라이브러리 소스코드에서 찾아볼 수 있다.

마지막으로 dropdown 함수를 살펴보자. HTML 코드 안에서 다양한 위치에 드롭다운 메뉴를 넣을 수 있으므로 모든 태그가 dropdown을 호출할 수 있다. 모든 태그에서 호출할 수 있게 만든 함수는 좀 더 이해하기 어렵다.

리스트 11.15 드롭다운 메뉴를 만드는 최상위 함수

```
fun StringBuilder.dropdown(
    block: DIV.() -> Unit
): String = div("dropdown", block)
```

이 코드는 HTML을 문자열로 출력하고 싶은 경우에만 사용할 수 있는 간략한 버전이다. kotlinx.html에 있는 완전한 구현에서는 TagConsumer라는 추상 클래스를 수신 객체 타입으로 사용해서 HTML의 여러 태그에서 사용할 수 있게 dropdown을 구현한다.

이 예제는 추상화와 재사용을 통해 기존 코드를 어떻게 개선하고 이해하기 쉽게 만들 수 있는지 보여준다. 이제 DSL에 더 유연한 구조를 부여하게 해주는 invoke 기능을 살펴보자.

11.3 invoke 관례를 사용한 더 유연한 블록 중첩

invoke 관례를 사용하면 객체를 함수처럼 호출할 수 있다. 이미 함수 타입의 객체 (Function1 등)를 함수처럼 호출하는 경우를 살펴봤다. 마찬가지로 invoke 관례를 사용하면 함수처럼 호출할 수 있는 객체를 만드는 클래스를 정의할 수 있다.

하지만 이 기능이 일상적으로 사용하라고 만든 기능은 아니라는 점에 유의하라. invoke 관례를 남용하면 1()과 같이 이해하기 어려운 코드가 생길 수 있다. 하지만

DSL에서는 invoke 관례가 아주 유용할 때가 자주 있다. invoke 관례가 왜 유용한지 살펴보기 전에 먼저 그 관례 자체에 대해 알아보자.

11.3.1 invoke 관례: 함수처럼 호출할 수 있는 객체

7장에서 이미 코틀린의 관례에 대해 배웠다. 관례는 특별한 이름이 붙은 함수를 일반 메서드 호출 구문으로 호출하지 않고 더 간단한 다른 구문으로 호출할 수 있게 지원하는 기능이다. 7장에서 객체에 대해 인덱스 연산을 사용할 수 있게 해주는 get에 대해 살펴 봤다. foo라는 변수가 있고 foo[bar]라는 식을 쓰면 foo.get(bar)로 변환된다. 이때 get은 Foo라는 클래스 안에 정의된 함수이거나 Foo에 대해 정의된 확장 함수여야 한다.

invoke 관례도 결국 마찬가지 역할을 한다. 다만 invoke는 get과 달리 각괄호 대신 괄호를 사용한다. operator 변경자가 붙은 invoke 메서드 정의가 들어있는 클래스의 객체를 함수처럼 호출할 수 있다. 다음은 invoke의 동작을 보여주는 예제다.

리스트 11.16 클래스 안에서 invoke 메서드 정의하기

```
class Greeter(val greeting: String) {
    operator fun invoke(name: String) {      ◀── Greeter 안에 "invoke" 메서드를
        println("$greeting, $name!")              정의한다.
    }
}

>>> val bavarianGreeter = Greeter("Servus")
>>> bavarianGreeter("Dmitry")      ◀── Greeter 인스턴스를 함수처럼
Servus, Dmitry!                         호출한다.
```

이 코드는 Greeter 안에 invoke 메서드를 정의한다. 따라서 Greeter 인스턴스를 함수 처럼 호출할 수 있다. bavarianGreeter("Dmitry")는 내부적으로 bavarianGreeter. invoke("Dmitry")로 컴파일된다. 이 코드에는 아무 신비로운 점도 없다. 이 코드도 다른 관례와 마찬가지다. 즉 미리 정해둔 이름을 사용한 메서드를 통해서 긴 식 대신

더 짧고 간결한 식을 쓸 수 있게 해준다.

invoke 메서드의 시그니처에 대한 요구 사항은 없다. 따라서 원하는 대로 파라미터 개수나 타입을 지정할 수 있다. 심지어 여러 파라미터 타입을 지원하기 위해 invoke를 오버로딩할 수도 있다. 이렇게 오버로딩한 invoke가 있는 클래스의 인스턴스를 함수처럼 사용할 때는 오버로딩한 여러 시그니처를 모두 다 활용할 수 있다. 이런 관례를 실제로 어떻게 활용할 수 있는지 살펴보자. 일반적인 프로그램을 짤 때 invoke 관례를 활용하는 예를 먼저 살펴보고 나중에 DSL에서 활용하는 예를 살펴본다.

11.3.2 invoke 관례와 함수형 타입

이 책의 앞부분에서 invoke를 본 적이 있다. 8.1.2절에서 널이 될 수 있는 함수 타입의 변수를 호출할 때 lambda?.invoke()처럼 invoke를 안전한 호출 구문을 사용해 호출했다.

이제 invoke 관례에 대해 배웠으므로 일반적인 람다 호출 방식(람다 뒤에 괄호를 붙이는 방식)이 실제로는 invoke 관례를 적용한 것에 지나지 않음을 여러분도 분명히 알았을 것이다. 인라인하는 람다를 제외한 모든 람다는 함수형 인터페이스(Function1 등)를 구현하는 클래스로 컴파일된다. 각 함수형 인터페이스 안에는 그 인터페이스 이름이 가리키는 개수만큼 파라미터를 받는 invoke 메서드가 들어있다.

```
interface Function2<in P1, in P2, out R> {        ◀── 이 인터페이스는 정확히 인자를
    operator fun invoke(p1: P1, p2: P2): R              2개 받는 함수를 표현한다.
}
```

람다를 함수처럼 호출하면 이 관례에 따라 invoke 메서드 호출로 변환된다. 이런 사실을 알면 어떤 점이 좋을까? 이런 사실을 알면 복잡한 람다를 여러 메서드로 분리하면서도 여전히 분리 전의 람다처럼 외부에서 호출할 수 있는 객체를 만들 수 있다. 그리고 함수 타입 파라미터를 받는 함수에게 그 객체를 전달할 수 있다. 그런 식으로 기존 람다를 여러 함수로 나눌 수 있으려면 함수 타입 인터페이스를 구현하는 클래스를 정의해야

한다. 이때 기반 인터페이스를 FunctionN<P1, ..., PN, R> 타입이나 (P1, ..., PN) -> R 타입으로 명시해야 한다. 이 예제는 복잡한 조건을 사용해 이슈 목록을 걸러내는 클래스를 만든다.

리스트 11.17 함수 타입을 확장하면서 invoke()를 오버라이딩하기

```
data class Issue(
    val id: String, val project: String, val type: String,
    val priority: String, val description: String
)
class ImportantIssuesPredicate(val project: String)      ◄─── 함수 타입을 부모 클래스로
    : (Issue) -> Boolean {                                    사용한다.

    override fun invoke(issue: Issue): Boolean {      ◄─── "invoke" 메서드를
        return issue.project == project && issue.isImportant()   구현한다.
    }

    private fun Issue.isImportant(): Boolean {
        return type == "Bug" &&
            (priority == "Major" || priority == "Critical")
    }
}

>>> val i1 = Issue("IDEA-154446", "IDEA", "Bug", "Major",
...                 "Save settings failed")
>>> val i2 = Issue("KT-12183", "Kotlin", "Feature", "Normal",
... "Intention: convert several calls on the same receiver to with/apply")
>>> val predicate = ImportantIssuesPredicate("IDEA")
>>> for (issue in listOf(i1, i2).filter(predicate)) {   ◄─── 술어를 filter()에게
...     println(issue.id)                                    넘긴다.
... }
IDEA-154446
```

이 코드에서는 술어의 로직이 너무 복잡해서 한 람다로 표현하기 어렵다. 그래서 람다를 여러 메서드로 나누고 각 메서드에 뜻을 명확히 알 수 있는 이름을 붙이고 싶다. 람다를 함수 타입 인터페이스를 구현하는 클래스로 변환하고 그 클래스의 invoke 메서드를 오버라이드하면 그런 리팩토링이 가능하다. 이런 접근 방법에는 람다 본문에서 따로 분리해 낸 메서드가 영향을 끼치는 영역을 최소화할 수 있다는 장점이 있다. 오직 술어 클래스 내부에서만 람다에서 분리해낸 메서드를 볼 수 있다. 술어 클래스 내부와 술어가 쓰이는 주변에 복잡한 로직이 있는 경우 이런 식으로 여러 관심사를 깔끔하게 분리할 수 있다는 사실은 큰 장점이다.

11.3.3 DSL의 invoke 관례: 그레이들에서 의존관계 정의

모듈 의존관계를 정의하는 그레이들 DSL 예제로 돌아가 보자. 다음은 11장 앞부분에서 보여줬던 코드다.

```
dependencies {
    compile("junit:junit:4.11")
}
```

이 코드처럼 중첩된 블록 구조를 허용하는 한편 넓게 펼쳐진 형태의 함수 호출 구조도 함께 제공하는 API를 만들고 싶다. 다른 말로 하면 한 API에 대해 다음 두 형식을 모두 지원하고 싶다.

```
dependencies.compile("junit:junit:4.11")
dependencies {
    compile("junit:junit:4.11")
}
```

이렇게 설계하면 DSL 사용자가 설정해야 할 항목이 많으면 중첩된 블록 구조를 사용하고 설정할 항목이 한두 개뿐이면 코드를 단순하게 유지하기 위해 간단한 함수 호출 구조를 사용할 수 있다.

여기서 첫 번째 경우에는 dependencies 변수에 대해 compile 메서드를 호출한다. dependencies 안에 람다를 받는 invoke 메서드를 정의하면 두 번째 방식의 호출을 사용할 수 있다. invoke를 사용하는 경우 호출 구문을 완전히 풀어쓰면 dependencies. invoke({⋯})다.

dependencies 객체는 DependencyHandler 클래스의 인스턴스다. Dependency-Handler 안에는 compile과 invoke 메서드 정의가 들어있다. invoke 메서드는 수신 객체 지정 람다를 파라미터로 받는데, 이 람다의 수신 객체는 다시 DependencyHandler 다. 이 람다 안에서 어떤 일이 벌어질지는 이미 잘 알고 있다. DependencyHandler가 묵시적 수신 객체이므로 람다 안에서 compile과 같은 DependencyHandler의 메서드를 직접 호출할 수 있다. 다음은 DependencyHandler 구현을 가능한 한 줄여서 보여준다.

리스트 11.18 유연한 DSL 문법을 제공하기 위해 invoke 사용하기

```
class DependencyHandler {
    fun compile(coordinate: String) {          ◄──  일반적인 명령형 API를
        println("Added dependency on $coordinate")     정의한다.
    }
    operator fun invoke(                                "invoke"를 정의해 DSL 스타일
            body: DependencyHandler.() -> Unit) {  ◄──  API를 제공한다.
        body()        ◄──    "this"가 함수의 수신 객체가 되므로
    }                         this.body()와 같다.
}

>>> val dependencies = DependencyHandler()

>>> dependencies.compile("org.jetbrains.kotlin:kotlin-stdlib:1.0.0")
Added dependency on org.jetbrains.kotlin:kotlin-stdlib:1.0.0

>>> dependencies {
...     compile("org.jetbrains.kotlin:kotlin-reflect:1.0.0")
>>> }
Added dependency on org.jetbrains.kotlin:kotlin-reflect:1.0.0
```

첫 번째 의존관계를 추가할 때는 compile 메서드를 직접 호출한다. 두 번째 호출은 결과적으로 다음과 같이 변환된다.

```
dependencies.invoke({
    this.compile("org.jetbrains.kotlin:kotlin-reflect:1.0.0")
})
```

다른 말로 하면 dependencies를 함수처럼 호출하면서 람다를 인자로 넘긴다. 이때 람다의 타입은 확장 함수 타입(수신 객체를 지정한 함수 타입)이며, 지정한 수신 객체 타입은 DependencyHandler다. invoke 메서드는 이 수신 객체 지정 람다를 호출한다. invoke가 DependencyHandler의 메서드이므로 이 메서드 내부에서 묵시적 수신 객체 this는 DependencyHandler 객체다. 따라서 invoke 안에서 DependencyHandler 타입의 객체를 따로 명시하지 않고 compile()을 호출할 수 있다.

꽤 적은 양의 코드지만 이렇게 정의한 invoke 메서드로 인해 DSL API의 유연성이 훨씬 커진다. 이런 패턴은 일반적으로 적용할 수 있는 패턴이기 때문에 여러분이 개발하는 DSL에서도 기존 코드를 크게 변형하지 않고 사용할 수 있다.

이제는 DSL 구축에 도움이 되는 두 가지 코틀린 특징인 수신 객체 지정 람다와 invoke 관례에 대해 익숙해졌을 것이다. 다음으로 지금까지 설명한 코틀린 언어 특성들이 DSL 안에서 어떤 식으로 쓰이는지 살펴보자.

11.4 실전 코틀린 DSL

이제 여러분은 DSL을 만들 때 필요한 코틀린의 모든 특성을 잘 배웠다. 그중에서도 특히 확장이나 중위 호출 같은 기능은 오래된 친구처럼 친근하게 느껴질 것이다. 수신 객체 지정 람다에 대해서는 11장에서 처음으로 자세히 다뤘다. 이제 이 책에서 배운 모든 내용을 하나로 엮어서 몇 가지 실용적인 DSL 구성 예제를 살펴보자. 이번 절에서는 테스팅, 다양한 날짜 리터럴, 데이터베이스 질의, 안드로이드 UI 구성 같은 다양한 주제를 다룬다.

11.4.1 중위 호출 연쇄: 테스트 프레임워크의 should

이미 설명했던 대로 깔끔한 구문은 내부 DSL의 핵심 특징 중 하나다. DSL을 깔끔하게 만들려면 코드에 쓰이는 기호의 수를 줄여야 한다. 대부분의 내부 DSL은 메서드 호출을 연쇄시키는 형태로 만들어지기 때문에 메서드 호출 시 발생하는 잡음을 줄여주는 기능이 있다면 큰 도움이 될 수 있다. 코틀린에서는 예전에 살펴봤던 람다 호출을 간결하게 해주는 기능이나 중위 함수 호출이 메서드 호출에 따른 잡음을 줄여주는 기능이다. 3.4.3절에서 이미 중위 함수 호출에 대해 살펴봤으므로 여기서는 DSL에서 중위 호출을 어떻게 활용하는지에 초점을 맞춘다.

코틀린테스트(https://github.com/kotlintest/kotlintest, 스칼라테스트^{scalatest}에서 영향을 받아 만들어짐) DSL에서 중위 호출을 어떻게 활용하는지 살펴보자. 이미 11장의 맨 첫 부분에서 간단한 코틀린테스트 코드를 살펴봤다.

리스트 11.19 코틀린테스트 DSL 단언문 표현하기

```
s should startWith("kot")
```

s에 들어있는 값이 "kot"로 시작하지 않으면 이 단언문은 실패한다. 이 코드는 거의 "The s string should start with this constant."(s라는 문자열은 이 상수로 시작해야 한다)라는 영어 문장처럼 읽힌다. 이런 목적을 달성하기 위해 should 함수 선언 앞에 infix 변경자를 붙여야 한다.

리스트 11.20 should 함수 구현

```
infix fun <T> T.should(matcher: Matcher<T>) = matcher.test(this)
```

should 함수는 Matcher의 인스턴스를 요구한다. Matcher는 값에 대한 단언문을 표현하는 제네릭 인터페이스다. startWith는 Matcher를 구현하며, 어떤 문자열이 주어진 문자열로 시작하는지 검사한다.

```kotlin
interface Matcher<T> {
    fun test(value: T)
}
class startWith(val prefix: String) : Matcher<String> {
    override fun test(value: String) {
      if (!value.startsWith(prefix))
        throw AssertionError("String $value does not start with $prefix")
    }
}
```

평범한 프로그램이라면 startWith 클래스의 첫 글자를 대문자로 했어야 한다. 하지만 DSL에서는 그런 일반적인 명명 규칙을 벗어나야 할 때가 있다. 리스트 11.21은 DSL에서 아주 쉽게 중위 호출을 적용할 수 있다는 사실을 보여주며, 리스트 11.19는 중위 호출이 코드의 잡음을 효과적으로 줄여준다는 사실을 보여준다. 약간 더 기교를 부리면 잡음을 더 많이 감소시킬 수 있다. 코틀린테스트 DSL은 그런 기교도 함께 사용한다.

```kotlin
"kotlin" should start with "kot"
```

처음에 이 문장은 전혀 코틀린 문장처럼 보이지 않는다. 이 문장이 어떻게 작동하는지 이해하려면 중위 호출을 일반 메서드 호출로 바꿔봐야 한다.

```kotlin
"kotlin".should(start).with("kot")
```

이 코드를 보면 리스트 11.22가 should와 with라는 두 메서드를 연쇄적으로 중위 호출한다는 사실과 start가 should의 인자라는 사실을 알 수 있다. 여기서 start는 (싱글턴) 객체 선언을 참조하며, should와 with는 중위 호출 구문으로 쓰인 함수다.

should 함수 중에는 start 객체를 파라미터 타입으로 사용하는 특별한 오버로딩

508

버전이 있다. 이 오버로딩한 should 함수는 중간 래퍼 객체를 돌려주는데, 이 래퍼 객체 안에는 중위 호출 가능한 with 메서드가 들어있다.

리스트 11.23 중위 호출 연쇄를 지원하기 위한 API 정의

```
object start

infix fun String.should(x: start): StartWrapper = StartWrapper(this)

class StartWrapper(val value: String) {
    infix fun with(prefix: String) =
      if (!value.startsWith(prefix))
        throw AssertionError("String does not start with $prefix: $value")
      else
        Unit
}
```

DSL이라는 맥락 밖에서는 object로 선언한 타입을 파라미터 타입으로 사용할 이유가 거의 없다. 싱글턴 객체에는 인스턴스가 단 하나밖에 없기 때문에 굳이 그 객체를 인자로 넘기지 않아도 직접 그 인스턴스에 접근할 수 있다. 하지만 여기서는 객체를 파라미터 타입으로 사용할 타당한 이유가 있다. 여기서 start 객체는 함수에 데이터를 넘기기 위해서가 아니라 DSL의 문법을 정의하기 위해 사용된다. start를 인자로 넘김으로써 should를 오버로딩한 함수 중에서 적절한 함수를 선택할 수 있고, 그 함수를 호출한 결과로 StartWrapper 인스턴스를 받을 수 있다. StartWrapper 클래스에는 단언문의 검사를 실행하기 위해 필요한 값을 인자로 받는 with라는 멤버가 있다.

코틀린테스트 라이브러리는 다른 Matcher도 지원하며, 그 Matcher들은 모두 일반 영어 문장처럼 보이는 단언문을 구성한다.

```
"kotlin" should end with "in"          // "kotlin"은 "in"으로 끝나야 한다.
"kotlin" should have substring "otl"   // "kotlin"은 "otl"이라는 부분 문자열을 포함해야 한다.
```

이런 문장을 지원하기 위해 should 함수에는 end나 have와 같은 싱글턴 객체 인스턴스를 취하는 오버로딩 버전이 더 존재한다. 이들은 싱글턴의 종류에 따라 각각 EndWrapper와 HaveWrapper 인스턴스를 반환한다.

이런 예는 DSL을 구성하는 방법 중 상대적으로 어려운 방법이다. 하지만 이 기법을 사용한 결과는 아주 멋지므로 이런 DSL이 내부에서 어떻게 돌아가는지 한 번쯤 분석해볼만 하다. 중위 호출과 object로 정의한 싱글턴 객체 인스턴스를 조합하면 DSL에 상당히 복잡한 문법을 도입할 수 있고, 그런 문법을 사용하면 DSL 구문을 깔끔하게 만들 수 있다. 한편 그런 장점에도 불구하고 DSL은 여전히 정적 타입 지정 언어로 남는다. 따라서 함수와 객체를 잘못 조합하면 컴파일에 실패한다.

11.4.2 원시 타입에 대한 확장 함수 정의: 날짜 처리

11장 맨 앞에서 살펴본 맛보기 예제 중 남은 하나를 살펴보자.

```
val yesterday = 1.days.ago
val tomorrow = 1.days.fromNow
```

자바 8의 java.time API와 코틀린을 사용해 이 API를 구현하는 데 단지 몇 줄의 코드로 충분하다. 다음은 그 구현에서 중요한 부분을 정리한 코드다.[1]

리스트 11.24 날짜 조작 DSL 정의

```
import java.time.Period
import java.time.LocalDate

val Int.days: Period                          "this"는 상수의
    get() = Period.ofDays(this)  ◀────        값을 가리킨다.

val Period.ago: LocalDate                     연산자 구문을 사용해
                             ◀────            LocalDate.minus를 호출한다.
```

---

1. 이 코드를 코틀린 REPL에서 실행할 때는 코틀린 REPL이 val Int.days: Period까지를 한 컴파일 단위로 인식하고 해석해서 게터가 없는 프로퍼티를 정의할 수 없다는 오류를 내기 때문에 val Int.days: Period get() = Period.ofDays(this)처럼 확장 프로퍼티 선언을 한 줄로 바꿔 써야 한다. – 옮긴이

```
    get() = LocalDate.now() - this

val Period.fromNow: LocalDate

    get() = LocalDate.now() + this    ◀──    연산자 구문을 사용해
                                              LocalDate.plus를 호출한다.
>>> println(1.days.ago)

2016-08-16

>>> println(1.days.fromNow)

2016-08-18
```

여기서 days는 Int 타입의 확장 프로퍼티다. 코틀린에서는 아무 타입이나 확장 함수의 수신 객체 타입이 될 수 있다. 따라서 편하게 원시 타입에 대한 확장 함수를 정의하고 원시 타입 상수에 대해 그 확장 함수를 호출할 수 있다. days 프로퍼티는 Period 타입의 값을 반환한다. Period는 두 날짜 사이의 시간 간격^{interval}을 나타내는 JDK 8 타입이다.

문장을 마무리하는 ago를 지원하기 위해 다른 확장 프로퍼티를 더 정의해야 한다. 이번에는 Period 클래스에 대한 확장 함수가 필요하다. 그 프로퍼티의 타입은 LocalDate로 날짜를 표현한다. ago 프로퍼티 구현에 사용한 -(뺄셈 기호)는 코틀린이 제공하는 확장 함수가 아니다. LocalDate라는 JDK 클래스에는 코틀린의 - 연산자 관례와 일치하는 인자가 하나뿐인 minus 메서드가 들어있다. 따라서 코틀린은 ago 본문에 사용한 - 연산을 자동으로 LocalDate의 minus 호출로 바꿔준다. 깃허브의 kxdate 라이브러리에서 하루(날) 단위뿐 아니라 모든 시간 단위를 지원하는 완전한 구현을 볼 수 있다(https://github.com/yole/kxdate).

이런 간단한 DSL이 어떻게 작동하는지 이해했다. 이제는 좀 더 어려운 주제인 데이터베이스 질의 DSL을 살펴보자.

11.4.3 멤버 확장 함수: SQL을 위한 내부 DSL

DSL 설계에서 확장 함수가 중요한 역할을 하는 모습을 살펴봤다. 이번 절에서는 예전에 언급했던 기법을 더 자세히 살펴본다. 그 기법은 클래스 안에서 확장 함수와 확장 프로퍼티를 선언하는 것이다. 그렇게 정의한 확장 함수나 확장 프로퍼티는 그들이 선언된

클래스의 멤버인 동시에 그들이 확장하는 다른 타입의 멤버이기도 하다. 이런 함수나 프로퍼티를 멤버 확장^{member extensions}이라 부른다.

멤버 확장을 사용하는 몇 가지 예제를 살펴보자. 이 예제들은 앞에서 언급한 익스포 즈드 프레임워크에서 제공하는 SQL을 위한 내부 DSL에서 가져온 것이다. 예제를 보기 전에 먼저 익스포즈드에서 데이터베이스 구조를 어떻게 정의할 수 있는지 살펴볼 필요가 있다.

익스포즈드 프레임워크에서 SQL로 테이블을 다루기 위해서는 Table 클래스를 확장 한 객체로 대상 테이블을 정의해야 한다. 다음은 칼럼이 2개인 간단한 Country 테이블 선언이다.

리스트 11.25 익스포즈드에서 테이블 선언하기

```
object Country : Table() {
    val id = integer("id").autoIncrement().primaryKey()
    val name = varchar("name", 50)
}
```

이 선언은 데이터베이스 테이블에 대응된다. 이 테이블을 만들려면 SchemaUtils. create(Country) 메서드를 호출한다. 그 메서드는 테이블 정의를 기반으로 테이블 생성에 필요한 SQL을 만들어낸다.

```
CREATE TABLE IF NOT EXISTS Country (
    id INT AUTO_INCREMENT NOT NULL,
    name VARCHAR(50) NOT NULL,
    CONSTRAINT pk_Country PRIMARY KEY (id)
)
```

HTML을 생성할 때와 마찬가지로 코틀린 코드에 들어있는 선언이 어떻게 SQL문의 각 부분으로 변환됐는지 살펴볼 수 있다.

Country 객체에 속한 프로퍼티들의 타입을 살펴보면 각 칼럼에 맞는 타입 인자가

512

지정된 Column 타입을 볼 수 있다. id는 Column<Int> 타입이고, name은 Column<String> 타입이다.

익스포즈드 프레임워크의 Table 클래스는 방금 살펴본 두 타입을 포함해 데이터베이스 테이블에 대해 정의할 수 있는 모든 타입을 정의한다.

```
class Table {
    fun integer(name: String): Column<Int>
    fun varchar(name: String, length: Int): Column<String>
    // ...
}
```

integer와 varchar 메서드는 각각 순서대로 정수와 문자열을 저장하기 위한 칼럼을 새로 만든다.

이제 각 칼럼의 속성을 지정하는 방법을 살펴보자. 바로 이때 멤버 확장이 쓰인다.

```
val id = integer("id").autoIncrement().primaryKey()
```

autoIncrement나 primaryKey 같은 메서드를 사용해 각 칼럼의 속성을 지정한다. Column에 대해 이런 메서드를 호출할 수 있다. 각 메서드는 자신의 수신 객체를 다시 반환하기 때문에 메서드를 연쇄 호출할 수 있다. 다음은 이 두 함수의 선언을 단순하게 정리한 것이다.

```
class Table {
    fun <T> Column<T>.primaryKey(): Column<T>      ◀──  이 칼럼을 테이블의 기본 키
                                                         (primary key)로 지정한다.
    fun Column<Int>.autoIncrement(): Column<Int>   ◀──  숫자 타입의 칼럼만 자동 증가
    // ...                                                칼럼으로 설정할 수 있다.
}
```

이 두 함수는 Table 클래스의 멤버다. 따라서 Table 클래스 밖에서 이 함수들을 호출할 수 없다. 이제 이런 메서드를 멤버 확장으로 정의해야 하는 이유를 깨달았을 것이다. 멤버 확장으로 정의하는 이유는 메서드가 적용되는 범위를 제한하기 위함이다. 테이블

이라는 맥락이 없으면 칼럼의 프로퍼티를 정의해도 아무 의미가 없다. 따라서 테이블 밖에서는 이런 메서드를 찾을 수 없어야 한다.

여기서 활용한 확장 함수의 다른 멋진 속성은 수신 객체 타입을 제한하는 기능이다. 테이블 안의 어떤 칼럼이든 기본 키가 될 수 있지만 자동 증가 칼럼이 될 수 있는 칼럼은 정수 타입인 칼럼뿐이다. `Column<Int>`의 확장 함수로 `autoIncrement`를 정의하면 이런 관계를 API 코드로 구현할 수 있다. 다른 타입의 칼럼을 자동 증가 칼럼으로 만들려고 시도하면 컴파일에 실패한다.

더 나아가 어떤 칼럼을 `primaryKey`로 지정하면 그 칼럼을 포함하는 테이블 안에 그 정보가 저장된다. `primaryKey`는 `Table`의 확장 멤버이기 때문에 정보를 테이블 인스턴스에 바로 저장할 수 있다.

> **멤버 확장도 멤버다.**
>
> 멤버 확장에는 확장성이 떨어진다는 단점도 있다. 멤버 확장은 어떤 클래스의 내부에 속해 있기 때문에 기존 클래스의 소스코드를 손대지 않고 새로운 멤버 확장을 추가할 수는 없다.
>
> 예를 들어 익스포즈드에 새로운 데이터베이스 지원을 추가하고 싶다고 하자. 그런데 새 데이터베이스가 몇 가지 새 칼럼 속성을 지원한다. 이런 새 속성을 추가하려면 `Table` 클래스의 정의를 수정해서 새로운 멤버 확장을 추가해야 한다. 일반 확장은 `Table` 내부에 접근할 수 없으므로 `Table` 안에 새로운 멤버 확장을 추가하기 위해 일반 확장을 사용할 수는 없다. 따라서 `Table`의 원 소스코드를 수정하지 않고는 `Table`에 필요한 확장 함수나 프로퍼티를 추가할 방법이 없다.

간단한 SELECT 질의에서 볼 수 있는 다른 멤버 확장 함수를 살펴보자. Customer와 Country라는 두 테이블을 선언했다고 가정하자. 각 Customer 레코드마다 그 고객이 어떤 나라에서 왔는지 나타내는 Country 레코드에 대한 외래 키[foreign key]가 있다. 다음 코드는 미국에 사는 모든 고객의 이름을 출력한다.

리스트 11.26 익스포즈드에서 두 테이블 조인(join)하기

```
val result = (Country join Customer)
    .select { Country.name eq "USA" }    ◄──    WHERE Country.name = "USA"라는
                                                 SQL 코드에 해당한다.
```

514

```
result.forEach { println(it[Customer.name]) }
```

select 메서드는 Table에 대해 호출되거나 두 Table을 조인한 결과에 대해 호출될 수 있다. select의 인자는 데이터를 선택할 때 사용할 조건을 기술하는 람다다.

eq 메서드는 어디서 온 걸까? 이제 여러분은 eq가 "USA"를 인자로 받는 함수인데 중위 표기법으로 식을 적었다는 사실과 eq도 또 다른 멤버 확장임을 추측할 수 있을 것이다. 그 추측이 맞다.

여기서 eq는 앞에서 살펴본 여러 멤버 확장과 비슷하다. eq는 Column을 확장하는 한편으로 다른 클래스에 속한 멤버 확장이라서 적절한 맥락에서만 쓸 수 있는 확장 함수다. eq가 쓰일 수 있는 맥락은 바로 select 메서드의 조건을 지정하는 경우다. select 와 eq 정의를 좀 더 단순화한 코드는 다음과 같다.

```
fun Table.select(where: SqlExpressionBuilder.() -> Op<Boolean>) : Query

object SqlExpressionBuilder {
    infix fun<T> Column<T>.eq(t: T) : Op<Boolean>
    // ...
}
```

SqlExpressionBuilder 객체는 조건을 표현할 수 있는 여러 방식을 정의한다. 값을 서로 비교하거나, null인지 여부를 검사하거나, 수식을 계산하는 등의 다양한 조건을 표현할 수 있다. 익스포즈드를 사용하는 코드에서는 결코 SqlExpressionBuilder를 명시적으로 사용하지 않는다. 하지만 SqlExpressionBuilder가 묵시적 수신 객체로 쓰이는 경우가 있기 때문에 묵시적으로 SqlExpressionBuilder의 메서드를 호출하는 경우는 자주 있다. select 함수가 받는 파라미터의 타입이 바로 SqlExpressionBuilder를 수신 객체로 하는 수신 객체 지정 람다다. 따라서 그 select에 전달되는 람다 본문에서는 SqlExpressionBuilder에 정의가 들어있는 모든 확장 함수를 사용할 수 있다. 그런 함수 중에 eq가 있다.

지금까지 칼럼에 대한 두 종류의 확장을 살펴봤다. 하나는 Table 안에 선언해야만 하는 확장이며, 다른 하나는 where 조건에서 값을 비교할 때 쓰는 확장이다. 멤버 확장이 없다면 이 모든 함수를 Column의 멤버나 확장으로 정의해야 한다. 하지만 그렇게 정의하면 맥락과 관계없이 아무데서나 각 함수를 사용할 수 있다. 멤버 확장을 사용하면 각 함수를 사용할 수 있는 맥락을 제어할 수 있다.

노트

7.5.6절에서 프레임워크에서 위임 프로퍼티를 활용하는 예를 보여주면서 익스포즈드를 사용하는 코드를 몇 가지 살펴봤다. 위임 프로퍼티도 DSL에 자주 쓰이며, 익스포즈드 프레임워크는 그런 사실을 잘 보여준다. 이미 위임 프로퍼티에 대해 충분히 다뤘으므로 여기서 다시 그에 대해 설명하지는 않는다. 하지만 독자 여러분이 자신의 API에 필요한 DSL을 만들어야 하고 그 DSL을 깔끔하게 개선하고 싶다면 위임 프로퍼티를 염두에 둬야 한다.

11.4.4 안코: 안드로이드 UI를 동적으로 생성하기

수신 객체 지정 람다에 대해 이야기하면서 UI 컴포넌트의 레이아웃을 잡을 때 수신 객체 지정 람다가 유용하다고 언급했다. 이제 안코^{Anko} 라이브러리(https://github.com/Kotlin/anko)가 안드로이드 애플리케이션의 UI를 구성할 때 어떻게 도움이 되는지 살펴보자.

먼저 안코가 기존 안드로이드 API를 어떻게 DSL 비슷한 구조로 감싸는지 살펴보자. 다음 리스트는 약간 성가신 메시지와 두 가지 선택지(처리를 계속 진행할지 그만둘지)를 표시하는 경고 대화상자다.

리스트 11.27 안코를 사용해 안드로이드 경고 창 표시하기

```
fun Activity.showAreYouSureAlert(process: () -> Unit) {
    alert(title = "Are you sure?",
        message = "Are you really sure?") {
      positiveButton("Yes") { process() }
      negativeButton("No") { cancel() }
    }
}
```

이 코드에서 세 람다를 찾을 수 있는가? 첫 번째 람다는 alert 함수의 세 번째 인자다. 다른 두 람다는 positiveButton과 negativeButton의 인자로 전달된 것들이다. 첫 번째(바깥) 람다의 수신 객체는 AlertDialogBuilder 타입이다. 여기서도 AlertDialogBuilder라는 클래스 이름이 코드에 직접적으로 나타나지는 않지만, 람다 안에서 AlertDialogBuilder 의 멤버에 접근해 경고 창에 여러 요소를 추가하거나 변경한다는 패턴이 반복된다. 리스트 11.27에서 사용한 선언은 다음과 같다.

리스트 11.28 alert API의 선언

```
fun Context.alert(
    message: String,
    title: String,
    init: AlertDialogBuilder.() -> Unit
)
class AlertDialogBuilder {
    fun positiveButton(text: String, callback: DialogInterface.() -> Unit)
    fun negativeButton(text: String, callback: DialogInterface.() -> Unit)
    // ...
}
```

경고 창에 버튼을 2개 추가한다. 사용자가 Yes 버튼을 클릭하면 process 액션이 호출된다. 사용자가 처리를 계속할지 확신할 수 없다면 처리가 중단된다. cencel 메서드는 DialogInterface 인터페이스의 멤버다. 따라서 cancel은 이 람다의 수신 객체에 대해 호출된다.

이제 안코 DSL이 XML 레이아웃 정의를 완전히 대치하는 더 복잡한 예제를 살펴보자. 다음 리스트는 편집할 수 있는 필드가 2개 있는 간단한 폼을 선언한다. 한 필드는 이메일 주소를 다른 필드는 암호를 입력하기 위한 필드다. 맨 끝에는 클릭 핸들러가 붙은 버튼을 추가한다.

```
verticalLayout {
    val email = editText {        ← ┐ EditText 뷰 요소를 선언하고
                                     │ 그에 대한 참조를 저장한다.        이 람다의 수신 객체는 안드로이드 API가 제공하는
        hint = "Email"             ←─────────────────────────────────  일반 클래스 android.widget.EditText다.
    }
    val password = editText {      ┌ EditText.setHint("Password")를
        hint = "Password"        ← ┘ 호출하는 간단한 방법이다.
        transformationMethod =                       ←──┐ EditText.setTransformationMethod(...)를
            PasswordTransformationMethod.getInstance()  │ 호출한다.
    }
    button("Log In") {      ←──── 새 버튼을 선언한다...
        onClick {         ←──── ... 그리고 버튼 클릭 시 수행해야 하는 작업을 정의한다.
            logIn(email.text, password.text) ←──┐ UI 요소 안에 정의한 참조를 사용해 각각의
        }                                        │ 요소에 들어있는 데이터에 접근한다.
    }
}
```

수신 객체 지정 람다는 훌륭한 도구로 구조화된 UI 요소를 선언하는 깔끔한 방법을 제공
한다. 11.2.3절에서 살펴본 것처럼 코드로 UI 요소를 선언하면 (XML로 선언할 때와는 달리)
반복되는 로직을 추출해서 재활용할 수 있다. 내부 DSL을 사용하면 UI와 비즈니스 로직
을 다른 컴포넌트로 분리할 수 있지만 모든 컴포넌트를 여전히 코틀린 코드로 작성할
수 있다.

11.5 요약

- 내부 DSL은 여러 메서드 호출로 구성된 구조를 더 쉽게 표현할 수 있게 해주는
  API를 설계할 때 사용할 수 있는 패턴이다.

- 수신 객체 지정 람다는 람다 본문 안에서 메서드를 결정하는 방식을 재정의함으
  로써 여러 요소를 중첩시킬 수 있는 구조를 만들 수 있다.

- 수신 객체 지정 람다를 파라미터로 받은 경우 그 람다의 타입은 확장 함수 타입이다. 람다를 파라미터로 받아서 사용하는 함수는 람다를 호출하면서 람다에 수신 객체를 제공한다.
- 외부 템플릿이나 마크업 언어 대신 코틀린 내부 DSL을 사용하면 코드를 추상화하고 재활용할 수 있다.
- 중위 호출 인자로 특별히 이름을 붙인 객체를 사용하면 특수 기호를 사용하지 않는 실제 영어처럼 보이는 DSL을 만들 수 있다.
- 원시 타입에 대한 확장을 정의하면 날짜 등의 여러 종류의 상수를 더 읽기 좋게 만들 수 있다.
- invoke 관례를 사용하면 객체를 함수처럼 다룰 수 있다.
- kotlinx.html 라이브러리는 HTML 페이지를 생성하기 위한 내부 DSL을 제공한다. 그 내부 DSL을 확장하면 여러 프론트엔드 개발 프레임워크를 지원하게 만들 수 있다.
- 코틀린테스트 라이브러리는 단위 테스트에서 읽기 쉬운 단언문을 지원하는 내부 DSL을 제공한다.
- 익스포즈드 라이브러리는 데이터베이스를 다루기 위한 내부 DSL을 제공한다.
- 안코 라이브러리는 안드로이드 개발에 필요한 여러 도구를 제공한다. 그런 도구 중에는 UI 레이아웃을 정의하기 위한 내부 DSL도 있다.

A

코틀린 프로젝트 빌드

이 부록에서는 그레이들^{Gradle}, 메이븐^{Maven}, 앤트^{Ant}로 코틀린 코드를 빌드하는 방법을 설명한다. 또한 코틀린 안드로이드 애플리케이션을 빌드하는 방법에 대해서도 설명한다.

A.1 그레이들로 코틀린 코드 빌드

코틀린 프로젝트를 빌드할 때 그레이들 사용을 권장한다. 그레이들은 안드로이드 프로젝트의 표준 빌드 시스템이며, 코틀린을 사용할 수 있는 모든 유형의 프로젝트를 지원한다. 그레이들은 유연한 프로젝트 모델을 제공하며, 점진적 빌드$^{incremental\ build}$, 장시간 실행되는 빌드 프로세스(그레이들 데몬^{daemon}) 등의 고급 기법을 통해 더 나은 빌드 성능을 제공한다.

그레이들 팀은 코틀린으로 그레이들 빌드 스크립트를 작성하게 만드는 작업을 진행 중이다. 코틀린 스크립트를 사용할 수 있다면 애플리케이션을 작성하는 언어로 빌드 스크립트도 작성한다는 장점이 생긴다. 2018년 11월 현재도 그 작업은 계속 진행 중이다 (v1.0.0-RC14 상태). 좀 더 자세한 정보를 https://github.com/gradle/kotlin-dsl에서 볼 수 있다. 이 책에서는 그레이들 빌드 스크립트에 그루비를 사용한다. 한편 코틀린이 여러 플랫폼을 지원하게 됨에 따라 자바스크립트 환경 등의 다중 플랫폼 지원 프로젝트를 만드는 경우도 있다. 다중 플랫폼 지원 그레이들 스크립트에 대해서는 https://kotlinlang.org/docs/reference/building-mpp-with-gradle.html을 참조하라.

코틀린 프로젝트를 JVM을 타겟으로 빌드하는 표준 그레이들 빌드 스크립트는 다음과 같다.

```
buildscript {
    ext.kotlin_version = '1.3.0'          ◄─── 사용할 코틀린 버전을
                                                 지정한다.
    repositories {
        mavenCentral()
    }
    dependencies {
        classpath "org.jetbrains.kotlin:" +      코틀린 그레이들 플러그인에 대한 빌드
            "kotlin-gradle-plugin:$kotlin_version"   스크립트 의존관계를 추가한다.
    }
}

apply plugin: 'java'
apply plugin: 'kotlin'   ◄───    코틀린 그레이들
                                  플러그인을 적용한다.
repositories {
    mavenCentral()
}
                                              코틀린 표준 라이브러리에 대한
                                              프로젝트 의존관계를 추가한다.
dependencies {
    compile "org.jetbrains.kotlin:kotlin-stdlib:$kotlin_version"  ◄
}
```

이 스크립트는 다음 위치에서 코틀린 소스코드를 찾는다.

- **프로덕션 소스 파일**: src/main/java와 src/main/kotlin
- **테스트 소스 파일**: src/test/java와 src/test/kotlin

대부분은 자바와 코틀린 소스코드를 같은 디렉터리에 넣기를 권장한다. 특히 기존 프로젝트에 코틀린을 도입하는 경우 같은 소스 디렉터리를 사용하면 자바 파일을 코틀린으로 변환할 때 생길 수 있는 문제가 줄어든다.

코틀린 리플렉션을 사용한다면 코틀린 리플렉션 라이브러리에 대한 의존관계를 더 추가해야 한다. 그레이들 빌드 스크립트의 dependencies 부분에 다음을 추가하라.

```
compile "org.jetbrains.kotlin:kotlin-reflect:$kotlin_version"
```

A.1.1 그레이들로 안드로이드 애플리케이션 빌드하기

안드로이드 애플리케이션은 일반 자바 애플리케이션과 다른 빌드 프로세스를 사용한다. 따라서 안드로이드 애플리케이션을 빌드하려면 다른 그레이들 플러그인을 사용해야 한다. apply plugin: 'kotlin' 대신 다음을 빌드 스크립트에 넣어라.

```
apply plugin: 'kotlin-android'
```

나머지 설정은 일반 애플리케이션과 같다.

코틀린 소스코드를 src/main/kotlin과 같은 코틀린 전용 위치에 저장하고 싶다면 안드로이드 스튜디오가 그 디렉터리를 소스코드 루트source code root로 인식할 수 있게 등록해야 한다. 다음과 같이 빌드 스크립트를 바꾸면 된다.

```
android {
  ...
  sourceSets {
    main.java.srcDirs += 'src/main/kotlin'
  }
}
```

A.1.2 애너테이션 처리를 사용하는 프로젝트 빌드

안드로이드 개발을 지원하는 프레임워크 등 여러 자바 프레임워크가 애너테이션 처리를 통해 컴파일 시점에 코드를 생성한다. 이런 프레임워크를 코틀린과 함께 사용하려면 빌드 스크립트에서 애너테이션 처리를 활성화해야 한다. 다음을 추가하면 애너테이션 처리를 활성화시킬 수 있다.

```
apply plugin: 'kotlin-kapt'
```

애너테이션 처리를 쓰는 기존 자바 프로젝트에 코틀린을 도입하는 경우 apt 도구에 대한 기존 설정을 제거해야 한다. 코틀린 애너테이션 처리 도구는 자바와 코틀린 클래스를 함께 처리할 수 있기 때문에 굳이 apt와 코틀린 애너테이션 도구를 함께 사용할 필요가 없다. 애너테이션 처리에 필요한 의존관계를 설정하려면 kapt에 대한 의존관계를 사용하라.

```
dependencies {
    compile 'com.google.dagger:dagger:2.4'
    kapt 'com.google.dagger:dagger-compiler:2.4'
}
```

androidTest나 test 소스에서 애너테이션 처리가 필요하다면 kapt 대신 kaptAndroidTest(androidTest의 경우)나 kaptTest(test의 경우)라는 이름을 사용해 의존관계를 추가할 수 있다.

A.2 메이븐으로 코틀린 프로젝트 빌드

메이븐으로 프로젝트를 빌드하기 좋아하는 개발자를 위해 코틀린은 메이븐도 잘 지원한다. org.jetbrains.kotlin:kotlin-archetype-jvm 아키타입^{Archetype}을 사용하면 코틀린 메이븐 프로젝트를 생성하는 아주 쉽게 생성할 수 있다. 코틀린 인텔리J 아이디어 플러그인에서 Tools ❯ Kotlin ❯ Configure Kotlin in Project(도구 ❯ 코틀린 ❯ 프로젝트 안에 코틀린 설정하기)를 선택하면 기존 메이븐 프로젝트에 코틀린 지원을 추가할 수 있다.

메이븐 지원을 코틀린 프로젝트에 직접 추가하고 싶다면 다음과 같은 단계를 밟아야 한다.

1. 코틀린 표준 라이브러리에 대한 의존관계를 추가한다(그룹 아이디 `org.jetbrains.kotlin`, 아티팩트 ID `kotlin-stdlib`).
2. 코틀린 메이븐 플러그인(그룹 아이디 `org.jetbrains.kotlin`, 아티팩트 ID `kotlin-maven-plugin`)을 추가하고 그 플러그인을 `compile`과 `test-compile` 단계에 사용하게 설정한다.
3. 코틀린 소스코드를 자바 소스코드와 다른 디렉터리에 저장하고 싶다면 소스 디렉터리를 설정한다.

지면의 제약으로 인해 pom.xml 예제를 여기 표시하지는 않는다. 하지만 온라인 문서 (https://kotlinlang.org/docs/reference/usingmaven.html)에서 예제를 찾을 수 있다.

자바와 코틀린을 함께 사용하는 프로젝트에서는 자바 플러그인을 실행하기 전에 코틀린 플러그인을 실행하게 설정해야 한다. 코틀린 플러그인은 자바 소스코드를 파싱할 수 있지만 자바 플러그인은 .class 파일만 처리할 수 있어서 자바 플러그인이 실행되기 전에 코틀린 소스코드를 .class로 컴파일해야만 한다. 이렇게 설정하는 방법을 http://mng.bz/73od에서 볼 수 있다.

A.3 앤트로 코틀린 코드 빌드

코틀린은 앤트에서 프로젝트를 빌드할 수 있는 태스크를 두 가지 제공한다. `<kotlinc>` 태스크는 순수 코틀린 모듈을 컴파일하고, `<withKotlin>` 태스크는 `<javac>` 태스크가 자바와 코틀린을 혼합한 모듈을 빌드할 때 사용할 수 있는 확장이다. 다음은 `<kotlinc>` 를 사용하는 가장 간단한 예제다.

```
<project name="Ant Task Test" default="build">
```

```xml
    <typedef resource="org/jetbrains/kotlin/ant/antlib.xml"
        classpath="${kotlin.lib}/kotlin-ant.jar"/>
    <target name="build">
        <kotlinc output="hello.jar">
            <src path="src"/>
        </kotlinc>


    </target>
</project>
```

◀── 〈kotlinc〉 태스크를 정의한다.

◀── 〈kotlinc〉로 한 소스 디렉터리를 빌드하되 별도의 .jar 파일로 결과를 패키징한다.

<kotlinc> 앤트 태스크는 자동으로 표준 라이브러리에 대한 의존관계를 추가한다. 따라서 직접 표준 라이브러리를 설정할 필요는 없다. <kotlinc>는 컴파일한 .class를 .jar 파일로 패키징해준다.

다음은 자바와 코틀린을 혼합한 모듈을 빌드하기 위해 <withKotlin>을 사용하는 예제다.

```xml
<project name="Ant Task Test" default="build">
    <typedef resource="org/jetbrains/kotlin/ant/antlib.xml"
        classpath="${kotlin.lib}/kotlin-ant.jar"/>
    <target name="build">
        <javac destdir="classes" srcdir="src">
            <withKotlin/>
        </javac>
        <jar destfile="hello.jar">
            <fileset dir="classes"/>
        </jar>
    </target>
</project>
```

◀── 〈withKotlin〉 태스크를 정의한다.

◀── 코틀린과 자바를 혼합한 모듈을 지원하게 〈withKotlin〉 태스크를 사용한다.

◀── 컴파일한 클래스를 .jar 파일로 패키징한다.

<kotlinc> 태스크와 달리 <withKotlin>은 컴파일한 클래스를 자동으로 패키징해주지 않는다. 그래서 이 예제에서는 별도로 <jar> 태스크를 사용해 클래스를 패키징한다.

B

코틀린 코드 문서화

부록 B에서는 코틀린 코드에 문서화 주석을 추가하는 방법과 코틀린 모듈에 대한 API 문서를 생성하는 방법을 설명한다.

B.1 코틀린 문서화 주석 작성

코틀린 선언에 사용하는 문서화 주석의 형식은 자바독^{JavaDoc}과 비슷하며, 케이독^{KDoc}이라 불린다. 자바독처럼 케이독 주석도 /**으로 시작하며, 특정 선언을 문서화할 때는 @로 시작하는 태그를 사용한다. 자바독과 케이독의 가장 큰 차이는 HTML이 아니라 마크다운(https://daringfireball.net/projects/markdown)을 문서 작성 형식으로 사용한다는 점이다. 문서화 주석을 더 쉽게 작성할 수 있게 하기 위해 케이독은 함수 파라미터 등 문서화에 필요한 요소를 참조할 때 써먹을 수 있는 몇 가지 관례를 더 제공한다.

다음은 함수에 대한 간단한 케이독 주석 예제다.

```
/**
 * 두 수 [a] 와 [b] 의 합계를 계산한다
 */
fun sum(a: Int, b: Int) = a + b
```

케이독 주석 안에서 선언을 참조하고 싶으면 각괄호 사이에 이름을 넣으면 된다. 이 예제는 문서화 대상 함수의 파라미터를 언급하기 위해 [a]와 [b]를 사용했다. 하지만 파라미터뿐 아니라 다양한 유형의 선언을 마찬가지 방법으로 참조할 수 있다. 각괄호 안에 참조하려는 이름이 현재 케이독 주석이 들어있는 소스코드에서 임포트된 상태라면 짧은 이름을 그냥 사용해도 되지만 임포트하지 않은 상태라면 완전한 이름을 사용해야 한다. 이렇게 인용한 이름과 연결하는 링크에 이름을 붙이고 싶다면 각괄호를 두 번 사용하면 된다. [an example][com.mycompany.SomethingTest.simple]처럼 첫 번째 각괄호에는 표시할 링크 이름이 두 번째 각괄호에는 가리키려는 대상의 이름이 들어간다.

다음 예제는 좀 더 복잡하며 @으로 시작하는 태그를 문서화 주석에 어떻게 사용하는지 보여준다.

```
/**
 * 복잡한 연산을 수행한다.
 *
 * @param true이면 연산을 원격에서 실행한다.    ◀────  파라미터 문서화
 * @return 연산을 수행한 결과    ◀────  반환 값 문서화
 * @throws IOException (원격 연결에 실패 시)    ◀────  발생할 수 있는 예외 문서화
 * @sample com.mycompany.SomethingTest.simple ◀────  여기서 지정한 함수를 문서 텍스트안에
 */                                                   예제로 포함시킨다.
fun somethingComplicated(remote: Boolean): ComplicatedResult { ... }
```

각 태그의 문법은 자바독과 같다. 케이독은 표준 자바독 태그와 더불어 자바에 없는 개념에 대한 새로운 태그를 지원한다. 예를 들어 @receiver 태그는 확장 함수나 프로퍼티의 수신 객체를 문서화하는 태그다. 지원하는 모든 태그 목록은 http://kotlinlang.org/docs/reference/kotlin-doc.html에서 볼 수 있다.

@sample 태그를 사용하면 설명 중인 API의 사용법을 보여주는 예제로 지정한 함수의 본문을 문서화 텍스트 안으로 불러올 수 있다. 이 태그의 값은 포함시킬 메서드의 전체 경로명이다.

케이독은 다음과 같은 일부 자바독 태그를 지원하지 않는다.

- @deprecated 태그는 없어지고 @Deprecated 애너테이션이 태그 역할도 대신한다.
- @inheritdoc을 지원하지 않는다. 코틀린에서는 문서화 주석이 오버라이딩한 상위 클래스 멤버의 주석을 언제나 자동 상속한다.
- @code, @literal, @link을 지원하지 않는다. 같은 역할을 하는 마크다운 기능을 사용해야 한다.

코틀린 팀이 선호하는 문서화 방식은 리스트 B.1처럼 문서화 주석 안에서 직접 함수의 파라미터나 반환 값을 설명하는 것이다. 리스트 B.2처럼 태그를 사용하는 방식은 파라미터나 반환 값의 의미가 너무 복잡해서 함수나 프로퍼티를 설명하는 텍스트랑 명확히 구분해야 할 필요가 있는 경우에만 권장한다.

B.2 API 문서 생성

코틀린의 문서 생성 도구는 도카^{Dokka}다(https://github.com/kotlin/dokka). 코틀린과 마찬가지로 도카도 자바와 코틀린을 함께 사용하는 프로젝트를 완전히 지원한다. 도카는 자바 코드에 있는 자바 독 주석과 코틀린 코드에 있는 케이독 주석을 읽을 수 있고, 코드 작성에 사용한 언어와 관계없이 모듈 전체를 다루는 문서를 생성할 수 있다. 도카는 일반 HTML, 자바독 형식의 HTML(모든 선언에 자바 문법을 사용하고 자바 쪽에서 API를 어떻게 사용할 수 있는지 보여줌), 마크다운 등의 여러 출력 형식을 지원한다.

커맨드라인에서 도카를 실행할 수도 있고, 앤트, 메이븐, 그레이들 빌드 스크립트를 통해 도카를 실행할 수도 있다. 그중에서도 모듈을 빌드할 때 사용하는 그레이들 빌드 스크립트를 통해 도카를 실행하는 방법을 추천한다. 다음은 그레이들 빌드 스크립트에 도카를 설정할 때 필요한 최소한의 변경 내용이다.

```
buildscript {
    ext.dokka_version = '0.9.17'        ◀──── 사용할 도카 버전을
                                              지정한다.
    repositories {
        jcenter()
    }
    dependencies {
        classpath "org.jetbrains.dokka:dokka-gradle-plugin:${dokka_version}"
    }
}
apply plugin: 'org.jetbrains.dokka'
```

이렇게 설정하고 ./gradlew dokka를 실행하면 모듈에 대한 문서를 HTML 형식으로 생성할 수 있다.

변경할 수 있는 다른 선택 사항에 대해서는 도카 문서(https://github.com/Kotlin/dokka/blob/master/README.md)를 참조하라. 도카만 따로 사용하거나 메이븐과 앤트 빌드 스크립트에서 도카를 호출하는 방법에 대한 정보도 역시 도카 문서에서 찾을 수 있다.

C
코틀린 에코시스템

코틀린은 생긴 지 얼마 안 된 프로그래밍 언어지만 코틀린 라이브러리, 프레임워크, 도구로 이뤄진 상당히 광범위한 에코시스템이 이미 생겨났다. 그런 에코시스템을 이루는 요소 중 상당수는 젯브레인스가 아닌 외부 개발자 커뮤니티에서 개발한 것이다. 부록 C에서는 코틀린 에코시스템에 속한 여러 프로젝트를 소개한다. 물론 빠르게 늘어나는 도구들을 소개하기에 책이라는 수단이 적당하지 않다는 사실을 잘 안다. 따라서 항상 최신 정보를 찾을 수 있는 링크인 https://kotlin.link/를 먼저 찾아보기 바란다.

다시 언급하지만 코틀린은 기존 자바 라이브러리 에코시스템과도 완전히 호환된다. 여러분이 해결해야 하는 문제에 적합한 라이브러리를 찾고 싶다면 코틀린 라이브러리뿐 아니라 일반 자바 라이브러리도 고려해야 한다. 이제 알아둘 만한 몇 가지 라이브러리를 살펴보자. 일부 자바 라이브러리는 더 깔끔하고 코틀린다운 API를 제공하는 코틀린용 확장을 제공하기도 한다. 그런 경우 가능하면 코틀린 확장을 활용하라.

C.1 테스팅

표준 제이유닛^{JUnit}이나 테스트엔지^{TestNG}도 코틀린에서 잘 작동하지만 다음 프레임워크는 코틀린으로 테스트를 작성할 때 사용할 수 있는 더 표현력이 좋은 DSL을 제공한다.

- **코틀린테스트**^{Kotlin Test}(https://github.com/kotlintest/kotlintest) 스칼라테스트^{ScalaTest}에서 영향을 받아 만들어진 유연한 테스트 프레임워크로, 11장에서 언급한 적이 있다. 코틀린테스트는 테스트를 작성하는 여러 방식을 지원한다.
- **스펙**^{Spek}(https://github.com/jetbrains/spek) BDD 스타일의 코틀린테스트 프레임워크로 젯브레인스에서 개발을 시작했지만, 이제는 커뮤니티에서 관리 중이다.

제이유닛에 만족하지만 단언문 작성에 좀 더 표현력이 좋은 DSL이 필요하다면 햄크레스트^{Hamkrest}(https://github.com/npryce/hamkrest)를 시도해보라. 테스트에 모킹^{mocking}을 사용한다면 꼭 모키토-코틀린^{Mockito-Kotlin}(https://github.com/nhaarman/mockito-kotlin)을 살펴봐야 한다. 모티토-코틀린은 코틀린 클래스를 모킹할 때 생기는 여러 문제를 해결해주고 더 나은 모킹 DSL을 제공해준다.

C.2 의존관계 주입

스프링^{Spring}, 주스^{Guice}, 대거^{Dagger}와 같은 표준 자바 의존관계 주입^{DI, Dependency Injection} 프레임워크도 코틀린과 잘 어울린다. 하지만 코틀린으로 작성한 DI 프레임워크에 관심이 있는 독자는 코데인^{Kodein} DI(https://github.com/Kodein-Framework/Kodein-DI/)를 살펴보라. 코데인은 의존관계를 설정하는 멋진 코틀린 DSL을 제공하며, 구현도 아주 효율적이다.

C.3 JSON 직렬화

10장에서 살펴본 제이키드 라이브러리보다 더 튼튼한 솔루션이 필요하다면 선택할 라이브러리가 많다. 잭슨^{Jackson}을 좋아하는 개발자를 위해 잭슨-모듈-코틀린^{jackson-module-kotlin}(https://github.com/FasterXML/jackson-module-kotlin)은 잭슨을 코틀린에 통합해준다. 지슨^{GSON}의 경우 콧슨^{Kotson}(https://github.com/SalomonBrys/Kotson)이 멋진 코틀린 래퍼를 제공한다. 경량의 순수 코틀린 솔루션을 좋아한다면 클락슨^{Klaxon}(https://github.com/cbeust/klaxon)을 살펴보라.

C.4 HTTP 클라이언트

레스트^{REST} API에 대한 클라이언트를 코틀린으로 작성해야 한다면 레트로핏^{Retrofit}(http://square.github.io/retrofit)만 찾아보면 된다. 레트로핏은 자바 라이브러리며, 안드로이드와도 호환되고 코틀린과도 잘 들어맞는다. 더 저수준의 솔루션이 필요하다면 OkHttp(http://square.github.io/okhttp/)나 순수 코틀린 구현인 퓨얼^{Fuel}(https://github.com/kittinunf/Fuel)을 살펴보라.

C.5 웹 애플리케이션

서버사이드 웹 애플리케이션을 개발 중이라면 오늘날 가장 성숙한 솔루션은 스프링^{Spring}, 스파크 자바^{Spark Java}, 버텍스^{vert.x} 등의 자바 프레임워크일 것이다. 스프링 5.0에는 코틀린 지원과 코틀린 확장이 포함됐다. 코틀린을 스프링 5.0 이전 버전과 함께 쓰고 싶다면 스프링 코틀린 프로젝트(https://github.com/sdeleuze/spring-kotlin)에 있는 도우미 함수와 정보를 찾아보면 된다. 버텍스도 코틀린을 정식 지원한다(https://github.com/vert-x3/vertx-lang-kotlin/).

코틀린으로 만들어진 솔루션을 찾는다면 다음 목록을 살펴보라.

- 케이토^{Ktor}(https://github.com/Kotlin/ktor) 젯브레인스에서 만든 코틀린다운 API를 사용하는 완전한 웹 애플리케이션 프레임워크 연구 프로젝트다.
- 카라^{Kara}(https://github.com/TinyMission/kara) 젯브레인스와 다른 회사에서 프로덕션 환경에 사용했던 최초의 코틀린 웹 프레임워크다.
- 와사비^{Wasabi}(https://github.com/wasabifx/wasabi) 네티^{Netty} 위에 만들어진 HTTP 프레임워크로 표현력이 풍부한 코틀린 API를 제공한다.
- 코버트^{Kovert}(https://github.com/kohesive/kovert) 버텍스 위에 만들어진 레스트 프레임워크다.

HTML 생성이 필요하다면 11장에서 살펴본 kotlinx.html을 보라(https://github.com/kotlin/kotlinx.html). 아니면 더 전통적인 방법을 취해서 타임리프 ^{thymeleaf}(www.thymeleaf.org)와 같은 자바 템플릿 엔진을 시도해보라.

C.6 데이터베이스 접근

하이버네이트^{Hibernate} 같은 전통적인 자바 데이터베이스 솔루션 외에도 데이터베이스 접근에 사용할 수 있는 여러 코틀린 라이브러리가 있다. 우리(저자들)는 이 책에서 여러 번 설명한 SQL 생성 프레임워크인 익스포즈드^{Exposed}(https://github.com/jetbrains/Exposed)를 가장 많이 써왔다. 몇 가지 다른 대안이 https://kotlin.link에 있다.

C.7 유틸리티와 데이터 구조

최근 가장 유명한 프로그래밍 패러다임으로는 **반응형 프로그래밍**^{reactive programming}을 들 수 있는데, 코틀린도 반응형 프로그래밍에 잘 어울린다. JVM상의 반응형 프로그래밍에 있어 사실상 업계 표준인 RxJava(https://github.com/ReactiveX/RxJava)에 대한 공식 코틀린 바인딩을 https://github.com/ReactiveX/RxKotlin에서 볼 수 있다.

다음 라이브러리를 보면 여러분의 프로젝트에 유용한 유틸리티나 데이터 구조를 발견할 수 있을 것이다.

- funKTionale(https://github.com/MarioAriasC/funKTionale) 다양한 함수형 프로그래밍 기본 구조(부분 함수 적용$^{\text{partial function application}}$ 등)를 제공한다.
- 커버넌트^{Kovenant}(https://github.com/mplatvoet/kovenant) 코틀린과 안드로이드를 위한 프라미스^{promise} 구현이다.

C.8 데스크탑 프로그래밍

요즘 JVM에서 데스크탑 애플리케이션을 개발한다면 자바FX를 사용할 가능성이 높다. 토네이도FX(https://github.com/edvin/tornadofx)는 강력한 기능을 제공하는 자바FX 코틀린 어댑터^{adapter}를 제공하며, 코틀린으로 데스크탑 개발을 하는 경우 자연스럽게 선택할 만한 라이브러리다.

D

코틀린 언어 버전 변경
이력 정리

코틀린은 변화 중이다. 2023년 9월 현재 코틀린 1.9.10이 최신 버전이다. 부록 D에서는 코틀린 블로그와 공식 문서를 바탕으로 코틀린 언어의 변화를 간략히 소개한다.

D.1 코틀린 1.1

코틀린 1.1부터는 자바스크립트를 공식 지원하기 시작했다. 하지만 이 책에서는 특별히 그에 대해 따로 설명하지는 않는다. 다른 변화 중에 원서에서 다루지 않은 내용을 코틀린 문서에 나온 순서대로 살펴보자.

D.1.1 타입 별명

기존 타입에 대한 별명^{alias}을 만드는 기능으로 typealias라는 키워드가 생겼다. 타입 별명^{type alias}은 새로운 타입을 정의하지는 않지만 기존 타입을 다른 이름으로 부르거나 더 짧은 이름으로 부를 수 있다.

```
// 콜백 함수 타입에 대한 타입 별명
typealias MyHandler = (Int, String, Any) -> Unit

// MyHandler를 받는 고차 함수
fun addHandler(h:MyHandler) { ... }

// 컬렉션의 인스턴스에 대한 타입 별명
typealias Args = Array<String>

fun main(args:Args) { ... }

// 제네릭 타입 별명
typealias StringKeyMap<V> = Map<String, V>

val myMap: StringKeyMap<Int> = mapOf("One" to 1, "Two" to 2)

// 중첩 클래스
class Foo {
    class Bar {
        inner class Baz
    }
}

typealias FooBarBaz = Foo.Bar.Baz
```

아직은 최상위 수준에서만 타입 별명을 정의할 수 있다. 또한 제네릭 타입 별명의 타입 인자에 대해 변성을 지정하거나 상한/하한을 지정할 수는 없다. 타입 별명 관련 문서는 https://github.com/Kotlin/KEEP/blob/master/proposals/type-aliases.md를 참조하라.

D.1.2 봉인 클래스와 데이터 클래스

본문에서도 잠깐 언급했지만 코틀린 1.1부터는 봉인 클래스의 하위 클래스를 봉인 클래스 내부에 정의할 필요가 없고 같은 소스 파일 안에만 정의하면 된다. 또한 데이터 클래스로 봉인 클래스를 확장하는 것도 가능해졌다. 따라서 본문에서 소개했던 간단한 산술식 계산 코드를 다음과 같이 쓸 수도 있다.

```
sealed class Expr
data class Num(val value: Int) : Expr()
data class Sum(val left: Expr, val right: Expr) : Expr()

fun eval(e: Expr): Int =
    when (e) {
       is Num -> e.value
       is Sum -> eval(e.right) + eval(e.left)
    }

fun main(args:Array<String>) {
    val v = Sum(Num(1),Sum(Num(10),Num(20)))
    println(v)
    println(eval(v))
}
// 결과
Sum(left=Num(value=1), right=Sum(left=Num(value=10), right=Num(value=20)))
31
```

데이터 클래스로 봉인 클래스를 상속하는 경우 재귀적인 계층 구조의 값을 자연스럽게 표시해주는 toString 함수를 쉽게 얻을 수 있다는 장점이 있다(다만 보기가 그리 좋지는 않다).

D.1.3 바운드 멤버 참조

5.1절 마지막 부분의 박스에서 설명했다. 본문을 참조하라.

D.1.4 람다 파라미터에서 구조 분해 사용

구조 분해 선언을 람다의 파라미터 목록에서도 사용할 수 있다.

```
val nums = listOf(1,2,3)

val names = listOf("One","Two","Three")

(nums zip names).forEach { (num, name) -> println("${num} = ${name}") }

// 결과

1 = One

2 = Two

3 = Three
```

D.1.5 밑줄(_)로 파라미터 무시

람다를 정의하면서 여러 파라미터 중에 사용하지 않는 파라미터가 있다면 _을 그 위치에 넣으면 따로 파라미터 이름을 붙이지 않고 람다를 정의할 수 있다. 마찬가지로 구조 분해 시에도 관심이 없는 값을 _로 무시할 수 있다.

```
data class YMD(val year:Int, val month:Int, val day:Int)

typealias YMDFUN = (YMD) -> Unit

fun applyYMD(v:YMD, f:YMDFUN) = f(v)

val now = YMD(2017,10,9)

val 삼일운동 = YMD(1919,3,1)

val (삼일운동이_일어난_해, _, _) = 삼일운동  // 1919

applyYMD(now) { (year,month,_) -> println("year = ${year}, month = ${month}") }
```

```
// 결과
year = 2017, month = 10
```

D.1.6 식이 본문인 게터만 있는 읽기 전용 프로퍼티의 타입 생략

읽기 전용 프로퍼티를 정의할 때 게터의 본문이 식이라면 타입을 생략해도 컴파일러가
프로퍼티 타입을 추론해준다.

```
data class Foo(val value:Int) {
    val double get() = value * 2
}
```

D.1.7 프로퍼티 접근자 인라이닝

프로퍼티 접근자도 함수이므로 inline을 사용할 수 있다는 생각을 누구나 할 수 있다.
실제 코틀린 1.1부터는 접근자를 inline으로 선언할 수 있다. 게터뿐 아니라 세터도
인라이닝이 가능하며, 일반 멤버 프로퍼티뿐 아니라 확장 멤버 프로퍼티나 최상위 프로
퍼티도 인라이닝이 가능하다.

    그러나 한 가지 제약이 있다. 프로퍼티에 뒷받침하는 필드가 있으면 그 프로퍼티의
게터나 세터를 인라이닝할 수는 없다.

```
val toplevel: Double
    inline get() = Math.PI        // 게터 인라이닝
class InlinePropExample(var value:Int) {
    var setOnly: Int
    get() = value
    inline set(v) { value = v }     // 세터 인라이닝

    // 컴파일 오류: Inline property cannot have backing field
    val backing: Int = 10
```

```
    inline get() = field*1000
}

inline var InlinePropExample.square: Int  // 게터 세터 인라이닝
    get() = value*value
    set(v) { value = Math.sqrt(v.toDouble()).toInt() }
```

D.1.8 제네릭 타입으로 이넘 값 접근

제네릭 파라미터로 쓰이는 이넘의 모든 이넘 값을 이터레이션하거나 값을 찾아봐야 하는
경우가 있다. 이럴 경우 인라인 제네릭 함수 안에서 실체화한[reified] 타입을 활용해 이넘에
제네릭하게 접근할 수 있다. 이넘의 값을 사용하고 싶으면 public inline fun
<reified T : Enum<T>> enumValues(): Array<T>를 활용하면 된다. 역으로 이름에
서 값을 가져오고 싶으면 public inline fun <reified T : Enum<T>> enumValueOf
(name: String): T를 사용한다.

```
enum class DAYSOFWEEK { MON, TUE, WED, THR, FRI, SAT, SUN }
// ','가 맨 뒤에도 붙지만 굳이 해결하지는 않았다.
inline fun <reified T : Enum<T>> mkString():String =
    buildString {
        for (v in enumValues<T>()) {
            append(v)
            append(",")
        }
    }

fun main(args:Array<String>) {
    println("${mkString<DAYSOFWEEK>()}")
}
//결과
MON,TUE,WED,THR,FRI,SAT,SUN,
```

D.1.9 DSL의 수신 객체 제한

수신 객체 지정 람다를 사용한 빌더 DSL에서 내부 람다는 외부 람다의 묵시적 수신 객체에 정의된 메서드를 자유롭게 사용할 수 있다. 어휘 범위^{lexical} 규칙에 따라 내부 람다의 this에 정의되지 않은 메서드를 외부 람다의 this에서 찾기 때문이다. 바깥쪽 this에서 공통 기능을 제공하고 내부 this에서 세부 기능을 제공하는 형태로 계층화할 수 있어서 유용한 경우도 있지만 때로는 사용해서는 안 되는 메서드까지 사용할 수 있는 경우가 생긴다. 다음과 같은 HTML 빌더 DSL의 예를 보자.

```
table {
    tr {
      tr { ... }
    }
}
```

여기서 tr 안에 tr을 사용할 수 있다. 바깥쪽 table에 정의된 tr 메서드가 중간의 tr에 전달된 람다 안에서도 여전히 유효하기 때문이다. 코틀린 1.1부터는 @DslMarker 애너테이션을 통해 이를 해결할 수 있다. @DslMarker로 어떤 타입을 애너테이션하면 영역 안에서 묵시적 수신 객체로 사용할 수 있는 같은 타입의 객체가 여럿 있는 경우 맨 안쪽의 객체만 묵시적으로 사용 가능하고, 나머지는 this@레이블 형태로 명시적으로 사용해야 한다.

위 tr 문제 같은 경우 모든 HTML 빌더 클래스의 상위 클래스에 @DslMarker를 붙이면 해결할 수 있다. 이를 위해 다음과 같이 @DslMarker를 적용하기 위한 애너테이션 클래스를 정의하고 모든 태그의 상위 클래스인 Tag에 이 애너테이션을 붙인다.

```
@DslMarker
annotation class HtmlTagMarker
@HtmlTagMarker
abstract class Tag(val name:String) { ... }
```

```
class Table() : Tag("table") { ... }
class Tr() : Tag("tr") { ... }
```

이제는 Table과 Tr 클래스에 모두 @DslMarker가 적용됐기 때문에 중첩된 수신 객체 지정 람다 안에서는 맨 안쪽의 묵시적 this만 사용할 수 있다. 따라서 위의 테이블 예제는 컴파일되지 않는다.

```
table {
    tr {
        // 이 위치에서는 'Tr'에 정의된 메서드만 묵시적 사용이 가능함
        tr { ... } // 컴파일 안 됨 'Table' 클래스에 정의된 메서드는 이 위치에서 사용 불가
        this@table.tr { ... } // 명시적으로는 사용 가능
    }
}
```

이 예제는 tr... can't be called in this context by implicit receiver. Use the explicit one if necessary(tr...를 이 맥락에서 묵시적 수신 객체를 통해 호출할 수 없음. 필요하면 명시적인 수신 객체를 사용하시오)라는 오류를 내며 컴파일에 실패한다. 비슷한 예제(코틀린 문서의 예제에 DslMarker만 붙인 예제)가 https://goo.gl/1C3TAi에 있으니 웹에서 직접 실행해보라.

더 자세한 사항은 https://github.com/Kotlin/KEEP/blob/master/proposals/scope-control-for-implicit-receivers.md를 참조하라.

D.1.10 로컬 변수 등을 위임

클래스나 객체의 프로퍼티 외에 로컬 변수나 최상위 수준의 변수에도 위임을 사용할 수 있다. 다음 코드를 한번 살펴보자.

```
// VarDelegate.kt
import kotlin.reflect.KProperty
```

```
class BarDelegate {

    operator fun getValue(thisRef: Any?, property: KProperty<*>): Int {

      println("thisRef = ${thisRef}")

      println("property.name = ${property.name}")

      return 100

    }

}

val y:Int by BarDelegate()

fun main(args:Array<String>) {

    val x:Int by BarDelegate()

    println("x = ${x} y = ${y}")

}
```

노트

로컬 변수를 위임한 위임 클래스에 전달되는 KProperty 타입 값

본문의 BarDelegate.getValue에서 property.name만을 찍은 이유가 있다. 로컬
변수를 위임한 경우 위임 객체의 getValue나 setValue로 전달되는 KProperty 타입
의 값에 있는 여러 메서드 중에 name을 제외한 나머지는 실행 시 "java.lang.
UnsupportedOperationException: Not supported for local property reference"
를 발생시킨다.

D.1.11 위임 객체 프로바이더

provideDelegate() 연산자를 제공하는 객체를 by 다음에 쓰면 해당 프로퍼티가 맨
처음 객체와 연결될 때마다 매번 새로운 위임 객체를 만들어내서 사용할 수 있다.
provideDelegate() 연산자 안에서는 프로퍼티가 위임 객체에 자신을 위임하는 시점
에 프로퍼티 이름과 객체에 따라 적절한 검증을 진행하거나, 상황에 맞는 적절한 프로퍼
티 위임 객체를 제공하는 등의 작업을 수행할 수 있다. 예를 들어 디버그 모드일 때는
목^mock^ 서버를 연결하고 프로덕션 모드일 때는 실제 서버를 연결해서 JSON 문자열을
가져오는 경우를 코틀린으로 작성해보자.

```kotlin
import kotlin.properties.ReadOnlyProperty
import kotlin.reflect.KProperty
interface ConfigService {          // ◀─── 설정을 제공하는 서비스
                                   //      인터페이스다.
    fun getConfig(section:String):String
}

class RealConfigService(val addr:String) : ConfigService {   // ◀─── 프로덕션용 설정
    override fun getConfig(section:String):String = "${addr}에서 읽은 JSON"
}

class MockConfigService(val addr:String) : ConfigService {   // ◀─── 테스트용 설정
    override fun getConfig(section:String):String = "테스트 JSON"
}

class ConfigServiceDelegateProvider(val server:String, val port:Int=8880,
        debug:Boolean = false) {
    val service:ConfigService;

    init {                                    // debug 플래그에 따라 적절한 서비스
        service = if(debug)        // ◀───    구현을 생성한다.
          MockConfigService(server+":"+port)
        else
          RealConfigService(server+":"+port)
    }

    operator fun provideDelegate(
      thisRef: RemoteConfig,
      prop: KProperty<*>
    ): ReadOnlyProperty<RemoteConfig, String> {   // 프로퍼티 이름에 따라 원격에서 받은
        if(prop.name == "tomcat") {        // ◀───  설정을 반환한다.
          return object: ReadOnlyProperty<RemoteConfig, String> {
            override fun getValue(thisRef: RemoteConfig, property: KProperty<*>):
                String {
              return service.getConfig(prop.name)
            }
          }
```

```kotlin
        } else if(prop.name == "httpd" || prop.name == "apache" ) {
            return object: ReadOnlyProperty<RemoteConfig, String> {
                override fun getValue(thisRef: RemoteConfig, property: KProperty<*>):
                    String {
                    return service.getConfig(prop.name)
                }
            }
        } else throw IllegalArgumentException("prop name should be tomcat or httpd or
            apache")
    }
}
class RemoteConfig(val debug:Boolean) {
    val tomcat by ConfigServiceDelegateProvider("111.111.11.1",debug=this.debug)
    val httpd by ConfigServiceDelegateProvider("111.111.11.1",debug=this.debug)
}

fun main(args:Array<String>) {
    val debugRemoteConfig = RemoteConfig(true)
    println("목 객체로 톰캣 설정 가져옴: ${debugRemoteConfig.tomcat}")
    println("목 객체로 아파치 설정 가져옴: ${debugRemoteConfig.httpd}")

    val realRemoteConfig = RemoteConfig(false)
    println("실제 객체로 톰캣 설정 가져옴: ${realRemoteConfig.tomcat}")
    println("실제 객체로 아파치 설정 가져옴: ${realRemoteConfig.httpd}")
}

// 결과
목 객체로 톰캣 설정 가져옴: 테스트 JSON
목 객체로 아파치 설정 가져옴: 테스트 JSON
실제 객체로 톰캣 설정 가져옴: 111.111.11.1:8880에서 읽은 JSON
실제 객체로 아파치 설정 가져옴: 111.111.11.1:8880에서 읽은 JSON
```

위임 프로퍼티를 사용해 프로퍼티를 설정한다.

D.1.12 mod와 rem

mod 대신 rem이 % 연산자로 해석된다.

```
data class V(val value:Int) {
    infix operator fun rem(other:V) = V(10)
    infix operator fun mod(other:V) = V(-10)
}
val x = V(5)
val y = V(7)
val r1 = x % y     // V(10)
val r2 = x mod y   // V(-10)
val r3 = x rem y   // V(10)
```

mod 대신 rem을 사용하는 이유는 기존 자바 BigInteger 구현과 다른 정수형 타입(Int 등)의 % 연산 결과를 맞추기 위함이다(https://youtrack.jetbrains.com/issue/KT-14650). 나눗셈의 몫과 나머지는 초등학교 저학년 때 배우지만 생각보다 복잡한 문제다. https://en.wikipedia.org/wiki/Modulo_operation을 살펴보라.

D.1.13 표준 라이브러리 변화

코틀린 1.1 표준 라이브러리의 변화를 살펴보자.

문자열-숫자 변환

문자열을 수로 변환할 때 예외를 던지는 대신 Null을 돌려주는 메서드가 추가됐다. val port = System.getenv("PORT")?.toIntOrNull() ?: 80처럼 예외 처리 없이 널 처리로 디폴트 값을 제공할 수 있다. 또한 Int.toString() 등의 숫자-문자열 변환 함수에 인자로 정수를 넘기면 10진수가 아닌 2진~36진수 변환이 가능하다.

onEach()

컬렉션과 시퀀스에 onEach 확장 함수가 생겼다. onEach는 forEach와 비슷하지만 다시 컬렉션이나 시퀀스를 다시 반환하기 때문에 메서드 연쇄 호출이 가능하다.

```
listOf(1,2,3,4,5).onEach { println("${it}") }.map { it*it }.joinToString(",")
```

also(), takeIf(), takeUnless()

also는 apply와 비슷하지만 람다 안에서 this가 바뀌지 않기 때문에 수신 객체를 it으로 활용해야 한다는 점이 다르다. this가 가려지면 불편한 경우 also가 유용하다.

```
class MyClass {
    fun foo(v:OtherClass) {
        ...
        val result = v.also {          MyClass의 멤버는 this를 통해 사용 가능하고, v의 멤버는
            //               ◄─────┤   it을 통해 사용 가능하다.
        }.transform()  // transform은 어떤 다른 값을 만들어냄
    }
}
```

also 대신 apply를 사용한다면 this@foo 같은 식으로 MyClass에 접근해야 한다.

takeIf는 수신 객체가 술어를 만족하는지 검사해서 만족할 때 수신 객체를 반환하고, 불만족할 때 null을 반환한다. takeUnless는 takeIf의 반대다. 즉 술어를 뒤집은 takeIf와 같다.

```
val srcOrKotlin :Any = File("src").takeIf { it.exists() } ?: File("kotlin")
```

groupingBy()

goupingBy는 컬렉션을 키에 따라 분류한다. 이때 Grouping이라는 타입(https://goo.gl/7fFn6j 참조)의 값을 반환한다는 점에 유의하라.

```
(1..100).groupingBy {it % 3 }.eachCount()
```

Map.toMap()과 Map.toMutableMap()

맵을 복사할 때 사용한다.

```
val m1 = mapOf(1 to 2)
val m2 = m1.toMutableMap()
m2[10] = 100
println(m2)  // {1=2, 10=100}
```

minOf(), maxOf()

둘 또는 세 값 중 최소(minOf)나 최대(maxOf)인 값을 구할 때 사용한다. 둘 또는 세 값 다음에 Comparator를 지정해서 비교 방법을 정할 수도 있다.

```
val longest = maxOf(listOf(), listOf(10), compareBy { it.size } )
```

람다를 사용한 리스트 초기화

Array 생성자처럼 리스트 생성자 중에도 람다를 파라미터로 받는 생성자가 생겼다.

```
fun initListWithConst(v:Int, size:Int) = MutableList(size) { v }
val evens = List(10) { 2 * it }
val thirtyZeros = initListWithConst(0,30)
```

Map.getValue()

getValue는 인자로 받은 키를 가지고 맵의 원소를 찾아 반환하고 원소가 없으면 NoSuchElementException을 던진다.

추상 컬렉션 클래스

JDK의 추상 컬렉션 클래스 기능을 대부분 이어받는 추상 컬렉션 클래스가 추가됐다. 이를 여러분 스스로 컬렉션을 구축할 때 활용할 수도 있을 것이다.

- **변경 불가능 컬렉션** AbstractCollection, AbstractList, AbstractSet, AbstractMap
- **변경 가능 컬렉션** AbstractMutableCollection, AbstractMutableList, AbstractMutableSet, AbstractMutableMap

배열 연산 추가

배열 원소를 모두 다루는 여러 메서드가 추가됐다.

- **비교 연산** contentEquals, contentDeepEquals
- **해시 코드 계산** contentHashCode, contentDeepHashCode
- **문자열 변환** contentToString, contentDeepToString

특히 문자열 변환 기능을 사용하면 배열 내용을 리스트나 맵 등의 컬렉션처럼 예쁘게 출력할 수 있다.

D.1.14 기타

- -jvm-target 1.8 옵션이 추가됐지만 아직은 실제 생성되는 바이트코드상의 변화는 크지 않다.
- 자바 7과 8에 추가된 JDK API를 지원하는 표준 라이브러리가 분리됐다. 메이븐에서 kotlin-stdlib 대신 kotlin-stdlib-jre7이나 kotlin-stdlib-jre8을 사용하면 해당 버전 API에 맞춘 코틀린 라이브러리를 사용할 수 있다.
- 바이트코드에 파라미터 이름을 넣을 수 있게 됐다. -java-parameters 커맨드 라인 옵션을 컴파일러에 지정하라.
- const val 값을 바이트코드에 인라이닝한다.
- javax.script API(JSR-223)를 지원한다. https://goo.gl/E1iqmi에 있는 예제를 살펴보라.

- kotlin-reflect.jar에 있던 확장 함수와 프로퍼티를 `kotlin.reflect.full` 패키지로 옮겼다. 원서에는 이에 대한 설명이 따로 없지만, 한글판 본문 10장에서 `memberProperties`를 다루면서 이에 대해 간단히 설명했다.

D.2 코틀린 1.2

2017년 11월 28일, 코틀린 1.2가 나왔다. 다음은 1.2에서 달라진 부분들이다.

D.2.1 애너테이션의 배열 리터럴

1.1까지는 애너테이션에서 여러 값을 배열로 넘길 때 `arrayOf`를 써야 했다. 하지만 1.2에서는 `[]` 사이에 원소를 넣어서 표시할 수 있다.

```
@RequestMapping(value = ["v1", "v2"], path = ["path", "to", "resource"])
```

D.2.2 지연 초기화(lateinit) 개선

지연 초기화 프로퍼티가 초기화됐는지 검사할 수 있게 됐다. 그리고 지연 초기화를 최상위 프로퍼티와 지역 변수에도 사용할 수 있다.

```
lateinit var url: String
... // url을 외부에서 받아 초기화하는 코드
if(::url.isInitialized) {
    ...
}
```

D.2.3 인라인 함수의 디폴트 함수 타입 파라미터 지원

인라인 함수가 람다를 인자로 받는 경우(즉, 함수 타입의 파라미터가 있는 경우)에도 디폴트 파라미터를 사용할 수 있다.

```
inline fun <E> Iterable<E>.strings(transform: (E) -> String =
{ it.toString() }) =
map { transform(it) }

val defaultStrings = listOf(1, 2, 3).strings()
val customStrings = listOf(1, 2, 3).strings { "($it)" }
```

D.2.4 함수/메서드 참조 개선

this::foo에서 this를 빼고 ::foo라고 써도 현재 맥락의 this에 맞춰 해석해준다. 예전에는 ::foo는 최상위에 정의된 foo에 대해서만 사용할 수 있었다.

D.2.5 타입 추론 개선

제네릭 메서드를 호출해서 새 값을 가져와 그 값을 특정 타입으로 타입 캐스팅하는 경우를 컴파일러가 감지해서 제네릭 메서드의 타입 인자를 특정 타입으로 지정해준다. 다음을 코틀린 1.1에서 실행해보라. 제네릭 타입 인자 관련 오류를 볼 수 있다.

```
fun <T> any(): T = TODO()

val foo = any() as String
```

안드로이드 API에 있는 findViewById가 대표적인 예다. 하지만 코틀린 1.2부터는 이를 제대로 처리할 수 있다.

```
val button = findViewById(R.id.button) as Button
```

D.2.6 경고를 오류로 처리

커맨드라인 옵션에 -Werror를 지정하면 모든 경고를 오류로 처리한다. 그레이들에서는
다음과 같이 할 수 있다

```
compileKotlin {
    kotlinOptions.warningsAsErrors = true
}
```

D.2.7 스마트 캐스트 개선

안전한 캐스트를 통해 검사가 이뤄진 경우를 놓치는 경우가 있었지만 개선됐다. 코틀린
블로그에 나온 예를 살펴보자.

```
fun foo(x: Foo?) {
    val b = (x as? SubClass)?.subclassMethod1()
    if (b != null) {
        x.subclassMethod2() // x의 타입은 SubClass
    }
}
```

람다 안에서 var에 대한 스마트 캐스트가 가능하다. 단, 스마트 캐스트가 이뤄진 이후에
는 var를 변경하면 안 된다.

D.2.8 이넘 원소 안의 클래스는 내부 클래스로

이넘 원소 안에 클래스, 인터페이스 등 다양한 중첩 타입을 정의할 수 있었고 inner
클래스는 정의할 수 없었지만, 1.2부터는 inner로 표시된 내부 클래스 정의만 가능하다.

```
enum class Foo {
    BAR {
```

```
    inner class Baz      // 1.1에서는 불가능 1.2에서는 가능
    class Baz2           // 1.1에서는 가능 1.2에서는 경고('deprecated' 경고)
  }
}
```

1.3부터는 아예 컴파일도 안 될 예정이므로 이넘 엔트리 안에 클래스를 정의해야 한다면 꼭 내부 클래스를 사용해야 한다.

D.2.9 (기존 코드를 깨는 변경) try 블록의 스마트 캐스트 안전성 향상

기존에는 try 블록 안에서 스마트 캐스트로 대입한 값을 try 블록 뒤에서 사용할 수 있었고, 그에 따라 널 안전성이나 타입 안전성이 깨지는 경우가 있었다. 하지만 1.2부터는 스마트 캐스트 안전성을 더 강화하기 위해 이를 사용 금지 예고[deprecated] 처리한다. 꼭 이 기능이 필요하다면 -Xlegacy-smart-cast-after-try 컴파일러 확장 옵션을 지정할 수 있지만, 1.3부터는 아예 사용 금지될 예정이므로 기존 코드를 변경하는 편이 낫다.

D.2.10 사용 금지 예고된 기능

다음은 기존 버전의 문제를 수정하기 위해 1.2부터 사용 금지 예고된 기능들이다.

다른 클래스를 상속한 하위 데이터 클래스의 자동 생성 copy로 인한 문제

데이터 클래스가 이미 copy가 정의된 다른 클래스를 상속하는 데 자동 생성되는 copy 메서드의 시그니처가 상위 클래스의 copy와 같은 경우 데이터 클래스의 자동 생성 copy가 상위 클래스의 copy를 디폴트로 사용해서 문제가 생기는 경우가 있었다.

　코틀린 1.2부터는 이런 문제가 생기는 데이터 클래스를 정의하면 경고가 나온다. 1.3부터는 이런 경우 컴파일 오류가 발생할 것이다.

이넘 원소 안에서 중첩 타입 정의

이넘 원소 내부에 내부 클래스가 아닌 중첩 타입을 정의하면 초기화 시 문제가 생길 수 있어서 1.2부터는 이놈 원소 안에 내부 클래스가 아닌 중첩 타입을 사용하면 경고가 나온다. 1.3부터는 컴파일 오류 처리할 예정이다.

가변 인자에게 이름 붙인 인자로 원소 하나만 넘기기

예전에는 foo(items = i)처럼 가변 인자 파라미터에 원소를 단 하나만 넘겨도 정상 처리됐다. 하지만 애너테이션의 배열 리터럴과의 일관성을 위해 1.3부터는 이런 경우 번거롭지만 스프레드 연산자를 사용해야 한다.

```
foo(items = *intArrayOf(1))
```

Throwable을 확장하는 제네릭 클래스의 내부 클래스

Throwable을 상속하는 제네릭 클래스 안에 내부 클래스를 사용하면 throw-catch 시 나리오에 따라서는 타입 안전성이 깨질 수 있다. 1.2에서는 경고, 1.3부터는 오류 처리된다.

읽기 전용 프로퍼티를 뒷받침하는 필드 덮어쓰기

읽기 전용 프로퍼티의 커스텀 게터를 정의하면서 뒷받침하는 필드를 field = …처럼 덮어쓸 수 있었다. 역시 1.2부터는 경고, 1.3부터는 오류 처리될 예정이다.

D.2.11 표준 라이브러리

호환 패키지 분리

코틀린 모듈 시스템을 자바 9 모듈 시스템과 맞춤에 따라 패키지를 여러 jar에 분산시킬 수 없게 됐다. 그에 따라 kotlin-stdlib-jdk7과 kotlin-stdlib-jdk8이라는 아티팩트를 새로 만들었다. 각각은 이전(1.1)의 `kotlin-stdlib-jre7`과 `kotlin-stdlib-jre8`을 대신한다.

또한 새 자바 모듈 시스템 요구 사항에 맞추기 위해 `kotlin.reflect` 패키지에 들어 있는 사용 금지 처리된 선언을 `kotlin-reflect` 라이브러리에서 없앴다. 혹시 그런 선언을 사용해야 하는 독자가 있다면 1.1부터 제공하는 `kotlin.reflect.full`에 있는 선언을 사용하라.

컬렉션

컬렉션 원소를 n개씩 짝을 지어 처리할 수 있는 슬라이딩 윈도우^{sliding window} 처리 메서드들이 추가됐다.

- **chunked/chunkedSequence** 컬렉션을 정해진 크기의 덩어리로 나눠준다.
- **windowed/windowedSequence** 정해진 크기의 슬라이딩 윈도우를 만들어서 컬렉션을 처리할 수 있게 해준다.
- **ZipWithNext** 컬렉션에서 연속한 두 원소에 대해 람다를 적용한 결과를 얻는다.

10개짜리 리스트에 대해 각 메서드를 적용한 예제를 보면 좀 더 명확히 이해할 수 있을 것이다.

```
fun main(args:Array<String>) {
    val l = listOf(1,2,3,4,5,6,7)
    println("l = ${l}")

    // 그룹
    println("l.chunked(size=3)")
    l.chunked(size=3).forEach { println(it) }

    // 슬라이딩 윈도우
    println("l.windowed(size=3,step=1)")
    l.windowed(size=3,step=1).forEach { println(it) }
```

```
        // 연속된 2 원소씩 쌍
        println("l.zipWithNext")
        l. zipWithNext { x,y -> println("($x,$y)") }

        // 그룹을 슬라이딩 윈도우로 구현
        fun <T> List<T>.mychunked(size: Int) = windowed(size,size)

        // ZipWithNext를 슬라이딩 윈도우로 구현
        fun <T,R> List<T>.myZipWithNext(f:(T,T)->R) =
            windowed(size=2,step=1)      // 2개씩 짝짓기
            .filter { it.size == 2 }     // 1개짜리 없애기
            .map { (x,y) -> f(x,y) }     // 함수 적용(구조 분해 람다 사용)

        println("l.mychunked(size=3)")
        l.mychunked(size=3).forEach { println(it) }

        println("l.myZipWithNext")
        l.myZipWithNext { x,y -> println("($x,$y)") }
}
```

실행 결과는 다음과 같다. 실제 실행되는 모습을 보고 싶은 독자는 https://goo.gl/
wtYo7S를 보라(오른쪽 아래 선택한 코틀린 버전이 1.2 베타 이상인지 확인해야 한다).

```
l = [1, 2, 3, 4, 5, 6, 7]
l.chunked(size=3)
[1, 2, 3]
[4, 5, 6]
[7]
l.windowed(size=3,step=1)
[1, 2, 3]
[2, 3, 4]
[3, 4, 5]
[4, 5, 6]
[5, 6, 7]
l.zipWithNext
(1,2)
```

```
(2,3)

(3,4)

(4,5)

(5,6)

(6,7)

l.mychunked(size=3)

[1, 2, 3]

[4, 5, 6]

l.myZipWithNext

(1,2)

(2,3)

(3,4)

(4,5)

(5,6)

(6,7)
```

리스트의 원소를 처리하는 메서드도 몇 가지 추가됐다.

- **fill** 변경 가능 리스트의 모든 원소를 지정한 값으로 바꾼다.
- **replaceAll** 변경 가능 리스트의 모든 원소를 람다를 적용한 결과 값으로 갱신한다. map을 제자리에서 수행한다고 생각하면 이해하기 쉽다.
- **shuffle** 변경 가능한 리스트의 원소를 임의로 뒤섞는다.
- **shuffled** 변경 불가능한 리스트의 원소를 임의로 뒤섞은 새 리스트를 반환한다.

```
val items = (1..5).toMutableList()

items.shuffle()

println(items)  // [3,2,4,5,1]

items.replaceAll { it * 2 }

println(items)  // [6,4,8,10,2]

items.fill(5)
```

```
println(items) // [5,5,5,5,5]
```

이 예에서 shuffle의 결과인 [3,2,4,5,1]은 매번 달라질 수 있고, [6,4,8,10,2]는 항상 shuffle의 결과로 얻은 items 리스트의 각 원소를 2배한 값들이 된다.

kotlin.math

자바스크립트와 JVM 플랫폼 통합을 위해 수학 패키지 kotlin.math에 많은 멤버가 추가됐다.

- **상수** PI, E
- **삼각 함수** cos, sin, tan, acos, asin, atan, atan2
- **하이퍼볼릭 함수** cosh, sinh, tanh
- **지수 함수** pow, sqrt, hypot, exp, expm1
- **로그 함수** log, log2, log10, ln, ln1p
- **올림/내림 함수** ceil, floor, truncate, round, roundToInt, roundToLong
- **부호와 절댓값 함수** abs, sign, absoluteValue, sign, withSign
- **2 값의 최댓값/최솟값** max, min
- **부동소수점의 2진 표현** ulp, nextUp, nextDown, nextTowards, toBits, toRawBits, Double.fromBits

Regex 클래스를 직렬화 가능하게 바꿈

kotlin.text.Regex가 직렬화 가능[Serializable]하게 바뀌었다. 따라서 정규식을 직렬화할 수 있다.

D.2.12 JVM 백엔드 변경

생성자 호출 정규화

코틀린 생성자에 복잡한 제어 구조를 인자로 호출하는 코드를 컴파일한 바이트코드는 JVM 명세상으로는 적법하지만 일부 바이트코드 처리 도구가 그런 바이트코드를 제대로 처리하지 못하는 경우가 있다. 이를 해결하기 위해 컴파일러에게 -Xnormalize-constructor-calls=모드 옵션을 제공하면 모드에 따라 자바와 비슷한 바이트코드를 생성할 수 있다. 모드는 다음과 같다.

- **disable** 디폴트로서 코틀린 1.0이나 1.1과 같은 바이트코드를 만들어낸다.
- **enable** 자바와 비슷한 생성자 호출을 만들어낸다. 그에 따라 클래스 로딩과 초기화 순서가 코틀린 바이트코드와 약간 달라질 수 있다.
- **preserve-class-initialization** 자바와 비슷한 생성자 호출 코드를 만들어내되 클래스의 초기와 순서를 보존한다. 그에 따라 애플리케이션의 성능이 저하될 수 있다. 따라서 여러 클래스 사이에 상태를 복잡하게 공유하고 클래스 초기화 시 그 상태를 갱신하는 경우에만 이 옵션을 사용하는 편이 낫다.

자바 디폴트 메서드 호출

자바의 디폴트 메서드를 코틀린 인터페이스 멤버가 오버라이딩하는 경우 코틀린 1.2부터는 무조건 자바 1.8로 컴파일하도록 -jvm-target 1.8을 명시해야 한다. 그렇지 않은 경우 컴파일러 오류가 발생한다.

(기존 코드를 깨는 변경) 플랫폼 코드의 x.equals(null) 동작 일관성

자바 원시 타입으로 매핑되는 플랫폼 타입(Int!, Boolean!, Short!, Long!, Float!, Double!, Char!)에 대해 x.equals(null)을 호출하면 x가 null이면 true가 (잘못) 반환됐다. 코틀린 1.2부터는 x가 원시 타입에 대응하는 플랫폼 타입이라면 NPE가 발생한다. 단, 같은 타입의 x에 대해 x == …은 x가 null이고 …도 null이면 true를 반환한다. 예전처럼 이런 경우 true가 필요하다면 -Xno-exception-on-explicit-equals-for-boxed-null 컴파일러 옵션을 사용하라.

D.2.13 1.2에 추가된 실험 기능: 다중 플랫폼 프로젝트

코틀린과 자바스크립트, 향후 네이티브 플랫폼을 모두 지원하는 기능을 개발 중이다. 공통 코드는 공통 모듈에 두고 플랫폼 의존적인 코드는 플랫폼별 모듈에 따로 두는 형태다.

다중 플랫폼을 지원하기 위한 핵심 기능은 expect와 actual을 통해 외부에 제공할 API와 그 API에 대한 실제 구현을 표현하는 것이다. 다음 예를 보면 감이 올 것이다.

```
// 공통 코드
expect fun hello(world: String)

expect class URL(spec: String) {
    open fun getHost(): String
    open fun getPath(): String
}

// JVM 코드
actual fun hello(world: String) {
    println("Hello JVM $world")
}

actual typealias URL = java.net.URL
```

궁금한 독자는 http://kotlinlang.org/docs/reference/multiplatform.html를 살펴보라.

D.3 코틀린 1.3

2018년 10월 29일 코틀린 1.3이 나왔다. 특히 코루틴과 코루틴을 활용한 비동기 프로그래밍(async/await)이 1.3부터 정식 버전으로 포함됐다는 사실이 중요하다. 코루틴은 별도로 책을 한 권 써도 될 정도의 분량이므로 부록 E로 따로 분리해 다룬다. 나머지 변경된 부분은 다음과 같다.

D.3.1 코틀린 네이티브 개선

LLVM 기반 백엔드를 사용한 네이티브 컴파일 기능을 계속 개선 중이다. 다음 플랫폼을 지원한다.

- iOS(arm32, arm64, emulator x86_64)
- 맥OS(x86_64)
- 안드로이드(arm32, arm64)
- 윈도우(mingw x86_64)
- 리눅스(x86_64, arm32, MIPS, MIPS 리틀엔디언)
- 웹 어셈블리(wasm32)

상호 운용을 위해 코틀린 네이티브 컴파일러는 각 플랫폼에서 사용할 수 있는 실행 파일과 C++나 C에서 링크할 수 있는 헤더와 동적(또는 정적) 라이브러리를 생성해낼 수 있다. 또한 오브젝티브C 프로젝트나 스위프트 프로젝트와 코틀린을 함께 사용하는 경우에는 애플 플랫폼에 맞는 프레임워크를 생성해주기도 한다. 자세한 관련 소개는 https://kotlinlang.org/docs/reference/native-overview.html을 보라.

D.3.1 다중 플랫폼 프로젝트

1.2에서 사용했던 다중 플랫폼 프로젝트 모델을 완전히 바꿨다. 차이는 다음과 같다.

- 예전 모델에서는 공통 코드와 플랫폼별 코드가 expectedBy 의존관계를 통해 서로 다른 모듈에 들어가야 했지만, 1.3부터는 플랫폼별 코드가 같은 모델의 다른 소스 루트 아래 위치하게 됐다.

- 지원하는 플랫폼에 따라 다양한 플랫폼 사전 설정^{preset}을 미리 제공한다.
- 각 소스 루트별로 의존관계를 별도로 지정한다.
- 다중 플랫폼 라이브러리를 배포할 수 있다.

D.3.2 컨트랙트(Contract, 계약)

스마트캐스트 기능은 타입 검사를 통해 널 가능한 변수에 저장된 값이 널일 가능성이 없으면 자동으로 널이 될 수 없는 타입으로 캐스팅해준다. 예를 들면 다음과 같다.

```
fun foo(s: String?) {
    if (s != null) s.length // 컴파일러가 s를 String 타입으로 자동 캐스팅
}
```

하지만 이 검사를 별도 함수로 분리하면 스마트캐스트가 더 이상 지원되지 않았다.

```
fun String?.isNotNull(): Boolean = this != null

fun foo(s: String?) {
    if (s.isNotNull()) s.length // 자동변환 안됨 T.T
}
```

코틀린 1.3에서는 컨트랙트를 사용해 이런 상황을 개선할 수 있다.

컨트랙트는 함수의 동작을 컴파일러가 이해할 수 있게 기술하기 위한 기능이다. 현재 두 가지 종류의 컨트랙트를 지원한다.

- 함수의 반환 값과 인자 사이의 관계를 명시해서 스마트캐스트 분석을 쉽게 만들어주는 컨트랙트

```
fun require(condition: Boolean) {
    // "이 함수가 정상적으로 반환되면 condition이 참이다"라는 조건을 표현하는 컨트랙트
    contract { returns() implies condition }
    if (!condition) throw IllegalArgumentException(...)
```

```
    }

    fun foo(s: String?) {
        require(s is String)
        // s is String이라는 조건이 참이면 예외가 발생하지 않으므로
        // 이하 코드에서는 자동으로 s를 String으로 스마트캐스트할 수 있다.
    }
```

- 고차 함수가 있을 때 컴파일러가 변수 초기화 여부 분석을 더 잘 할 수 있게
  돕는 컨트랙트

```
    fun synchronize(lock: Any?, block: () -> Unit) {
        // "이 함수는 block을 여기서 바로 실행하며 오직 한번만 실행한다"라는
        // 뜻의 컨트랙트
        contract { callsInPlace(block, EXACTLY_ONCE) }
    }

    fun foo() {
        val x: Int
        synchronize(lock) {
            x = 42  // 이 블록을 단 한 번만 실행한다는 사실을 컴파일러가 알고 있으므로
                    // val에 값을 재대입한다는 오류 메시지를 표시하지 않음
        }
        println(x)  // 바로 위에 있는 람다 블록이 한 번 실행된다는 사실을 컴파일러가
                    // 알고 있으므로, 여기서 x가 초기화되지 않을 수 있다는
                    // 오류를 발생시키지 않음
    }
```

표준 라이브러리에는 몇 가지 컨트랙트가 이미 정의돼 있다. 안정된 기능이므로 추가
설정 없이 코틀린 1.3 이상에서는 해당 컨트랙트를 사용할 수 있다.

```
fun bar(x: String?) {
    if (!x.isNullOrEmpty()) {
        println("length of '$x' is ${x.length}") // 스마트캐스트가 잘 됨!
```

```
    }
}
```

사용자 정의 컨트랙트

여러분이 직접 컨트랙트를 만들 수도 있다. 하지만 아직 실험적인 기능이므로 컨트랙트 선언 문법은 얼마든지 바뀔 수 있다. 표준 라이브러리에 있는 contract 함수를 호출하면 컨트랙트를 만들 수 있다. Contract 함수는 DSL 영역^{scope}을 제공한다.

D.3.3 When의 대상을 변수에 포획

코틀린 1.3부터 when의 대상을 변수에 대입할 수 있다.

```
fun Request.getBody() =
    when (val response = executeRequest()) {
      is Success -> response.body
      is HttpError -> throw HttpException(response.status)
    }
```

물론 (예전처럼) when 바로 앞에서 변수에 식의 결과 값을 대입하고 when을 사용할 수도 있다. 하지만 이 예제처럼 when의 괄호 안에서 변수를 선언하고 대입할 수 있으면 when 식 안에서만 사용할 수 있는 변수가 생기므로, when문 박의 네임스페이스가 더럽혀지는 일을 줄일 수 있다.

D.3.4 인터페이스의 동반 객체에 있는 멤버를 @JvmStatic이나 @JvmField로 애너테이션

코틀린 1.3부터는 인터페이스의 동반 객체에 들어있는 멤버에게 @JvmStatic이나 @JvmField를 붙일 수 있다. 이런 애너테이션이 붙은 멤버들은 클래스 파일에서는 인터페이스의 static 변수가 된다.

```kotlin
interface Foo {
    companion object {
        @JvmField
        val answer: Int = 42

        @JvmStatic
        fun sayHello() {
            println("Hello, world!")
        }
    }
}
```

이 코드는 다음 자바 코드와 같다.

```java
interface Foo {
    public static int answer = 42;
    public static void sayHello() {
        // ...
    }
}
```

애너테이션 클래스 안에 선언을 중첩시킬 수 있음

애너테이션 클래스 내부에 중첩 클래스, 인터페이스, 동반 객체 등을 만들 수 있다.

```kotlin
annotation class Foo {
    enum class Direction { UP, DOWN, LEFT, RIGHT }

    annotation class Bar

    companion object {
        fun foo(): Int = 42
        val bar: Int = 42
```

```
        }
    }
```

D.3.5 파라미터 없는 메인

프로그램 시작점은 원래 main(args: Array<String>)처럼 문자열 배열을 파라미터로
받아야 했지만, args를 사용하지 않는 경우 파라미터를 받지 않는 메인 함수를 선언할
수 있다.

```
fun main() {
    println("Hello, world!")
}
```

D.3.6 함수 파라미터 수 제한 완화

코틀린 1.2까지는 함수가 파라미터를 22개까지 받을 수 있었다. 1.3부터는 255개까지 처
리할 수 있다. 자세한 내용은 https://github.com/Kotlin/KEEP/blob/master/proposals/
functional-types-with-big-arity-on-jvm.md를 참조하라.

D.3.7 프로그래시브 모드

코틀린에서는 주요 릴리스major release(1.1, 1.2, 1.3) 시에만 기존 코드를 바꿔 써야만 하는
변화를 도입한다(이렇게 기존 코드를 재작성해야만 하게 만드는 언어의 변화를 일컬어 '브레이킹
체인지breaking change'라고 부른다). 하지만 컴파일러 버그 수정이나 언어 명세 변경을 자신의
프로젝트에 더 빠르게 적용하고 싶은 개발자들을 위해 프로그래시브 컴파일러 모드를
추가했다. 커맨드라인에서 -progressive라는 옵션을 컴파일러에게 넘기면 컴파일러
가 프로그래시브 모드로 작동한다.

D.3.8 인라인 클래스(실험적 기능)

프로퍼티가 단 하나뿐인 클래스를 inline이라는 키워드를 사용해 인라인 클래스로 정의할 수 있다.

```
inline class Name(val s: String)
```

코틀린 컴파일러는 인라인 클래스를 사용하는 코드를 번역할 때 내부 프로퍼티(이 예에서는 String 타입의 값 s)의 값을 사용해 공격적으로 최적화할 수 있다. 예를 들어 별도로 생성자 등을 만들지 않고 인라인 클래스의 인스턴스 객체 대신, 내부 프로퍼티 객체를 사용하게 코드를 생성하는 등의 최적화가 가능하다.

```
fun main() {
    // 아래 호출은 Name 클래스에 속한 인스턴스를 만들지 않고
    // "Kotlin"이라는 문자열만을 만든다.
    val name = Name("Kotlin")
    // 다음 println문을 처리할 때 Name 타입의 객체에 있는 필드에 접근해 문자열을 가져오는 대신
    // 문자열을 바로 접근하는 코드를 만들어낼 수 있다.
    println(name.s)
}
```

D.3.9 부호 없는 정수(실험적 기능)

부호 없는 정수를 표현하는 타입이 추가됐다.

- **kotlin.UByte:** 0부터 255까지 범위에 속하는 부호 없는 8비트 정수
- **kotlin.UShort:** 0부터 65535까지 범위에 속하는 부호 없는 16비트 정수
- **kotlin.UInt:** 0부터 $2^{32} - 1$까지 범위에 속하는 부호 없는 32비트 정수
- **kotlin.ULong:** 0부터 $2^{64} - 1$까지 범위에 속하는 부호 없는 32비트 정수

부호 없는 정수들은 부호 있는 정수들이 제공하는 대부분의 기능을 제공한다.

```
// 부호 없는 정수 리터럴은 u를 접미사로 사용한다.
val uint = 42u
val ulong = 42uL
val ubyte: UByte = 255u

// 표준 라이브러리 확장을 통해 부호 있는 정수와 부호 없는 정수를 변환할 수 있다.
val int = uint.toInt()
val byte = ubyte.toByte()
val ulong2 = byte.toULong()

// 부호 없는 정수도 부호 있는 정수와 비슷한 연산을 제공한다.
val x = 20u + 22u
val y = 1u shl 8
val z = "128".toUByte()
val range = 1u..5u
```

D.3.10 @JvmDefault(실험적 기능)

자바 인터페이스에 디폴트 메서드가 추가됨에 따라 코틀린도 인터페이스의 디폴트 메서드를 선언할 수 있게 지원하는 @JvmDefault 애너테이션을 추가했다.

```
interface Foo {
    // foo를 인터페이스의 디폴트 메서드로 만든다.
    @JvmDefault
    fun foo(): Int = 42
}
```

다만 디폴트 메서드를 사용하면 이진 호환성이 깨진다. 프로덕션 환경에서 사용할 때는 이진 호환성이 깨진다는 사실에 특히 유의해야 한다.

D.3.11 표준 라이브러리 변화

Random 다중 플랫폼 지원

코틀린 1.3부터는 여러 플랫폼에서 사용할 수 있는 난수 함수가 추가됐다. Kotlin.
random.Random을 모든 플랫폼에서 쓸 수 있다.

```
val number = Random.nextInt(42)    // [0, 42) 범위의 정수 난수 발생
println(number)
```

isNullOrEmpty와 orEmpty 확장을 여러 클래스에 추가

isNullOrEmpty와 orEmpty 확장 함수를 컬렉션, 맵, 배열 등의 객체에도 추가했다.

배열 원소 복사 확장 함수 copyInto() 추가

array.copyInto(targetArray, targetOffset, startIndex, endIndex) 함수를
사용해 어떤 배열의 내용을 다른 배열(targetArray)에 복사할 수 있다.

```
val sourceArr = arrayOf("k", "o", "t", "l", "i", "n")
val targetArr = sourceArr.copyInto(arrayOfNulls<String>(6), 3, startIndex = 3,
    endIndex = 6)
println(targetArr.contentToString())  // [null,null,null,l,i,n]

sourceArr.copyInto(targetArr, startIndex = 0, endIndex = 2)
println(targetArr.contentToString())// [k,o,null,l,i,n]
```

맵 연관 쌍 추가 함수 associateWith()

키 컬렉션과 값 컬렉션을 서로 1:1로 연관시킬 때 associate { it to getValue(it) }를
사용할 수 있었다. 하지만 keys.associateWith { getValue(it) } 를 사용해 더 쉽게
키와 값을 연관시킬 수 있다.

```
val keys = 'a'..'f'
```

```
val map = keys.associateWith { it.toString().repeat(5).capitalize() }
map.forEach { println(it) }
```

결과는 다음과 같다.

```
a=Aaaaa
b=Bbbbb
c=Ccccc
d=Ddddd
e=Eeeee
f=Fffff
```

ifEmpty와 ifBlank 함수

컬렉션, 맵, 배열, 시퀀스 등에 추가된 ifEmpty를 쓰면 해당 컬렉션이 비어있는 경우에 대한 대안을 제시할 수 있다.

```
fun printAllUppercase(data: List<String>) {
    val result = data
        .filter { it.all { c -> c.isUpperCase() } }
        .ifEmpty { listOf("<대문자로만 이뤄진 원소 없음>") }
    result.forEach { println(it) }
}

printAllUppercase(listOf("foo", "Bar"))     // <대문자로만 이뤄진 원소 없음>
printAllUppercase(listOf("FOO", "BAR"))     // FOO, BAR
```

봉인된 클래스에 접근할 수 있는 리플렉션 추가

리플렉션에서 KClass.sealedSubclasses를 사용하면 봉인된 클래스를 직접 상속한 하위 클래스들에 접근할 수 있다

기타 소소한 변경

- Boolean에 동반 객체가 생겼다.
- Any?.hashCode() 확장이 null에 대해 0을 반환한다.
- Char도 MIN_VALUE와 MAX_VALUE를 제공한다.
- 기본 타입들의 동반 객체에 SIZE_BYTES와 SIZE_BITS를 추가했다.

D.3.12 코틀린 1.3.10에 도입된 변환

코틀린 1.3.10은 2018년 11월 14일에 나왔으며, 컴파일러 버그 수정, IDE 지원 관련 개선 등 버그 개선과 사용 편의성 개선이 일어났다. 마이너 업데이트인만큼 언어 측면에서 일반 개발자들이 알아둬야 할 변화는 없었다.

D.3.13 코틀린 1.3.20에 도입된 변화

코틀린 1.3.20은 2019년 1월 23일에 나왔으며, 병렬 처리를 통해 그레이들 태스크 실행 속도를 개선하고, 다중 플랫폼 프로젝트 관련 코틀린 그레이들 DSL 개선이 이뤄졌다. 그리고 인라인 클래스에 대한 지원이 강화돼 인라인 클래스 안에 내부 클래스를 정의할 수 있고, 인라인 클래스 내에 인라인 함수를 정의하거나 인라인 클래스를 인라인 함수의 인자로 전달할 수 있게 됐다.

D.3.14 코틀린 1.3.30에 도입된 변화

코틀린 1.3.30은 2019년 4월 12일 나왔으며, 버그 수정과 도구 관련 개선이 이뤄졌다. 한편 실험 모드에서 사용할 수 있는 부호 없는 정수에 관련된 개선이 이뤄졌다. 표준 라이브러리에서 부호 없는 정수가 들어있는 컬렉션에 대한 고차 함수를 호출하면 컬렉션의 확장 함수 중 일부에서 부호 없는 정수 타입을 제대로 처리하지 못해 실행 시 부가 비용이 드는 경우가 있었다. 하지만 코틀린 1.3.30부터는 부호 없는 정수 타입을 정확히 수신 객체로 받을 수 있게 컬렉션 확장 함수를 추가했기 때문에 성능 저하 없이 부호 없는 정수 배열 등의 컬렉션에 대한 고차 함수를 사용할 수 있다. 한편 코틀린/네이티브 가 제공하는 플랫폼의 종류도 늘어났고, 기존 C와의 상호운용성을 높이기 위한 작업도 계속 진행 중이다.

D.3.15 코틀린 1.3.40에 도입된 변화

코틀린 1.3.40은 2019년 7월 19일에 나왔으며, 다음 요소가 추가됐다.

- 코틀린/JS에서 NPM 그레이들, 얀^{Yarn}, 웹팩 지원
- 다중 플랫폼 프로젝트 테스트 러너^{runner} 개선
- 코틀린/네이티브에서 성능과 상호 운용성 개선

한 가지 흥미로운 점은 런타임 함수를 호출하지 않고 컴파일러가 `trimIndent`와 `trimMargin`을 최적화하도록 변경했다는 점이다. 그리고 타입 추론 알고리즘도 많이 개선됐다. 실험적 기능으로는 바이트/문자 배열과 문자열을 UTF-8 인코딩으로 서로 변환해주는 `ByteArray.decodeToString`, `String.encodeToByteArray`, `CharArray.concatToString`, `String.toCharArray` 메서드가 도입됐고, `typeOf` 연산자를 사용해 실체화한 타입을 JVM에서 리플렉션할 수 있다.

D.3.16 코틀린 1.3.50에 도입된 변화

코틀린 1.3.50은 2019년 8월 22일에 나왔으며, 다음 요소가 추가됐다.

- 새로운 시간 측정과 기간^{duration} API
- 자바 → 코틀린 변환기 개선
- 두캇^{Dukat}을 사용해 그레이들 코틀린/JS 프로젝트의 npm 의존관계를 외부에 정의

- 인텔리J IDEA(얼티밋^{ultimate} 버전)에서 사용하는 별도 코틀린/네이티브 디버깅 플러그인
- 다중 플랫폼 프로젝트의 자바 컴파일 지원

실험적 기능으로 추가된 시간 측정과 기간 API에서는 Duration을 인라인 클래스로 선언해서 내부적으로는 객체 할당에 드는 시간 오차 없이 시간을 측정할 수 있도록 설계했다는 점이 흥미롭다. 표준 라이브러리에는 비트를 다루는 API도 실험적으로 추가됐다. 다음을 보라(https://blog.jetbrains.com/kotlin/2019/08/kotlin-1-3-50-released/ 코틀린 릴리스 문서에서 가져옴).

```
@UseExperimental(ExperimentalStdlibApi::class)
fun main() {
    val number = "1010000".toInt(radix = 2)
    println(number.countOneBits())
    println(number.countTrailingZeroBits())
    println(number.takeHighestOneBit().toString(2))
    println(number.rotateRight(3).toString(2))
    println(number.rotateLeft(3).toString(2))
}
```

D.3.17 코틀린 1.3.60에 도입된 변화

코틀린 1.3.60은 2019년 11월 18일에 나왔으며, 다음 요소가 추가됐다.

- 인라인 클래스간의 비교 최적화
- 디버깅 도구, J2K 변환기, 코틀린으로 작성한 그레이들 스크립트 개선
- 더 많은 코틀린/네이티브 플랫폼/타겟 지원
- 코틀린/MPP IDE 개선
- 코틀린/JS에서 소스맵^{source map} 지원 추가

- 코틀린/JS에서 플랫폼 테스트 러너 통합 개선
- 코틀린 1.4 기능 중 일부 구현된 기능 프리뷰

코틀린 1.4에 추가될 내용을 프리뷰하려면 다음을 그레이들에서 지정하면 된다.

```
compileKotlin {
    kotlinOptions {
        languageVersion = "1.4"
    }
}
```

다음은 코틀린 1.4에서 추가될 기능 중 일부다.

- **NPE 단언문 변경**: 널 검사에서 오류가 나면 `IllegalStateException` 대신 `NullPointerException`을 발생시킨다.
- 루프 안의 `when`에서 `break`나 `continue`를 지원한다. 여기서 주의할 점은 `when` 안에서 `break`를 사용하면 `when`의 다음 절로 제어를 이동하는(fall-through 기능) 것이 아니고 가장 가까운 로프에서 탈출한다는 점이다.
- **꼬리 재귀 개선**: 꼬리 재귀 중에서 이상한 부분이나 드물게 발생하는 사례[coner case]를 개선했다. 꼬리 재귀의 디폴트 값에서 부수 효과가 있는 경우 코틀린 1.3에서 초기화 순서가 잘못(첫 인자부터 차례로 초기화돼야 하는데, 마지막 인자부터 거꾸로 초기화됨)돼 있어서 결과가 잘못 나왔는데, 이 부분을 수정하고 `open tailrec` 함수를 정의할 수 없도록 오류 처리한다.

D.3.18 버전 1.3.70에 도입된 변화

버전 1.3.70은 2020년 3월 3일에 나왔으며, 다음과 같이 표준 라이브러리에 새로운 함수와 클래스가 추가됐다.

- `StringBuilder` 확장 기능

- JVM에서 KClass를 사용할 때 kotlin-reflect에 의존하지 않게 됨

- @UseExperimental과 @Experimental을 @OptIn과 @RequiresOptIn으로 변경하고, -Xuse-experimental을 -Xopt-in으로 변경

- 시간 측정 API 이름 변경. TimeSource는 Clock으로, TimeMark는 ClockMark로 변경

- 데크 구현 ArrayDeque 추가

- 컬렉션 빌더 buildList, buildSet, buildMap 추가

- 컬렉션이 비어 있으면 random()과 reduce()가 예외를 발생시키는데, 이런 경우 예외에 대한 널을 반환하는 함수 randomOrNull()과 reduceOrNull() 추가

- fold()와 비슷하지만 중간 결과를 모두 포함한 리스트를 반환하는 scan() 함수 추가

```
@OptIn(ExperimentalStdlibApi::class)
fun main() {
    val ints = (1..4).asSequence()
    println(ints.fold(0) { acc, elem -> acc + elem }) // 10

    val sequence = ints.scan(0) { acc, elem -> acc + elem }
    println(sequence.toList()) // [0, 1, 3, 6, 10]
}
```

- 인텔리J 개선, Kotlin/JVM에서 실행 시점에 타입 정보를 볼 수 있도록 타입 애너테이션 생성, Kotlin/JS에 번들 최적화 개선, Kotiln/Native에서 성능 최적화 등 기타 개선이 이뤄졌다.

D.3.19 버전 1.4~1.4.30에 추가된 기능

- 코틀린 버전 1.4에서 가장 중요한 변경은 SAM 인터페이스 지원이다. 코틀린 1.4 이전에는 자바 인터페이스나 메서드를 사용할 때만 단일 추상 메서드[SAM,]

^{Single Abstract Method} 변환을 수행했지만, 코틀린 1.4부터는 interface 앞에 fun 키워드를 붙이면 해당 인터페이스를 SAM으로 처리해준다.

```kotlin
fun interface IntPredicate {
    fun accept(i: Int): Boolean
}

val isEven = IntPredicate { it % 2 == 0 }

fun main() {
    println("Is 7 even? - ${isEven.accept(7)}")
}
```

- 이름 붙인 인자와 위치 인자를 혼용하는 방법이 변경됐다. 예전 버전에서는 위치 기반 인자를 먼저 쓰고 그 뒤에 이름 붙인 인자를 써야만 했다. 예를 들어 foo(10, baz=100) 같은 호출은 가능해도 foo(bar=10, 100) 같은 호출은 불가능했다. 하지만 코틀린 1.4부터는 위치가 맞는 한 중간에 이름 붙인 인자를 써도 문제가 없다.
- 인자나 enum 정의 등에서 맨 마지막 요소 뒤에 콤마를 붙여도 오류가 나지 않는다.
- 지원하는 호출 가능 참조 범위가 다음 함수들을 포함하도록 넓어졌다.
  - 디폴트 인자 값이 지정된 함수에 대한 참조를 만들면 디폴트 인자를 자동으로 채워 넣는다.
  - Unit을 반환하는 함수 위치에 다른 타입을 반환하는 함수를 사용할 수 있다.
  - 가변 인자 함수에 대한 참조
  - 호출 가능 함수를 suspend 함수로 변환하는 경우
- 루프에 포함된 when문에서 break나 continue를 사용할 때 별도로 탈출 지점 레이블을 붙이지 않아도 된다.

```kotlin
for (x in xs) {
    when (x) {
```

```
        2 -> continue
        17 -> break
        else -> println(x)
    }
}
```

- 자바 15를 지원한다.
- invokedynamic을 사용해 문자열을 연결한다.
- 도구도 개선됐다.
  - 코루틴 디버깅
  - 프로젝트 마법사 개선
  - 타입 추론 알고리즘 개선
- 자동 타입 추론되는 경우가 늘어남
- 람다의 마지막 식에 대한 스마트 캐스팅
- 호출 가능 참조에 대한 스마트 캐스팅
- 위임 프로퍼티에 대한 타입 추론 개선
- 자바 메서드에 두 SAM을 넘길 때 한쪽을 객체, 한쪽을 람다로 넘길 수 있음
- 코틀린 네이티브도 개선됐다.
  - 스위프트와 오브젝티브C에서 suspend 함수 지원
  - 오브젝티브C 제네릭 지원
  - 코틀린과 오브젝티브C나 스위프트를 함께 쓸 때 예외 처리 지원
  - 성능 향상
  - 애플 타겟인 경우 디폴트로 .dSYM을 만들어줌
  - Xcode 12 라이브러리를 지원

D.4 코틀린 1.4

2020년 8월 코틀린 1.4가 나온 후 1.4.20, 1.4.30이 배포됐다. 여러 플랫폼을 모두 다루기엔 지면이 부족하기 때문에 1.4부터는 언어와 JVM 표준 라이브러리 변화를 중심으로 설명한다.

D.4.1 1.4의 언어 변화

* interface 앞에 fun 변경자를 붙이면 컴파일러가 코틀린 인터페이스에 대해서도 SAM 인터페이스와 람다 변환을 수행해준다.

  ```
  fun interface IntPredicate {
      fun accept(i: Int): Boolean
  }

  val isEven = IntPredicate { it % 2 == 0 }
  ```

* 위치 기반 인자 지정과 이름 기반 인자 지정을 섞어 쓸 경우 1.4 이전에는 위치 기반 인자를 먼저 쓰고 이름 기반 인자를 나중에 써야 했지만, 1.4부터는 모호성이나 타입 오류가 없는 한 섞어 쓸 수 있다.

  ```
  fun foo( str: String, flag: Boolean = true, c: Char = ' ') { ... }

  foo("문자열 인자!", flag = false , '*')
  ```

* 자바스크립트처럼 함수 인자나 when 항목 등의 마지막 항목 뒤에 ,(콤마)를 붙여도 된다.

  ```
  val ints = listOf(1,2,3,)
  ```

* 호출 가능 참조가 개선됐다.

- 디폴트 인자가 있는 경우 함수 참조를 사용하면 디폴트 인자 값이 자동으로 적용된다.

```
fun foo(i: Int = 0): String = "$i!"
fun apply(func: () -> String): String = func()
fun main() {
  println(apply(::foo))
}
```

- Unit을 반환하는 함수에 대한 함수 참조를 ::함수 이름 형태로 사용할 수 있다.
- 가변 길이 인자 함수에 대한 함수 참조를 사용할 때 컴파일러가 파라미터 개수에 따라 적절히 인자 개수를 추론해준다.
- suspend 함수를 인자로 받는 고차 함수에게 함수 참조를 넘길 수 있다.
- 루프 안에 있는 when 내부의 절에서 break나 continue를 사용하면 when을 둘러싸는 가장 가까운 루프로 제어가 이동한다.

```
fun test(xs: List<Int>) {
  for (x in xs) {
    when (x) {
      2 -> continue
      17 -> break
      else -> println(x)
    }
  }
}
```

D.4.2 1.4.0의 라이브러리 변화

- ArrayDeque라는 클래스가 추가됐다. 데큐^{Deque}는 양쪽으로 삽입/삭제가 가능한 큐^{queue}로, 양 끝에 데이터를 삽입/삭제하는 데 걸리는 시간 복잡도가 (분할 상환 시간$^{amortized\ time}$으로) O(1)이다.

- 배열과 컬렉션에 새 함수가 추가됐다. 몇 가지만 나열하면 다음과 같다.

  - setOfNotNull(): 널이 아닌 값만 모아 집합을 만들어준다.

  - shuffled(): 시퀀스 원소를 뒤섞은 새 시퀀스를 생성한다.

  - *Indexed(): onEachIndexed()와 flatMapIndexed()를 사용하면 원소와 원소의 위치(인덱스)를 함께 얻어 처리할 수 있다.

  - *OrNull(): randomOrNull(), reduceOrNull(), reduceIndexedOrNull()이 추가됐다.

  - runningFold(), scan(), runningReduce(): runningFold()와 scan()은 같은 함수로, scan이 runningFold의 별명이다. runningFold는 fold를 수행하되 중간 결과를 함께 돌려주고, runningReduce는 reduce를 수행하되 중간 결과를 돌려준다.

  ```
  val numbers = mutableListOf(0, 1, 2, 3, 4, 5)
  val runningReduceSum = numbers.runningReduce { sum, item -> sum +
      item } // [0, 1, 3, 6, 10, 15]
  val runningFoldSum = numbers.runningFold(10) { sum, item -> sum +
      item } // [10, 10, 11, 13, 16, 20, 25]
  ```

D.4.3 1.4.3의 언어 변화

- JVM 레코드 지원이 프리뷰로 추가됐다(1.5부터 정식 지원).

  ```
  @JvmRecord
  data class User(val name: String, val age: Int)
  ```

- (실험적 기능) 봉인된 인터페이스를 제공하며, 봉인된 인터페이스에 대해 한 모듈 안에서 하위 클래스를 정의하고 when 내부에서 이 모든 하위 클래스에 대해 조건을 검사하는 경우에는 (모듈 내부에서 정의된 클래스 이외의 클래스가 쓰일 수 없음이 분명하기 때문에) 컴파일러가 오류를 발생시키지 않는다.

```
sealed interface Polygon  // 봉인된 인터페이스
class Rectangle(): Polygon
class Triangle(): Polygon

// 여기 있는 draw 함수는 모듈 안에서만 사용할 수 있는 함수다.
// 따라서 이 함수 내부 when()에서는 Rectangle, Triangle 외의 다른 Polygon이
// 등장할 수 없으므로 이 when문에서는 else를 지정할 필요가 없다
fun draw(polygon: Polygon) = when (polygon) {
  is Rectangle -> // ...
  is Triangle -> // ...
}
```

D.5 코틀린 1.5

2021년 3월에 코틀린 1.5가 나왔고, 6월에 1.5.20, 8월에 1.5.30이 나왔다.

D.5.1 1.5의 언어 변화

- 1.4.3에서 프리뷰로 제공된 JVM 레코드 지원과 봉인된 인터페이스 지원이 정식으로 채택됐다.
- JVM 레코드를 지원한다. 데이터 클래스 앞에 @JvmRecord를 붙이면 된다.

```
@JvmRecord
data class User(val name: String, val age: Int)
```

- 인라인 클래스가 도입됐다. 인라인 클래스는 프로퍼티가 하나뿐이고 객체를 따로 식별하지 않고 값만으로 구분되는(즉, 내부의 프로퍼티 값이 같으면 모두 같은 값이라고 생각해야 하는) 클래스로, class 앞에 value를 붙여 표시한다. 이때 JVM 백엔드를 사용한다면 @JvmInline을 클래스 선언 앞에 붙여 클래스 이름이 JVM상에서 제대로 처리되게 해야 한다.

```
value class Password(private val s: String)
```

이렇게 선언한 인라인 클래스는 실제로는 객체를 생성하지 않고 프로퍼티 값을 인라이닝해 사용한다. 다만 인라인 클래스 인스턴스가 저장된 값의 타입은 인라이닝된 프로퍼티의 타입이 아니라 인라인 클래스의 타입으로 추론되기 때문에 서로 다른 타입의 값을 잘못 혼용하는 경우를 방지할 수 있다. 예를 들어 다음 대입문은 securePassword 변수의 값으로 '프로덕션 환경에서 사용하지 말 것'을 대입한다.

```
val securePassword = Password("프로덕션 환경에서 사용하지 말것")
```

인라인 클래스 안에 다른 멤버 함수나 프로퍼티, init 블록을 정의할 수 있다. 다만 주 생성자에 정의된 유일한 프로퍼티가 아닌 다른 프로퍼티의 경우 뒷받침하는 필드가 있으면 안 된다.

```
@JvmInline
value class Name(val s: String) {
    init {
        require(s.length > 0) { }
    }

    val length: Int
        get() = s.length

    fun greet() {
        println("Hello, $s")
    }
```

```
}

fun main() {
    val name = Name("Kotlin")
    name.greet()            // greet 메서드가 정적 메서드로 호출됨
    println(name.length)    // length 프로퍼티의 게터가 정적 메서드로 호출됨
}
```

인라인 클래스가 다른 인터페이스를 상속할 수도 있다.

```
interface Printable {
    fun prettyPrint(): String
}

@JvmInline
value class Name(val s: String) : Printable {
    override fun prettyPrint(): String = "Let's $s!"
}

fun main() {
    val name = Name("Kotlin")
    println(name.prettyPrint()) // 정적 메서드로 호출됨
}
```

단, 인라인 클래스를 다른 클래스가 상속하거나 인라인 클래스가 다른 클래스를 상속할
수는 없다.

D.5.2 1.5의 라이브러리 변화

- 부호 없는 정수 타입(UInt, ULong, UByte, UShort)이 안정화됐다.
- 로케일을 무시하는 대소문자 변환 함수인 uppercase(), lowercase()가 추가됐
  다. 한편 toLowerCase(), toUpperCase(), capitalize(), decapitalize()는

로케일을 감안해 대소문자 변환을 수행한다.

- 정수 연산 함수로 floorDiv()와 mod()가 추가됐다. 양수에서 이 두 함수는 각각 /(나눗셈) 및 %(나머지 연산)과 동일한 값을 내놓지만 음수에서 floorDiv()는 결과를 더 작은 수(절댓값이 큰 수, 즉 0에서 멀어지는 방향으로 내림)로 변환하지만 /는 결과에서 소수점 이하를 자르고 더 큰 수(절댓값이 작은 수, 즉 0으로 가까이 가는 방향으로 올림)로 변환한다. a.mod(b)는 a와 a.floorDiv(b)*b의 차이다. 이 값은 0이거나, b의 부호와 부호가 같다.

D.5.3 1.5.20의 언어 변화

- JVM 9 이상에서는 invokedynamic을 사용해 좀 더 효율적으로 문자열 연결을 처리할 수 있다. 이 경우 StringConcatFactory.makeConcatWithConstants()를 호출한다.
- 롬복^{Lombok}에서 @Getter, @Setter, @NoArgsConstructor, @AllArgsConstructor, @RequiredArgsConstructor, @Data 등의 애너테이션을 사용해 생성한 메서드 호출을 지원한다.

D.6 코틀린 1.6

2021년 11월 16일 코틀린 1.6.0이 나왔다.

D.6.1 1.6의 언어 변화

- Enum과 봉인된 클래스, Boolean 타입의 값에 대한 when문에서 모든 경우를 처리하지 않으면 경고를 표시한다(향후 모든 경우를 처리하지 않는 when문을 금지할 예정이다).

- 일시 중단 함수 타입을 상위 클래스로 하는 클래스 선언이 가능하다.

```
class MyClass: suspend () -> Unit {  // 일시 중단 함수가 상위 타입
    override suspend fun invoke() { TODO() }
}

fun launchOnClick(action: suspend () -> Unit) {}

// MyClass 인스턴스를 일시 중단 함수처럼 사용 가능
launchOnClick(MyClickAction())
```

다만 다음과 같은 제약이 있다.

- 일반 함수 타입과 일시 중단 함수 타입을 함께 상위 타입으로 선언할 수는 없다.
- 여러 일시 중단 함수 타입을 함께 상위 타입으로 선언할 수는 없다.
- 일반 함수를 일시 중단 함수로 자동 변환해준다.

```
fun getSuspending(suspending: suspend () -> Unit) {}

fun suspending() {}

fun test(regular: () -> Unit) {
    getSuspending { }                 // OK
    getSuspending(::suspending)       // OK
    getSuspending(regular)            // OK
}
```

- 재귀적인 제네릭 타입의 타입 추론 알고리즘 개선: 재귀적인 제네릭 타입의 타입 파라미터를 자동으로 상계$^{upper\ bound}$로 추론해준다.

```
val containerB =
    PostgreSQLContainer(DockerImageName.parse("postgres:13-alpine"))
    .withDatabaseName("db")
    .withUsername("user")
```

```
.withPassword("password")
.withInitScript("sql/schema.sql")
```

D.6.2 1.6 표준 라이브러리 변화

- 널 가능성을 명시적으로 처리하기 위해 기존 readline()을 대체하는 새 함수로 readln()과 readlnOrNull()이 추가됐다.
  - readln()은 표준 입력에서 한 줄을 읽고 EOF면 RuntimeException을 발생시킨다.
  - readlnOrNull()은 표준 입력에서 한 줄을 읽고 EOF면 null을 돌려준다.
  - 이로 인해 기존에 readline()!!처럼 널 단언을 쓸 필요가 없어졌다.
- typeOf<타입>()이 정식(안정 버전) 제공된다. typeOf<타입>()은 컴파일러가 추론한 타입으로부터 코틀린 타입을 제공한다.

```
inline fun <reified T> renderType(): String {
    val type = typeOf<T>()
    return type.toString()
}

fun main() {
    val fromExplicitType = typeOf<Int>()
    val fromReifiedType = renderType<List<Int>>()
}
```

- 컬렉션 빌더 함수가 정식 제공된다. buildMap(), buildList(), buildSet()을 사용할 수 있다.

```
val x = listOf('b', 'c')
val y = buildList {
    add('a')
    addAll(x)
```

```
    add('d')
  }
  println(y)  // [a, b, c, d]
```

- 다양한 시간 단위를 표현하는 Duration 클래스가 정식 제공된다.
  - Duration의 toComponent() 메서드는 단위를 하위 단위로 분해할 수 있는 API를 제공한다. 예를 들어 날[days], 시간, 분, 초, 나노초 단위로 나누거나 시간, 분, 초, 나노초 단위, 분, 초, 나노초 단위, 초, 나노초 단위 등으로 나눌 수 있다.
  - DurationUnit 이넘이 JVM과 무관한 독립적인 클래스로 제공된다.
  - Int.seconds 등의 확장 프로퍼티를 Duration의 동반 클래스를 통해 제공한다.

```
val duration = 10000
println("$duration 초는 ${duration.seconds.inWholeMinutes} 분입니다.")
```

- 정규식을 매치시킨 결과를 시퀀스로 돌려주는 함수를 정식 제공한다.

```
val colorsText = "green, red, brown&blue, orange, pink&green"
val regex = "[,\\s]+".toRegex()
val mixedColor = regex.splitToSequence(colorsText)
// or
// val mixedColor = colorsText.splitToSequence(regex)
  .onEach { println(it) }
  .firstOrNull { it.contains('&') }
println(mixedColor) // "brown&blue"
```

- 정수에 대한 비트 회전 연산을 정식 제공한다.

```
val number: Short = 0b10001
println(number
    .rotateRight(2)
```

```
        .toString(radix = 2)) // 100000000000100
println(number
        .rotateLeft(2)
        .toString(radix = 2))  // 1000100
```

- 자바스크립트 replace()와 replaceFirst()의 동작을 JVM 버전과 같게 변경
  했다.

D.7 코틀린 1.7/1.7.2

D.7.1 언어 변화

D.7.1.1 값 클래스(인라인 클래스)에서 위임으로 인터페이스 구현을 제공할 수 있음

클래스가 인터페이스를 상속할 때 위임을 사용해 인터페이스의 함수들을 오버라이드할
수 있으면 편리한데, 값 클래스(인라인 클래스)에서는 이런 위임이 불가능했다. 코틀린 1.7
부터는 값 클래스의 경우에도 위임이 가능하다.

```
interface Bar {
    fun foo():Unit
}

@JvmInline
value class BarWrapper(val bar:Bar):Bar by bar

// 다른 부분에서 인라인한 싱글턴 객체를 통해 멤버 오버라이딩
val bw = BarWrapper(object:Bar{ override fun foo(){println("hoho")}})
bw.foo()
```

D.7.1.2 타입 인자에 언더스코어(_)를 사용해 컴파일러가 타입 인자의 타입을 추론하게 함

제네릭 타입을 사용할 때 한 타입 인자를 제공하면 그로부터 다른 타입 인자가 쉽게 추론될 수 있는 경우가 있다. 기존에는 이런 경우에도 타입 인자를 무조건 제공해야만 했으나 코틀린 1.7부터는 언더스코어(_)를 사용해 컴파일러가 이런 타입 인자를 추론하게 할 수 있다.

```
abstract class Abstract<T> {
    abstract fun method(): T
}

class Concrete1: Abstract<String>() {
    override fun method(): String = "String"
}

class Concrete2: Abstract<Int>() {
    override fun method(): Int = 0
}

inline fun <reified T, reified R: Abstract<T>>
foo():Unit { println("${R::class}:${T::class}") }

fun main() {
    foo<Concrete1,_>()   // String 추론
    foo<Concrete2,_>()   // Int 추론
}
```

D.7.1.3 빌더 타입 추론

DSL 등에서 확장 람다를 사용해 코드를 기술한 경우 람다 안의 코드를 보고 확장 람다의 타입을 명확히 알 수 있음에도 기존 코틀린 지역 타입 추론은 이를 제대로 추론하지 못했다. 다음 코드는 예전에는 타입 오류를 발생시켰지만 코틀린 1.7부터는 람다의 타입

을 MutableList<String>.()->Unit으로 추론하며 list의 타입도 그에 따라 List<String>으로 추론된다.

```
val list = buildList {
    add("a")
}
```

D.7.1.4 옵트인(opt-in) 요구사항

코틀린 라이브러리에서 특정 기능을 외부에 노출하되 명확히 해당 기능을 사용하고 싶다는 의사를 프로그래머가 표시해야만 해당 기능을 사용할 수 있도록 좀 더 제한하고 싶을 때가 있다. 실험적인 API이거나 위험해서 명시적인 확인이 필요한 경우 등이 이런 경우다.

이런 경우 옵트인 기능을 사용하면 라이브러리 개발자가 지정한 애너테이션을 사용해 명시적으로 그 기능을 쓰고 싶다는 표시를 해주지 않으면 컴파일러가 해당 API 사용을 막아준다.

```
// 라이브러리 코드에서는 이와 같이 옵트인 애너테이션을 한다.
@RequiresOptIn(message = "실험적 기능임!")
@Retention(AnnotationRetention.BINARY)
@Target(AnnotationTarget.CLASS, AnnotationTarget.FUNCTION)
annotation class MyExperimental // 옵트인 애너테이션

// 라이브러리 코드에서는 옵트인을 사용해 노출할 대상 앞에 애너테이션을 붙인다.
@MyExperimental
class Provider // 이 클래스를 MyExperimental로 옵트인해 사용해야 함

// 클라이언트에서는 옵트인 애너테이션을 붙인 경우에만 해당 기능을 쓸 수 있다.
fun error() {
    val x: Provider = ...   // Error: Provider requires opt-in 컴파일 오류
}

@MyExperimental
fun ok() {
```

```
    val x: Provider = ...    // 문제없음
}
```

더 자세한 내용은 코틀린 문서(영문, https://kotlinlang.org/docs/opt-in-requirements.html#non-propagating-opt-in)를 참조하라.

D.7.1.5 확실히 널이 아닌 타입

제네릭 타입 파라미터 T가 널이 될 수 있는 타입인 경우 제네릭 함수나 타입을 정의할 때 T에 대응하는 널이 될 수 없는 타입을 표현할 방법이 없어서 타입을 좀 더 제약할 수가 없었다. 코틀린 1.7부터는 인터섹션 타입$^{intersection\ type}$ 표기에 따라 T & Any를 사용하면 T 타입을 널이 될 수 없는 타입으로 제한할 수 있다. 다음은 코틀린 문서에서 따온 코드다.

```
fun <T> elvisLike(x: T, y: T & Any): T & Any = x ?: y

fun main() {
    elvisLike<String>("", "").length        // 1
    elvisLike<String>("", null).length      // 2

    elvisLike<String?>(null, "").length     // 3
    elvisLike<String?>(null, null).length   // 4
}
```

1. 두 값 모두 널이 될 수 없는 타입이고 String 타입을 만족하므로 문제없다.
2. 두 번째 값이 널인데, 타입이 T&Any로 돼 있으므로 Error: 'null' cannot be a value of a non-null type 오류가 발생한다.
3. 두 번째 값이 널이 아니므로 문제없다.
4. 여기서 타입 파라미터 String?는 널이 될 수 있는 타입이지만, 두 번째 인자의 경우 T&Any에 의해 널이 될 수 없는 타입으로 제한되기 때문에 Error: 'null' cannot be a value of a non-null type 오류가 발생한다.

타입 파라미터를 사용하는 부분에서 모두 다 널이 지정되지 않는 한 타입 추론도 잘 작동한다.

```
fun main2() {
    elvisLike("", "").length
    elvisLike(null, "").length    // OK
    elvisLike(null, null).length  // 1
}
```

1. 두 가지 오류가 발생한다. 한 오류는 error: null can not be a value of a non-null type Nothing 오류로, 두 번째 파라미터가 널이 될 수 없기 때문에 발생한다. 이때 타입 추론이 Nothing을 추론했음에 유의하라. Any가 아닌 이유는 이 상황을 만족하면서 가장 구체적인 타입이 Nothing이기 때문이다. 다른 오류는 error: unresolved reference: length인데, 앞의 호출문의 전체 타입이 Nothing으로 추론됐기 때문에 length라는 프로퍼티를 찾을 수 없어서 생기는 오류다.

D.7.2 Kotlin/KVM

성능 개선이 이뤄지고 JDK의 API 버전과 생성되는 타겟 바이트코드 버전을 지정하는 -Xjdk-release 옵션이 추가됐다. 또한 함수형 인터페이스 생성자 참조를 정식 지원하며, JVM 타겟 버전 1.6을 더 이상 지원하지 않게 됐다. 코틀린 1.7에서는 기본 JVM 타겟이 1.8 이상이다.

D.7.3 Kotlin/Native

메모리 관리자 성능이 향상됐고 JVM과 JS IR 백엔드의 플러그인 ABI^{Application Binary Interface}가 통합됐다. 독립형 안드로이드 실행 파일 지원과 스위프트 async/await 상호운용성

및 코코아포드^{CocoaPods} 통합이 개선됐으며, 오브젝티브C에서 선언하지 않은 예외를 던지지 못하게 변경됐다.

D.7.4 Kotlin/JS

새 IR 백엔드 적용에 따라 증분 컴파일 성능이 향상됐고 코드 최소화^{minification} 성능도 개선됐다. 자바스크립트 모듈을 정적 임포트해 사용하는 프로젝트에서 `js("import('패키지이름')")` 형태로 자바스크립트 모듈을 임포트해서 자바스크립트 모듈을 동적으로 적재할 수 있다.

D.7.5 표준 라이브러리

D.7.5.1 예외를 발생시키면서 널이 아닌 값을 돌려주는 컬렉션 min/max 함수 재도입

코틀린 1.4부터 `min()`과 `max()` 대신 컬렉션이 비어있는 경우에 널을 반환하는 `minOrNull()`과 `maxOrNull()`을 써야 했고 `minBy()`, `maxBy()`, `minWith()`, `maxWith()`도 모두 `OrNull()`이 뒤에 붙은 함수로 대치됐다. 코틀린 1.7부터는 `OrNull()`로 끝나는 널을 반환하는 함수와 더불어 컬렉션이 비어있을 때 예외를 발생시키는 `min()`, `max()`, `minBy()`, `maxBy()`, `minWith()`, `maxWith()`가 다시 도입됐다.

D.7.5.2 정규식을 특정 위치부터 일치시켜주는 matchAt() 함수

`String`이나 `CharSequence`에 대해 특정 위치부터 정규식 일치 여부를 검사하는 `Regex.matchAt()`과 `Regex.matchesAt()` 함수가 추가됐다. `matchesAt()`은 일치하는지 여부를 불리언 값으로 돌려주지만 `matchAt()`은 일치하는 문자열을 돌려주며 일치되지 않는 경우 널을 반환한다.

```
val releaseText = "Kotlin 1.7.0 is on its way!"
val versionRegex = "\\d[.]\\d[.]\\d+".toRegex()

println(versionRegex.matchesAt(releaseText, 0))        // "false"
println(versionRegex.matchesAt(releaseText, 7))        // "true"
println(versionRegex.matchAt(releaseText, 0))          // "null"
println(versionRegex.matchAt(releaseText, 7)?.value)   // "1.7.0"
```

D.7.5.3 호환성 모드를 통해 1.4.0까지 하위 호환성 제공

코틀린 1.7.0에서는 호환성 모드(https://kotlinlang.org/docs/compatibility-modes.html)를 사용해 코틀린 1.4.0까지의 코틀린 버전을 타겟으로 지정해 라이브러리를 개발할 수 있게 됐다.

D.7.5.4 리플렉션을 통한 애너테이션 접근

KAnnotatedElement.findAnnotations() 확장 함수를 사용해 어떤 요소에 적용된 애너테이션을 모두 찾을 수 있다.

```
@Repeatable
annotation class Tag(val name: String)

@Tag("First Tag")
@Tag("Second Tag")
fun taggedFunction() {
    println("I'm a tagged function!")
}

fun main() {
    val x = ::taggedFunction
    val foo = x as KAnnotatedElement
    println(foo.findAnnotations<Tag>()) // [@Tag(name=First Tag), @Tag(name=Second
Tag)]
}
```

596

D.7.5.5 깊은 재귀 함수

코틀린 일시 중단^{suspend} 함수를 사용하면 컴파일러가 컨티뉴에이션을 만들어준다. 따라서 이 컨티뉴에이션을 사용하면 쉽게 꼬리 재귀 함수를 스택을 사용하지 않는 함수로 바꿀 수 있다. 코틀린 1.4에 실험적으로 도입된 DeepRecursiveFunction 함수가 이제 정식으로 제공된다.

다음 예제를 보면 DeepRecursiveFunction을 사용해 깊이가 100,000인 완전 이진 트리^{complete binary tree}를 생성하는 모습을 볼 수 있다. 일반적으로 스택을 사용하면 (설정에 따라) 1만 이하에서 보통 StackOverflowError가 발생하는데, DeepRecurisiveFunction을 사용하면 스택 넘침을 방지할 수 있다.

```
class Tree(val left: Tree?, val right: Tree?)

val calculateDepth = DeepRecursiveFunction<Tree?, Int> { t ->
    if (t == null) 0 else maxOf(
        callRecursive(t.left),
        callRecursive(t.right)
    ) + 1
}

fun main() {
    // 깊이 100000인 트리를 생성함
    val deepTree = generateSequence(Tree(null, null)) { prev ->
        Tree(prev, null)
    }.take(100_000).last()

    println(calculateDepth(deepTree)) // 100000
}
```

D.7.5.6 (실험적) 값 클래스를 활용한 시간 마크

코틀린 타임 API(kotlin.time)의 TimeSource.Monotonic은 플랫폼이 지원하는 가장 정확한 단조 증가하는 시간을 표현하는 객체다. 이 객체를 활용해 현재 시간을 마크

(`markNow()`)하고 마크한 시간으로부터 얼마나 지났는지를 `elapsedNow()`를 통해 쉽게 알아낼 수 있다. 타이밍을 재야 하는 경우 이를 사용할 수 있다.

```kotlin
@OptIn(ExperimentalTime::class)
fun main() {
    val mark = TimeSource.Monotonic.markNow() // Returned `TimeMark` is inline class
    val elapsedDuration = mark.elapsedNow()
}
```

D.7.5.7 (실험적) 자바 Optional에 대한 확장

JVM에서 자바 `Optional` 클래스를 반환하는 함수가 있는 경우 코틀린이 제공하는 편의 확장 함수를 활용하면 좀 더 쉽게 `Optional` 값을 사용할 수 있다.

- **getOrNull()**: `Optional`에 값이 존재하면 그 값을, 값이 존재하지 않으면 널을 돌려준다.
- **getOrDefault()**: `Optional`에 값이 존재하면 그 값을, 값이 존재하지 않으면 지정한 디폴트값을 돌려준다.
- **getOrElse()**: `Optional`에 값이 존재하면 그 값을, 값이 존재하지 않으면 지정한 람다를 실행해 얻는 결과를 돌려준다.

```kotlin
val presentOptional = Optional.of("I'm here!")

println(presentOptional.getOrNull())
// "I'm here!"

val absentOptional = Optional.empty<String>()

println(absentOptional.getOrNull())
// null
println(absentOptional.getOrDefault("Nobody here!"))
// "Nobody here!"
println(absentOptional.getOrElse {
```

598

```
        println("Optional was absent!")
          "Default value!"
      })
      // "Optional was absent!"
      // "Default value!"
```

또한 Optional에 포함된 값을 리스트, 집합 등으로 변환하는 toList(), toSet(), asSequence()도 제공하며, Optional에 포함된 값을 기존 컬렉션에 덧붙여주는 toCollection()도 있다.

```
val presentOptional = Optional.of("I'm here!")
val absentOptional = Optional.empty<String>()
println(presentOptional.toList() + "," + absentOptional.toList())
// ["I'm here!"], []
println(presentOptional.toSet() + "," + absentOptional.toSet())
// ["I'm here!"], []
val myCollection = mutableListOf<String>()
absentOptional.toCollection(myCollection)
println(myCollection)
// []
presentOptional.toCollection(myCollection)
println(myCollection)
// ["I'm here!"]
val list = listOf(presentOptional, absentOptional).flatMap { it.asSequence() }
println(list)
// ["I'm here!"]
```

D.7.5.8 정규식 포획 그룹을 이름으로 가리킬 수 있는 기능을 JVM 뿐 아니라 JS와 네이티브에 추가

코틀린 1.7 이전에는 JVM에서만 정규식의 포획 그룹capturing group의 이름을 사용해 접근할 수 있었지만 코틀린 1.7부터는 자바스크립트나 네이티브 플랫폼에서도 포획 그룹 이름을 지원한다.

포획 그룹 이름은 정규식 안에서도 쓰일 수 있고, 정규식을 사용해 얻은 Match 객체의 그룹을 다룰 때도 사용할 수 있다.

- 정규식 안에서 (?<이름>...) 형태로 포획 그룹에 이름을 지정할 수 있고, \k<이름> 형태로 포획 그룹을 가리킬 수 있다. 예를 들어 Regex("(?<first>.+)\\k<first>")라는 정규식은 임의의 문자가 1번 이상 반복된 포획 그룹을 first라는 이름으로 지정하고, 그 그룹과 똑같은 문자열이 다시 한 번 반복돼야 하는 경우에만 일치하는 정규식이다. 이 정규식은 aa(a가 반복), abab(ab가 반복) 등과 일치될 수 있다.
- **포획 그룹 값을 이름을 사용해 얻어오기:** match.groups["이름"]을 사용하면 "이름"에 해당하는 포획 그룹이 있으면 그 그룹을, 포획 그룹이 없으면 널을 반환한다.
- **치환**^{replace}**에 사용:** replace() 함수의 경우 치환할 문자열 안에서 ${그룹이름} 형태로 그룹 이름을 지정하면 해당 그룹에 일치된 문자열로 치환된다. 이때 치환 대상은 정규식 전체와 일치된 문자열이다. 큰따옴표 문자열의 경우 \로 $를 이스케이프해야만 한다는 점에 유의하라.

```
// 같은 문자열이 두 번 반복된 문자열을 표현함
val regex = Regex("(?<first>.+)\\k<first>")
regex.find("aa")!!.groups!!["first"]      // 맨 앞의 "a" 문자열(길이 1)과 일치
regex.replace("aa","\${first}\${first}\${first}")    // aaa
```

D.7.6 그레이들

- (실험적) 모듈을 넘나드는 변경에 대한 증분 컴파일 방식을 변경했다.
- (실험적) kotlin.build.report.output=filename을 gradle.properties 파일에 추가하면 filename 파일에 컴파일 보고를 저장해준다.
- 지원하는 그레이들 최소 버전이 6.7.1로 변경됐다.

- 코틀린 그레이들 플러그인 API가 변경됐다.
  - 사용자가 입력을 설정할 수 있게 Kotlin/JVM과 Kotlin/kapt 태스크 인터페이스가 변경됐다.
  - 모든 코틀린 플러그인이 KotlinBasePlugin을 상속한다.
- sam-with-receiver 플러그인을 plugins API를 통해 사용할 수 있다.
- kapt 애너테이션 프로세서가 생성한 파일에 대한 통계를 볼 수 있게 됐다. build.gradle.kts에서 kapt{} 섹션에 showProcessorStats = true를 추가하고 gradle.properties에서 kapt.verbose=true를 지정하면 통계가 활성화된다.
- 사용 금지 예고된 여러 기능이 실제로 제거됐다.

D.8 코틀린 1.8

D.8.1 언어 변화

D.8.1.1 반 개구간(한쪽만 열린 구간) 연산자 ..<와 rangeUntil() 연산자 함수 도입

x 이상 y 미만을 뜻하는 반개구간^{half closed interval}을 표현하는 연산자 ..<와 그에 해당하는 연산자 함수 rangeUntil()이 실험적 요소에서 정식 요소로 승격됐다. a..<b는 다음 OpenEndRange를 만들어낸다.

```
interface OpenEndRange<T : Comparable<T>> {
    // 하계(lower bound)
    val start: T
    // 상계(upper bound). 범위 안에 속하지는 않음
    val endExclusive: T
    operator fun contains(value: T): Boolean = value >= start && value < endExclusive
    fun isEmpty(): Boolean = start >= endExclusive
```

```
}
```

정수 타입의 경우 until을 사용하면 이제는 ClosedRange와 OpenEndRange를 동시에 지원하는 객체를 돌려받을 수 있다. 이에 맞춰 XXXRange(여기서 XXX는 정수형 타입)의 상속 구조도 변경됐다. 다음은 IntRange의 경우를 보여준다.

```
class IntRange :
    IntProgression,
    ClosedRange<Int>,
    OpenEndRange<Int>
```

D.8.2 (프리뷰) Kotlin/wasm

코틀린 K2 컴파일러가 프리뷰 단계에 들어섬에 따라 웹 어셈블리 컴파일(Kotlin/wasm 타겟)을 지원하게 됐다. https://www.youtube.com/watch?v=-pqz9sKXatw 등의 동영 상을 참조하라.

D.8.3 Kotlin/KVM

- 코틀린 애너테이션이 TYPE과 TYTPE_PARAMETER를 타겟으로 사용할 수 있게 됐다.
- 디버깅 지원을 위해 컴파일러가 최적화를 수행하지 않도록 지정해주는 -Xdebug 옵션이 추가됐다.
- 기존 백엔드를 완전히 제거했다. 이제는 새 IR 기반 백엔드만 지원한다.
- 롬복 @Builder 애너테이션을 지원한다. 아직 @SuperBuilder나 @Tolerate를 지원할 계획은 없다.

D.8.4 Kotlin/Native

- Xcode 14.1을 지원한다.
- 오브젝티브C 상호 운영성을 개선했다(@ObjCName을 통해 좀 더 스위프트에 적합한 이름을 부여하거나 @HiddenFromObjC를 통해 코틀린 선언을 감추는 등의 기능 추가).
- 코코아포드 그레이들 플러그인에서 동적 프레임워크를 디폴트로 활성화한다.

D.8.5 Kotlin/JS

- 새 IR 기반 컴파일러 백엔드가 정식으로 채택됐다.
- yarn.lock 파일이 변경된 경우 이를 통지하는 기능이 추가됐다.
- 테스트의 타겟 브라우저를 지정하는 기능이 추가됐다.
- 새 CSS 지원이 추가됐다. 이에 따라 이 지원을 비활성화하는 그레이들 옵션도 추가됐다.

D.8.6 표준 라이브러리

D.8.6.1 표준 라이브러리 컴파일 타겟으로 JVM 1.8만 지원

kotlin-stdlib, kotlin-reflect, kotlin-script-* 라이브러리들은 기존에 JVM 1.6을 타겟으로 컴파일됐지만, 이제는 JVM 1.8만 타겟으로 컴파일된다.

D.8.6.2 cbrt(): 세제곱근(CuBic RooT) 계산 함수

파라미터로 전달받은 값의 세제곱근을 돌려주는 cbrt() 함수가 추가됐다.

D.8.6.3 자바와 코틀린 사이의 시간 단위 변환

kotlin.time API의 시간 단위(TimeUnit)와 java.time API의 DurationUnit과 java.util.concurrent.TimeUnit 사이의 변환 함수 toTimeUnit()과 toDurationUnit()

이 정식으로 승격했다. 한편 TimeMark로 시간을 비교할 때 좀 더 편리한 비교가 가능하도록 timeSource.markNow()로 만든 여러 TimeMark 사이의 시간 비교 기능이 추가됐다(실험적).

D.8.6.4 (실험적) 재귀적인 디렉터리 복사와 삭제

java.nio.file.Path의 확장 함수로 copyToRecursively()와 deleteRecursively() 함수가 추가됐다(실험적). 각각 디렉터리를 재귀적으로 복사하거나 재귀적으로 삭제한다.

D.8.6.5 자바 Optional 확장 함수 정식 채택

자바 1.7에 실험적으로 추가됐던 자바 Optional 확장 함수들이 정식으로 승격됐다.

D.8.6.6 리플렉션 성능 개선

kotlin-reflect가 JVM 1.8을 타겟으로 컴파일됨에 따라 코틀린 리플렉션 내부의 캐시가 자바 ClassValue를 활용할 수 있게 됐다. 이에 따라 KClass에 더불어 KType과 KDeclarationContainer도 캐시하게 됐고, 그에 따라 typeOf() 호출 성능이 향상됐다.

D.8.6.7 (실험적) AutoCloseable 지원/use() 확장 함수 추가

표준 라이브러리에 AutoCloseable 인터페이스가 추가됐고 use() 확장 함수를 통해 AutoCloseable 객체들에 대한 자동 자원 해제를 지원할 수 있다.

D.8.6.8 (실험적) 베이스64 인코딩 지원

베이스64 인코딩 기능이 추가됐다(실험적).

D.8.6.9 (실험적) @Volatile 지원을 코틀린 네이티브로 확대

JVM에서만 지원되던 @Volatile 지원이 코틀린 네이티브로 확대됐다.

D.8.6.10 @Serializable이 적용된 클래스의 동반 객체를 @Serializable로 지정 시 경고

@Serializable로 지정한 클래스의 동반 객체를 @Serializable로 지정하면 커스텀 KSerializer를 지정할 수 있다. 이로 인해 두 직렬화 방식 중 어느 쪽을 사용하는지가 명확하지 않은 문제가 있었다.

이를 방지하고자 코틀린 1.8.20부터는 이미 @Serializable로 선언된 클래스의 동반 객체에서 @Serializable로 커스텀 직렬화를 선언하는 경우 컴파일러가 경고를 표시한다.

D.8.7 그레이들

- 코틀린 컴파일러 옵션을 지연 프로퍼티로 노출시켰고, 그에 따라 여러 가지 변화가 있었다.
  - compileKotlin 태스크가 compilerOptions 입력을 제공한다.
  - KotlinJsDce와 KotlinNativeLink 태스크가 toolOptions를 입력으로 받는다.
  - compilerOptions의 몇몇 옵션(JvmTarget, KotlinVersion, JsMainFunction ExecutionMode, JsModuleKind, JsSourceMapEmbedMode)을 지정할 때 문자열 대신 새로운 타입의 값을 지정해야 한다.
- 코틀린 데몬을 사용해 컴파일하는 중에 문제가 발생한 경우 이를 복구하는 전략을 지정 할 수 있고 데몬 실패 시 데몬 복구를 시도하지 않고 컴파일이 오류로 끝나게 할 수 있게 됐다.

D.9 코틀린 1.9

D.9.1 언어 변화

D.9.1.1 이넘 클래스 entires 프로퍼티 지원

이넘 클래스에서 이넘 항목들의 목록을 얻는 합성 프로퍼티인 entries를 정식 지원한다. values() 함수 대신 entries를 사용하라.

```
enum class Color(val colorName: String, val rgb: String) {
    RED("Red", "#FF0000"),
    ORANGE("Orange", "#FF7F00"),
    YELLOW("Yellow", "#FFFF00")
}

fun findByRgb(rgb: String): Color? = Color.entries.find { it.rgb == rgb }
```

D.9.1.2 데이터 객체 선언

데이터 클래스와 같은 방식으로 데이터 객체[data object]를 선언할 수 있다. 봉인된 클래스 계층에서 말단 타입으로 객체를 사용할 경우 데이터 객체를 사용하면 편리하다.

```
sealed interface ReadResult
data class Number(val number: Int) : ReadResult
data class Text(val text: String) : ReadResult
data object EndOfFile : ReadResult

fun main() {
    println(Number(7)) // Number(number=7)
    println(EndOfFile) // EndOfFile
}
```

D.9.1.3 값 클래스의 보조 생성자 지원

인라인되는 값 클래스 안에 보조 생성자를 선언할 수 있게 됐다.

```
@JvmInline
value class Person(private val fullName: String) {
    // 코틀린 1.4.30부터 사용 가능함
    init {
        check(fullName.isNotBlank()) {
            "Full name shouldn't be empty"
        }
    }
    // 코틀린 1.9.0부터 사용 가능함
    constructor(name: String, lastName: String) : this("$name $lastName") {
        check(lastName.isNotBlank()) {
            "Last name shouldn't be empty"
        }
    }
}
```

D.9.2 Kotlin/JVM

- @JvmDefault 애너테이션이 사용 금지 예정[deprecated]으로 변경됐다. -Xjvm-default를 all이나 all-compatibility로 지정하거나 @JvmDefaultWithout Compatibility나 @JvmDefaultWithCompatibility를 사용하라.

D.9.3 Kotlin/Wasm

- 웹 어셈블리 프로젝트가 생성하는 빌드 파일의 크기를 감소시켰다.
- 자바스크립트 상호 운용성을 개선했다.
- 코틀린 플레이그라운드에 Wasm을 추가했다. https://pl.kotl.in/HDFAvimga에 서 시험해보라.

D.9.4 Kotlin/Native

- (프리뷰) 커스텀 메모리 할당기 프리뷰가 추가됐다. -Xallocator=custom 컴파일러 옵션으로 활성화할 수 있다.
- 오브젝티브C나 스위프트에서 생성한 객체가 코틀린에게 전달된 경우 코틀린 메인 스레드에서 객체 해제 훅이 호출되는데, 필요하면 이를 비활성화할 수 있다.
- Kotlin/Native에서 객체 내의 상수 값에 접근할 때는 객체를 초기화하지 않는다.

```
object MyObject {
  init {
    println("side effect!")
  }

  const val y = 1
}

fun main() {
  println(MyObject.y)  // 처음에는 초기화가 이뤄지지 않음
  val x = MyObject      // 여기서 초기화가 이뤄짐
  println(x.y)
}
```

- iOS 시뮬레이터에서 독립 실행 모드를 설정할 수 있다.
- 라이브러리 링크 문제(라이브러리 변경으로 인해 코틀린 프로그램에서 해당 라이브러리를 링크할 때 문제가 생기는 경우) 발생 시 Kotlin/JVM과 똑같이 컴파일 시점이 아니라 실행 시점에 이 사실을 보고하도록 변경됐다.
- C와의 상호운용을 위해 암시적 정수 변환 방법을 컴파일러 옵션으로 지정할 수 있게 됐다. 컴파일러 인자로 -XXLanguage:+ImplicitSignedToUnsignedIntegerConversion처럼 지정하거나 build.gradle.kts에서 다음과 같이 지정할 수 있다.

```
tasks.withType<org.jetbrains.kotlin.gradle.tasks.
```

```
    KotlinNativeCompile>().configureEach {
  compilerOptions.freeCompilerArgs.addAll(
    "-XXLanguage:+ImplicitSignedToUnsignedIntegerConversion"
  )
}
```

D.9.5 Kotlin/JS

- 새 IR 백엔드만 사용하도록 변경됐다. https://kotlinlang.org/docs/js-ir-migration.html을 참조해 코드를 마이그레이션하라.

- kotlin-js 플러그인이 사용 금지 예정으로 변경됐다. 앞으로는 kotlin-multiplatform 플러그인에 js() 타겟을 지정해 사용하면 된다. https://kotlinlang.org/docs/multiplatform-compatibility-guide.html#migration-from-kotlin-js-gradle-plugin-to-kotlin-multiplatform-gradle-plugin을 참조해 기존 프로젝트를 마이그레이션하라.

- entries 도입으로 인해 모든 이넘 상수를 코틀린 내부에서 정의해야만 한다. external enum을 사용하던 코드는 내부에서 객체를 사용하는 형태로 변경해야 한다.

```
// 예전 코드
external enum class ExternalEnum { A, B }

// entries 도입 이후 코드
external sealed class ExternalEnum {
  object A: ExternalEnum
  object B: ExternalEnum
}
```

- (실험적) ES6 클래스와 모듈을 지원한다. 자바스크립트 프로젝트의 경우 다음처럼 build.gradle.kts에서 ES6를 활성화할 수 있다.

```
// build.gradle.kts

kotlin {

  js(IR) {

    useEsModules() // ES6 모듈 활성화

    browser()

  }

}

// ES6 클래스 생성 활성화

tasks.withType<KotlinJsCompile>().configureEach {

  kotlinOptions {

    useEsClasses = true

  }

}
```

D.9.6 표준 라이브러리

D.9.6.1 반개구간 표준 라이브러리 API 안정화

..< 연산자 정식 채택에 따라 OpenEndRange API도 정식 제공된다.

D.9.6.2 시간 API 안정화

kotlin.time API에서 기간^{duration} 부분이 1.6.0에서 정식 버전으로 승격됐고, 1.9.0에서는 시간 측정 관련 API가 정식 버전으로 승격됐다. 이전의 시간 API에서 measure TimeMIllis는 벽시계를 사용하는 반면 measureNanoTime은 단조 증가하는 시간 소스를 사용했다. 새 시간 측정 API는 단조 증가 시간 소스를 사용해 시간을 측정하며, 어느 두 시점 사이의 시간 간격을 편리하게 잴 수 있다.

- 안드로이드의 System.nanoTime()은 디바이스가 활성화된 경우에만 시간이 흘러가지만, 다음처럼 시스템 클럭의 실제 시간 기반 클럭을 사용하면 실제 시간

을 측정할 수 있다.

```kotlin
object RealtimeMonotonicTimeSource :
    AbstractLongTimeSource(DurationUnit.NANOSECONDS) {
  override fun read(): Long = SystemClock.elapsedRealtimeNanos()
}
```

- markNow()로 얻은 여러 시점 사이의 차이를 쉽게 계산할 수 있다.

```kotlin
import kotlin.time.*

fun main() {
  val timeSource = TimeSource.Monotonic
  val mark1 = timeSource.markNow()
  Thread.sleep(500) // Sleep 0.5 seconds.
  val mark2 = timeSource.markNow()

  repeat(4) { n ->
    val mark3 = timeSource.markNow()
    val elapsed1 = mark3 - mark1
    val elapsed2 = mark3 - mark2

    println("Measurement 1.${n + 1}: elapsed1=$elapsed1,
        elapsed2=$elapsed2, diff=${elapsed1 - elapsed2}")
  }
  // 두 시각을 비교할 수도 있음
  println(mark2 > mark1) // true
}
```

- markNow로 얻은 TimeMark에 Duration을 더해서 새 TimeMark를 얻고, 이에 대해 hasPassedNow()나 hasNotPassedNow()를 사용해 해당 시점을 통과했는지 여부를 판단할 수 있다.

```kotlin
import kotlin.time.*
```

```
import kotlin.time.Duration.Companion.seconds

fun main() {
  val timeSource = TimeSource.Monotonic
  val mark1 = timeSource.markNow()
  val fiveSeconds: Duration = 5.seconds
  val mark2 = mark1 + fiveSeconds

  println(mark2.hasPassedNow())    // false: 아직 5초가 지나지 않음

  Thread.sleep(6000)               // 6초 대기
  println(mark2.hasPassedNow())    // true
}
```

D.9.6.3 안정화를 위한 네이티브 라이브러리 변경

Kotlin/Native 표준 라이브러리 안정화를 위해 공개된 모든 시그니처를 평가해 정리했다. 이에 따라 어떤 함수나 클래스가 다른 패키지로 이동한 경우에는 기존 위치에도 여전히 해당 함수/클래스를 남겨두되 사용 금지 예정 처리됐기 때문에 인텔리J에서 해당 코드를 어떻게 수정해야 하는지를 조언해준다.

- 아토믹스atomics API를 안정화했다.
- kotlinx.cinterop를 실험적인 API로 지정했다. 이에 따라 이 API를 사용하려면 https://kotlinlang.org/docs/whatsnew19.html#explicit-c-interoperability-stability-guarantees의 방법을 사용해 API를 활성화해야 한다.
- Worker 클래스와 관련 API를 불필요한 API로 지정했다.
- BitSet 클래스를 불필요한 API로 지정했다.
- kotlin.native.internal의 모든 public 패키지를 private으로 지정하거나 다른 패키지로 이동시켰다.

D.9.6.4 @Volatile 네이티브 지원 정식 채택

코틀린 1.9.0부터는 @Volatile 애너테이션을 정식으로 지원한다.

D.9.6.5 정규식 포획 그룹을 이름으로 가리킬 수 있는 기능 정식 채택

D.7.5.8에서 설명한 정규식 포획 그룹 기능이 정식으로 제공된다. 사용 편의를 위해
MatchResult 객체에 대한 확장 함수로 groups()를 제공한다.

```
val regex = """\b(?<city>[A-Za-z\s]+),\s(?<state>[A-Z]{2}):
    \s(?<areaCode>[0-9]{3})\b""".toRegex()
val input = "Coordinates: Austin, TX: 123"

val match = regex.find(input)!!
println(match.groups["city"]?.value)
```

D.9.6.6 createParentDirectories(): 파일 경로상의 모든 부모 디렉터리 생성

지정한 파일 경로에 이르는 모든 부모 디렉터리를 생성하는 createParentDirectories()
함수가 생겼다.

D.9.6.7 (실험적) 16진수 형식화를 위한 HexFormat 클래스

수 타입과 16진수 문자열 사이의 변환을 제공하는 HexFormat 클래스가 도입됐다(실험
적). 이 클래스가 제공하는 확장 함수를 사용하면 다양한 변환이 가능하다.

```
println(93.toHexString()) // "0000005d"
"001b638445e6".hexToByteArray()
println(macAddress.toHexString(HexFormat { bytes.byteSeparator = ":" }))
// "00:1b:63:84:45:e6"
println("0x3a".hexToInt(HexFormat { number.prefix = "0x" })) // "58"
```

D.9.7 그레이들

- KotlinCompile 태스크에서 classpath 프로퍼티가 제거됐다.
- kotlin {} 블럭 안에 compilerOptions {} 블럭을 사용해 컴파일러 옵션을 지정할 수 있게 됐다.
- Kotlin/Native에서 컴파일러 옵션으로 모듈 이름을 지정할 수 있게 됐다.
- JVM 타겟 검증 모드를 build.gradle.kts 안에서 설정할 수 있게 됐다. 이전에는 gradle.property 파일 안에서 kotlin.jvm.target.validation.mode=ERROR를 지정하는 방식을 사용했지만, 이제는 다음과 같이 지정할 수 있다.

```
tasks.named<org.jetbrains.kotlin.gradle.tasks.
    KotlinJvmCompile>("compileKotlin") {
  jvmTargetValidationMode.set(org.jetbrains.kotlin.gradle.
      dsl.jvm.JvmTargetValidationMode.WARNING)
}
```

E
코루틴과 Async/Await

코틀린 1.3부터는 코루틴이 표준 라이브러리에 정식 포함됐다. 이 책 원서에는 관련 내용이 없고, 한국어판에서도 약간의 언급밖에 없었지만 따로 한 장을 차지할 만큼 중요하고 유용한 기능과 개념이므로 별도의 부록으로 증쇄에 맞춰 급히 추가했다(옮긴이). 코루틴에 대한 문서는 http://kotlinlang.org/docs/reference/coroutines/coroutines-guide.html을 참조하라. 처음 접하는 사용자는 권태환 님의 발표 자료 https://speakerdeck.com/taehwandev/kotlin-coroutines로부터 코루틴 사용법에 도움을 받을 수 있을 것이다.

E.1 코루틴이란?

그리 좋은 설명 방식은 아니겠지만, 위키피디아에 있는 코루틴 정의를 번역한 다음 내용을 읽어보자.

코루틴은 컴퓨터 프로그램 구성 요소 중 하나로 비선점형 멀티태스킹(non-preemptive multasking)을 수행하는 일반화한 서브루틴(subroutine)이다. 코루틴은 실행을 일시 중단(suspend)하고 재개(resume)할 수 있는 여러 진입 지점(entry point)을 허용한다.

서브루틴은 여러 명령어를 모아 이름을 부여해서 반복 호출할 수 있게 정의한 프로그램 구성 요소로, 다른 말로 함수라고 부르기도 한다. 객체지향 언어에서는 메서드도 서브루틴이라 할 수 있다. 어떤 서브루틴에 진입하는 방법은 오직 한 가지(해당 함수를 호출하면 서브루틴의 맨 처음부터 실행이 시작된다)뿐이며, 그때마다 활성 레코드^{activation record}라는 것이 스택에 할당되면서 서브루틴 내부의 로컬 변수 등이 초기화된다. 반면 서브루틴 안에서 여러 번 return을 사용할 수 있기 때문에 서브루틴이 실행을 중단하고 제어를 호출한 쪽^{caller}에게 돌려주는 지점은 여럿 있을 수 있다. 다만 일단 서브루틴에서 반환되고 나면 활성 레코드가 스택에서 사라지기 때문에 실행 중이던 모든 상태를 잃어버린다. 그래서 서브루틴을 여러 번 반복 실행해도 (전역 변수나 다른 부수 효과가 있지 않는 한) 항상 같은 결과를 반복해서 얻게 된다.

　　멀티태스킹은 여러 작업을 (적어도 사용자가 볼 때는) 동시에 수행하는 것처럼 보이거나 실제로 동시에 수행하는 것이다. 비선점형이란 멀티태스킹의 각 작업을 수행하는 참여자들의 실행을 운영체제가 강제로 일시 중단시키고 다른 참여자를 실행하게 만들 수 없다는 뜻이다. 따라서 각 참여자들이 서로 자발적으로 협력해야만 비선점형 멀티태스킹이 제대로 작동할 수 있다.

　　따라서 코루틴이란 서로 협력해서 실행을 주고받으면서 작동하는 여러 서브루틴을 말한다. 코루틴의 대표격인 제네레이터^{generator}를 예로 들면 어떤 함수 A가 실행되다가 제네레이터인 코루틴 B를 호출하면 A가 실행되던 스레드 안에서 코루틴 B의 실행이 시작된다. 코루틴 B는 실행을 진행하다가 실행을 A에 양보한다(yield라는 명령을 사용하는 경우가 많다). A는 다시 코루틴을 호출했던 바로 다음 부분부터 실행을 계속 진행하다가 또 코루틴 B를 호출한다. 이때 B가 일반적인 함수라면 로컬 변수를 초기화하면서 처음부터 실행을 다시 시작하겠지만, 코루틴이면 이전에 yield로 실행을 양보했던 지점부터 실행을 계속하게 된다.

　　이런 코루틴의 제어 흐름과 일반적인 함수의 제어 흐름을 비교하면 다음과 같다.

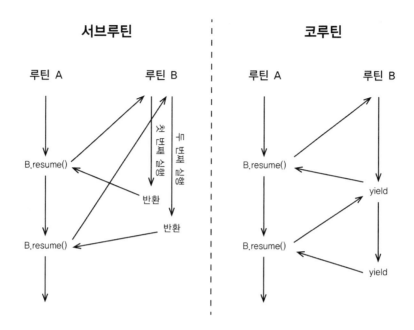

코루틴을 사용하는 경우 장점은 일반적인 프로그램 로직을 기술하듯 코드를 작성하고 상대편 코루틴에 데이터를 넘겨야 하는 부분에서만 yield를 사용하면 된다는 점이다. 예를 들어 제네레이터^{generator}를 사용해 카운트다운을 구현하고, 이를 이터레이터^{iterator}처럼 불러와 사용하는 의사 코드를 살펴보자.

```
generator countdown(n) {
    while(n>0) {
      yield n
      n -= 1
    }
}

for i in countdown(10) {
    println(i)
}
```

E.2 코틀린의 코루틴 지원: 일반적인 코루틴

언어에 따라 제네레이터 등 특정 형태의 코루틴만을 지원하는 경우도 있고, 좀 더 일반적인 코루틴을 만들 수 있는 기능을 언어가 기본 제공하고, 제네레이터, async/await 등 다양한 코루틴은 그런 기본 기능을 활용해 직접 사용자가 만들거나 라이브러리를 통해 사용하도록 하는 형태가 있다. 제네레이터만 제공하는 경우에도 yield 시 퓨처 등 비동기 처리가 가능한 객체를 넘기는 방법을 사용하면 async/await 등을 비교적 쉽게 구현할 수 있다.

코틀린은 특정 코루틴을 언어가 지원하는 형태가 아니라, 코루틴을 구현할 수 있는 기본 도구를 언어가 제공하는 형태다. 코틀린의 코루틴 지원 기본 기능들은 kotlin.coroutine 패키지 밑에 있고, 코틀린 1.3부터는 코틀린을 설치하면 별도의 설정 없이도 모든 기능을 사용할 수 있다. 하지만 코틀린이 지원하는 기본 기능을 활용해 만든 다양한 형태의 코루틴들은 kotlinx.coroutines 패키지 밑에 있으며, https://github.com/Kotlin/kotlinx.coroutines에서 소스코드를 볼 수 있다. 부록 E에서 설명하는 내용을 아무 문제없이 사용해보려면 프로젝트의 빌드 설정에 관련 의존성을 추가하고, 코틀린 컴파일러를 1.3으로 지정해야 한다.

메이븐

의존관계는 다음과 같다.

```
<dependency>
    <groupId>org.jetbrains.kotlinx</groupId>
    <artifactId>kotlinx-coroutines-core</artifactId>
    <version>1.0.1</version>
</dependency>
```

코틀린 버전은 다음과 같다.

```
<properties>
    <kotlin.version>1.3.0</kotlin.version>
</properties>
```

그레이들

의존관계는 다음과 같다.

```
dependencies {
    implementation("org.jetbrains.kotlinx:kotlinx-coroutines-core:1.0.1")
}
```

코틀린 버전은 다음과 같다.

```
plugins {
    kotlin("jvm") version "1.3.0"
}
```

한편 안드로이드에서는 다음을 의존관계로 추가해야 한다.

```
implementation 'org.jetbrains.kotlinx:kotlinx-coroutines-android:1.0.1'
```

코틀린의 코루틴 지원을 설명하려면 코루틴 구현 방식을 설명해야 하는데, 사실 일반 개발자 입장에서는 굳이 그 단계까지 필요하지 않을 수도 있다. 그래서 먼저 코틀린이 kotlinx.coroutines를 통해 제공하는 몇 가지 기본적인 코루틴들에 대해 설명하고, 나중에 일반적인 코틀린 코루틴 지원과 그 지원 기능을 활용해 여러분 자신만의 코루틴을 설계 구현하는 방법을 설명하겠다.

E.2.1 여러 가지 코루틴

다음은 kotlinx.coroutines.core 모듈에 들어있는 코루틴이다. 정확히 이야기하자면 각각은 코루틴을 만들어주는 코루틴 빌더^{coroutine builder}라고 부른다. 코틀린에서는 코루틴 빌더에 원하는 동작을 람다로 넘겨서 코루틴을 만들어 실행하는 방식으로, 코루틴을 활용한다.

kotlinx.coroutines.CoroutineScope.launch

launch는 코루틴을 잡^{Job}으로 반환하며, 만들어진 코루틴은 기본적으로 즉시 실행된다. 원하면 lanuch가 반환한 Job의 cancel()을 호출해 코루틴 실행을 중단시킬 수 있다. launch가 작동하려면 CoroutineScope 객체가 블록의 this로 지정돼야 하는데(API 문서나 소스를 보면 launch가 받는 블록의 타입이 suspend CoroutineScope.() -> Unit임을 알 수 있다. 이 람다 타입이 이해가 안 되는 독자는 본문의 DSL 관련 내용을 다시 한 번 살펴보라), 다른 suspend 함수 내부라면 해당 함수가 사용 중인 CoroutineScope가 있겠지만, 그렇지 않은 경우에는 GlobalScope를 사용하면 된다. 다음 예를 보자.

```
package com.enshahar.kotlinStudy

import kotlinx.coroutines.*
import java.time.ZonedDateTime
import java.time.temporal.ChronoUnit

fun now() = ZonedDateTime.now().toLocalTime().truncatedTo(ChronoUnit.MILLIS)

fun log(msg:String) = println("${now()}:${Thread.currentThread()}: ${msg}")

fun launchInGlobalScope() {
    GlobalScope.launch {
        log("coroutine started.")
    }
}

fun main() {
    log("main() started.")
    launchInGlobalScope()
    log("launchInGlobalScope() executed")
```

```
        Thread.sleep(5000L)
    log("main() terminated")
}
```

인텔리J에서 컴파일해 실행해보면 다음과 같은 결과를 볼 수 있다.

```
23:39:58.200:Thread[main,5,main]: main() started.
23:39:58.238:Thread[main,5,main]: launchInGlobalScope() executed
23:39:58.243:Thread[DefaultDispatcher-worker-2,5,main]: coroutine started.
23:40:03.239:Thread[main,5,main]: main() terminated
```

유의할 점은 메인 함수와 GlobalScope.launch가 만들어낸 코루틴이 서로 다른 스레드에서 실행된다는 점이다. GlobalScope는 메인 스레드가 실행 중인 동안만 코루틴의 동작을 보장해준다. 앞 코드에서 main()의 끝에서 두 번째 줄에 있는 Thread.sleep (5000L)을 없애면 코루틴이 아예 실행되지 않을 것이다. lanuchInGlobalScope()가 호출한 launch는 스레드가 생성되고 시작되기 전에 메인 스레드의 제어를 main()에 돌려주기 때문에 따로 sleep()을 하지 않으면 main()이 바로 끝나고, 메인 스레드가 종료되면서 바로 프로그램 전체가 끝나 버린다. 그래서 GlobalScope()를 사용할 때는 조심해야 한다.

이를 방지하려면 비동기적으로 launch를 실행하거나, launch가 모두 다 실행될 때까지 기다려야 한다. 특히 코루틴의 실행이 끝날 때까지 현재 스레드를 블록시키는 함수로 runBlocking()이 있다. runBlocking은 CoroutineScope의 확장 함수가 아닌 일반 함수이기 때문에 별도의 코루틴 스코프 객체 없이 사용 가능하다.

앞의 예제에서 launchInGlobalScope()를 runBlockingExample()이라는 이름의 함수로 다음과 같이 바꾸자.

```
fun runBlockingExample() {
    runBlocking {
        launch {
            log("GlobalScope.launch started.")
```

```
        }
    }
}
```

프로그램을 실행하면 결과는 다음과 같다.

```
23:48:11.806:Thread[main,5,main]: main() started.
23:48:11.851:Thread[main,5,main]: coroutine started.
23:48:11.852:Thread[main,5,main]: runBlockingExample() executed
23:48:16.857:Thread[main,5,main]: main() terminated
```

한 가지 흥미로운 것은 스레드가 모두 main 스레드라는 점이다.

이 코드만 봐서는 딱히 스레드나 다른 비동기 도구와 다른 장점을 찾아볼 수 없을 것이다. 하지만 코루틴들은 서로 yield()를 해주면서 협력할 수 있다.

다음 예를 살펴보자.

```
fun yieldExample() {
    runBlocking {
        launch {
            log("1")
            yield()
            log("3")
            yield()
            log("5")
        }
        log("after first launch")
        launch {
            log("2")
            delay(1000L)
            log("4")
            delay(1000L)
            log("6")
        }
```

```
        log("after second launch")
    }
}
```

이 예제를 실행한 결과는 다음과 같다.

```
00:01:34.048:Thread[main,5,main]: main() started.
00:01:34.092:Thread[main,5,main]: after first launch
00:01:34.096:Thread[main,5,main]: after second launch
00:01:34.098:Thread[main,5,main]: 1
00:01:34.099:Thread[main,5,main]: 2
00:01:34.105:Thread[main,5,main]: 3
00:01:34.105:Thread[main,5,main]: 5
00:01:35.108:Thread[main,5,main]: 4
00:01:36.110:Thread[main,5,main]: 6
00:01:36.111:Thread[main,5,main]: after runBlocking
00:01:36.111:Thread[main,5,main]: yieldExample() executed
00:01:41.113:Thread[main,5,main]: main() terminated
```

로그를 보면 다음 특징을 알 수 있다.

- `launch`는 즉시 반환된다.
- `runBlocking`은 내부 코루틴이 모두 끝난 다음에 반환된다.
- `delay()`를 사용한 코루틴은 그 시간이 지날 때까지 다른 코루틴에게 실행을 양보한다. 앞 코드에서 `delay(1000L)` 대신 `yield()`를 쓰면 차례대로 1, 2, 3, 4, 5, 6이 표시될 것이다. 한 가지 흥미로운 것은 첫 번째 코루틴이 두 번이나 `yield()`를 했지만 두 번째 코루틴이 `delay()` 상태에 있었기 때문에 다시 제어가 첫 번째 코루틴에게 돌아왔다는 사실이다.

kotlinx.coroutines.CoroutineScope.async

async는 사실상 launch와 같은 일을 한다. 유일한 차이는 launch가 Job을 반환하는 반면 async는 Deferred를 반환한다는 점뿐이다. 심지어 Deferred는 Job을 상속한 클래스이기 때문에 launch 대신 async를 사용해도 항상 아무 문제가 없다. 실제로 두 함수의 구현을 보면 다음 코드와 같다. 둘의 차이를 비교해보라.

```
public fun CoroutineScope.launch(
    context: CoroutineContext = EmptyCoroutineContext,
    start: CoroutineStart = CoroutineStart.DEFAULT,
    block: suspend CoroutineScope.() -> Unit
): Job {
    val newContext = newCoroutineContext(context)
    val coroutine = if (start.isLazy)
        LazyStandaloneCoroutine(newContext, block) else
        StandaloneCoroutine(newContext, active = true)
    coroutine.start(start, coroutine, block)
    return coroutine
}


public fun <T> CoroutineScope.async(
    context: CoroutineContext = EmptyCoroutineContext,
    start: CoroutineStart = CoroutineStart.DEFAULT,
    block: suspend CoroutineScope.() -> T
): Deferred<T> {
    val newContext = newCoroutineContext(context)
    val coroutine = if (start.isLazy)
        LazyDeferredCoroutine(newContext, block) else
        DeferredCoroutine<T>(newContext, active = true)
    coroutine.start(start, coroutine, block)
    return coroutine
}
```

Deferred와 Job의 차이는, Job은 아무 타입 파라미터가 없는데 Deferred는 타입 파라미터가 있는 제네릭 타입이라는 점과 Deferred 안에는 await() 함수가 정의돼 있다는 점이다. Deferred의 타입 파라미터는 바로 Deferred 코루틴이 계산을 하고 돌려주는 값의 타입이다. Job은 Unit을 돌려주는 Deferred<Unit>이라고 생각할 수도 있을 것이다.

따라서 async는 코드 블록을 비동기로 실행할 수 있고(제공하는 코루틴 컨텍스트에 따라 여러 스레드를 사용하거나 한 스레드 안에서 제어만 왔다 갔다 할 수도 있다), async가 반환하는 Deferred의 await을 사용해서 코루틴이 결과 값을 내놓을 때까지 기다렸다가 결과 값을 얻어낼 수 있다.

다음은 1부터 3까지 수를 더하는 과정을 async/await을 사용해 처리하는 모습을 보여준다.

```
fun sumAll() {
    runBlocking {
        val d1 = async { delay(1000L); 1 }
        log("after async(d1)")
        val d2 = async { delay(2000L); 2 }
        log("after async(d2)")
        val d3 = async { delay(3000L); 3 }
        log("after async(d3)")

        log("1+2+3 = ${d1.await() + d2.await() + d3.await()}")
        log("after await all & add")
    }
}
```

이 코드를 실행한 결과는 다음과 같다.

```
00:46:45.405:Thread[main,5,main]: after async(d1)

00:46:45.409:Thread[main,5,main]: after async(d2)

00:46:45.409:Thread[main,5,main]: after async(d3)
```

```
00:46:48.417:Thread[main,5,main]: 1+2+3 = 6
00:46:48.418:Thread[main,5,main]: after await all & add
```

잘 살펴보면 d1, d2 ,d3를 하나하나 순서대로(병렬 처리에서 이런 경우를 직렬화해 실행한다고 말한다) 실행하면 총 6초(6000밀리초) 이상이 걸려야 하지만, 6이라는 결과를 얻을 때까지 총 3초가 걸렸음을 알 수 있다. 또한 async로 코드를 실행하는 데는 시간이 거의 걸리지 않음을 알 수 있다. 그럼에도 불구하고 스레드를 여럿 사용하는 병렬 처리와 달리 모든 async 함수들이 메인 스레드 안에서 실행됨을 볼 수 있다. 이 부분이 async/await과 스레드를 사용한 병렬 처리의 큰 차이다. 특히 이 예제에서는 겨우 3개의 비동기 코드만을 실행했지만, 비동기 코드가 늘어남에 따라 async/await을 사용한 비동기가 빛을 발한다. 실행하려는 작업이 시간이 얼마 걸리지 않거나 I/O에 의한 대기 시간이 크고, CPU 코어 수가 작아 동시에 실행할 수 있는 스레드 개수가 한정된 경우에는 특히 코루틴과 일반 스레드를 사용한 비동기 처리 사이에 차이가 커진다.

E.2.2 코루틴 컨텍스트와 디스패처

launch, async 등은 모두 CoroutineScope의 확장 함수다. 그런데 CoroutineScope에는 CoroutineContext 타입의 필드 하나만 들어있다. 사실 CoroutineScope는 CoroutineContext 필드를 launch 등의 확장 함수 내부에서 사용하기 위한 매개체 역할만을 담당한다. 원한다면 launch 등에 CoroutineContext를 넘길 수도 있다는 점에서 실제로 CoroutineScope보다 CoroutineContext가 코루틴 실행에 더 중요한 의미가 있음을 유추할 수 있을 것이다.

CoroutineContext는 실제로 코루틴이 실행 중인 여러 작업(Job 타입)과 디스패처를 저장하는 일종의 맵이라 할 수 있다. 코틀린 런타임은 이 CoroutineContext를 사용해서 다음에 실행할 작업을 선정하고, 어떻게 스레드에 배정할지 대한 방법을 결정한다. 코틀린 가이드 문서에서 가져온 다음 예를 runBlocking {} 안에 넣어 실해해보자.

```
launch { // 부모 컨텍스트를 사용(이 경우 main)
    println("main runBlocking : I'm working in thread ${Thread.currentThread().name}")
}
launch(Dispatchers.Unconfined) { // 특정 스레드에 종속되지 않음 ? 메인 스레드 사용
    println("Unconfined  : I'm working in thread ${Thread.currentThread().name}")
}
launch(Dispatchers.Default) { // 기본 디스패처를 사용
    println("Default     : I'm working in thread ${Thread.currentThread().name}")
}
launch(newSingleThreadContext("MyOwnThread")) { // 새 스레드를 사용
    println("newSingleThreadContext: I'm working in thread
        ${Thread.currentThread().name}")
}
```

같은 launch를 사용하더라도 전달하는 컨텍스트에 따라 서로 다른 스레드상에서 코루틴이 실행됨을 알 수 있다.

E.2.3 코루틴 빌더와 일시 중단 함수

지금까지 살펴본 launch나 async, runBlocking은 모두 코루틴 빌더라고 불린다. 이들은 코루틴을 만들어주는 함수다. 지면 관계상 더 많은 예제를 자세히 적지는 못하겠지만, kotlinx-coroutines-core 모듈이 제공하는 코루틴 빌더는 다음과 같이 2가지가 더 있다.

- **produce** 정해진 채널로 데이터를 스트림으로 보내는 코루틴을 만든다. 이 함수는 ReceiveChannel<>을 반환한다. 그 채널로부터 메시지를 전달받아 사용할 수 있다. https://kotlin.github.io/kotlinx.coroutines/kotlinx-coroutines-core/kotlinx.coroutines.channels/produce.html을 참조하라.

- **actor** 정해진 채널로 메시지를 받아 처리하는 액터를 코루틴으로 만든다. 이 함수가 반환하는 SendChannel<> 채널의 send() 메서드를 통해 액터에게 메시

지를 보낼 수 있다. 자세한 것은 https://kotlin.github.io/kotlinx.coroutines/kotlinx-coroutines-core/kotlinx.coroutines.channels/actor.html을 참조하라.

한편 delay()와 yield()는 코루틴 안에서 특별한 의미를 지니는 함수들이다. 이런 함수를 일시 중단^{suspending} 함수라고 부른다. 예제에서 살펴본 delay()와 yield() 외에 다음 함수들이 kotlinx-coroutines-core 모듈의 최상위에 정의된 일시 중단 함수들이다.

- **withContext** 다른 컨텍스트로 코루틴을 전환한다.
- **withTimeout** 코루틴이 정해진 시간 안에 실행되지 않으면 예외를 발생시키게 한다.
- **withTimeoutOrNull** 코루틴이 정해진 시간 안에 실행되지 않으면 null을 결과로 돌려준다.
- **awaitAll** 모든 작업의 성공을 기다린다. 작업 중 어느 하나가 예외로 실패하면 awaitAll도 그 예외로 실패한다.
- **joinAll** 모든 작업이 끝날 때까지 현재 작업을 일시 중단시킨다.

E.3 suspend 키워드와 코틀린의 일시 중단 함수 컴파일 방법

한편 코루틴이 아닌 일반 함수 속에서 delay()나 yield를 쓰면 어떤 일이 벌어질까?

예를 들어 main() 함수 안에 yield()를 넣고, 인텔리제이에서 보면 빨간 줄이 그어지면서 "Suspend function 'yield' should be called only from a coroutine or another suspend function"라는 오류가 표시된다. 실제 컴파일러로 컴파일을 해보면 해당 부분에서 동일한 오류 메시지가 표시되는 것을 볼 수 있다. 일시 중단 함수를 코루틴이나 일시 중단 함수가 아닌 함수에서 호출하는 것은 컴파일러 수준에서 금지된다.

그렇다면 일시 중단 함수는 어떻게 만들 수 있을까? 코틀린은 코루틴 지원을 위해 suspend라는 키워드를 제공한다. 함수 정의의 fun 앞에 suspend를 넣으면 일시 중단

628

함수를 만들 수 있다.

예를 들어 launch 시 호출할 코드가 복잡하다면 별도의 suspend 함수를 정의해
호출하는 것도 가능하다. 다음을 살펴보자.

```
suspend fun yieldThreeTimes() {
    log("1")
    delay(1000L)
    yield()
    log("2")
    delay(1000L)
    yield()
    log("3")
    delay(1000L)
    yield()
    log("4")
}

fun suspendExample() {
    GlobalScope.launch { yieldThreeTimes() }
}
```

그렇다면 suspend 함수는 어떻게 작동하는 것일까? 예를 들어 일시 중단 함수 안에서
yield()를 해야 하는 경우 어떤 동작이 필요할지 생각해보자.

- 코루틴에 진입할 때와 코루틴에서 나갈 때 코루틴이 실행 중이던 상태를 저장하
  고 복구하는 등의 작업을 할 수 있어야 한다.
- 현재 실행 중이던 위치를 저장하고 다시 코루틴이 재개될 때 해당 위치부터 실행
  을 재개할 수 있어야 한다.
- 다음에 어떤 코루틴을 실행할지 결정한다.

이 세 가지 중 마지막 동작은 코루틴 컨텍스트에 있는 디스패처에 의해 수행된다. 일시
중단 함수를 컴파일하는 컴파일러는 앞의 두 가지 작업을 할 수 있는 코드를 생성해

내야 한다. 이때 코틀린은 컨티뉴에이션 패싱 스타일^{CPS, continuation passing style} 변환과 상태 기계^{state machine}를 활용해 코드를 생성해낸다.

CPS 변환은 프로그램의 실행 중 특정 시점 이후에 진행해야 하는 내용을 별도의 함수로 뽑고(이런 함수를 컨티뉴에이션^{Continuation}이라 부른다), 그 함수에게 현재 시점까지 실행한 결과를 넘겨서 처리하게 만드는 소스코드 변환 기술이다. 자세한 변환 과정은 처음에 이해하기 어렵고 상당히 많은 지면이 필요하므로 여기서는 생략한다. CPS를 사용하는 경우 프로그램이 다음에 해야 할 일이 항상 컨티뉴에이션이라는 함수 형태로 전달되므로, 나중에 할 일을 명확히 알 수 있고, 그 컨티뉴에이션에 넘겨야 할 값이 무엇인지도 명확하게 알 수 있기 때문에 프로그램이 실행 중이던 특정 시점의 맥락을 잘 저장했다가 필요할 때 다시 재개할 수 있다. 어떤 면에서 CPS는 콜백 스타일 프로그래밍과도 유사하다.

다음과 같이 suspend가 붙은 함수가 있다고 가정하자.

```
suspend fun example(v: Int): Int {
    return v*2;
}
```

코틀린 컴파일러는 이 함수를 컴파일하면서 뒤에 Continuation을 인자로 만들어 붙여준다.

```
public static final Object example(int v, @NotNull Continuation var1)
```

그리고 이 함수를 호출할 때는 함수 호출이 끝난 후 수행해야 할 작업을 var1에 Continuation으로 전달하고, 함수 내부에서는 필요한 모든 일을 수행한 다음에 결과를 var1에 넘기는 코드를 추가한다(이 예제에서는 v*2를 인자로 Continuation을 호출하는 코드가 들어간다).

CPS를 사용하면 코루틴을 만들기 위해 필수적인 일시 중단 함수를 만드는 문제가 쉽게 해결될 수 있다. 다만 모든 코드를 전부 CPS로만 변환하면 지나치게 많은 중간 함수들이 생길 수 있으므로, 상태 기계를 적당히 사용해서 코루틴이 제어를 다른 함수에 넘겨야 하는 시점에서만 컨티뉴에이션이 생기도록 만들 수 있다.

컨티뉴에이션에 대한 더 자세한 내용은 http://matt.might.net/articles/by-example-continuation-passing-style/을 살펴보자. 한편 프로그래밍 언어와 의미론에 대해 지식이 있는 독자는 앤드류 아펠[Andrew Appel]의 책 『Compiling with Continuations』(https://www.amazon.com/gp/product/052103311X/를 참조해도 좋다.

E.4 코루틴 빌더 만들기

일반적으로 직접 코루틴 빌더를 만들 필요는 없다. 기존 async, launch 등만으로도 상당히 다양한 작업을 처리할 수 있기 때문이다. 하지만 호기심 많은 개발자라면 코루틴 빌더를 어떻게 만들 수 있는지 궁금할 것이다. 이번 절에서는 간단히 코틀린 코루틴 예제에 들어있는 제네레이터 빌더를 살펴본다. 제네레이터를 비롯한 다양한 코틀린 빌더와 빌더 사용법 예제를 https://github.com/Kotlin/kotlin-coroutines-examples에서 찾아볼 수 있다.

E.4.1 제네레이터 빌더 사용법

먼저 제네레이터 빌더가 있을 때 어떻게 사용하는지 살펴보자.

```
fun idMaker() = generate<Int, Unit> {
    var index = 0
    while (index < 3)
        yield(index++)
}

fun main(args: Array<String>) {
    val gen = idMaker()
    println(gen.next(Unit)) // 0
    println(gen.next(Unit)) // 1
```

```
    println(gen.next(Unit)) // 2
    println(gen.next(Unit)) // null
}
```

파이썬이나 자바스크립트 등의 다른 언어에 있는 제네레이터와 그리 다르지 않다. 그렇
다면 이를 어떻게 구현할 수 있을까?

E.4.2 제네레이터 빌더 구현

이제 이 제네레이터 빌더인 generate 함수를 어떻게 만드는지 살펴보자.

　　타입을 중심으로 생각해보면 타입이 문제 해결의 힌트를 주기도 한다. 처음에 생각
해내기 가장 쉬운 타입은 generator 함수가 만들어 반환해야 하는 Generator<R, T>
타입이다. 이 제네레이터는 next(T)를 호출해 R 타입의 값을 돌려받아 처리할 수 있게
해주는 객체다. 타입은 다음과 같이 next라는 메서드만 있는 인터페이스다.

```
interface Generator<out R, in T> {
    fun next(param: T): R?  // 제네레이터가 끝나면 null을 돌려주므로 ?가 붙음
}
```

한편 generator가 받는 블록 안에서는 yield() 메서드를 쓸 수 있어야 한다. 블록
안에서 어떤 메서드를 쓸 수 있게 만드는 것은 코틀린 수신 객체 지정 람다를 사용한
DSL의 가장 기본적인 활용 예 중 하나다. 우선 타입은 R을 받아서 Unit을 돌려주는
함수여야 한다(제네레이터의 블록은 yield로 값을 돌려주지 다른 값을 반환할 필요가 없다). 그리고
yield()가 들어있는 어떤 클래스를 this로 갖고 있어야 블록 안에서 yield()를 호출
할 수 있다. 그런 클래스 이름을 GeneratorBuilder라고 붙이자. 그러면 블록의 타입은
block: suspend GeneratorBuilder<T, R>.(R) -> Unit이 될 것이다. 이때
GeneratorBuilder는 yield를 제공하는 클래스여야 한다. 코틀린이 제공하는 예제에
는 다른 제네레이터까지 모두 yield하는 yieldAll도 정의돼 있다.

```
@RestrictsSuspension
interface GeneratorBuilder<in T, R> {
    suspend fun yield(value: T): R
    suspend fun yieldAll(generator: Generator<T, R>, param: R)
}
```

여기서 @RestrictsSuspension 애너테이션은 suspend가 붙은 함수에만 이 클래스를
수신 객체로 지정할 수 있게 한다.

이제 generate의 타입은 다음과 같을 것이다.

```
fun <T, R> generate(block: suspend GeneratorBuilder<T, R>.(R) -> Unit): Generator<T, R>
```

이 함수 안에서는 코루틴을 만들고, 그 코루틴이 맨 처음 호출됐을 때 실행할 코드와
다음 단계를 진행할 때 실행할 코드를 지정하고, 그렇게 만든 코루틴을 반환해야 한다.

```
fun <T, R> generate(block: suspend GeneratorBuilder<T, R>.(R) -> Unit): Generator<T, R> {
    val coroutine = GeneratorCoroutine<T, R>()
    val initial: suspend (R) -> Unit = { result -> block(coroutine, result) }
    coroutine.nextStep = { param -> initial.startCoroutine(param, coroutine) }
    return coroutine
}
```

각 부분은 다음과 같다.

- val coroutine 정의 부분은 새 GeneratorCoroutine 객체를 만든다. 이 객체를
  반환할 것이므로 타입은 Generator여야 한다. 한편 이 객체를 내부에서 블록을
  호출할 때 전달할 것이므로 이 객체는 GeneratorBuilder이기도 해야 한다.
- val initial 부분은 인자로 받은 block을 갖고 새로운 suspend 함수를 만든다.
  이 새 suspend 함수는 R 타입의 값을 받아 block(coroutine, result)로 넘겨
  준다. 여기서 block은 확장 함수이기 때문에 첫 번째 인자로 GeneratorBuilder
  타입의 객체를 받고, 두 번째 인자로 R 타입의 값을 받아야 한다. 그리고

suspend 함수이기 때문에 Continuation을 숨겨진 마지막 인자로 받는다(코틀린 소스코드에서는 마지막 인자가 전달되는 모습을 볼 수는 없지만 컴파일러가 인자를 추가해준다).

- coroutine.nextstep 정의 부분은 코루틴이 실행되면 처리할 부분을 정의한다. 제네레이터의 경우 최초로 next()가 호출되면 그때부터 블록을 실행하기 시작하면 되므로 initial로 정의한 suspend 함수로 인해 만들어지는 코루틴을 시작하는 로직을 최초 nextStep에 넣는다.

- 제네리이터를 생성하는 generate의 경우 따로 코루틴을 실행하지는 않고 코루틴을 만들고 다음에 수행할 단계를 설정하는 것만으로 충분하다. 실제 코루틴(generate에 넘긴 블록 본문)이 실행되는 것은 제네레이터의 다음 값을 사용하기 위해 next()를 호출했을 때다.

이제 GeneratorBuilder와 Generator의 구현을 제공해야 한다. 각각이 처리해야 하는 작업은 다음과 같다.

GeneratorBuilder는 실제로 다른 객체를 만들어내지는 않는다(따라서 이름에 오해의 소지가 있다). 하지만 yield를 구현해야 하는데, yield를 구현하려면 다음과 같은 작업이 필요하다.

- Generator의 상태를 갱신해야 한다. 특히 다음번 next가 호출되면 처리해야 할 일을 저장하고, yield로 돌려줘야 하는 값을 next에 넘길 수 있도록 준비를 해둬야 한다.

- 이때 다음에 처리해야 할 일을 저장하려면 Continuation이 필요하다. suspend CoroutineUninterceptedOrReturn을 사용하면 현재 Continuation을 코틀린 런타임으로부터 공급받을 수 있다. Generator는 다음에 처리할 일을 모두 처리한 다음에 이 Continuation을 반드시 호출해줘야 여러 코루틴이 서로 끊어지지 않고 연결돼 실행될 수 있다.

- yield는 자신이 전달받은 인자(T 타입의 값 value)를 제네레이터의 next가 반환할 수 있도록 적절히 상태를 저장해둬야 한다. 여기서는 lastValue라는 필드에 이 값을 저장한다.

Generator는 next를 제공하는데, next는 yield가 저장해둔 다음 단계(nextStep) 블록을 현재 스레드상에서 실행하고(코루틴이므로 다음번 yield 호출 지점에서 nextStep 실행이 일시 중단될 것이다. 이때 yield에 전달된 값이 lastValue에 들어간다), lastValue 값을 반환하면 된다.

GeneratorBuilder와 Generator 구현은 서로 밀접히 물려 있고 내부 정보를 공유해야 하므로 이 두 인터페이스를 한 클래스가 구현하게 만들 것이다. GeneratorCoroutine 라고 이름을 붙이고 구현을 해보자. 이 설명을 차례로 코드로 만들면 다음과 같다.

```kotlin
internal class GeneratorCoroutine<T, R>: Generator<T, R>, GeneratorBuilder<T, R> {
    lateinit var nextStep: (R) -> Unit
    private var lastValue: T? = null
    private var lastException: Throwable? = null

    // Generator<T, R> 구현

    override fun next(param: R): T? {
      nextStep(param)
      lastException?.let { throw it }
      return lastValue
    }

    // GeneratorBuilder<T, R> 구현

    override suspend fun yield(value: T): R = suspendCoroutineUninterceptedOrReturn {
      cont ->
        lastValue = value
        nextStep = { param -> cont.resume(param) }
        COROUTINE_SUSPENDED
    }

    override suspend fun yieldAll(generator: Generator<T, R>, param: R): Unit =
        suspendCoroutineUninterceptedOrReturn sc@ {
      cont ->
```

```
          lastValue = generator.next(param)

          if (lastValue == null) return@sc Unit

          nextStep = {

            param ->

              lastValue = generator.next(param)

              if (lastValue == null) cont.resume(Unit)

          }

          COROUTINE_SUSPENDED

    }

}
```

다 됐을까? 아니다. 한 가지 함정이 남아있다. 컴파일을 해보거나 인텔리J의 코드 인스펙션 결과를 보면 오류가 보인다.

```
Error:(42, 17) Kotlin: Type inference failed: fun <R, T> (suspend R#1 (type parameter
of kotlin.coroutines.startCoroutine).() -> T#1 (type parameter of
kotlin.coroutines.startCoroutine)).startCoroutine(receiver: R#1, completion:
Continuation<T#1>): Unit
cannot be applied to
receiver: suspend (R#2 (type parameter of generator.generate)) -> Unit arguments:
(R#2,GeneratorCoroutine<T#2 (type parameter of generator.generate), R#2>)
```

무슨 이야기일까? 번역해보면 startCoroutine의 두 번째 인자 타입이 Continuation 이 아니라는 이야기다. 앞 코드의 generate()에 보면 다음 코드에서 컴파일 오류가 발생한다.

```
coroutine.nextStep = { param -> initial.startCoroutine(param, coroutine) }
```

startCoroutine는 코루틴을 시작하면서 코루틴이 끝난 후 처리해야 하는 Continuation 을 두 번째 인자로 받는다. GeneratorBuilder의 yield()에서 Continuation을 사용해 모든 처리가 끝나면 제네레이터의 최종 결과(제네레이터는 최종 결과가 없으므로 타입이 Unit다) 를 받아 처리하는 Continuation을 호출해줘야 프로그램의 나머지 부분이 제대로 계속 실행되기 때문이다. 그러므로 generate 함수가 만드는 GeneratorCoroutine는 Unit을 받는 Continuation이기도 해야 한다. Continuation 인터페이스를 구현하게 하고, 그 인터페이스의 멤버를 구현하는 코드를 추가하면 다음과 같이 된다.

```
internal class GeneratorCoroutine<T, R>: Generator<T, R>, GeneratorBuilder<T, R>,
    Continuation<Unit> {
  lateinit var nextStep: (R) -> Unit
  private var lastValue: T? = null
  private var lastException: Throwable? = null

  // Generator<T, R> 구현

  override fun next(param: R): T? {
    nextStep(param)  // 코루틴의 다음 단계를 실행한다.
    lastException?.let { throw it } // 다음 단계에서 예외 발생 시 예외를 던진다.
    // nextStep이 실행되면 코루틴의 다음 단계가 실행된다.
    // 다음 단계가 실행되는 과정에서 yield가 호출되면 lastValue가 설정된다.
    // 그 값을 여기서 반환한다.
    return lastValue
  }

  // GeneratorBuilder<T, R> 구현
  override suspend fun yield(value: T): R = suspendCoroutineUninterceptedOrReturn {
    cont ->
      lastValue = value // 다음 next()는 이 값을 반환한다.
    // next()가 nextStep()을 호출하면
    // cont로 받은 yield 시점의 Continuation을 재개한다.
    nextStep = { param -> cont.resume(param) }
    COROUTINE_SUSPENDED // 현재 코루틴을 일시 중단시키고 제어를 돌려준다.
  }

  override suspend fun yieldAll(generator: Generator<T, R>, param: R): Unit =
      suspendCoroutineUninterceptedOrReturn sc@ {
    cont ->
```

```
        lastValue = generator.next(param)
        if (lastValue == null) return@sc Unit // 코루틴이 아무 값도 만들어내지 않았다.
        nextStep = {
            param ->
                lastValue = generator.next(param)
                if (lastValue == null) cont.resume(Unit) // 모든 값을 다 만든 경우
        }
        COROUTINE_SUSPENDED
    }

    // Continuation<Unit> 구현
    override val context: CoroutineContext get() = EmptyCoroutineContext

    override fun resumeWith(result: Result<Unit>) {
        result
        // 코루틴이 잘 돌았으면 next에서 null을 반환하게 nextValue를 설정한다.
        .onSuccess { lastValue = null }
        // 코루틴에서 오류가 났으면 예외를 설정한다.
        .onFailure { lastException = it }
    }
}
```

전체 코드가 실행되는 과정은 다음과 같다.

1. 메인 함수가 실행된다.
2. 메인에서 `idMaker()`를 실행한다.
3. `idMaker()`는 `generate()`를 실행한다.
   a. `Generate()`는 GeneratorCoroutine를 만든다. 이 GeneratorCoroutine 는 코루틴이자 제네레이터이자 제네레이터 빌더 역할을 함께 수행한다.
   b. GeneratorCoroutine 타입 객체인 `coroutine`의 nextStep으로는 `generate()` 에 넘어간 블록을 갖고 코루틴을 시작하는 코드를 넣는다.
   c. Coroutine를 반환한다.

4. 이 시점에서는 실제로는 아무 코루틴도 만들어지거나 실행되지 않았다는 점에 유의하라.
5. 메인 함수에서 제네레이터의 next()를 호출한다.
6. 제네레이터의 next()는 nextStep()을 호출한다. 그 안에는 코루틴을 시작하는 코드가 들어있다. 코루틴이 시작되면 디스패처는 적절한 스레드를 선택(우리 generator는 현재 스레드를 그냥 계속 사용한다)하고 initial에 저장된 suspend 람다에 들어가 있는 블록을 시작한다.

이 시점부터 코루틴이 작동하면서 두 가지 루틴이 서로 제어를 주고받는 상태가 된다. 각각에 대한 설명을 따로 표시한다.

메인함수	제네레이터(코루틴)
1) 첫 번째 next() 호출 2) nextStep()에 있는 startCoroutine 실행	(코루틴 시작됨)
(일시 중단 상태)	1) var index = 0 while (index < 3)을 실행하면서 index가 3보다 작으므로 루프 안에 들어감 2) yield(index++)에 의해 yield(0) 실행 3) yield 안에서 nextValue에 0 지정 4) yield 안에서 nextStep을 지정(Continuation을 재개하는 코드가 들어감) 5) yield가 COROUTINE_SUSPENDED를 반환함에 따라 런타임은 제어를 메인 함수에게 돌려줌
3) nextValue에 저장된 0을 반환(첫 번째 next() 끝)하면 그 값을 출력함 4) 두 번째 next() 호출 5) nextStep()에서 Continuation 실행(코루틴의 Continuation이므로 코루틴으로 제어가 넘어감)	(일시 중단 상태)

(이어짐)

메인함수	제네레이터(코루틴)
(일시 중단 상태)	6) 코루틴의 `Continuation`이 실행됨 7) 지난번 `yield`에서 저장한 `Continuation`의 다음 지점은 ++ 연산자에 의해 `index`를 증가시키는 연산임 8) `Index`를 증가시키고 다시 `while`로 돌아가서 `index` 값 검사 9) `Index`가 1이므로 3보다 작아서 루프 내부로 들어가 `yield` 실행
양쪽 루틴이 같은 로직 반복	
(일시 중단 상태)	6') 코루틴의 `Continuation` 실행됨 8') `Index++`에 의해 `Index`가 3이 됨에 따라 `while` 루프에서 나옴 10) 블록에서 `return`(return문은 없지만 블록 끝에 도달) 11) `startCoroutine`에서 지정한 `Continuation`이 호출됨 12) 런타임은 `GeneratorCoroutine`의 `resumeWith`를 호출 13) `Continuation`에서 오류가 발생하지 않았으므로 `result.onSuccess`에서 `nextValue`에 `null` 설정되고 코루틴 종료
`next()`에서 `nextValue`인 `null`을 반환하고 그 `null` 값을 출력	
메인 함수 종료	

차근차근 따라가 보면 어느 정도 동작 원리를 이해할 수 있을 것이다. 다른 예로 launch 구현은 다음과 같다.

```
fun launch(context: CoroutineContext = EmptyCoroutineContext, block: suspend () ->
    Unit) = block.startCoroutine(Continuation(context) { result ->
        result.onFailure { exception ->
            val currentThread = Thread.currentThread()
```

```
        currentThread.uncaughtExceptionHandler.uncaughtException(currentThread,
            exception)
    }
})
```

여기서는 즉시 코루틴을 실행하며, 익명 클래스를 사용해 Continuation 클래스를 직접 만들어서 startCoroutine에 전달한다. 블록을 코루틴으로 실행하고 나면 아무 처리도 필요 없기 때문에 result의 onSuccess 쪽에는 아무 콜백을 지정하지 않고, 예외로 실패한 경우에만 예외를 다시 던진다. 여기서 result는 코루틴(launch에 전달한 블록)이 반환하는 값을 코틀린 런타임이 Continuation에 전달해 준다는 점에 유의하라.

E.5 결론

코틀린 코루틴에 대해 간략히 소개했다. 주제 자체가 처음 접하는 개발자에겐 어려울 수 있는 주제이므로 코루틴 빌더 구현까지 이해하려면 여러 예제를 보면서 비교하고 중간 중간 로그와 스택 트레이스를 넣어가면서 쫓아가 볼 필요가 있다.

하지만 코루틴 빌더 구현 쪽을 이해하지 못하더라도 launch, async, await 정도의 기본 제공 코루틴 빌더만으로도 충분히 즐거운 코딩이 가능하다. 코틀린 홈 페이지에 있는 여러 예제나 자바스크립트의 async/await 코드를 살펴보면서 비동기 코딩에서 async/await를 사용하는 경우와 콜백이나 퓨처를 사용하는 경우의 어려움을 비교해보고, async/await을 사용하는 간결한 프로그래밍의 즐거움을 충분히 맛보기 바란다.

F

코틀린/JS

코틀린이 자바스크립트를 공식 지원하기 시작하면서부터 서버, 웹, 모바일(안드로이드)에서 하나의 언어로 개발이 어느 정도 가능한 언어가 됐다. 장기적으로 네이티브 개발까지 제대로 지원되기 시작하면 좀 더 쾌적하게 다양한 플랫폼에서 코틀린을 사용해 자바보다 성능이 더 좋은 애플리케이션 개발이 가능해질 것이다. 후발 언어가 지니는 장점을 십분 활용하면 성능과 개발 편의성, 생산성 모두에서 코틀린이 자바를 능가하게 될 수도 있다. 안드로이드 개발에 있어서 짧은 시간 안에 코틀린이 절반 이상 채택된 최근 2-3년간의 경험은 코틀린의 잠재력을 잘 보여준다.

부록 F에서는 코틀린을 사용한 자바스크립트 개발을 설명한다. 한정된 지면으로 인해 아주 자세한 설명은 불가능하겠지만, 자바스크립트 대신 코틀린을 사용해 인텔리J 얼티밋^ultimate을 사용하면 더 편하겠지만, 초반 구입비용이 상당하므로 추가 비용 부담이 없는 커뮤니티 에디션을 사용해 개발하는 과정을 보여줄 것이다.

F.1 코틀린/JS 프로젝트 기본 설정

https://www.jetbrains.com/idea/download에서 인텔리J 커뮤니티 에디션을 다운로드
해 설치한 후 코틀린/JS 프로젝트를 만들자(그림 F.1). 이때 프로젝트 유형으로 인텔리J가
제공하는 코틀린 모듈을 고르지 말고 그레이들 프로젝트 중에서 코틀린 자바스크립트
프로젝트를 사용하는 편이 낫다. 특히 나중에 설명할 DCE를 사용해 자바스크립트 파일
을 생성해내기 위해 그레이들 코틀린 자바스크립트 프로젝트를 사용하는 편이 훨씬 더
편리하다. 일단 초기 설정은 코틀린 공식 문서 https://kotlinlang.org/docs/tutorials/
javascript/getting-started-gradle/getting-started-with-gradle.html을 참조했다.

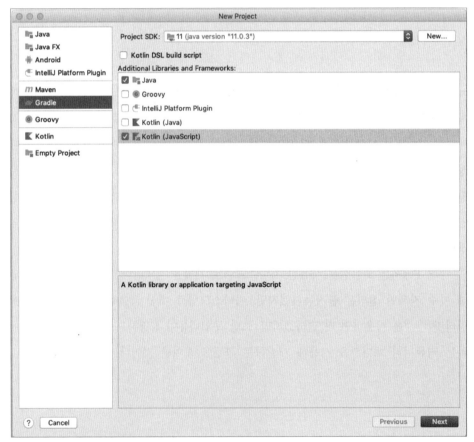

그림 F.1 그레이들 코틀린 자바스크립트 프로젝트 생성

원하는 그룹과 아티팩트 아이디를 지정하고(예제에서는 아티팩트 아이디로 `IntroKotlinJS`, 그룹 아이디로 `kotlinInAction`을 사용) 다음 페이지로 가서 모듈과 소스 집합을 지정한다. 다음과 같이 소스 집합을 모듈별로 두지 않도록 해당 항목을 해제하자. 물론 취향에 따라 다른 설정을 사용할 수도 있다.

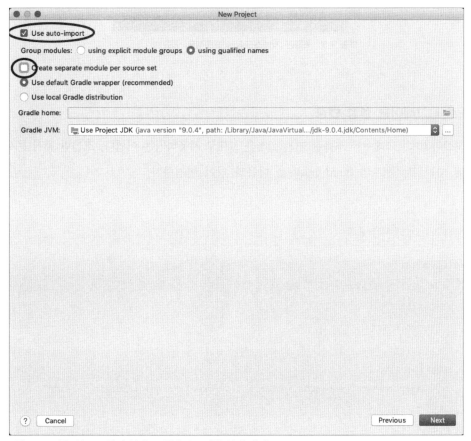

그림 F.2 자동 임포트 설정 선택, 모듈별 소스집합 설정 해제

프로젝트 설정을 마치면 그레이들이 필요한 모듈을 다운로드하고 프로젝트 전체 빌드를 진행한다. 이 과정에 약간의 시간이 필요하다. 전체 빌드가 끝난 후 왼쪽의 프로젝트 창을 보면 다음과 비슷한 프로젝트 구조를 볼 수 있다.

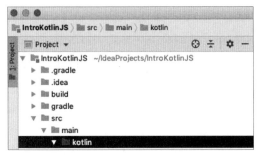

그림 F.3 코틀린 자바스크립트 프로젝트 구조

F.1.1 그레이들 설정 변경

코틀린 CE의 그레이들 코틀린 기본 설정을 그대로 사용하기는 어렵다. 코틀린 공식 문서에 따라 프로젝트의 build.gradle을 다음과 같이 변경하자.

```
group 'kotilnInAction'
version '1.0-SNAPSHOT'

buildscript {
    ext.kotlin_version = '1.3.31'
    repositories {
        mavenCentral()
    }
    dependencies {
        classpath "org.jetbrains.kotlin:kotlin-gradle-plugin:$kotlin_version"
    }
}

apply plugin: 'kotlin2js'

repositories {
    mavenCentral()
}
```

```
dependencies {
    compile "org.jetbrains.kotlin:kotlin-stdlib-js:$kotlin_version"
}

task assembleWeb(type: Sync) {
    configurations.compile.each { file ->
      from(zipTree(file.absolutePath), {
        includeEmptyDirs = false
        include { fileTreeElement ->
          def path = fileTreeElement.path
          path.endsWith(".js") && (path.startsWith("META-INF/resources/") ||
              !path.startsWith("META-INF/"))
        }
      })
    }
    from compileKotlin2Js.destinationDir
    into "${projectDir}/web"

    dependsOn classes
}

assemble.dependsOn assembleWeb
```

이렇게 바꾼 그레이들 설정을 사용하면 프로젝트 디렉터리 아래 build라는 디렉터리에 빌드된 파일들이 생기고, web이라는 디렉터리에 최종 js 파일들이 생긴다.

F.2 Hello, World!

이제 시험 삼아 "Hello, World!"를 콘솔에 찍어보자.

우선 src/main/kotlin 아래에 main.kt 파일을 만들고, 다음과 같이 입력하자.

```
fun main() {
    println("Hello, World!")
}
```

상단 메뉴의 Build ▶ Build Project를 수행하면 프로젝트가 빌드된다. 빌드를 하면 build/classes/kotlin 디렉터리 아래에 위 코틀린 코드를 컴파일해서 만든 자바스크립트 코드를 볼 수 있다. 내용은 대략 다음과 같다.

```
// 자바스크립트 코드다
if (typeof kotlin === 'undefined') {
    throw new Error("Error loading module 'IntroKotlinJS'. Its dependency 'kotlin' was
        not found. Please, check whether 'kotlin' is loaded prior to
        'IntroKotlinJS'.");
}
this['IntroKotlinJS'] = function (_, Kotlin) {
    'use strict';
    var println = Kotlin.kotlin.io.println_s8jyv4$;
    function main() {
        println('Hello, World!');
    }
    _.main = main;
    main();
    Kotlin.defineModule('IntroKotlinJS', _);
    return _;
}(typeof this['IntroKotlinJS'] === 'undefined' ? {} : this['IntroKotlinJS'], kotlin);
```

자바스크립트 모듈 구조를 알고 있는 사람들은 대충 이 구조를 보고 어떤 방식으로 코틀린이 코틀린 모듈을 컴파일하는지 추측할 수 있을 것이다. 우선 코틀린 자바스크립트 런타임에 해당하는 kotlin이라는 모듈이 있는지 살펴본다. 그리고 코틀린 모듈이 있다면 우리가 만든 IntroKotlinJS 모듈(아티팩트 아이디를 사용)에 코틀린 런타임을 넘긴다. 한편 코틀린 함수는 자바스크립트에서도 함수로 컴파일된다는 점도 알 수 있다. 지금은 아주 간단한 프로그램이기 때문에 이정도밖에 추측할 내용이 없지만, 나중에 클래스 등을 추가하면 좀 더 자세한 내용을 알아낼 수 있을 것이다. 이 부분은 관심 있는 독자들에게 숙제로 남겨둔다.

F.2.1 Hello, World! 실행

그렇다면 이 코드를 어떻게 실행할 수 있을까? 두 가지가 필요하다.

- 코틀린 자바스크립트 런타임 라이브러리인 kotlin.js
- 웹에서 실행하기 위한 index.html

일단 kotlin.js가 있어야 index.html도 만들 수 있으므로, kotlin.js를 찾아야 한다. 한 가지 방법은 프로젝트 창에서 외부 라이브러리^{External Libraries}에 있는 `stdlib-js` 의존 관계를 찾아서 그 안에 있는 kotlin.js를 가져오는 것이다. 하지만 매번 이렇게 하기는 불편하다. 이를 자동으로 해주는 코드를 이미 build.gradle에 넣어뒀다. `assembleWeb`이라는 태스크가 바로 그것이다. `assemble.dependsOn assembleWeb`을 추가해뒀기 때문에 그레이들의 `assemble` 태스크를 실행하면 `assembleWeb`도 실행된다. 그레이들에서 `assemble` 태스크를 실행(그림 F.4)하면 프로젝트 디렉터리 밑에 web이라는 디렉터리가 생기고, 그 안에 kotlin.js와 프로젝트의 main.kt 파일이 속한 패키지 이름으로 된 자바스크립트 파일이 만들어지는 것을 볼 수 있다(예제에서는 `com.enshahar.js`).

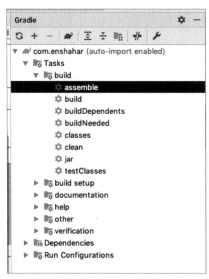

그림 F.4 그레이들 assemble 태스크

이제 web 디렉터리 아래에 index.html을 만들고 다음과 같은 내용을 추가하라(자바스크립트 파일 이름은 여러분의 패키지 이름에 따라 달라질 수 있다).

```
<!DOCTYPE html>
<html lang="en">
<head>
    <meta charset="UTF-8">
    <title>Hello, World!</title>
</head>
<body>
<script src="kotlin.js"></script>
<script src="IntroKotlinJS.js"></script>
</body>
</html>
```

이제 HTML 파일 편집 창을 열고 편집 영역의 아무 곳에나 마우스 포인터를 위치시키고 잠시 기다리면 편집 창 오른쪽 위쪽에 그림 F.5와 같이 브라우저 시작 버튼이 생긴다. 그중 원하는 브라우저를 클릭하라.

650

그림 F.5 브라우저 시작 버튼

브라우저가 뜨면 아무것도 보이지 않을 것이다. 하지만 개발자 창의 콘솔을 열면 그림 F.6처럼 "Hello, World!"가 찍혔음을 알 수 있다.

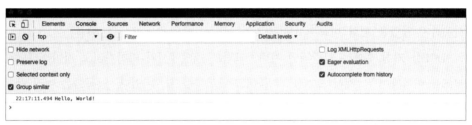

그림 F.6 개발자 도구의 자바스크립트 콘솔

이제 코틀린 자바스크립트 개발을 하기 위한 기본적인 준비를 마쳤다. 하지만 아직 한 가지 문제가 있다.

F.2.2 런타임 라이브러리 최적화와 미니파이

코틀린을 사용할 수 있는 것도 좋고 컴파일해서 웹에서 실행되는 것을 보는 것도 기쁘지만, 단 한 줄의 Hello, World를 콘솔에 찍기 위해 2메가바이트짜리 런타임을 함께 포함시켜야 한다면 웹 개발에 코틀린을 사용할 수는 없을 것이다(미니파이를 하지 않았음을 감안하더라도 말이다!). 코틀린을 개발한 젯브레인즈도 이 사실을 잘 알기 때문에 일찍이 코틀린 1.1.4부터 사용하지 않는 코드를 삭제하는 DCE^Dead Code Elimination 기능을 제공해 왔다. 코틀린 컴파일 시 DCE를 사용하려면 현재는 반드시 그레이들을 사용해야 한다.

DCE는 여러분이 지정한 메인 함수가 사용하는 모듈과 함수/메서드 호출을 추적해서 꼭 필요한 부분만 최종 kotlin.js에 포함시켜준다. 따라서 마지막에 포함되는 자바스크립트 파일 크기가 상당히 줄어든다.

　　DCE 적용은 상당히 간단하다. 단지 build.gradle에 다음과 같이 `kotlin-dce-js` 플러그인 적용을 지정하기만 하면 된다.

```
apply plugin: 'kotlin-dce-js'
```

DCE를 적용해 빌드하면(터미널을 열고 `gradle build`를 하거나 인텔리J 그레이들 창에서 `build` 태스크를 실행하라) 프로젝트 디렉터리 아래 build/kotlin-js-min/main에 kotlin.js와 사용자 소스를 컴파일한 자바스크립트 파일이 생긴다. 이 파일 크기는 115KiB로, DCE를 사용하지 않았을 때와 비교해보면 크기가 상당히 줄었음을 알 수 있다.

　　DCE를 거친 후에는 일반적인 자바스크립트 개발에서와 마찬가지로 자바스크립트 코드를 미니파이[minify]해서 크기를 더 줄이고 난독화를 할 수 있다. 난독화는 여러 가지 방식으로 가능하지만, 여기서는 uglify-js를 사용한다. 먼저 uglify-js를 설치하자.

```
npm install npm install --save uglify-js
```

제대로 설치가 됐다면 npx라는 명령을 사용할 수 있다. 아무 커맨드라인 인자를 넘기지 않고 npx만 실행하면 여러 커맨드라인 인자와 옵션을 볼 수 있다. 이 예제에서 만들어진 IntroKotlinJS.js의 용량을 줄이기 위한 명령은 다음과 같다. 이때 build/kotlin-js-min/js 디렉터리가 없으면 미리 만들어둬야 한다.

```
npx uglify-js -c --output='build/kotlin-js-min/js/main.min.js'
build/kotlin-js-min/main/IntroKotlinJS.js
```

비슷한 방식으로 kotlin.js도 용량을 줄이자.

```
npx uglify-js -c --output='build/kotlin-js-min/js/kotlin.min.js'
build/kotlin-js-min/main/kotlin.js
```

한편 HTML 파일도 이 두 파일을 가리키게 변경해야 한다. 자바스크립트 파일의 경로가 바뀌었으므로 그에 맞춰 build/kotlin-js-min/index.html을 만들고 다음과 같은 내용을 넣자. 이때 프로젝트명.min.js가 아니라 main.min.js로 이름을 변경했다는 점에 유의하라.

```html
<!DOCTYPE html>
<html lang="en">
<head>
    <meta charset="UTF-8">
    <title>Hello, World!</title>
</head>
<body>
<script src="js/kotlin.min.js"></script>
<script src="js/main.min.js"></script>
</body>
</html>
```

F.2.3 미니파이 태스크 등록

매번 커맨드라인에서 이 명령을 입력하기는 번거롭다. 그레이들 설정에 미니파이 과정
을 태스크로 등록하자.

```
task packMain(type: Exec) {
    executable = 'npx'
    args = [
      'uglify-js',
      '-c',
      '--output=build/kotlin-js-min/js/main.min.js',
      'build/kotlin-js-min/main/com.enshahar.js'
    ]
}
task packKotlin(type: Exec) {
    executable = 'npx'
    args = [
      'uglify-js',
```

```
        '-c',
        '--output=build/kotlin-js-min/js/kotlin.min.js',
        'build/kotlin-js-min/main/kotlin.js'
    ]
}

packKotlin.dependsOn(runDceKotlinJs)
packMain.dependsOn(runDceKotlinJs)
packKotlin.dependsOn(runDceTestKotlinJs)
packMain.dependsOn(runDceTestKotlinJs)
build.dependsOn(packKotlin)
build.dependsOn(packMain)
```

복잡해보이지만 간단하다. 두 태스크 정의 중 packMain은 npx를 사용해 uglify-js를
호출해서 프로젝트이름.js를 main.min.js로 변환하고, packKotlin은 마찬가지 방식으로
kotlin.js를 kotlin.min.js로 변환한다. 이때 두 태스크 모두 runDceKotlinJs 다음에
실행돼야 하므로 그에 맞춰 의존성을 추가한다.

이제 그레이들 창에서 build 태스크를 실행해보면 다음과 같이 순서대로 명령이
실행됨을 알 수 있다.

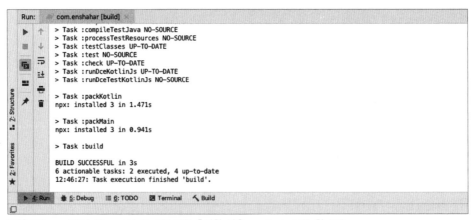

그림 F.7 packMain과 packKotlin 태스크를 추가한 다음 gradle build를 한 모습

654

F.3 코틀린에서 DOM에 접근

웹 브라우저에서 돌아가는 클라이언트 측 자바스크립트가 해야 하는 일 중 가장 중요한 일은 DOM 처리일 것이다. 코틀린/JS는 자체적으로 DOM을 감싼 클래스 계층을 제공한다.

F.3.1 kotlin.browser의 document, window 객체

브라우저와 상호작용하기 위한 기본 통로는 kotlin.browser 밑에 정의된 각종 클래스와 인터페이스들이다. 그중 window와 document라는 두 값은 각각 자바스크립트의 window와 document 같은 역할을 한다. 코틀린/JS의 표준 라이브러리에는 org.w3c.dom 패키지 아래에 모든 DOM 관련 정의가 들어있고, 코틀린/JS 런타임은 브라우저의 window와 kotlin.browser.window, 브라우저의 document와 kotlin.browser.document 사이의 연결을 수행해준다. 간단하게 다음과 같은 빈 div가 들어있는 HTML을 만들고, 런타임에 그 div의 innerHTML을 지정해 Hello, World!를 브라우저 창(콘솔이 아님)에 표시해보자.

우선 main.kt를 다음과 같이 변경하자.

```
import kotlin.browser.document
import kotlin.browser.window

fun main() {
    println("Hello, World2!")

    val root = document.getElementById("root")
    root!!.innerHTML = "Hello, World!"

    println(root)

    window.alert("Hi!")
}
```

자바스트립트와 DOM을 아는 독자라면 이해하기 어렵지 않을 것이다. 도큐먼트 객체의 getElementById()를 호출해 특정 아이디에 해당하는 엘리먼트를 얻고, 그렇게 얻은 엘리먼트를 콘솔에 찍어서 타입을 확인해본다. 그 후 윈도우 객체의 alert()를 호출해서 알림 창을 띄운다.

여기서 document.getElementById()가 돌려주는 값이 널이 될 수 있는 객체라서 !!나 ?: 등을 사용해 널을 적절히 처리해야 한다는 점에 유의하라.

이 코틀린 코드에 맞춰 HTML도 다음과 같이 변경하자.

```html
<!DOCTYPE html>
<html lang="en">
<head>
    <meta charset="UTF-8">
    <title>Hello, World!</title>
</head>
<body>
<div id="root">
</div>
<script src="js/kotlin.min.js"></script>
<script src="js/main.min.js"></script>
</body>
</html>
```

이제 다시 브라우저를 시작해보면(기존 index.html을 새로 고침해도 잘 되지 않는다면 브라우저를 닫고 다시 한 번 인텔리J html 파일의 편집 창에 뜨는 브라우저 아이콘을 클릭해 시작하라. 원한다면 제티나 파이썬 등을 활용해 간단한 개발용 웹 서버를 설정하는 방법도 있을 것이다) 알림 창이 뜬 후 다음과 같이 브라우저 클라이언트 화면에 텍스트가 표시된다.

그림 F.8 DOM을 조작해 화면에 Hello,World! 표시하기

한편 DOM 객체들을 코틀린 컬렉션 등으로 변환해 취급할 수도 있기 때문에 앞에서 살펴본 기능과 마찬가지 기능을 코틀린 컬렉션 메서드를 통해 구현할 수도 있다. 다음 코드를 보자.

```
import org.w3c.dom.asList
import kotlin.browser.document

fun main() {
    println("Hello, World2!")

    val root = document.body!!.children.asList().find { it.id == "root" }
    root!!.innerHTML = "Hello, World!"

    window.alert("Hello")
}
```

여기서는 `document`의 자식 중 id가 "root"인 노드를 찾기 위해 `body`의 `children`을 리스트로 변환한 후 `find()`를 호출하는 방식을 택했다.

F.3.2 DOM 래퍼와 다른 자바스크립트 관련 래퍼

코틀린 DOM은 w3c의 DOM을 따르기 때문에 자바스크립트에서 표준 DOM을 다뤄본 독자라면 금방 적응할 수 있다. DOM 외에도 자바스크립트에서 사용할 수 있는 다양한 표준에 대한 래퍼를 제공한다. https://kotlinlang.org/api/latest/jvm/stdlib/index.html
을 보면 다음과 같은 래퍼들을 볼 수 있다.

- 웹GL:
  https://kotlinlang.org/api/latest/jvm/stdlib/org.khronos.webgl/index.html
- Css 마스킹:
  https://kotlinlang.org/api/latest/jvm/stdlib/org.w3c.css.masking/index.html
- DOM: https://kotlinlang.org/api/latest/jvm/stdlib/org.w3c.dom/index.html
- 클립보드:
  https://kotlinlang.org/api/latest/jvm/stdlib/org.w3c.dom.clipboard/index.html
- CSS: https://kotlinlang.org/api/latest/jvm/stdlib/org.w3c.dom.css/index.html
- 이벤트:
  https://kotlinlang.org/api/latest/jvm/stdlib/org.w3c.dom.events/index.html
- 미디어 캡처:
  https://kotlinlang.org/api/latest/jvm/stdlib/org.w3c.dom.mediacapture/index.html
- 돔 구분 문석(파싱):
  https://kotlinlang.org/api/latest/jvm/stdlib/org.w3c.dom.parsing/index.html
- 포인터 이벤트:
  https://kotlinlang.org/api/latest/jvm/stdlib/org.w3c.dom.pointerevents/index.html
- SVG(Standard Vector Graphics):
  https://kotlinlang.org/api/latest/jvm/stdlib/org.w3c.dom.svg/index.html
- URL: https://kotlinlang.org/api/latest/jvm/stdlib/org.w3c.dom.url/index.html
- 패치 API :
  https://kotlinlang.org/api/latest/jvm/stdlib/org.w3c.fetch/index.html
- 파일 API: https://kotlinlang.org/api/latest/jvm/stdlib/org.w3c.files/index.html

- 통지 API:

  https://kotlinlang.org/api/latest/jvm/stdlib/org.w3c.notifications/index.html

- 브라우저 성능 측정/타이밍 측정:

  https://kotlinlang.org/api/latest/jvm/stdlib/org.w3c.performance/index.html

- 웹 워커:

  https://kotlinlang.org/api/latest/jvm/stdlib/org.w3c.workers/index.html

- 비동기 자바스크립트 XML(Ajax):

  https://kotlinlang.org/api/latest/jvm/stdlib/org.w3c.xhr/index.html

F.4 js() 함수와 dynamic 타입, external 변환자

정적 타입 언어인 코틀린과 동적 타입 언어인 자바스크립트 사이를 연결하기 위해서는 어떤 기능이 필요할까? 코틀린에서 자바스크립트 쪽으로 변환하는 것은 정적으로 이뤄지며 컴파일러가 내용을 검사할 수 있어서 별 문제가 없지만 정적인 코틀린을 변환한 코드만 실행 시점에 사용해야 한다면 자바스크립트에 비해 너무 코딩하기 답답할 수 있다.[1] 동적인 자바스크립트에서 벌어지는 일을 코틀린에서 다루기 위해서는 다음과 같은 기능이 꼭 필요하다.

- **자바스크립트 코드 실행 기능:** 동적으로(실행 시점에) 자바스크립트 엔진에 자바스크립트 코드를 넘겨서 실행할 수 있어야 한다.
- **동적 프로퍼티/메서드 호출 기능:** 필요하다면 자바스크립트 호출 결과로 얻은 객체를 코틀린 안에서 코틀린 언어를 통해 처리할 수 있어야 한다.

---

1. 아마도 대부분의 동적 코드는 정적인 코드로 변환하거나 같은 문제를 다른 방식의 정적 코드로 해결할 수 있을 것이다. 다만 그 변환 과정이 상당히 성가시거나, 결과 코드가 너무 복잡하거나, 변환 효율이 형편없을 가능성은 있다고 본다. 나는 정적 언어를 더 좋아하기 때문에 정적 코드로 변환할 수 없는 동적 코드 중 상당수는 있어도 그리 쓸모가 없는 기능일 것이라 생각하지만, 그중 극소수 아주 유용한 기능이 있지 말라는 법도 없을 것이다. 따라서 그런 기능을 다룰 방법을 코틀린/JS가 제공하는 것은 바람직한 일이다. – 옮긴이

- **정적 타입으로 변환:** 필요시 동적으로 만들어진 객체를 정적 타입의 객체로 타입 변환해서 안전하게 사용할 수 있어야 한다.
- **자바스크립트에서 선언한 클래스 등을 코틀린 타입으로 정의해 사용:** 자바스크립트에서 선언한 객체나 함수 등에 대해 적절한 코틀린 타입을 부여해 코틀린에서 활용할 수 있어야 한다.

다행히 젯브레인즈는 코틀린/JS에서 이런 네 가지 기능을 잘 제공한다. 이를 활용해 여러 가지 흥미로운 일을 할 수 있다.

F.4.1 자바스크립트 코드 실행: js() 함수

코틀린/JS가 제공하는 js() 함수는 문자열 상수로 된 자바스크립트 코드를 인자로 받아서 실행하고 결과를 돌려준다. 예를 들어 다음과 같이 하면 직접 자바스크립트 코드를 실행할 수도 있다.

```
fun main() {
    js("window.alert('Hello, JS!');")
}
```

하지만 다음과 같이 자바스크립트 쪽에서 코틀린 쪽의 객체 등을 사용한 코드를 실행하고 결과를 돌려받을 수도 있다.

```
import kotlin.browser.window

data class People(val name:String, val age:Int)

fun main() {
    window.alert(jsTypeOf(People("Hyunsok Oh", 44)))
}

fun jsTypeOf(o: Any):String = js("typeof o")
```

660

여기서 jsTypeOf가 돌려주는 타입은 코틀린에서 바라보는 타입이 아니라 자바스크립트에서 바라보는 타입이라는 점에 유의하라. 그렇기 때문에 이 코드를 실행하면 window.alert()는 People이 아니라 object를 알림 창에 출력한다.

이 코드를 실행하려면 앞에서 작성했던 main() 함수가 들어있던 파일의 내용을 여기 있는 코드로 덮어쓰고(다른 방법도 있지만 지면 관계상 생략한다), 인텔리J에서 html 파일의 편집 창을 찾아 다시 브라우저를 열어야 한다. 앞으로는 별다른 설명 없이 실행 결과를 설명할 것이다.

js() 함수를 실행한 결과를 변수에 저장하는 것도 가능하다. 문서에서 js()의 반환 타입을 찾아보면 dynamic이라는 타입이라고 돼 있다. 그렇다면 dynamic이라는 타입은 무엇일까?

F.4.2 자바스크립트 값을 코틀린에서 직접 사용: dynamic

코틀린 문서 https://kotlinlang.org/docs/reference/dynamic-type.html를 보면 dynamic 타입에 대한 설명이 나온다. 설명을 정리하면 다음과 같다.

정적 타입 언어인 코틀린을 타입을 사용하지 않거나 느슨한 타입을 제공하는 환경에서 사용할 수 있어야 하며, 그런 경우를 위해 dynamic 타입을 제공한다.

코틀린 dynamic 타입을 사용하면 타입 검사를 무시하게 된다. 그에 따라 dynamic 타입의 값을 변수나 함수에 마음대로 전달할 수 있고, dynamic 타입의 변수에 아무 값이나 대입할 수 있고, dynamic 값에 대한 널 검사가 생략된다.

이에 따른 효과가 가장 잘 드러나는 예는 dynamic 값의 프로퍼티를 읽고 쓰거나 호출하는 경우다. 예를 들어 다음을 보자.

```
class Empty

fun main() {
    val x: dynamic = "This is string"
```

```
    val y: dynamic = 1
    val z: dynamic = Empty()

    println("x.length = ${x.length}")
    println("x[2] = ${x[2]}")

    z.prop1 = "프로퍼티"
    z["prop2"] = 123141;

    println("z.prop1 = ${z["prop1"]}")
    println("z.prop2 = ${z.prop2}")

    println("y.length = ${y.length}")
}
```

이 코드를 실행하면 아무 문제없이 컴파일된다. 우리는 y가 실제로 정수라는 사실을 알지만, 타입을 dynamic으로 지정했기 때문에 코틀린 컴파일러는 모든 타입 검사를 생략하고 y.length를 그대로 자바스크립트로 변환한다. 마찬가지로 z.prop1이나 z["prop1"]도 그대로 자바스크립트로 변환한다. 실제로 역자 컴퓨터에서 이 main()을 변환한 자바스크립트 코드는 다음과 같다.

```
// 자바스크립트 코드다
if (typeof kotlin === 'undefined') {
    throw new Error("Error loading module 'IntroKotlinJS'. Its dependency 'kotlin' was
        not found. Please, check whether 'kotlin' is loaded prior to 'IntroKotlinJS'.");
}
var IntroKotlinJS = function (_, Kotlin) {
    'use strict';
    var println = Kotlin.kotlin.io.println_s8jyv4$;
    var ensureNotNull = Kotlin.ensureNotNull;
    var Kind_CLASS = Kotlin.Kind.CLASS;
    function Empty() {
    }
    Empty.$metadata$ = {kind: Kind_CLASS, simpleName: 'Empty', interfaces: []};
```

662

```
function main() {
    var x = 'This is string';
    var y = 1;
    var z = new Empty();
    println('x.length = ' + x.length.toString());
    println('x[2] = ' + x[2].toString());
    z.prop1 = '\uD504\uB85C\uD37C\uD2F0';
    z['prop2'] = 123141;
    println('z.prop1 = ' + z['prop1'].toString());
    println('z.prop2 = ' + z.prop2.toString());
    println('y.length = ' + y.length.toString());
  }
  _.Empty = Empty;
  _.main = main;
  main();
  return _;
}(typeof IntroKotlinJS === 'undefined' ? {} : IntroKotlinJS, kotlin);

//# sourceMappingURL=IntroKotlinJS.js.map
```

실제 이 코드를 실행하면 x, z에 대해서는 예상한 결과가 나온다. 반면 y에 대해서는 undefined가 찍히는 대신 예외가 발생한다. 변환된 코드를 보면 문자열 인터폴레이션으로 값을 문자열에 넣는 경우에는 toString()을 거쳐 값을 문자열로 변환한다는 사실을 알 수 있다. 여기서는 y.length가 undefined이고 undefined.toString()이 정의돼 있지 않기 때문에 undefined의 'toString' 프로퍼티를 찾을 수 없다는 오류가 난다.

이 코드에서 Empty 클래스는 아무런 필드도 없었지만 자바스크립트에서는 프로퍼티를 추가할 수 있었다. 한편 dynamic 타입에는 정적 타입으로 타입을 변환해주는 unsafeCast<>()라는 제네릭 메서드가 들어있다. 이를 사용하면 동적으로 만들어진 dynamic 타입의 값을 정적 타입의 변수에 대입해서 다시 타입 안전성을 회복시킨 상태로 코딩을 이어나갈 수 있다.

```
data class People3(val name:String, val age:Int)

fun main() {
    val v1 = js("{'name':'Hyunsok Oh', 'age':44}")

    /* 다음 코드는 제대로 작동하지 않음
    for(v in v1) {
        println("v1.${v} = ${v1.v}")
    }
    */

    val v2 = v1.unsafeCast<People3>()
    println("v2.name = ${v2.name}, v2.age = ${v2.age}")

    for(v in js("Object").keys(v1)) {
        println("v1.${v} = ${v1[v]}")
    }

    val v3 = js("{}")
    v3.name = "Gyeyoung Lee"
    v3.age = 43
    v3.gender = "Female"

    val v4 = v3.unsafeCast<People3>()
    println("v4.name = ${v4.name}, v4.age = ${v4.age}")
}
```

위 함수에서 v1은 자바스크립트 객체며, v2는 v1을 People3로 타입 변환한 객체다. 이때 프로퍼티의 이름과 타입이 서로 맞아 떨어지기 때문에 v1을 People3 타입의 값으로 변환해도 문제가 없다.

한편 dynamic 타입의 값 v에 들어있는 프로퍼티들을 모두 알고 싶을 때 for … in v를 사용하면 될 것이라 생각하기 쉽지만, 실제로 그런 for 루프를 사용하면 이터레이터 변환 오류가 난다. 그렇다면 어떤 방법이 가능할까? 코틀린/JS와 자바스크립트를 서로 엮어 쓸 수 있음을 감안해 js("Object")로 자바스크립트 Object를 얻고, 그 객체의

keys() 메서드에 변수를 넘겨서 호출하면 그 변수에 들어있는 모든 프로퍼티 이름을 알 수 있다. 이런 식으로 자바스크립트 객체나 프로토타입 객체에 정의된 함수들을 js() 를 통해 얻어내고 이를 둘러싼 코틀린 함수를 만들어서 손쉽게 코틀린 인터페이스를 제공할 수 있다.

앞 절에서 빈 코틀린 클래스인 Empty를 사용해 빈[2] 객체를 만들어서 dynamic 타입 의 변수에 대입해 프로퍼티를 추가하는 것이 가능하다는 사실을 봤다. 여기서는 다른 방식으로 빈 객체를 만들었다. js("{}")는 빈 자바스크립트 객체를 만들어주므로 역시 이 객체에도 프로퍼티를 추가할 수 있다. 한편 v3에는 gender라는 프로퍼티가 더 있지 만 People3로 unsafeCast하는 것이 가능하다. 이런 특성을 사용하면 마치 자바스크립 트의 스프레드 연산자와 정적 타입 객체 변환을 함께 사용한 것 같은 효과를 얻을 수 있다. 이런 기능을 잘 활용해서 동적인 값에 정적인 타입을 부여한 래퍼를 제공할 수 있기 때문에 코틀린/JS 위에 타입이 잘 정의된 코틀린 계층을 추가하고, 자바 위에도 한 단계 코틀린에 적합한 추상화 계층을 추가함으로써 좀 더 유연하게 브라우저와 서버 에서 동시에 사용할 수 있는 코틀린 프레임워크를 만들 수도 있을 것이다.

F.4.3 자바스크립트에서 선언한 대상을 코틀린에서 타입을 지정해 사용: external

자바스크립트에서 선언된 대상을 코틀린에서 불러와 사용하고 싶은 경우가 자주 있을 것이다. 예를 들어 stack.js에 다음과 같은 자바스크립트 클래스 정의가 있다고 하자.

```
// 자바스크립트 코드다.
"use strict";

class Stack {
    constructor() {
        this.top = null;
    }
```

---

2. 자바 빈(bean)의 빈이 아니고 비어있는 객체라는 뜻이다. – 옮긴이

```
push(data) {
    let Node = { data, "next": this.top };
    this.top = Node;
}

pop() {
    if(this.top === null)
        throw "Pop from Empty Stack";
    else {
        let rv = this.top;
        this.top = rv.next;
        return rv.data;
    }
}

peek() {
    if(this.top !== null)
        return this.top.data;
    else
        return undefined;
}

isEmpty() {
    return this.top === null;
}
}
```

별로 특별할 것이 없는 자바스크립트 클래스다. 이를 코틀린에서 가져와 1, 2, 3을 순서대로 push()로 넣고, 3번 pop()하면서 차례로 3, 2, 1이 나오는지 살펴보는 경우를 생각해보자. 코틀린 쪽에서 Stack 클래스를 정의하면 코틀린 컴파일러가 자바스크립트 코드를 생성해 버린다. 따라서 클래스를 정의하되 내용은 정의하지 않을 방법이 필요하다. 결국 추상 클래스나 인터페이스가 떠오를 것이다.

```
abstract class Stack<T> {
    abstract fun push(data: T)
    abstract fun pop():T
    abstract fun peek():T
    abstract fun isEmpty():Boolean
}
```

여기서 문제는 자바스크립트의 Stack과 이 Stack<T>를 연결할 방법이 없다는 점이다. 이를 해결하기 위해 코틀린/JS는 external이라는 키워드를 제공한다. 함수 이름이나 클래스 이름 앞에 external을 붙이면 코틀린은 그 함수나 클래스 정의에 해당하는 자바스크립트 함수나 클래스 코드를 생성하지 않고 자바스크립트에서 똑같은 이름의 함수나 클래스가 정의돼 있다고 가정하고, 타입 검사만을 수행한다. 또한 external 클래스에서는 군이 정의가 필요 없으므로 external 함수는 함수의 시그니처만 정의하면 되고, external 클래스는 메서드와 프로퍼티의 시그니처만 정의하면 된다.

이제 external을 이용해 Stack 클래스를 선언해 사용하는 코틀린 코드를 작성해보자. 다음을 보라.

```
external class Stack<T> {
    fun push(data: T)
    fun pop():T
    open fun peek():T?        // undefined인 경우 null로 처리됨
    fun isEmpty():Boolean
}

fun main() {
    val stack = Stack<Int>()

    // 1,2,3을 차례로 푸시
    stack.push(1)
    stack.push(2)
    stack.push(3)
```

```
    // 3번 pop하면서 3,2,1인지 검사
    if(stack.pop() != 3) throw RuntimeException("3 expected")
    if(stack.pop() != 2) throw RuntimeException("2 expected")
    if(stack.pop() != 1) throw RuntimeException("1 expected")
    val x = stack.peek() ?: -1;
    println("peek() after 3 pop() = ${x}")
}
```

한 가지 흥미로운 것은 **자바스크립트 객체를 제네릭 타입으로 받을 수도 있다**는 점이다. 이런 경우 동적인 자바스크립트 객체에 대해 코틀린 타입을 사용한 제약을 추가하는 것처럼 생각할 수 있다.

이 코틀린 코드를 실행하려면 당연히 프로그래머가 external로 정의한 클래스 정의가 들어있는 자바스크립트 파일을 HTML 파일 안에 넣어야 한다. 우리의 경우 다음과 같이 HTML 파일을 변경해야 한다.

```
<!DOCTYPE html>
<html lang="en">
<head>
    <meta charset="UTF-8">
    <title>Hello, World!</title>
</head>
<body>
<div id="root">
</div>
<script src="js/stack.js"></script>
<script src="js/kotlin.min.js"></script>
<script src="js/main.min.js"></script>
</body>
</html>
```

이제 이 HTML 파일의 에디터 창에서 브라우저를 실행하면 아무 예외도 발생하지 않는다는 사실을 알 수 있다.

코틀린은 자바스크립트와 코틀린을 연결하면서 타입 안전성을 부여하기 위해 방금 설명한 external 외에 다양한 수단을 제공한다. 이에 대해 간단히 살펴보자.

F.4.3.1 자바스크립트 클래스의 정적 멤버: 코틀린 동반 객체를 통해 연결

자바스크립트에서는 프로토타입이나 클래스 자체에서 멤버를 정의할 수 있다. 코틀린에서는 클래스 멤버를 만들 수는 없지만 동반 객체^{companion}를 정의할 수 있다. 잘 생각해보면 자바스크립트 수준에서 프로토타입이나 클래스의 동반 객체에 대응하는 객체는 존재하지 않으므로, 이를 코틀린 동반 객체에 매핑하면 어떨까 하는 아이디어가 떠오를 것이다. 바로 코틀린 언어 개발자들이 그런 선택을 했다.

코틀린/JS는 클래스가 external인 경우 그 클래스의 동반 객체 내부에 있는 멤버들을 **클래스 자체의 멤버로 취급한다.** 예를 들어 (약간은 비현실적이지만) 스택 클래스의 멤버 함수로 size(s)라는 함수가 있다고 가정하자. 여기서 s는 스택 객체다.

```
Stack.size = function(s) {
    function len(node) {
        return node === null ? 0 : 1+len(node.next);
    }
    return len(s.top)
}
```

이렇게 추가된 클래스 멤버 함수를 코틀린에서 사용하기 위해서는 코틀린의 external Stack 정의 안에 동반 객체를 정의하면서 size 함수를 추가하면 된다. 이렇게 size()를 추가한 Stack은 다음과 같다.

```
external class Stack<T> {
    fun push(data: T)
    fun pop():T
    fun peek():T
    fun isEmpty():Boolean
```

```
    companion object {

        fun<T> size(s:Stack<T>):Int

    }

}
```

F.4.3.2 자바스크립트 객체를 코틀린에서 확장

자바스크립트 클래스도 일반 코틀린 클래스와 마찬가지로 확장(상속)이 가능하다. 이때 당연히 자바스크립트 클래스를 코틀린에 도입하는 external 클래스 정의에 open을 추가해야 상속이 가능해진다. 본문에도 나오지만 open이 없는 클래스는 기본적으로 상속이 불가능하다는 점에 유의하라.

예를 들어 자바스크립트 Stack을 확장해 코틀린에서 양방향 큐^{Deque}를 만들려면 다음과 비슷하게 할 수 있을 것이다(지면 관계상 자세한 구현은 생략한다).

```
external open class Stack<T> {

    open fun push(data: T)

    open fun pop():T

    open fun peek():T?

    open fun isEmpty():Boolean


    companion object {

        fun<T> size(s:Stack<T>):Int

    }

}


class Deque<T>: Stack<T>() {

    val rear: Stack<T>;


    init {

        rear = Stack<T>();

    }


    override fun push(data: T) {

        super.push(data)
```

```kotlin
    }

    override fun pop():T {
        ...
    }

    override fun peek():T? {
        ...
    }

    fun pushRear(data: T) {
        rear.push(data)
    }

    fun popRear():T {
        ...
    }

    fun peekRear():T? {
        ...
    }
    override fun isEmpty():Boolean = this.isEmpty() && rear.isEmpty()
}
```

F.4.3.3 external 인터페이스 사용

자바스크립트에는 인터페이스 개념이 없지만, 코틀린에서 external 인터페이스를 정의해서 자바스크립트 객체가 제공해야 하는 프로퍼티나 함수 등의 특성을 명확히 정의할 수도 있다. 예를 들어 자바스크립트 객체를 받아서 그 객체의 work()를 호출해 처리를 완료한 후 그 객체의 close()를 호출해서 내부를 정리하는 함수 bigTask()가 있다고 가정하자.

```javascript
function bigTask(worker) {
    console.log("작업을 수행합니다.");
```

```
    worker.work();
    console.log("내부를 정리합니다.");
    worker.close();
}
```

이 함수를 코틀린에서 다음과 같이 external 함수로 정의할 수 있다. 이때 bigTask에 넘기는 값이 work()와 close()를 제공해야 한다는 사실을 명시하기 위해 별도의 외부 인터페이스를 만든다.

```
external interface Worker {
    fun work():Unit
    fun close():Unit
}
external fun bigTask(w: Worker):Unit

fun main() {
    bigTask(
      object : Worker{
        override fun work() {
          println("무명일꾼이 열심히 일합니다.")
        }
        override fun close() {
          println("무명일꾼이 한참 늘어지게 자러 집으로 갑니다.")
        }
      }
    )
}
```

코틀린 쪽에서 bigTask를 호출할 때 넘기는 객체는 반드시 Worker를 구현하는 객체여야 한다. 여기서는 싱글턴 객체를 만들어서 넘겼지만, Worker 인터페이스를 상속하는 코틀린 클래스를 정의하고 그 인스턴스를 생성해 넘겨도 당연히 될 것이다. 한편 정적 타입 검사에 의해 Worker를 구현하지 않은 코틀린 객체를 bigTask에 넘길 수 없으므로

672

코틀린 쪽에서 타입 검사를 마치고 bigTask를 호출하는 경우에는 항상 work()와 close() 메서드가 객체에 있음을 보장할 수 있다. 이런 식으로 자바스크립트 쪽에서 프로그래머가 코드를 작성하면서 코드 안에 녹여 넣었던 묵시적인 지식들을 명시적으로 코틀린 타입에 기술해서 컴파일 타임에 체크할 수 있으면 꼭 필요한 메서드 중 일부분을 구현하지 않아서 생기는 런타임 오류를 방지할 수 있다는 점은 동적 언어와 정적 언어의 장단점을 잘 보여주는 예라 할 수 있다.

지금까지 코틀린에서 자바스크립트 기능을 사용하는 부분을 대강 살펴봤다. 이제부터는 자바스크립트 쪽으로 컴파일된 코틀린 코드를 자바스크립트에서 사용하는 방법을 살펴볼 것이다.

한편 external 함수나 클래스가 모듈에 정의된 경우에는 @JsModule 애너테이션을 통해 모듈을 지정할 수 있다.

```
@JsModule("d3")
external fun range(start: Int, stop: Int, step: Int)
```

F.5 자바스크립트에서 코틀린 호출

코틀린에서 foo(x:Int):Int라는 시그니처 함수를 정의한 경우 자바스크립트에서 바로 다음과 같이 foo를 호출할 수 있으면 좋을 것이다.

```
// 자바스크립트임
var result = foo(100);
alert(result);
```

하지만 코틀린의 최상위 선언을 모두 바로 자바스크립트 최상위에 넣어버리면 자바스크립트 네임스페이스가 더럽혀지기 쉽고, 이름 충돌이 일어나기도 쉽다. 이를 방지하기 위해 코틀린/JS는 컴파일된 코틀린 코드를 자바스크립트 모듈로 만들어준다.

한편 초기 자바스크립트는 모듈화를 고려하지 않고 전역 네임스페이스를 사용하다가 점차 라이브러리가 늘어남에 따라 모듈화의 필요성이 늘어났고, require.js나 common.js 등을 통한 모듈 정의 방식이 많이 쓰여오다가 ES6부터 모듈 표준화가 이뤄졌다.

코틀린/JS는 다음과 같은 4가지 모듈 시스템을 지원한다.

- **플레인(plain)**: 모듈 시스템에 맞춰 코드를 컴파일하지 않는다. 모듈 이름을 전역 영역에 노출시켜주기 때문에 바로 모듈을 불러서 사용할 수 있다. 별다른 지정을 하지 않으면 이 방식을 사용한다.
- **비동기 모듈 정의(AMD, Asynchronous Module Definition)**: require.js에서 사용하는 방식
- **CommonJS 방식**: 노드js나 npm에서 주로 사용하는 방식(require 함수와 module.exports 객체)
- **통합 모듈 정의(UMD, Unified Module Definition)**: AMD와 CommonJS 모두와 호환되는 방식이다. 실행 시점에 AMD나 CommonJS를 사용할 수 없으면 플레인 방식으로 작동한다.

타겟 모듈 시스템은 여러 방식으로 지정할 수 있지만, 그레이들을 사용하는 경우 다음과 같이 지정할 수 있다.

```
compileKotlin2Js.kotlinOptions.moduleKind = "commonjs"
```

메이븐이나 인텔리J에서 설정하는 방법에 대해서는 https://kotlinlang.org/docs/reference/js-modules.html을 참조하라.

F.5.1 코틀린/JS의 패키지 구조

코틀린/JS 프로젝트를 빌드한 경우 기본적으로 패키지 이름은 프로젝트 이름과 같은 이름이 된다. 코틀린 패키지가 정의된 경우 프로젝트 이름.패키지 이름 순서로 자바스크립트

모듈과 패키지 이름이 정해진다. 예를 들어 IntroKotlinJS라는 프로젝트에 다음과 같이 com.enshahar 패키지를 정의했다고 하자.

```kotlin
package com.enshahar

external interface Worker {
    fun work():Unit
    fun close():Unit
}
external fun bigTask(w: Worker):Unit

class MyWorker(val name:String): Worker {
    override fun close() {
        println("${name} 일꾼이 정리합니다.")
    }

    override fun work() {
        println("${name} 일꾼이 열심히 일합니다.")
    }
}

fun main() {
    bigTask(
        object : Worker{
            override fun work() {
                println("무명일꾼이 열심히 일합니다.")
            }
            override fun close() {
                println("무명일꾼이 한참 늘어지게 자러 집으로 갑니다.")
            }
        }
    )

    bigTask(MyWorker("강쇠"))
}
```

자바스크립트 쪽에서 경로는 다음과 비슷하게 될 것이라 예상할 수 있다.

- **모듈 이름:** IntroKotlinJS
- **com.enshahar 패키지의 경로:** IntroKotlinJS.com.enshahar
- **MyWorker 클래스의 경로:** IntroKotlinJS.com.enshahar.MyWorker

따라서 자바스크립트 쪽에서 새로운 워커를 만들어 bigTask에 넘기려면 다음과 같이 해야 할 것이다.

```
bigTask(new IntroKotlinJS.com.enshahar.MyWorker("옹녀"))
```

실제 자바스크립트 콘솔을 열고 이를 실행한 결과는 다음 그림과 같다.

그림 F-9 자바스크립트 콘솔에서 실행한 결과

자바스크립트 쪽에서 코틀린 클래스를 생성해 사용할 수 있음을 알 수 있다.

F.5.2 @JsName 애너테이션

메서드가 오버로딩된 경우 같은 이름의 자바스크립트 함수가 생기면 안 되므로 코틀린
/JS 컴파일러는 생성한 함수의 이름 뒤에 메서드의 인자 타입 등을 부호화한 특수 문자를

붙여서 이름을 구분한다. 이런 방식을 이름 **맹글링**^{mangling}이라고 부른다. 이런 경우 자바스크립트에서 해당 메서드를 호출하고 싶다면 맹글링이 적용된 정확한 이름을 알아내야 한다는 문제가 있다. 예를 들어 다음 코드를 컴파일하면

```
class Foo {
    fun bar() {
      println("bar()")
    }
    fun bar(x:Int) {
      println("bar(${x})")
    }
}

fun main() {
    val x = Foo()

    x.bar()
    x.bar(10)
}
```

다음과 같은 자바스크립트 코드를 볼 수 있다.

```
if (typeof kotlin === 'undefined') {
    throw new Error("Error loading module 'IntroKotlinJS'. Its dependency 'kotlin' was
        not found. Please, check whether 'kotlin' is loaded prior to
        'IntroKotlinJS'.");
}
var IntroKotlinJS = function (_, Kotlin) {
    'use strict';
    var println = Kotlin.kotlin.io.println_s8jyv4$;
    var ensureNotNull = Kotlin.ensureNotNull;
    var Kind_CLASS = Kotlin.Kind.CLASS;
    var Any = Object;
    var throwCCE = Kotlin.throwCCE;
```

```
    var RuntimeException_init = Kotlin.kotlin.RuntimeException_init_pdl1vj$;
    var Unit = Kotlin.kotlin.Unit;
    function Foo() {
    }
    Foo.prototype.bar = function () {
      println('bar()');
    };
    Foo.prototype.bar_za3lpa$ = function (x) {
      println('bar(' + x + ')');
    };
    Foo.$metadata$ = {kind: Kind_CLASS, simpleName: 'Foo', interfaces: []};
    function main() {
      var x = new Foo();
      x.bar();
      x.bar_za3lpa$(10);
    }
    _.Foo = Foo;
    _.main = main;
    main();
    return _;
}(typeof IntroKotlinJS === 'undefined' ? {} : IntroKotlinJS, kotlin);

//# sourceMappingURL=IntroKotlinJS.js.map
```

여기서 두 번째 bar가 bar_za3lpa$라는 이름으로 맹글링됐음을 알 수 있다. 이렇게 컴파일러가 맹글링을 통해 만들어낸 이름을 대신해서 자바스크립트 코드에 사용할 이름을 지정하는 애너테이션이 @JsName이다. 다음은 두 번째 bar에 이 애너테이션을 적용한 모습을 보여준다.

```
class Foo {
    fun bar() {
      println("bar()")
    }
```

```
    @JsName("barWithInt")
    fun bar(x:Int) {
      println("bar(${x})")
    }
}

fun main() {
    val x = Foo()

    x.bar()
    x.bar(10)
}
```

이 코드를 컴파일하면 실제로 bar_za3lpa$ 대신에 barWithInt가 생긴다는 사실을 알 수 있다.

```
...
Foo.prototype.bar = function () {
    println('bar()');
};
Foo.prototype.barWithInt = function (x) {
    println('bar(' + x + ')');
};
...
```

하지만 여전히 코틀린 코드에서는 bar()로 호출이 이뤄진다는 사실도 알 수 있다. 코틀린 컴파일러는 bar(x:Int)와 타입이 일치하는 bar() 호출을 모두 barWithInt로 컴파일해준다.

F.5.3 자바스크립트에서 코틀린 타입 표현

자바스크립트에서 컴파일된 코틀린 코드를 활용하기 위해서는 코틀린 코드상의 타입이 컴파일된 자바스크립트 코드상에서 어떤 타입으로 표현될지 알아야 할 것이다. 다음은 몇 가지 규칙을 보여준다.

- 숫자 타입(kotlin.Long 제외)은 자바스크립트 Number로 표현된다.
- 자바스크립트가 64비트 정수를 지원하지 않기 때문에 kotlin.Long은 코틀린 클래스를 통해 에뮬레이션된다.
- kotlin.String은 자바스크립트 문자열로 표현된다.
- kotlin.Any는 자바스크립트 객체({}, new Object() 등)로 표현된다.
- kotlin.Array는 자바스크립트 배열로 표현된다.
- 코틀린 컬렉션은 자바스크립트 타입으로 표현되지 않고, 코틀린 타입을 표현한 클래스로 표현된다.
- kotlin.Throwable은 자바스크립트 Error로 표현된다.

코틀린 1.1.50부터는 기본 타입의 배열을 처리하는 방식이 자바스크립트의 TypedArray를 사용하는 방식으로 변경됐다. 예를 들어 kotlin.ByteArray는 Int8Array(기타 정수나 실수 타입 값도 원소 타입이 대응하는 각각의 배열로 변환됨), kotlin.BooleanArray는 Int8Array로, kotlin.CharArray는 UInt16Array로 처리된다.

F.6 복잡한 예제: HTML 빌더, jQuery 라이브러리 사용 예제

약간 더 현실에 가까운 복잡한 예제를 살펴보자. 코틀린/JS로 브라우저에서 돌아가는 앱을 개발한다면 동적으로 HTML을 생성해내고, 이벤트를 처리하는 등 좀 더 복잡한 로직을 사용하게 될 것이다. 특히 간단한 HTML 템플릿 엔진이 필요하다면 코틀린 내부 DSL 기능을 통해 HTML 생성을 도와주는 타입 안전한 빌더인 kotlinx-html을 사용할 수 있다.

템플릿 외에 여러 기능이 필요할 때마다 매번 다시 해당 기능을 재개발할 수는 없다. 결국 기존 라이브러리와 코틀린/JS를 연계해 사용해야 하는 경우도 자주 있을 것이다. 여기서는 그 예로 jQuery를 연동해 사용해보자.

F.6.1 kotlinx-html 그레이들 설정

HTML 빌더는 코틀린 기본 라이브러리에 들어있지 않고 `kotlinx` 라이브러리에 들어있다. 다음 설정을 참고해 여러분의 그레이들 설정에 필요한 부분을 추가하라. 우리는 코틀린/JS를 사용할 것이기 때문에 `kotlinx-html-js` 라이브러리를 포함시키면 된다.

```
repositories {
    jcenter()
}

dependencies {
    kotlinx_html_version = "0.6.12"

    // 자바
    compile "org.jetbrains.kotlinx:kotlinx-html-jvm:${kotlinx_html_version}"

    // 자바스크립트
    compile "org.jetbrains.kotlinx:kotlinx-html-js:${kotlinx_html_version}"
}
```

F.6.2 DSL을 사용해 DOM 계층 생성

간단한 예로 `div` 안에 가로, 세로가 320픽셀인 `canvas`를 넣는 코드를 DSL로 작성하자. 이를 `createCanvas()`라는 함수에 넣자. 다음은 그 함수의 전체 코드다.

```
fun createCanvas() =
    document.create.div("div") {
```

```
        id = "div0"
        canvas("draw") {
            id = "myCanvas"
            width = "320px"
            height = "640px"
        }
    }
```

여기서 div(){}와 canvas(){}의 첫 번째 인자[3]는 css 클래스를 표현하는 문자열이다. DSL을 만들 때 사용하는 수신 객체 지정 람다는 div와 canvas 함수의 두 번째 인자들이다. 여기서 div(){}의 두 번째 인자인 수신 객체 지정 람다는 DIV 타입의 값을 수신 객체로 하며, canvas(){}의 두 번째 인자인 수신 객체 지정 람다는 CANVAS 타입의 값을 수신 객체로 한다. 따라서 바깥쪽 람다 안에서 this는 DIV 타입의 값이고, 안쪽 람다 안에서 this는 CANVAS 타입의 값이다. 브라우저에서는 document.create를 사용해 div 생성에 필요한 TagConsumer 객체를 얻을 수 있다.

이렇게 만든 DIV 객체를 document.body의 자식으로 추가할 수 있다. 실제 웹 이벤트와 동적으로 생성한 HTML을 사용하는 예제로, 버튼을 클릭하면 캔버스 객체를 추가하고 녹색으로 칠하게 만들자.

다음은 index.html의 내용이다.

```
<!DOCTYPE html>
<html lang="en">
<head>
    <meta charset="UTF-8">
    <title>Hello, World!</title>
</head>
<body>
<div id="root">
```

---

3. 혹시나 해서 한 번 더 설명하자면 코틀린 함수 fun foo(arg_1, …, arg_n, block)에서 block이 펑션 타입(블록 또는 람다)이라면 이를 foo(arg_1, …, arg_n) { 람다 본문 }처럼 호출할 수 있다. – 옮긴이

```
</div>
<script src="js/jquery.js"></script>
<script src="js/kotlin.min.js"></script>
<script src="js/kotlinx-html-js.js"></script>
<script src="js/main.min.js"></script>
<input type="button" id="draw" value="Click Me">
</body>
</html>
```

의존성이 있는 자바스크립트 라이브러리들을 포함시키는 것을 잊지 말아야 한다. 여기
서는 jQuery와 kotlinx-html-js가 더 필요하다. jQuery 파일은 jQuery 프로젝트 웹사
이트에서 다운로드했으며, kotlinx-html-js는 인텔리J 프로젝트의 외부 라이브러리
목록에 들어있는 org.jetbrains.kotlinx:kotlinx-html-js로부터 그레이들 태스
크에 의해 자동으로 복사된다.

다음은 코틀린 파일의 내용이다.

```
import kotlinx.html.*
import kotlinx.html.dom.create
import kotlin.browser.document
import jquery.*
import org.w3c.dom.CanvasRenderingContext2D
import org.w3c.dom.HTMLCanvasElement
import org.w3c.dom.events.Event
import kotlin.browser.window

fun createCanvas() =
    document.create.div("div") {
        id = "div0"
        canvas("draw") {
            id = "myCanvas"
            width = "320px"
            height = "640px"
```

```
        }
    }

fun registerOnClick() {
    println("timeout!!!!")
    document.body!!.appendChild(createCanvas())
    jq("#draw").click {
        println("#draw clicked")
        val canvas = document.getElementById("myCanvas")!!.
            unsafeCast<HTMLCanvasElement>()
        val context = canvas.getContext("2d") as CanvasRenderingContext2D
        context.fillStyle = "RGB(0,255,0)"
        context.fillRect(0.0, 0.0, 320.0, 320.0)
    }
}

fun main() {
    window.setTimeout(::registerOnClick, 3000)
}
```

우선 main()에서는 3초 후 registerOnClick()을 호출하도록 타이머를 걸었다. 여기
서 ::registerOnClick 대신 실수로 registerOnClick()을 입력하면 해당 함수
를 타이머 콜백 함수로 등록하지 않고 Unit 값을 등록하게 되므로 조심해야 한다.
registerOnClick()은 캔버스를 포함하는 div를 하나 만들어서 도큐먼트의 마지막
자식으로 등록하고, jQuery를 사용해(jq는 자바스크립트 $로 매핑돼 있다) draw라는 아이디
를 갖는 엘리먼트를 찾아서 click 이벤트 핸들러를 등록한다.

　　이벤트 핸들러 안에서는 myCanvas라는 아이디의 캔버스를 얻고, 그 캔버스 위에
그림을 그리기 위해 필요한 2d 컨텍스트를 받아와서 녹색으로 칠한다.

　　이렇게 코틀린의 DSL 기능과 자바스크립트, DOM 등을 활용해 유연한 코딩이 가능
하면서도 정적 타입 지정의 장점을 살릴 수 있다. 특히나 자바스크립트 프로젝트가 커지
면 커질수록 타입이 없어서 생기는 문제점을 더 자주 마주치게 될 것이다. 이럴 때 타입

스크립트나 코틀린과 같은 정적 타입 지정 언어를 사용하면 좀 더 안전한 코드를 작성할 수 있다.

F.7 외부 라이브러리에 대한 코틀린/JS 래퍼

몇 가지 외부 라이브러리에 대한 코틀린 래퍼가 존재한다. https://bintray.com/kotlin/js-externals를 보면 kotlin-js-jquery(jQuery), kotlin-js-react(리액트), kotlin-js-react-native(리액트 네이티브)에 대한 래퍼를 볼 수 있다.

한편 앵귤러2[Angular 2]는 타입스크립트로 돼 있고, ngc라는 AOT 컴파일러(JIT를 하기 좋은 중간 표현으로 컴파일해주는 컴파일러[4])가 들어가 있기 때문에 코틀린/JS로 완전히 변환하기 약간 어렵다. 몇 가지 실험적인 프로젝트는 있지만 아직 쓸모 있는 구현을 찾지는 못했다.

F.8 결론

코틀린/Java를 개발할 때와 마찬가지로 젯브레인즈 개발자들은 코틀린/JS가 기반 플랫폼 언어인 자바스크립트와 가능하면 추가 비용이 적으면서 매끄럽게 연결될 수 있도록 노력을 기울였다. 그 결과 external 클래스나 함수를 통해 자바스크립트를 코틀린으로 불러오면서 타입을 지정할 수 있고, js() 함수와 dynamic 타입을 통해 동적 언어의 특성을 살린 코딩을 코틀린을 사용해서 할 수도 있다. 이 두 기능과 코틀린이 제공하는 여러 기능을 잘 활용하면 흥미로운 라이브러리를 개발할 수 있을 것이다.

한편 코틀린/JS에는 이미 w3c DOM이나 jQuery 등에 대한 래퍼 라이브러리가 있기

---

4. 사실 요즘은 자바도 바이트코드로 컴파일한 후 JIT로 더 빠른 네이티브 바이너리로 컴파일되면서 실행된다. 따라서 AOT와 일반 컴파일러(특히 VM을 타겟으로 하는 컴파일러)의 경계는 상당히 모호하다고 할 수 있다. 굳이 구분하자 면 어떤 컴파일러와 언어 환경을 설계하면서 JIT를 고려해 컴파일을 진행하게 하느냐, VM상에서 해석 (interpretation)되는 것을 목적으로 하느냐에 따라 구분된다고 할 수 있을 것이다. 어쩌면 그 컴파일러를 만든 사람이 AOT라고 부르느냐 아니냐에 따라 달라진다고 이야기하는 게 더 맞을 수도 있다. - 옮긴이

때문에 별다른 노력을 기울이지 않아도 편리하고 타입 안전하게 코틀린에서 해당 기능들을 사용할 수 있다.

지면 관계상 코틀린/JS에서 테스팅을 진행하는 방법이나 디버깅을 진행하는 방법에 대해 다루지 못해 아쉽지만, 몇 가지 링크(영문)로 아쉬움을 달래고자 한다.

- 코틀린/JS 테스팅 관련 설정에 대해 다룬 글로 https://medium.com/@gz_k/effective-tool-chain-for-kotlin-js-testing-b243449e8a16가 있다. 이 글의 저자가 만든 프로젝트인 https://github.com/data2viz/data2viz를 보면 그레이들 설정에 대한 힌트를 얻을 수 있을 것이다.
- 코틀린/JS를 디버깅하는 방법에 대해서는 https://kotlinlang.org/docs/tutorials/javascript/debugging-javascript/debugging-javascript.html에 소스 맵을 사용하는 방법이 아주 간략히 나와 있다.
- 코틀린/JS 설정에 대해 다룬 https://blog.kotlin-academy.com/kotlin-js-configuration-made-simple-ef0e361fcd4도 웹팩 번들 설정 등에 대해 알고 싶을 때 아주 조금 도움이 될 것이다.

아직 안드로이드 주류 언어가 된 코틀린/Java에 비해 코틀린/JS는 관련 자료를 찾아보기 쉽지 않다. 하지만 여러분의 프로젝트에서 코틀린으로 프레임워크나 라이브러리를 잘 정리해둔다면 백엔드와 프론트엔드에서 같은 언어를 사용해 개발을 진행할 수 있다는 점으로 인해(바로 이 점이 노드JS가 인기를 끈 이유 중 하나 아니었던가!) 장기적으로 큰 이득을 얻을 수 있을 것이다.

| 찾아보기 |

698

Kotlin IN ACTION
코틀린 컴파일러 개발자가 직접 알려주는 코틀린 언어 핵심

발 행 | 2017년 10월 31일

지은이 | 드미트리 제메로프 · 스베트라나 이사코바
옮긴이 | 오 현 석

펴낸이 | 권 성 준
편집장 | 황 영 주
편 집 | 김 진 아
         김 은 비
디자인 | 윤 서 빈

에이콘출판주식회사
서울특별시 양천구 국회대로 287 (목동)
전화 02-2653-7600, 팩스 02-2653-0433
www.acornpub.co.kr / editor@acornpub.co.kr

한국어판 ⓒ 에이콘출판주식회사, 2017, Printed in Korea.
ISBN 979-11-6175-071-2
ISBN 978-89-6077-083-6 (세트)
http://www.acornpub.co.kr/book/kotlin-in-action

이 도서의 국립중앙도서관 출판시도서목록(CIP)은 서지정보유통지원시스템 홈페이지(http://seoji.nl.go.kr)와
국가자료공동목록시스템(http://www.nl.go.kr/kolisnet)에서 이용하실 수 있습니다.(CIP제어번호: CIP2017027395)

책값은 뒤표지에 있습니다.